समाज और राजनीति दर्शन

डॉ॰ रमेन्द्र

अध्यक्ष, दर्शनशास्त्र विभाग, पटना कॉलेज

पटना विश्वविद्यालय, पटना

MOTILAL BANARSIDASS PUBLISHING HOUSE

SINCE 1903

मोतीलाल बनारसीदास

पब्लिशिंग हाउस • दिल्ली

Email: naraina@mlbd.in • Website: www.mlbd.in

@mlbdofficial

*तृतीय पुनर्मुद्रण : दिल्ली, **2022***
प्रथम संस्करण : 2005

ISBN: 978-93-5760-454-3 (सजिल्द)
ISBN: 978-93-91430-14-6 (अजिल्द)

मुद्रक एवं प्रकाशक
राजेन्द्र प्रकाश जैन के *द्वारा*
मोतीलाल बनारसीदास पब्लिशिंग हाउस
ए-44, नारायणा इंडस्ट्रियल एरिया, फेज़-1,
नई दिल्ली-110 028 (**भारत**)
Email: naraina@mlbd.in
Website: www.mlbd.in

शोरूम:
4637/20, एफ-2, हरि सदन, पहली मंजिल, अंसारी रोड, दरियागंज
दिल्ली-110 002 (फायर स्टेशन के सामने) दूरभाष: (+91-11) 4559 7999

भूमिका

यह पुस्तक विशेष तौर से दर्शनशास्त्र के बी० ए० (ऑनर्स) और एम० ए० के विद्यार्थियों की आवश्यकताओं को ध्यान में रखकर लिखी गयी है। इस पुस्तक को लिखते समय मैंने दर्शनशास्त्र के नेट (NET) के पाठ्यक्रम को भी ध्यान में रखा है। वैसे तो, सिविल सेवा के परीक्षार्थियों के लिए विशेष तौर से लिखी गयी, मेरी ***समाज और राजनीति दर्शन एवं धर्म-दर्शन*** पहले ही मोतीलाल बनारसीदास द्वारा प्रकाशित हो चुकी है। फिर भी, सिविल सेवा के जो परीक्षार्थी समाज और राजनीति दर्शन का अध्ययन अधिक विस्तार से करना चाहें, वे भी इस पुस्तक की सहायता ले सकते हैं।

समाज दर्शन का निकट सम्बन्ध समाजशास्त्र से है। इसके अलावा, राजनीतिशास्त्र के अन्तर्गत भी राजनीति दर्शन का अध्ययन-अध्यापन होता है, हालांकि वहाँ पर इसे अक्सर ''राजनीतिक सिद्धात'' (political theory) कहा जाता है। मैं यह आशा करता हूँ कि मेरी यह पुस्तक समाजशास्त्र एवं राजनीतिशास्त्र के विद्यार्थियों तथा समाज और राजनीति दर्शन में रुचि रखने वाले सामान्य पाठकों के लिए भी उपयोगी साबित होगी।

मैंने इस पुस्तक के दोनों भागों (भाग-1, समाज दर्शन; भाग-2, राजनीति दर्शन) को और हर अध्याय को, जहाँ तक सम्भव है, अपने-आप में सम्पूर्ण बनाने की कोशिश की है। इस कारण कुछ पुनरावृत्ति भी हुई है। वैसे तो, समाज दर्शन के व्यापक अर्थ में समाज दर्शन के अन्तर्गत राजनीति दर्शन भी शामिल है। लेकिन, कभी-कभी ''समाज दर्शन'' का सीमित अर्थ में इस्तेमाल करते हुए, इसके अन्तर्गत समाज दर्शन के उस हिस्से को रखा जाता है, जिसे आम तौर से राजनीति दर्शन में शामिल नहीं किया जाता है। मैंने इस पुस्तक के पहले भाग—समाज दर्शन—के अन्तर्गत मुख्यतः ऐसे ही विषयों की चर्चा की है। पुस्तक के दोनों भागों के अन्त में ग्रन्थ-सूची के अलावा कुछ वस्तुनिष्ठ प्रश्न भी दिए गए हैं। संक्षेप में, मैंने समाज और राजनीति दर्शन पर एक व्यापक, विस्तृत, ठोस और प्रामाणिक पुस्तक लिखने का प्रयास किया है। आशा है मेरी यह पुस्तक पाठकों को पसन्द आएगी।

12 नवम्बर, 2003 **—रमेन्द्र**

अनुक्रम

भाग–2
राजनीति दर्शन

❑

भाग 1

समाज दर्शन
(SOCIAL PHILOSOPHY)

अध्याय 1

दर्शनशास्त्र का स्वरूप : जीवन, विचार और संस्कृति से सम्बन्ध

''दर्शन'' या ''दर्शनशास्त्र'' शब्द का प्रयोग अंग्रेजी शब्द "Philosophy" के हिन्दी पर्याय के रूप में किया जाता है। "Philosophy" का शाब्दिक अर्थ है ''ज्ञान या बुद्धिमानी (wisdom) से प्रेम''। इसी तरह ''दार्शनिक'' या "Philosopher" का अर्थ हुआ ''ज्ञान का प्रेमी''।

ऐतिहासिक दृष्टि से दर्शन सभी विषयों की जननी है, क्योंकि इस विश्व को समझने की जिज्ञासा और ज्ञान की आकांक्षा से ही सभी ज्ञान-विज्ञान का जन्म हुआ है। प्रारम्भ में ''दर्शन'' शब्द का इस्तेमाल विज्ञान सहित सम्पूर्ण ज्ञान के लिए किया जाता था, लेकिन अब यह इतिहास की बात है। आज के समय में विभिन्न विज्ञानों का अपना स्वतन्त्र क्षेत्र, स्वतन्त्र विषय-वस्तु, स्वतन्त्र विधियाँ और स्वतन्त्र अस्तित्व है; हालांकि, जैसा कि आगे चर्चा से स्पष्ट होगा, उनका सम्बन्ध दर्शनशास्त्र से पूरी तरह टूट नहीं गया है। दर्शन का भी अपना स्वतन्त्र अस्तित्व है—इसके अन्तर्गत विशेष विषयों का विशेष प्रणाली से अध्ययन किया जाता है। इस दृष्टि से ऊपर दी गयी दर्शनशास्त्र की शाब्दिक परिभाषा बहुत व्यापक है, क्योंकि दार्शनिक तो ज्ञान के प्रेमी होते ही हैं, लेकिन यह कहना ठीक नहीं होगा कि भौतिकशास्त्री या समाजशास्त्री तथा अन्य प्राकृतिक और समाज-विज्ञानों के विद्यार्थी और विद्वान ज्ञान के प्रेमी नहीं हैं। इन विषयों के अन्तर्गत भी सम्बद्ध विषय-वस्तु के बारे में ज्ञान का ही अन्वेषण किया जाता है।

दर्शनशास्त्र को परिभाषित करने में एक कठिनाई यह है कि इस विषय के लम्बे इतिहास में अलग-अलग दार्शनिकों द्वारा अलग-अलग समय में अलग-अलग समस्याओं और विधियों को अधिक महत्त्व दिया गया। कोई विज्ञान के माध्यम से दर्शनशास्त्र की ओर आकर्षित हुआ, कोई धर्म के माध्यम से, तो कोई भाषा या गणित के माध्यम से। किसी की रुचि ज्ञान-सम्बन्धी समस्याओं में अधिक रही, तो किसी की व्यावहारिक नैतिक, सामाजिक और राजनीतिक समस्याओं में। दर्शनशास्त्र के लम्बे इतिहास में कभी विश्व के स्वरूप सम्बन्धी प्रश्नों को प्रमुखता दी गयी, तो कभी मानव-आचरण सम्बन्धी समस्याओं को, और किसी समय ज्ञान सम्बन्धी समस्याओं को। लेकिन इसका अर्थ यह नहीं हुआ कि उस काल-विशेष में बाकी शाखाओं का अस्तित्व ही नहीं रह गया। कई दार्शनिक ऐसे भी हुए हैं जिनका एक साथ दर्शन की कई शाखाओं में योगदान रहा है, जैसे, प्लेटो, अरिस्टॉट्ल, एपिक्यूरस, लॉक, ह्यूम, कान्ट और जॉन स्टुअर्ट मिल, आदि।

दर्शनशास्त्र के विषय-वस्तु की तरह दर्शनशास्त्र की विधि के बारे में भी दार्शनिकों में मतभेद रहे हैं। कुछ दार्शनिकों ने परिकल्पनात्मक पद्धति को महत्त्व दिया और कुछ ने विश्लेषणात्मक पद्धति को।

दार्शनिकों की एक विशेषता रही है प्रश्न उठाना, और वह भी बुनियादी या मौलिक

किस्म के प्रश्न। एक औसत व्यक्ति जिन बातों को सत्य मान कर चलता है, दार्शनिक उनकी सत्यता के बारे में भी प्रश्न उठाते हैं। ऐसे में उनका अपने विषय के क्षेत्र और पद्धति के बारे में मौलिक प्रश्न उठाना स्वाभाविक ही है। दर्शनशास्त्र के विषय-वस्तु, दर्शनशास्त्र की शाखाओं के तुलनात्मक महत्त्व और दर्शनशास्त्र की विधि के बारे में दार्शनिकों में मतभेद हैं। ऐसे में कई बार दर्शनशास्त्र की ऐसी परिभाषाएँ भी दी गयी हैं, जिनमें दर्शन-शास्त्र को दर्शनशास्त्र की किसी एक शाखा या किसी एक पद्धति से जोड़ दिया गया। दर्शनशास्त्र के किसी भी गम्भीर विद्यार्थी के लिए यह जरूरी है कि वह दार्शनिकों के बीच इन मतभेदों और उनके कारणों को जाने, और विभिन्न स्थितियों के पक्ष-विपक्ष में दी गयी युक्तियों का मूल्यांकन कर सत्य निष्कर्ष तक पहुँचने का प्रयत्न करें। लेकिन प्रारम्भिक दृष्टि से दर्शनशास्त्र के स्वरूप को समझने का सर्वश्रेष्ठ तरीका यही है कि दर्शनशास्त्र की प्रमुख शाखाओं, उनकी समस्याओं और दर्शनशास्त्र की प्रमुख विधियों को जान लिया जाए।

दर्शनशास्त्र की शाखाएँ

दर्शनशास्त्र की प्रमुख शाखाएँ निम्नलिखित हैं—

(i) शब्दमीमांसा(Semantics), (ii) तर्कशास्त्र,(iii) ज्ञानमीमांसा,(iv)तत्त्वमीमांसा, (v)नीतिशास्त्र,(vi)समाज एवं राजनीति दर्शन, (vii) धर्म-दर्शन और (viii) विज्ञान-दर्शन।

शब्दमीमांसा या संज्ञासंज्ञिमीमांसा (*Semantics*)—आज के समय में संज्ञासंज्ञिमीमांसा या शब्दमीमांसा को दर्शनशास्त्र के अन्तर्गत महत्त्वपूर्ण स्थान दिया जाता है। जॉन हॉस्पर्स ने अपनी पुस्तक *An Introduction to Philosophical Analysis* की शुरूआत शब्दमीमांसा द्वारा की है। हॉस्पर्स के अनुसार शब्दमीमांसा के अन्तर्गत भाषा द्वारा हम जिसके बारे में बात करते हैं, और भाषा के बीच के सम्बन्ध का अध्ययन किया जाता है।[1] शब्द क्या है? शब्द अर्थ कैसे ग्रहण करते हैं? शब्द और वस्तुओं के बीच क्या सम्बन्ध है? ''अर्थ'' शब्द का क्या अर्थ है? इस तरह के प्रश्नों का उत्तर संज्ञासंज्ञिमीमांसा के अन्तर्गत ढूँढ़ा जाता है।

तर्कशास्त्र (*Logic*)—तर्कशास्त्र दर्शनशास्त्र की एक प्राचीन शाखा है। पश्चिमी दर्शन के सन्दर्भ में इसकी स्थापना का श्रेय अरिस्टॉट्ल को है। अरिस्टॉट्ल के अनुसार तर्कशास्त्र का अध्ययन दो दृष्टियों से किया जा सकता है—एक ओर तर्कशास्त्र एक औजार है जिसके द्वारा अनुमान (reasoning) के सही या गलत होने की जाँच की जाती है; और दूसरी ओर तर्कशास्त्र के सिद्धान्त और उसकी विधियाँ स्वयं दार्शनिक अन्वेषण का विषय हैं। प्रारम्भिक विद्यार्थी तर्कशास्त्र का अध्ययन अनुमान के मूल्यांकन के औजार के रूप में ही करते हैं। कोपी के अनुसार तर्कशास्त्र उन विधियों और सिद्धान्तों का अध्ययन है, जिनके प्रयोग द्वारा सही और गलत युक्तियों (arguments) के बीच अन्तर किया जा सकता है।[2] तर्कशास्त्र की दो शाखाएँ हैं—(i) निगमन तर्कशास्त्र (deductive logic) और (ii) आगमन तर्कशास्त्र (inductive logic)।

ज्ञानमीमांसा (*Epistemology*)— ''ज्ञानमीमांसा'' का अर्थ है ''ज्ञान का विश्लेषण''।

1. John Hospers, *An Introduction to Philosophical Analysis* (New Delhi : Allied Publishers Private Ltd., 1975), p. 1.
2. Irving M. Copi, *Symbolic Logic* (New York : Macmillan Publishing Co. Inc., 1979), p. 1.

इसके अन्तर्गत ज्ञान के स्वरूप, स्रोत, विस्तार और सीमा की चर्चा की जाती है। इसके अलावा, ज्ञानमीमांसा के अन्तर्गत ज्ञाता और ज्ञेय के बीच के सम्बन्ध की भी चर्चा की जाती है। ज्ञान का स्वरूप क्या है? ज्ञान का स्रोत क्या है? ज्ञान का विस्तार और उसकी सीमा क्या है? क्या ज्ञात वस्तु (ज्ञेय) अपने अस्तित्व के लिए ज्ञाता के मस्तिष्क पर निर्भर है, या उसका बाह्य जगत में अपना स्वतन्त्र अस्तित्व है? ज्ञानमीमांसा के अन्तर्गत इन प्रश्नों पर विचार किया जाता है। वैसे तो दर्शनशास्त्र में ज्ञानमीमांसा से सम्बन्धित प्रश्नों पर प्राचीन काल से ही चर्चा होती चली आ रही है, लेकिन आधुनिक पाश्चात्य दर्शन में देकार्त के बाद से इसे अधिक प्रमुखता दी जाने लगी।

तत्त्वमीमांसा (*Metaphysics*)—तत्त्वमीमांसा दर्शनशास्त्र की सबसे पुरानी और विवादास्पद शाखा है। कभी तो इसे दर्शन का पर्याय ही मान लिया गया, और दूसरी ओर, बीसवीं सदी में तर्कीय प्रत्यक्षवादियों (logical positivists) द्वारा इसे दर्शनशास्त्र के दायरे से बाहर निकालने के प्रयत्न भी हुए हैं।

पश्चिमी दर्शन की शुरूआत प्राचीन ग्रीक दार्शनिक थेलिस से मानी जाती है। थेलिस ने विश्व को उसकी सम्पूर्णता में समझने का प्रयास किया। थेलिस के अनुसार जल ही परम तत्त्व है। सारी चीजें पानी से ही निकली हैं, और पानी में ही मिल जाएँगी। इस तरह, दर्शन की शुरूआत ही इस विश्व को उसकी सम्पूर्णता में समझने के प्रयास से हुई है, और आरम्भ में दर्शनशास्त्र में तत्त्वमीमांसा की ही प्रमुखता रही। तत्त्वमीमांसा विश्व को सम्पूर्णता में समझने का प्रयास है। इस विश्व का मूल तत्त्व या आदि कारण क्या है? परम तत्त्व का स्वरूप क्या है? उसकी संख्या कितनी है? तत्त्वमीमांसा के अन्तर्गत इन्हीं प्रश्नों का उत्तर ढूँढ़ने का प्रयास किया गया है।

तर्कीय प्रत्यक्षवादियों ने तत्त्वमीमांसा को दर्शनशास्त्र से इसलिए निकालने का प्रयास किया, क्योंकि उनके अनुसार तथ्य-सम्बन्धी ऐसे कथन, जिनका वैज्ञानिक विधि से सत्यापन (scientific verification) सम्भव न हो, निरर्थक होते हैं; और तत्त्वमीमांसा में ऐसे निरर्थक वाक्य ही रहा करते हैं। तर्कीय प्रत्यक्षवादियों के अनुसार दर्शन का एकमात्र कार्य है तार्किक विश्लेषण।

यह सच है कि तत्त्वमीमांसा के ऐसे कथनों का, जिनमें ''इन्द्रिय अनुभव से परे'' या ''अनुभवातीत जगत'' (transcendental reality) की बात की जाती है, वैज्ञानिक दृष्टि से सत्यापन सम्भव नहीं है, और ऐसे कथन ज्ञान प्राप्त करने की दृष्टि से निरर्थक होते हैं। लेकिन यह नहीं कहा जा सकता है कि तत्त्वमीमांसा के सभी कथन ऐसे ही होते हैं। उदाहरण के तौर पर, थेलिस के सिद्धान्त को ही लें जिसके अनुसार पानी ही मूल तत्त्व है। इस कथन की जाँच वैज्ञानिक विधि से की जा सकती है। आज यह जानकारी उपलब्ध है कि पानी दो तत्त्वों—हाइड्रोजन और ऑक्सीजन—से बना है; और इन दो तत्त्वों के अलावा विश्व में और भी कई तत्त्व हैं। इसलिए, थेलिस का यह सिद्धान्त असत्य है। ऐसा लगता है कि तत्त्वमीमांसा के विरुद्ध तर्कीय प्रत्यक्षवादियों की आपत्तियाँ प्रत्ययवादी (idealistic) तत्त्वमीमांसा पर लागू होती है, भौतिकवाद (materialism) या प्रकृतिवाद (naturalism) पर नहीं।

नीतिशास्त्र (*Ethics*)—नीतिशास्त्र भी दर्शन की एक पुरानी और महत्त्वपूर्ण शाखा है। प्लेटो की रचनाओं में भी नीतिशास्त्रीय समस्याओं की चर्चा हुई है। अरिस्टॉट्ल ने

निकोमेकियन एथिक्स (*Nichomachean Ethics*) नाम के ग्रन्थ की रचना की जिसे नीतिशास्त्र का प्रथम व्यवस्थित ग्रन्थ माना जाता है। इसके अलावा, प्राचीन ग्रीक दार्शनिकों में अरिस्टिपस, एपिक्यूरस और आधुनिक पाश्चात्य दार्शनिकों में बेन्थम, मिल और कान्ट आदि का नीतिशास्त्र में योगदान रहा है।

नीतिशास्त्र के अन्तर्गत मानक (normative) या आदर्शमूलक दृष्टि से मानव आचरण का अध्ययन किया जाता है। जैसा कि जी० ई० मूर ने 1903 में प्रकाशित अपनी प्रसिद्ध पुस्तक *Prinicipia Ethica* में कहा है, नैतिक दार्शनिकों ने मुख्य रूप से दो प्रश्नों का उत्तर ढूँढ़ने का प्रयत्न किया—एक, किस किस्म के वस्तुओं का अपने-आप में अस्तित्व होना चाहिए, या कौन-सी वस्तुएँ साध्य के रूप में अच्छी हैं? और दो, किस किस्म के कर्मों को हमें करना चाहिए?[1]

अपनी पुस्तक *An Introduction to Philosophical Analysis* में जॉन हॉस्पर्स ने नीतिशास्त्र की दो शाखाएँ बतलायी हैं—पहली शाखा जो प्लेटो और अरिस्टॉट्ल से लेकर मूर तक प्रमुख रही है, उसे हॉस्पर्स ने **मानक नीतिशास्त्र** (normative ethics) कहा है। इसके अन्तर्गत इस प्रश्न का तर्कसंगत उत्तर ढूँढ़ने का प्रयत्न किया जाता है कि कौन-सी वस्तुएँ अपने-आप में अच्छी हैं और कौन से कर्म उचित हैं। दूसरी शाखा जो बीसवीं सदी में प्रमुख हो गयी है, उसे हॉस्पर्स ने **अधिनीतिशास्त्र** (metaethics) कहा है।

हॉस्पर्स के अनुसार, अधिनीतिशास्त्र के अन्तर्गत नैतिक शब्दों "शुभ" (good), "अशुभ" (bad), "उचित" (right) और "अनुचित" (wrong) आदि के अर्थ, और उनके अर्थों के बीच परस्पर सम्बन्धों का अध्ययन किया जाता है।[2] लेकिन अब अधिनीतिशास्त्र का क्षेत्र कुछ और व्यापक हुआ है और इसके अन्तर्गत नैतिक शब्दों के अर्थों के अतिरिक्त नैतिक निर्णय के स्वरूप, उसके कार्य, नैतिक असहमति के स्वरूप और उसे दूर करने की विधि (ethical method) का भी अध्ययन किया जाता है।

मानक नीतिशास्त्र और अधिनीतिशास्त्र के अतिरिक्त अब **अनुप्रयुक्त नीतिशास्त्र** (applied ethics) को भी महत्त्व दिया जा रहा है। इसके अन्तर्गत किसी तात्कालिक महत्त्व की व्यावहारिक समस्या का नैतिक समाधान ढूँढ़ने का प्रयास किया जाता है।[3] वास्तव में नीतिशास्त्र की ये सभी शाखाएँ आपस में जुड़ी हुई हैं। जैसा कि हम आगे देखेंगे नीतिशास्त्र का समाज एवं राजनीति दर्शन से भी निकट सम्बन्ध है।

समाज एवं राजनीति दर्शन (*Social and Political Philosophy*)—जब दार्शनिक विधि से समाज के बारे में विचार किया जाता है, तो उसे समाज-दर्शन कहते हैं। समाज दर्शन में सामाजिक संरचना, सामाजिक मूल्यों और आदर्शों, सामाजिक समितियों और संस्थाओं, सामाजिक प्रक्रियाओं और परिवर्तनों के बारे में विचार किया जाता है।

इसी तरह, जब दार्शनिक विधि से राज्य और राजनीति के बारे में चिन्तन करते हैं, तो उसे राजनीति दर्शन कहा जाता है। राजनीति दर्शन में राजनीतिक अवधारणाओं, राजनीतिक मूल्यों और राजनीतिक विचारधाराओं के बारे में विचार किया जाता है। समाज दर्शन का समाजशास्त्र से और राजनीति दर्शन का राजनीति विज्ञान से निकट सम्बन्ध है।

---

1. G.E. Moore, *Principia Ethica* (Cambridge : Cambridge University Press, 1965), pp. VII-VIII.
2. John Hospers, An *Introduction to Philosophical Analysis*, p.567.
3. Peter Singer (ed.), *Applied Ethics* (Oxford : Oxford University Press, 1986), p. 1.

''सामाजिक'' शब्द का प्रयोग जब व्यापक अर्थ में किया जाता है, तब इसके अन्तर्गत राजनीति भी शामिल है, क्योंकि राज्य भी एक सामाजिक समिति है। इस दृष्टि से समाज दर्शन राजनीति दर्शन से अधिक व्यापक है। राजनीति दर्शन समाज दर्शन का ही एक अंग है।

मॉरिस गिन्सबर्ग ने अपनी पुस्तक *Sociology* में समाज दर्शन के दो पक्ष बतलाएँ हैं—एक, **समीक्षात्मक** या **तार्किक** (critical or logical), जिसके अन्तर्गत समाज विज्ञानों की विधियों और सिद्धान्तों की वैधता के बारे में अध्ययन किया जाता है। समाज दर्शन के इस पक्ष का तर्कशास्त्र के साथ निकट सम्बन्ध है, और इसे समाज विज्ञान का दर्शन (philosophy of social science) भी कहते हैं।

दो, **रचनात्मक** या **संश्लेषात्मक** (constructive or synthetic), जिसका सम्बन्ध सामाजिक आदर्शों की वैधता से है। समाज दर्शन के इस पक्ष का नीतिशास्त्र के साथ निकट सम्बन्ध है। इसमें नीतिशास्त्र के परिणामों को सामाजिक संगठन और सामाजिक विकास की समस्याओं पर लागू किया जाता है।[1]

डी०डी० रैफेल ने अपनी पुस्तक *Problems of Political Philosophy* में यह दिखलाया है कि (i) सम्प्रत्ययों के स्पष्टीकरण (clarification of concepts), और (ii) विश्वासों के समीक्षात्मक मूल्यांकन (critical evaluation of beliefs) की दार्शनिक विधि को राज्य और राजनीति की समस्याओं पर किस तरह लागू किया जाता है।[2] (समाज दर्शन और राजनीति दर्शन के स्वरूप की विस्तृत चर्चा अगले अध्यायों में की गयी है।)

धर्म-दर्शन (*Philosophy of Religion*)—धर्म और धर्म-दर्शन दो अलग-अलग वस्तुएँ हैं। धर्म-दर्शन धर्म नहीं है। धर्म-दर्शन दार्शनिक विधि से धर्मों का अध्ययन है। इस तरह, धर्म-दर्शन दर्शनशास्त्र की एक शाखा है। धर्म क्या है? विभिन्न धर्मों की बुनियादी मान्यताएँ क्या है? धर्म का आधार क्या है? विभिन्न धर्मों की बुनियादी मान्यताएँ कहाँ तक सत्य हैं? विभिन्न धर्मों में क्या समानताएँ हैं और उनमें क्या अन्तर है? क्या विभिन्न धर्मों के बीच सामंजस्य स्थापित कर पाना सम्भव है? धर्म-दर्शन के अन्तर्गत इन और ऐसे ही अन्य प्रश्नों का उत्तर ढूँढ़ा जाता है।

धर्म-दर्शन और धर्मशास्त्र (theology) के बीच भी अन्तर है। धर्मशास्त्र का जुडाव किसी धर्म-विशेष से होता है। आमतौर से धर्मशास्त्रियों की रुचि अपने धर्म की मान्यताओं को स्पष्ट करने और अपने धर्म को सर्वश्रेष्ठ स्थापित करने में होती है। जबकि धर्म-दार्शनिक निष्पक्ष और तार्किक दृष्टि से सभी धर्मों का मूल्यांकन करता है, किसी एक धर्म-विशेष से जुड़ कर नहीं।

विज्ञान-दर्शन (*Philosophy of Science*)—विज्ञान-दर्शन के अन्तर्गत विभिन्न विज्ञानों के उद्देश्यों, विधियों और उपलब्धियों की चर्चा की जाती है। विज्ञान-दर्शन की दो शाखाएँ हैं—(i) प्राकृतिक विज्ञान-दर्शन (philosophy of natural science) और (ii) समाज विज्ञान-दर्शन (philosophy of social science)।

---

1. Morris Ginsberg, *Sociology* (Delhi : Surjeet Publicatons, 1979), p. 26.
2. D.D. Raphael, *Problems of Political Philosophy* (Hong Kong : The Macmillan Press Ltd., 1978), pp. 3-17.

समाज विज्ञान-दर्शन का अध्ययन समाज दर्शन के अन्तर्गत भी किया जाता है।

दर्शनशास्त्र की ऊपर बतायी गयी शाखाओं के अतिरिक्त इतिहास-दर्शन (philosophy of history), विधि-दर्शन (philosophy of law) और सौन्दर्यशास्त्र (aesthetics) भी दर्शनशास्त्र की शाखाएँ हैं। इस तरह दर्शन के विषय-वस्तु में अभी भी एक व्यापकता बनी हुई है, और विभिन्न विज्ञानों से इसका सम्बन्ध पूरी तरह टूटा नहीं है।

दर्शन की विधि

जैसा कि पहले उल्लेख किया गया है, दर्शन की विधि या प्रणाली के स्वरूप के बारे में दार्शनिकों और दार्शनिक धाराओं के बीच मतभेद रहे हैं। लेकिन मोटे तौर पर, हम यह कह सकते हैं कि दर्शनशास्त्र का आधार है—तर्कबुद्धि (reason)। दर्शनशास्त्र एक तर्कबुद्धिपरक अन्वेषण है। हालांकि कुछ ''दार्शनिकों'' ने अन्तःप्रज्ञा (intutition) की वकालत की है, लेकिन इसे आम तौर से स्वीकार नहीं किया जाता है।

थेलिस को अगर पहला दार्शनिक माना गया है, तो इसलिए क्योंकि थेलिस ने देवी-देवताओं और ''अतिप्राकृतिक'' सत्ताओं की सहायता लिए बिना, मानव बुद्धि के आधार पर विश्व की व्याख्या करने का प्रयत्न किया।

दर्शनशास्त्र के अन्तर्गत जिन प्रश्नों का उत्तर ढूँढ़ा जाता है, उनमें से कुछ के उत्तर विभिन्न धर्मों के दायरे में भी उपलब्ध है, जैसे, इस विश्व का स्वरूप क्या है? इस जीवन का लक्ष्य क्या है? हमें किस प्रकार का आचरण करना चाहिए, और किस प्रकार का नहीं? लेकिन, धर्मों द्वारा दिए गए इन प्रश्नों के उत्तरों का आधार सामान्यतः तर्कबुद्धि नहीं, बल्कि आस्था (faith) या श्रुति (revelation) है। विभिन्न धर्मावलम्बियों की आमतौर से अपने-अपने धर्मग्रन्थों में आस्था होती है, और इस आस्था के आधार पर ही वे अपने-अपने धर्मों की मान्यताओं को स्वीकार कर लेते हैं। दूसरी ओर, दर्शनशास्त्र में बड़े-से-बड़े दार्शनिक के विचारों की भी तार्किक समीक्षा की जाती है, और उनके सिद्धान्तों को तभी स्वीकार किया जाता है, जब वे हमारी तर्कबुद्धि को सन्तुष्ट करते हैं।

दार्शनिक विधि को लेकर मुख्य मतभेद परिकल्पनात्मक (speculative) और समीक्षात्मक (critical) दर्शन के बीच है। परिकल्पनात्मक दर्शन के अनुसार दर्शनशास्त्र चिन्तन द्वारा इस विश्व को सम्पूर्णता में समझने का और विशेषकर उसके अर्थ, उद्देश्य और महत्त्व को जानने का प्रयास है।

दूसरी ओर, समीक्षात्मक दर्शन के अनुसार दर्शन विज्ञान और सामान्य-बुद्धि (common sense) द्वारा प्रयोग में लाए जाने वाले संप्रत्ययों का समीक्षात्मक मूल्यांकन है।

आमतौर से समीक्षात्मक दार्शनिकों द्वारा परिकल्पनात्मक दार्शनिकों की आलोचना की गयी है। लेकिन ऐसा नहीं है कि परिकल्पनात्मक दार्शनिकों ने तर्कबुद्धि का बिल्कुल ही सहारा नहीं लिया है। परिकल्पनात्मक दार्शनिकों की विधि भी काफी हद तक तर्कबुद्धि पर ही आधारित होती है। उदाहरण के तौर पर, हम प्लेटो को लें, जिन्हें परिकल्पनात्मक दार्शनिक ही माना जाएगा। प्लेटो के अनुसार दार्शनिक ज्ञान की पहली विशेषता यह है कि उसे समीक्षात्मक विचार-विमर्श द्वारा परीक्षण का सामना करने में समर्थ होना चाहिए।

अगर कोई व्यक्ति कभी-कभी उचित कर्मों को कर लेता है, तो यह उसके दार्शनिक ज्ञान से सम्पन्न होने का प्रमाण नहीं है। उसे अपने कर्मों के समर्थन में ऐसी युक्तियाँ देने में समर्थ

होना चाहिए जो समीक्षात्मक परीक्षा की कसौटी पर खरी उतर सके। प्लेटो के अनुसार दर्शनशास्त्र प्रचलित मान्यताओं की समीक्षा द्वारा आगे बढ़ता है।

परिकल्पनात्मक दार्शनिकों द्वारा भूल तब हुई है, जब उन्होंने यह मान लिया कि इस विश्व के निरीक्षण के बिना, शुद्ध बुद्धि या अनुभवनिरपेक्ष तत्त्वमीमांसीय परिकल्पना (a priori metaphysical speculation) द्वारा इस विश्व की वास्तविकता को जाना जा सकता है; या जब वे ''इन्द्रिय अनुभव से परे'' और ''अनुभवातीत जगत्'' के बारे में बातें करने लगे। समीक्षात्मक दार्शनिकों ने इसे ही अपने आक्रमण का निशाना बनाया। वास्तविकता सम्बन्धी किसी सिद्धान्त की सत्यता के लिए उसमें सिर्फ आन्तरिक तार्किक संगति का होना ही पर्याप्त नहीं है। उसका वास्तविकता से मेल होना भी जरूरी है। नहीं तो, इस विश्व को समग्रता में समझने के प्रयास या दर्शनशास्त्र में कल्पना की सहायता लेना अपने-आप में कोई बुद्धि-विरोधी बात नहीं है। दरअसल, दार्शनिकों की कल्पना समीक्षा द्वारा नियंत्रित होती है। इस मायने में वह रहस्यवादियों या कवियों की कल्पना की तरह नहीं, बल्कि वैज्ञानिकों की प्राक्कल्पना (hypothesis) की तरह होती है।

यह सही है कि दार्शनिकों की कल्पना तार्किक समीक्षा द्वारा नियंत्रित होती है, लेकिन मात्र इतना कह देने से दार्शनिक विधि की पूरी व्याख्या नहीं हो जाती है, क्योंकि यह बात तो प्राकृतिक और समाज विज्ञान के लिए भी सत्य है। दरअसल, दार्शनिक विधि और वैज्ञानिक विधि के बीच भी अन्तर है। विज्ञान में तथ्यों के निरीक्षण (observation), प्रयोग (experiment), प्राक्कल्पना (hypothesis) और सत्यापन (verification) द्वारा सामान्य नियमों की स्थापना के लिए प्रयत्न किए जाते हैं। दूसरी ओर, दार्शनिक वैज्ञानिकों की तरह प्रयोगशालाओं में प्रयोग नहीं करते हैं। वे मुख्य रूप से विश्लेषण की सहायता लेते हैं। वैसे तो दर्शन के लम्बे इतिहास में अलग-अलग समस्याओं के समाधान के लिए दार्शनिकों द्वारा अलग-अलग विधियाँ अपनायी गयी हैं। लेकिन बीसवीं सदी में अंग्रेजी भाषी देशों में और उनके प्रभाव से भारत में भी विश्लेषणात्मक विधि की ही प्रमुखता रही है।

दर्शनशास्त्र के लक्षण—जॉन हॉस्पर्स के अनुसार दर्शनशास्त्र के चार मुख्य परिभाषक लक्षण हैं।[1] इनमें से दो का सम्बन्ध दार्शनिक विधि से और दो का दर्शन की समस्याओं के स्वरूप से है—

1. **सम्प्रत्ययों का स्पष्टीकरण** (clarification of concepts)—दर्शनशास्त्र का सम्बन्ध सम्प्रत्ययों के स्पष्टीकरण और मुख्य पदों या शब्दों के स्पष्टतर प्रयोग से है। दर्शनशास्त्र में जिन सम्प्रत्ययों पर विचार किया जाता है वे अक्सर अत्यधिक अमूर्त होते हैं। इसलिए, ''इससे आपका क्या अर्थ है?''—यह प्रश्न दार्शनिकों द्वार बार-बार पूछा जाता है।

2. **विश्वासों का समीक्षात्मक मूल्यांकन** (critical evaluation of beliefs)—दर्शनशास्त्र में तर्क और युक्ति के आधार पर आगे बढ़ा जाता है। किसी भी कथन को दार्शनिक तभी कहा जाएगा, जब युक्ति द्वारा उसका समर्थन या विरोध किया जाएगा। अन्तःप्रज्ञा, आस्था या आप्तवचन (authority) के आधार पर कही गयी किसी भी बात को दर्शनशास्त्र में कोई स्थान नहीं दिया जाता है। इस तरह, दर्शनशास्त्र में अर्थ-सम्बन्धी और विश्वासों की सत्यता से सम्बन्धित या ज्ञान-सम्बन्धी प्रश्न उठाए जाते हैं।

1. John Hospers, Op. Cit., pp. 55-56.

दार्शनिक समस्याओं के स्वरूप के बारे में जिन दो लक्षणों का उल्लेख हॉस्पर्स ने किया है, वे इस प्रकार हैं—

3. **दर्शनशास्त्र का सम्बन्ध मूलभूत प्रश्नों (ultimate questions) से है।** दर्शन में हर विषय-वस्तु से सम्बन्धित बुनियादी प्रश्न उठाए जाते हैं। विभिन्न विज्ञानों, कलाओं और धर्मशास्त्र की मौलिक पूर्वमान्यताओं की जाँच की जाती है। उदाहरण के तौर पर, धर्म-दर्शन में यह प्रश्न किया जाता है कि ''क्या धर्मों की मूलभूत मान्यताएँ सत्य हैं?''

4. **दर्शनशास्त्र की समस्याएँ सामान्य (general) किस्म की होती हैं।** उदाहरण के तौर पर, दर्शनशास्त्र में यह प्रश्न नहीं उठाया जाता है कि ''यह कुर्सी क्या है?'' बल्कि सामान्य तौर पर यह प्रश्न किया जाता है कि ''भौतिक वस्तु (physical object) क्या है?'' दर्शनशास्त्र के विषय-वस्तु की इस व्यापकता के कारण ही दर्शनशास्त्र को ''सभी विज्ञानों का संश्लेषण'' भी कहा जाता है, हालांकि कभी-कभी इस दावे पर प्रश्न चिह्न भी खड़े किए जाते हैं।

दर्शनशास्त्र के हॉस्पर्स द्वारा बताए गए चार लक्षणों के अतिरिक्त एक और लक्षण महत्त्वपूर्ण है—

5. **दर्शनशास्त्र में मूल्य और आदर्श-सम्बन्धी मानक (normative) प्रश्न भी पूछे जाते हैं।** उदाहरण के तौर पर, नीतिशास्त्र में मानव-आचरण का अध्ययन मानक दृष्टि से किया जाता है। नीतिशास्त्र में यह प्रश्न नहीं उठाया जाता है कि ''मानव-आचरण कैसा है?'' बल्कि यह प्रश्न पूछा जाता है कि ''मानव-आचरण को कैसा होना चाहिए?'' इसी तरह, समाज और राजनीति दर्शन के रचनात्मक या नैतिक पक्ष के अन्तर्गत सामाजिक और राजनीतिक समस्याओं पर मानक दृष्टि से विचार किया जाता है।

वैसे तो दर्शन में शुरू से ही दार्शनिक विधि को महत्त्व दिया गया है, लेकिन समकालीन दर्शन में इसे और भी अधिक महत्त्व दिया जाने लगा है। **दर्शनशास्त्र सीखने का अर्थ यह नहीं है कि सिर्फ बड़े-बड़े दार्शनिकों के नाम और उनके दर्शन को जान लेना। दर्शनशास्त्र सीखने का अर्थ है दार्शनिक विधि से दार्शनिक समस्याओं पर विचार करना सीखना।** अतीत और वर्तमान के दार्शनिकों के दर्शन की जानकारी इस कार्य में बहुत सहायक होती है।

दर्शनशास्त्र का जीवन, विचार और संस्कृति से सम्बन्ध

जीवन, विचार और संस्कृति से दर्शन के सम्बन्ध पर विचार करने से पहले ''संस्कृति'' शब्द का अर्थ स्पष्ट करना प्रासंगिक होगा। आम बोल-चाल में अक्सर ''संस्कृति'' शब्द का संकुचित अर्थ में इस्तेमाल किया जाता है, और इसे मुख्यतः संगीत, कला और साहित्य से जोड़ा जाता है। लेकिन समाजशास्त्र में ''संस्कृति'' शब्द का प्रयोग व्यापक अर्थ में किया जाता है। रैल्फ लिन्टन के अनुसार किसी समाज के सदस्यों के व्यवहार करने के तरीकों को, उनके साझा विचारों और आदतों को, जिन्हें वे समाज में सीखते हैं और पीढ़ी-दर-पीढ़ी हस्तान्तरित करते हैं, उस समाज की संस्कृति कहते हैं।

इस तरह ''संस्कृति'' शब्द के व्यापक अर्थ के अन्तर्गत ज्ञान, विश्वास, मूल्य, प्रतिमान (norms), प्रचलन (custom), कानून, खान-पान, वेश-भूषा, रहन-सहन, भाषा, साहित्य, कला और संगीत आदि सभी शामिल हैं। संस्कृति के इस व्यापक अर्थ में दार्शनिक चिन्तन और दर्शनशास्त्र का अध्ययन-अध्यापन भी कई संस्कृतियों का एक अंग

है। इसके अलावा, हर संस्कृति में इस विश्व एवं जीवन के बारे में कुछ बुनियादी विश्वास और मूल्य रहा करते हैं। इन्हें हम उस संस्कृति का केन्द्र बिन्दु मान सकते हैं, क्योंकि किसी समाज के प्रतिमान, कानून, प्रचलन आदि इन बुनियादी विश्वासों और मूल्यों पर ही आधारित होते है। इस तरह, हर संस्कृति के मूल में कुछ ऐसी मान्यताएँ होती हैं, जिनका सम्बन्ध दर्शनशास्त्र के विषय-वस्तु से रहता है। ''दर्शन'' शब्द के लोकप्रिय अर्थ में इसे उस संस्कृति का दार्शनिक आधार कहा जा सकता है। लेकिन यह जरूरी नहीं कि वह ''दर्शन'' शब्द के तकनीकी अर्थ में भी दर्शन हो, क्योंकि यह जरूरी नहीं कि इन मान्यताओं तक पहुँचने के लिए तर्कबुद्धि पर आधारित दार्शनिक विधि का इस्तेमाल किया गया हो। अक्सर इन मान्यताओं का स्रोत उस समाज में प्रचलित धर्म या धर्मों में होता है, और उन्हें आस्था के आधार पर स्वीकार कर लिया जाता है।

दर्शन और संस्कृति के बीच के सम्बन्ध के सन्दर्भ में इतना तो स्पष्ट ही है कि किसी भी संस्कृति की बुनियादी मान्यताओं का सम्बन्ध दर्शनशास्त्र के विषय-वस्तु से रहता है। इससे हम यह भी समझ सकते हैं कि दर्शनशास्त्र, संस्कृति, विचार और जीवन के बीच कितना निकट सम्बन्ध है। **कुछ लोगों की यह धारणा कि दर्शनशास्त्र और जीवन के बीच कोई सम्बन्ध नहीं है, दर्शनशास्त्र के बारे में अज्ञान या अपर्याप्त जानकारी पर आधारित है।** दरअसल, दर्शनशास्त्र की समस्याएँ मानव-जीवन से ही ली जाती हैं। विश्व के स्वरूप, जीवन के अर्थ और जीवन के मूल्यों के बारे में हर व्यक्ति के कुछ-न-कुछ विचार होते ही है, चाहे उस व्यक्ति ने कभी दर्शनशास्त्र का अध्ययन किया हो या न किया हो। दूसरे शब्दों में, हर व्यक्ति का अपना एक जीवन-दर्शन होता है, जिसके आधार पर वह अपना जीवन जीता है। लेकिन अक्सर इस जीवन-दर्शन में स्पष्टता, तार्किक संगति और वास्तविकता से मेल का अभाव रहता है।

दूसरी ओर, दर्शनशास्त्र में दर्शनशास्त्र के विषय-वस्तु से सम्बन्धित समस्याओं का दार्शनिक विधि से अध्ययन किया जाता है। इसके अलावा, दर्शनशास्त्र में दर्शनशास्त्र के विषय-वस्तु से सम्बन्धित लोकप्रिय और प्रचलित मान्यताओं की समीक्षा भी की जाती है। दूसरे शब्दों में, दर्शनशास्त्र किसी भी संस्कृति की मूल मान्यताओं को तर्कबुद्धि की कसौटी पर कसता है, और संस्कृति के आधार को तर्कसंगत बनाकर उसे सुदृढ़ करने में सहायता करता है। इसलिए, हम यह कह सकते हैं कि **दर्शनशास्त्र मानव-जीवन और संस्कृति को बेहतर बनाने में सहायक है।** एक ओर जीवन का दर्शन पर, और दूसरी ओर, दर्शन का जीवन और संस्कृति पर गहरा असर होता है।

कभी-कभी कुछ लोगों द्वारा कहा जाता है कि दर्शनशास्त्र व्यावहारिक शास्त्र नहीं है। लेकिन ऐसे कहने वाले वही लोग होते हैं, जिन्हें दर्शन की पर्याप्त जानकारी नहीं रहती है। वैसे तो दर्शन की अन्य शाखाओं के समर्थन में भी बहुत कुछ कहा जा सकता है। लेकिन हम सिर्फ तर्कशास्त्र और नीतिशास्त्र की चर्चा द्वारा भी दर्शनशास्त्र की व्यावहारिकता और उपयोगिता को दिखला सकते हैं।

हर इन्सान, चाहे उसने तर्कशास्त्र का अध्ययन किया हो या नहीं, जीवन में हर दिन न जाने कितनी बार अनुमान की सहायता लेता है। कई बार उसके निष्कर्ष सत्य होते हैं और कई बार असत्य। जैसा कि पहले उल्लेख किया गया है, तर्कशास्त्र में उन विधियों और

सिद्धान्तों का अध्ययन किया जाता है जिनके द्वारा सही और गलत युक्तियों के बीच अन्तर किया जा सकता है। **अगर कोई व्यक्ति तर्कशास्त्र का अध्ययन करता है, और उसके नियमों का पालन करने का प्रयत्न करता है, तो ऐसे में उस व्यक्ति के अनुमान के निष्कर्षों के सत्य होने की सम्भावना अधिक रहती है।** अब, कोई भी यह खुद ही समझ सकता है कि सत्य निष्कर्षों के आधार पर आचरण करना व्यावहारिक है या असत्य निष्कर्षों पर! यह तो स्पष्ट ही है कि अगर हम असत्य निष्कर्षों के आधार पर आचरण करेंगे, तो अपने उद्देश्यों को प्राप्त नहीं कर पाएँगे।

इसी तरह, चाहे किसी व्यक्ति ने नीतिशास्त्र का अध्ययन किया हो या नहीं, उसकी इस बारे में कुछ-न-कुछ मान्यताएँ अवश्य रहती हैं कि जीवन में कौन-सी वस्तुएँ पाने योग्य हैं, कौन से कर्म उचित हैं, और कौन से अनुचित। इन्हीं मान्यताओं के आधार पर वह अपना जीवन जीता है, और दूसरों के आचरण का मूल्यांकन करता है। लेकिन अक्सर उसकी ये मान्यताएँ अस्पष्ट रहती हैं, और उनमें तार्किक संगति का अभाव रहता है। यह भी सम्भव है कि ये मान्यताएँ असत्य विश्वासों पर आधारित हों। आमतौर से नैतिक मान्यताओं का स्रोत उस समाज की प्रचलनात्मक नैतिकता में होता है, जिसमें वह व्यक्ति रहता है। दूसरी ओर, नीतिशास्त्र में नैतिकता के इन्हीं बुनियादी प्रश्नों का उत्तर सिलसिलेवार और तर्कसंगत तरीके से ढूँढ़ा जाता है। इस तरह, नीतिशास्त्र हमारे नैतिक विचारों में स्पष्टता लाने और उन्हें तार्किक बनाने में सहायक है। **अगर किसी व्यक्ति ने नीतिशास्त्र का अध्ययन किया हो, तो वह इस बारे में अधिक स्पष्टता के साथ अपना जीवन जी सकता है कि वह क्या कर रहा है, और क्यों। इस तरह, दर्शनशास्त्र हमारे विचारों और जीवन को बेहतर बनाने में सहायक है।**

दर्शनशास्त्र के अध्ययन का एक बड़ा लाभ यह है कि **इससे वैचारिक समस्याओं पर स्पष्ट, निष्पक्ष, सिलसिलेवार और तार्किक चिन्तन का अभ्यास हो जाता है। इसका ज्ञान और जीवन के हर क्षेत्र में महत्त्व है।** विचारों में स्पष्टता होने पर लिखने, बोलने और व्यवहार में भी स्पष्टता और तार्किकता आ जाती है। संक्षेप में, दर्शनशास्त्र का अध्ययन बेहतर जीवन जीने में सहायक है। यह धारणा कि दार्शनिक चिन्तन का या दर्शन का कोई व्यावहारिक मूल्य नहीं है, सरासर गलत है। दरअसल, **दर्शनशास्त्र का अध्ययन और अध्यापन समाज के आधुनिकीकरण में सहायक है।**

भारतीय दर्शन और पाश्चात्य दर्शन

भारतीय विश्वविद्यालयों के पाठ्यक्रमों में आमतौर से दर्शनशास्त्र को ''भारतीय दर्शन'' और ''पाश्चात्य दर्शन'' में वर्गीकृत किया जाता है। वास्तव में देखा जाए तो यह वर्गीकरण भौगोलिक दृष्टि से है, न कि दर्शनशास्त्र की समस्याओं और विधि की दृष्टि से। वैसे तो जिसे ''पाश्चात्य'' (western) दर्शन कहा जाता है, उसे भी राष्ट्र के आधार पर ''ब्रिटिश दर्शन'', ''फ्रेंच दर्शन'', ''जर्मन दर्शन'' और ''अमरीकी दर्शन'' आदि में बाँटा जा सकता है। अगर दर्शन को इस तरह राष्ट्रवादी खेमों में बाँट दिया जाता और इन दर्शनों के बीच कोई आदान-प्रदान नहीं हुआ होता, तो ''पाश्चात्य'' दर्शन की क्या स्थिति हुई होती, इसकी कल्पना की जा सकती है।

तार्किक दृष्टि से देखने पर, दर्शनशास्त्र के क्षेत्र में राष्ट्रवादी आग्रहों का प्रवेश ठीक नहीं मालूम देता है। इससे दर्शनशास्त्र के विकास में बाधा पहुँचती है। दर्शन को सिर्फ ''अच्छे

दर्शन'' और ''बुरे दर्शन'' के रूप में वर्गीकृत किया जाना चाहिए। **जिस दर्शन का सम्बन्ध जीवन की वास्तविक समस्याओं से हो, और जिसमें समस्याओं के समाधान के लिए तार्किक-वैज्ञानिक विधि को अपनाया गया हो, वह अच्छा दर्शन है; और जिस दर्शन का सम्बन्ध काल्पनिक समस्याओं से हो, और जिसमें तार्किक-वैज्ञानिक विधि का इस्तेमाल नहीं किया गया हो, वह बुरा दर्शन है।** इस दृष्टि से देखने पर अच्छा और बुरा दर्शन भारत में भी मिल जाएगा, और पश्चिम में भी। अगर इस मामले में कोई अन्तर है, तो डिग्री का ही होगा। उदाहरण के तौर पर, परम्परागत रूप से ''भारतीय दर्शन'' को परलोकवाद और धर्म से जोड़ा जाता है। लेकिन ऐसा नहीं है कि प्राचीन भारतीय दर्शन में इहलोकवादी और इन्द्रियानुभववादी प्रवृत्तियाँ नहीं है। लोकायत या चार्वाक दर्शन इसका उदाहरण है। इसी तरह, बीसवीं सदी में मानवेन्द्र नाथ रॉय, डॉ० अम्बेदकर और पेरियार जैसे विचारक हुए हैं, जिन्होंने तार्किक और इहलोकवादी दृष्टिकोण अपनाया है, चाहे भले ऐसे विचारकों को विश्वविद्यालयों के पाठ्यक्रमों में पर्याप्त स्थान नहीं दिया गया हो। दूसरी ओर, पश्चिमी दर्शन भी हर देश-काल में परलोकवादी और धार्मिक प्रवृत्तियों से पूरी तौर से मुक्त नहीं रहा है। मध्ययुग में पश्चिम में भी दर्शन पर धर्म का वर्चस्व स्थापित हो गया था। कई दार्शनिकों को इसके विरुद्ध काफी संघर्ष करना पड़ा।

आज के समय में भारतीय दर्शन और पाश्चात्य दर्शन दोनों बिल्कुल अलग-अलग नहीं रह गए हैं। दोनों का एक-दूसरे पर असर हुआ है। भारतीय विश्वविद्यालयों में दर्शन शास्त्र के पाठ्यक्रम का अधिकांश हिस्सा पाश्चात्य दर्शन पर ही आधारित है। इसलिए, अब दर्शन के क्षेत्र में भारतीय और पश्चिमी के झगड़े में पड़ कर, एक-दूसरे को श्रेष्ठ और हीन साबित करने के प्रयत्न में अपने समय और ऊर्जा का अपव्यय करने की बजाय, महत्वपूर्ण दार्शनिक समस्याओं का तार्किक समाधान ढूँढ़ने के प्रयास की ओर ध्यान देना चाहिए। राष्ट्रवादी आग्रहों को त्याग कर, इस काम में जिस देश के भी दार्शनिक के विचारों से मदद मिले, वह मदद बेहिचक लेनी चाहिए।

❑

अध्याय 2

समाज दर्शन का स्वरूप

समाज दर्शन दर्शनशास्त्र की एक शाखा है। **जब दार्शनिक विधि से समाज का अध्ययन करते हैं, तो उसे समाज दर्शन कहा जाता है।** समाज दर्शन के स्वरूप को स्पष्टता से समझने के लिए तीन बातों को समझना जरूरी हैं—(1) ''समाज'' क्या है? (2) दार्शनिक विधि क्या है? (3) दार्शनिक विधि को समाज पर किस तरह से लागू किया जाता है?

समाज

''समाज'' का अध्ययन समाजशास्त्र (sociology) में भी होता है। समाजशास्त्री मैकीवर और पेज के अनुसार, समाज **''सामाजिक सम्बन्धों का ऐसा ताना-बाना है जो निरन्तर परिवर्तनशील है''**।[1]

समाज की इस परिभाषा को समझने के लिए ''सामाजिक सम्बन्ध'' (social relationship) की अवधारणा को समझना जरूरी है। मैकीवर और पेज ने इसे सामाजिक सम्बन्ध और ''भौतिक सम्बन्ध'' (physical relationship) के बीच के अन्तर द्वारा स्पष्ट किया है। उदाहरण के तौर पर, अगर किसी टेबुल पर कोई टाइपराइटर रखा हो, तो उन दोनों के बीच एक सम्बन्ध रहता है। लेकिन यह सम्बन्ध भौतिक होता है, सामाजिक नहीं। क्योंकि यहाँ पर टेबुल और टाइपराइटर को एक-दूसरे के अस्तित्व का बोध (awareness) नहीं रहता है। **जहाँ पर एक-दूसरे के अस्तित्व का बोध हो, और इस बोध के आधार पर एक-दूसरे के साथ आचरण हो, वहीं पर सामाजिक सम्बन्ध और समाज का अस्तित्व होता है।** सामाजिक सम्बन्धों का दायरा बहुत व्यापक है। इसके अन्तर्गत ''राजनीतिक'', ''आर्थिक'', ''व्यक्तिगत'' और ''अव्यक्तिगत'' कहे जाने वाले सम्बन्ध आ जाते हैं। ये सम्बन्ध ''दोस्ताना'' भी हो सकते हैं और ''विरोधपूर्ण'' भी हो सकते हैं। लेकिन, ये सभी सम्बन्ध **सामाजिक** सम्बन्ध हैं क्योंकि वे एक-दूसरे के अस्तित्व के बोध पर आधारित हैं।

ऊपर बताए गए अर्थ में समाज सिर्फ मनुष्यों तक सीमित नहीं है, बल्कि चींटी और मधुमक्खी जैसे अन्य जानवरों के भी समाज होते हैं। समाज दर्शन और समाजशास्त्र का सम्बन्ध मानव समाज से होता है। मानव समाज में राज्य और परिवार जैसी सामाजिक समितियाँ (social associations) और विवाह, तलाक और सम्पत्ति जैसी सामाजिक संस्थाएँ (social institutions) होती हैं। (सामाजिक समिति और सामाजिक संस्था के बीच के अन्तर की चर्चा अगले अध्याय में की गयी है।) इसके अलावा, हर समाज में सामाजिक परिवर्तन भी

1. R.M. MacIver & Charles H. Page, *Society : An Introductory Analysis* (New Delhi : Macmillan India Ltd., 1981), p. 5.

होता रहता है। समाज में वर्ग या जाति के रूप में अलग-अलग स्तर (strata) भी होते हैं। समाज दर्शन में इन सब का दार्शनिक विधि से अध्ययन किया जाता है।

दार्शनिक विधि

दार्शनिक विधि की चर्चा हम पिछले अध्याय में कर चुके हैं। संक्षेप में *An Introduction to Phiosophical Analysis* के लेखक, जॉन हॉस्पर्स के अनुसार दर्शनशास्त्र के चार मुख्य परिभाषक लक्षण हैं—

1. **सम्प्रत्ययों का स्पष्टीकरण** (clarification of concepts)
2. **विश्वासों का समीक्षात्मक मूल्यांकन** (critical evaluation of beliefs)
3. **दर्शनशास्त्र का सम्बन्ध मूलभूत प्रश्नों** (ultimate questions) **से है।**
4. **दर्शनशास्त्र की समस्याएँ सामान्य** (general) **किस्म की होती हैं।**

दर्शनशास्त्र के हॉस्पर्स द्वारा बताए गए चार लक्षणों के अतिरिक्त एक और लक्षण महत्त्वपूर्ण है, जिसकी ओर समाज और राजनीति दर्शन के सन्दर्भ में विशेष तौर से ध्यान देना जरूरी है।

5. **दर्शनशास्त्र में मूल्य और आदर्श सम्बन्धी मानक (normative) प्रश्न भी पूछे जाते हैं।**

हॉस्पर्स द्वारा बताए गए दर्शनशास्त्र के चार लक्षणों में से पहले दो का सम्बन्ध दार्शनिक विधि से है, जबकि बाद के दो लक्षणों का सम्बन्ध दर्शन की समस्याओं के स्वरूप से है। दर्शनशास्त्र की किसी भी अन्य शाखा की तरह समाज दर्शन में भी अपने विषय-वस्तु से सम्बद्ध बुनियादी या मूलभूत प्रश्नों पर सामान्य रूप से चर्चा की जाती है। उदाहरण के तौर पर, किसी भी समाज में कई समितियाँ और संस्थाएँ होती हैं। लेकिन, समाज दर्शन में राज्य और परिवार जैसे बुनियादी महत्त्व की समितियां या सम्पत्ति और विवाह जैसी बुनियादी महत्त्व की संस्थाओं के बारे में चर्चा की जाती है। इसी तरह, समाज दर्शन में जब समाज की चर्चा होती है, तो किसी एक समाज के बारे में नहीं, बल्कि सामान्य तौर से समाज के बारे में चर्चा की जाती है। समाज दर्शन के अंग राजनीति दर्शन में जब राज्य के बारे में चर्चा होती है, तो वह चर्चा भी किसी एक राज्य के बारे में नहीं, बल्कि सामान्य रूप से राज्य के बारे में होती है।

अवधारणाओं का स्पष्टीकरण और विश्वासों का समीक्षात्मक मूल्यांकन

जब दार्शनिक विधि से समाज के बारे में, सामाजिक समितियों और संस्थाओं के बारे में और सामाजिक परिवर्तन जैसी प्रक्रियाओं के बारे में चिन्तन करते हैं, तो उसे समाज दर्शन कहा जाता है। आगे हम इस पर विचार करेंगे कि (1) सम्प्रत्ययों के स्पष्टीकरण (clarification of concepts) और (2) विश्वासों के समीक्षात्मक मूल्यांकन (critical evaluation of beliefs) की दार्शनिक विधि को समाज की समस्याओं पर किस तरह लागू किया जाता है।

अवधारणाओं का स्पष्टीकरण

समाज दर्शन में समाज से जुड़े मौलिक और सामान्य अवधारणाओं का अर्थ स्पष्ट किया

जाता है। इस अध्याय में ''समाज'' शब्द के अर्थ को स्पष्ट करने का प्रयत्न इसका एक उदाहरण है। ''समुदाय'', ''सामाजिक समिति'', ''सामाजिक संस्था'' और ''सामाजिक परिवर्तन'' जैसी महत्त्वपूर्ण सामाजिक अवधारणाओं को स्पष्ट करने का प्रयत्न करना समाज दर्शन का एक महत्त्वपूर्ण कार्य है। इससे समाज दार्शनिक चर्चा में एक स्पष्टता आ जाती है। इस कार्य के लिए समाज दर्शन में समाजशास्त्र की सहायता ली जाती है। ''समाज'', ''समिति'', ''संस्था'' जैसे शब्दों का इस्तेमाल आम बोल-चाल में भी होता है। लेकिन, अक्सर उनके अर्थ को लेकर पूरी स्पष्टता नहीं रहती है। समाजशास्त्र और समाज दर्शन में इन शब्दों का इस्तेमाल एक निश्चित तकनीकी अर्थ में किया जाता है। अगर तकनीकी शब्दों का इस्तेमाल हमेशा एक निश्चित और स्पष्ट अर्थ में किया जाए तो इससे समाजशास्त्रीय और समाज दार्शनिक चर्चाओं में एक स्पष्टता आ जाती है।

अवधारणाओं का स्पष्टीकरण और विश्वासों का समीक्षात्मक मूल्यांकन

परम्परागत रूप से दर्शनशास्त्र में विश्वासों के समीक्षात्मक मूल्यांकन का उद्देश्य ही प्रमुख रहा है; और अवधारणाओं के स्पष्टीकरण को वहीं तक ही महत्त्व दिया गया है, जहाँ तक वह विश्वासों के समीक्षात्मक मूल्यांकन में सहायक हो। लेकिन, बीसवीं सदी के दर्शन में कभी-कभी अवधारणाओं के स्पष्टीकरण को ही अधिक महत्त्व दिया जाने लगा और उसे ही साध्य मान लिया गया।

अगर अवधारणाओं के स्पष्टीकरण को ही अपने-आप में एक लक्ष्य न मान लिया जाए, तो भी अवधारणा के स्पष्टीकरण का अपना केन्द्रीय महत्त्व है, क्योंकि यह विश्वासों के समीक्षात्मक मूल्यांकन की पहली सीढ़ी है। अवधारणाओं के स्पष्टीकरण के बिना हम सही ढंग से विश्वासों का समीक्षात्मक मूल्यांकन भी नहीं कर सकते हैं। उदाहरण के तौर पर, हम ''ईश्वर'' की अवधारणा को स्पष्ट किए बिना सही ढंग से ईश्वर में विश्वास का समीक्षात्मक मूल्यांकन नहीं कर सकते हैं। यह तो, खैर, धर्म-दर्शन का विषय है। लेकिन समाज दर्शन में भी अवधारणाओं के स्पष्टीकरण का केन्द्रीय महत्त्व है। उदाहरण के तौर पर, व्यक्ति और समाज के संम्बन्ध पर मानक दृष्टि से विचार करना समाज दर्शन का एक प्रमुख विषय है, लेकिन ''समाज'' की अवधारणा को स्पष्ट किए बिना इस विषय पर सही ढंग से विचार नहीं किया जा सकता है। इसी तरह, अगर मानक दृष्टि से सामाजिक परिवर्तन पर विचार करना हो, तो इसके लिए यह समझना जरूरी है कि ''सामाजिक परिवर्तन'' है क्या। यही बात वर्ग, जाति, परिवार, विवाह, आदि, पर भी लागू होती है। अगर समाज दर्शन के अंग राजनीति दर्शन के अन्तर्गत किसी राजनीतिक विचारधारा की समीक्षा करनी हो, तो इसके लिए पहले उस विचारधारा के बारे में स्पष्टता हासिल करना जरूरी है।

विश्वासों का समीक्षात्मक मूल्यांकन

विश्वासों के समीक्षात्मक मूल्यांकन के अन्तर्गत किसी विश्वास के समर्थन या विरोध में दी गयी युक्ति का तार्किक मूल्यांकन किया जाता है। कोई युक्ति तार्किक दृष्टि से वैध (valid) है या नहीं, इसकी जाँच तो दार्शनिक तर्कशास्त्र में अपनी विशेषज्ञता के आधार पर आसानी से कर सकते हैं। लेकिन, किसी युक्ति द्वारा कोई निष्कर्ष प्रमाणित हो, और वह निष्कर्ष वास्तव में भी सत्य हो, इसके लिए सिर्फ युक्ति का वैध होना ही पर्याप्त नहीं है। युक्ति के आधार-वाक्यों में वास्तविक सत्यता भी होनी चाहिए।

कभी-कभी प्रश्न यह उठाया जाता है कि आधार-वाक्यों (premise) की वास्तविक सत्यता की जाँच का काम दार्शनिक कैसे करेंगे? क्योंकि तथ्यों का सिलसिलेवार अन्वेषण तो विज्ञान का काम है, न कि दर्शन का। लेकिन यह, दरअसल, कोई इतनी बड़ी समस्या नहीं है। आधार-वाक्यों की वास्तविक सत्यता की जाँच के लिए दार्शनिक सम्बद्ध विज्ञान से प्राप्त निष्कर्षों की सहायता ले सकते हैं। उदाहरण के तौर पर, तत्त्वमीमांसा में भौतिक द्रव्य के स्वरूप पर विचार करते समय भौतिकशास्त्र में भौतिक द्रव्य के बारे में प्राप्त ज्ञान का इस्तेमाल किया जा सकता है। इसी तरह, समाज दर्शन में समाजशास्त्र से या अन्य समाज विज्ञानों या प्राकृतिक विज्ञानों से प्राप्त जानकारी और सामान्य ज्ञान का इस्तेमाल किया जा सकता है।

जिन विश्वासों की समीक्षा की जानी है, वे दो प्रकार के हो सकते हैं—एक, तथ्य-सम्बन्धी (factual) और दो, मूल्य सम्बन्धी या मानक (normative)। दरअसल, समाज से सम्बन्धित तथ्य-सम्बन्धी सिद्धान्तों की समीक्षा समाजशास्त्र में की जाती है, जहाँ समाज का अध्ययन वैज्ञानिक दृष्टि से किया जाता है। समाज दर्शन में विशेष तौर से समाज से सम्बन्धित मानक सिद्धान्तों की समीक्षा की जाती है।

जिन विश्वासों का समीक्षात्मक मूल्यांकन किया जा रहा हो वे विश्वास अगर तथ्य-सम्बन्धी हों, तो उनका मूल्यांकन करना कोई ऐसी बड़ी समस्या नहीं है। लेकिन जैसा कि पहले उल्लेख किया गया है, समाज दर्शन में जिन विश्वासों का मूल्यांकन किया जाता है वे मुख्यतः मानक या आदर्श मूलक होते हैं। नैतिक निर्णयों का तार्किक दृष्टि से समर्थन और विरोध कैसे किया जाए, यह समस्या तथ्य-सम्बन्धी प्रश्नों की तुलना में जटिल जरूर है, लेकिन ऐसा नहीं है कि इसका कोई समाधान सम्भव ही नहीं। दरअसल, इस समस्या का सम्बन्ध दर्शन शास्त्र की एक अन्य शाखा नीतिशास्त्र से है। मानक नीतिशास्त्र (normative ethics) और अधिनीतिशास्त्र (metaethics) में इस प्रश्न पर काफी विचार हुआ है, और हो रहा है। मेरी राय में यहाँ पर विस्तार से इन प्रश्नों की चर्चा में जाना प्रासंगिक नहीं है। यहाँ पर हम इतना ही कह सकते हैं कि समाज दर्शन के नैतिक पक्ष के अन्तर्गत नीतिशास्त्र के निष्कर्षों को समाज पर लागू किया जा सकता है। स्वतन्त्रता और समानता के लोकतान्त्रिक और मानवतावादी मूल्यों के आधार पर सामाजिक समितियों, संस्थाओं और प्रक्रियाओं के बारे में मानक दृष्टि से विचार किया जा सकता है।

समाज दर्शन के अंग राजनीति दर्शन के अन्तर्गत ऐतिहासिक कारणों से स्थिति कुछ अलग है। वहाँ पर राजनीति दर्शन और राजनीति विज्ञान के बीच वैसा स्पष्ट श्रम का विभाजन नहीं है, जैसा समाज दर्शन और समाजशास्त्र के बीच है। समाजशास्त्र अपेक्षाकृत नवीन विषय है, और इसके संस्थापकों ने इसकी स्थापना एक यथार्थवादी विज्ञान (positive science) के रूप में की। जबकि राजनीति विज्ञान या राजनीतिशास्त्र का अध्ययन-अध्यापन प्लेटो और अरिस्टॉट्ल जैसे प्राचीन ग्रीक दार्शनिकों के समय से होता आ रहा है। परम्परागत रूप से विश्वविद्यालयों में जिस तरह राजनीति विज्ञान का अध्ययन और अध्यापन होता है, उसमें राजनीति दर्शन का भी समावेश रहता है। राजनीति दर्शन में राजनीति से सम्बन्धित तथ्य-सम्बन्धी सिद्धान्तों की भी समीक्षा की जाती है। (इसकी चर्चा ''राजनीति दर्शन का स्वरूप'' के अन्तर्गत की गयी है।)

समाज दर्शन के दो पक्ष

A New Dictionary of Sociology के अनुसार, समाज दर्शन दर्शनशास्त्र की वह शाखा है जिसका एक ओर समाजशास्त्र से और दूसरी ओर नीतिशास्त्र से निकट सम्बन्ध है। समाज दर्शन के दो पक्ष है—(1) समाज विज्ञान का दर्शन (philosophy of social science) जिसके अन्तर्गत समाजशास्त्र की अवधारणाओं और विधियों की सूक्ष्म परीक्षा की जाती है। शब्दकोश के अनुसार, समाजशास्त्र में इस किस्म की विस्तृत जाँच सम्भव है, क्योंकि इस विज्ञान में विधि के प्रश्नों पर गम्भीर मतभेद हैं, और तकनीकी शब्दों को लेकर भी एक राय नहीं है। (2) समाज दर्शन के दूसरे पक्ष के अन्तर्गत नैतिक सिद्धान्तों के आधार पर समाज की व्याख्या की जाती है और मूल्यांकन किया जाता है। समाजशास्त्र में भी नैतिक मूल्यों का अध्ययन होता है, लेकिन तथ्यों के रूप में।[1]

इसी तरह, मॉरिस गिन्सबर्ग ने अपनी पुस्तक *Sociology* में भी समाज दर्शन के दो पक्ष बतलाएँ हैं—

(1) **समीक्षात्मक या तार्किक** (critical or logical), जिसके अन्तर्गत समाज-विज्ञानों की विधियों और सिद्धान्तों की वैधता के बारे में तार्किक दृष्टि से अध्ययन किया जाता है। समाज दर्शन के इस पक्ष का तर्कशास्त्र के साथ निकट सम्बन्ध है, और इसे समाज-विज्ञान का दर्शन (philosophy of social science) भी कहते हैं।

(2) **रचनात्मक या संश्लेषणात्मक** (constructive or synthetic), जिसका सम्बन्ध सामाजिक आदर्शों की वैधता से है। समाज-दर्शन के इस पक्ष का नीतिशास्त्र के साथ निकट सम्बन्ध है। इसमें नीतिशास्त्र के परिणामों को सामाजिक संगठन और सामाजिक विकास की समस्याओं पर लागू किया जाता है।[2]

पी. गिस्बर्ट के अनुसार, समाज दर्शन समाजशास्त्र और दर्शनशास्त्र का मिलन बिन्दु है, और इसे ज्ञान की इन दोनों शाखाओं में से किसी के साथ भी रखा जा सकता है। गिस्बर्ट के अनुसार भी समाज दर्शन के दो पक्ष है—(1) ज्ञानमीमांसीय (epistemological), जिसका सम्बन्ध ज्ञान से है और (2) मूल्याश्रित (axiological), जिसका सम्बन्ध नैतिक मूल्यों से है।[3]

समाज दर्शन और राजनीति दर्शन

''सामाजिक'' शब्द का प्रयोग व्यापक अर्थ में भी होता है और सीमित अर्थ में भी। जब ''सामाजिक'' शब्द का इस्तेमाल व्यापक अर्थ में किया जाता है, तो इसके अन्तर्गत ''राजनीतिक'' भी आ जाता है, क्योंकि राज्य भी एक सामाजिक समिति या संगठन है, और राजनीतिक गतिविधियाँ भी सामाजिक गतिविधियों का एक अंग है। लेकिन, कभी-कभी ''सामाजिक'' शब्द का प्रयोग सीमित अर्थ में भी होता है। इस अर्थ में ''सामाजिक'' के अन्तर्गत सामाजिक क्रियाओं के ऐसे क्षेत्र आते हैं, जिनका राजनीति-विज्ञान और अर्थशास्त्र जैसे

1. G. Duncan Mitchell, *A New Dictionary of Sociology* (London and Henley : Routledge & Kegan Paul, 1981), pp. 186-87.
2. Morris Ginsberg, *Sociology* (Delhi : Surjeet Publications, 1979), p. 26.
3. P. Gisbert, *Fundamentals of Sociology* (Bombay : Orient Longman Ltd., 1978), p. 26.

सामाजिक विज्ञानों से सम्बन्ध नहीं हैं; उदाहरण के तौर पर, परिवार और धर्म। दूसरी ओर, ''सामाजिक'' के व्यापक अर्थ में राज्य और सम्पत्ति जैसी संस्थाएँ भी ''सामाजिक'' के दायरे में आती हैं। समाज दर्शन और समाजशास्त्र के सन्दर्भ में ''सामाजिक'' शब्द का प्रयोग व्यापक अर्थ में ही किया जाता है। इस दृष्टि से समाज दर्शन का क्षेत्र राजनीति दर्शन से व्यापक है। समाज दर्शन के अन्तर्गत राजनीति दर्शन भी शामिल है।

वैसे तो यह अन्तर्निहित है कि ''समाज दर्शन'' के अन्तर्गत ''राजनीति दर्शन'' भी शामिल है, लेकिन आजकल इसे और अधिक स्पष्ट करने के अक्सर ''समाज दर्शन'' की बजाए ''समाज और राजनीति दर्शन'' का प्रयोग किया जाता है। ऐसे में सीमित अर्थ में समाज और राजनीति दर्शन के उस अंग को ''समाज दर्शन'' कहा जाता है, जिसमें राजनीति दर्शन शामिल नहीं है। उदाहरण के तौर पर, इस पुस्तक में समाज दर्शन के स्वरूप की चर्चा व्यापक अर्थ में की जा रही है। लेकिन, इसके पहले भाग—समाज दर्शन—के अन्तर्गत ऐसे विषयों की चर्चा की गयी है, जो आम तौर से राजनीति दर्शन के अन्तर्गत नहीं आते हैं। लेकिन, ऐसा करने पर भी, कभी-कभी ''समाज दर्शन'' और राजनीति दर्शन के बीच एक स्पष्ट रेखा खींच पाना सम्भव नही होता है। उदाहरण के तौर पर, ''दण्ड के सिद्धान्त'' और ''सम्पत्ति'' को अक्सर ''समाज दर्शन'' के अन्तर्गत रख दिया जाता है। लेकिन, दण्ड के सिद्धान्तों की चर्चा राजनीति दर्शन के अन्तर्गत भी हो सकती है, क्योंकि इन सिद्धान्तों को कानून से जोड़ा जाता है, और कानून का सम्बन्ध राजनीति से है। इसी तरह, वैसे तो सम्पत्ति का सम्बन्ध समाज के आर्थिक पक्ष से है, लेकिन पूंजीवाद, समाजवाद, साम्यवाद और सर्वोदय जैसी ''राजनीतिक'' विचारधाराओं के अन्तर्गत भी सम्पत्ति के बारे में चर्चा की गयी है। इससे यह बात भी समझ में आती है कि सामाजिक जीवन के विभिन्न पक्ष एक-दूसरे से जुड़े रहते हैं, और उन्हें हमेशा एक-दूसरे से बिल्कुल अलग कर पाना सम्भव नहीं होता है।

समाज दर्शन और समाजशास्त्र

समाज दर्शन और समाजशास्त्र के बीच निकट सम्बन्ध है, क्योंकि दोनों के अध्ययन का विषय एक ही है—समाज। लेकिन, समाज दर्शन और समाजशास्त्र के बीच अन्तर भी है, क्योंकि दोनों के अध्ययन की विधि और अध्ययन का दृष्टिकोण अलग-अलग है।

समाज दर्शन में समाज का अध्ययन **दार्शनिक विधि** से किया जाता है; जबकि समाजशास्त्र में **वैज्ञानिक विधि** से। समाज दर्शन में समाज का अध्ययन मुख्यतः **मानक** (normative) दृष्टिकोण से किया जाता है; जबकि समाजशास्त्र में समाज का अध्ययन मुख्यतः **यथार्थवादी** (positive) दृष्टिकोण से किया जाता है। उदाहरण के तौर पर, ''सामाजिक परिवर्तन'' का अध्ययन यथार्थवादी दृष्टि से भी किया जा सकता है, और मानक दृष्टि से भी। यथार्थवादी दृष्टि से जब सामाजिक परिवर्तन का अध्ययन किया जाता है, तो सामाजिक परिवर्तन को समझने और उसकी व्याख्या करने की कोशिश की जाती है। मानक दृष्टि से सामाजिक परिवर्तन का अध्ययन करते समय स्वतन्त्रता और समता जैसे सामाजिक आदर्शों के आलोक में यह विचार किया जाता है कि कौन से परिवर्तन बेहतर हैं और कौन बदतर।

समाज दर्शन के दो पक्ष बतलाए गए हैं—एक, तार्किक, और दो, नैतिक पक्ष। समाज

दर्शन के इन दोनों पक्षों का समाजशास्त्र से निकट सम्बन्ध है, और दोनों के अध्ययन के लिए समाजशास्त्र की जानकारी और सहायता जरूरी है।

समाज दर्शन के तार्किक पक्ष के अन्तर्गत समाज-विज्ञानों की विधियों और सिद्धान्तों की वैधता के बारे में तार्किक दृष्टि से अध्ययन किया जाता है। इसके लिए समाजशास्त्र सहित कुछ समाज-विज्ञानों की विधियां, पूर्वमान्यताओं और अध्ययन के परिणामों की जानकारी जरूरी है। इसके बिना समाज दर्शन के तार्किक पक्ष के अन्तर्गत चिन्तन सम्भव नहीं है।

इसी तरह, समाज दर्शन के मानक या नैतिक पक्ष के अन्तर्गत जब किसी सामाजिक समिति या संस्था के बारे में मानक दृष्टि से विचार करना हो, तो इसके लिए पहले उस संस्था के बारे में तथ्यात्मक जानकारी जरूरी है। यह जानकारी समाजशास्त्र से ही प्राप्त हो सकती है। उदाहरण के तौर पर, मान लें विवाह संस्था के बारे में मानक दृष्टि से विचार करना हो, तो इसके लिए पहले यह जानना जरूरी है कि विवाह संस्था है क्या। इसी तरह, मान लें जाति-व्यवस्था या वर्ग-व्यवस्था पर मानक दृष्टि से विचार करना हो, तो इससे पहले यह जानना जरूरी है जाति और वर्ग का स्वरूप क्या है। सामाजिक परिवर्तन पर मानक दृष्टि से विचार करने के लिए पहले सामाजिक परिवर्तन को समझना जरूरी है। समाज-दर्शन में सामाजिक अवधारणाओं के स्पष्टीकरण के लिए भी समाजशास्त्र की सहायता ली जाती है। इस तरह, समाज दार्शनिक अपने चिन्तन के लिए समाजशास्त्र द्वारा प्राप्त जानकारी पर निर्भर हैं। इस दृष्टि से समाज दर्शन और समाजशास्त्र के बीच निकट सम्बन्ध है, और दोनों एक-दूसरे के पूरक हैं।

समाज दर्शन और समाज मनोविज्ञान

समाज मनोविज्ञान के अन्तर्गत सामाजिक वातावरण के सन्दर्भ में व्यक्ति की अन्तःक्रियाओं (interaction) का अध्ययन किया जाता है।[1]

समाज मनोविज्ञान के अन्तर्गत समाजीकरण (socialization), मनोवृत्ति (attitude), नेतृत्व, जनमत और प्रचार आदि का अध्ययन किया जाता है। समाज मनोविज्ञान को मनोविज्ञान की शाखा भी माना जाता है और समाजशास्त्र की भी। समाजशास्त्रियों और मनोवैज्ञानिकों दोनों की रुचि समाज मनोविज्ञान में रहती है।[2]

समाज दर्शन और समाज मनोविज्ञान के बीच में वैसा ही सम्बन्ध है जैसा समाज दर्शन और समाजशास्त्र के बीच। समाज दर्शन में एक ओर समाज मनोविज्ञान की विधियां और पूर्वमान्यताओं की समीक्षा की जाती है; और दूसरी ओर, समाज के बारे में मानक दृष्टि से विचार करते समय समाज मनोविज्ञान से प्राप्त जानकारी का उपयोग किया जाता है।

❑

1. G. Duncan Mitchell, *A New Dictionary of Sociology*, p. 188.
2. Morris Rosenberg and Ralph. Turner (eds.), *Social Psychology* (New York : Basic Books, Inc. Publishers, 1981), p. XV.

अध्याय 3

सामाजिक अवधारणाएँ

पिछले अध्याय में हमने ''समाज'' का अर्थ स्पष्ट किया है। इस अध्याय में हम ''समुदाय'', ''सामाजिक समिति'' और ''सामाजिक संस्था'' जैसी कुछ मौलिक सामाजिक अवधारणाओं का अर्थ स्पष्ट करेंगे। इनका इस्तेमाल समाजशास्त्र और समाज दर्शन में होता है। इन शब्दों का इस्तेमाल आम बोल-चाल की भाषा में भी होता है। लेकिन आम बोल-चाल की भाषा में इनका इस्तेमाल कई बार अलग-अलग अर्थों में और अस्पष्ट तरीके से होना है। अगर हम समाज का अध्ययन तार्किक दृष्टि से करना चाहते हैं, तो यह जरूरी है कि समाज से जुड़ी मौलिक अवधारणाओं का एक निश्चित और स्पष्ट अर्थ में इस्तेमाल किया जाए। मैकीवर और पेज के अनुसार अगर हम बुनियादी अवधारणाओं का एक निश्चित अर्थ में इस्तेमाल करने की आदत डाल लें तो हम समाजशास्त्रीय विश्लेषण के एक आवश्यक औजार पर अधिकार प्राप्त कर लेंगे।[1]

समुदाय

''समुदाय'' (community) एक मौलिक समाजशास्त्रीय अवधारणा है। इसका इस्तेमाल किसी गाँव, शहर, जनजाति या राष्ट्र के लिए किया जाता है। मैकीवर और पेज के अनुसार, **जब कभी किसी छोटे या बड़े समूह के सदस्य इस प्रकार एक साथ रहते हैं कि उनके बीच किसी विशेष हित (particular interset) की नहीं, बल्कि सामान्य जीवन की बुनियादी शर्तों की साझेदारी रहती है, तो हम ऐसे समूह को समुदाय कहते हैं।** किसी एक समुदाय की विशेषता यह होती है कि व्यक्ति उसमें अपना जीवन पूरी तौर से जी सकता है। किसी व्यावसायिक संगठन में या किसी राजनीतिक दल में व्यक्ति अपना जीवन सम्पूर्णता में नहीं जी सकता है; जबकि किसी शहर या जनजाति में व्यक्ति अपना जीवन पूरी तौर से जी सकता है। इस तरह, समुदाय का बुनियादी मापदण्ड यह है कि व्यक्ति के सारे सामाजिक सम्बन्ध उसके अन्दर पाए जा सकते हैं।[2]

यह जरूरी नहीं है कि कोई समुदाय पूरी तौर से आत्मनिर्भर हो। कुछ आदिम समुदाय ऐसे हो सकते हैं जो पूरी तरह आत्मनिर्भर हों और अलग-थलग हों। लेकिन, आधुनिक समुदायों में आर्थिक और राजनीतिक परस्पर निरर्भरता होती हैं। समुदाय के दो आधार हैं—

(1) **स्थानीय क्षेत्र** *(locality)*—हर समुदाय का अस्तित्व किसी एक निश्चित क्षेत्र में रहता है। यहाँ तक कि खानाबदोश समुदाय भी किसी एक समय में किसी एक निश्चित क्षेत्र में रहता है, हालांकि यह क्षेत्र बदलता रहता है।

1. MacIver & Page, *Society : An Introductory Analysis*, p. 5.
2. Ibid., pp. 8-9.

(2) **सामुदायिक भावना** (community sentiment)—किसी एक क्षेत्र में कुछ लोगों के निवास करने से ही समुदाय नहीं बन जाता है। समुदाय के अस्तित्व के लिए सामुदायिक भावना का होना बहुत जरूरी है। दूसरे शब्दों में, समुदाय के अस्तित्व के लिए सामान्य जीवन जीने, और साझा क्षेत्र के साथ-साथ, साझा जीवन शैली का बोध जरूरी है।

सामाजिक समिति

''सामाजिक समिति'' (social association) किन्हीं साध्यों को प्राप्त करने के साधन होते हैं। मनुष्य तीन तरीकों से अपने लक्ष्यों को प्राप्त करने का प्रयत्न करते हैं—(1) स्वतन्त्र रूप से अकेले कार्य करते हुए; (2) दूसरों के साथ संघर्ष करते हुए और, (3) अन्य मनुष्यों के साथ सहयोग करते हुए। जब कोई समूह साथ मिल कर कुछ उद्देश्यों को प्राप्त करने के लिए संगठित हो जाता है तो उसे समिति कहते हैं।

मैकीवर और पेज के अनुसार, **जब कोई समूह किसी सामान्य उद्देश्य (interest) या उद्देश्यों के समूह को हासिल करने के लिए संगठित हो जाता है तो उसे समिति कहते हैं।**[1]

इस तरह, सामाजिक समिति एक समुदाय नहीं है, बल्कि समुदाय के अन्दर एक संगठन है। किसी समुदाय में कई सामाजिक समितियाँ होती हैं। समिति का कोई विशेष लक्ष्य होता है। समुदाय का कोई विशेष लक्ष्य नहीं होता। बल्कि उसका आधार सामान्य जीवन की बुनियादी शर्तों की साझेदारी होती है।

परिवार और राज्य महत्त्वपूर्ण सामाजिक समीतियाँ हैं जिनका अध्ययन हम आगे करेंगे।

सामाजिक संस्था

समाज में स्थापित प्रक्रिया (procedure) के रूप (form) को ''सामाजिक संस्था'' (social institution) कहते है। कभी-कभी व्यापक अर्थ में समाज में जो कुछ भी स्थापित है उसे संस्था कहते हैं। इस अर्थ में राज्य, परिवार और विवाह सभी सामाजिक संस्थाएँ हैं। मैकीवर और पेज के अनुसार, अगर हम समिति और संस्था के बीच अन्तर करें तो हम सामाजिक संरचना की स्पष्टतर तस्वीर प्राप्त कर सकते हैं। मैकीवर औ पेज ने ''संस्था'' शब्द का प्रयोग सामूहिक क्रियाओं से सम्बद्ध **प्रक्रियाओं के स्थापित रूप या शर्तों** के लिए किया है। इस अर्थ में परिवार एक समिति है और विवाह एक संस्था।

जब कोई भी समिति बनायी जाती है तो उसके कुछ नियम और प्रक्रियाएँ भी बनायी जाती हैं। समिति संगठित समूह है और संस्था उसमें प्रक्रिया का रूप। जिस तरह समाज में कई समितियाँ होती हैं, उसी तरह समाज में कई संस्थाएँ भी होती हैं। आगे हम विवाह और सम्पत्ति जैसी कुछ महत्त्वपूर्ण सामाजिक संस्थाओं का अध्ययन करेंगे।

प्रचलन

सामाजिक समितियों और संस्थाओं की औपचारिक व्यवस्था के अलावा समाज में विभिन्न परिस्थितियों में आचरण करने के लिए समाज द्वारा मान्यता प्राप्त तरीके होते हैं। उदाहरण के तौर पर, किसी भी समुदाय में खाना खाने, बातचीत करने, मिलने-जुलने आदि के मान्यता प्राप्त तरीके होते हैं। **व्यवहार करने के समाज द्वारा मान्यता प्राप्त तरीकों को ''प्रचलन'' (custom) कहा जाता है।**

1. MacIver & Page, *Society : An Introductory Analysis*, p. 12.

प्रचलन और संस्था के बीच डिग्री का अन्तर होता है। संस्था को प्रचलन की तुलना में अधिक निश्चित मान्यता प्राप्त रहती है, और ये समाज में अधिक मजबूती से स्थापित रहती है। उदाहरण के तौर पर, दो लोगों के आपस में मिलने पर अभिवादन करना एक प्रचलन है, जबकि विवाह एक संस्था है।

समाजशास्त्रियों में ''लोकरीति'' (folkways) या ''लोकाचार'' (mores) शब्दों का व्यापक अर्थ में इस्तेमाल होता है और इसके अन्तर्गत संस्थाएँ और प्रचलन दोनों आ जाते हैं। समाज में व्यवहार करने का कोई भी मान्यता प्राप्त तरीका लोकरीति है।

संस्कृति और समाज

रैल्फ लिंटन के अनुसार संस्कृति (culture) किसी समाज के सदस्यों की जीवन-शैली है। यह उन विचारों और आदतों की समष्टि है, जिसे वे सीखते हैं, जो साझा होती हैं, और जिसे एक पीढ़ी से दूसरी पीढ़ी को हस्तान्तरित किया जाता है। ''संस्कृति'' के इस व्यापक अर्थ के अन्तर्गत विश्वास, मूल्य, प्रतिमान, प्रचलन, खान-पान, वेश-भूषा, भाषा साहित्य, कला और संगीत आदि सभी शामिल हैं। इस तरह, संस्कृति के दो अनिवार्य तत्त्व हैं—एक, यह सीखी जाती है, और दो, यह साझा होती है। एक साझा संस्कृति के कारण ही किसी समाज के सदस्य आपस में सम्प्रेषण और सहयोग कर पाते हैं। समाज में विभिन्न परिस्थितियों में किस तरह आचरण करना है, यह संस्कृति द्वारा निर्धारित की जाती है। अलग-अलग समाजों की संस्कृति अलग-अलग होती है। किसी समाज के सदस्यों के सोचने-समझने का तरीका, जीवन के प्रति उनका दृष्टिकोण, उनके व्यवहार करने का तरीका काफी हद तक संस्कृति द्वारा निर्धारित होता है। किसी जटिल समाज में कई उपसंस्कृतियाँ (subculture) भी होती हैं: जैसे, अलग-अलग वर्गों और जातियों की। इसके अलावा, संस्कृति परिवर्तनशील भी होती है।[1]

सामाजीकरण

सामाजीकरण (socialization) वह प्रक्रिया है जिसके द्वारा व्यक्ति समाज की संस्कृति को सीखता है। जीवन की शुरूआती दौर में सामाजीकरण में परिवार की प्रमुख भूमिका रहती है। अपने माता-पिता की पसन्दगी और नापसन्दगी को समझ कर तथा उनके उदाहरणों की नकल उतार कर बच्चा भाषा और समाज में व्यवहार करने के बुनियादी तरीकों को सीख लेता है। परिवार के अलावा, शिक्षण-संस्थाओं, दोस्तों के समूहों, व्यावसायिक समितियों आदि की सामाजीकरण में महत्त्वपूर्ण भूमिका होती है। सामाजीकरण सिर्फ बचपन में ही नहीं होती है, यह सारे जीवन चलने वाली प्रक्रिया है।[2]

प्रतिमान और मूल्य

हर संस्कृति में विभिन्न परिस्थितियों में व्यक्ति के आचरण का निर्देशन करने वाले कई मार्गदर्शक होते हैं। इन्हें ही प्रतिमान (norm) कहा जाता है। प्रतिमान यह परिभाषित करता है कि किसी विशेष परिस्थिति में कैसा व्यवहार स्वीकार्य और ''उचित '' है। उदाहरण के तौर पर, हर समाज में कपड़े पहनने से जुड़े कई प्रतिमान होते हैं; पुरुषों को कैसे कपड़े पहनने हैं, औरतों को कैसे कपड़े पहनने हैं, अलग-अलग उम्र के लोगों को कैसे कपड़े पहनने हैं, आदि-आदि। ये प्रतिमान अलग-अलग समाजों में अलग-अलग होते हैं। इसके अलावा, ये

1. M. Haralambos with R.M. Heald, *Sociology : Themes and Perspectives,* p. 3.
2. Ibid., pp. 4-5.

परिवर्तनशील भी होते हैं। समाज में इन प्रतिमानों को दण्ड और पुरस्कार जैसे निषेधात्मक और भावात्मक आदेशों के जरिए लागू किया जाता है। ये आदेश औपचारिक भी हो सकते हैं और अनौपचारिक भी।

प्रतिमानों का सम्बन्ध विशेष परिस्थितियों से होता है। इसके विपरीत, मूल्य (values) आचरण के लिए अधिक सामान्य किस्म के मार्गदर्शन प्रदान करते हैं। मूल्य किसी वस्तु के अच्छे और वांछनीय होने का विश्वास है। मूल्य यह परिभाषित करता है कि कौन-सी वस्तुएँ महत्त्वपूर्ण और पाने योग्य हैं। उदाहरण के तौर पर, यह अक्सर कहा जाता है कि व्यक्तिगत उपलब्धि और भौतिकवाद पश्चिमी औद्योगिक समाज के प्रमुख मूल्य हैं। प्रतिमान की तरह मूल्य भी परिवर्तनशील होते हैं और ये अलग-अलग समाजों में अलग-अलग हो सकते हैं।[1]

❑

1. M. Haralambos with R.M. Heald, *Sociology : Themes and Perspectives*, pp. 5-6.

अध्याय 4

सामाजिक आदर्श

स्वतन्त्रता, समानता और न्याय महत्त्वपूर्ण सामाजिक आदर्श हैं। इन्हें राजनीतिक आदर्श के रूप में भी मान्यता मिली हुई है। भारतीय संविधान की प्रस्तावना में भी इन आदर्शों को प्रमुख स्थान दिया गया है। इसमें भारत के सभी नागरिकों को अभिव्यक्ति, विश्वास, धर्म और उपासना की **स्वतन्त्रता,** प्रतिष्ठा और अवसर की **समानता** एवं सामाजिक, आर्थिक और राजनीतिक **न्याय** प्राप्त कराने की बात की गई है।

''सामाजिक'' का क्षेत्र ''राजनीतिक'' से अधिक व्यापक है। राजनीतिक जीवन भी सामाजिक जीवन का अंग है। जब हम सामाजिक आदर्श के रूप में स्वतन्त्रता और समता की बात करते है, तो हम इन्हें राजनीतिक आदर्श के रूप में तो स्वीकार करते ही हैं, लेकिन इसके अलावा सामाजिक जीवन के अन्य क्षेत्रों में भी इन्हें आदर्श के रूप में स्वीकार करते हैं। स्वतन्त्रता और समानता के आदर्शों को सिर्फ राज्य और राजनीति पर ही नहीं, बल्कि सामाजिक परिवर्तन, जाति, वर्ग, औरत-मर्द सम्बन्ध, विवाह, परिवार, आदि पर भी लागू किया जाना चाहिए।

राजनीतिक आदर्श के रूप में स्वतन्त्रता, समानता और न्याय की विस्तृत चर्चा राजनीति दर्शन के अन्तर्गत की गयी है। यहाँ पर हम सामाजिक आदर्श के रूप में स्वतन्त्रता और समता की चर्चा करेंगे।

स्वतन्त्रता, समता और बन्धुता

स्वतन्त्रता, समता और बन्धुता को लोकतान्त्रिक मूल्यों और मानव अधिकारों के रूप में लगभग सार्वभौमिक मान्यता मिली हुई है। नैतिक आधार पर भी इन मूल्यों का समर्थन किया जा सकता है। सुख या इच्छाओं की सन्तुष्टि शुभ (good) है, इसे हम नीतिशास्त्र में एक स्वयंसिद्ध (axiom) के रूप में रख सकते हैं। यही सभी सामान्य (normal) मनुष्यों के सामान्य (common) और बुनियादी इच्छाओं के अनुरूप है। मानव सुख में वृद्धि और मानव दुख को कम-से-कम करना सर्वोच्च नैतिक लक्ष्य है। स्वतन्त्रता के आदर्श को हम सुखवादी या उपयोगितावादी दृष्टिकोण से शुभ या वांछनीय दिखला सकते हैं। अगर इच्छाओं की अधिकतम सन्तुष्टि शुभ है, तो व्यक्ति को अपनी इच्छाओं की सन्तुष्टि के लिए अधिकतम स्वतन्त्रता भी मिलनी चाहिए। इस स्वतन्त्रता पर एकमात्र सीमा यही होनी चाहिए कि वह दूसरों की ऐसी स्वतन्त्रता में हस्तक्षेपं न करे।

अब, अगर हम चाहते हैं कि प्रत्येक व्यक्ति समाज में दूसरे व्यक्ति की स्वतन्त्रता का आदर करे, तो इस दृष्टि से समाज में बन्धुत्व का रहना जरूरी है। प्रत्येक व्यक्ति को प्रेम

और स्नेह की इच्छा रहती है। इस दृष्टिकोण से बन्धुत्व की भावना मानव सुख का एक महत्त्वपूर्ण स्रोत है। वैसे भी, समाज का अस्तित्व बने रहने के लिए और अधिकतम सुख और स्वतन्त्रता जैसे साझा सामाजिक लक्ष्यों को प्राप्त करने के लिए व्यक्तियों में परस्पर सहयोग जरूरी है, जो बन्धुत्व की भावना के बिना सम्भव नहीं है।

जब तक समाज में समता नहीं होगी, यानी प्रत्येक व्यक्ति के जीवन, सुख और स्वतन्त्रता को एक बराबर महत्व नहीं दिया जाएगा, तब तक समाज में सही मायने में बन्धुता की भावना भी नहीं रह सकती है। सामाजिक आदर्शों में समता को महत्त्वपूर्ण स्थान देना इसलिए भी जरूरी है; क्योंकि सामाजिक नैतिकता के नियम प्रत्येक व्यक्ति को एक तर्कबुद्धि से सम्पन्न प्राणी के रूप में स्वेच्छा से तभी स्वीकार्य होंगे, जब कि उसमें प्रत्येक व्यक्ति के जीवन, सुख और स्वतन्त्रता को बराबर महत्त्व दिया जाएगा; और जब प्रत्येक व्यक्ति को यह दिखलाया जा सकेगा कि इन नियमों का पालन करना उसके हित में है।

स्वतन्त्रता

स्वतन्त्रता एक महत्त्वपूर्ण और बुनियादी सामाजिक आदर्श है। लोकतान्त्रिक चिन्तनधारा के अन्तर्गत स्वतन्त्रता को प्रमुख स्थान दिया जाता है। स्वतन्त्रता और समता को बुनियादी लोकतान्त्रिक मूल्य या आदर्श माना जाता है। लोकतान्त्रिक शासन व्यवस्था को इसलिए पसन्द किया जाता है, और इसका समर्थन भी इसलिए किया जाता है, क्योंकि इसके अन्तर्गत नागरिकों को अधिकतम **स्वतन्त्रता** मिलती है, और प्रत्येक नागरिक को एक **समान** महत्त्व दिया जाता है। लेकिन, लोकतन्त्र को सिर्फ एक शासन-प्रणाली नहीं, बल्कि एक जीवनशैली भी माना जाता है। इसके अन्तर्गत, स्वतन्त्रता और समता के मूल्यों को सामाजिक जीवन के हर पहलू पर लागू करने की बात की जाती है।

इसके अलावा, मानवतावादियों के द्वारा भी **स्वतन्त्रता** को एक बुनियादी सामाजिक-राजनीतिक आदर्श के रूप में स्वीकार किया जाता है। मानवतावादियों द्वारा आम तौर से स्वतन्त्रता, मानव अधिकारों और लोकतन्त्र का समर्थन किया जाता है।

''स्वतन्त्रता'' का अर्थ है ''रूकावट या बन्धनों का अभाव''। अंग्रेजी शब्द "liberty", लैटिन शब्द "liber" से व्युत्पन्न हुआ है, जिसका अर्थ है— ''बन्धनों का नहीं होना''।

नीतिशास्त्र के अन्तर्गत या नैतिक सन्दर्भों में ''संकल्प की स्वतन्त्रता'' (freedom of will) की चर्चा भी की जाती है। ''संकल्प-स्वातन्त्र्य'' का अर्थ होता है अपने सामने मौज़ूद कई विकल्पों में से किसी एक को चुनने की **आन्तरिक** स्वतन्त्रता। लेकिन जब सामाजिक और राजनीतिक सन्दर्भों में ''स्वतन्त्रता'' की चर्चा की जाती है, तो वहाँ पर ''संकल्प की स्वतन्त्रता'' से तात्पर्य नहीं होता है, बल्कि वहाँ पर ''स्वतन्त्रता'' का अर्थ व्यक्ति ने जिस कर्म को करने के लिए चुना है, उसे करने में किसी **बाहरी** रूकावट से स्वतन्त्रता होता है। कोई व्यक्ति जिस कर्म को करना चाहे, उसे करने में कोई रोक नहीं हो, तो वह स्वतन्त्र है। ''स्वतन्त्रता'' की इस अवधारणा को ''सामाजिक स्वतन्त्रता'' कहते हैं।

डी. डी. रैफेल के अनुसार, ''सामाजिक स्वतन्त्रता'' **व्यक्ति द्वारा चुने गए, या उस कर्म पर जिसे वह चुनता अगर वह यह जानता की वह चुन सकता है, रोक का अभाव है।** रैफेल के अनुसार यहाँ पर यह जोड़ना जरूरी है कि यह रूकावट अवश्य

ही या तो दूसरे व्यक्तियों के कर्मों द्वारा जानबूझ कर उत्पन्न की गयी होनी चाहिए, या दूसरों के संकल्पित कर्मों द्वारा उसे हटाना सम्भव होना चाहिए।[1] उदाहरण के तौर पर, अगर किसी व्यक्ति को जेल में डाल दिया जाए, तो इससे उसकी स्वतन्त्रता का हनन होता है, क्योंकि यह रूकावट दूसरों द्वारा लगायी जाती है। दूसरी ओर, जब हम अभाव से स्वतन्त्रता की बात करते हैं, या हम कहते हैं कि मानवता को कैंसर से स्वतन्त्र किया जाना चाहिए, तो हम समझते हैं कि जिस रूकावट की हम बात कर रहे हैं, हालांकि वह मानव द्वारा लगायी नहीं गयी है, लेकिन उसे मानव प्रयत्नों द्वारा दूर किया जा सकता है। अगर कोई रूकावट प्राकृतिक कारणों से हो तो हम यह नहीं कहेंगे कि व्यक्ति उसके कारण स्वतन्त्र नहीं है। उदाहरण के तौर पर, हम यह कह सकते हैं कि मनुष्य उड़ने में **समर्थ** नहीं है, लेकिन यह नहीं कि मनुष्य को उड़ने की **सामाजिक स्वतन्त्रता** नहीं है।

स्वतन्त्रता और कानून

राज्य द्वारा बनाए गए कानूनों से व्यक्ति की स्वतन्त्रता सीमित हो जाती है। हो सकता है व्यक्ति राज्य द्वारा बनाए गए कानूनों के कारण कई ऐसे कार्यों को न कर पाए जिन्हें वह करना चाहता हो। कानून द्वारा व्यक्ति की स्वतन्त्रता पर लगायी गयी सीमाओं का उद्देश्य, या तो दूसरों की स्वतन्त्रता की रक्षा करना हो सकता है, या फिर स्वतन्त्रता के अलावा किसी अन्य मूल्य को प्रोत्साहन देना। कानून द्वारा व्यक्ति की स्वतन्त्रता पर लगायी गयी सीमाएँ कभी उचित और आवश्यक भी हो सकती हैं, और कभी अनुचित और अनावश्यक भी। लोकतान्त्रिक राज्य में व्यक्ति की स्वतन्त्रता को सर्वाधिक महत्त्व दिया जाता है। नागरिकों को अधिक-से-अधिक स्वतन्त्रता प्राप्त हो, और राज्य द्वारा उनकी स्वतन्त्रता पर कम-से-कम सीमाएँ लगायी जाएँ—यही लोकतान्त्रिक आदर्श है। लेकिन, विस्तार में जाने पर, यह सीमा ठीक कब और कितनी होनी चाहिए, यह राजनीतिक विचारकों के बीच विवाद का विषय भी रहा है।

भारत के संविधान में नागरिकों के मौलिक या मूल अधिकार की चर्चा है। स्वतन्त्रता के अधिकार और धर्म की स्वतन्त्रता के अधिकार को भारतीय संविधान में मौलिक अधिकार के रूप में मान्यता दी गई है। **स्वतन्त्रता के अधिकार** के अन्तर्गत बोलने और अभिव्यक्ति की स्वतन्त्रता, संगठन बनाने की स्वतन्त्रता, बिना शस्त्रों के शान्तिपूर्वक सम्मेलन करने की स्वतन्त्रता, राज्य के किसी क्षेत्र में निवास करने, आजीविका अपनाने या व्यापार करने की स्वतन्त्रता शामिल है। इसके अलावा, इसका सम्बन्ध ''कानून के शासन'' (rule of law) की अवधारणा से भी है; जिसके अनुसार किसी व्यक्ति को उसके जीवन और स्वतन्त्रता से कानून द्वारा स्थापित प्रक्रिया से ही वंचित किया जा सकता है, अन्यथा नहीं। धर्म की स्वतन्त्रता के अधिकार के अन्तर्गत नागरिकों को किसी भी धर्म को मानने या न मानने की स्वतन्त्रता मिली हुई है। भारतीय संविधान के अनुसार राज्य को ऐसा कोई कानून बनाने का अधिकार नहीं है, जो नागरिकों के मौलिक अधिकारों को छिनती या कम करती हो। नागरिकों की बुनियादी स्वतन्त्रताओं को ''नागरिक स्वतन्त्रता'' (civil liberties) भी कहा जाता है। संयुक्त राष्ट्र संघ द्वारा स्वीकृत मानव-अधिकार घोषणा-पत्र में भी इन स्वतन्त्रताओं को ''मानव-अधिकारों'' के रूप में मान्यता मिली हुई है।

---

1 D. D. Raphael, *Problems of Political Philosophy* (Hongkong : The Macmillan Press Ltd., 1978), p. 115.

संयुक्त राष्ट्र संघ के चार्टर (U.N. Charter) में मानव अधिकारों (Human Rights) का उल्लेख आया है, और अभिव्यक्ति, उपासना एवं शान्तिमय प्रदर्शन की स्वतन्त्रता जैसे बुनियादी अधिकारों को मानव अधिकारों के रूप में मान्यता दी गयी है। मानव अधिकारों के सार्वभौमिक घोषणा-पत्र (Universal Declaration of Human Rights) के अनुसार हर व्यक्ति को जीवन, स्वतन्त्रता और सुरक्षा का अधिकार है। घोषणा-पत्र में उल्लिखित अधिकारों में विचारों, विवेक और धर्म की स्वतन्त्रता का अधिकार शामिल है।

मानव अधिकारो के अन्तर्गत सिर्फ नागरिक और राजनीतिक अधिकार नहीं है, बल्कि सामाजिक, सांस्कृतिक और आर्थिक अधिकार भी शामिल हैं। उदारहण के तौर पर, घोषणा-पत्र की धारा 16(1) के अनुसार पूरी उम्र के मर्द और औरतों को, नस्ल, राष्ट्रीयता और धर्म की किसी सीमा के बिना, विवाह करने और परिवार स्थापित करने का अधिकार है। वे विवाह के, विवाह के दौरान, और विवाह के विसर्जन के एक बराबर अधिकारों के हकदार हैं। इसी तरह, धारा 16 (2) के अनुसार विवाह करने को इच्छुक व्यक्तियों की स्वतन्त्र और पूर्ण सहमति से ही उनका विवाह कराया जा सकता है। धारा 16 (3) के अनुसार परिवार समाज का एक प्राकृतिक और मौलिक समूह है, और समाज एवं राज्य को इसकी रक्षा करनी चाहिए।

घोषणा-पत्र की धारा 26 में शिक्षा सम्बन्धी अधिकारों का उल्लेख है। इसके अनुसार हर किसी को शिक्षा का अधिकार है। शिक्षा का उद्देश्य मानव व्यक्तित्व का पूर्ण विकास करना और मानव अधिकारों और मौलिक स्वतन्त्रताओं के प्रति सम्मान को सुदृढ़ करना होना चाहिए।

इसी तरह, घोषणा-पत्र की धारा 23 में काम और रोजगार के अधिकार का उल्लेख है। इसके अनुसार प्रत्येक व्यक्ति को, बिना किसी भेद-भाव के समान काम के लिए समान वेतन मिलना चाहिए।

स्वतन्त्रता पर मिल के विचार

जॉन स्टुअर्ट मिल उन्नीसवीं शताब्दी के एक अंग्रेज दार्शनिक हैं। मिल ने नीतिशास्त्र के क्षेत्र में उपयोगितावाद का समर्थन किया है। उनके अनुसार नैतिकता का आधार है "उपयोगिता" या "अधिकतम सुख" का सिद्धान्त। इसके अनुसार कोई भी कर्म उसी अनुपात में उचित है जिससे उसके द्वारा सुख में वृद्धि होती हो। इसी तरह, कोई भी कर्म उसी अनुपात में अनुचित है जिससे उससे दुख में वृद्धि होती हो। मिल के अनुसार सुख, और दुख से मुक्ति एकमात्र अपने-आप में पाने योग्य साध्य है।[1]

अपनी पुस्तक *On Liberty* में मिल ने उपयोगिता के सिद्धान्त को समाज और सरकार पर भी लागू किया है, और यह माना है कि व्यक्ति को समाज में अधिक से अधिक स्वतन्त्रता मिलनी चाहिए।[2] मिल के अनुसार, उनके निबन्ध *On Liberty* का उद्देश्य व्यक्ति पर समाज द्वारा वैध रूप से इस्तेमाल की जानी वाली शक्ति की सीमा और स्वरूप पर चर्चा करना है।[3]

मिल के अनुसार, समाज को शारीरिक शक्ति द्वारा या कानूनी दण्ड द्वारा या जनमत

---

1. John Stuart Mill, *Utilitarianism*, (London : The Fontana Library, 1962), p.257.
2. Ibid., p. 30
3. Ibid., p. 126.

के नैतिक दबाव द्वारा व्यक्ति को नियन्त्रित करने का सिर्फ एक ही परिस्थिति में अधिकार है: वह है आत्मरक्षा या दूसरों को नुकसान से बचाना। मिल के अनुसार **दूसरों को नुकसान से बचाना ही वह एकमात्र लक्ष्य है जिसे प्राप्त करने के लिए किसी व्यक्ति की स्वतन्त्रता पर रोक लगाना उचित है।** अगर किसी व्यक्ति का कोई कर्म ऐसा है, जिससे दूसरों को कोई नुकसान नहीं पहुँचता हो, तो उस पर रोक नहीं लगायी जानी चाहिए, चाहे भले उस कर्म से स्वयं उस व्यक्ति को नुकसान क्यों न पहुँचता हो। मिल के अनुसार ऐसे दृष्टान्त में व्यक्ति को समझाया जा सकता है, लेकिन उसे बाध्य नहीं किया जाना चाहिए। समाज या राज्य को व्यक्ति के सिर्फ ऐसे ही कर्मों पर रोक लगाने का अधिकार है जिसका असर दूसरों पर पड़ता हो, और जिससे दूसरों को नुकसान पहुँचता हो। जहाँ तक व्यक्ति के ऐसे कर्मों का सवाल है, जिनका असर स्वयं उस तक ही सीमित हो, तो व्यक्ति को अपने शरीर और दिमाग का मालिक स्वयं माना जाना चाहिए। मिल ने कानून के सार्वजनिक दायरे और नैतिकता के निजी क्षेत्र के बीच अन्तर किया है, और कानून द्वारा बुनियादी स्वतन्त्राओं की गारंटी देने की वकालत की है।

मिल के अनुसार राज्य का उद्देश्य है व्यक्ति के सुख में वृद्धि करना। यही उसके अस्तित्व का औचित्य है। मिल के अनुसार आचरण की स्वतन्त्रता मानव सुख और व्यक्ति एवं समाज के विकास का मुख्य तत्त्व है। मिल की राय में राज्य व्यक्ति के निजी मामलों में कम-से-कम हस्तक्षेप द्वारा ही उसके सुख में वृद्धि कर सकता है।

स्वतन्त्रता और समाज

राजनीतिक सन्दर्भ में जब स्वतन्त्रता की चर्चा की जाती है, तो स्वाभाविक रूप में वह चर्चा कानून के सन्दर्भ में होती है, क्योंकि कानून द्वारा नागरिकों की स्वतंत्रता सीमित होती है। लेकिन ऐसा नहीं है कि व्यक्ति की स्वतन्त्रता को सिर्फ कानून या राज्य से खतरा रहता है। कई बार परिवार, जाति और समुदाय द्वारा भी व्यक्ति की स्वतंत्रता का उल्लंघन होता है। उदाहरण के तौर पर, जब किसी व्यक्ति को जेल में बन्द कर दिया जाता है, तो यह राज्य और कानून द्वारा उसकी स्वतंत्रता को सीमित करने का उदाहरण है। इसी तरह, मान लें किसी व्यक्ति को अपनी मर्जी से विवाह करने से रोकने के लिए परिवार के सदस्यों द्वारा कमरे में या घर के अन्दर बन्द कर दिया जाता है, तो यह परिवार द्वारा स्वतंत्रता को सीमित करने का उदाहरण हैं। मान लें कोई व्यक्ति अन्तर्जातीय विवाह करना चाहता है, तो उसे रोकने के लिए उसे जाति से बहिष्कृत कर दिया जाए, और उसका हुक्का-पानी बन्द कर दिया जाए; या किसी एक जाति के सदस्यों को किसी दूसरी जाति के सदस्यों द्वारा सार्वजनिक कुओं या तालाबों से पानी लेने से रोक दिया जाए, तो यह जाति द्वारा स्वतंत्रता के हनन का उदाहरण है। इसी तरह, धार्मिक दंगा-फसाद के दौरान किसी एक धार्मिक समूह द्वारा किसी दूसरे धार्मिक समूह के व्यक्तियों की हत्या की जाए, बलात्कार किया जाए, या उनके मकान-दूकान जला दिए जाए, तो यह दंगाई समूहों द्वारा स्वतंत्रता के उल्लंघन का उदाहरण है। इस तरह, समुदाय में कई बार ऐसी स्वतंत्रताओं का भी उल्लंघन होता है, जो कानून द्वारा मान्यता प्राप्त हैं। जब हम सामाजिक आदर्श के रूप में स्वतंत्रता की बात करते हैं तो इसका अर्थ यह होता है कि स्वतंत्रता को परिवार सहित व्यापक समाज में भी मान्यता मिलनी चाहिए। प्रत्येक व्यक्ति को दूसरों की स्वतंत्रता का सम्मान करना चाहिए।

समानता

स्वतंत्रता की तरह समानता भी एक महत्त्वपूर्ण सामाजिक आदर्श है। लोकतांत्रिक और मानवतावादी लोग जब व्यक्ति की अधिकतम स्वतंत्रता की बात करते हैं, तो उनका तात्पर्य किसी एक व्यक्ति की नहीं, बल्कि **प्रत्येक** व्यक्ति की अधिकतम स्वतंत्रता से होता है। इस तरह, समता का विचार स्वतंत्रता में अन्तनिर्हित है। समाजवादी और साम्यवादियों द्वारा भी समानता पर, विशेष कर आर्थिक समानता, पर बल दिया जाता है, और वर्गहीन एवं जातिविहीन समाज को आदर्श माना जाता है। सर्वोदय और सम्पूर्ण क्रान्ति के चिन्तन के अन्तर्गत भी इन आदर्शों को स्वीकार किया गया है।

सामाजिक समानता का आदर्श बहुत व्यापक है, और इसके अन्तर्गत राजनीतिक, कानूनी और आर्थिक समता का विचार भी शामिल है। ''समान'' का एक अर्थ है ''एक जैसा'' (identical) होना (A = A)। इस अर्थ में "A" और "A" एक समान हैं। यह तो स्पष्ट ही है कि समानता के इस अर्थ में सभी मनुष्य एक समान या एक जैसे नहीं होते हैं। शारीरिक और मानसिक बनावट की दृष्टि से मनुष्यों के बीच काफी भिन्नता रहती है। लेकिन जब एक सामाजिक आदर्श के रूप में ''समानता'' की बात की जाती है, तो वहाँ पर यह तात्पर्य नहीं होता है कि सभी व्यक्ति ऊपर बताए गए अर्थ में ''एक समान'' हैं। समानता को एक सामाजिक आदर्श मानने का अर्थ होता है कि **सामाजिक दृष्टि से हर व्यक्ति को एक बराबर महत्त्व दिया जाना चाहिए, क्योंकि जन्म, सेक्स, रंग, जाति और धर्म की दृष्टि से अलग-अलग होने के बावजूद सभी मनुष्य मनुष्य होने के नाते एक समान हैं।** जैसा कि उपयोगितावदी दार्शनिक बेन्थम ने कहा है, हर किसी की गिनती एक बराबर ही होनी चाहिए, एक से अधिक नहीं:

"Each one to count for one and none for more than one".[1]

सामाजिक समानता

सामाजिक समता का अर्थ यह हुआ कि जन्म, जाति, रंग, धन, धर्म आदि के आधार पर भेदभाव किए बिना सभी व्यक्तियों को मनुष्य होने के नाते समाज में एक जैसा सम्मान और एक जैसी प्रतिष्ठा मिलनी चाहिए। जाति या वर्ण के आधार पर समाज में व्यक्ति को अलग-अलग प्रतिष्ठा प्रदान करना, ब्राह्मण वर्ण में जन्में व्यक्ति को ''श्रेष्ठ'' और शूद्र में जन्में व्यक्ति को ''हीन'' मानना, जैसा कि वर्ण-व्यवस्था के अन्तर्गत किया जाता है, सामाजिक समता के आदर्श के विरुद्ध है। वर्ग-व्यवस्था भी सामाजिक समता के मूल्य के विरुद्ध है। इसलिए, समतावादियों और समाजवादियों द्वारा वर्गविहीन और जातिविहीन समाज को आदर्श माना जाता है। (इसकी विस्तृत चर्चा ''सामाजिक स्तरीकरण: वर्ग और जाति'' के अन्तर्गत की गयी है।)

भारतीय संविधान की प्रस्तावना में भारत के सभी नागरिकों को **प्रतिष्ठा और अवसर की समानता** उपलब्ध कराने की बात की गयी है। इसमें समता के अधिकार को भी मौलिक अधिकार माना गया है। **समता के अधिकार** के अन्तर्गत कानून के समक्ष समता का अधिकार शामिल है। राज्य द्वारा धर्म, उद्गम, जाति, सेक्स, या जन्म स्थान के आधार पर एक नागरिक और दूसरे नागरिक के बीच भेदभाव नहीं किया जा सकता है। भारतीय

1. अशोक कुमार वर्मा, ***नीतिशास्त्र की रूपरेखा*** (पटना : मोतीलाल बनारसीदास, 1996), पृष्ठ 179.

संविधान द्वारा छुआछूत को समाप्त घोषित किया गया है, और इसका किसी भी रूप में आचरण निषिद्ध किया गया है। छुआछूत के आचरण को एक दण्डनीय अपराध माना गया है।

समता के अधिकार को मानव अधिकार के रूप में भी मान्यता मिली हुई है। संयुक्त राष्ट्र संघ के चार्टर के अनुसार, "**नस्ल, सेक्स, भाषा और धर्म के आधार पर कोई भेदभाव किए बिना सभी के लिए** मानव अधिकारों और मौलिक स्वतन्त्राओं के प्रति सम्मान को प्रोत्साहित करना" संयुक्त राष्ट्र संघ के मुख्य उद्देश्यों में एक है। मानव अधिकारों के सार्वभौमिक घोषणा-पत्र के अनुसार "सभी मनुष्य जन्म से स्वतंत्र और गरिमा एवं अधिकारों की दृष्टि से **समान** हैं। उनमें बुद्धि और विवेक है और उन्हें एक-दूसरे के प्रति भाईचारे की भावना से आचरण करना चाहिए।" गुलामी की प्रथा को इसमें हर रूप में प्रतिबन्धित किया गया है।

जब हम सामाजिक आदर्श के रूप में समानता की बात करते हैं तो इसका अर्थ यह होता है कि इसे राजनीति और कानून के अलावा व्यापक समाज पर, वर्ग, जाति, औरत-मर्द सम्बन्ध पर, और परिवार एवं विवाह जैसी सामाजिक समितियों और संस्थाओं पर भी लागू किया जाना चाहिए।

राजनीतिक समानता

लोकतान्त्रिक राजनीतिक व्यवस्था में समानता के मूल्य की अभिव्यक्ति "एक व्यक्ति और एक वोट" के सिद्धान्त के माध्यम से होती है। चाहे किसी का जन्म "उच्च" जाति में हुआ हो, या "निम्न" जाति में, चाहे कोई अमीर हो या गरीब, हर व्यक्ति को लोकतन्त्र में सिर्फ एक वोट डालने का अधिकार रहता है। इस बारे में जन्म, सेक्स, रंग, जाति, धर्म या आर्थिक स्थिति के आधार पर कोई भेदभाव नहीं बरता जाता है। इसका अर्थ यह हुआ कि लोकतंत्र में हर नागरिक को राजनीति में हिस्सा लेने या सरकार को प्रभावित करने का एक जैसा और एक बराबर अधिकार रहता है।

कानूनी समानता

राजनीतिक समानता के साथ कानूनी समानता का विचार भी जुड़ा हुआ है। कानूनी समता का अर्थ यह है कि कानून की नजरों में सभी व्यक्ति एक बराबर हैं। **एक जैसे अपराध के लिए हर व्यक्ति को एक जैसी सजा मिलनी चाहिए, यह एक लोकतान्त्रिक आदर्श है।** एक ही अपराध के लिए ब्राह्मण जाति में जन्में व्यक्ति को कम और शूद्र जाति में जन्में व्यक्ति को अधिक सजा देना, जैसा कि ***मनुस्मृति*** में बत्लाया गया है, कानूनी समता के लोकतांत्रिक आदर्श के विरुद्ध है।

भारतीय संविधान में समता के राजनीतिक और कानूनी आदर्श को तो स्वीकार किया ही गया है। इसके अलावा परम्परागत रूप से पिछड़े और दलित वर्गों और जातियां को आगे लाने और सामाजिक समता को प्रोत्साहित करने के लिए **विशेष अवसर** के सिद्धान्त को भी मान्यता दी गयी है।

उदार लोकतांत्रिक चिन्तनधारा के अन्तर्गत राजनीतिक और कानूनी समानता को मान्यता दी जाती है। फिर भी, व्यवहार में कई बार, सामाजिक और आर्थिक गैरबराबरी के कारण, राजनीतिक और कानूनी समानता के बावजूद, सामाजिक दृष्टि से प्रतिष्ठित और आर्थिक

दृष्टि से सम्पन्न लोग राजनीति पर अपनी संख्या बल की तुलना में अधिक हावी होने लगते हैं। इसलिए, सामाजिक लोकतान्त्रिकवादियों द्वारा सामाजिक-आर्थिक समता पर बल दिया जाता है।

आर्थिक समानता

जैसा कि पहले भी उल्लेख किया गया है, समाजवादी चिंतनधारा के अन्तर्गत आर्थिक समता को केन्द्रीय महत्त्व दिया जाता है। विशेषकर साम्यवादियों द्वारा समाज में वर्गों के अस्तित्व को सीधे-सीधे उत्पादन के साधनों (means of production) के स्वामित्व के साथ जोड़ा जाता है, और वर्गविहीन समाज की स्थापना की दृष्टि से ''सर्वहारा की तानाशाही'' द्वारा उत्पादन के साधनों पर व्यक्तिगत स्वामित्व को समाप्त करने की वकालत की जाती है। इस मत में कई कठिनाइयाँ भी हैं। खास कर इसका स्वतंत्रता और समता की लोकतांत्रिक अवधारणा से विरोध दिखता है। इसकी विस्तृत चर्चा साम्यवाद के अन्तर्गत की जाएगी। वैसे, सामुदायिक स्वामित्व के विचार का तानाशाही के साथ कोई अनिवार्य सम्बन्ध नहीं है। लोकतांत्रिक समाजवादियों द्वारा भी समता की दृष्टि से लोकतंत्र के दायरे में राज्य द्वारा अर्थव्यवस्था में हस्तक्षेप और सम्पत्ति के अधिकार को कुछ हद तक सीमित करने की वकालत की जाती है। इस तरह, लोकतांत्रिक समाजवादियों द्वारा स्वतंत्रता और समता के बीच सामंजस्य स्थापित करने का प्रयास किया जाता है। जो भी हो, समानता की किसी भी लोकतांत्रिक अवधारणा के अन्तर्गत यह विचार भी शामिल रहता है कि **समाज में प्रत्येक व्यक्ति की न्यूनतम आर्थिक आवश्यकताएँ पूरी होनी चाहिए, और प्रत्येक व्यक्ति को आर्थिक क्षेत्र में आगे बढ़ने के लिए समान अवसर मिलना चाहिए।**

संक्षेप में, कई भिन्नताओं के बावजूद बुनियादी मानव स्वभाव, आवश्यकताएँ और क्षमताएँ एक जैसी हैं। इसलिए, समाज में प्रत्यके व्यक्ति को एक जैसी प्रतिष्ठा, एक जैसे राजनीतिक, कानूनी अधिकार, आर्थिक क्षेत्र में आगे बढ़ने के लिए एक समान अवसर, और अगर आवश्यक हो तो परम्परागत रूप से पिछड़ी-दलित जातियों और वर्गों को बराबरी के स्तर पर आने के लिए विशेष अवसर मिलना चाहिए। इसके अलावा, आर्थिक गैरबराबरी को एक सीमा से अधिक बढ़ने नहीं दिया जाना चाहिए—यही समता का लोकतांत्रिक आदर्श है।

❑

अध्याय 5

व्यक्ति और समाज

व्यक्ति और समाज के बीच के सम्बन्ध पर दो दृष्टि से विचार किया जा सकता है। एक, यथार्थवादी दृष्टि से, और दूसरे, मानक दृष्टि से। यथार्थवादी दृष्टि से विचार करने पर प्रश्न यह उठेगा कि, **दरअसल में,** व्यक्ति और समाज के बीच किस प्रकार का सम्बन्ध है? जबकि मानक दृष्टि से विचार करने पर प्रश्न यह होगा कि **नैतिक दृष्टि** से व्यक्ति और समाज के बीच किस प्रकार का सम्बन्ध **होना चाहिए**? या दूसरे शब्दों में, नैतिक दृष्टि से व्यक्ति और समाज में कौन पहले आता है? क्या व्यक्ति साध्य है और समाज साधन? या समाज साध्य है और व्यक्ति साधन? समाज दर्शन में मुख्य रुचि इन नैतिक प्रश्नों में होती है।

व्यक्ति और समाज के बीच सम्बन्ध का प्रश्न व्यक्ति और राज्य के बीच सम्बन्ध के प्रश्न से भी जुड़ा हुआ है। व्यक्ति और राज्य के बीच सम्बन्ध की विशेष चर्चा राजनीति दर्शन के अन्तर्गत की गयी है। व्यक्ति और समाज के बीच सम्बन्ध का प्रश्न व्यक्ति और राज्य के बीच सम्बन्ध के प्रश्न से अधिक व्यापक है। राज्य एक सामाजिक समिति है। लेकिन समाज में राज्य के अलावा भी कई सामाजिक समितियाँ और संस्थाएँ होती हैं।

व्यक्ति और समाज : समाजशास्त्रीय विश्लेषण

मैकीवर और पेज ने अपनी पुस्तक *Society : An Introductory Analysis* में व्यक्ति और समाज के बीच के सम्बन्ध के प्रश्न पर समाजशास्त्रीय दृष्टि से विचार किया है। उनके अनुसार सभी समाजशास्त्रीय अन्वेषणों के शुरूआत इसी बुनियादी प्रश्न से होती है। समाजशास्त्र की स्थापना के पहले से ही पश्चिमी सामाजिक चिन्तन में इस प्रश्न पर विचार किया जाता रहा है। सामाजिक समझौता सिद्धान्त (social contract theory) और आंगिक सिद्धान्त (social organism theory) द्वारा इस प्रश्न के दो परस्पर विरोधी और भ्रामक उत्तर दिए गए हैं। मैकीवर और पेज के अनुसार समाज विज्ञान के विद्यार्थियों को इन एकांगी सिद्धान्तों की अपर्याप्तता का ज्ञान होना चाहिए।

सामाजिक समझौता सिद्धान्त

सामाजिक समझौता सिद्धान्त के अनुसार समाज किन्हीं लक्ष्यों को प्राप्त करने के लिए व्यक्ति द्वारा सोच-समझ कर बनाया गया यन्त्र है। इस सिद्धान्त के सभी रूपों के अनुसार समाज व्यक्तियों के बीच आपस में या जनता और सरकार के बीच समझौते पर आधारित है। समाज को एक कृत्रिम आविष्कार मानने वाला यह सिद्धान्त अब उतना प्रभावशाली नहीं रह गया है, जितना कि सतरहवीं और अट्ठारहवीं शताब्दी में था। लेकिन अभी भी यह पूरी तौर से गायब नहीं हुआ है।

मैकीवर और पेज के अनुसार, हमें इस सिद्धान्त को अस्वीकार करना चाहिए, क्योंकि यह इस गलत पूर्वमान्यता पर आधारित है कि मनुष्य समाज से अलग या बाहर रह कर भी

मनुष्य है या हो सकता है। इसमें यह धारणा अन्तर्निहित है कि मनुष्य समाज में ''शामिल होने'' के **पहले** से व्यक्ति होता है; और वह अपने जीवन, अधिकारों और सम्पत्ति की रक्षा या ऐसे ही किसी अच्छे समझे जाने वाले उद्देश्य के लिए समाज की स्थापना करता है। वास्तविकता यह है कि व्यक्ति और समाज को एक-दूसरे से अलग नहीं किया जा सकता है। मानव विकास के इतिहास में इन दोनों में से किसी को प्राथमिकता नहीं दी जा सकती है।

समाज का आंगिक सिद्धान्त

मैकीवर और पेज के अनुसार सामाजिक समझौतावादियों ने जो गलती की है, हमें उससे उल्टी गलती से भी बचना चाहिए। यह गलती तब होती है जब समाज या राष्ट्र को एक किस्म का प्राणी-शरीर (organism) मान लिया जाता है। इस सिद्धान्त के अनुसार समाज एक जैविक व्यवस्था या वृहत प्राणी-शरीर की तरह है। समाज की संरचना (structure) और उसके कार्य (function) प्राणी-शरीर जैसे ही हैं। समाज में भी वैसी ही एकता पायी जाती है जैसी प्राणी-शरीर में, और समाज के विकास, परिपक्वता और क्षय के भी उसी किस्म के नियम हैं जैसे प्राणी-शरीर के। व्यक्ति समाज की कोशिकाओं की तरह हैं और सामाजिक समितियाँ एवं संस्थाएँ उसके अंग हैं। आंगिक सिद्धान्त के समर्थक कुछ लेखकों ने तो समाज में मस्तिष्क, फेफड़ा आदि अंग भी खोज लिए हैं!

आंगिक सिद्धान्त से जुड़ा ही एक सिद्धान्त और है जिसमें समाज को एक वृहत शरीर नहीं बल्कि एक व्यापक **मस्तिष्क** मान लिया गया है। इस सिद्धान्त की अभिव्यक्ति प्लेटो के *Republic* में भी हुई है। राजनीति दर्शन में हीगेल ने और उनके अनुयायियों ने भी इस सिद्धान्त का समर्थन किया है। विलियम मैक्डूगल जैसे मनोवैज्ञानिक ने भी ''समूह मस्तिष्क'' की बात की है।

मैकीवर और पेज के अनुसार, अगर हम समूह या समुदाय की तुलना प्राणी-शरीर से यह दिखाने के लिए करते हैं कि समाज में व्यक्ति एक-दूसरे पर निर्भर हैं, तो यह एक सरल और कुछ हद तक उपयोगी सादृश्य (analogy) है। लेकिन, स्थिति उस वक्त बहुत अलग हो जाती है जब हम समाज को वास्तव में एक प्राणी-शरीर मान लेते हैं। सामाजिक समझौता सिद्धान्त व्यक्ति के सामाजिक प्रकृति से न्याय नहीं करता। इसी तरह, आंगिक सिद्धान्त सामाजिक प्राणी के वैयक्तिकता (individuality) के साथ न्याय करने में असफल है। यह कहना भ्रामक है कि **सिर्फ** समाज ही व्यक्तियों में जीता है और सांस लेता है, या कि व्यक्ति की चेतना **सिर्फ** समाज की चेतना की अभिव्यक्ति मात्र है। दरअसल, समाज व्यक्तियों में 'जीता'' है। यह कहना भ्रामक है कि व्यक्ति उसी तरह समाज का अंग है जैसे पत्तियाँ पेड़ की या कोशिकाएँ शरीर की। अगर व्यक्ति वास्तविक न हो तो समाज का कोई अर्थ नहीं रह जायेगा।[1]

व्यक्ति और समाज : मानक दृष्टि

व्यक्ति और समाज के सम्बन्धों के बारे में परम्परागत रूप से तीन मुख्य सिद्धान्त हैं:

(1) व्यक्तिवादी सिद्धान्त (individualistic theory)

1. R. M. MacIver & Charles H. Page, *Society : An Introductory Analsis* (New Delhi : Macmillan India Ltd. 1981), pp. 41-44.

(2) आंगिक सिद्धान्त (organic theory)

(3) प्रत्ययवादी सिद्धान्त (idealistic theory)

जैसा कि पहले उल्लेख किया गया है व्यक्ति और समाज के सम्बन्ध के बारे में यथार्थवादी और मानक दोनों दृष्टि से विचार किया जा सकता है। इन तीनों सिद्धान्तों में ऊपर उठाए गए दोनों प्रश्नों—यथार्थवादी और नैतिक—का मिला-जुला उत्तर दिया गया है, और यह भी स्पष्ट नहीं किया गया है कि इन दोनों प्रश्नों के उत्तरों के बीच किस प्रकार का तार्किक सम्बन्ध है। उदाहरण के तौर पर, व्यक्तिवाद को अक्सर सामाजिक समझौता सिद्धान्त से जोड़ा जाता है। लेकिन जैसा कि हम आगे देखेंगे, इन सिद्धान्तों के बीच कोई अनिवार्य तार्किक या ऐतिहासिक सम्बन्ध नहीं है।

सामाजिक समझौता सिद्धान्त, आंगिक सिद्धान्त और प्रत्ययवादी सिद्धान्त के यथार्थवादी पक्ष की चर्चा ऊपर की गयी है। मानक दृष्टि से देखने पर एक ओर व्यक्तिवादी सिद्धान्त है जिसके अनुसार व्यक्ति साध्य है और समाज साधन, तो दूसरी ओर आंगिक और प्रत्ययवादी सिद्धान्त हैं जिनके अनुसार समाज साध्य है और व्यक्ति साधन। आंगिक और प्रत्ययवादी सिद्धान्त के नैतिक निष्कर्ष एक जैसे हैं, सिवाय इसके कि हीगेल के प्रत्ययवादी सिद्धान्त के अन्तर्गत समाज की तुलना में राज्य को अधिक महत्त्व दिया गया है।

राज्य का प्रत्ययवादी सिद्धान्त

हीगेल, ग्रीन और बोसंके ने राज्य के प्रत्ययवादी सिद्धान्त का समर्थन किया है। हीगेल के अनुसार राज्य मानव समाज का विकसित रूप है—राज्य और समाज में कोई अन्तर नहीं है। राज्य एक अनन्य समुदाय है, जिससे बढ़कर कोई दूसरा मानव समुदाय नहीं है। राज्य का अपना एक स्वतन्त्र अस्तित्व है। राज्य एक सजीव आत्मा है, जिसका स्पष्टीकरण उसके अन्तर्गत व्यक्तियों और छोटी-छोटी संस्थाओं में होता है।

राज्य के प्रत्ययवादी सिद्धान्त के अन्तर्गत राज्य को व्यक्ति से अधिक महत्त्व दिया गया है। व्यक्ति की चेतना राज्य की चेतना की ही आंशिक अभिव्यक्ति है। राज्य ही व्यक्ति के वास्तविक व्यक्तित्व का सृजन करता है, और उसके अस्तित्व की गारंटी देता है। व्यक्ति की ''वास्तविक'' स्वतन्त्रता राज्य द्वारा ही सम्भव बनायी जाती है। राज्य के अभाव में व्यक्ति के लिए स्वतन्त्रताओं का उपभोग करना सम्भव नहीं हो पाता।

राज्य के माध्यम से ''सामान्य संकल्प'' (general will) की अभिव्यक्ति होती है, जो समाज के सभी व्यक्तियों के संकल्प का प्रतिनिधित्व करता है, और जो अलग-अलग व्यक्तियों के संकल्पों से स्वतन्त्र और ऊपर होता है। इस तरह, व्यक्ति और राज्य के बीच सम्बन्ध के सन्दर्भ में प्रत्ययवादी सिद्धान्त के अनुसार राज्य साध्य है, और व्यक्ति साधन। राज्य के अधिकार व्यक्ति के ''तथाकथित'' अधिकारों से ऊपर हैं। व्यक्ति के सभी अधिकार राज्य द्वारा ही प्रदान किए जाते हैं। इसलिए, व्यक्ति के ऐसे कोई भी ''वास्तविक'' अधिकार नहीं हो सकते हैं, जिनका राज्य के साथ संघर्ष हो। क्योंकि राज्य द्वारा ''सामान्य संकल्प'' की अभिव्यक्ति होती है, जो अलग-अलग व्यक्तियों के संकल्पों से ऊपर होता है; इसलिए, राज्य के नियन्त्रण में ही, या दूसरे शब्दों में, राज्य द्वारा बनाए गए कानूनों का पालन करने में ही व्यक्ति की ''वास्तविक'' स्वतन्त्रता है।[1]

---

1. C.E.M. Joad, *Introduction to Modern Political Theory,* pp. 11-14.

हीगेल द्वारा दी गयी राज्य की प्रत्ययवादी अवधारणा एक निरंकुश (absolutist) राज्य की ओर ले जातीं दिखायी देती है। इसे लोकतान्त्रिक दृष्टि से सन्तोषजनक नहीं माना जा सकता है।

व्यक्तिवाद

व्यक्तिवाद का समर्थन कई विचारकों द्वारा किया गया है। पश्चिम में लॉक, बेन्थम और मिल, और भारत में मानवेन्द्रनाथ रॉय और गाँधी इसके प्रमुख समर्थकों में हैं। व्यक्तिवाद का सम्बन्ध अक्सर सामाजिक समझौता सिद्धान्त (social contract theory) से जोड़ा जाता है। लॉक जैसे व्यक्तिवादी विचारकों ने अपने व्यक्तिवाद का समर्थन करने के लिए सामाजिक समझौता सिद्धान्त का सहारा लिया है। लेकिन सामाजिक समझौता सिद्धान्त और व्यक्तिवाद के बीच कोई अनिवार्य तार्किक या ऐतिहासिक सम्बन्ध नहीं है। व्यक्तिवाद का समर्थन स्वतन्त्र रूप में भी किया जा सकता है, और किया गया है। अगर सामाजिक समझौता सिद्धान्त सन्तोषजनक नहीं है, तो इससे यह सिद्ध नहीं होता है कि व्यक्तिवाद संतोषजनक सिद्धान्त नहीं है। पश्चिम में जॉन स्टुअर्ट मिल और भारत में मानवेन्द्रनाथ रॉय जैसे विचारकों ने व्यक्तिवाद का समर्थन किया है, लेकिन उन्होंने इसके लिए सामाजिक समझौता सिद्धान्त की सहायता नहीं ली है।

लॉक : सामाजिक समझौता सिद्धांत के अनुसार ''प्राकृतिक अवस्था'' (state of nature) में समाज और राज्य का अस्तित्व नहीं था। लॉक के अनुसार ''प्राकृतिक अवस्था'' में व्यक्ति एक समान (euqal) और प्रकृति के नियम के दायरें में जैसा चाहें वैसा करने के लिए स्वतन्त्र थे। प्राकृतिक नियम से ही मनुष्य को कुछ प्राकृतिक अधिकार मिलते हैं, जिनमें जीवन, स्वतन्त्रता और सम्पत्ति का अधिकार प्रमुख हैं।

लॉक की राय में प्राकृतिक अवस्था में व्यक्ति के प्राकृतिक अधिकार तो थे, लेकिन शान्ति और सुरक्षा नहीं थी। इसलिए, मनुष्य ने एक समझौते के द्वारा नागरिक समाज (civil society) की स्थापना की, जिसमें उसने सुरक्षा के बदले अपने अधिकारों को कुछ हद तक सीमित किया जाना स्वीकार किया। सभी ने यह स्वीकार किया कि बहुमत के शासन को मानेंगे, क्योंकि इसके बिना राज्य का अस्तित्व सम्भव नहीं है। लॉक के अनुसार सरकार का निर्माण न्यास (trust) द्वारा होता है। सरकार के निर्माण के बाद भी सर्वोच्च शक्ति आम जनता के पास ही रहती है। व्यक्ति के प्राकृतिक अधिकार भी, जिन्हें किसी स्थिति में उससे अलग नहीं किया जा सकता, पूर्ववत् बने रहते हैं।

लॉक के अनुसार व्यक्ति के प्राकृतिक अधिकारों को उसकी **सहमति** के बिना सीमित नहीं किया जा सकता है। सरकार द्वारा व्यक्ति के अधिकारों को सीमित किया जाता है। इसलिए, कोई भी सरकार तभी वैध (legitimate) हो सकती है, जब वह सहमति पर आधारित हो। लॉक के अनुसार राजनीतिक शक्ति का इस्तेमाल सार्वजनिक शुभ के लिए और सहमति के आधार पर किया जाना चाहिए।[1] इस तरह, लॉक के अनुसार व्यक्ति साध्य है और समाज एवं राज्य साधन हैं।

बेन्थम और मिल : बेन्थम और मिल उपयोगितावादी दार्शनिक हैं। *An Introduction to Morals and Legislation* में बेन्थम ने स्पष्ट रूप से कहा कि किसी व्यक्ति के प्रत्येक

---

1. Roger Scruton, A *Dictionary of Political Thought*, pp. 275-76.

कर्म और सरकार के प्रत्येक कदम की जाँच "उपयोगिता सिद्धान्त" के आधार पर की जानी चाहिए। दूसरे शब्दों में, यह देखना चाहिए कि उनसे सुख में वृद्धि होती है या कि हम उसके विपरीत दिशा में जाते हैं। बेन्थम के अनुसार, जो व्यक्ति समुदाय के सदस्य होते हैं उनसे अलग समुदाय एक काल्पनिक सत्ता है। समुदाय का हित समुदाय के सदस्य व्यक्तियों के हितों की समष्टि है। व्यक्ति के हित को समझे बिना समुदाय के हित की बात करना बेकार है।[1]

मिल के विचारों की चर्चा पिछले अध्याय में स्वतन्त्रता के आदर्श के सन्दर्भ में की गयी है। अपनी पुस्तक *On Liberty* में मिल ने उपयोगिता के सिद्धान्त को समाज और सरकार पर भी लागू किया है, और यह माना है कि व्यक्ति को समाज में अधिक-से-अधिक स्वतन्त्रता मिलनी चाहिए।[2] मिल के अनुसार, उनके निबन्ध *On Liberty* का उद्देश्य व्यक्ति पर समाज द्वारा वैध रूप से इस्तेमाल की जानी वाली शक्ति की सीमा और स्वरूप पर चर्चा करना है।[3]

मिल के अनुसार, समाज को शारीरिक शक्ति द्वारा या कानूनी दण्ड द्वारा या जनमत के नैतिक दबाव द्वारा व्यक्ति को नियन्त्रित करने का सिर्फ एक ही परिस्थिति में अधिकार है: वह है आत्मरक्षा या दूसरों को नुकसान से बचाना। मिल के अनुसार **दूसरों को नुकसान से बचाना ही वह एकमात्र लक्ष्य है जिसे प्राप्त करने के लिए किसी व्यक्ति की स्वतन्त्रता पर रोक लगाना उचित है।** अगर किसी व्यक्ति का कोई कर्म ऐसा है, जिससे दूसरों को कोई नुकसान नहीं पहुँचता हो, तो उस पर रोक नहीं लगायी जानी चाहिए, चाहे भले उस कर्म से स्वयं उस व्यक्ति को नुकसान क्यों न पहुँचता हो। मिल के अनुसार ऐसे दृष्टान्तों में व्यक्ति को समझाया जा सकता है, लेकिन उसे बाध्य नहीं किया जाना चाहिए। समाज या राज्य को व्यक्ति के सिर्फ ऐसे ही कर्मों पर रोक लगाने का अधिकार है जिसका असर दूसरों पर पड़ता हो, और जिससे दूसरों को नुकसान पहुँचता हो। जहाँ तक व्यक्ति के ऐसे कर्मों का सवाल है, जिनका असर स्वयं उस तक ही सीमित हो, तो व्यक्ति को अपने शरीर और दिमाग का मालिक स्वयं माना जाना चाहिए। मिल ने कानून के सार्वजनिक दायरे और नैतिकता के निजी क्षेत्र के बीच अन्तर किया है, और कानून द्वारा बुनियादी स्वतन्त्रताओं की गारंटी देने की वकालत की है।

मिल यह स्वीकार करते हैं कि समाज एक प्राकृतिक वस्तु है, और राज्य में रहकर ही व्यक्ति उस सुख का पूरी तरह अनुभव कर सकता है, जिसकी क्षमता मानव-स्वभाव में है। लेकिन, मिल के अनुसार, इस स्वीकारोक्ति का यह अर्थ नहीं है कि राज्य का अस्तित्व व्यक्ति के सुख के लिए नहीं है। मिल के अनुसार राज्य का उद्देश्य है व्यक्ति के सुख में वृद्धि करना। यही उसके अस्तित्व का औचित्य है। मिल के अनुसार आचरण की स्वतन्त्रता मानव सुख और व्यक्ति एवं समाज के विकास का मुख्य तत्त्व है। मिल की राय में राज्य व्यक्ति के निजी मामलों में कम-से-कम हस्तक्षेप द्वारा ही उसके सुख में वृद्धि कर सकता है। इस तरह, मिल ने भी व्यक्ति और उसकी स्वतन्त्रता को सर्वोच्च महत्त्व दिया है।

रॉय : मानवेन्द्र नाथ रॉय के अनुसार समाज के मूल में है—व्यक्ति। यह सही है कि सहयोगात्मक सामाजिक सम्बन्धों से व्यक्ति की क्षमताओं के विकास में सहायता मिलती है। लेकिन सामाजिक प्रगति का पैमाना व्यक्ति का विकास है। किसी समूह के अस्तित्व के

1. John Stuart Mill, *Utilitarianism*, p.35.
2. Ibid., p. 30.
3. Ibid., p. 126.

लिए व्यक्ति का अस्तित्व आवश्यक है। व्यक्ति से स्वतन्त्र राष्ट्र या वर्ग में सामूहिक अहं के अस्तित्व को मान लेना एक भूल है। व्यक्ति को प्राप्त स्वतन्त्रता और सुख से अलग सामाजिक विकास एक काल्पनिक आदर्श है। सामाजिक कल्याण व्यक्ति के कल्याण द्वारा ही सम्भव है। किसी भी सामूहिक प्रयत्न या सामाजिक संगठन की सफलता का मापदण्ड उससे समूह की इकाई व्यक्ति को मिलने वाला वास्तविक लाभ है। रॉय के अनुसार सामाजिक-राजनीतिक दर्शन की शुरूआत इस बुनियादी विचार से होनी चाहिए कि **व्यक्ति समाज से पहले आता है, और व्यक्ति ही स्वतन्त्रता का अनुभव कर सकता है।**

समीक्षा

व्यक्ति और समाज के बीच सम्बन्धों के बारे में दो परस्पर विरोधी सिद्धान्त हैं। व्यक्तिवाद के अनुसार व्यक्ति साध्य है, और समाज या राज्य साधन; जबकि आंगिक सिद्धान्त और प्रत्ययवादी सिद्धान्त के अनुसार समाज या राज्य साध्य हैं, और व्यक्ति साधन। इसी तरह, व्यक्तिवादी सिद्धान्त के अनुसार व्यक्ति को समाज और राज्य में अधिक-से-अधिक स्वतन्त्रता मिलनी चाहिए, जबकि आंगिक और प्रत्ययवादी सिद्धान्त के अनुसार व्यक्ति को समाज या राज्य के नियन्त्रण में रहना चाहिए।

इन दो परस्पर विरोधी सिद्धान्तों में कौन-सा सिद्धान्त संतोषजनक है, यह निर्धारित करने के लिए ''समाज'' का अर्थ स्पष्ट करना जरूरी है।

मैकीवर और पेज के अनुसार ''समाज'' सामाजिक सम्बन्धों का एक ऐसा ताना-बाना है, जो निरन्तर परिवर्तनशील रहता है। (''सामाजिक सम्बन्ध'' ऐसे सम्बन्धों को कहते हैं, जिनमें एक-दूसरे के अस्तित्व का बोध रहता है, और ये सम्बन्ध विभिन्न व्यक्तियों के बीच होते हैं।)[1] ''समाज'' की इस परिभाषा से स्पष्ट है कि ''समाज'' कोई ठोस वस्तु नहीं है, बल्कि एक अमूर्त धारणा है। समाज की इकाई है व्यक्ति। समाज के व्यक्तियों से अलग और स्वतन्त्र ''समाज'' का कोई अस्तित्व नहीं होता है।

थोड़ी देर के लिए अगर यह मान भी लिया जाए कि ''समाज का हित'' साध्य है, और व्यक्ति साधन। तो फिर यह प्रश्न उठाया जा सकता है कि ''समाज का हित'' क्या है? ''समाज'' के ऊपर दिये गए विश्लेषण से यह स्पष्ट है कि व्यक्ति के हित से स्वतन्त्र ''समाज के हित'' की कल्पना नहीं की जा सकती है। समाज के अलग-अलग व्यक्तियों के हितों को मिला कर ही ''समाज का हित'' बनता है। व्यक्ति का हित क्या है, यह निर्धारित किए बिना हम यह तय नहीं कर सकते हैं कि ''समाज का हित'' क्या है।

इस तरह, नैतिक दृष्टि से व्यक्ति समाज और राज्य से पहले आता है। उदाहरण के तौर पर, जब हम एक ''सुखी समाज'' बनाने की बात करते है, तो उसका एक ऐसे समाज के सिवा और क्या अर्थ हो सकता है, जिसमें सभी या अधिकांश व्यक्ति सुखी हों? क्या जिस समाज में सभी व्यक्ति दुखी हो, वह समाज सुखी हो सकता है? सुख और दुख का अनुभव व्यक्ति ही कर सकता है, ''समाज'' या ''राज्य'' नहीं। और व्यक्ति तभी सुखी हो सकता है, जब उसे अपने सुख के तलाश की अधिकतम स्वतन्त्रता हो। काल्पनिक ''सामाजिक शुभ'' के नाम पर व्यक्ति के सुख और स्वतन्त्रता का हनन एक बहुत भारी भूल है। इस तरह नैतिक दृष्टि से व्यक्तिवाद ही एक संतोषजनक सिद्धान्त है।

1. MacIver & Page, Op. Cit., p. 6.

कभी-कभी कुछ लोग ''व्यक्तिवाद'' को ''स्वार्थवाद'' से जोड़ देते हैं। लेकिन यह सही नहीं है। यह तो स्वाभाविक है कि कोई व्यक्तिवादी अपने सुख और स्वतन्त्रता को महत्त्व देगा, और उसकी रक्षा का प्रयत्न करेगा। लेकिन ध्यान देने की बात यह है कि व्यक्तिवाद समाज दर्शन का एक सिद्धान्त है, और इस रूप में यह सिर्फ किसी एक व्यक्ति के सुख और स्वतन्त्रता की नहीं, बल्कि **प्रत्येक** व्यक्ति के सुख और स्वतन्त्रता का समर्थन करता है। इसलिए, एक व्यक्तिवादी दूसरे व्यक्तियों की स्वतन्त्रता का भी सम्मान करता है।

इसी तरह, यह सोचना भी गलत है कि व्यक्तिवादियों में सामुदायिक भावना नहीं होती है, या वे ''सामुदायिक हित'' की परवाह नहीं करते। लॉक, बेन्थम, मिल, रॉय और गाँधी के उदाहरण हमारे सामने हैं। दरअसल, इनके द्वारा किया गया ''सामुदायिक हित'' का विश्लेषण व्यक्तिवादी है। इस तरह, समाज दार्शनिक अर्थ में व्यक्तिवादी होने और सामुदायिक हित के लिए प्रयत्नशील रहने के बीच कोई विरोध नहीं है।

❑

अध्याय 6

सामाजिक परिवर्तन : परम्परा और आधुनिकता

प्रत्येक समाज में हर समय परिवर्तन आता रहता है, चाहे वह समाज ऊपर से कितना भी स्थिर क्यों न दिखाई देता हो। लेकिन अलग-अलग समाजों में इस परिवर्तन की **रफ्तार** और **दिशा** अलग-अलग होती है। सामाजिक परिवर्तन का अध्ययन समाजशास्त्र में भी होता है समाज दर्शन में भी। लेकिन दोनों विषयों में इसका अध्ययन अलग-अलग विधियों और अलग-अलग दृष्टिकोणों से होता है। समाजशास्त्री सामाजिक परिवर्तन का अध्ययन विज्ञान की अनुभवाश्रित (empirical) विधि से करते हैं, जबकि समाज दर्शन में दार्शनिक चिन्तन विधि को सामाजिक परिवर्तन पर लागू किया जाता है।

''समाज दर्शन का स्वरूप'' (अध्याय 2) के अन्तर्गत हम समाज दर्शन के दो पक्षों की चर्चा कर चुके हैं—(1) **समीक्षात्मक या तार्किक,** जिसके अन्तर्गत समाज-विज्ञानों की विधियों और सिद्धान्तों की वैधता के बारे में तार्किक दृष्टि से अध्ययन किया जाता है। (2) **रचनात्मक या संश्लेषात्मक,** जिसका सम्बन्ध सामाजिक आदर्शों की वैधता से है।[1]

इसी तरह, हम इस बात की भी चर्चा कर चुके हैं कि दार्शनिक विधि के अन्तर्गत संप्रत्ययों या **अवधारणाओं के स्पष्टीकरण** को अत्यधिक महत्त्व दिया जाता है। संक्षेप में, सामाजिक परिवर्तन का अध्ययन करते समय समाज दार्शनिक की रुचि निम्नलिखित समस्याओं में रहती है—

(1) ''सामाजिक परिवर्तन'' का अर्थ स्पष्ट करना।

(2) समाज वैज्ञानिकों द्वारा सामाजिक परिवर्तन की व्याख्या करने वाले सामान्य नियमों की स्थापना के लिए उपयोग में लायी जाने वाली विधियों और पूर्वमान्यताओं का अध्ययन और समीक्षा।

(3) सामाजिक परिवर्तन की दिशा पर मानक दृष्टि से विचार करना।

सामाजिक परिवर्तन की दिशा में समाजशास्त्रियों की भी रुचि होती है। लेकिन उनकी मुख्य रुचि यह जानने में होती है कि विभिन्न समाजों में या किसी विशेष समाज में **दरअसल** में किस दिशा में परिवर्तन हो रहा है। जब कि समाज दार्शनिक की रुचि सामाजिक आदर्शों के प्रश्न में होती है, या दूसरे शब्दों में, उनकी रूचि इस प्रश्न में होती है कि समाज को किस दिशा में परिवर्तित होना **चाहिए**।

''सामाजिक परिवर्तन'' का अर्थ

जैसा कि हम पहले ही उल्लेख कर चुके हैं, समाज दर्शन तथ्यों की जानकारी के लिए समाजशास्त्र पर निर्भर हैं। इसलिए, हम अपने अन्वेषण को यहीं तक सीमित रखेंगे कि समाजशास्त्र में ''सामाजिक परिवर्तन'' का किस अर्थ इस्तेमाल किया जाता है।

1 Morris Ginsberg, *Sociology* (Delhi: Surjeet Publications, 1979), p.26.

International Encyclopaedia of the Social Sciences के अनुसार, सामाजिक परिवर्तन सामाजिक संरचना में आए किसी महत्त्वपूर्ण परिवर्तन को कहते हैं। इसके अन्तर्गत उन सामाजिक प्रतिमानों (आचरण के नियमों), मूल्यों और सांस्कृतिक प्रतीकों में परिवर्तन भी शामिल है, जिनके माध्यम से सामाजिक संरचना की अभिव्यक्ति होती है।[1]

मैकीवर और पेज ने अपनी पुस्तक *Society: An Introductory Analysis* के तीसरे खण्ड में सामाजिक परिवर्तन की विस्तृत चर्चा की हैं। उनके अनुसार केवल ''सामाजिक सम्बन्धों'' (social relationships) में परिवर्तन को ही सामाजिक परिवर्तन मानना चाहिए। दरअसल, उन्होंने ''समाज'' की परिभाषा ही **सामाजिक सम्बन्धों के ऐसे ताने-बाने के रूप में की है, जो निरन्तर परिवर्तनशील हैं।**[2]

यह सही है कि समाजिक सम्बन्ध निरन्तर परिवर्तनशील होते हैं, लेकिन उनमें कुछ अपेक्षाकृत स्थायी तत्त्व भी होते हैं। सामाजिक सम्बन्ध स्थापित होने की प्रक्रिया में कई बार कुछ हद तक पुनरावृत्ति भी होती हैं। इन्हीं अपेक्षाकृत स्थायी अन्तंरसम्बन्धों को **समाजिक संरचना** (social structure) कहते हैं। मैकीवर और पेज ने ''सामाजिक संरचना'' की परिभाषा ''**वर्तमान** सम्बन्धों के अन्तरबंधन (nexus)'' के रूप में की है। इस तरह, मैकीवर और पेज के अनुसार ''सामाजिक परिवर्तन'' **सामाजिक संरचना में परिवर्तन** को कहते हैं।

हैरी, एम. जॉनसन ने भी अपनी पुस्तक *Sociology: A Systematic Introduction* में ''सामाजिक परिवर्तन'' को ''सामाजिक संरचना में परिवर्तन'' के रूप में परिभाषित करते हुए सामाजिक परिवर्तन के निम्नलिखित प्रकार बतलाए हैं—

(i) सामाजिक मूल्यों में परिवर्तन

(ii) सामाजिक संस्थाओं में परिवर्तन

(iii) सामाजिक लाभों (social rewards) के स्वामित्व और वितरण में परिवर्तन

(iv) समाज के कार्मिकों (personnel) में परिवर्तन

(v) समाज के कार्मिकों की योग्यता और मनोवृत्ति में परिवर्तन[3]

संक्षेप में, ''सामाजिक परिवर्तन'' का अर्थ है ''सामाजिक संरचना में परिवर्तन''। और ''सामाजिक संरचना'' का अर्थ हैं ''समाज के वर्तमान सामाजिक सम्बन्धों का ऐसा अन्तरबंधन जिसमें कुछ स्थायित्व हो''।

सामाजिक परिवर्तन की व्याख्या

सामाजिक परिवर्तन के व्याख्या की समस्या कठिन भी है और आकर्षक भी। जैसा कि *A New Dictionary of Sociology* में बतलाया गया है, आधुनिक समाजशास्त्र की शुरूआत उन्नीसवीं शताब्दी में कोम्ते (Comte, 1798-1857), और अन्य विचारकों द्वारा

1. David L. Sills (ed.), *International Encyclopaedia of the Social Sciences*.
2. R. M. MacIver & Charles H. Page, *Society: An Introductory Analysis* (New Delhi : Macmillan India Limited, 1981), p. 5.
3. Harry M. Johnson, *Sociology : A Systematic Introduction* (New Delhi : Allied Publishers Private Limited, 1978), p. 626.

सामाजिक परिवर्तन के कारणों और दिशा की व्याख्या के प्रत्यनों से हुई। उन्नीसवीं शताब्दी में समाजशास्त्रियों को मुख्य रूप से सामाजिक परिवर्तन के ऐसे सिद्धान्त की तलाश थी, जिसके माध्यम से विभिन्न समाजों के ''गति के नियम'' (laws of motion) की जानकारी मिल जाए।[1]

इन प्रयत्नों के परिणामस्वरूप सामने आने वाले अधिकांश सिद्धान्त विकासवादी थे। कार्ल मार्क्स का इतिहास सम्बन्धी सिद्धान्त भी ऐसे प्रयत्नों का एक उदाहरण है। मार्क्सवादी इतिहास की व्याख्या के अनुसार किसी भी समाज के ढाँचे में मुख्य बात उसकी आर्थिक संरचना (economic structure) होती है। यह आर्थिक संरचना ''उत्पादन के सम्बन्धों'' (production relations) यानी उन सम्बन्धों से बनती है जिनमें व्यक्ति उत्पादन के क्रम में अपनी इच्छा से स्वतंत्र, अनिवार्य रूप से जुड़ने के लिए बाध्य होते हैं। दूसरी ओर, उत्पादन-सम्बन्ध इस बात पर निर्भर करते हैं कि उस समाज में ''उत्पादन की शक्तियों'' (forces of production) का, यानी उत्पादन की तकनीक और इस तकनीक का उपयोग करने की क्षमता से सम्पन्न व्यक्तियों का, कितना विकास हुआ है। समाज के इस आर्थिक आधार (economic base) पर ही उसकी कानूनी, राजनीतिक और सांस्कृतिक अधिरचना (superstructure) आधारित रहती है।

मार्क्सवाद के अनुसार जब किसी समाज में ''उत्पादन की शक्तियों'' का अधिक विकास हो जाता है, तब इन शक्तियों और ''उत्पादन के सम्बन्धों'' के बीच ''अन्तर्विरोध'' (contradiction) पैदा हो जाता है, और इस ''अन्तर्विरोध'' के कारण समाज की आर्थिक संरचना में परिवर्तन आ जाता है। इसके बाद नए ''उत्पादन के सम्बन्धों'' के अनुरूप समाज की कानूनी, राजनीतिक और सांस्कृतिक अधिरचना में भी अपेक्षाकृत तेजी से परिवर्तन आ जाता है। इस प्रकार प्रत्येक समाज परिवर्तन की विभिन्न स्थितियों—आदिम साम्यवाद, दास प्रथा पर आधारित प्राचीन समाज, सामन्तवाद और पूंजीवाद से गुजरता हुआ अनिवार्यतः साम्यवाद की दिशा में बढ़ता है।

सामाजिक परिवर्तन की मार्क्सवादी व्याख्या ऐसे नियतत्ववादी (deterministic) सिद्धान्तों का एक उदाहरण है, जिनके अनुसार समाज का विकास एक पूर्वनिश्चित तरीके से होता है, और सामाजिक परिवर्तन की व्याख्या प्राकृतिक विज्ञानों में पाए जाने वाले नियमों जैसे नियमों के माध्यम से की जा सकती है। एम. हैरलम्बस ने अपनी पुस्तक *Sociology : Themes and Perspectives* में समाज के अध्ययन के प्रति इस प्रकार के दृष्टिकोण को ''प्रत्यक्षवाद'' (positivism) कहा है। हैरलम्बस के अनुसार, कोम्ते सहित समाजशास्त्र के कई संस्थापक-विचारकों की यह मान्यता थी कि रसायन शास्त्र और जीवशास्त्र जैसे प्राकृतिक विज्ञानों के सिद्धान्तों को समाज पर लागू करने से ''समाज के प्रत्यक्ष विज्ञान'' (positive science of society) की स्थापना सम्भव है। कोम्ते के अनुसार ऐसे विज्ञान के माध्यम से यह भी पता चल सकता है कि मानव का व्यवहार भी भौतिक द्रव्य के व्यवहार की तरह कार्य-कारण नियम द्वारा निर्धारित होता है, और समाज का विकास भी ''अपविर्तनीय नियमों'' (invariable laws) के अनुसार होता है।[2]

1. G. Duncan Mitchell, *A New Dictionary of Sociology* (London: Routledge & Kegan Paul, 1979), pp. 178-79.
2. M. Haralambos with R. M. Heald, *Sociology; Themes and Perspectives* (Delhi : Oxford University Press, 1984), pp. 493-94.

लेकिन, समाज के अध्ययन के प्रति इस प्रकार के दृष्टिकोण से समाज-विज्ञानों या समाजशास्त्र की विधियों के बारे में निम्नलिखित महत्त्वपूर्ण प्रश्न उठ जाते हैं—

(1) कार्य-कारण नियम जैसे प्राकृतिक विज्ञान की पूर्वमान्यतओं को समाज-विज्ञानों पर किस हद तक लागू किया जा सकता है?

(2) क्या समाज का अध्ययन करते समय हम प्राकृतिक विज्ञानों की विधियों को ठीक उसी प्रकार उपयोग में ला सकते हैं जैसे प्राकृतिक विज्ञानों में लाते हैं?

(3) क्या प्राकृतिक विज्ञानों की पूर्वमान्यताओं और विधियों को समाज-विज्ञानों पर लागू कर हम समाज-विज्ञानों में भी प्राकृतिक विज्ञानों की तरह सामान्य नियमों की स्थापना कर सकते हैं?

इन प्रश्नों का उत्तर खोजते समय हमें निम्नलिखित बातों को ध्यान में रखना होगा—

(1) समाज-विज्ञानों और प्राकृतिक विज्ञानों के विषय-वस्तु में मौलिक अन्तर है। प्राकृतिक विज्ञानों का सम्बन्ध निर्जीव भौतिक द्रव्य से हैं, जिनमें न तो चेतना होती है, और न संकल्प-स्वातन्त्र्य। एक समान स्थितियों में भौतिक द्रव्य का व्यवहार एक-जैसा होता है। जबकि समाज-विज्ञानों का सम्बन्ध मनुष्यों से होता है, जिनमें चेतना होती है, विचार, भावनाएँ और इच्छाएँ होतीं हैं। इसके अलावा, मनुष्यों में संकल्प-स्वातन्त्र्य भी होता है, जिसे नीतिशास्त्र के अन्तर्गत एक आवश्यक मान्यता (postulate) के रूप में स्वीकार किया जाता है। सभी मनुष्यों का व्यवहार एक जैसी स्थितियों एक जैसा नहीं होता है। यहाँ तक कि एक ही व्यक्ति एक जैसी ही स्थितियों में अलग-अलग तरीके से व्यवहार कर सकता है। कोई व्यक्ति किसी निश्चित समय पर किस आचरण को चुनता है यह, अन्य बातों के अलावा, उन नैतिक आदर्शों और मापदण्डों पर निर्भर है, जिसे वह स्वीकार करता है। इसलिए, कार्य-कारण नियम को मानव आचरण पर उस तरह लागू नहीं किया जा सकता है जिस तरह निर्जीव भौतिक द्रव्य पर।

(2) प्राकृतिक विज्ञानों में जब वैज्ञानिक विधि का इस्तेमाल होता है, तो उसमें, मोटे तौर पर, निरीक्षण, प्रयोग, प्राक्कल्पना और सत्यापन की मदद ली जाती है। लेकिन, समाजशास्त्र में, सामान्य तौर पर, प्राकृतिक विज्ञानों की तरह प्रयोग करना सम्भव नहीं होता है। परिणामस्वरूप समाजशास्त्रियों को मुख्य रूप से व्यवस्थित निरीक्षण पर निर्भर रहना पड़ता है। इस तरह, समाजशास्त्र में उस तरह के सटीक या यथातथ्य निष्कर्ष सम्भव नहीं हो पाते हैं, जिन्हें प्रयोग द्वारा प्राप्त किया जा सकता है।

ऊपर दिये गए तथ्यों के प्रकाश में हम कह सकते हैं कि समाजशास्त्र में प्राकृतिक विज्ञानों जैसे निष्कर्ष या सामान्य नियमों की स्थापना अगर असम्भव नहीं तो बहुत कठिन जरूर है। अगर विशेष रूप से सामाजिक परिवर्तन की ही बात करें, तो मार्क्सवाद सहित सामाजिक परिवर्तन के सभी महत्त्वाकांक्षी विश्वव्यापी सिद्धान्त, जिन्होंने किसी एक कुंजी के माध्यम से सामाजिक परिवर्तन की सार्वभौमिक (universal) व्याख्या का प्रयत्न किया, तथ्यों से मेल द्वारा वैज्ञानिक सत्यापन की कसौटी पर असफल रहे। उदाहरण के तौर पर, यह मान लेने के लिए कोई प्रमाण नहीं है कि सभी समाजों का परिवर्तन

बिल्कुल एक तरह से होता है, और वे सभी विकास के क्रम में बिल्कुल एक जैसी पूर्वनिश्चित अवस्थाओं से गुजरते हैं।[1]

सम्भवतः इन्हीं कारणों से, जैसा कि *A New Dictionary of Sociology* में कहा गया है, **बीसवीं शताब्दी के प्रारम्भ से समाजशास्त्र में सामाजिक परिवर्तन के विश्वव्यापी (global) नियमों की स्थापना को उतना महत्त्व नहीं दिया जाने लगा। इसकी बजाय सटीक निरीक्षण, सर्वेक्षण और माप द्वारा विशेष समाजों, समुदायों और संस्थाओं में आ रहे परिवर्तनों के विस्तृत और ठोस अध्ययन को अधिक महत्त्व दिया जाने लगा है।**[2]

लगभग यही बात एलेक्स इन्केलेस ने अपनी पुस्तक *What is Sociology?* में भी कही है। इन्केलेस के अनुसार, समाजशास्त्र ने अब सामाजिक परिवर्तन की विश्वव्यापी व्याख्याओं की ओर से अपना मुँह मोड़ लिया है। समाजशास्त्रियों ने किसी एक सार्वभौमिक परिवर्तन के सिद्धान्त की तलाश को छोड़ दिया है, और अब वे विभिन्न प्रकार के सामाजिक संगठनों में आने वाले परिवर्तनों का अधिक ठोस और यथार्थवादी ढंग से अध्ययन करने लगे हैं।[3]

मैकीवर और पेज ने भी अपनी पुस्तक में "अपरिवर्तनीय नियमों" के माध्यम से सामाजिक परिवर्तन के बारे में भविष्यवाणी करने के प्रश्न को उठाया है। उनके अनुसार समाजशास्त्र में **सामाजिक परिवर्तन के अपरिवर्तनीय नियमों (eternal laws) की स्थापना सम्भव नहीं हैं।** भौतिक विज्ञानों से जीव-विज्ञान होते हुए जैसे-जैसे हम समाज-विज्ञानों की ओर बढ़ते हैं, स्थितियाँ अस्थिर और जटिल होती चली जाती हैं, जिससे भविष्यवाणी की सम्भावनाएँ सीमित होती चली जाती हैं।

मैकीवर और पेज के अनुसार न तो समाज परिवर्तन के "अपरिवर्तनीय नियमों" की स्थापना सम्भव हैं, और न सामाजिक परिवर्तन के क्षेत्र में पूर्णतः निश्चित भविष्यवाणी की जा सकती है; **लेकिन सामाजिक परिवर्तन की व्याख्या जरूर सम्भव है।** मैकीवर और पेज ने यह दिखलाने का प्रयत्न किया है कि कैसे सामाजिक व्यवस्था उन निर्धारकों (conditions) में परिवर्तन आने पर, जिन पर वह निर्भर है, स्वयं भी परिवर्तित होती चली जाती है। उनके अनुसार सामाजिक परिवर्तन के चार स्थायी निर्धारक (.permanent conditions) हैं—

(i) भौतिक पर्यावरण (physical environment)

---

1. अपने मौलिक रूप में, मार्क्सवाद एक इतिहास दर्शन हैं, जिसके अनुसार प्रत्येक मानव-समाज का विकास इतिहास के या सामाजिक परिवर्तन के किसी नियम के अनुसार एक निश्चित तरीके से एक निश्चित दिशा में होता है। इतिहास के प्रति इस किस्म के दृष्टिकोण को कार्ल पॉपर ने "इतिहासपरतावाद" (historicism) कहा है। मार्क्सवाद ही एकमात्र इतिहासपरतावादी सिद्धान्त नहीं है। यह मानने का कोई कारण नहीं दिखता है कि मार्क्सवाद या कोई भी अन्य इतिहासपरतावादी सिद्धान्त सत्य है। **हर समाज में किसी एक ही बने-बनाए नियम के अनुसार परिवर्तन नहीं आता है। अलग-अलग समाजों में अलग-अलग कारणों से अलग-अलग तरीकों से परिवर्तन आ सकता है।**
2. G. Duncan Mitchell, A *New Dictionary of Sociology*, p. 178.
3. Alex Inkeles, *What is Sociology*? (Englewood Cliffs, New Jersey: Prentice-Hall, Inc., 1964) pp. 88-91.

(ii) जैविक निर्धारक (biological condition)

(iii) तकनीकी व्यवस्था (technological order)

(iv) सांस्कृतिक व्यवस्था (cultural order)

इनमें से प्रथम दो निर्धारक **प्राकृतिक** और बाद वाले दो निर्धारक **मानव-निर्मित** हैं। सामाजिक परिवर्तन के इन चार कारकों में भी परिवर्तन के अपने अलग-अलग निर्धारक होते हैं। **इन कारकों में आने वाले परिवर्तन की अनुक्रिया (response) से समाज में भी परिवर्तन आ जाता है।** सामाजिक परिवर्तन के निर्धारक एक-दूसरे से सम्बन्धित हैं। उदाहरण के तौर पर, भौतिक पर्यावरण में परिवर्तन के कारण तकनीकी परिवर्तन आ सकते हैं, और ये तकनीकी परिवर्तन सांस्कृतिक परिवर्तन का कारण बन सकते हैं। जब कि दूसरी ओर, सांस्कृतिक परिवर्तनों से तकनीकी परिवर्तन या वर्तमान तकनीक के उपयोग के तरीके में परिवर्तन आ सकता है। इन सभी परिवर्तनों की अनुक्रिया से समाज या सामाजिक सम्बन्धों में परिवर्तन आता है, और इस प्रकार कोई भी समाज परिवर्तित होता रहता है।

1. **भौतिक पर्यावरण**—हमारे भौतिक पर्यावरण में हर समय परिवर्तन आता रहता है। एक ओर धीरे-धीरे आने वाले भौगोलिक परिवर्तन हैं, तो दूसरी ओर, आँधी, भूकम्प और बाढ़ जैसी प्राकृतिक विपदाएँ हैं। भौतिक पर्यावरण में आने वाले इन परिवर्तनों से समाज में अनुकूली अनुक्रियाएँ (adaptational responses) होती हैं, जिनके परिणामस्वरूप समाज भी बदल जाता है।

2. **जैविक निर्धारक**—हर समाज की आबादी जनसंख्या और संघटन (composition.) की दृष्टि से लगातार बदलती रहती है। इन परिवर्तनों का सामाजिक परिवर्तन से निकट सम्बन्ध होता है। उदाहरण के तौर पर, बढ़ती हुई आबादी से जीवन-स्तर में गिरावट आने का खतरा बढ़ जाता है, और इससे आबादी के प्रति लोगों के दृष्टिकोण में परिवर्तन आ जाता है। भारत में बढ़ती हुई आबादी के कारण सरकार ने बर्थ-कन्ट्रोल और परिवार नियोजन का प्रचार शुरू किया, जिससे धीरे-धीरे बहुत सारे लोग प्रभावित हो रहे हैं। बर्थ-कन्ट्रोल का असर पारिवारिक सम्बन्धों पर और यहाँ तक की विवाह के प्रति दृष्टिकोण पर भी पड़ता है।

जैविक कारणों से माता-पिता और उनके बच्चों में, और एक ही माता-पिता के अलग-अलग बच्चों में भी काफी अन्तर आ जाता है। इसलिए, कोई भी नयी पीढ़ी अपनी पुरानी पीढ़ी की प्रतिलिपि नहीं होती है।

जैविक कारणों और स्वयं सामाजिक प्राणियों द्वारा शुरू और विकसित किए गए परिवर्तनों के बीच सहयोग भी होता है। हर नयी पीढ़ी एक बदले हुए विश्व में नयी ऊर्जा के साथ अपना काम शुरू करती है। पिछली पीढ़ियों द्वारा किए गए कार्य उसकी अपनी गतिविधियों का आधार बनते हैं। हर पुरानी पीढ़ी अपनी सामाजिक विरासत को परिवर्धन और संशोधनों के साथ नयी पीढ़ी को हस्तान्तरित करती है। सामाजिक विरासत संचयी (cumulative) होती है, लेकिन इसमें काफी चयन और निराकरण भी होता है। सामाजिक विरासत जितनी विस्तृत होती है परिवर्तन की सम्भावनाएँ उतनी ही अधिक होती हैं।

3. **तकनीकी व्यवस्था**—तकनीकी विकास सामाजिक परिवर्तन का ऐसा स्रोत है, जिसका जन्म स्वयं मानव की क्रियाओं से होता है। अपनी आवश्यकताओं को पूरा करने

के **सचेत प्रयत्न** में मनुष्य तकनीकी का विकास करता है। लेकिन इन तकनीकी आविष्कारों के उपयोग के क्रम में वह अपनी कल्पना या अभिप्राय से भी कहीं ज्यादा गहरे और व्यापक परिवर्तनों को जन्म देता है। यह ठीक वैसे ही है जैसे हम कोई नया घर बनाते हैं, और फिर यह पाते हैं कि उसमें रहने के लिए हमें अपनी कई आदतों को बदलना होगा। समाजशास्त्री प्रो. ओगबर्न ने समाज पर रेडियो के प्रभाव पर किए गए अपने अध्ययन में ऐसे एक सौ पचास प्रभावों की चर्चा की हैं। इनमें ''सुबह के व्यायाम को प्रोत्साहन'' से लेकर ''राष्ट्रों के बीच सांस्कृतिक प्रसार'' शामिल है। इसके अलावा, जैसा कि मैकीवर और पेज ने ध्यान दिलाया है, कई बार तकनीकी यंत्रों का इस्तेमाल करने के क्रम में सामाजिक सम्बन्धों में भी परिवर्तन लाना पड़ता है।

अन्य समाजों की तरह भारत में भी तकनीक सामाजिक परिवर्तन का एक बड़ा स्रोत है। प्रिंटिंग प्रेस, रेल, रेडियो और फोन के आने से भारतीय समाज में परिवर्तन को काफी बल मिला। अब बड़े पैमाने पर टी॰वी॰, खासकर उपग्रह टी॰वी॰, कम्प्यूटर और फैक्स, इंटरनेट, पेजर और मोबाइल फोन जैसे आधुनिक संचार माध्यमों के आ जाने से सामाजिक परिवर्तन की प्रक्रिया और तेज हो रही है। तकनीकी विकास के सामाजिक परिणाम इतने दूरगामी और महत्त्वपूर्ण हैं कि वेवलेन जैसे कुछ समाजशास्त्री इसे सामाजिक परिवर्तन की मुख्य व्याख्या मानते हैं।

4. **सांस्कृतिक व्यवस्था :** तकनीकी का समाज पर एकतरफा असर नहीं पड़ता है। बहुत कुछ इस पर भी निर्भर करता है कि समाज में पहले से कौन से मूल्य प्रचलित हैं। उदाहरण के तौर पर, एक सर्वाधिकारवादी समाज में, जहाँ संचार माध्यमों पर पूर्ण सरकारी नियन्त्रण हो, टी॰वी॰ का असर सरकार द्वारा चाही जा रही दिशा में होगा; जबकि एक लोकतान्त्रिक और मुक्त समाज में टी॰वी॰ का समाज पर अलग तरीके से असर होगा।

दूसरी ओर, सांस्कृतिक मूल्य भी बदलते हुए अनुभवों के साथ बदलते रहते हैं। जो बात अभिभावकों को सही मालूम देती है, वह उनके बच्चों को सही नहीं मालूम देती है। हर पीढ़ी के अपने अलग-अलग मूल्यांकन होते हैं। इसके अलावा, किसी भी जटिल या मिश्रित समाज में सांस्कृतिक रुचियों में काफी विविधता रहती है। अलग-अलग समूहों के अलग-अलग मूल्य और नैतिक प्रतिमान होते हैं, जिनमें अक्सर संघर्ष भी होता है। इस संघर्ष में हर समूह अपने मूल्यों को प्रोत्साहित करने के लिए प्राप्त होने वाले अवसरों का लाभ उठाता है। इस तरह, **सचेत प्रयत्न** द्वारा सांस्कृतिक मूल्यों में भी परिवर्तन आता रहता है।

सामाजिक परिवर्तन की दिशा

सामाजिक परिवर्तन की दिशा क्या होनी चाहिए? या, दूसरे शब्दों में, वे कौन से सामाजिक आदर्श हैं जिन्हें प्राप्त करने का प्रयत्न व्यक्ति और समूहों को करना चाहिए? यह बुनियादी तौर पर एक नैतिक प्रश्न है। इसका निकट सम्बन्ध इस प्रश्न से है कि ''व्यक्ति के लिए शुभ (good) क्या है?'' क्योंकि, अन्तिम विश्लेषण में व्यक्ति ही समाज की इकाई है। इन प्रश्नों की विस्तृत चर्चा ''सामाजिक आदर्श'' (अध्याय 4) और ''व्यकित और समाज'' (अध्याय 5) के अन्तर्गत की गयी है। यहाँ पर इतना ही कहना पर्याप्त है कि हम स्वतन्त्रता, समता और बन्धुता के लोकतान्त्रिक मूल्यों को सामाजिक आदर्श के रूप में स्वीकार कर सकते हैं। किसी भी समाज में आ रहे सामाजिक परिवर्तन का मूल्यांकन इन मूल्यों के आधार पर किया जा सकता है। जो परिवर्तन इन मूल्यों की

दिशा में हों उन्हें हम बेहतर दिशा में और जो परिवर्तन इन मूल्यों के विपरीत दिशा में हों उन्हें हम बदतर दिशा में परिवर्तन मानेंगे। उदाहरण के तौर पर, भारतीय समाज में जो परिवर्तन जाति-व्यवस्था को तोड़ने, छुआछूत को मिटाने और औरत-मर्द बराबरी की दिशा में हो उसे हम बेहतर दिशा में परिवर्तन मानेंगे। जबकि जो परिवर्तन गैरबराबरी बढ़ाने, या धार्मिक समूहों के बीच नफरत बढ़ाने की दिशा में हो उसे हम बदतर दिशा में परिवर्तन मानेंगे।

परम्परा और आधुनिकता

''परम्परा'' (tradition) और ''आधुनिकता'' (modernity) विषय का सम्बन्ध ''सामाजिक परिवर्तन'' से है। इस तरह, ये दोनों विषय एक-दूसरे से जुड़े हुए है। भारतीय सन्दर्भ में यह कहा जा सकता है कि, मोटे तौर पर, सामाजिक परिवर्तन की दिशा परम्परा से आधुनिकता की ओर हैं।

परम्परा—मनुष्य को दो तरह की वस्तुएँ विरासत मे मिलती हैं, एक, जैविक, और दो, सामाजिक। जैविक विरासत में वे आनुवंशिक शारीरिक और मानसिक गुण आ जाते हैं, जो माता-पिता से विरासत में मिलते हैं। दूसरी ओर, सामाजिक विरासत में भोजन, कपड़ा, मकान, खिलौने, मूल्य (values), नैतिक प्रतिमान (ethical norms), प्रचलन, विश्वास और भाषा जैसी चीजें आ जाती हैं।

''परम्परा'' शब्द का इस्तेमाल कुछ विचारकों ने व्यापक अर्थ में किया है ओर कुछ ने सीमित अर्थ में। व्यापक अर्थ में ''परम्परा'' और ''सामाजिक विरासत'' (social heritage), जिसकी चर्चा ऊपर की गयी है, दोनों को एक माना गया है।

देखा जाए तो किसी भी पीढ़ी को सामाजिक विरासत में दो तरह की वस्तुएँ मिलती हैं—एक, जिसे हम ''भौतिक'' (physical) कह सकते हैं, जैसे, रोटी, कपड़ा, मकान, किताबें, और मशीन आदि; और दो, जिसे हम ''अभौतिक'' (non physical) कह सकते हैं, जैसे, भाषा, मूल्य, नैतिक प्रतिमान, विश्वास, प्रचलन, सामाजिक संस्थाएँ आदि। सीमित अर्थ में, **''परम्परा'' सामाजिक विरासत का वह ''अभौतिक'' अंश है, जो एक पीढ़ी से दूसरी पीढ़ी को हस्तान्तरित होता रहता है।** इस सीमित अर्थ में ''परम्परा'' की अवधारणा ''संस्कृति'' की अवधारणा से मिलती-जुलती है। रैल्फ लिन्टन के अनुसार **किसी समाज के सदस्यों के व्यवहार करने के तरीकों को, उनके साझा विचारों और आदतों को, जिन्हें वे समाज में सीखते हैं, और पीढ़ी दर पीढ़ी हस्तान्तरित करते हैं, उस समाज की ''संस्कृति'' कहते हैं।**

इस तरह, परम्परा द्वारा नयी पीढ़ी को पिछली पीढ़ियों का संचित ज्ञान प्राप्त होता है। बने-बनाए नैतिक प्रतिमान मिलते हैं जिनके द्वारा उनका इस बारे में मार्गदर्शन होता है कि विभिन्न स्थितियों में सही और ''उचित'' आचरण क्या है। इससे सामाजिक व्यवहार में सरलता आती है। मगर यह परम्परा का एक पक्ष हुआ। यह जरूरी नहीं है कि परम्परा द्वारा जो ''ज्ञान'' विरासत में मिले, वह पूरी तौर से वास्तविक अर्थों में ज्ञान ही हो। एक ओर जहाँ हमें परम्परा द्वारा पिछली पीढ़ियों का संचित ज्ञान मिलता है, वहाँ दूसरी ओर संचित अंधविश्वास, अवैज्ञानिक मान्यताएँ और कुरीतियाँ भी प्राप्त होती हैं। इसके अतिरिक्त कई ऐसे तौर-तरीके, प्रचलन, जिनका सम्भव है कभी महत्त्व रहा हो, लेकिन जो आज के नए ज्ञान-विज्ञान, लोकतान्त्रिक मूल्यों और नई समस्याओं को दृष्टि से अप्रासंगिक हो चुके हैं।

यह भी जरूरी नहीं है कि परम्परा द्वारा प्राप्त सभी ''नैतिक प्रतिमान'' तार्किक दृष्टि से वास्तव में उचित या वांछनीय हों। उदाहरण के तौर पर, सती जैसी क्रूर प्रथा, छुआछूत और जाति-व्यवस्था (वर्ण-व्यवस्था) जैसी अलोकतान्त्रिक संस्थाएँ भी भारतीय परम्परा का, विशेषकर हिन्दू परम्परा का, अंग रही हैं। इसी तरह, भारतीय मुसलमानों के बीच बहु-विवाह और मौखिक तलाक जैसी सामाजिक संस्थाएँ अभी भी मौजूद हैं, जिनका औरत-मर्द बराबरी के आधुनिक और लोकतान्त्रिक आदर्श से कोई मेल नहीं है। हिन्दू वर्ण-व्यवस्था के अन्तर्गत भी औरतों को पुरूषों की तुलना में दूसरा दर्जा दिया गया है। इस तरह, परम्परागत रूप से भारतीय समाज में, दुनिया के अधिकांश समाजों की तरह, औरत-मर्द गैरबराबरी भी मौजूद है।

इसी तरह, आज की भारतीय पीढ़ी को गरीबी, अशिक्षा, गैरबराबरी, धार्मिक रूढ़िवादिता और साम्प्रदायिक विद्वेष जैसी समस्याएँ भी सामाजिक विरासत में ही मिली हैं। मगर, जैसा कि पहले भी उल्लेख किया गया, सामाजिक विरासत या परम्परा से सिर्फ एक किस्म की चीजें नहीं मिलती हैं। यह नहीं भूलना चाहिए कि विज्ञान, तकनीक, लोकतान्त्रिक मूल्य, लोकतांत्रिक संस्थाएँ और आधुनिक शिक्षा पद्धति भी आज की पीढ़ी को परम्परा से ही प्राप्त हो रही है। इस तरह, आज के समय में भारतीय परम्परा में आधुनिकता के तत्त्व भी शामिल हैं। ऐसे में समाज को आधुनिकता की दिशा में ले जाने के लिए, जहाँ **एक ओर, परम्परा द्वारा प्राप्त वास्तविक ज्ञान और उपयोगी नैतिक मान्यताओं एवं सामाजिक संस्थाओं को बचाए रखना, और उन्हें अधिक मजबूत बनाना, जरूरी हैं; वहाँ दूसरी ओर, हमारी परम्परा में जो कुछ अतार्किक, अवैज्ञानिक और अलोकतान्त्रिक है उसका त्याग करना भी बहुत जरूरी है।**

आधुनिकता—जैसा कि पहले उल्लेख किया गया, हर समाज में सामाजिक परिवर्तन होता ही रहता है। इस दृष्टि से अगर एक समाज और दूसरे समाज के बीच कोई अन्तर होता है, तो यह कि अलग-अलग समाज में इस परिवर्तन की रफ्तार और दिशा अलग-अलग होती है। सामाजिक परिवर्तन को प्रभावित करने वाले कारकों (factors) में परिवर्तन आने पर उसका प्रभाव समाज पर भी पड़ता है और, परिणामस्वरूप, अनुकूलन (adaptation) की प्रक्रिया द्वारा समाज में भी परिवर्तन आ जाता है। उदाहरण के तौर पर, आँधी, भूकम्प और बाढ़ जैसी प्राकृतिक विपदाओं के कारण भौतिक पर्यावरण में जो परिवर्तन आता है, उसके प्रभाव से; या फिर आबादी बढ़ने जैसे जैविक कारण से; या प्रिंटिंग प्रेस, रेल, रेडियो, उपग्रह टी॰ वी॰ और कम्प्यूटर जैसे तकनीकी के प्रभाव से।

हर समाज की आबादी जनसंख्या की दृष्टि से लगातार बदलती रहती है। इन परिवर्तनों का समाजिक परिवर्तन से निकट सम्बन्ध रहता है। उदाहरण के तौर पर, बढ़ती हुई आबादी से जीवन-स्तर में गिरावट आने का खतरा बढ़ जाता है, और इससे आबादी के प्रति लोगों के दृष्टिकोण में परिवर्तन आ जाता है। भारत में बढ़ती हुई आबादी के कारण सरकार ने बर्थ-कन्ट्रोल और परिवार नियोजन का प्रचार शुरू किया, जिससे बहुत सारे लोग प्रभावित हो रहे हैं। बर्थ कन्ट्रोल का असर पारिवारिक सम्बन्धों पर यहाँ तक कि विवाह के प्रति दृष्टिकोण पर भी पड़ता है। धीरे-धीरे छोटे परिवार के आदर्श को अधिकाधिक लोगों द्वारा अपनाया जा रहा है।

इसके अलावा, जैविक कारणों से माता-पिता और उनके बच्चों में, और एक ही माता-

पिता के बच्चों में आपस में काफी अन्तर आ जाता है। इसलिए, **कोई भी नयी पीढ़ी अपनी पुरानी पीढ़ी की फोटोकॉपी नहीं होती है।**

हम पहले भी चर्चा कर चुके हैं कि जैविक कारणों और स्वयं सामाजिक प्राणियों द्वारा शुरू किए गए परिवर्तनों के बीच सहयोग भी होता है। **हर पुरानी पीढ़ी अपने सामाजिक विरासत को परिवर्तनों और संशोधनों के साथ नयी पीढ़ी को हस्तान्तरित करती है। इसी तरह, कोई भी नयी पीढ़ी अपनी सांस्कृतिक विरासत को ज्यों का त्यों बिना किसी काट-छाँट के यांत्रिक रूप से ग्रहण नहीं करती है।** सामाजिक विरासत संचयी (cumulative) होती है, लेकिन इसमें काफी चयन और निराकरण भी होता है। सामाजिक विरासत जितनी विस्तृत होती है, परिवर्तन की सम्भावनाएँ उतनी ही अधिक होती हैं।

इस तरह, जैविक कारणों के अलावा, सांस्कृतिक कारणों से भी समाज में परिवर्तन आते रहते हैं। सांस्कृतिक मूल्य भी बदलते हुए अनुभवों के साथ बदलते रहते हैं। जो बात अभिभावकों को सही मालूम देती है, वह उनके बच्चों को सही नहीं मालूम देती हैं। हर पीढ़ी के अलग-अलग मूल्यांकन होते हैं। इसके अलावा, भारत जैसे किसी भी जटिल और मिश्रित समाज में सांस्कृतिक रुचियों में काफी विविधता रहती है। **अलग-अलग समूहों के अलग-अलग मूल्य और नैतिक प्रतिमान होते हैं, जिनके बीच संघर्ष भी होता है। इस संघर्ष में हर समूह अपने मूल्यों को प्रोत्साहित करने के लिए प्राप्त होने वाले अवसरों का लाभ उठाता है।** भारतीय समाज में जहाँ एक ओर जाति-व्यवस्था और उसके साथ जुड़े धर्मतन्त्रीय और श्रेणीवादी (hierarchical) मूल्य हैं, वहाँ दूसरी ओर, स्वतन्त्रता, समता और बन्धुता के लोकतान्त्रिक मूल्य और लोकतान्त्रिक राजनीतिक व्यवस्था है। इसी तरह, जहाँ एक ओर धार्मिक रूढ़िवादिता और साम्प्रदायिकता है, तो वहाँ दूसरी ओर, विज्ञान, तकनीकी और धर्मनिरपेक्ष, बुद्धिवादी-मानवतावादी प्रवृत्तियाँ भी हैं। इन प्रवृत्तियों के बीच संघर्ष जारी है। इस तरह, **भारतीय समाज में अचेतन और चेतन प्रयत्नों द्वारा सामाजिक परिवर्तन की प्रक्रिया चल रही है।**

प्रश्न यह है कि इनमें से किन परिवर्तनों को आधुनिकता की दिशा में परिवर्तन माना जाए? ''आधुनिकता'' या ''आधुनिकीकरण'' क्या है?

प्रसिद्ध समाजशास्त्री एम. एन. श्रीनिवास से अपनी पुस्तक *Social Change in Modern India* में भारतीय समाज में आ रहे परिवर्तनों का विश्लेषण करने के लिए तीन अवधारणाओं का इस्तेमाल किया है—

(i) संस्कृतिकरण (sanskritization)

(ii) पश्चिमीकरण (westernization) और

(iii) धर्मनिरपेक्षीकरण (secularization)

श्रीनिवास के अनुसार ''संस्कृतिकरण'' वह प्रक्रिया है, जिसके द्वारा **कोई ''निम्न'' हिन्दू जाति या आदिवासी या अन्य समूह अपने प्रचलन, कर्मकांड, विचारधारा और जीवन के तरीकों में किसी ''उच्च'' (अक्सर ''द्विज'') जाति की दिशा में परिवर्तन लाता है।** संस्कृतिकरण की यह प्रक्रिया हिन्दुओं तक ही सीमित हैं, और यह भारतीय समाज में लम्बे समय से चली आ रही है। लेकिन, जैसा कि श्रीनिवास ने खुद कहा

1. M. N. Srinivas, *Social Change in Modern India* (Bombay : Orient Longman Limited, 1980).

है, इस प्रक्रिया से सामाजिक संरचना में कोई बुनियादी परिवर्तन नहीं आता है, सिर्फ जाति-व्यवस्था में जातियों की स्थिति में थोड़ा-बहुत परिवर्तन आता है।

पश्चिमीकरण—''पश्चिमीकरण'' शब्द का इस्तेमाल श्रीनिवास ने **एक सौ पचास वर्ष के ब्रिटिश शासन से भारतीय समाज और संस्कृति में आने वाले परिवर्तनों के लिए किया है।** इसके अन्तर्गत तकनीकी, संस्थाओं, विचारधाराओं और मूल्यों में आने वाले परिवर्तन शामिल हैं।

श्रीनिवास के अनुसार ब्रिटिश शासन के परिणामस्वरूप भारतीय समाज और संस्कृति में बुनियादी और दूरगामी परिवर्तनों की शुरूआत हुई। ब्रिटिश शासन के दौरान आधुनिक नौकरशाही, सेना, पुलिस और न्यायालयों की स्थापना की गयी। रेल और डाक-तार जैसे आधुनिक संचार माध्यमों की शुरुआत की गयी, और आधुनिक किस्म के स्कूल-कॉलेजों की स्थापना की गयी। इस तरह, ब्रिटिश शासन के दौरान भारत में आधुनिक राज्य की नींव डाली गयी। इसके अलावा, ब्रिटिश अपने साथ प्रिंटिंग प्रेस भी लाए, जो अपने-आप में भारतीय समाज में बहुआयामी परिवर्तनों का एक बहुत बड़ा स्रोत बना।

पश्चिमीकरण के कारण भारतीय समाज में न सिर्फ नई संस्थाओं का प्रवेश हुआ (जैसे, समाचार-पत्र, चुनाव, ईसाई मिशन आदि) बल्कि पुरानी संस्थाओं में भी आधारभूत परिवर्तन हुए, जैसे, परम्परागत शिक्षा और कानूनी व्यवस्था में। उदाहरण के तौर पर, परम्परागत हिन्दू शिक्षा प्रणाली के अन्तर्गत सिर्फ उच्च (''द्विज'') जातियों के पुरुष ही शिक्षा प्राप्त कर सकते थे। शिक्षा ब्राह्मण जाति के पुरुषों द्वारा ही दी जाती थी। शूद्रों और दलितों के अलावा ''द्विज'' जातियों के स्त्रियों की शिक्षा पर भी प्रतिबन्ध था। औरतों की शिक्षा के लिए राममोहन रॉय, विद्यासागर और ज्योतिराव फुले जैसे समाज-सुधारकों को काफी प्रयत्न करना पड़ा। इसके अलावा, शिक्षा के अन्तर्गत परम्परागत हिन्दू (ब्राह्मण) धार्मिक दर्शन से जुड़ी बातें ही बतलायी जाती थीं।

इसी तरह, मनु द्वारा निर्धारित परम्परागत हिन्दू कानून के अनुसार एक ही अपराध के लिए अलग-अलग वर्णों के लिए अलग-अलग सजा की व्यवस्था थी—ब्राह्मणों के लिए सबसे कम और शूद्रों के लिए सबसे अधिक। इतना ही नहीं, अगर एक ही अपराध ब्राह्मण के विरुद्ध किया गया हो, तो अधिक दण्ड की, और अगर शूद्र के विरूद्ध किया गया हो, तो कम दण्ड की व्यवस्था थी। दूसरी ओर, इस्लामी कानून में गुलामी की प्रथा को भी मान्यता प्राप्त थी, और गैर-मुस्लिमों की गवाही को स्वीकार नहीं किया जाता था। रुढ़िवादी हिन्दू और मुसलमान दोनों ही अपने-अपने कानूनों को ''ईश्वरीय'' मानते थे। कानूनी समानता (equality before law) की लोकतान्त्रिक धारणा का उदय नहीं हुआ था।

धर्मनिरपेक्षीकरण—श्रीनिवास के अनुसार, भारतीय संदर्भ में, **धर्मनिरपेक्षीकरण पश्चिमीकरण का एक महत्त्वपूर्ण परिणाम हैं।** ''धर्मनिरपेक्षीकरण'' का अर्थ यह हुआ कि **जीवन के जिन क्षेत्रों को पहले धर्म के दायरे में माना जाता था, उन्हें अब वैसा नहीं माना जाता है।** धर्मनिरपेक्षीकरण के कारण समाज के विभिन्न पक्षों को, जैसे, आर्थिक, राजनीतिक, वैज्ञानिक और नैतिक पक्ष को अलग-अलग माना जाने लगता है। धर्मनिरपेक्ष राज्य और संगठित धर्म (चर्च) के बीच जो अन्तर माना जाता है, वह इसी पृथक्करण का परिणाम है। इस पृथक्करण के अलावा, धर्मनिरपेक्षीकरण का दूसरा अनिवार्य तत्त्व है—**बुद्धिवाद** (rationalism)। बुद्धिवाद के अन्तर्गत **विश्व को समझने और**

व्यक्ति एवं समाज के जीवन को नियन्त्रित करने के लिए तर्कबुद्धि (reason) की सहायता ली जाती है, और हर अतार्किक बात का विरोध किया जाता है। बुद्धिवाद द्वारा परम्परागत अंधविश्वासों, रूढ़ियों और मान्यताओं को हटा कर, उनकी जगह आधुनिक ज्ञान-विज्ञान को रखा जाता है।

पश्चिमीकरण की ऊपर की गयी चर्चा से यह स्पष्ट होता है कि ब्रिटिश शासन के दौरान ही धर्मनिरपेक्षीकरण की प्रक्रिया शुरू हो चुकी थी, खासकर शिक्षा और कानून के क्षेत्र में। ब्रिटिश शासन द्वारा स्थापित स्कूल-कॉलेजों में आधुनिक ज्ञान-विज्ञान की ही शिक्षा दी जाती थी। आधुनिक चिकित्सा और इन्जीनियरिंग की पद्धति भी ब्रिटिश द्वारा भारत में लायी गयी।

इसी तरह, कानून के क्षेत्र में, जैसा कि पहले उल्लेख किया गया, परम्परागत रूप से हिन्दू और मुसलमानों के कानून का सम्बन्ध धर्म से था, और वे इसे ईश्वरीय मानते थे। लेकिन जब ब्रिटिश कानूनों द्वारा धर्म के साथ जुड़ी सती और गुलामी जैसी सामाजिक बुराइयों पर कानूनी रोक लगा दी गयी, तो एक तरह से इस सिद्धान्त को मान्यता दी गयी कि उन्हीं धार्मिक प्रचलनों को समाज में बना रहने दिया जा सकता है, जो तर्कबुद्धि और मानवतावाद की दृष्टि से सही हों। ब्रिटिश शासन के दौरान ही धीरे-धीरे हिन्दू और मुसलमानों के विवाह और परिवार सम्बन्धी निजी कानून (personal law) को छोड़ कर सभी कानूनों को धर्मनिरपेक्ष बना दिया गया। 1864 में न्यायाधीशों के लिए हिन्दू पंडितों और मुस्लिम काज़ियों को सलाहकार के रूप में रखने की प्रथा को भी समाप्त कर दिया गया। ब्रिटिश शासन द्वारा भारतीय समाज में धर्मनिरपेक्षीकरण की जो प्रक्रिया शुरू हुई उसकी परिणति स्वतन्त्र भारत में एक धर्मनिरपेक्ष राज्य की स्थापना में हुई। स्वतन्त्रता के बाद हिन्दू कानून में लोकतान्त्रिक दृष्टि से कई सुधार किए गए हैं। मुस्लिम निजी कानून में सुधार की, खास कर बहु-विवाह और मौखिक तलाक को समाप्त किए जाने की माँग भी बीच-बीच में उठती है, हालांकि रूढ़िवादी मुस्लिमों द्वारा अभी भी इसका विरोध किया जाता है। भारत के संविधान में समान नागरिक संहिता (uniform civil code) को राज्य के नीति निदेशक तत्वों में स्थान दिया गया है।

लोकतन्त्रीकरण (democratization)—ऐसा नहीं है कि भारत के आजाद होने के बाद "पश्चिमीकरण" या "आधुनिकीकरण" की प्रक्रिया रूक गयी है, बल्कि यह और अधिक तेज हो गयी है। श्रीनिवास ने भी स्वीकार किया है कि आजादी के बाद इस दिशा में एक बड़ी छलांग लगायी गयी है। उदाहरण के तौर पर, स्वतंत्र भारत के संविधान में छुआछूत को समाप्त कर दिया गया है, और छुआछूत बरतने को एक दण्डनीय अपराध घोषित किया गया है। जैसा कि श्रीनिवास ने कहा है, शायद ही कोई विदेशी सरकार दलितों के मन्दिरों में जाने के अधिकार और उच्च जातियों के कुँओं से पानी लेने के अधिकार को लागू करने का साहस कर पाती। भारतीय संविधान में सामाजिक न्याय और समता, स्वतन्त्रता एवं बन्धुता के लोकतान्त्रिक मूल्यों को केन्द्रीय स्थान दिया गया है। न सिर्फ समता और स्वतन्त्रता के अधिकार को मौलिक अधिकार के रूप में मान्यता दी गयी है, बल्कि अनुसूचित जातियों, जनजातियों और अन्य सामाजिक एवं शैक्षणिक दृष्टि से पिछड़ी जातियों को आगे लाने के लिए आरक्षण जैसे विशेष उपाय भी किये गये हैं।

भारत में धर्मनिरपेक्ष, लोकतान्त्रिक संविधान के लागू किए जाने से, और लोकसभा

एवं विभिन्न विधानसभाओं के चुनावों में **आम जनता की व्यापक हिस्सेदारी से, भारतीय समाज में परिवर्तन की रफ्तार और अधिक तेज हो गयी है। इस प्रक्रिया को हम ''लोकतन्त्रीकरण'' कह सकते हैं।** वैसे, इसे ''पश्चिमीकरण'' की व्यापक प्रक्रिया का अंग भी माना जा सकता है। श्रीनिवास ने भी अपनी पुस्तक के 1977 संस्करण की प्रस्तावना में भारतीय सामाजिक और सांस्कृतिक जीवन पर ''राजनीतिकरण'' (politicization) के बढ़ते प्रभाव की ओर ध्यान दिलाया है।

''पश्चिमीकरण'' (westernization) और **''आधुनिकीकरण''** (modernization)—''आधुनिकरण'' शब्द का प्रयोग कभी-कभी ''पश्चिमीकरण'' के पर्यायवाची के रूप में किया जाता है। श्रीनिवास के अनुसार ''पश्चिमीकरण'' शब्द नैतिक दृष्टि से तटस्थ है। इसके साथ अच्छे या बुरे की अवधारणा नहीं जुड़ी हुई है, जबकि ''आधुनिकीकरण'' का इस्तेमाल आम तौर से अच्छे अर्थ में किया जाता है।

''आधुनिकीकरण'' में दो तत्त्व निहित हैं—

(i) युक्तिपूर्ण समीक्षात्मक दृष्टिकोण,

(ii) धर्मनिरपेक्ष दृष्टिकोण

ऊपर की गयी चर्चा से स्पष्ट है कि जिस रूप में श्रीनिवास ने ''पश्चिमीकरण'' की व्याख्या की है, उसमें आधुनिकता के ये दो तत्त्व भी मौजूद हैं। इस दृष्टि से ''पश्चिमीकरण'' और ''आधुनिकीकरण'' काफी हद तक समानार्थक है। ''पश्चिमीकरण'' भारतीय समाज के आधुनिकीकरण का एक बड़ा स्रोत है। लेकिन पश्चिमी प्रभाव से होनेवाले हर परिवर्तन को आधुनिकता की दिशा में परिवर्तन नहीं कहा जा सकता है। उदाहरण के तौर पर, पश्चिमीकरण के जरिए कई भारतीय ईसाई हो गए, लेकिन इसे आधुनिकीकरण नहीं कहा जा सकता है, क्योंकि ईसाई धर्म के भी अपने अंधविश्वास है। अंधविश्वासों के एक समूह को छोड़कर दूसरे समूह को अपना लेना आधुनिकता की दिशा में परिवर्तन नहीं माना जा सकता है। **आधुनिकीकरण के अन्तर्गत धार्मिक अंधविश्वास से समीक्षात्मक और धर्मनिरपेक्ष दृष्टिकोण की दिशा में परिवर्तन शामिल है।** इसलिए, सिर्फ ऐसे ही परिवर्तनों को, जो समाज को धार्मिक रुढ़िवादिता और अंधविश्वासी मानसिकता से समीक्षात्मक और धर्मनिरपेक्ष दृष्टिकोण की दिशा में ले जाएँ, आधुनिकता की दिशा में परिवर्तन माना जा सकता है।

आधुनिकता और नगरीकरण (urbanisation)—आम तौर पर ग्रामीण क्षेत्रों की तुलना में शहरी क्षेत्रों पर पश्चिमी प्रभाव अधिक पड़ता है। इसी तरह, शहरों में छोटे शहरों की तुलना में बड़े शहरों पर पश्चिमीकरण का प्रभाव अधिक पड़ता है। लेकिन जैसे-जैसे ग्रामीण क्षेत्रों को सड़क, रेल और डाक-तार द्वारा शहरों से जोड़ा जा रहा है, रेडियो और दूरदर्शन का प्रचार-प्रसार बढ़ रहा है, वैसे-वैसे ग्रामीण क्षेत्रों में भी आधुनिकीकरण की प्रक्रिया तेज हो रही है। आधुनिक शिक्षा के प्रसार का भी इसमें महत्त्वपूर्ण योगदान है।

भारतीय सन्दर्भ में लोकतन्त्रीकरण भी आधुनिकीकरण का महत्त्वपूर्ण अंग है। लोकतन्त्रीकरण का प्रभाव शहरों के अलावा ग्रामीण क्षेत्रों पर भी पड़ता है। उदाहरण के तौर पर, आज के भारतीय राजनीति की एक विशेषता यह है कि इसमें परम्परागत रूप से पिछड़ी और दलित जातियाँ तेजी से आगे आ रही हैं। एक के बाद एक, विभिन्न प्रान्तों में और अब

राष्ट्रीय स्तर पर भी राजनीतिक सत्ता ''द्विज'' जातियों के हाथों से पिछड़ी और दलित जातियों के हाथों में जा रही है। भारत की आबादी का बड़ा हिस्सा ग्रामीण क्षेत्रों में रहता है। इसलिए, ग्रामीण क्षेत्रों में लोकतांत्रिक मूल्यों के प्रचार-प्रसार और जागृति के बिना यह सम्भव नहीं है। वैसे, भारत, एक बहुत विशाल देश है, और इस मामले में, अन्य बातों की तरह, एक क्षेत्र और दूसरे क्षेत्र के बीच डिग्री का अन्तर भी हो सकता है।

आधुनिकीकरण के रास्ते में बाधाएँ

आधुनिकीकरण के दो तत्त्व हैं—(i) युक्तिपूर्ण समीक्षात्मक दृष्टिकोण, और (ii) धर्म-निरपेक्ष दृष्टिकोण। सिर्फ ऐसे ही परिवर्तनों को, जो समाज को अंधविश्वासी मानसिकता और धार्मिक रूढ़िवादिता से समीक्षात्मक और धर्मनिरपेक्ष दृष्टिकोण की दिशा में ले जाएँ, आधुनकिता की दिशा में परिवर्तन कहा जा सकता है। ऐसे में यह समझना आसान है कि सामाजिक परिवर्तन के क्षेत्र में आधुनिकीकरण के रास्ते में कौन-सी बाधाएँ हैं। जहाँ एक ओर, **आधुनिक विज्ञान और दर्शन समाज के आधुनिकीकरण में सहायक है, वहाँ दूसरी ओर, अंधविश्वासी मानसिकता और धार्मिक रूढ़िवादिता समाज के आधुनिकीकरण के रास्ते में मुख्य बाधाएँ हैं।**

विज्ञान और आधुनिक दर्शन में इस बात पर बल दिया जाता है कि **किसी भी बात को प्रमाण या तार्किक युक्तियों के बिना स्वीकार नहीं किया जाए, जो कि आधुनिकता का सार तत्त्व है।** दूसरी ओर, संगठित धर्मों द्वारा तार्किक और स्वतन्त्र चिन्तन को हतोत्साहित किया जाता है, और उसके बदले श्रद्धा या **आस्था** (faith) को प्रतिष्ठित किया जाता है। ईसाई धर्म के अनुसार *बाइबिल* ''ईश्वर की वाणी है'', तो इस्लाम के अनुसार *कुरान*। ''सनातन'' हिन्दू धर्म के द्वारा वेद को या तो ''ईश्वर की वाणी'' माना जाता है या ''अनादि''। दोनों ही दशाओं में उसे प्रामाणिक और अन्तिम सत्य माना जाता है। इस किस्म के दृष्टिकोण से ज्ञान-विज्ञान के विकास में बाधा पहुँचती है। पश्चिम में एक ओर चर्च और दूसरी ओर वैज्ञानिकों-दार्शनिकों के बीच हुआ संघर्ष इस बात का गवाह है। कोपरनिकस, गैलीलियो और डारविन के वैज्ञानिक सिद्धान्तों का चर्च द्वारा विरोध किया गया। इतालवी दार्शनिक ब्रूनो को तो चर्च के आदेश पर जिन्दा ही जला दिया गया, क्योंकि उसने कोपरनिकस के इस सिद्धान्त का समर्थन किया कि पृथ्वी अपनी धुरी पर और सूर्य के इर्द-गिर्द घूमती है। (***बाइबिल*** के अनुसार पृथ्वी स्थिर है और सूर्य पृथ्वी के इर्द-गिर्द घूमता है।)

धार्मिक रूढ़िवादिता से ज्ञान-विज्ञान के विकास में तो बाधा उत्पन्न होती ही है, इसके अलावा सामाजिक सुधार का रास्ता भी रूक जाता है। जैसा कि पश्चिमीकरण के सन्दर्भ में उल्लेख किया गया है, हिन्दू और मुसलमान परम्परागत रूप से अपने कानूनों को ''ईश्वरीय'' मानते आ रहे हैं। राममोहन रॉय ने जब सती प्रथा का विरोध किया, तो रूढ़िवादियों ने शास्त्रों की दुहाई देकर इस क्रूर और अमानवीय प्रथा को सही ठहराने की कोशिश की। आजादी के बाद भी हाल के दिनों में पुरी के पूर्व शंकराचार्य निरजनदेव ने देवराला (सती) और नाथद्वारा (छुआछूत) काण्डों के सन्दर्भ में सती और छुआछूत को सही ठहराने की कोशिश की। इसी तरह, मुस्लिम निजी कानून में किसी भी सुधार का रूढ़िवादियों द्वारा यह कह कर विरोध किया जाता है कि इस्लामी कानून या शरियत ''ईश्वरीय'' है।

अशिक्षा भी भारतीय समाज के आधुनिकीकरण के रास्ते में एक बाधा है। धर्मनिरपेक्ष और आधुनिक शिक्षा से अंधविश्वासों की जकड़न कमजोर करने, और समाज के आधुनिकीकरण में सहायता मिलती है। **इस दृष्टि से आधुनिक, धर्मनिरपेक्ष शिक्षा का व्यापक प्रचार-प्रसार जरूरी है।**

अंधविश्वास, धार्मिक रूढ़िवादिता, अशिक्षा के अलावा जाति-व्यवस्था भी समाज के आधुनिकीकरण के रास्ते में एक बहुत बड़ी बाधा है। परम्परागत रूप से वर्ण-व्यवस्था के अन्तर्गत शूद्रों और औरतों को शिक्षा से वंचित रखा गया। दलितों और आदिवासियों को तो ''वर्ण-बाह्य'' ही घोषित कर दिया गया। शिक्षा को सिर्फ ''द्विज'' पुरुषों का एकाधिकार बना कर रख दिया गया। जिस समाज में समाज के एक बड़े हिस्से को जान-बूझ कर शिक्षा से वंचित रखा जाता हो, उसकी क्या दशा होगी इसकी आसानी से कल्पना की जा सकती है।

इसके अलावा, लोकतन्त्रीकरण भी आधुनिकीकरण का एक अंग है। इसके अन्तर्गत स्वतन्त्रता, समता और बन्धुता के धर्मनिरपेक्ष और मानवीय मूल्यों को अपनाया जाता है। जाति-व्यवस्था लोकतान्त्रिक मूल्यों के विरुद्ध है। (इसकी विस्तृत चर्चा अगले अध्याय में की गयी है।)इस दृष्टि से भी जाति-व्यवस्था समाज के आधुनिकीकरण के रास्ते में एक बाधा है।

''पश्चिमीकरण'' और ''आधुनिकीकरण'' को पूरी तौर से पर्यायवाची तो नहीं माना जा सकता है लेकिन, जैसा कि पहले भी उल्लेख किया गया है, भारतीय सन्दर्भ में पश्चिमीकरण समाज में आधुनिकीकरण का एक महत्त्वपूर्ण स्रोत है। ऐसे में पश्चिमी या विदेशी-विरोधी मानसिकता भी समाज के आधुनिकीकरण के रास्ते में एक बाधा है। किसी भी चीज का सिर्फ **इसलिए** विरोध करना **क्योंकि** वह ''पश्चिमी'' या ''विदेशी'' है, अतार्किक और आत्मघाती है। इस किस्म के विदेश-द्वेषी मानसिकता (xenophobia) से हम विदेशों की अच्छी चीजों को अपनाने से वंचित रह जाएँगे, और खुद अपना ही नुकसान करेंगे। उदाहरण के तौर पर, कुछ लोगों ने धर्मनिरपेक्षता का यह कह कर विरोध करना शुरू कर दिया है कि यह ''पश्चिमी'' है। इस तरह तो संसदीय लोकतन्त्र, आधुनिक टेक्नलॉजी और चिकित्सा पद्धति का भी यह कहकर विरोध किया जा सकता है कि यह पश्चिमी है। इस किस्म का अंधविरोध हमें कहाँ ले जाएगा इसकी कल्पना की जा सकती है।

वैसे, पश्चिम के प्रति भारतीय समाज में दो किस्म का दृष्टिकोण पाया जाता है। कुछ लोग ऐसे भी हैं, जो पश्चिम के अन्धानुकरण को ही आधुनिकता समझते हैं। यह भी सही नहीं है। समाज को आधुनिकीकरण की दिशा में ले जाने के लिए **परम्परा और पश्चिमी प्रभाव दोनों के प्रति तार्किक और समीक्षात्मक दृष्टिकोण अपनाना जरूरी है।** हमारी अपनी परम्परा में जो कुछ तार्किक, वैज्ञानिक और लोकतान्त्रिक है, उसे बचाए रखना चाहिए; और जो कुछ अतार्किक, अवैज्ञानिक और अलोकतान्त्रिक है, उसका त्याग करना चाहिए। ठीक इसी तरह, पश्चिमी संस्कृति और दर्शन की अच्छी बातों को, जैसे, तार्किक-वैज्ञानिक दृष्टिकोण, लोकतांत्रिक मूल्य और मानवतावाद को हमें जरूर अपनाना चाहिए, लेकिन पश्चिमी प्रभाव से प्राप्त अंधविश्वासों और अमानवीय, अलोकतान्त्रिक बातों को अस्वीकार करना चाहिए। समाज के आधुनिकीकरण की दृष्टि से मुख्य बात है **तार्किक, वैज्ञानिक और धर्मनिरपेक्ष दृष्टिकोण को अपनाना।**

❑

अध्याय 7

सामाजिक स्तरीकरण : वर्ग और जाति

किसी भी समाज में व्यक्तियों को दी जाने वाली अलग-अलग प्रतिष्ठा या प्रस्थिति (status) के आधार पर कई स्तर (strata) बन जाते हैं। इसे ही सामाजिक स्तरीकरण (social stratification) कहते हैं। ऐसे समाज में भी, जिसमें बहुत सरल तकनीक का इस्तेमाल किया जाता है, एक अच्छे शिकारी और बुरे शिकारी के बीच अन्तर किया जाता है, और अच्छे शिकारी को समाज में अधिक प्रतिष्ठा दी जाती है। अमरीकी मानवशास्त्री रैल्फ लिन्टन के अनुसार, इस तरह के भेद और श्रेणीबद्धता का आधार सेक्स, उम्र और व्यवसाय या और कोई भी ऐसी बात हो सकती है, जिसका सम्बन्ध **साम्बन्धिक प्रस्थिति** (ascribed status) या **साधित प्रस्थिति** (achieved status) से हो।

''साम्बन्धिक प्रस्थिति'' का अर्थ है ऐसी प्रतिष्ठा जो जन्म पर आधारित हो और विरासत में मिलती हो। उदाहरण के तौर पर, नस्ल (race), या जाति (caste) पर आधारित प्रस्थिति। दूसरी ओर, ''साधित प्रस्थिति'' का अर्थ है ऐसी प्रतिष्ठा जो समाज द्वारा मान्यता प्राप्त लक्ष्यों को हासिल कर अर्जित की जाती है। उदाहरण के तौर पर, व्यवसाय या शिक्षा पर आधारित प्रस्थिति।

''सामाजिक स्तरीकरण'' का अर्थ

Macmillan Student Encyclopedia of Sociology के अनुसार, किसी भी समाज के सदस्यों को उन्हें प्राप्त प्रतिष्ठा और सम्मान के आधार पर श्रेणीबद्ध किया जा सकता है। ऐसे व्यक्ति जिन्हें लगभग बराबर सम्मान प्राप्त हो एक प्रतिष्ठा-समूह (prestige group) या स्तर (stratum) बनाते हैं। इस तरह, **सामाजिक स्तरीकरण का अर्थ हुआ समाज को कई स्तरों या श्रेणीबद्ध समूहों में बाँटना।**[1]

A New Dictionary of Sociology के अनुसार, सामाजिक स्तरीकरण एक विशेष किस्म का विभेदीकरण है, जिसका सम्बन्ध श्रेणीबद्धता से है; जिसके फलस्वरूप किसी भी समाज में कई स्तर बन जाते हैं, और उस समाज के सभी सदस्य इनमें से किसी-न-किसी स्तर से सम्बद्ध होते हैं। इन विभिन्न स्तरों के बीच मान्यता प्राप्त अन्तर होता है और किसी स्तर को श्रेष्ठ और किसी को हीन समझा जाता है।[2]

इस तरह, सामाजिक स्तरीकरण में—

(1) व्यक्तियों को दी जाने वाली अलग-अलग प्रतिष्ठा के आधार पर समाज में अलग-अलग स्तर बन जाते हैं।

(2) एक स्तर में आने वाले व्यक्तियों की प्रतिष्ठा लगभग बराबर होती है।

---

1 Michael Mann (ed.), *Macmillan Student Encyclopedia of Sociology.*

2 G. Duncan Mitchell (ed.), *A New Dictionary of Sociology*, p. 194.

(3) श्रेष्ठता और हीनता के आधार पर स्तरों की एक श्रेणी (hierarchy) बन जाती है।

(4) एक स्तर और दूसरे स्तर के बीच एक सामाजिक दूरी आ जाती है।

(5) इसके अलावा, समाज के उन सदस्यों में, जो किसी एक स्तर के होते हैं, साधारणतः सामान्य हित की चेतना होती है, और उनकी एक सामान्य विशिष्ट पहचान भी बन जाती है। उनकी जीवन-शैली में समानता होती है, जो उन्हें समाज के अन्य स्तरों से अलग कर देती है।[1]

जाति (caste) और वर्ग (class) सामाजिक स्तरीकरण के दो मुख्य रूप हैं।

जाति

जाति-व्यवस्था एक उल्लेखनीय भारतीय सामाजिक संस्था है, जिसका विशेष सम्बन्ध हिन्दू धर्म और समाज से है। लेकिन, क्योंकि भारत के अधिकांश मुसलमान और ईसाई पहले हिन्दू थे, इसलिए भारत के मुसलमानों और ईसाइयों के बीच भी जाति का प्रवेश हो गया है।

Macmillan Student Encyclopedia of Sociology के अनुसार, जाति का सम्बन्ध भारत और उसके आस-पास के क्षेत्रों में पाए जाने वाले परम्परागत हिन्दू सामाजिक संगठन से है। इसके अन्तर्गत निम्नलिखित बातें आ जाती हैं—(i) अन्तर्विवाह (ii) व्यक्तिगत और सामाजिक सम्पर्क से सम्बन्धित कड़े नियम (iii) व्यावसायिक एकरूपता (iv) हर जाति में एक जैसी आर्थिक क्रियाएँ और कर्मकांड।

A New Dictionary of Sociology के अनुसार एक शुद्ध जाति-व्यवस्था की जड़ें धार्मिक-व्यवस्था में होती हैं। **जाति वंशानुगत (hereditary), अन्तर्विवाही (endogamous) और व्यावसायिक समूहों (occupational groups) की ऐसी श्रेणी (hierarchy) है, जिसमें विभिन्न जातियों की सामाजिक स्थिति पूर्व निश्चित रहती है, और विभिन्न जातियों के बीच धार्मिक आधार पर परस्पर दूरी बनी रहती है।**[2]

इस तरह, जाति-व्यवस्था के निम्नलिखित लक्षण है—

(1) हिन्दू जाति-व्यवस्था एक किस्म का **सामाजिक स्तरीकरण** है, जिसे हिन्दू धर्म द्वारा मान्यता प्राप्त है। **ऋग्वेद** के पुरुष सूक्त के अनुसार इस विश्व के सृष्टिकर्त्ता (पुरुष) ने अपने सिर से ब्राह्मण, कंधों से क्षत्रिय, जांघों से वैश्य और पैरों से शूद्र की रचना की। ***मनुस्मृति*** में भी इसी बात को दुहराया गया है, सिवाय इसके कि वहाँ पर ''पुरुष'' की बजाय ''ब्रह्मा'' शब्द का इस्तेमाल किया गया है।

इसे विभिन्न वर्णों और जातियों के उद्गम के वास्तविक समाजशास्त्रीय वर्णन के रूप में स्वीकार नहीं किया जा सकता है, लेकिन इससे इतना तो स्पष्ट है कि **हिन्दू धर्म में वर्ण-व्यवस्था या जाति-व्यवस्था को ईश्वरीय और धार्मिक मान्यता प्रदान की गयी है।**

(2) जाति **आनुवंशिक** है, या दूसरे शब्दों में, यह जन्म पर आधारित है। हर हिन्दू

---

1. M. Haralambos with R. M.Heald, *Sociology, Themes and Perspectives* (New Delhi : Oxford University Press, 1984), pp. 24-25
2. G. Duncan Mitchell (ed.), *A New Dictionary of Sociology*, pp. 194-95.

अनिवार्य रूप से अपने माता-पिता की जाति का सदस्य होता है, और वह आजीवन उसी जाति का सदस्य रहता है। यदि कोई व्यक्ति ब्राह्मण जाति में जन्मा है, तो ब्राह्मण ही कहलाएगा, चाहे वह ज्ञान से सम्पन्न हो या नहीं। दूसरी ओर, अगर कोई व्यक्ति किसी दलित जाति में जन्मा है, तो उसे उसी जाति का माना जाएगा, चाहे वह कितना भी ज्ञान या धन क्यों न अर्जित कर ले।

(3) जाति **अन्तर्विवाही समूह** होते हैं। इसका अर्थ यह हुआ कि दो अलग-अलग जातियों के व्यक्तियों के बीच अन्तर्जातीय विवाह वर्जित होता है, और परम्परागत रूप से ऐसे विवाहों को बहुत अधिक हतोत्साहित किया जाता है।

(4) जातियों के बीच एक **सामाजिक दूरी** (social distance) रहती है। परम्परागत रूप से दो जातियों के बीच सिर्फ विवाह पर ही नहीं, बल्कि कुछ जातियों के बीच सामाजिक सम्पर्क के अन्य रूपों, जैसे, एक साथ खाना खाने पर भी रोक रहती है। निम्न समझी जाने वाली जातियों को उच्च समझी जाने वाली जातियों के निकट सामाजिक सम्पर्क से दूर रखा जाता हे। ऐसा समझा जाता है जैसे ब्राह्मण, क्षत्रिय और वैश्य, शूद्रों की तुलना में किसी दूसरी मिट्टी के बने हुए हों। जबकि ''अवर्ण'' (वर्ण-बाह्य) या ''अछूतों'' को शूद्रों से भी नीचे समझा जाता है। **परम्परागत रूप से ऐसा माना जाता है कि उनके छूने मात्र से भोजन और पानी अपवित्र हो जाते हैं।** कई क्षेत्रों में तो उन्हें ''उच्च'' जाति के हिन्दुओं के आस-पास आने तक नहीं दिया जाता है, और मन्दिरों में प्रवेश तक नहीं करने दिया जाता है। परम्परागत रूप से दलितों को उच्च जातियों के कुँओं से पानी लेने की अनुमति भी नहीं रहती है। कई बार उन्हें सार्वजनिक तालाबों में नहाने भी नहीं दिया जाता है।

(5) जाति **व्यावसायिक समूह** हैं। परम्परागत रूप से किसी एक जाति का किसी एक व्यवसाय से सम्बन्ध रहा है। ***मनुस्मृति*** के अनुसार इस विश्व के ''सृष्टिकर्त्ता'' ने ही अलग-अलग वर्णों (जातियों) के लिए अलग-अलग वर्ण-धर्म और व्यवसाय निर्धारित कर दिए। ब्राह्मणों की रचना शिक्षक और पुरोहित का काम करने के लिए की गयी; क्षत्रियों का प्रजापालन करने के लिए, वैश्यों का पशुओं की रक्षा, व्यापार कृषि और सूद पर पैसा देने के लिए; और शूद्रों की रचना ही ब्रह्मा ने इसलिए की है कि वे ''बिना निन्दा किए'' ब्राह्मण, क्षत्रिय और वैश्य या ''द्विज'' वर्णों की सेवा करें।

परम्परागत रूप से न सिर्फ जातियों का किसी एक व्यवसाय से सम्बन्ध रहा है, बल्कि कई जातियों के नाम से ही उनके व्यवसाय की भी ज़ानकारी मिलती है, जैसे, कुम्हार, लोहार, सोनार, माली, मंल्लाह, हजाम, तेली आदि।

(6) प्रत्येक जाति की एक **उप-संस्कृति** (sub-culture) होती है, जो उसे अन्य जातियों से अलग एक विशिष्ट पहचान प्रदान करती है। विवाह, जन्म और मृत्यु से सम्बन्धित उनके एक जैसे प्रचलन और एक जैसी जीवन-शैली होती है।

वर्ण-व्यवस्था और जाति-व्यवस्था

मनुस्मृति जैसे हिन्दू धर्मशास्त्रों में वर्ण-व्यवस्था का समर्थन किया गया है। इसे हम जाति-व्यवस्था का सैद्धान्तिक समर्थन मान सकते हैं। लेकिन, दरअसल में भारतीय सामाजिक वास्तविकता बहुत अधिक जटिल है—इसे मात्र परम्परागत वर्ण-व्यवस्था के मॉडल के आधार पर नहीं समझा जा सकता है। एम.एन. श्रीनिवास ने अपनी पुस्तक *Social Change in Modern India* में इसकी ओर ध्यान दिलाया है।

वर्ण-व्यवस्था के परम्परागत मॉडल के अन्तर्गत चार वर्णों की चर्चा की गयी है—ब्राह्मण, क्षत्रिय, वैश्य और शूद्र। इसके अलावा, एक पाँचवाँ समूह भी है, जिसे ''अवर्ण'' या ''वर्ण-बाह्य'' कहा गया है, और जिसके सदस्यों को परम्परागत रूप से ''अछूत'' माना गया है। श्रीनिवास के अनुसार, वर्ण-मॉडल की मुख्य विशेषताएँ निम्नलिखित हैं—

(1) सारे भारत में जातियों की एक-जैसी श्रेणी है, और अलग-अलग क्षेत्रों में इस मामले में कोई भिन्नता नहीं है।

(2) जातियों की कुल संख्या चार या अगर दलितों (अनुसूचित जातियों) को भी इस में शामिल कर लिया जाये तो—पाँच—हैं।

(3) जातियों की श्रेणी पूरी तरह स्पष्ट है।

(4) यह अपरिवर्तनीय है।

श्रीनिवास के अनुसार इनमें से कोई भी बात पूरी तरह से सही नहीं है। यह सही है कि सारे भारत में ऐसे आनुवंशिक, अन्तर्विवाही और श्रेणीबद्ध समूह पाए जाते हैं, जिनका परम्परागत रूप से किसी एक व्यवसाय से सम्बन्ध रहा है। हर क्षेत्र में ब्राह्मण और ''अछूत'' के अतिरिक्त खेती, कारीगरी, व्यापार और शारीरिक श्रम करने वाली जातियाँ पायी जाती हैं; और इस अर्थ में जाति-व्यवस्था सारे भारत में एक रूप में प्रचलित है। लेकिन, दूसरी ओर, इस मामले में एक क्षेत्र और दूसरे क्षेत्र के बीच कई महत्त्वपूर्ण भिन्नताएँ भी हैं। उदाहरण के तौर पर, कुछ जातियाँ, जैसे, ''कहार'' (पानी लाने वालों की जाति), देश के कुछ हिस्सों में ही पायी जाती है। इसी तरह, कुछ जातियाँ ऐसी हैं जिन्हें अलग-अलग क्षेत्रों में जातीय श्रेणी में अलग-अलग स्थान प्राप्त है। कभी-कभी एक ही व्यवसाय से जुड़ी जातियाँ अलग-अलग क्षेत्रों में अलग-अलग नामों से जानी जाती है। यह मान लेना भी एक बहुत बड़ी भूल होगी कि जातियों की संख्या चार या पाँच है। दरअसल, **आधुनिक भारत के हर भाषायी क्षेत्र में सैकड़ों जातियाँ पायी जाती हैं।** इन सैकड़ों जातियों को सिर्फ मोटे तौर पर चार पाँच वर्णों (अगर ''अवर्ण'' को भी एक ''वर्ण'' मान लें तो) रखा जा सकता है।

जहाँ तक जातीय-श्रेणी में विभिन्न जातियों के स्थान का प्रश्न है, श्रीनिवास के अनुसार, कभी-कभी ''संस्कृतिकरण'' की प्रक्रिया से जातीय-श्रेणी में पूरी की पूरी जाति के स्थान में परिवर्तन आ जाता है। ''संस्कृतिकरण'' वह प्रक्रिया है, जिसके द्वारा कोई ''निम्न'' हिन्दू जाति या आदिवासी या अन्य समूह अपने प्रचलन, कर्मकांड, विचारधारा और जीवन के तरीकों में किसी ''उच्च'' (अक्सर ''द्विज'') जाति की दिशा में परिवर्तन लाता है। आमतौर से, कोई जाति इस तरह के परिवर्तनों के बाद अपने लिए जातीय-श्रेणी में परम्परागत रूप से प्राप्त स्थान की तुलना में उच्चतर स्थान का दावा करती है। संस्कृतिकरण की यह प्रक्रिया हिन्दुओं तक ही सीमित है, और यह भारतीय समाज में लम्बे समय से चली आ रही है। लेकिन, जैसा कि श्रीनिवास ने खुद कहा है, इस प्रक्रिया से सामाजिक संरचना में कोई बुनियादी परिवर्तन नहीं आता है, सिर्फ जाति-व्यवस्था में जातियों की स्थिति में थोड़ा-बहुत परिवर्तन आता है।[1]

1. M. N. Srinivas, *Social Change in Modern India* (Bombay : Orient Longman Ltd. 1980), pp.2-7.

जाति-व्यवस्था और सामाजिक परिवर्तन

''संस्कृतिकरण'' की तुलना में जातीय संरचना में कहीं अधिक महत्त्वपूर्ण परिवर्तन ''पश्चिमीकरण'' या ''आधुनिकीकरण'' की प्रक्रिया द्वारा आ रहे है। इसमें भी लोकतन्त्रीकरण या राजीनीतिकरण का प्रमुख योगदान है। इसकी चर्चा ''सामाजिक परिवर्तन: परम्परा और आधुनिकता'' (अध्याय 6) में की गयी है।

''पश्चिमीकरण'' की प्रक्रिया की शुरूआत के पहले हिन्दू कानून में अपराधी और अपराध के शिकार व्यक्ति की जाति के आधार पर अलग-अलग दण्ड की व्यवस्था थी। इसी तरह, परम्परागत किस्म के विद्यालयों में दी जाने वाली शिक्षा ''द्विज'' जातियों के पुरुषों तक ही सीमित थी। छुआछूत जैसी बुराई भी अपने चरम रूप में समाज में मौजूद थी। उस समय की स्थिति की तुलना अगर आज की स्थिति से करें, तो हमें जाति-व्यवस्था में आए परिवर्तनों का सही अन्दाज मिल जाएगा। **छुआछूत को असंवैधानिक घोषित किया जा चुका है, हालांकि यह बुराई अभी भी समाज से पूरी तौर से समाप्त नहीं हुई है।** अनुसूचित जातियों, जनजातियों और सामाजिक-शैक्षणिक दृष्टि से अन्य पिछड़ी जातियों के लिए शिक्षण संस्थानों और सरकारी नौकरियों में स्थान आरक्षित है। अनुसूचित जातियों और जनजातियों के लिए विधायिकाओं, नगरपालिकाओं और पंचायतों में भी स्थान आरक्षित है। अब अगर इसे **राजनीति में परम्परागत रूप से पिछड़ी और दलित जातियों की बढ़ती हिस्सेदारी और प्रभाव** के साथ जोड़कर देखें, तो यह बात समझ में आ सकती है कि आम तौर से पिछले 200 वर्षों में और खास कर पिछले पचास वर्षों में जाति-व्यवस्था में कितना परिवर्तन आया है, और आ रहा है।

वास्तविकता तो यह है कि जाति-व्यवस्था स्वतन्त्रता, समता और बन्धुता के लोकतान्त्रिक मूल्यों के विरुद्ध है। इसमें न तो व्यक्ति को अपना व्यवसाय और जीवन साथी चुनने की स्वतन्त्रता रहती है, और न हर किसी को समाज में एक बराबर प्रतिष्ठा। यही कारण है कि स्वतन्त्रता, समता, बन्धुता और सामाजिक न्याय के मूल्यों पर आधारित भारतीय संविधान के लागू होने से जो लोकतन्त्रीकरण की प्रक्रिया शुरू हुई है, उससे जाति-व्यवस्था निरन्तर कमजोर हो रही है। आरक्षण की नीति के कारण पिछड़ी और दलित जातियों को उन प्रतिष्ठित समझे जाने वाले व्यवसायों और पदों पर आने का अवसर मिल रहा है, जिन पर पहले ''द्विज'' जातियों का एकाधिकार था। इस तरह, जाति और व्यवसाय के बीच का परम्परागत सम्बन्ध अब टूटने लगा है। यह सोच लेना एक भूल होगी कि आज के समय में सभी शिक्षक ब्राह्मण है। वैसे यह भी सही है कि अभी भी शिक्षकों में ब्राह्मणों की संख्या अधिक होगी, और भंगी का काम करने वालों के बीच भंगी जाति में जन्मे व्यक्तियों की, लेकिन अब इन व्यवसायों और जातियों के बीच पहले जैसा अटूट सम्बन्ध नहीं रह गया है।

अन्तर्जातीय विवाहों पर लगे परम्परागत प्रतिबन्ध के बारे में भी यही कहा जा सकता है। आधुनिकीकरण और लोकतन्त्रीकरण की प्रक्रिया द्वारा इसमें भी परिवर्तन आ रहा है। **कई समाज सुधारकों और प्रगतिशील समूहों द्वारा अन्तर्जातीय विवाहों को प्रोत्साहित करने के प्रयत्न हुए हैं।** इस समय धर्मनिरपेक्ष विशेष विवाह अधिनियम (Special Marriage Act) के अन्तर्गत दो वयस्क भारतीय नागरिकों को परस्पर सहमति से विवाह करने का भी अधिकार प्राप्त है, चाहे उनका जन्म किसी भी जाति या धर्म में हुआ हो। दूसरी ओर, समाज के एक बड़े हिस्से में और पुलिस प्रशासन में अभी भी अन्तर्जातीय विवाहों के विरुद्ध पूर्वाग्रह बना हुआ है। अभी भी अधिकांश तयशुदा विवाह (arranged marriage) एक ही जाति में हो रहे हैं। फिर भी, समाजशास्त्रीय अध्ययनों से मालूम होता है कि पहले की तुलना में इस किस्म के विवाहों की संख्या बढ़ रही है, और अब ऐसे विवाहों को सामाजिक मान्यता भी मिल रही है।

संक्षेप में, कहा जा सकता है कि पिछले दो सौ वर्षों में आए बड़े परिवर्तनों के बाद भी समाज से जाति-व्यवस्था पूरी तौर से मिटी नहीं है। भारतीय समाज में जन्म पर आधारित जाति और छुआछूत का अस्तित्व अभी भी बना हुआ है। इसी तरह, समाज में शिक्षा, सत्ता और धन का वितरण अभी भी असन्तुलित है। द्विज जातियाँ जहाँ समाज के शीर्ष पर हैं, वहाँ शूद्र और "अछूत" जातियाँ सबसे नीचे। लोकतन्त्रीकरण की प्रक्रिया के कारण राजनीति, शिक्षा और सरकारी सेवाओं पर से उच्च जातियों का वर्चस्व धीरे-धीरे समाप्त होता दिखायी दे रहा है। लेकिन, प्रेस और न्यायापालिका पर उच्च जातियों का वर्चस्व अभी भी जारी है। शिक्षा पर अब ब्राह्मणों का एकाधिकार नहीं रह गया है, लेकिन हिन्दू पुरोहितों का व्यवसाय अभी भी लगभग पूरी तरह ब्राह्मणों के लिए ही आरक्षित है। इस तरह, जातिविहीन समाज की मंजिल अभी भी दूर है, और इसे प्राप्त करने के लिए अभी बहुत कुछ किया जाना बाकी है। मगर इस सन्दर्भ में परिवर्तन की दिशा क्या है, इस बारे में सन्देह की कोई गुंजाइश नहीं है।

वर्ग

सामाजिक वर्ग का सम्बन्ध सामाजिक व्यवस्था में श्रेणीबद्ध स्थितियों और उससे जुड़ी अलग-अलग प्रतिष्ठा से है।[1] इस तरह, जाति की तरह वर्ग भी एक किस्म का सामाजिक स्तरीकरण है। मैकीवर और पेज ने "सामाजिक वर्ग" को "प्रस्थिति" (status) की अवधारणा से जोड़ा है। उनके अनुसार, जहाँ कहीं भी प्रस्थिति के आधार पर, या "उच्च" और "निम्न" के भेद के आधार पर, सामाजिक सम्पर्क सीमित हो जाता है, वहीं **सामाजिक** वर्ग का अस्तित्व होता है। **सामाजिक वर्ग समुदाय का ऐसा हिस्सा है जो प्रस्थिति के आधार पर बाकी से अलग हो।** सामाजिक वर्गों की किसी व्यवस्था या सरंचना में निम्नलिखित बातें होती हैं:

(i) प्रस्थिति-आधारित समूहों की श्रेणी

(ii) श्रेष्ठ और हीन के आधार पर स्तरीकरण

(iii) इस संरचना में स्थायित्व

मैकीवर और पेज के अनुसार, अगर हम सामाजिक वर्ग को अलग-अलग प्रस्थिति समूहों के रूप में समझते हैं, तो इससे हमें वर्ग की ऐसी स्पष्ट और सुनिश्चित धारणा प्राप्त होती है, जिसे किसी भी वर्ग-स्तरीकरण की व्यवस्था पर लागू किया जा सकता है। उनके अनुसार, सामाजिक प्रस्थिति की आत्मनिष्ठ भावना का आय, व्यवसाय, जन्म, नस्ल और शिक्षा में पाए जाने वाले वस्तुनिष्ठ भेदों से सम्बन्ध रहता है। लेकिन, ये वस्तुनिष्ठ भेद तब तक संसक्त (cohesive) समूहों को जन्म नहीं देते हैं, जब तक कि इनके साथ श्रेष्ठता और हीनता की मान्यता नहीं जुड़ जाती है। यह प्रस्थिति की भावना ही है जो एक वर्ग को दूसरे वर्ग से अलग करती है, और एक वर्ग के लोगों को आपस में जोड़ती है, जिसके परिणामस्वरूप समाज का स्तरीकरण हो जाता है।

---

1. Coser and Rosenberg, *Sociological Theory A Book of Readings.*

उल्लेखनीय है कि सामाजिक वर्ग की मैकीवर और पेज द्वारा दी गयी परिभाषा आर्थिक नहीं है। मार्क्स और कुछ अन्य विचारकों के अनुसार वर्ग का आर्थिक भेद के साथ अनिवार्य सम्बन्ध है। लेकिन, मैकीवर और पेज के अनुसार, सामाजिक वर्ग और समाज के आर्थिक विभाजन को एक मान लेना समाजशास्त्रीय दृष्टि से दो महत्त्वपूर्ण कारणों से अपर्याप्त है—पहली बात तो यह है कि कुछ वर्ग-भेद ऐसे होते हैं जिनका आर्थिक भेद से कोई सम्बन्ध नहीं होता है, जैसे, हिन्दू जाति-व्यवस्था। दूसरे, अगर हम वर्ग को आय, व्यवसाय या उत्पादन के साधन के स्वामित्व जैसे किसी पूर्णतः वस्तुनिष्ठ मापदण्ड से जोड़ देते हैं, तो वर्ग की अवधारणा का समाजशास्त्रीय महत्त्व ही नष्ट हो जाता है। आर्थिक भेद लोगों को एक-दूसरे से तब तक न तो जोड़ता है, और न अलग करता है, जब तक कि वे इस अलगाव का **अनुभव** नहीं करते हैं। इसलिए, **जहाँ वर्ग-चेतना नहीं हो वहाँ सामाजिक वर्ग का अस्तित्व भी नहीं होता** है। उदाहरण के तौर पर, अगर मानसिक श्रम करने वाले लोग अपने को औद्योगिक श्रमिकों के वर्ग का नहीं समझते हैं, तो फिर वे उनके साथ मिलकर एक सामाजिक वर्ग भी नहीं बनाते हैं।

इसलिए, मैकीवर और पेज ने **सामाजिक** वर्ग आर **आर्थिक** वर्ग के बीच अन्तर किया है। उन्होंने प्रस्थिति पर, आधारित समूह-चेतना से सम्पन्न समूह को **सामाजिक** वर्ग कहा है। जबकि पूरी तौर पर किसी आर्थिक मापदण्ड द्वारा निर्धारित समुदाय के हिस्सों को उन्होंने **आर्थिक** वर्ग का नाम दिया है। मैकीवर और पेज द्वारा किया गया यह अन्तर महत्वपूर्ण है क्योंकि जो लोग किसी एक आर्थिक वर्ग के हों, यह जरूरी नहीं कि वे एक सामाजिक वर्ग भी बनाते हों।

संक्षेप में, वर्ग एक किस्म का सामाजिक स्तरीकरण है। एक वर्ग के सदस्यों में समानता की भावना रहती है, जबकि वे समाज में अपने से ऊपर या नीचे समझे जाने वाले वर्गों से अपने को श्रेष्ठ या हीन महसूस करते हैं।

वर्ग के निर्धारक

रैल्फ लिन्टन के द्वारा किए गए **साम्बन्धिक प्रस्थिति** (ascribed status) या **साधित प्रस्थिति** (achieved status) के बीच के भेद की चर्चा हम पहले ही कर चुके हैं। साम्बन्धिक प्रस्थिति जन्म पर आधारित होती है, जबकि साधित प्रस्थिति समुदाय द्वारा मान्यता प्राप्त लक्ष्यों को हासिल कर अर्जित की जाती है। इस तरह, अलग-अलग समाज में या एक ही समाज में अलग-अलग समय में सामाजिक प्रस्थिति या प्रतिष्ठा के आधार अलग-अलग हो सकते हैं। किसी विशेष समाज में किसी विशेष समय में सामाजिक प्रस्थिति के प्रमुख आधार कौन से हैं, और उनका तुलनात्मक महत्त्व क्या है, यह विस्तृत समाजशास्त्रीय अध्ययन का विषय है। मैकीवर और पेज के अनुसार, आधुनिक जटिल समाजों में भौतिक वस्तुओं का स्वामित्व, उपलब्धियाँ, वंश, शक्ति और प्राधिकार सहित कई कारक प्रस्थिति के निर्धारण में भूमिका अदा करते हैं। वर्ग-भेद या प्रतिष्ठा में अन्तर को जन्म देने वाले कुछ मुख्य कारक निम्नलिखित हैं:

(1) **जन्म**—कई समाजों में, जैसे, परम्परागत हिन्दू जाति-व्यवस्था में, या सामन्ती समाजों में, प्रस्थिति का निर्धारण जन्म के आधार पर होता है। जिन समाजों में जाति-व्यवस्था नहीं है उनमें भी कई बार प्रजाति (race) या वंश जैसे जन्म पर आधारित निर्धारकों के आधार पर समाज में प्रतिष्ठा दी जाती है। जिन समाजों में जन्म प्रस्थिति को निर्धारित करने

वाला सबसे महत्त्वपूर्ण कारक होता है, उनमें सामाजिक गतिशीलता (social mobility), या दूसरे शब्दों में, एक वर्ग से दूसरे वर्ग में जाने की प्रक्रिया या तो बिल्कुल असम्भव होती है या बहुत धीमी।

(2) **धन**—कई समाजों में धन प्रस्थिति का एक महत्त्वपूर्ण निर्धारक होता है। उदाहरण के तौर पर, मैकीवर और पेज के अनुसार, अमरीकी समाज में प्रस्थिति के निर्धारक के रूप में धन का महत्त्व वंश, राष्ट्रीय उद्‌गम, धर्म या रंग से अधिक है।

(3) **व्यवसाय**—व्यवसाय भी प्रस्थिति या वर्ग-भेद का एक महत्त्वपूर्ण आधार है। ऐसे व्यवसायों को, जिनके बारे में समझा जाता है कि उनके लिए अधिक बुद्धि, ज्ञान या कुशलता की आवश्यकता है, आम तौर से अधिक प्रतिष्ठित माना जाता है। या यह भी सम्भव है कि जिन व्यवसायों के साथ अधिक शक्ति या प्राधिकार का जुड़ाव समझा जाता हो, या जिनसे अधिक आमदनी होती हो, उन्हें अधिक प्रतिष्ठा दी जाए। दरअसल, किस समाज में किन व्यवसायों को अधिक प्रतिष्ठा दी जाती है यह इस बात पर निर्भर है कि उस समाज की संस्कृति में किन मूल्यों को अधिक महत्त्व दिया जाता है। मैकीवर और पेज के अनुसार, अमरीका जैसे देश में व्यवसाय से सामाजिक वर्ग का काफी हद तक संकेत मिल जाता है, हलांकि इसे प्रस्थिति का पूरी तरह सटीक सूचक नहीं माना जा सकता है।

ऊपर दिए गए कारकों के अतिरिक्त राजनीतिक शक्ति, प्रजाति या नस्ल और शिक्षा आदि वर्ग के कुछ अन्य निर्धारक हैं। यह सम्भव है कि किसी समाज में उच्च शिक्षा प्राप्त व्यक्तियों की अधिक प्रतिष्ठा हो। उदाहरण के तौर पर, परम्परागत रूप से चीन में बौद्धिक उपलब्धियाँ सामाजिक प्रस्थिति का महत्त्वपूर्ण स्रोत रहीं हैं। इसी तरह, दक्षिण अफ्रीका में गोरे लोगों द्वारा काले लोगों को हीन दृष्टि से देखा जाता रहा है। जैसा कि पहले भी बताया गया है इन कारकों का तुलनात्मक महत्त्व अलग-अलग समाजों में और एक ही समाज में अलग-अलग समय में परिवर्तित होता रहता है।

वर्ग मनोवृत्ति और वर्ग-चेतना

वर्ग मनोवृत्ति (class attitude) और वर्ग-चेतना (class consciousness) का सम्बन्ध वर्ग के समाज-मनोवैज्ञानिक पक्ष से हैं। वर्ग का समाज-मनोवैज्ञानिक पक्ष वह भावना है, जो मनुष्यों का अपने वर्ग और दूसरे वर्ग के सदस्यों के साथ सम्बन्ध को निर्धारित करती है। वर्ग का यही पक्ष एक वर्ग और दूसरे वर्ग के बीच **सामाजिक दूरी** (social distance) पैदा करता है, जो वर्ग-भेद का अनिवार्य अंग है। वर्ग-मनोवृत्ति के सन्दर्भ में जब हम ''सामाजिक दूरी'' की बात करते हैं तो उसे व्यक्तिगत पसन्दगी और नापसन्दगी से अलग कर के समझना चाहिए। सामाजिक दूरी का सम्बन्ध दो व्यक्तियों के अलग-अलग श्रेष्ठ और हीन समझे जाने वाले वर्गों का सदस्य होने के कारण उनके बीच मुक्त सामाजिक सम्पर्क में होनेवाली बाधा से है।

मैकीवर और पेज ने वर्ग-मनोवृत्ति और सामुदायिक भावना के बीच अन्तर किया है। सामुदायिक भावना का अर्थ है किसी निश्चित भू-भाग में एक साथ साझा जीवन जीने की चेतना। सामुदायिक भावना को तीन हिस्सों में विश्लेषित किया जा सकता है : एक, ''हमलोग'' की भावना; दो, योगदान की भावना यानी यह भावना कि समुदाय में व्यक्ति का अपना कोई स्थान है; और, तीन, आश्रितता की भावना या यह भावना कि व्यक्ति अपने जीवन को जीने के लिए समुदाय पर आश्रित है।

सामुदायिक भावना में श्रेणीकरण के लिए कोई स्थान नहीं होता, जबकि वर्ग-चेतना श्रेणीबद्धता पर आधारित होती है—वर्ग की भावना अनिवार्य रूप से गैरबराबरी की भावना है। हालांकि, वर्ग की भावना उन लोगों को एक-दूसरे से जोड़ती है, जो अपने को दूसरे वर्गों से अलग समझते हैं। लेकिन, वह उन्हें **इसलिए** जोड़ती है, क्योंकि वे अपने को दूसरों से **अलग** समझते हैं। दरअसल, वर्ग की भावना ''श्रेष्ठ'' वर्गों को ''हीन'' वर्गों के विरुद्ध एक-दूसरे से जोड़ती है। एक तरह से वर्ग-विभाजन ऊपर के वर्गों द्वारा नीचे के वर्गों पर लादा जाता है, क्योंकि वर्ग-भावना श्रेष्ठता के विश्वास पर आधारित है—चाहे वह विश्वास कितना भी निराधार क्यों न हो। परिणामस्वरूप वर्ग-भावना अलग-अलग श्रेणीबद्ध समूहों में एक-दूसरे के प्रति अलग-अलग मनोवृत्ति को जन्म देती है। जब किसी समाज पर परम्पराओं का प्रभाव अधिक रहता है, तो फिर निम्न वर्गों में ऊपर के वर्गों के प्रति सम्मान और आज्ञाकारिता की भावना रहती है; जबकि उच्च वर्ग निम्न वर्गों के प्रति दयालुता और संरक्षण का रवैया प्रदर्शित करते हैं। दूसरी ओर, जब सामाजिक परिवर्तन से परम्पराएँ कमजोर पड़ जाती हैं और वर्ग-संघर्ष शुरू हो जाता है—एक वर्ग स्थापित व्यवस्था को बनाए रखना चाहता है और दूसरा वर्ग उसे उखाड़ फेंकना चाहता है—तो ये वर्ग परस्पर पूरक नहीं रह जाते हैं, और इनका एक-दूसरे के प्रति रवैया भी बदल जाता है। इस तरह, वर्ग-भावना सामुदायिक भावना की तरह व्यापक नहीं होती है। दरअसल, वर्ग-मनोवृत्ति और सामुदायिक भावना एक-दूसरे के प्रभाव को सीमित करती है।

वर्ग और वर्ग-चेतना का मार्क्सवादी विश्लेषण

वर्ग और वर्ग-चेतना की मार्क्सवादी अवधारणा मार्क्सवादी इतिहास-दर्शन या सामाजिक परिवर्तन के सिद्धान्त से जुड़ी है। मार्क्सवाद के अनुसार वर्ग का आधार आर्थिक है। मार्क्सवादी दृष्टि से **''वर्ग'' ऐसा सामाजिक समूह है जिसके सभी सदस्यों का ''उत्पादन के साधनों'' (means of porduction) के साथ एक जैसा सम्बन्ध हो।** उदाहरण के तौर पर, सामन्तवादी व्यवस्था में, जब कि उत्पादन का मुख्य साधन भूमि होती है, भूमि के साथ सम्बन्ध के आधार पर समाज में दो मुख्य वर्ग होते हैं—एक, जमीन मालिकों या सामन्तों का, और दूसरा, भूमिहीन मजदूरों का जो भूमि पर काम करते हैं। इसी तरह, पूंजीवादी व्यवस्था में भी दो मुख्य वर्ग होते हैं—एक, कारखानों के मालिकों का वर्ग या बुर्जुआ वर्ग, और दूसरा, कारखानों में काम करने वाले मजदूरों का वर्ग या सर्वहारा वर्ग जो अपने श्रम को मजदूरी (wage) के बदले बेचता है।

मार्क्स की यह मान्यता थी कि पश्चिमी समाज चार मुख्य युगों से गुजरता हुआ विकसित हुआ है: आदिम साम्यवाद, दास प्रथा पर आधारित प्राचीन समाज, सामन्तवादी समाज और पूंजीवादी समाज। मार्क्स के अनुसार वर्ग-संघर्ष ही सामाजिक परिवर्तन का इंजन है। अब तक के सभी समाजों का इतिहास वर्ग-संघर्षों का इतिहास है। पूंजीवादी व्यवस्था में बुर्जुआ वर्ग और सर्वहारा वर्ग के बीच हिंसक वर्ग-संघर्ष होगा, जिसके परिणामस्वरूप सर्वहारा वर्ग की तानाशाही की स्थापना होगी। इस तानाशाही के जरिए उत्पादन के साधनों में व्यक्तिगत स्वामित्व को समाप्त कर दिया जाएगा और सामुदायिक स्वामित्व की स्थापना होगी। सामुदायिक स्वामित्व की स्थापना होने पर समाज के सभी सदस्यों के उत्पादन के साधनों के साथ एक जैसे सम्बन्ध हो जाएँगे, और इस तरह एक वर्गविहीन समाज की स्थापना हो जाएगी।

हालांकि मार्क्स के अनुयायी वर्गविहीन समाज की स्थापना को अपना अन्तिम लक्ष्य मानते हैं, पूजीवादी समाजों में उनका तात्कालिक लक्ष्य सर्वहारा वर्ग को संगठित करना, और उनमें एकता स्थापित करना होता है। इस सन्दर्भ में मार्क्स ने ''अपने-आप में वर्ग'' (class in itself) और ''अपने-लिए वर्ग'' (class for itself) के बीच अन्तर किया है। ''अपने-आप में वर्ग'' एक ऐसा सामाजिक समूह है जिसका उत्पादन के साधनों के साथ एक जैसा सम्बन्ध हो। लेकिन, मार्क्स के अनुसार कोई सामाजिक समूह पूरी तौर से वर्ग तभी बनता है जब वह ''अपने-लिए वर्ग'' बन जाता है, या दूसरे शब्दों में, जब वर्ग के सदस्यों में वर्ग-चेतना और एकता की भावना आ जाती है। उनकी अपनी एक विशेष पहचान बन जाती है, और वे अपने सामान्य हितों को समझते हुए एक हो जाते हैं। इस वर्ग-चेतना की परिणति उस वक्त होती है जब वर्ग के सदस्य यह समझ जाते हैं कि अपने सामूहिक कर्म के जरिए वे शासक वर्ग को उखाड़ सकते हैं, और वे ऐसा करने के लिए ठोस कदम उठाने लगते हैं।

सामाजिक परिवर्तन के सिद्धान्त के रूप में मार्क्सवाद की चर्चा पिछले अध्याय में की गयी है। इसी तरह, एक राजनीतिक विचारधारा के रूप में मार्क्सवाद की चर्चा राजनीति दर्शन के अन्तर्गत ''साम्यवाद'' अध्याय में की गयी है। यहाँ पर हमारा सम्बन्ध मार्क्सवादी इतिहास दर्शन की सत्यता या असत्यता से नहीं हैं। बल्कि हमारी रुचि मात्र वर्ग और वर्ग-चेतना की मार्क्सवादी अवधारणा में हैं। हम पहले ही चर्चा कर चुके है कि मैकीवर और पेज ने आर्थिक विभाजन और सामाजिक वर्ग को एक मान लेने को समाजशास्त्रीय दृष्टि से अपर्याप्त बतलाया है। उनके अनुसार आर्थिक विभाजन तब तक लोगों को एक या अलग नहीं करता है जब तक कि वे इस एकता या अलगाव का अनुभव नहीं करते हैं। अगर हम मार्क्सवादी शब्दावली का इस्तेमाल करें तो ''अपने-आप में वर्ग'' (आर्थिक वर्ग) को तब तक समाजशास्त्रीय दृष्टि से वर्ग या सामाजिक वर्ग नहीं माना जा सकता है, जब तक कि वह ''अपने-लिए वर्ग'' नहीं बन जाता है। मैकीवर और पेज ने इस तथ्य की ओर ध्यान दिलाया है कि सर्वहारा वर्ग में एकता स्थापित करने के अपने राजनीतिक लक्ष्य को प्राप्त करने के लिए मार्क्सवादी पूंजीपति और श्रमिक—इन दो ''बुनियादी'' वर्गों के अन्दर मौजूद भेदों के महत्त्व को घटा कर आंकते हैं। अमेरिका और पश्चिम यूरोप के औद्योगिक देशों की सामाजिक वास्तविकता काफी जटिल है और उसे सिर्फ बुजुर्आ और सर्वहारा वर्ग की अवधारणा के माध्यम से नहीं समझा जा सकता है। उदाहरण के तौर पर, मार्क्सवादी आम तौर से ''मध्यम वर्गों'' की वर्ग-चेतना और सामाजिक महत्त्व की ओर पर्याप्त ध्यान नहीं देते हैं। मार्क्सवादी दृष्टि से पूंजीवाद के विकास के साथ-साथ मध्यम वर्ग (छोटे व्यापारी, कारीगर, स्वयं श्रम करने वाले किसान, पेशेवर लोग, आदि) भी अनिवार्य रूप से सर्वहारा की श्रेणी में आ जाएँगे, क्योंकि उनके अस्तित्व का कोई आर्थिक आधार नहीं है। लेकिन, यह बात पूंजीवादी देशों के अब तक के ऐतिहासिक विकास से गलत साबित हुई है।

वर्ग की मार्क्सवादी व्याख्या को तभी सही माना जा सकता है, जब कि हम वर्ग के समाजशास्त्रीय दृष्टि से महत्त्वपूर्ण पक्ष—वर्ग-चेतना की अवहेलना करें। मानसिक श्रम करने वालों और बुद्धिजीवियों को सर्वहारा वर्ग के अन्दर रखना अतिसरलीकरण है, क्योंकि ये समूह सामाजिक स्थिति और अपनी आकांक्षाओं की दृष्टि से एक-दूसरे से बहुत अलग है।

इन्हे एक सामाजिक वर्ग मानने के लिए इनमें जिस एक जैसी सामाजिक प्रस्थिति और चेतना की आवश्यकता है उसका इनमें अभाव है। हम पहले ही चर्चा कर चुके हैं कि वर्ग के निर्धारण में आर्थिक कारक ही एकमात्र कारक नहीं है। इसके अलावा, जन्म, सत्ता, व्यवसाय और शिक्षा जैसे वर्ग के अन्य निर्धारक भी होते हैं।

जाति, वर्ग और सामाजिक गतिशीलता

जाति और वर्ग के बारे में अब तक की गयी चर्चा से हम इनके बीच समानता और भेद को समझने की स्थिति में आ गए हैं। जाति और सामाजिक वर्ग में निम्नलिखित समानताएँ है—

(1) जाति और वर्ग दोनों ही **सामाजिक स्तरीकरण** के रूप हैं। दूसरे शब्दों में, जाति और वर्ग दोनों ही समाज में श्रेणीबद्ध स्तर (strata) होते हैं।

(2) एक जाति और वर्ग के सदस्यों और दूसरी जाति और वर्ग के सदस्यों के बीच एक **सामाजिक दूरी** होती है। उनके बीच निकट किस्म के सामाजिक सम्पर्क नहीं होते हैं। **वर्ग-व्यवस्था में भी एक वर्ग और दूसरे वर्ग के सदस्यों के बीच एक सामाजिक दूरी रहती है।** इस मामले में वर्ग और जाति के बीच सिर्फ मात्रा का अन्तर होता है। उदाहरण के तौर पर, सामाजिक दूरी के एक चरम उदाहरण छुआछूत का सम्बन्ध जाति-व्यवस्था से है, वर्ग-व्यवस्था से नहीं।

(3) वर्ग और जाति दोनों की एक **उप-संस्कृति** विकसित हो जाती है, जो उन्हें अन्य वर्गों और जातियों से अलग कर देती है।

दूसरी ओर, जाति और वर्ग के बीच महत्त्वपूर्ण अन्तर भी हैं—

(1) वर्ग **धर्मनिरपेक्ष** होता है, जबकि जाति का सम्बन्ध हिन्दू धर्म से है, और इसे हिन्दू धर्म द्वारा मान्यता प्राप्त है।

(2) जाति पूरी तरह जन्म पर आधारित होती है, जबकि वर्ग के निर्धारक **जन्म सहित और भी कारक (व्यवसाय, धन, शिक्षा आदि) होते हैं।** इसलिए, वर्ग-व्यवस्था में **सामाजिक गतिशीलता** (social mobility) या दूसरे शब्दों में, सामाजिक सीढ़ी पर ऊपर और नीचे आने-जाने की सम्भावना रहती है। अगर कोई व्यक्ति अधिक शिक्षा और धन प्राप्त कर ले, या ऐसे व्यवसाय को अपना ले, जिसे समाज में सम्मानित समझा जाता हो, तो उसकी सामाजिक प्रतिष्ठा या प्रस्थिति बढ़ जाती है। विपरीत स्थितियों में इसका उल्टा भी हो सकता है। दूसरी ओर, जाति का व्यक्ति के व्यक्तिगत गुणों और प्रयत्नों से कोई सम्बन्ध नहीं हैं। चाहे कोई व्यक्ति कितनी भी शिक्षा या धन अर्जित कर ले, किसी भी व्यवसाय में चला जाए, उसकी जाति वही मानी जाती है, जिसमें उसका जन्म हुआ है। इस तरह, किसी व्यक्ति की जाति पूरी तौर से उसके जन्म पर आधारित होती है, और इसे बदलने के लिए वह कुछ भी नहीं कर सकता है। **जाति-व्यवस्था में सामाजिक गतिशीलता का अभाव रहता है।**

जाति-व्यवस्था और वर्ग-व्यवस्था के बीच के इस अन्तर को कभी-कभी यह कह कर व्यक्त किया जाता है कि वर्ग-व्यवस्था एक ''खुली'' (open) व्यवस्था है, जबकि जाति-व्यवस्था एक ''बन्द'' (closed) व्यवस्था।

(3) जाति अन्तर्विवाह समूह होते हैं। जाति-व्यवस्था के अन्तर्गत परम्परागत रूप से

एक जाति और दूसरी जाति के बीच अन्तर्जातीय विवाहों पर कड़ी पाबन्दी रही है। अन्तर्जातीय विवाह करने वालों के लिए दण्ड की व्यवस्था भी रही है। दूसरी ओर, वर्ग-व्यवस्था में इस प्रकार के विवाहों पर उतनी कड़ी पाबन्दी नहीं रहती है। यहाँ पर भी जाति और वर्ग के बीच डिग्री का ही अन्तर रहता है। अन्तर्जातीय विवाहों पर रोक भी एक किस्म की सामाजिक दूरी ही है: और वर्ग-व्यवस्था में जाति-व्यवस्था की तुलना में सामाजिक दूरी कम कठोर होती है। **लेकिन, वर्ग-व्यवस्था में भी आम तौर से किसी एक वर्ग के सदस्य उसी वर्ग में विवाह करते हैं।**

(4) **परम्परागत रूप से प्रत्येक जाति का किसी एक व्यवसाय से सम्बन्ध रहा है, जबकि एक वर्ग में अलग-अलग व्यवसायों से जुड़े लोग भी हो सकते हैं, जिनकी समाज में लगभग बराबर प्रतिष्ठा हो।**

संक्षेप में, हम यह कह सकते हैं कि ''वर्ग'' की अवधारण ''जाति'' की अवधारणा से अधिक व्यापक है। जाति भी एक किस्म का सामाजिक वर्ग ही है। समाजशास्त्री कूले के अनुसार **''जाति'' और कुछ नहीं ''आनुवंशिक वर्ग'' (hereditary class) है।** दूसरे शब्दों में, **जाति हिन्दू धर्म द्वारा मान्यता प्राप्त एक ''बन्द'' वर्ग है, जिसमें सामाजिक दूरी अधिक कठोर होती है।**

वर्ग और जाति : एक मानक दृष्टि

वर्ग—समााजिक वर्ग का सामाजिक समता के मूल्य से सीधे-सीधे विरोध है। सामाजिक आदर्श के रूप में समता की चर्चा हम ''सामाजिक आदर्श'' (अध्याय 4) में कर चुके हैं। सामाजिक समता के आदर्श के अनुसार सामाजिक दृष्टि से हर व्यक्ति को एक बराबर महत्त्व दिया जाना चाहिए, क्योंकि जन्म, सेक्स, रंग, जाति और धर्म की दृष्टि से अलग-अलग होने के बावजूद सभी मनुष्य मनुष्य होने के नाते एक समान हैं।

वर्ग-व्यवस्था का आधार ही श्रेष्ठता और हीनता की भावना है, जो सामाजिक समता के आदर्श के विरुद्ध है। इसलिए, समाजवादी, सर्वोदय और सम्पूर्ण क्रान्ति की विचारधारा के अन्तर्गत वर्गविहीन समाज को एक आदर्श माना गया है।

कभी-कभी यह कहा जाता है कि वर्गविहीन समाज की स्थापना सम्भव नहीं है। कुछ लोग व्यक्तियों में मौजूद प्राकृतिक भिन्नता के आधार पर वर्ग-व्यवस्था को सही ठहराने का प्रयत्न करते हैं। कहा जाता है कि मनुष्य प्राकृतिक रूप में असमान होते हैं, और सामाजिक गैरबराबरी प्राकृतिक गैरबराबरी का परिणाम मात्र है।

इस युक्ति की जाँच के लिए प्राकृतिक और सामाजिक गैरबराबरी के बीच के अन्तर को स्पष्ट करना जरूरी है। इसमें संदेह नहीं कि मनुष्य इस अर्थ में प्राकृतिक दृष्टि से ''असमान'' होते हैं कि उनके शारीरिक और मानसिक गुण एक जैसे नहीं बल्कि अलग-अलग होते हैं। लेकिन, इन विभिन्नताओं से अपने-आप या अनिवार्य रूप से सामाजिक असमानता का जन्म नहीं होता है। मनुष्यों में मौजूद **प्राकृतिक भिन्नता** और **सामाजिक** गैरबराबरी के बीच अनिवार्य सम्बन्ध नहीं है। सामाजिक गैरबराबरी कुछ गुणों को दूसरे गुणों की तुलना में अधिक महत्त्व देने के नैतिक निर्णय का परिणाम है। उदाहरण के तौर पर, हम गोरे और काले मनुष्यों के भेद को लें। यह एक वास्तविकता है कि कुछ मनुष्य गोरे और कुछ मनुष्य काले होते हैं। लेकिन, इस **वस्तुनिष्ठ** प्राकृतिक भिन्नता से अपने-आप सामाजिक गैरबराबरी पैदा नहीं होती है। यह वस्तुनिष्ठ तथ्य सामाजिक गैरबराबरी का

आधार तब बनता है जब गोरे को श्रेष्ठ और काले को हीन मानने की **आत्मनिष्ठ** भावना आती है। अगर यह भावना न हो, तो गोरे और काले का प्राकृतिक भेद सामाजिक गैरबराबरी का आधार नहीं बनेगा। गोरी और काली चमड़ी को अलग-अलग महत्त्व देना एक सांस्कृतिक तथ्य है। इसका प्रकृति से कोई सम्बन्ध नहीं है। सामाजिक स्तरीकरण का जैविक आधार पर समर्थन करने के प्रयत्न असफल ही होंगे, क्योंकि गुणों को पहचानने और उन्हें अलग-अलग महत्त्व देने की प्रक्रिया प्राकृतिक नहीं बल्कि सांस्कृतिक प्रक्रिया है।

इसी तरह, वर्गविहीन समाज का यह अर्थ नहीं है कि ऐसे समाज में श्रम का विभाजन नहीं होगा। श्रम के विभाजन से या अलग-अलग व्यवसायों के अस्तित्व से **अपने-आप** सामाजिक गैरबराबरी पैदा नहीं होती है। व्यवसाय सामाजिक गैरबराबरी का आधार तब बनता है, जब चाहे जिन भी कारणों से, अलग-अलग व्यवसाय में लगे व्यक्तियों को अलग-अलग प्रतिष्ठा दी जाती है, और किसी एक व्यवसाय में लगे व्यक्ति को श्रेष्ठ और किसी दूसरे व्यवसाय में लगे व्यक्ति को हीन माना जाता है। अगर यह मनोवृत्ति बदल जाए, और इसकी जगह सभी व्यवसाय में लगे लोगों को एक बराबर प्रतिष्ठा देने की मनोवृत्ति बन जाए, तो व्यवसाय सामाजिक गैरबराबरी का आधार नहीं बनेगा।

इस तरह, मनुष्यों के बीच प्राकृतिक भिन्नताओं और अलग-अलग व्यवसायों के अस्तित्व के बाद भी वर्गविहीन समाज की स्थापना हो सकती है, अगर समाज के सभी सदस्य समता के आदर्श के अनुरूप अपनी मनोवृत्ति में परिवर्तन ले आएँ। उल्लेखनीय है कि थोड़ी-बहुत प्रतिष्ठा के अन्तर से भी सामाजिक वर्ग नहीं बनता है। सामाजिक वर्ग तब बनता है, ज़ब प्रतिष्ठा का अन्तर इतना अधिक हो जाए कि उससे एक **सामाजिक दूरी** पैदा हो जाए।

आर्थिक विषमता का प्रश्न कुछ अधिक जटिल मालूम देता है। आर्थिक भिन्नता सामाजिक गैरबराबरी का एक आधार है। थोड़ी-बहुत आर्थिक विषमता के बावजूद वर्गविहीन समाज बन सकता है, अगर धन को अलग-अलग प्रतिष्ठा का आधार न बनाया जाए। लेकिन, जब आर्थिक गैरबराबरी एक सीमा से अधिक होगी, तो इससे अलग-अलग आर्थिक स्थितियों वाले व्यक्तियों की जीवन शैली में बहुत दूरी आ जाएगी, और इससे उनके बीच सामाजिक दूरी पैदा होने की पूरी सम्भावना रहेगी। इसलिए, वर्गविहीन समाज की स्थापना के लिए यह भी जरूरी है कि आर्थिक गैरबराबरी को कम-से-कम किया जाए। वर्गविहीन समाज की स्थापना के लिए शिक्षा, शक्ति और धन का अधिकतम विकेन्द्रीकरण जरूरी मालूम देता है।

वर्ग-व्यवस्था का समता का मूल्य से विरोध तो है ही, इसके अलावा, यह बन्धुता के मूल्य के भी विरुद्ध है। समाज में वर्ग मनोवृत्ति जितनी अधिक होगी, सामुदायिक भावना उतनी ही कम होगी। इस दृष्टि से भी वर्ग-व्यवस्था एक बुराई है। इसलिए, **वर्गविहीन समाज को एक आदर्श मानते हुए, जहाँ तक सम्भव हो इस दिशा में बढ़ने का प्रयत्न करना चाहिए।**

जाति—जहाँ तक जाति-व्यवस्था का प्रश्न है, यह वर्ग-व्यवस्था से भी बदतर है। वर्ग-व्यवस्था में तो सामाजिक गतिशीलता की कुछ गुंजाइश रहती भी है। लेकिन, हम पहले ही चर्चा कर चुके हैं कि जाति हिन्दू धर्म द्वारा मान्यता प्राप्त एक ''बन्द'' वर्ग है, जिसमें सामाजिक दूरी अधिक कठोर होती है।

वर्ग-व्यवस्था की आलोचना तो जाति-व्यवस्था पर ज्यों की त्यों लागू होगी ही। इसके

---

1. R. M. MacIver and Charles H. Page, *Society : An Introductory Analysis*, pp. 348-49.

अलावा, जाति-व्यवस्था की अपनी विशेष बुराइयाँ भी हैं। दरअसल, जाति-व्यवस्था स्वतन्त्रता समता और बन्धुता के मूल्यों के पूर्णतः विरुद्ध है।

जाति-व्यवस्था या सामाजिक स्तरीकरण के किसी भी रूप और सामाजिक समता के आदर्श के बीच विरोध तो स्पष्ट ही है। खास कर किसी एक जाति में जन्म के आधार पर ही किसी व्यक्ति को श्रेष्ठ और किसी को हीन मान लेने का कोई नैतिक औचित्य नहीं है। हिन्दू जाति-व्यवस्था में ब्राह्मण जाति में जन्में व्यक्ति को सबसे श्रेष्ठ माना जाता है और अन्य जातियों को क्रमशः उनसे हीन। सामाजिक सीढ़ी के सबसे नीचे दलित जातियों का स्थान होता है। जाति-व्यवस्था में गैरबराबरी की सबसे विकृत अभिव्यक्ति छुआछूत के रूप में होती है, जो सम्भवतः भारतीय समाज की सबसे बड़ी बुराई है।

इसके अलावा, जाति-व्यवस्था का स्वतन्त्रता के मूल्य से भी विरोध है। उदाहरण के तौर पर, जाति परम्परागत रूप से अन्तर्विवाही समूह रहे हैं, जिनका एक खास व्यवसाय से सम्बन्ध रहा है। एक विशेष जाति में जन्में व्यक्ति से यह आशा की जाती है कि वह अपनी जाति में ही विवाह करे और अपनी जाति से जुड़े व्यवसाय को ही अपनाए। इससे **व्यक्ति की व्यवसाय और जीवनसाथी चुनने की स्वतन्त्रता अनावश्यक रूप से सीमित हो जाती है।**

इसी तरह, एक जाति और दूसरी जाति के बीच की सामाजिक दूरी से सामुदायिक भावना के विकास में बाधा पहुँचती है। जाति का यह पक्ष बन्धुता के मूल्य के विपरीत है। यह सही है कि एक जाति के लोगों में आपस में बन्धुता की भावना रहती है, लेकिन दूसरी ओर, उनमें उसी अनुपात में दूसरी जातियों से दूरी और विरोध की भावना भी रहती है। दरअसल, किसी समाज में तब तक सही मायने में बन्धुता नहीं रह सकती है, जब तक कि समाज के सदस्य एक-दूसरे को सामाजिक दृष्टि से बराबर न माने। जाति-व्यवस्था में वर्ग-व्यवस्था की तुलना में सामाजिक दूरी अधिक कठोर होती है, जैसे, छुआछूत में। इसलिए, यह वर्ग-व्यवस्था की तुलना में कहीं अधिक बन्धुता के मूल्य के विरुद्ध है।

कभी-कभी वर्ग-व्यवस्था की तरह जैविक आधार पर जाति-व्यवस्था को भी सही ठहराने के प्रयत्न किए जाते हैं। लेकिन, हम वर्ग के सन्दर्भ में पहले ही उल्लेख कर चुके हैं कि प्राकृतिक भिन्नता और सामाजिक गैरबराबरी के बीच कोई अनिवार्य सम्बन्ध नहीं है। इसलिए, इस आधार पर जाति-व्यवस्था को सही ठहराने का प्रयत्न असफल हैं।

जाति-व्यवस्था के सबसे मुखर समर्थन में जो बात कही जाती है, वह यह है कि मनुष्य जन्म से ही असमान होते हैं, और इसलिए, यह एक प्राकृतिक और स्वाभाविक बात है कि बेटे अपने पिता के पेशे को अपनाएँ। लेकिन, इस कथन का भी कोई जैविक आधार नहीं है। दरअसल में, यह पूरी तौर से अवैज्ञानिक बात है। यह एक वैज्ञानिक दृष्टि से प्रमाणित तथ्य है कि अर्जित गुणों का एक पीढ़ी से दूसरी पीढ़ी तक जैविक रूप में हस्तान्तरण नहीं होता है, केवल जीन से सम्बन्धित गुणों का ही एक पीढ़ी से दूसरी पीढ़ी तक स्थानान्तरण होता है। उदाहरण के तौर पर, बढ़ईगिरी का ज्ञान एक अर्जित गुण हैं, ठीक उसी तरह जिस तरह दर्शनशास्त्र का ज्ञान भी एक अर्जित गुण है। न तो बढ़ई के बेटे का जन्म बढ़ईगिरी के ज्ञान के साथ होता है और न ही किसी दार्शनिक के बेटे का जन्म दर्शनशास्त्र के ज्ञान के साथ। ये अर्जित गुण हैं, इसलिए, ये जैविक दृष्टि से वंशानुगत नहीं होते हैं। अगर

कभी-कभी, हालांकि हमेशा नहीं, इन विषयों की औपचारिक शिक्षा पाए बिना, एक बढ़ई का बेटा अच्छा बढ़ई बन जाता है, या एक दार्शनिक का बेटा दर्शनशास्त्र का अच्छा ज्ञान अर्जित कर लेता है, तो वह इसलिए नहीं कि उनका जन्म आवश्यक ज्ञान के साथ होता है, बल्कि सिर्फ इसलिए क्योंकि उन्हें अपने घर में एक अनुकूल माहौल मिलता है, जिससे उनके लिए इन गुणों को अर्जित कर पाना सम्भव होता है। अगर उनके स्थानों को बदल दिया जाए तो परिणाम अलग भी हो सकता है।

कोई कह सकता है कि हालांकि बढ़ईगिरी या दर्शन का ज्ञान जैविक दृष्टि से वंशानुगत नहीं होता है, लेकिन वे मानसिक गुण, जो व्यक्ति को अपेक्षित ज्ञान को अर्जित करने में सक्षम बनाते हैं, वंशानुगत होते हैं। यह बात भी पूरी तौर से सही नहीं है। कुछ शारीरिक और मानसिक गुण निश्चय ही वंशानुगत होते हैं, लेकिन इसका अर्थ यह नहीं है कि बेटे शारीरिक और मानसिक गुणों की दृष्टि से हमेशा बिल्कुल अपने पिता जैसे ही होते हैं। यह एक जानी हुई बात है—और कोई भी व्यक्ति सावधानीपूर्वक निरीक्षण कर इसकी जाँच कर सकता है—कि क्रोमसोम और जीन के अलग-अलग क्रमपरिवर्तन और संयोग के कारण एक ही माँ-बाप के बच्चे हमेशा ही आपस में एक-दूसरे से या अपने माता-पिता से पूरी तरह एकरूप नहीं होते हैं। बल्कि ज्यादातर वे एक-दूसरे से अलग होते हैं। उदाहरण के तौर पर, एक ही माँ-बाप के बेटे-बेटियों में कोई अधिक और कोई कम लम्बा हो सकता है। इसी तरह, उनकी चमड़ी, बालों और आँखों का रंग भी अलग-अलग हो सकता है। जो बात शारीरिक गुणों के लिए सही है, वही बात मानसिक गुणों के लिए भी सही है। संक्षेप में, यह जरूरी नहीं है कि किसी बच्चे में अपने पिता के मानसिक गुण होंगे ही। ऐसा हो भी सकता है, और नहीं भी। इसलिए, **बच्चों को जबरदस्ती उनके पूर्वजों के व्यवसाय में ही रहने के लिए बाध्य करने का कोई वैज्ञानिक आधार नहीं है।**

समाजशास्त्र के एक लेखक एम. हैरालाम्बस के अनुसार ''किसी भी व्यक्ति को उसके माँ-बाप की जाति का माना जाता है और वह उस जाति के व्यवसाय को यन्त्रवत अपनाता है जिसमें उसका जन्म हुआ है। इसलिए, जैविक दृष्टि से किसी अछूत की रुचियाँ और क्षमताएँ चाहे जो भी हों, वह किसी भी तरह ब्राह्मण नहीं बन सकता है। जब तक कि यह नहीं मान लिया जाए कि श्रेष्ठ किस्म के जीन स्थायी रूप से ब्राह्मणों में ही मौजूद रहते हैं, और ऐसा मानने के लिए कोई प्रमाण नहीं है कि वास्तव में ऐसी बात है, तो सम्भवतः परम्परागत हिन्दू समाज में सामाजिक दृष्टि से पैदा की गयी गैरबराबरी का जीन पर आधारित असमानता के साथ कोई सम्बन्ध नहीं हैं।''[1]

जाति-व्यवस्था के समर्थन में अक्सर यह कहा जाता है कि यह श्रम के विभाजन की एक व्यवस्था है। श्रम का विभाजन वर्ग-व्यवस्था में भी होता है। हम पहले ही चर्चा कर चुके हैं कि समाज में अलग-अलग व्यवसायों के अस्तित्व के बाद भी वर्गविहीन समाज की स्थापना हो सकती है अगर इसके साथ श्रेष्ठता और हीनता की भावना न जोड़ी जाए। जहाँ तक जाति-व्यवस्था का सम्बन्ध है, तो यह स्पष्ट है कि जाति रुचि और योग्यता पर आधारित श्रम का विभाजन नहीं है। यह जन्म पर आधारित श्रम के विभाजन की व्यवस्था है, जिसका कोई औचित्य नहीं। इसके अलावा जाति-व्यवस्था के साथ परम्परागत रूप से

1. M. Haralambos with R. M. Heald, *Sociology, Themes and Perspectives*, pp.27-28.

और भी कई बुराइयाँ जुड़ी हुई हैं, जैसे, श्रेष्ठता और हीनता की भावना, कानूनी गैरबराबरी, शिक्षा के समान अधिकार से लोगों को वंचित रखना, और एक जाति और दूसरी जाति के बीच विवाह पर रोक। इन बातों का श्रम के विभाजन से कोई अनिवार्य सम्बन्ध नहीं है। श्रम का विभाजन लगभग सभी समाजों में पाया जाता है, लेकिन जाति-व्यवस्था का अस्तित्व हर समाज में नहीं है। इसलिए, जाति-व्यवस्था को श्रम के विभाजन के रूप में सही ठहराने का प्रयत्न बेकार है।

जाति-व्यवस्था के समर्थन में जो दूसरी बात आम तौर से कही जाती है वह यह है कि अपने मौलिक रूप में यह व्यवस्था जन्म पर नहीं, बल्कि रुचि और योग्यता पर आधारित थी। अब, वास्तव में ऐसा कभी था या नहीं, यह एक ऐतिहासिक शोध का विषय है। अधिक सम्भावना तो इसी बात की है कि जातियों के उद्‌गम का प्रजातीय सिद्धान्त ही सही है। वैसे, जाति-व्यवस्था का उद्‌गम चाहे जैसे भी हुआ हो, अगर हम थोड़ी देर के लिए यह मान भी लें कि जाति-व्यवस्था मूलतः रुचि और योग्यता के पर आधारित थी, तो भी इससे कोई फर्क नहीं पड़ता है। यह तो नहीं कहा जा सकता है कि **क्योंकि** यह व्यवस्था कभी सुदूर अतीत में रूचि और योग्यता पर आधारित थी, **इसलिए** हमें खुशी के साथ जन्म पर आधारित वर्तमान व्यवस्था को बर्दाश्त करना चाहिए?

वैसे भी ***मनुस्मृति*** की रचना सम्भवतः 200 बी॰ सी॰ और 200 ए॰ डी॰ के बीच हुई हैं,[1] और इसमें वर्ण-व्यवस्था की व्याख्या जिस तरह की गयी है, वह पूरी तौर से जन्म पर आधारित है। गौतम बुद्ध ने आज से लगभग ढाई हजार साल पहले ही ***वेदों*** की प्रामाणिकता और वर्ण-व्यवस्था को चुनौती दी थी। बौद्ध ***त्रिपिटकों*** में खास कर ***दीघ निकाय*** और ***मज्झिम निकाय*** में कई ऐसे अंश हैं जिनमें ब्राह्मणों के इस दावे को चुनौती दी गयी है कि वे ब्रह्मा के मुँह से जन्में हैं और एकमात्र उन्हें ही शिक्षा प्रदान करने और बाकी समाज पर आध्यात्मिक शासन करने का विशेषाधिकार मिला हुआ है।[2] ***मज्झिम निकाय*** में कई बार बुद्ध को वर्ण-व्यवस्था का खंडन करते हुए बतलाया गया है। बुद्ध के अनुसार समाज में व्यक्ति के स्थान और कार्य को किसी जाति विशेष में उसके जन्म के आधार पर निर्धारित करना अतर्कसंगत है। बुद्ध को यह कहते हुए भी बतलाया गया है कि व्यक्ति का जन्म किस जाति या वर्ण में हुआ है, इस पर ध्यान दिए बिना हर व्यक्ति को कानून की नजर में बराबर माना जाना चाहिए।[3] इस तरह, यह स्पष्ट है कि जाति-व्यवस्था अगर कभी अपने तथाकथित आदर्श रूप में रही भी हो—हालांकि इसमें काफी सन्देह है—तो भी आज से कम-से-कम ढाई हजार साल पहले बुद्ध के समय ही इसका पतन हो चुका था।

संक्षेप में, जाति-व्यवस्था स्वतन्त्रता, समता और बन्धुता के लोकतान्त्रिक मूल्यों के विरूद्ध है, और इसका कोई वैज्ञानिक आधार नहीं है। इसलिए, यह आश्चर्यजनक नहीं है कि उन्नीसवीं सदी में फूले ने और बीसवीं सदी में पैरियार, अम्बेडकर, लोहिया और जयप्रकाश जैसे प्रमुख भारतीय विचारक-नेताओं ने अपने-अपने ढंग से जाति-व्यवस्था का

1. ***मनुस्मृति*** (वाराणसी : चौखम्भा संस्कृत संस्थान, 1982), पृ॰ 10-11.
2. A. K. Warder : *Indian Buddhism* (Delhi : Motilal Banarsidass, 1980), p. 163.
3. Y. Masih: *The Hindu Religious Thought* (Delhi : Motilal Banarsidass, 1983) pp. 336 37.

प्रबल विरोध किया।[1] यहाँ तक कि स्वतंत्रता और समता को नागरिकों के मौलिक अधिकारों के रूप में मान्यता देने वाले भारतीय संविधान ने छुआछूत को असंवैधानिक करार दिया। भारतीय संदर्भ में, **स्वतन्त्रता और समता के सामाजिक आदर्शों की दृष्टि से जातिविहीन समाज की स्थापना को एक आदर्श मानना चाहिए।** वर्गविहीन समाज की तुलना में यह अधिक तात्कालिक लक्ष्य है, क्योंकि जातिविहीन समाज की स्थापना के बिना वर्गविहीन समाज की दिशा में नहीं बढ़ा जा सकता है। कभी-कभी यह सवाल उठाया जाता है कि वर्गविहीन समाज सम्भव है या नहीं। वर्ग पर मानक दृष्टि से चर्चा के अन्तर्गत हमने यह दिखलाया है कि वर्गविहीन समाज को एक आदर्श मानते हुए, जहाँ तक सम्भव हो इस दिशा में बढ़ने का प्रयत्न करना चाहिए। जहाँ तक जातिविहीन समाज का सम्बन्ध है, तो यह निश्चित तौर से सम्भव है, क्योंकि आज के समय में ऐसे समाज हैं जिनमें वर्ग है लेकिन जाति नहीं है।

❑

1. गाँधी ने छुआछूत का विरोध किया। वे अन्तर्जातीय विवाह का भी समर्थन करते थे। लेकिन वे जन्म पर आधारित वर्ण-व्यवस्था का समर्थनं करते थे। उनके अनुसार वर्ण-व्यवस्था ''जन्म पर आधारित श्रम का स्वस्थ विभाजन'' है, जो व्यक्ति की ''स्वाभाविक प्रवृत्तियों'' को ध्यान में रख कर बनायी गयी है, और जो ''बेकार की प्रतिस्पर्धा'' को टालती है। वर्ण-व्यवस्था पर गाँधी के विचारों और व्याख्या के लिए देखें, डॉ रमेन्द्र, ***मैं हिन्दू क्यों नही और मैं बुद्धिवादी कैसे बना*** (पटना : बुद्धिवादी फाउन्डेशन, 2001) पृ० 32-36.

अध्याय 8

लिंग समानता
(Gender Equality)

वर्ग-व्यवस्था और जाति-व्यवस्था की तरह औरत-मर्द गैरबराबरी भी सामाजिक समता के आदर्श के विरुद्ध है। लिंग समानता, या दूसरे शब्दों में, औरत-मर्द बराबरी सामाजिक समता के व्यापक आदर्श का एक हिस्सा है। सामाजिक समता का अर्थ यह हुआ कि सामाजिक दृष्टि से हर व्यक्ति को एक बराबर महत्त्व दिया जाना चाहिए, क्योंकि जन्म, सेक्स, रंग, जाति और धर्म की दृष्टि से अलग-अलग होने के बावजूद सभी मनुष्य मनुष्य होने के नाते एक समान हैं। भारतीय संविधान की प्रस्तावना में भारत के सभी नागरिकों को **प्रतिष्ठा और अवसर की समानता** उपलब्ध कराने की बात की गयी है। इसमें समता के अधिकार को भी मौलिक अधिकार माना गया है। **समता के अधिकार** के अन्तर्गत कानून के समक्ष समता का अधिकार शामिल है। राज्य द्वारा धर्म, उद्गम, जाति, सेक्स या जन्म स्थान के आधार पर एक नागरिक और दूसरे नागरिक के बीच भेदभाव नहीं किया जा सकता है। समता के अधिकार को मानव अधिकार के रूप में भी मान्यता मिली हुई है। संयुक्त राष्ट्रसंघ के चार्टर के अनुसार, ''नस्ल, सेक्स, भाषा और धर्म के आधार पर कोई भेदभाव किए बिना सभी के लिए मानव अधिकारों और मौलिक स्वतन्त्रताओं के प्रति सम्मान को प्रोत्साहित करना'' संयुक्त राष्ट्र संघ के मुख्य उद्देश्यों में एक है। मानव अधिकारों के सार्वभौमिक घोषणा-पत्र के अनुसार ''**सभी** मनुष्य जन्म से स्वतंत्र और गरिमा एवं अधिकारों की दृष्टि से **समान** है।'' इस तरह सेक्स के आधार पर कोई भी भेदभाव लिंग समानता के आदर्श के विरुद्ध है। लिंग समानता के अन्तर्गत राजनीतिक समानता भी शामिल है।

जाति या वर्ग की तरह, महिलाओं की समस्या पर भी दो दृष्टि से विचार किया जा सकता है: एक, समाजशास्त्रीय या यथार्थवादी दृष्टि से, और दूसरे, समाज-दार्शनिक या मानक दृष्टि से। महिलाओं की समस्या पर समाज-दार्शनिक दृष्टि से विचार करने के लिए भी पहले वास्तविक स्थिति की जानकारी जरूरी है।

औरत और समाज : एक समाजशास्त्रीय दृष्टि

औरत-मर्द गैरबराबरी एक सामाजिक वास्तवकिता है। हैरालाम्बस की पुस्तक *Sociology: Themes and Perspectives* के एक खण्ड में महिलाओं की सामाजिक स्थिति पर विचार किया गया है। हैरालाम्बस के अनुसार, महिलाएँ बच्चों को जन्म देती हैं, महिलाएँ माँ और पत्नी हैं; महिलाएँ खाना बनातीं हैं; मरम्मत, सिलाई और धुलाई का काम करती है; वे पुरुषों की देखभाल करतीं हैं; और वे पुरुषों के प्राधिकार (authority) के अधीन रहती हैं। उन्हें उच्च प्रतिष्ठा वाले व्यवसायों और शक्तिशाली पदों से अलग रखा जाता है। ये

सामान्यीकरण, कुछ हद तक, लगभग सभी ज्ञात मानव समाजों पर लागू होते हैं। सेक्स या लिंग पर आधारित श्रम का विभाजन समाज में सबसे बुनियादी किस्म का विभाजन मालूम देता है। सरल शिकारी और संग्रह करने वाले समूह (hunting and gathering bands) से ले कर जटिल-से-जटिल औद्योगिक समाजों में कुछ कामों को मर्दों का काम माना जाता है और कुछ को औरतों का। प्रतिष्ठा, धन और शक्ति की दृष्टि से लगभग हमेशा औरतों की लिंग भूमिकाओं (gender roles) को कम महत्त्व दिया जाता है।

बीसवीं सदी में, खास कर नारी मुक्ति आन्दोलन के उदय के बाद से, सेक्स पर आधारित श्रम के विभाजन और औरत-मर्द गैरबराबरी पर काफी जोरदार बहस हुई है। हैरालाम्बस के अनुसार इस बहस में मुख्यतः दो पक्ष सामने आए हैं। एक पक्ष के अनुसार, कुछ हद तक औरत और मर्द के बीच जैविक या जेनेटिक भिन्नता औरत-मर्द गैरबराबरी का आधार है। दूसरे पक्ष के अनुसार लिंग भूमिकाएँ संस्कृति द्वारा निर्धारित की जाती हैं और सेक्स सम्बन्धी गैरबराबरी समाज में बनाए गए शक्ति सम्बन्धों (power relationships) का परिणाम है।[1] उदाहरण के तौर पर, एक ओर मानवशास्त्री जॉर्ज पीटर मर्डक (George Peter Murdock) के विचार हैं; और दूसरी ओर, ब्रिट्रिश समाजशास्त्री ऐन्न ओकली (Ann Oakley) के।

मर्डक—मर्डक के अनुसार, समाज में औरत और मर्द के बीच श्रम के विभाजन का आधार औरत और मर्द के बीच जैविक भिन्नता है। पुरुषों में अधिक शारीरिक शक्ति होती है, और महिलाओं द्वारा बच्चों को जन्म दिया जाता है। इसलिए, व्यावहारिकता के आधार पर पुरुषों और महिलाओं के लिए अलग-अलग लिंग भूमिकाएँ बन जाती हैं। मर्डक की राय में औरत और मर्द की जैविक भिन्नता को देखते हुए सेक्स-आधारित श्रम का विभाजन समाज को संगठित करने का सबसे कार्यकुशल तरीका है।

शिकार और संग्रह करने वाले समूहों से लेकर आधुनिक राष्ट्रीय-राज्यों के 224 समाजों में औरत और मर्दों की भूमिका के अपने अध्ययन के आधार पर मर्डक ने यह निष्कर्ष निकाला कि इन समाजों में शिकार करने का, लकड़ी काटने का और उत्खनन का काम मुख्यतः पुरुष करते हैं; जबकि खाना बनाने का, सब्जी बटोरने का, पानी लाने का और कपड़े सिलने-मरम्मत करने का काम औरतें करती हैं। मर्डक के अनुसार, अपने ''श्रेष्ठ'' शारीरिक ताकत के कारण पुरुष लकड़ी काटने, उत्खनन, जमीन की सफाई और मकान बनाने जैसे ''शारीरिक दृष्टि से कठिन'' कामों को बेहतर तरीके से कर सकते हैं; क्योंकि उनपर बच्चों को जन्म देने और उनकी देखभाल करने का बोझ नहीं रहता है। वे शिकार करने, मछली पकड़ने, जानवर चराने या व्यापार करने के लिए दूर तक जा सकते हैं। दूसरी ओर, महिलाएँ ऐसे ''हल्के'' काम आसानी से कर सकती हैं, जिन्हें घर पर रह कर या घर के पास रह कर किया जा सकता है, जैसे, सब्जी इकट्ठा करना, पानी लाना, खाना बनाना, कपड़े और बर्तन बनाना। इस तरह, बच्चे को जन्म देने और उसका पालन करने की जैविक भूमिका के कारण औरत घर से बँध कर रहती है। अपने शरीर-गठन के कारण वह हल्के शारीरिक श्रम से जुड़े कामों को कर सकती है। मर्डक के अनुसार, उनके द्वारा अध्ययन किए गए सभी समाजों में सेक्स-आधारित श्रम का विभाजन मौजूद है। इससे

---

1. M. Haralambos with R. M. Heald, *Sociology, Themes and Perrpectives* (Delhi : Oxford University Press, 1984), p. 369.

वे यह निष्कर्ष निकालते हैं कि इस विभाजन में जो अन्तर्निहित लाभ है, सम्भवतः उस कारण ही यह विभाजन ''सार्वभौमिक'' हैं।[1]

ओकली—दूसरी ओर, नारी मुक्ति आन्दोलन की समर्थक महिला समाजशास्त्री ओकली के अनुसार लिंग भूमिकाएँ संस्कृति द्वारा निर्धारित होती हैं। यह सार्वभौमिक नहीं है। मानव संस्कृति में बहुत विविधता है, और यह विविधता मानवनिर्मित है, न कि जैविक शक्तियों पर आधारित। ओकली ने स्वयं मर्डक द्वारा किए गए अध्ययन के आधार पर मर्डक के निष्कर्षों को चुनौती दी है। उनके अनुसार मर्डक ने अपने अध्ययन से प्राप्त सामग्री (data) की पूर्वाग्रहयुक्त व्याख्या की है। वे अन्य संस्कृतियों को पश्चिमी और पुरुष की दृष्टि से देखते हैं। मर्डक द्वारा अध्ययन किए गए समाजों में से 14 समाज ऐसे हैं, जिनमें लकड़ी काटने का काम या तो सिर्फ औरतों द्वारा किया जाता है, या औरत-मर्द दोनों द्वारा। 36 समाज ऐसे हैं, जिनमें जमीन की सफाई का काम औरतों द्वारा किया जाता है। इसी तरह, 38 समाज ऐसे हैं जिनमें खाना बनाने का काम मिल-जुल कर किया जाता है। ओकली के अनुसार कई ऐसे समाज हैं जिनमें श्रम के विभाजन पर जैविकता का कोई प्रभाव नहीं दिखता है। कॉन्गो के जंगलों में रहनेवाले शिकारी और संग्रहक मबूती पिग्मियों के बीच श्रम के विभाजन के कोई विशेष नियम नहीं होते हैं। पुरूष और स्त्री एक साथ शिकार करते हैं। पिता और माँ की भूमिका के बीच कोई स्पष्ट अन्तर नहीं रहता है—दोनों मिल-जुल कर बच्चों की देखभाल करते हैं। ऑस्ट्रेलिया के तस्मानिया की आदिम जनजातियों में महिलाएँ शिकार करने और मछली पकड़ने का काम भी करतीं हैं। चीन, रूस, क्यूबा और इजराइल में महिलाएँ सेना की महत्त्वपूर्ण अंग हैं। भारत में मकान बनाने वाले श्रमिकों में 12 प्रतिशत महिलाएँ हैं। कुछ एशियाई और लैटिन अमरीकी देशों में उत्खनन के काम में लगे श्रमिकों में से एक चौथाई महिलाएँ हैं। ओकली के अनुसार, इन उदाहरणों से यह स्पष्ट हो जाता है कि कोई भी काम ऐसे नहीं हैं, जो सिर्फ महिलाओं द्वारा किए जाते हों, और न ही महिलाएँ शारीरिक ताकत के कारण किन्ही कामों को करने में अक्षम हैं। उनके अनुसार जैविक कारणों से कठिन शारीरिक श्रम वाले कार्यों को करने में महिलाओं की अक्षमता एक मिथ है। लिंग भूमिकाएँ संस्कृति द्वारा निर्धारित की जाती हैं न कि जैविकता द्वारा।[2]

मार्क्सवादी विश्लेषण—एंगेल्स और मार्क्स द्वारा भी समाज में औरत की स्थिति का विश्लेषण किया गया है। एंगेल्स के अनुसार, समाज में औरतों की अधीनता निजी सम्पत्ति की संस्था, विशेष कर उत्पादन के साधनों के निजी स्वामित्व का परिणाम हैं। एक-विवाह (monogamy) का जन्म निजी सम्पत्ति की संस्था की रक्षा के लिए हुआ है। जब एक पुरूष व्यक्ति के हाथ में काफी धन इकट्ठा हो गया, और वह यह इच्छा रखने लगा कि वह धन सिर्फ उसकी अपनी संतान को मिले, तो एक-विवाह का जन्म हुआ। पुरुषों को महिलाओं को नियन्त्रित करने की जरूरत हुई ताकि वे ''निर्विवाद'' रूप से अपने संतान की पहचान कर सकें। पुरुष प्रधान एक-विवाह में पत्नी आर्थिक दृष्टि से पति पर निर्भर रहती है। इसलिए, पति के लिए पत्नी को नियन्त्रित करना सम्भव हुआ। एंगेल्स के अनुसार, विवाह में पुरुष की प्रधानता उसकी आर्थिक प्रधानता का परिणाम है। एक बार पुरुष की आर्थिक प्रधानता के समाप्त होने पर विवाह में पुरूष की प्रधानता भी समाप्त हो जाएगी।

---

1. M. Haralambos with R.M. Heald, *Sociology, Themes and Perspectives* (Delhi : Oxford University Press, 1984), p. 371.
2. Ibid., pp. 373-75.

मार्क्स और एंगेल्स के अनुसार, पूंजीवादी समाज में महिला-श्रमिकों की मांग के कारण जैसे-जैसे औरत की पति पर निर्भरता खत्म होती जाएगी, वैसे-वैसे परिवार के अन्दर पुरुष के प्रभुत्व से भी मुक्ति मिल जाएगी। लेकिन, बुर्जुआ पत्नियों पर पति का नियन्त्रण बना रहेगा, क्योंकि उन्हें अभी भी सम्पति के उत्तराधिकारियों को जन्म देना होगा।

मार्क्स और एंगेल्स के अनुसार, समाजवादी समाज में जब उत्पादन के साधनों का सामुदायिक स्वामित्व होगा, तब औरत-मर्द के बीच सही अर्थों में समानता स्थापित हो जाएगी। बुजुर्आ पत्नी पतियों के सम्पत्ति के लिए उत्तराधिकारी पैदा करने वाली निजी सम्पत्ति नहीं रह जाएगी, क्योंकि तब विरासत में देने के लिए कोई सम्पत्ति ही नहीं रह जाएगी। घर चलाने और माँ का काम औरतों को व्यक्तिगत रूप से नहीं करना होगा, क्योंकि यह पूरे समुदाय का दायित्व बन जाएगा।[1]

औरत-मर्द गैरबराबरी के मार्क्सवादी इस विश्लेषण से इतना तो स्पष्ट है कि मार्क्स और एंगेल्स औरत-मर्द की समानता के आदर्श को स्वीकार करते थे; और वे इसका स्रोत आर्थिक गैरबराबरी में देखते हुए आर्थिक समता की वकालत करते थे, जो उनके अनुसार उत्पादन के साधनों के सामुदायिक स्वामित्व से ही सम्भव हैं।

औरत की सामाजिक स्थिति के मार्क्सवादी विश्लेषण की कई दिशाओं से आलोचना की गयी है। एक, सेक्स सम्बन्धी भेद-भाव का अस्तित्व आर्थिक वर्ग के उदय के पहले से है।[2] ऐसे समाजों में भी औरत-मर्द गैरबराबरी का अस्तित्व पाया जाता है, जिनमें निजी सम्पत्ति की संस्था का पूर्ण का विकास नहीं हुआ है, विशेष कर उत्पादन के साधनों में। इसकी व्याख्या कैसे होगी? दूसरे, पूंजीवादी समाज में मार्क्स और एंगेल्स की भविष्यवाणी के अनुसार सर्वहारा वर्ग में औरत-मर्द बराबरी पूरी तौर से स्थापित नहीं हुई है;[3] जबकि दूसरी ओर, बुर्जुआ वर्ग की महिलाओं की स्थिति में भी कुछ सुधार हुआ है। तीसरे, भूतपूर्व सोवियत संघ में उत्पादन के साधनों पर निजी स्वामित्व के समाप्त होने के बाद भी पूरी तौर से औरत-मर्द बराबरी स्थापित नहीं हुई थी।[4] यहाँ पर प्रश्न यह नहीं हैं कि निजी सम्पत्ति की संस्था अपने-आप में सही है, या गलत। यह एक स्वतन्त्र प्रश्न है। यहाँ पर प्रश्न यह है कि क्या औरत-मर्द गैरबराबरी का निजी सम्पति से अनिवार्य सम्बन्ध हैं। क्या औरत-मर्द गैरबराबरी की मार्क्सवादी व्याख्या पूरी तौर से सही है? दरअसल, यह समस्या कहीं अधिक जटिल मालूम देती है। निजी सम्पत्ति की संस्था से तो औरत और औरत एवं मर्द और मर्द के बीच भी गैरबराबरी पैदा होती है।[5] औरत-मर्द गैरबराबरी का कुछ हद तक जैविक और कुछ हद तक सांस्कृतिक आधार मालूम देता है। औरत और मर्द दोनों आर्थिक दृष्टि से आत्मनिर्भर और समान हों, इसे एक आदर्श माना जा सकता है। यह आर्थिक समता के व्यापक आदर्श का अंग है, जिसकी चर्चा हम सामाजिक आदर्श के अन्तर्गत कर चुके हैं। लेकिन, औरत-मर्द गैरबराबरी को समझने और उसे मिटाने के लिए उसके जैविक और सांस्कृतिक आधारों की ओर ध्यान देना भी जरूरी हैं।

---

1. M. Haralambos with R.M. Heald, *Sociology : Themes and Perspectives* (Delhi : Oxford University Press) pp. 390-91.
2. Ibid., p. 398.
3. Ibid., p. 391.
4. Ibid., p.393.
5. Ibid., p. 397.

औरत : जाति और वर्ग

हम यह चर्चा कर चुके हैं कि लगभग सभी या अधिकांश समाजों में औरत-मर्द के बीच एक श्रम का विभाजन होता है। इसके अलावा, औरत द्वारा किए जाने वाले कामों को कम प्रतिष्ठा दी जाती है। इस तरह, समाज-परिवार में पुरुष और स्त्री को दी जाने वाली प्रतिष्ठा में अन्तर होता है।

हम पहले ही चर्चा कर चुके हैं कि समाज में अलग-अलग दी जाने वाली प्रतिष्ठा के आधार पर सामाजिक वर्ग बन जाते हैं। जाति-व्यवस्था के साथ भी श्रेष्ठता और हीनता की भावना जुड़ी रहती है। प्रश्न यह है कि **क्या हम औरत को सामाजिक वर्ग या जाति मान सकते हैं?**

पहले हम जाति को लें। इतना तो स्पष्ट ही है कि औरत एक जाति नहीं है। जाति एक अन्तर्विवाही समूह है। हर जाति में औरत-मर्द दोनों होते हैं। इस तरह, औरत जातियों में बँटी हुई है। सभी जातियों के औरतों की सामाजिक स्थिति भी एक जैसी नहीं है। ब्राह्मण जाति की औरतों की सामाजिक स्थिति दलित या पिछड़ी जातियों की औरतों की तुलना में बेहतर है। उन्हें ''अछूत'' नहीं माना जाता है, हालांकि ब्राह्मण जाति के **पुरुषों की तुलना में** उनकी स्थिति दूसरे दर्जे की है। परम्परागत रूप से ब्राह्मण जाति की औरतों का उपनयन नहीं होता है, उन्हें शिक्षक या पुरोहित बनने का अधिकार नहीं प्राप्त रहा है। अब ब्राह्मण औरतें शिक्षित भी हो रही हैं और शिक्षक भी बन रही हैं, लेकिन अभी भी पुरोहित का काम ब्राह्मण पुरुष ही करते हैं। देखा जाए तो दलित जातियों की औरतों की स्थिति सबसे खराब है। एक ओर वे जाति-श्रेणी में भी सबसे नीचे हैं, दूसरे अपनी जाति के पुरुषों की तुलना में भी उनकी स्थिति दूसरे दर्जे की है। जाति और औरत के इस सम्बन्ध से यह बात भी समझ में आती है कि जाति-व्यवस्था में समता की दिशा में आ रहे परिवर्तनों का औरत की स्थिति पर भी असर पड़ेगा। पिछड़ी और दलित जातियों की सामाजिक स्थिति में सुधार का लाभ पिछड़ी और दलित जातियों की औरतों को भी मिलेगा, और मिल रहा है, चाहे भले शुरूआत में इन जातियों के पुरुष ही जाति के आधार पर दिए जा रहे आरक्षण जैसी सुविधाओं का अधिक लाभ उठाएँ। उदाहरण के तौर पर, अगर दलित जातियों के साथ ''अछूत'' जैसा व्यवहार बन्द होता है, तो इसका लाभ दलित पुरुषों के साथ, दलित औरतों को भी मिलता है।

अब, हम सामाजिक वर्ग को लें। क्या औरत एक सामाजिक वर्ग है? यहाँ पर भी हमारा उत्तर नकारात्मक ही होगा। औरत एक सामाजिक वर्ग तब बनतीं जब समाज में सभी औरतों की प्रतिष्ठा लगभग एक बराबर होती, और उनके बीच कोई **सामाजिक दूरी** नहीं होती। लेकिन, वास्तविकता यह है कि औरतें अलग-अलग सामाजिक वर्गों में बँटी हुई हैं। एक वर्ग और दूसरे वर्ग की औरतों के बीच एक सामाजिक दूरी होती है।

यह सही है कि एक वर्ग की स्त्री और पुरुषों के बीच प्रतिष्ठा का अन्तर होता है, जैसे, परिवार के अन्दर। लेकिन, यह अन्तर इतना नहीं होता है कि उन्हें दो अलग-अलग वर्ग मान लिया जाए। उल्लेखनीय है कि दो व्यक्तियों में थोड़ी-बहुत प्रतिष्ठा के अन्तर से सामाजिक वर्ग नहीं बनता है। सामाजिक वर्ग तब बनता है जब प्रतिष्ठा का अन्तर इतना अधिक हो कि उनके बीच एक सामाजिक दूरी आ जाए। आपस में विवाह न करना सामाजिक दूरी का सबसे बड़ा उदाहरण है। इसलिए, यह कहना कि पति-पत्नी के बीच **कोई सामाजिक दूरी** होती है, बेकार की बात है। दरअसल, एक परिवार के सदस्यों के

बीच कोई सामाजिक दूरी नहीं होती, चाहे भले परिवार के पुरुष मुखिया को अन्य सदस्यों की तुलना में अधिक प्रतिष्ठा दी जाती हो। इसलिए, कुछ समाजशास्त्रियों की यह राय ठीक मालूम देती है कि सामाजिक वर्ग की इकाई परिवार है। एक परिवार के सदस्य, चाहे वे पति-पत्नी हों या बेटे-बेटी एक ही सामाजिक वर्ग के होते हैं। परिवार के अन्दर भले ही उनकी प्रतिष्ठा में अन्तर होता है।

संक्षेप में, भारत में महिलाएँ अलग-अलग जातियों और वर्गों में बँटी हुई हैं। सभी महिलाओं की सामाजिक प्रतिष्ठा एक बराबर नहीं है। अपनी जाति या वर्ग के अन्दर पुरुषों की तुलना में आम तौर से स्त्रियों की स्थिति दूसरे दर्जे की है। फिर भी, इस तथ्य से इनकार नहीं किया जा सकता है कि सभी वर्गों और जातियों की महिलाओं को महिला होने के नाते कुछ विशेष समस्याओं का सामना करना पड़ता है—एक खास किस्म के श्रम के विभाजन को उनके ऊपर आरोपित किया जाता है, और उनके द्वारा किए जाने वाले कामों को कम प्रतिष्ठा दी जाती है। महिलाएँ महिलाओं के रूप में संगठित हो इसके विरुद्ध संघर्ष कर सकती है। लेकिन, दूसरी ओर, यह भी सही है कि पिछड़ी और दलित जातियों की महिलाओं को दो किस्म की समस्याओं का सामना करना पड़ता है: एक, पिछड़ी और दलित जातियों की सदस्य होने के कारण; और दूसरे महिला होने के कारण। इसलिए, महिलाओं की स्थिति सुधारने के आन्दोलन के अन्दर पिछड़ी जातियों-वर्गों की महिलाओं की समस्याओं की ओर विशेष ध्यान देना जरूरी हैं।

औरत और सामाजिक परिवर्तन

सामाजिक वास्तविकता काफी जटिल और परिवर्तनशील होती है। समाजशास्त्री विलियम जे. गूड (William J. Goode) के अनुसार, सारी दुनिया में महिलाएँ समानता के अधिकार का दावा कर रहीं हैं, काम के क्षेत्र में भी और परिवार के अन्दर भी। उनका यह ''विद्रोह'' समानता की विश्वव्यापी मांग का हिस्सा है। यह मांग प्रजातियों, जातियों, उपनिवेशों और उपराष्ट्रीयताओं द्वारा भी की जा रही है। दुनिया के उत्पीड़ित समूह अब अपनी निम्न स्थिति को स्वीकार करने के लिए तैयार नहीं हैं। गूड ने अन्दाज लगाया है कि समानता की दिशा में परिवर्तन का यह आन्दोलन चलता रहेगा। पुरुष इसका हठपूर्वक विरोध करेंगे, लेकिन वे फिर अन्ततः अनिच्छापूर्वक इसके अनुकूल हो जाएँगे। क्योंकि महिलाएँ अधिक समानता की मांग जारी रखेंगी, और आम तौर से, पुरुष भी यही पसन्द करेंगे कि महिलाएँ खुश रहें।[1]

बीसवीं सदी में समाज में महिलाओं की स्थिति में काफी परिवर्तन आया है। उदाहरण के तौर पर, हम वोट के अधिकार को लें। राजनीतिक समानता के इस अधिकार को हासिल करने के लिए अतीत में महिलाओं को काफी संघर्ष करना पड़ा है। भूतपूर्व सोवियत संघ में 1917 में, संयुक्त राज्य अमेरिका में 1920 में और ग्रेट ब्रिटेन में 1928 में महिलाओं को मतदान का अधिकार प्राप्त हुआ।[2] भारत के संविधान में औरत और मर्द को वोट डालने और चुनाव लड़ने का एक जैसा अधिकार दिया गया है। पुरुषों के बराबर राजनीतिक अधिकार मिलने के बाद भी उच्च राजनीतिक पदों पर पुरुषों की तुलना में महिलाओं की संख्या काफी कम है। भारत में इस असन्तुलन को दूर करने के लिए आरक्षण की सहायता

---

1. William J. Goode, *The Family* (New Delhi : Prentice-Hall of India Pvt. Ltd; 1987), pp. 139 40.
2. *The New Encyclopaedia Britannica*, vol. 19, p. 912.

भी ली जा रही है। दरअसल, लिंग समानता का आदर्श काफी व्यापक है। इसका सम्बन्ध राजनीतिक समानता के अतिरिक्त शिक्षा, रोजगार, विवाह, परिवार और सम्पत्ति के क्षेत्र में समानता से भी है। उन्नीसवीं और बीसवीं सदी में नारी मुक्ति आन्दोलन द्वारा इन प्रश्नों को सशक्त ढंग से उठाया गया है।[1]

अब हम विशेष कर भारत के सन्दर्भ में महिलाओं की बदलती हुई स्थिति की चर्चा करेंगे। भारत एक विशाल देश है। यहाँ कई भाषाएँ हैं, कई धर्म हैं, लोकतंत्र, मानवतावाद, समाजवाद और साम्यवाद जैसी विचारधाराओं का भी समाज पर प्रभाव है। इसके अलावा, समाज अलग-अलग वर्गो-जातियो में बँटा हुआ है। अलग-अलग क्षेत्रों में अलग-अलग धार्मिक समूहों और अलग-अलग वर्गों-जातियों में महिलाओं की स्थिति कुछ अलग-अलग भी हो सकती है। फिर भी, कुछ बातें सामान्य तौर से कही जा सकती हैं। एक, परम्परागत रूप से भारतीय समाज भी पुरूष-प्रधान समाज रहा है और भारत में भी औरत-मर्द गैरबराबरी मौजूद रही है। दो, भारतीय महिलाओं की स्थिति में भी समता की दिशा में परिवर्तन आ रहा है, चाहे भले यह परिवर्तन उच्च-वर्गों और जातियों की महिलाओं में अधिक हो। तीन, यह परिवर्तन पर्याप्त नहीं है, औरत-मर्द बराबरी के सामाजिक आदर्श और सामाजिक वास्तविकता के बीच अभी भी एक बड़ी खाई है।

भारतीय समाज में, अधिकांश अन्य समाजों की तरह, औरत-मर्द गैरबराबरी मौजूद रही है। परम्परागत रूप से भारतीय समाज में महिलाओं को दूसरे दर्जे का स्थान दिया गया है। हिन्दू धर्मशास्त्र ***मनुस्मृति*** में औरतों के प्रति व्यक्त दृष्टिकोण इसका एक उदाहरण है। वर्ण-व्यवस्था के अन्तर्गत ''शूद्रों'' के अलावे ''द्विज'' जाति की महिलाओं को भी उपनयन और **वेद** के अध्ययन का अधिकार प्राप्त नहीं रहा है। उनके लिए विवाह ही उपनयन के बराबर है, और पति की सेवा ही **वेद** के अध्ययन के।[2] पति चाहे जैसा भी हो पत्नी को उसे ''देवता'' मानना चाहिए।[3] ***मनुस्मृति*** में तो यहाँ तक कह दिया गया है कि **औरत कभी भी स्वतन्त्र और आत्मनिर्भर होने के लायक नहीं है, उसे विवाह से पहले पिता के, विवाह के बाद पति के और पति के बाद पुत्र के अधीन रहना चाहिए।**[4] मुस्लिम समाज भी परम्परागत रूप से पुरुष-प्रधान समाज रहा है। पर्दा, बहु-विवाह और मौखिक तलाक जैसी संस्थाएँ महिलाओं की दशा को दिखलाती हैं। हिन्दू, ईसाई[5] और इस्लाम[6] धर्मों सहित अधिकांश धर्मों द्वारा औरत-मर्द के बीच के परम्परागत श्रम के विभाजन और गैरबराबरी को मान्यता प्रदान की गयी है।

आधुनिकीकरण और लोकतन्त्रीकरण की प्रक्रिया के परिणामस्वरूप भारत में भी महिलाओं की स्थिति में परिवर्तन आ रहा है। आधुनिकीकरण की प्रक्रिया की शुरूआत के पहले महिलाओं में शिक्षा का प्रसार लगभग नहीं के बराबर था। सती, महिला-शिशु हत्या (female infaticide) बहु-विवाह और बाल-विवाह जैसी बुराइयाँ समाज में बड़े पैमाने पर प्रचलित

1. *The New Encyclopaedia Britannica.*, vol. 19, p. 910.
2. ***मनुस्मृति*** (वाराणसी : चौखम्भा संस्कृत संस्थान, 1982), 2 : 67.
3. वहीं, 5:154.
4. वहीं, 5:148.
5. Haralambos, Op. Cit., p. 369.
6. Ibn Warraq, *Why I am not a Muslim* (Amherst, New York: Prometheus Books, 1995), pp. 290-327.

थीं। विधवाओं की स्थिति भी दयनीय थी। एम. एन. श्रीनिवास के अनुसार ''पश्चिमीकरण'' की प्रक्रिया के शुरूआत के पहले परम्परागत हिन्दू शिक्षा सिर्फ ''उच्च'' जातियों के बच्चों तक सीमित थी।[1] स्वाभाविक ही है कि यह परम्परागत हिन्दू शिक्षा सिर्फ ''उच्च'' जातियों के पुरुषों तक ही सीमित थी। उन्नीसवीं सदी में बंगाल में राममोहन रॉय और महाराष्ट्र में ज्योतिबा फुले जैसे समाज सुधारकों को औरतों के बीच शिक्षा के प्रसार के लिए बहुत प्रयत्न करना पड़ा। उन्होंने विधवाओं के पुनर्विवाह को प्रोत्साहन देकर विधवाओं की स्थिति को सुधारने का प्रयत्न किया। बंगाल में भी विद्यासागर ने विधवाओं (मुख्यत: ब्राह्मण) की स्थिति को सुधारने का प्रयत्न किया। समाज सुधारकों के प्रयत्न के परिणामस्वरूप ब्रिटिश सरकार द्वारा 1829 में सती प्रथा पर और 1833 में नरबलि और गुलामी प्रथा सहित महिला शिशु हत्या पर भी कानूनी रोक लगा दी गयी।[2]

बीसवीं सदी में गाँधी ने स्वतन्त्रता आन्दोलन में महिलाओं की हिस्सेदारी को प्रोत्साहित किया, हालांकि औरत-मर्द सम्बन्धों पर उनके कुछ विचार रूढ़िवादी थे। वे एक ओर बाल-विवाह का विरोध करते थे और विधवा विवाह का समर्थन करते थे, और दूसरी ओर, गर्भनिरोधक द्वारा बर्थ कन्ट्रोल और प्रेम विवाह का विरोध करते थे। उन्होंने औरत-मर्द के बीच परम्परागत श्रम के विभाजन का भी समर्थन किया है। लेकिन, उनके द्वारा अपनाए गए सत्याग्रह की विधि से स्वतन्त्रता आन्दोलन में औरतों की हिस्सेदारी को प्रोत्साहन मिला।[3]

बीसवीं सदी में ही तमिलनाडु में पैरियार ने औरत-मर्द बराबरी की वकालत की। उन्होंने अपने आत्मसम्मान आन्दोलन में इसे महत्त्वपूर्ण स्थान दिया। वे औरतों के लिए सम्पत्ति में बराबरी के अधिकार का, और विधवा पुनर्विवाह का समर्थन करते थे। इसके अलावा, वे गर्भनिरोधक द्वारा बर्थ कन्ट्रोल के भी समर्थन में थे। पैरियार ने औरत-मर्द की परस्पर सहमति से, और ब्राह्मण पुरोहित की उपस्थिति या किसी धार्मिक कर्मकाण्ड के बिना, आत्मसम्मान विवाह का समर्थन किया। पैरियार देवदासी प्रथा को भी समाप्त करने के पक्ष में थे,[4] जिसके अन्तर्गत खास कर दक्षिण भारत में हिन्दू मन्दिरों में अधिकांश दलित जातियों की नाबालिग लड़कियों को देह-कर्म करने के लिए बाध्य किया जाता है।[5]

1950 में लागू किए गए भारतीय संविधान में औरत-मर्द को बराबरी के अधिकार दिए गए। भारत के संविधान में जाति और धर्म के अलावे **लिंग पर आधारित भेदभाव को भी समाप्त कर दिया गया है। समता के अधिकार को एक मौलिक अधिकार के रूप में मान्यता दी गयी है।** स्वतंत्रता के बाद हिन्दू कानून में सुधार लाया गया। इस में डा॰ अम्बेडकर की प्रमुख भूमिका रही।[6] आजादी के बाद, 1974 के बिहार आन्दोलन के दौरान,

1. M. N. Sriniwas, *Social Change in Modern India* (Bombay : Orient Longman Ltd. 1980) , p.48.
2. Ibid., p. 47.
3. Nirmal Kumar Bose, *Selections from Gandhi* (Ahmedabad : Navajivan Publishing House, 1972), pp. 271-83.
4. K. Veeramani (ed.), *Periyar on Women's Rights* (Madras : Emerald Publishers,1996).
5. Jogan Shankar, *Devadasi Cult : A Sociological Analysis* (New Delhi : Ashish Publishing House, 1994), pp. 167-69.
6. Dhanajay Keer, *Dr. Ambedkar Life and Mission* (Bombay : Popular Prakashan, 1997), pp. 394-419.

जयप्रकाश नारायण ने सम्पूर्ण क्रान्ति के अपने चिन्तन के अन्तर्गत औरत-मर्द के बराबरी को स्थान दिया।[1] मोटे तौर पर, लोकतान्त्रिक और समाजवादी चिन्तन का प्रभाव औरत-मर्द बराबरी के पक्ष में रहा है। स्वयं महिलाओं के कई संगठन बने। नारी मुक्ति आन्दोलन का भारत पर भी असर पड़ा, और महिलाओं ने अपने अधिकारों के लिए संघर्ष किया।

आजादी के बाद परिवार नियोजन और छोटे परिवार के आदर्श के प्रचार-प्रसार से भी महिलाओं की स्थिति में सुधार हुआ है। पिछले दो सौ वर्षों में महिलाओं में साक्षरता बढ़ी है, और उच्च शिक्षा में महिलाओं की संख्या बढ़ी है; लेकिन यह अभी भी पुरुषों की तुलना में कम है। इसी तरह, प्रोफेसर, वकील, डॉक्टर, इन्जीनियर, ऑफिसर, उद्योग, व्यापार, पत्रकारिता आदि जैसे जिन व्यवसायों में पहले पुरुषों का वर्चस्व था, अब महिलाओं की संख्या बढ़ी है; लेकिन अभी भी उनकी संख्या पुरुषों की तुलना में कम है। राजनीति और सामाजिक जीवन के अन्य क्षेत्रों में भी ऐसी ही स्थिति है। राजनीति और सामाजिक परिवर्तन के क्षेत्र में पहले से अधिक महिलाएँ सक्रिय हैं। 1952 में लोकसभा में महिलाओं का प्रतिनिधित्व 4.41 प्रतिशत था, जो 1998 में 7.92 प्रतिशत हुआ है।[2] यह बहुत मामूली वृद्धि है। इस तरह, **महिलाओं की स्थिति में सुधार जरूर हुआ है; लेकिन वह पर्याप्त नहीं है।**

स्वतन्त्रता के बाद हिन्दू कानून में किए गए सुधारों द्वारा महिलाओं की कानूनी स्थिति को बेहतर बनाया गया है। वर्तमान कानूनी स्थिति यह है कि एक ओर बहुविवाह और बाल-विवाह पर कानूनी रोक लगायी गयी है, और दूसरी ओर अन्तर्जातीय विवाह और विधवा-पुनर्विवाह की अनुमति दी गयी है। पिता की सम्पत्ति में पुरुष और स्त्री को कुछ हद तक बराबर का अधिकार दिया गया है। इसी तरह, स्त्री और पुरुष दोनों को तलाक का अधिकार दिया गया है। (परम्परागत हिन्दू कानून में तलाक का प्रावधान नहीं था)

यह बात सही है कि **महिलाओं की संवैधानिक और कानूनी स्थिति और समाज में उनकी वास्तविक स्थिति के बीच आज भी एक दूरी है।** फिर भी, इन कानूनी सुधारों का अपना महत्त्व है। एक तरह से यह परिवर्तन की दिशा को निर्धारित कर रहे हैं। कोई भी जागरूक महिला इन कानूनी सुधारों का लाभ उठा सकती है। दुःख की बात है कि मुस्लिम निजी कानून में अभी भी बहुविवाह और एकतरफा मौखिक तलाक ज़ैसी बुराइयों को कानूनी मान्यता प्राप्त है। सम्पत्ति के अधिकार के मामले में भी मुस्लिम महिलाओं की स्थिति बदतर है।

तिहत्तरवें संविधान संशोधन द्वारा पंचायतों में, और चौहत्तरवें संशोधन द्वारा नगरपालिकाओं में महिलाओं के लिए एक तिहाई स्थान आरक्षित किए गए हैं। यह महिलाओं की राजनीतिक हिस्सेदारी बढ़ाने और उनकी सामाजिक स्थिति सुधारने की दिशा में एक बड़ा कदम है। अब लोक सभा और विधान सभाओं में भी महिलाओं के लिए एक तिहाई स्थान आरक्षित करने का प्रस्ताव है। महिलाओं की स्थिति को सुधारने के लिए इस प्रस्ताव को लागू करने के अलावा, जिस तरह पंचायतों और नगरपालिकाओं में अनुसूचित जातियों और जनजातियों के लिए आरक्षित स्थानों में से एक तिहाई स्थान इन वर्गों की महिलाओं के लिए आरक्षित किए गए हैं; उसी तरह शिक्षण संस्थानों और सरकारी नौकरियों में अनुसूचित जातियों, जनजातियों और अन्य पिछड़ी जातियों के लिए आरक्षित स्थानों में से एक तिहाई स्थान

---

1. डॉ रमेन्द्र (सं०), ***जयप्रकाश विचार संकलन*** (पटना : राजेन्द्र प्रकाशन, 1986), पृ० 13-14.
2. "Enhancing Women Representation in Legislatures", *Manushi*, No. 116, Jan-Feb 2000.

इन वर्गों की महिलाओं के लिए आरक्षित किया जा सकता है। महिलाओं के बीच शिक्षा के प्रसार के लिए विशेष प्रयत्न अति आवश्यक हैं।

इस तरह, महिलाओं की स्थिति में सुधार के बावजूद अभी भी स्थिति सन्तोषजनक नहीं है। आज भी बेटी की बजाए बेटे के प्रति विशेष लगाव अधिकांश परिवारों में साफ दिखता है। बेटी की शिक्षा और स्वास्थ्य को भी कई परिवारों में पर्याप्त महत्त्व नहीं दिया जाता है। एक ओर दहेज जैसी बुराई हैं, तो दूसरी ओर लड़कियों की सम्पत्ति का अधिकार भी व्यवहार में कम ही हासिल हो पाता है। विवाह के दौरान वर और वधू परिवार के एक-दूसरे के साथ व्यवहार में भी औरत-मर्द गैरबराबरी साफ दिखाई देती है। समाज में औरत की स्थिति की जानकारी सेक्स अनुपात (sex ratio) से भी मिलती है। 2001 की जनगणना के अनुसार, भारत में प्रत्येक 1000 पुरुष पर, 933 महिलाएँ हैं। यह संख्या 1991 की जनगणना की प्रत्येक 1000 पुरुष पर 927 महिलाओं की संख्या से कुछ अधिक है, फिर भी कम है।[1] चिन्ताजनक बात यह है कि 0-6 के उम्र के बच्चों में यह संख्या 1991 के 945 से घट कर 2001 में 927 हो गयी है। हिमाचल, पंजाब, हरियाणा, गुजरात, उत्तरांचल, महाराष्ट्र और चंडीगढ़ में इस दिशा में सबसे अधिक गिरावट आयी है। हरियाणा में यह संख्या 869, पंजाब में 886, दिल्ली में 833 और चंडीगढ़ में 833 है।[2] इससे यह बात समझ में आती है कि औरत-मर्द बराबरी की दिशा में अभी और बहुत कुछ करने की जरूरत है।

औरत और समाज : एक मानक दृष्टि

इस खण्ड में हम औरत की सामाजिक स्थिति पर मुख्यतः स्वतंत्रता और समता के आदर्शों की दृष्टि से विचार करेंगे।

विभिन्न समाजों में औरत-मर्द गैरबराबरी क्यों है, इसकी व्याख्या करने के लिए कई सिद्धान्त दिए गए हैं। हम चर्चा कर चुके हैं कि एक पक्ष के अनुसार इस गैरबराबरी का आधार जैविक, और दूसरे पक्ष के अनुसार इसका आधार सांस्कृतिक हैं। इसके अलावा, मार्क्सवादी दृष्टिकोण भी है जिसके अनुसार औरत-मर्द गैरबराबरी का आधार निजी सम्पत्ति की संस्था है, खासकर उत्पादन के साधनों का निजी स्वामित्व। फिर, इस मत की आलोचना भी की गयी है।

औरत-मर्द गैरबराबरी की व्याख्या चाहे जो भी हो, सवाल यह है कि **क्या यह नैतिक दृष्टि से उचित है?** किसी समाज में मौजूद औरत-मर्द गैरबराबरी की **वैज्ञानिक व्याख्या** (scientific explanation) करना, और उसका **नैतिक औचित्य** (moral justification) दिखलाना दोनों एक बात नहीं है। थोड़ी देर के लिए मान लें कि औरत-मर्द गैरबराबरी की व्याख्या के लिए जैविक सिद्धान्त सही है, और शिकार करने वाले समाजों में इस गैरबराबरी का उदय हुआ; तो क्या इससे यह साबित हो जाएगा कि आज के कृषि और औद्योगिक समाजों में, जब कि बर्थ कन्ट्रोल भी सम्भव है, और जब कि भोजन जुटाने के लिए शिकार पर नहीं जाना पड़ता है, इसे बनाए रखना उचित है? (वैसे, हम यह चर्चा कर चुके हैं कि शिकार करने वाले सभी समाजों में भी बिल्कुल एक जैसा श्रम का विभाजन नहीं है।)

---

1. Malini Karkal, "Has the Sex Ratio really improved ?" ***Manushi,*** No. 24, May-June 2001, p. 17.
2. Sarjeet Krishna, "Death wish for Daughters", *Manushi,* No. 131 of 2002, pp. 18-19.

जब हम मानक दृष्टि से औरत-मर्द गैरबराबरी की बात करते है, और समता के आदर्श को सामने रखते हैं, तो महत्त्वपूर्ण बात यह है कि हम कोई ऐसा प्रस्ताव न रखें, जो प्राकृतिक या जैविक दृष्टि से सम्भव न हो। उदाहरण के तौर पर, हम यह नहीं कह सकते हैं कि पुरुषों को भी नौ महीने बच्चों को गर्भ में रखना चाहिए या उन्हें अपना दूध पिलाना चाहिए, क्योंकि यह प्राकृतिक दृष्टि से सम्भव नहीं है। लेकिन, इसके अलावा, और जितने भी काम है उनमें साझेदारी सम्भव है। औरत-मर्द के बीच श्रम के विभाजन पर समाजशास्त्रीय चर्चा से स्पष्ट हुआ है कि यह विभाजन अधिकांशतः सांस्कृतिक है, न कि जैविक।

इसलिए, स्वतन्त्रता की दृष्टि से सभी औरतों पर या मर्दों पर भी किसी एक श्रम के विभाजन को आरोपित करना उचित नहीं है। कई समाजों में महिलाएँ शिकार भी करती है; दूसरी ओर कई समाजों में पुरुष बच्चों की देखभाल भी करते हैं। इसके अलावा, ऐसे समाज भी हैं, जहाँ औरत और मर्द ये दोनों काम मिल-जुल कर करते हैं। इस तरह, शिकार करना, लकड़ी काटना, उत्खनन, खाना बनाना, बच्चों की देखभाल, कपड़ों की मरम्मत जैसे काम औरत और मर्द दोनों कर सकते हैं। फिर, एक ही काम किसी एक समाज में मर्दो द्वारा और किसी दूसरे समाज में औरतों द्वारा किए जाते हैं। औरत-मर्द के बीच श्रम के विभाजन में सांस्कृतिक विविधता के सन्दर्भ में उड़ीसा के बोंडा जनजाति का उदाहरण उल्लेखनीय है। इस जनजाति में कम उम्र (10-15 वर्ष) के लड़कों का विवाह अपने से 10-15 वर्ष बड़ी औरतों से कर दिया जाता है। वैवाहिक जीवन के पहले हिस्से में पत्नी पति की रक्षा करती है, जंगल से भोजन इकट्ठा करती है; जबकि पत्नी के वृद्ध हो जाने पर पति यह काम करता है। इस तरह, पति-पत्नी की भूमिका में अदला-बदली हो जाती है।[1]

ऊपर दिए गए उदाहरणों से यह बात समझ में आती है कि औरत और मर्द के बीच श्रम का विभाजन अधिकांशतः सांस्कृतिक है, और इसे मानव निर्णय द्वारा बदला भी जा सकता है। उदाहरण के तौर पर हम शिक्षा के क्षेत्र को ही लें, परम्परागत रूप से भारत में महिलाओं को शिक्षा से वंचित रखा जाता था। लेकिन अब जब उन्हें शिक्षा के क्षेत्र में आगे आने का अवसर प्रदान किया गया है, तो कई बार स्कूलों और कॉलेजों में लड़कियाँ लड़कों से बेहतर प्रदर्शन भी कर रही हैं। आज भारतीय समाज में औरतें कई ऐसे कामों को कर रही हैं, जिनके बारे में कुछ समय पहले तक यह समझा जाता था कि उसे सिर्फ पुरुष कर सकते हैं। इनमें कॉलेज या विश्वविद्यालयों में पढ़ाने, डाक्टरी, इन्जीनियरी से लेकर हवाई जहाज उड़ाने तक के काम शामिल हैं। कई महिलाएँ कृषि और मकान बनाने के क्षेत्र में मजदूरी और यहाँ तक कि उत्खनन के काम में भी लगी हुई हैं।

आज के समय ऐसे कई परिवार हैं, जिनमें औरत-मर्द दोनों घर से बाहर भी काम करते हैं, और घर के अन्दर के कामों में भी सहयोग करते हैं। ऐसे परिवार भी सम्भव हैं, जिसमें औरत बाहर का काम करती हों, पुरुष घर के अन्दर का। और ऐसे परिवार तो हैं ही जिनमें पुरुष घर से बाहर का काम करते हैं; और महिलाएँ घर में अन्दर का। स्वतंत्रता की दृष्टि से इनमें से किसी भी एक मॉडल को सभी परिवारों पर आरोपित करना उचित नहीं है। प्रत्येक पति-पत्नी को यह स्वतंत्रता मिलनी चाहिए कि अपनी रूचि और क्षमता के आधार पर आपस में जैसा श्रम का विभाजन करना चाहें, करें।

---

1. R. P. Mohanty, "A Reversal of Family Roles", *Manushi*, No. 127, pp. 35.

समता की दृष्टि से यह जरूरी है कि औरत और मर्द के बीच श्रम का विभाजन चाहे जो भी हो, दोनों के कामों को बराबर प्रतिष्ठा दी जाए। वर्ग और जाति के सन्दर्भ में हम चर्चा कर चुके है कि सिर्फ श्रम के विभाजन से अपने-आप सामाजिक गैरबराबरी पैदा नहीं हो जाती है। सामाजिक गैरबराबरी तब पैदा होती है, जब श्रम के विभाजन के साथ श्रेष्ठता और हीनता की भावना जुड़ जाती है। यही बात औरत-मर्द सम्बन्धों पर भी लागू होती है। परम्परागत श्रम के विभाजन के अन्तर्गत औरत खाना बनाने और बच्चों के देखभाल का काम करती है, तो क्या इस काम का महत्त्व नहीं है? **गैरबराबरी इसलिए पैदा होती है, क्योंकि औरत द्वारा किए जाने वाले कामों को कम प्रतिष्ठा दी जाती है और पुरूष द्वारा किये जाने वाले कामों को श्रेष्ठ मान लिया जाता है।** समाजशास्त्रीय अध्ययनों से यह पाया गया है कि एक ही काम जैसे कपड़े बनाना, बर्तन बनाना, सिलाई करना जब किसी समाज में औरतों द्वारा किए जाते हैं, तो उसे कम प्रतिष्ठा दी जाती है, और जब किसी समाज में पुरूषों द्वारा किए जाते हैं, तो उसे अधिक प्रतिष्ठा दी जाती है।[1] इसलिए, **सवाल मनोवृत्ति को बदलने का है।** औरत और मर्द में जैविक अन्तर है, लेकिन एक को श्रेष्ठ और दूसरे को हीन मानना जैविक अन्तर का **वर्णन** नहीं, बल्कि **मूल्यांकन** है। उदाहरण के तौर पर, औरत बच्चों को जन्म दे सकती है, दूध पीला सकती है, पुरुष यह काम नहीं कर सकते हैं। इस आधार पर यह भी तो कहा जा सकता है कि औरत द्वारा किए जाने वाले काम श्रेष्ठ हैं, और पुरुषों द्वारा किए जाने वाले काम हीन। पुरुष द्वारा किए जाने वाले काम श्रेष्ठ हैं और औरत द्वारा किए जाने वाले हीन, यह जैविक स्थिति का वर्णन मात्र नहीं है, बल्कि उसका मूल्यांकन है। जब औरत-मर्द दोनों एक-दूसरे द्वारा किए जाने वाले काम के महत्त्व को समझेंगे और उसका सम्मान करेंगे, तभी समाज में औरत-मर्द बराबरी आएगी।

मानक दृष्टि से विचार करने पर यही कहा जा सकता है कि बेटे और बेटियां का दुनिया में एक जैसा स्वागत होना चाहिए। उन्हें एक जैसी शिक्षा मिलनी चाहिए, उनके स्वास्थ्य को एक बराबर महत्त्व मिलना चाहिए। यह नहीं मान लेना चाहिए कि औरत के जीवन का एकमात्र लक्ष्य विवाह करना है, और पुरुष के जीवन का एकमात्र लक्ष्य पैसे कमाना है। लड़के और लड़कियों को एक जैसी शिक्षा मिलनी चाहिए, ताकि दोनों आगे चल कर आत्मनिर्भर बन सकें, घर-बाहर दोनों का काम कर सकें। माँ-बाप की सम्पत्ति में दोनों को बराबर का अधिकार मिलना चाहिए। संक्षेप में, वैवाहिक और पारिवारिक सम्बन्धों का आधार स्वतंत्रता और समता होनी चाहिए। वयस्क औरत और मर्द स्वतंत्रतापूर्वक समता के आधार पर विवाह करें, मिल-जुल कर परिवार चलाएँ। परिवार का मुखिया सिर्फ पुरुष न हो, पति-पत्नी दोनों मिल कर परिवार के महत्त्वपूर्ण निर्णय लें, बेटे और बेटी के बीच किसी किस्म का भेद-भाव न हो। घर-परिवार के बाहर भी सभी काम औरत-मर्द दोनों के लिए खुले रहें। दोनों द्वारा किए जाने वाले कामों को समान प्रतिष्ठा दी जाए। एक समान काम के लिए एक समान वेतन हो। औरत-मर्द के लिए दोहरे नैतिक मापदण्ड न हों। सभी कानून पूरी तरह स्वतन्त्रता और समता के मूल्यों पर आधारित हों। यही लिंग समानता का लोकतान्त्रिक आदर्श हैं।

लिंग समानता का प्रश्न काफी व्यापक प्रश्न हैं, और इसके कई आयाम हैं, जैसे,

---

1. Haralambos, Op. Cit., p. 376.

सामाजिक, नैतिक, राजनीतिक, आर्थिक और शैक्षणिक। लिंग समानता के आदर्श की ओर बढ़ने के लिए औरत और मर्द दोनों को ही बदलना होगा। साथ ही, औरत और मर्द की रूढ़िबद्ध धारणाओं (stereotypes) को भी बदलना होगा। औरत-मर्द बराबरी के सन्दर्भ में यह ध्यान रखना होगा कि औरत और मर्द दो अलग-अलग सामाजिक वर्ग या जातियाँ नहीं हैं। हर वर्ग और जाति में महिलाएँ और पुरुष दोनों होते हैं। इसके अलावा, अलग-अलग वर्गों और जातियों में महिलाओं की स्थिति अलग-अलग है। दूसरे, औरत-मर्द बराबरी के लिए एक महत्त्वपूर्ण मोर्चा परिवार है। परिवार में औरत-मर्द के बीच पति-पत्नी, माँ-बेटे, पिता-बेटी और भाई-बहन का सम्बन्ध रहता है। इसलिए, यहाँ पर उस तरह दो परस्पर विरोधी गुटों में बँट कर संघर्ष सम्भव नहीं दिखता है, जैसा जाति और वर्ग में सम्भव है। इसलिए, औरतों को तो अपनी मानसिकता बदल कर अपने अधिकारों के लिए संघर्ष करना ही होगा। साथ ही, पुरुषों को भी अपनी मानसिकता बदल कर इस संघर्ष में औरतों का साथ देना होगा।

❑

अध्याय 9

विवाह : परिवार और तलाक

विवाह एक महत्त्वपूर्ण सामाजिक संस्था है। इसका निकट सम्बन्ध परिवार से है, जो एक सामाजिक समिति है। मैकीवर और पेज ने परिवार को समाज का सबसे महत्त्वपूर्ण ''प्राथमिक समूह'' (primary group) कहा है।[1] प्राथमिक समूह यानी ऐसा समूह जिसके सदस्यों के बीच सीधा आमना-सामना और आपसी सहयोग होता है। विवाह द्वारा ही परिवार की स्थापना होती है। कुछ समाजों में विवाह से जुड़ी तलाक संस्था भी रहती है, जिसके द्वारा वैवाहिक सम्बन्धों को तोड़ा जा सकता है।

विवाह

विवाह संस्था का सम्बन्ध औरत और मर्द के बीच सेक्स या यौन सम्बन्ध से है। किसी समाज में औरत और मर्द के बीच यौन-सम्बन्धों को—खास कर ऐसे सम्बन्धों को, जिनके परिणामस्वरूप बच्चों का जन्म होता हो—स्थापित करने की मान्यता प्राप्त विधि को विवाह कहते हैं। दूसरे शब्दों में, विवाह बच्चों को जन्म देने और परिवार स्थापित करने की समाज द्वारा मान्यता प्राप्त विधि है। विवाह संस्था का रूप अलग-अलग समाजों में अलग-अलग हो सकता है।

जॉनसन के अनुसार, विवाह के सम्बन्ध में सबसे महत्त्वपूर्ण बात यह है कि यह **एक स्थायी सम्बन्ध होता है जिसमें एक औरत और एक मर्द को बच्चों को जन्म देने की सामाजिक अनुमति रहती है।**[2] कोई भी समाज औरत और मर्द के बीच यौन सम्बन्धों को पूर्णतः अनियन्त्रित नहीं छोड़ता है, क्योंकि इन सम्बन्धों के परिणामस्वरूप बच्चों का जन्म होता है, और बच्चों की देखभाल जरूरी होती है। इसलिए, हर समाज में इस बारे में कुछ-न-कुछ प्रतिमान रहते हैं कि कौन व्यक्ति, किन परस्थितियों में, कैसे विवाह सम्बन्ध स्थापित कर सकते हैं: और एक बार विवाह हो जाने के बाद उनसे किस प्रकार के आचरण की अपेक्षा रखी जाती है।[3]

विवाह के प्रकार

विवाह संस्था को कई दृष्टियों से विभिन्न वर्गों में विभाजित किया जा सकता है। विवाह द्वारा कितने व्यक्तियों के बीच सम्बन्ध स्थापित होता है, इस दृष्टि से विवाह के दो प्रमुख हैं: (i) एक-विवाह (monogamy) और (ii) बहु-विवाह (polygamy)।

(i) **एक-विवाह**—जब विवाह द्वारा एक पुरुष और एक स्त्री के बीच सम्बन्ध स्थापित होता है, तो उसे एक-विवाह कहते हैं।

---

1. R. MacIver & Charles H. Page, *Society : An Introductory Analysis*, p. 238.
2. Harry M. Johnson, *Sociology : A Systematic Introduction*, P. 146.
3. Ibid., p. 149.

मानवशास्त्री मर्डक द्वारा किये गये विभिन्न समाजों के अध्ययन का उल्लेख हम ''लिंग समानता'' अध्याय में कर चुके हैं। मर्डक द्वारा अध्ययन किये गये 238 समाजों में से 43 समाजों में एक-विवाह का प्रचलन था।[1]

(ii) बहु विवाह—जब दो से अधिक व्यक्तियों के बीच वैवाहिक सम्बन्ध स्थापित होता है, तो उसे बहु-विवाह कहते हैं। बहुत-विवाह के भी दो रूप हैं:

बहु-पत्नीत्व (polygyny)—जब एक पुरुष एक से अधिक औरतों से विवाह करे, तो उसे बहु-पत्नीत्व कहते हैं। मर्डक द्वारा अध्ययन किए गए 238 समाजों में से 193 में बहु-पत्नीत्व का प्रचलन था। लेकिन, इन 193 में 61 समाजों में 20 प्रतिशत से भी कम पुरुषों की एक से अधिक पत्नियाँ थीं।[2]

बहु-पतित्व (polyandry)—जब एक स्त्री के एक से अधिक पति हों, तो उसे बहु-पतित्व कहते हैं। इसका प्रचलन अपेक्षाकृत कम है। दक्षिण भारत के टोडाओं और पश्चिमी तिब्बत में इसका प्रचलन है।[3]

इसके अलावा, तथाकथित समूह-विवाह (group marriage) भी है, जिसके अन्तर्गत एक समूह के पुरुष दूसरे समूह के सभी स्त्रियों से विवाह करते हैं। इसका प्रचलन बहु-पत्नीत्व से भी कम है। यह कभी-कभी ब्राजील के कैनगैंग (Kaingang) लोगों के बीच पाया जाता है।[4]

भारत में मुख्यतः एक-विवाह और फिर इसके बाद बहुपत्नीत्व का प्रचलन है। आधुनिकीकरण की प्रक्रिया की शुरूआत के पहले हिन्दुओं में भी बहुपत्नीत्व का प्रचलन था। लेकिन अब इसे कानूनी मान्यता प्राप्त नही है। दूसरी ओर, मुस्लिम निजी कानून में अभी भी बहुपत्नीत्व को मान्यता प्राप्त है। लेकिन यहाँ पर कानूनी स्थिति और वास्तविक सामाजिक स्थिति के बीच कुछ अन्तर भी है। हिन्दू समाज में गैरकानूनी होने के बावजूद अभी भी बहुपत्नीत्व के दृष्टान्त मिल जाते हैं। दूसरी ओर, यह सोचना भी एक भूल है कि अधिकांश भारतीय मुस्लिम परिवार बहुपत्नीत्व पर आधारित हैं। दरअसल, व्यवहार में अधिकांश मुस्लिम परिवार भी एक-विवाह पर आधारित हैं।

विवाह के लिए साथी का चुनाव किनके बीच से या किस समूह से किया जा सकता है, और किससे नहीं, इस दृष्टि से विवाह के दो प्रकार है—

(i) **अन्तर्विवाह** (endogamy)—जब किसी समूह के सदस्य को अपने समूह के अन्दर से ही जीवनसाथी के चुनाव की अनुमति रहती है, तो इसे अन्तर्विवाह कहा जाता है। उदाहरण के तौर पर, हिन्दू जाति-व्यवस्था के अन्तर्गत परम्परागत रूप से यही अपेक्षा की जाती है कि कोई भी व्यक्ति अपनी ही जाति में विवाह करे। इसमें समूह के बाहर से जीवनसाथी चुनने की अनुमति नहीं रहती है। इस तरह, जाति अन्तर्विवाही समूह है।

(ii) **बाह्य-विवाह** (exogamy)—जब किसी समूह के सदस्यों को समूह के अन्दर से जीवनसाथी चुनने की अनुमति नहीं रहती है, और वे सिर्फ समूह के बाहर ही विवाह कर सकते हैं, तो इसे बाह्य-विवाह कहा जाता है।

कभी-कभी वर-वधू के चुनाव में दोनों किस्म के नियम भी पाए जाते हैं। उदाहरण के तौर पर, परम्परागत रूप से हिन्दुओं से यह अपेक्षा की जाती है कि वे अपनी जाति में ही

1. Ibid., p. 149.
2. Harry M. Jhonson, *Sociology : A Systematic Introduction*, p. 150.
3. Ibid., 152.
4. Ibid.

विवाह करें (अन्तर्विवाह)। दूसरी ओर, ''सपिंड'' (नजदीक के रक्त-सम्बन्धी) लोगों से विवाह की अनुमति नहीं रहती है (बाह्य-विवाह)। किस समूह से वर-वधू का चुनाव करना है, और किससे नहीं, इस सम्बन्धी नियमों में काफी विविधता भी रहती है।

जीवनसाथी का चुनाव किस प्रकार किया जाए, इस बारे में भी विभिन्न संस्कृतियों में विवध किस्म के नियम हैं। आधुनिक भारतीय संदर्भ में इसके दो मुख्य रूप हैं—

(i) **तयशुदा विवाह या माता-पिता द्वारा चुनाव से विवाह** (arranged mariage or marriage by parental choice)—तयशुदा विवाह में वर या वधू का चुनाव माता-पिता या अभिभावकों द्वारा किया जाता है, स्वयं जिनका विवाह हो रहा है उनके द्वारा नहीं। भारत में परम्परागत रूप से यही व्यवस्था अधिक प्रचलित रही है।

(ii) **परस्पर सहमति द्वारा विवाह या प्रेम-विवाह** (marriage by mutual consent or love marriage)—इस पद्धति में जिनका विवाह हो रहा है, वे स्वयं अपने जीवनसाथी का चुनाव करते हैं। पश्चिमी समाजों में अब इस पद्धति का ही प्रचलन है। भारत में भी अपनी मर्जी से विवाह करने को कानूनी मान्यता मिली हुई है। अब, धीरे-धीरे इसे सामाजिक मान्यता भी मिल रही है। कई लोग अपनी मर्जी से भी विवाह करने लगे हैं। दूसरी ओर, आधुनिक विचारों के प्रभाव से तयशुदा विवाह के स्वरूप में भी परिवर्तन आ रहा है। अब कुछ दृष्टान्तों में विवाह ''तय'' करने से पहले वर-वधू की राय भी ले ली जाती है, और उन्हें आपस में मिलने भी दिया जाता है।

दो व्यक्तियों के बीच वैवाहिक सम्बन्धों को सामाजिक मान्यता दिए जाने से पहले हर समाज में कोई न कोई अनुष्ठान होता है। इसमें भी काफी सांस्कृतिक विविधता रहती है। इस दृष्टि से हम विवाहों को दो प्रकार में बाँट सकते हैं।

(i) **धार्मिक**—हर धर्म में विवाह सम्बन्धों की स्थापना की कोई न कोई विधि होती है। उदाहरण के तौर पर, हिन्दू धार्मिक पद्धति द्वारा विवाह में आम-तौर पर अग्नि के सात फेरे लेना अनिवार्य होता है। फिर कभी-कभी सिर्फ वर-वधू द्वारा एक दूसरे को माला पहनाने से ही विवाह हो जाता है। सिक्ख धार्मिक विवाह-अनुष्ठान में ***गुरू ग्रन्थ*** के चार फेरे लिये जाते हैं। इसी तरह, ईसाई, इस्लाम और बौद्ध धर्म आदि की अपनी-अपनी विधियाँ हैं।

(ii) **धर्मनिरपेक्ष और मानवतावादी**—भारत में विशेष विवाह अधिनियम 1954 (Special Marriage Act, 1954) के अन्तर्गत कोई भी दो भारतीय नागरिक परस्पर सहमति से विवाह कर सकते हैं,, चाहे उनका जन्म जिस भी जाति या धर्म में हुआ हो, बशर्ते कि वर की उम्र कम से कम 21 वर्ष और वधू की 18 वर्ष हो। इस पद्धति में सरकार द्वारा नियुक्त विवाह पदाधिकारी (marriage officer) द्वारा बिना किसी धार्मिक कर्मकांड के कानूनी विधि से विवाह करवाया जाता है। इसे विवाह की धर्मनिरपेक्ष विधि कह सकते हैं। इसके अलावा, भारत सहित दुनिया भर के मानवतावादियों ने, बिना किसी पुरोहित और धार्मिक कर्मकांड के, विवाह की विधियाँ भी विकसित की हैं।

परिवार

विवाह को परिवार स्थापित करने की समाज द्वारा मान्यता प्राप्त विधि के रूप में देखा जा सकता है। इस तरह, विवाह और परिवार के बीच निकट सम्बन्ध है। दोनों एक-दूसरे से अभिन्न रूप से जुड़े हुए हैं। परिवार एक लगभग सार्वभौमिक सामाजिक समिति है।

मर्डक—मानवशास्त्री जॉर्ज पीटर मर्डक ने 250 समाजों का अध्ययन किया जिनमें छोटे शिकार और संग्रह करने वाले समाजों से लेकर बड़े औद्योगिक समाज शामिल थे। मर्डक ने यह दावा किया कि उनके द्वारा अध्ययन किए गए हर समाज में परिवार का अस्तित्व था। इस आधार पर उन्होंने यह निष्कर्ष निकाला कि परिवार एक सार्वभौमिक सामाजिक समिति है। मर्डक के अनुसार, **परिवार एक सामाजिक समूह है जिसकी विशेषता है सामूहिक निवास-स्थान, आर्थिक सहयोग और प्रजनन।** परिवार में दोनों सेक्स के वयस्क रहते हैं। जिनमें से कम से कम दो के बीच समाज द्वारा मान्यता प्राप्त शारीरिक सम्बन्ध रहते हैं। इसके अलावा, परिवार में एक या एक से अधिक अपने या गोद लिए बच्चे रहते हैं, जो उन शारीरिक सम्बन्धों से जुड़े वयस्कों के साथ रहते हैं। वे मान्यता प्राप्त सामाजिक प्रतिमान, जिनके आधार पर परिवार में दो वयस्क व्यक्तियों के बीच शारीरिक सम्बन्ध स्थापित होते हैं, अलग-अलग समाजों में अलग-अलग रहते हैं। इसके अलावा, अलग-अलग समाजों में परिवार की संरचना भी अलग-अलग हो सकती हैं। सबसे छोटे पारिवारिक इकाई को न्यूक्लिय परिवार (nuclear family) कहा जाता है। एक न्यूक्लिय परिवार में पति-पत्नी और उनके छोटे बच्चे रहते हैं। इससे बड़े समूहों को विस्तृत परिवार (extended family) कहा जाता है। ऐसे परिवारों में पति-पत्नी के माता, पिता, या फिर पति-पत्नी के भाई, बहन या एक से अधिक पत्नियाँ हो सकती हैं। एक परिभाषा के अनुसार, विस्तृत परिवार ''न्यूक्लिय परिवार से व्यापक कोई भी समूह है जो वंश, विवाह या गोद लेने की प्रक्रिया द्वारा जुड़ा हुआ हो''। मर्डक के अनुसार, स्वतन्त्र रूप में, या विस्तृत परिवार के बुनियादी इकाई के रूप में, न्यूक्लिय परिवार सार्वभौमिक है।[1]

मर्डक के निष्कर्षों को कुछ समाजशास्त्रियों द्वारा असन्तोषजनक भी माना गया है। उदाहरण के तौर पर, वेस्टइन्डीज, गुयाना और संयुक्त राज्य अमेरिका के कई काले परिवारों में वयस्क पुरुष नहीं होते हैं। इन परिवारों में सिर्फ औरत और उस पर निर्भर बच्चे रहते हैं। ऐसे परिवारों को मातृप्रधान (matriarchal or matrifocal) परिवार कहा जाता है। इसी तरह, इसराइल के किबूत्ज (kibbutz) में पति-पत्नी एक साथ रहते हैं, जबकि किबूत्ज के सारे बच्चे अपने-अपने माता-पिता से अलग सामुदायिक शयनागार (dormitory) में एक साथ रहते हैं, जहाँ सामुदायिक रूप से उनका पालन-पोषण होता है। वे आमतौर से अपने माता-पिता से रोज एक-दो घंटे के लिए मिलते हैं। परिवार के अन्दर ''आर्थिक सहयोग'' भी नहीं होता है। सभी वयस्क किबूत्ज के लिए काम करते हैं, और बच्चों के पालन-पोषण की जिम्मेवारी पूरे किबूत्ज की होती है। इस तरह, इसराइली किबूत्ज के परिवार के सदस्य न तो एक साथ निवास करते हैं, और न तो उनके बीच सीधा आर्थिक सहयोग होता है।[2]

ऊपर दिए गए उदाहरणों से यह स्पष्ट होता है कि या तो मर्डक की ''परिवार'' की परिभाषा पूरी तरह सन्तोषजनक नहीं है, या फिर मर्डक द्वारा बताए गए अर्थ में ''परिवार'' सार्वभौमिक नहीं है। फिर भी, इस तथ्य से इनकार नहीं किया जा सकता है कि मर्डक द्वारा बताए गए अर्थ में भी परिवार व्यापक रूप में प्रचलित है, और अधिकांश समाजों में पायी जाने वाली समिति है।

---

1. M. Haralambos with R. M. Heald, *Sociology : Themes and Perspectives*, pp. 325-26.
2. Ibid., pp. 326-30.

मैकीवर और पेज—मैकीवर और पेज के अनुसार, परिवार बच्चों को जन्म देने और उनका पालन-पोषण करने के लिए पर्याप्त रूप से सुस्पष्ट और टिकाऊ सेक्स-सम्बन्ध द्वारा परिभाषित समूह है। परिवार के पाँच प्रमुख सामान्य लक्षण हैं—

(i) यौन सम्बन्ध।

(ii) विवाह संस्था का कोई रूप या ऐसी ही कोई अन्य संस्थागत व्यवस्था, जिसके द्वारा इस यौन सम्बन्ध को स्थापित किया जाता है और बनाए रखा जाता है।

(iii) नामकरण की कोई व्यवस्था, जिससे यह पता चलता है कि व्यक्ति किस वंश का है।

(iv) समूह के बीच कुछ आर्थिक सहयोग, खास कर बच्चों के जन्म और पालन-पोषण से सम्बन्धित आर्थिक आवश्यकताओं के सन्दर्भ में।

(v) एक सामूहिक निवास-स्थान।[1]

परिवार के कार्य

मर्डक के अनुसार, परिवार द्वारा चार बुनियादी कार्य किए जाते हैं—(i) सेक्स सम्बन्धी, (ii) प्रजनन सम्बन्धी, (iii) आर्थिक और (iv) शैक्षणिक। ये सभी कार्य समाज के अस्तित्व के लिए जरूरी हैं। सेक्स और प्रजनन सम्बन्धी कार्य के बिना समाज में सदस्य ही नहीं रह जायेंगे। आर्थिक कार्य के बिना, उदाहरण के तौर पर, अगर खाने को भोजन न मिले, तो जीवन ही नहीं रह जाएगा। इसी तरह, शिक्षा या सामाजीकरण के बिना संस्कृति नहीं रह जाएगी। संस्कृति के बिना मानव समाज कार्य नहीं कर पाएगा।

ऐसा नहीं है कि ये सारे कार्य सिर्फ परिवार में ही होते हैं। लेकिन, परिवार की इसमें महत्वपूर्ण भूमिका रहती है। अब तक ऐसी कोई अन्य संस्था नहीं बनायी जा सकी है, जो परिवार जैसी कुशलता से इन कामों को कर सके। मर्डक के अनुसार, अपनी इस अत्यधिक उपयोगिता के कारण ही परिवार सार्वभौमिक है।

मैकीवर और पेज के अनुसार, आधुनिक परिवार के महत्त्वपूर्ण कार्य हैं:

(i) **बच्चों की देखभाल**—परिवार में ही बच्चों का जन्म होता है और परिवार में ही बच्चों का पालन-पोषण होता है, जो समाज के अस्तित्व को बनाए रखने के लिए बहुत जरूरी है।

(ii) **यौन सन्तुष्टि**—पति-पत्नी की यौन आवश्यकताओं की पूर्ति भी परिवार का एक महत्त्वपूर्ण कार्य है। यौन सन्तुष्टि मनुष्य की एक बुनियादी आवश्यकता है। परिवार में इस आवश्यकता की पूर्ति करने की स्थायी व्यवस्था रहती है।

(iii) **घर की स्थापना**—विवाह द्वारा पति-पत्नी एक घर की स्थापना करते है, जिसमें यौन सन्तुष्टि के अतिरिक्त उनकी सबसे बुनियादी शारीरिक, सांस्कृतिक और मनोवैज्ञानिक आवश्यकताओं की पूर्ति होती है, जैसे, भोजन, नींद, स्नेह-प्रेम, आदि।[2]

परिवार के प्रकार

विवाह की तरह, परिवार को भी कई दृष्टियों से वर्गीकृत किया गया है, संरचना की दृष्टि से दो किस्म के परिवार होते हैं—

1. MacIver and Page, Op.Cit. p. 238.
2. Ibid., p. 264.

(i) **न्यूक्लिय या एकाकी परिवार**—न्यूक्लिय परिवार में पति-पत्नी और उनके अविवाहित बच्चे रहते हैं। जैसा कि हम परिवार-सम्बन्धी मर्डक के विचारों के सन्दर्भ में पहले उल्लेख कर चुके हैं, न्यूक्लिय परिवार में सिर्फ माँ और उसके अविवाहित बच्चे भी हो सकते हैं।

(ii) **विस्तृत या संयुक्त परिवार** (extended of joint family)—विस्तृत या संयुक्त परिवार मं दो या दो से अधिक न्यूक्लिय परिवार हो सकते हैं। ऐसा तब होता है, जब माँ-बाप के विवाहित बच्चे भी सपरिवार (न्यूक्लिय परिवार) उनमें साथ रहते हैं। वैसे यह जरूरी नहीं है कि विस्तृत परिवार में दो या अधिक न्यूक्लिय परिवार हों। ऐसे परिवारों में पति-पत्नी के माता, पिता या फिर पति-पत्नी के भाई, बहन या एक से अधिक पत्नियाँ हो सकती है। एक परिभाषा के अनुसार, विस्तृत परिवार ''न्यूक्लिय परिवार से व्यापक कोई भी समूह है जो वंश, विवाह या गोद लेने की प्रक्रिया द्वारा जुड़ा हुआ हो।'' भारत में परम्परागत रूप से विस्तृत या संयुक्त परिवार का अधिक प्रचलन रहा है। अब औद्योगीकरण और शहरीकरण की प्रक्रिया के परिणामस्वरूप न्यूक्लिय परिवारों की संख्या बढ़ रही है।

परिवार का मुखिया कौन है इस दृष्टि से परिवार के तीन प्रमुख रूप हो सकते हैं—

(i) **पितृप्रधान** (patriarchal)—ऐसे परिवारों में पिता या पति परिवार का मुखिया होता है। भारत में परम्परागत रूप में ऐसे ही परिवारों का प्रचलन रहा है।

(ii) **मातृप्रधान** (matriarchal)—ऐसे परिवारों में माँ परिवार की मुखिया होती है। ऐसे परिवारों का प्रचलन अपेक्षाकृत कम है।

(iii) **मातृ-पितृप्रधान**—ऐसे परिवारों में माता-पिता संयुक्त रूप से परिवार का संचालन करते हैं। समता के विचारों के प्रभाव के कारण कई आधुनिक परिवार इस तरह के होते हैं।

वंश के निर्धारण की दृष्टि से परिवार के तीन मुख्य रूप हो सकते हैं—

(i) **पितृवंशीय** (patrilineal)—ऐसे परिवारों में वंश का निर्धारण पिता की ओर से होता है।

(ii) **मातृवंशीय** (matrilineal)—ऐसे परिवारों में वंश का निर्धारण माँ की ओर से होता है।

(iii) **मातृ-पितृवंशीय** (bilateral)—ऐसे परिवारों में वंश का निर्धारण माता-पिता दोनों की ओर से होता है।

भारत में परम्परागत रूप से अधिकांश परिवार पितृवंशीय रहे हैं। जॉनसन के अनुसार, अमरीकी परिवार मातृ-पितृवंशीय के करीब होते है।[1]

विवाह के बाद वर-वधू को कहाँ घर बसाना है, इस बारे में भी अलग-अलग समाजों में अलग-अलग नियम होते हैं। इन नियमों को ''निवास के नियम'' (rule of residence) कहते हैं। इस दृष्टि से मुख्यतः चार किस्म के परिवार होते हैं—

(i) **पितृस्थानीय** (patrilocal)—इस व्यवस्था में विवाह के बाद पति-पत्नी पति के माता-पिता के परिवार के साथ रहते हैं। भारत में परम्परागत रूप से इसका अधिक प्रचलन है।

(ii) **मातृस्थानीय** (matrilocal)—इसके अन्तर्गत विवाह के बाद पति-पत्नी पत्नी के माता-पिता के परिवार के साथ रहते हैं।

(iii) **द्विस्थानीय** (bilocal)—कुछ समाजों में नवविवाहित दम्पत्तियों को चुनाव की

1. Harry M. Johnson., Op. Cit., p. 178.

स्वतन्त्रता रहती है—वे या तो पति के माता-पिता के साथ या पत्नी के माता-पिता के साथ रह सकते हैं।

(iv) **नवस्थानीय** (neolocal)—इस व्यवस्था के अन्तर्गत नवविवाहित दम्पत्ति नए स्थान पर अपना घर बसाते हैं। वे न तो पति के माता-पिता के साथ रहते हैं और न पत्नी के माता-पिता के साथ। भारत में अब ऐसे परिवारों की संख्या भी बढ़ रही है। अमेरिका में यही व्यवस्था अधिक प्रचलित है।

मर्डक द्वारा अध्ययन किए गए 250 समाजों में से 146 में पितृस्थानीय, 38 में मातृस्थानीय, 19 में द्विस्थानीय और 17 में नवस्थानीय निवास के नियम थे।[1] इसके अलावा, कई समाजों में इनसे अलग नियम भी थे। इस तरह, इस मामले में काफी सांस्कृतिक विविधता है।

विवाह और परिवार : एक मानक दृष्टि

अब तक हमने मुख्यतः समाजशास्त्रीय दृष्टि से विवाह, परिवार और उनके विभिन्न रूपों की चर्चा की है। अब, हम स्वतन्त्रता और समता के मूल्यों के आधार पर मानक दृष्टि से विवाह और परिवार के बारे में विचार करेंगे। इस सन्दर्भ में मानक दृष्टि से जो सबसे बुनियादी सवाल उठाया जा सकता है, और उठाया गया भी है, वह यह है: **क्या विवाह संस्था को समाप्त कर देना चाहिए? विवाह और परिवार के बेहतर विकल्प क्या हो सकते हैं?** स्वतन्त्रता और समता के मूल्यों के आधार पर ही विवाह और परिवार के औचित्य पर प्रश्नचिह्न खड़े किये गये हैं।

(1) **स्वतन्त्रता की दृष्टि से**—विवाह संस्था से जुड़ी परम्परागत सेक्स-सम्बन्धी नैतिकता के अनुसार औरत-मर्द के बीच सारे शारीरिक सम्बन्ध विवाह के दायरे में ही होने चाहिए।[2] स्वतन्त्रता की दृष्टि से यह कहा जा सकता है कि दो व्यक्तियों के बीच यौन-सम्बन्ध उन सम्बद्ध व्यक्तियों का निजी मामला है। अगर, दो वयस्क व्यक्ति स्वेच्छा से परस्पर सहमति द्वारा शारीरिक सम्बन्ध स्थापित करते हैं, तो किसी तीसरे व्यक्ति या समाज को हस्तक्षेप करने का कोई अधिकार नहीं है।

स्वतन्त्रता की दृष्टि से परिवार की भी आलोचना की गयी है। मनोवैज्ञानिक डेविड कूपर के अनुसार, परिवार में व्यक्तित्व के स्वतन्त्र विकास के रास्ते में कई बाधाएँ उत्पन्न की जाती हैं। परिवार के सदस्यों को अलग-अलग भूमिकाओं में बाँध दिया जाता है। परिवार में ही बिना प्रश्न उठाए आदेश पालन की आदत लग जाती है, जो आगे चल कर एक अन्यायपूर्ण समाज को बनाए रखने में सहायक होती है।[3]

उदाहरण के तौर पर, हम भारत के एक औसत पितृप्रधान परिवार को लें। ऐसे परिवार में परिवार के सभी सदस्यों से यह अपेक्षा रखी जाती है कि वे परिवार के पुरुष-प्रधान (पिता)

---

1. Ibid., p. 154.
2. वैसे इस बारे में विभिन्न समाजों में काफी सांस्कृतिक विविधता भी रहती है। मर्डक द्वारा किए गए अध्ययन के अनुसार कई समाजों में कुछ विशेष लोगों के बीच विवाह-पूर्व (premarital) और विवाहेत्तर (extramarital) सेक्स की सामाजिक अनुमति रहती है। इसी तरह, जिन समाजों की ''औपचारिक'' सेक्स-नैतिकता अधिक ''कठोर'' होती है, जैसे अमरीका में, वहाँ पर की वास्तविक सामाजिक स्थिति काफी अलग होती है। Harry M. Johnson, Op. Cit., pp. 147 4.
3. M. Haralambos with R. M Heald, *Sociology : Themes and Perspectives*. p. 338.

के आदेशों का बिना सवाल उठाए पालन करे। पति और पत्नी के लिए दोहरे नैतिक मापदण्ड होते हैं। पत्नी को कई ऐसे कामों को करने की स्वतन्त्रता नहीं रहती है, जो पति को रहती है। बेटे-बेटियों को शिक्षा, व्यवसाय और जीवनसाथी के चुनाव की स्वतन्त्रता नहीं दी जाती है। कुछ पुरुष अपनी पत्नियों को पीटते भी हैं। इस तरह, ऐसा समझा जाता है कि अपने बच्चों को पीटना माता-पिता का ''अधिकार'' है। स्पष्ट है कि ऐसे अधिकारवादी (authoritarian) परिवार में पल कर बड़ा होना, लोकतान्त्रिक नागरिकता की दृष्टि से सही प्रशिक्षण नहीं है। कुछ चरम दृष्टान्तों में तो माता-पिता अपने नाबालिग बच्चों को बेच देते हैं, या उन्हें देवदासी भी बना देते हैं, या फिर बलि तक चढ़ा देते हैं। उनकी नजर में उनके बच्चे उनकी निजी सम्पत्ति की तरह है!

(2) **समता की दृष्टि से**—1960 के दशक में नारी मुक्ति आन्दोलन द्वारा औरत-मर्द समानता की दृष्टि से परिवार की आलोचना की गयी। समता की दृष्टि से यह कहा जाता है कि परिवार में पति और पत्नी या बेटे और बेटियों के बीच समानता नहीं रहती है। एक खास किस्म के श्रम के विभाजन द्वारा औरत को एक खास किस्म की दूसरे दर्जे की भूमिका में बाँध दिया जाता है। पितृप्रधान परिवार औरत के लिए गुलामी का स्रोत है। विवाह द्वारा ही परिवार की स्थापना होती है। इसलिए, औरत-मर्द बराबरी के दृष्टिकोण से विवाह और परिवार को समाप्त कर देना चाहिए। कई नारीवादी लेखिकाओं ने लिंग-भूमिकाओं को समाप्त करने की वकालत की है, खास कर उन्होंने माँ-गृहणी (mother-housewife) की भूमिका को निशाना बनाया है। उदाहरण के तौर पर, हम नारी मुक्ति आन्दोलन की समर्थक समाजशास्त्री ऐन्न ओकली के विचारों को लें। ओकली के अनुसार, नारी-मुक्ति के लिए गृहणी की भूमिका को समाप्त कर देना चाहिए। इसके अलावा, अपने वर्तमान रूप में परिवार को भी समाप्त कर देना चाहिए, क्योंकि परिवार माँ-गृहणी की भूमिका पर ही आधारित है। परिवार को समाप्त कर देने से परिवार में बेटी द्वारा माँ की भूमिका और बेटे द्वारा पिता की भूमिका को सीखने का चक्र भी समाप्त हो जाएगा। ओकली के अनुसार, सेक्स पर आधारित सभी श्रम के विभाजन को समाप्त कर देना चाहिए। वे प्रचलित लिंग भूमिकाओं के सन्दर्भ में वैचारिक क्रान्ति का समर्थन करती हैं। उनके अनुसार औरत और मर्द को व्यक्ति के रूप में देखना चाहिए।[1]

परिवार के विकल्प

परिवार और समाज में औरत की भूमिका पर हुई बहस के दौरान परिवार में संशोधनों और परिवार के विकल्प सम्बन्धी कई प्रस्ताव सामने आए हैं। ओकली के अनुसार तो माँ-गृहणी की भूमिका और परिवार को ही समाप्त कर दिया जाना चाहिए। इसके अलावा, कई ऐसे प्रस्ताव भी दिए गए हैं जिनके अनुसार परिवार को बनाए रखते हुए औरत पर माँ और गृहणी की भूमिका के बोझ को कम किया जाना चाहिए। एक प्रस्ताव के अनुसार, गृहणी को घर के कार्य के लिए वेतन मिलना चाहिए। एक अन्य प्रस्ताव के अनुसार, रोजगार देने वालों को शिशुसदन (creche) की व्यवस्था करनी चाहिए तथा औरतों के लिए प्रसव-अवकाश का प्रावधान होना चाहिए। एक प्रस्ताव यह भी है कि राज्य को हर ऐसी माँ के लिए, जिसे इसकी जरूरत हो, बच्चों की निःशुल्क देखभाल की व्यवस्था करनी चाहिए।

1. M. Haralambos with R. M. Heald, *Sociology : Themes and Perspectives*, p. 338.

दूसरी ओर, कुछ रैडिकल नारीवादियों के अनुसार, इन उपायों से परिवार में औरत की भूमिका में कोई विशेष परिवर्तन नहीं आयेगा, सिर्फ उनके ऊपर बोझ कुछ कम हो जाएगा।

सुजेन ब्राउनमिलर (Susan Brownmiller) के अनुसार, पति और पत्नी को परिवार में अपनी परम्परागत भूमिका को बीच से दो हिस्सों में बाँट देना चाहिए। प्रत्येक को आधा दिन काम करना चाहिए और आधा दिन घर पर बच्चों की देखभाल करनी चाहिए। इससे न तो पुरुष पर घर से बाहर काम करने की पूरी और अकेली जिम्मेवारी होगी और न ही औरत पर बच्चों और घर की देखभाल की। इसके अलावा, एक प्रस्ताव यह भी है कि औरत और मर्द दोनों घर से बाहर काम करें। लेकिन, यह तभी सम्भव है जब वे परम्परागत रूप से माँ-गृहणी द्वारा किये जाने वाले कुछ कार्यों के लिए गृह-सेवक या सेविका (domestic help) की सहायता लें।

बच्चों के पालन-पोषण के सामुदायिक प्रयोग भी हुए हैं, जैसे कि इसराइली किबूत्ज में। इसी किस्म के कुछ अन्य प्रस्ताव भी दिये गये हैं। जुलियट मिशल (Juliet Mitchell) और जेसी बनार्ड (Jessie Bernard) जैसी लेखिकाओं ने भविष्य में परिवार के कई विकल्पों की कल्पना की है। उनके अनुसार अलग-अलग व्यक्तियों के व्यक्तित्व और परिस्थितियों को ध्यान में रखते हुए सामुदायिक जीवन के कई प्रयोग किए जा सकते हैं। भविष्य में लोग अपनी परिस्थितियों और पसन्द के अनुसार अपने सम्बन्धों को बना पायेंगे। ऐसी लेखिकाओं द्वारा दो मुख्य बातों की माँग की गयी है—एक, औरत-मर्द बराबरी की; और दो, विभिन्न किस्म के "पारिवारिक जीवन" के बीच चुनाव करने की स्वतन्त्रता, और परिवार के नए विकसित होने वाले विभिन्न रूपों के प्रति सहनशीलता।[1]

विवाह

विवाह के बारे में विचार करते समय यह ध्यान रखना चाहिए कि विवाह संस्था से जुड़ी परम्परागत सेक्स-नैतिकता का उद्गम तब हुआ है, जब बर्थ-कन्ट्रोल के तरीका का आविष्कार नहीं हुआ था। ऐसे में औरत-मर्द के बीच सेक्स-सम्बन्ध और बच्चों के जन्म के बीच लगभग अनिवार्य सम्बन्ध था। आज के समय यह सम्भव है कि औरत और मर्द के बीच शारीरिक सम्बन्ध हों, लेकिन बच्चों का जन्म न हो। अगर दो व्यक्तियों के बीच यौन-सम्बन्धों के परिणामस्वरूप बच्चों का जन्म नहीं होता हो, तो यह कहा भी जा सकता है कि यह सम्बद्ध व्यक्तियों का निजी मामला है। लेकिन, यौन-सम्बन्धों के कारण आम तौर से बच्चों का जन्म होता ही है। ऐसे में यह महत्त्वपूर्ण सवाल सामने आता है कि बच्चों की देखभाल कैसे होगी और कौन करेगा। सेक्स सम्बन्ध को विवाह के दायरे में सीमित रखने से यह निर्धारित करना आसान है कि बच्चे का पिता कौन है। विवाह संस्था के अभाव में पिता पर कोई जिम्मेवारी नहीं रहेगी, और बच्चों की देखभाल की सारी जिम्मेवारी माँ पर ही आ जाएगी, जिसे उचित नहीं कहा जा सकता है। बच्चे के जन्म में पिता की भी भूमिका होती है। इसलिए, यही उचित मालूम देता है कि बच्चों की देखभाल की जिम्मेवारी माता-पिता दोनों मिलकर उठाएँ। अगर कोई माँ स्वेच्छा से यह जिम्मेवारी स्वयं लेना चाहे, तो अलग बात है। ऐसे में उसे यह अधिकार भी मिलना चाहिए।

1. Ibid., pp. 399-400.
2. Ibid., pp 400-401.

विवाह और परिवार एक-दूसरे से अभिन्न रूप में जुड़े हैं। विवाह संस्था को समाप्त करने का अर्थ है, परिवार को भी समाप्त करना। परिवार के कई महत्त्वपूर्ण कार्य हैं, जिनमें एक है बच्चों की देखभाल। जब तक बच्चों की देखभाल की कोई ठोस वैकल्पिक व्यवस्था न हो, तब तक परिवार को समाप्त करने की बात ठीक नहीं लगती है। दूसरे, विवाह और परिवार के सन्दर्भ में यह जरूरी नहीं है कि किसी एक ही मॉडल को पूरे समाज पर लागू कर दिया जाए। ऐसे कई विकल्प हो सकते है जिनका स्वतन्त्रता और समता के मूल्यों से मेल हो। बच्चों की देखभाल की सामुदायिक व्यवस्था भी हो सकती है, जैसे इसराइली किबूत्ज में। लेकिन, अगर कोई माता-पिता अपने बच्चों को अपने साथ रख कर उनका पालन-पोषण करना चाहते हों, तो उन्हें इसकी भी स्वतन्त्रता मिलनी ही चाहिए। उदाहरण के तौर पर, ''निवास के नियम'' को लें। पितृस्थानीय नियम के अनुसार विवाह के बाद वर-वधू को पति के परिवार के साथ रहना चाहिए, मातृस्थानीय नियम के अनुसार पत्नी के परिवार के साथ; द्विस्थानीय नियम के अनुसार वे पति के परिवार के साथ भी रह सकते हैं और पत्नी के परिवार के साथ भी; जबकि नवस्थानीय नियम के अनुसार उन्हें अपना नया घर बसाना चाहिए। अब, जिस समाज में जो नियम प्रचलित हो, उस समाज के सभी सदस्यों से उसी नियम के पालन की अपेक्षा रखी जाती है। लेकिन, अगर स्वतन्त्रता और समता की दृष्टि से देखा जाए तो इस तरह के किसी एक नियम को पूरे समाज पर आरोपित करने की कोई आवश्यकता नहीं है। नवविवाहित दम्पति अपनी रुचि और परिस्थिति के अनुसार या पति के परिवार के साथ या पत्नी के परिवार के साथ या स्वतन्त्र रूप में घर बसा सकते हैं। इसी तरह, भविष्य में अगर विवाह और परिवार के व्यावहारिक विकल्प निकल भी आएँ, तो भी एक स्वतन्त्र समाज में विवाह और परिवार का अस्तित्व भी रहेगा ही। क्योंकि कुछ-न-कुछ लोग वैवाहिक सम्बन्धों में बँध कर परिवार की स्थापना करना ही चाहेंगे। इसका कोई कारण नहीं दिखता कि उन्हें ऐसा करने से जबदरस्ती रोका जाए। बच्चों के न रहने पर या बच्चों के बड़े होकर अपना अलग घर बसा लेने के बाद भी कई पति-पत्नी साथ रहते हैं, और रहना चाहते भी हैं। परिवार में बच्चों की देखभाल के अलावा एक घर की भी स्थापना की जाती है, और पति-पत्नी के बीच यौन-सम्बन्धों के अलावा मैत्री सम्बन्ध भी होता है। परिवार में भोजन, नींद, प्रेम जैसी बुनियादी आवश्यकताओं की भी पूर्ति होती है। दूसरी ओर, यह भी सही है कि परम्परागत पितृप्रधान परिवार का स्वतन्त्रता और समता के मूल्यों से मेल नहीं है। इसलिए, तात्कालिक और व्यावहारिक दृष्टि से यह महत्त्वपूर्ण है कि **विवाह और परिवार में स्वतन्त्रता और समता के मूल्यों के अनुरूप परिवर्तन लाया जाए। परिवार को लोकतान्त्रिक बनाया जाए।**

तयशुदा विवाह बनाम परस्पर सहमति द्वारा विवाह

तयशुदा विवाह (arranged marriage) के अन्तर्गत वर या वधू का चुनाव माता-पिता या अभिभावकों द्वारा किया जाता है, स्वयं जिनका विवाह हो रहा है उनके द्वारा नहीं। भारत में परम्परागत रूप से यही व्यवस्था अधिक प्रचलित रही है। परस्पर सहमति द्वारा विवाह (marriage by mutual consent) में जिनका विवाह हो रहा है, वे स्वयं अपने जीवन-साथी का चुनाव करते हैं। पश्चिमी समाजों में अब इस पद्धति का ही प्रचलन है। भारत में भी अपनी मर्जी से विवाह करने को कानूनी मान्यता प्राप्त है। अब, धीरे-धीरे इसे सामाजिक मान्यता भी मिलने लगी है। कई लोग अपनी मर्जी से विवाह करने लगे हैं।

स्वतंत्रता और समता के आधार पर मानक दृष्टि से विचार करने पर यह स्पष्ट है कि

प्रत्येक वयस्क स्त्री और पुरुष को जाति, धर्म, नस्ल आदि के बन्धन के बिना स्वतंत्रतापूर्वक अपनी मर्जी से अपने जीवन-साथी के चुनाव का अधिकार मिलना चाहिए।

परस्पर सहमति द्वारा विवाह का एक लोकप्रिय रूप ''प्रेम विवाह'' (love marriage) भी है। ऐसे विवाहों के विरुद्ध एक परम्परावादी युक्ति यह है कि ''बच्चों'' की तुलना में ''अनुभवी'' माता-पिता या अभिभावक यह निर्णय लेने के लिए बेहतर स्थिति में होते हैं कि उनका विवाह किससे होना चाहिए। बच्चे इस ''लायक'' नहीं होते हैं कि वे इस बारे में कोई सही निर्णय ले सकें।

इस सन्दर्भ में पहली बात तो यह है कि नाबालिग बच्चों का विवाह ही नहीं किया जाना चाहिए। आज के समय यह गैरकानूनी है। जहाँ तक बालिक ''बच्चों'' का प्रश्न है, तो अगर यह मान लिया जाता है कि वे विवाह करने और परिवार स्थापित करने के लायक हो गए हैं, तो फिर यह भी मान लेना चाहिए कि वे जीवन-साथी के चुनाव के लायक भी हो गए है। वैसे भी, आज के समय में इस अधिकार को राष्ट्रीय और अन्तर्राष्ट्रीय स्तर पर कानूनी मान्यता मिली हुई। विशेष विवाह अधिनियम का उल्लेख हम पहले ही कर चुके हैं। मानव अधिकारों के सार्वभौमिक घोषणा-पत्र की धारा 16 (1) के अनुसार पूरी उम्र के मर्द और औरतों को, नस्ल, राष्ट्रीयता और धर्म की किसी सीमा के बिना, विवाह करने और परिवार स्थापित करने का अधिकार है। वे विवाह के, विवाह के दौरान और विवाह के विसर्जन के एक बराबर अधिकारों के हकदार हैं। इसी तरह, धारा 16 (2) के अनुसार विवाह करने को इच्छुक व्यक्तियों की स्वतंत्र और पूर्ण सहमति से ही उनका विवाह कराया जा सकता है।

प्रेम विवाह के विरुद्ध एक युक्ति यह भी है कि इस किस्म के विवाह अक्सर रोमानी प्रेम की अवधारणा के प्रभाव में आकर भावुकता के आधार पर किए जाते हैं, जो बाद में कठोर वास्तविकता से टकरा कर चकनाचूर हो जाते हैं। ''प्रेम'' की अवधारणा के विश्लेषण में गए बिना यहाँ पर इतना कहा जा सकता है कि अपनी मर्जी से विवाह करने के अधिकार का इस्तेमाल बहुत सोच-समझ कर और जिम्मेवारी के साथ किया जाना चाहिए। इस निर्णय पर सम्बद्ध व्यक्तियों का आगे का पूरा जीवन निर्भर रहता है। पति-पत्नी के विचारों ओर मूल्यों में तालमेल बहुत जरूरी है। ऐसा नहीं सोच लेना चाहिए कि ''प्रेम'' का बुद्धि से कोई सम्बन्ध नहीं है, और ''प्रेम'' पर आधारित निर्णय लेते समय बुद्धि के इस्तेमाल की कोई जरूरत नहीं है। वैसे, कई तयशुदा विवाह भी बेमेल होते हैं। तलाक न होने का मतलब यह नहीं है कि ऐसे विवाह ''सफल'' होते हैं। तलाक सम्बन्धी कठोर मत के प्रभाव के कारण कई बार विवाह के असफल होने के बाद भी सम्बद्ध दम्पति तलाक के बारे में सोच नहीं पाते हैं। दूसरे, यह मानने का भी कोई कारण नहीं है कि अधिकांश प्रेम विवाहों की परिणति तलाक में होती है। पश्चिम के देशों में तलाक-दर में वृद्धि का सम्बन्ध तलाक के प्रति कठोर रवैए के प्रभाव में कमी और तलाक के प्रति कानूनी सहिष्णुता से है न कि सिर्फ प्रेम विवाह से।

लोकतान्त्रिक विवाह और परिवार

स्वतन्त्रता और समता के मूल्यों के अनुरूप विवाह और परिवार में किस ढ़ंग के परिवर्तन लाए जाने चाहिए, इसकी कुछ चर्चा ''लिंग समानता'' अध्याय के अन्तर्गत भी हो चुकी है। वयस्क औरत और मर्द को समता के आधार पर स्वतन्त्रतापूर्वक विवाह करने की सामाजिक

अनुमति मिलनी चाहिए। इसमे जाति और धर्म जैसी कोई रोक नहीं होनी चाहिए। दहेज जैसी सामाजिक बुराई का अन्त होना चाहिए। वर और वधू पक्ष को एक-दूसरे के साथ समता के आधार पर आचरण करना चाहिए।

विवाह के बाद नवदम्पतियों पर किसी बने-बनाए ''निवास के नियम'' को आरोपित नहीं किया जाना चाहिए। वे अपनी रुचि और परिस्थितियों के अनुसार पत्नी के परिवार के साथ या पति के परिवार के साथ रह सकते हैं, या फिर नया घर बसा सकते हैं। परिवार का संचालन पति और पत्नी द्वारा मिल-जुलकर किया जाना चाहिए। पति और पत्नी द्वारा अनावश्यक रूप से एक-दूसरे की स्वतन्त्रता को सीमित नहीं किया जाना चाहिए। इस सन्दर्भ में कोई दोहरे नैतिक मापदण्ड नहीं होने चाहिए। इसी तरह, पति-पत्नी के बीच किसी बने-बनाए ''श्रम के विभाजन'' को आरोपित नहीं किया जाना चाहिए। अपनी रुचि और परिस्थितियों के अनुसार प्रत्येक दम्पति इस बारे में निर्णय ले सकते हैं। बच्चों के जन्म से सम्बन्धित निर्णय भी पति-पत्नी को मिल कर लेना चाहिए।

परिवार में बेटे और बेटियों के बीच किसी किस्म का भेदभाव नहीं होना चाहिए। उनके जीवन, स्वास्थ्य, स्वतन्त्रता और शिक्षा को एक बराबर महत्त्व दिया जाना चाहिए। बच्चों को तर्कसंगत और वैज्ञानिक चिन्तन की शिक्षा दी जानी चाहिए। नैतिक शिक्षा भी तर्कसंगत, धर्मनिरपेक्ष और स्वतन्त्रता एवं समता जैसे मानवीय मूल्यों पर आधारित होनी चाहिए। बच्चों को वयस्क मनुष्यों जैसी स्वतन्त्रता नहीं दी जा सकती है। उदाहरण के तौर पर, बहुत छोटे बच्चों को यह भी ज्ञान नहीं होता है कि आग में हाथ डालने पर हाथ जल जाएगा। बच्चों को ऐसे किसी काम को करने से रोकना चाहिए जिनसे उनका या किसी और का नुकसान होता हो। बच्चों को सुरक्षा की आवश्यकता होती है। बच्चों को विकास के लिए सुरक्षित माहौल प्रदान करना परिवार का महत्त्वपूर्ण दायित्व है। लेकिन, दूसरी ओर, बच्चों की स्वतन्त्रता को भी अनावश्यक रूप से सीमित नहीं किया जाना चाहिए। उन्हें ऐसे किसी काम को करने से नहीं रोकना चाहिए, जिससे उन्हें आनन्द आता हो और उनका या किसी दूसरे का कोई नुकसान न होता हो। बच्चों के ऊपर भी बना-बनाया श्रम का विभाजन आरोपित नहीं किया जाना चाहिए। शिक्षा के विषय आदि के चुनाव में बच्चों की रुचि और योग्यता का ध्यान रखना चाहिए। बेटे-बेटी दोनों को ऐसी शिक्षा मिलनी चाहिए कि वे आगे चल कर आत्मनिर्भर जीवन बिता सकें। विवाह और परिवार सम्बन्धी विभिन्न विकल्पों के बीच स्वतन्त्रता और जिम्मेवारी के साथ चुनाव कर सकें। व्यवसाय और जीवनसाथी के चुनाव में वयस्क होने पर बच्चों को स्वतन्त्रता मिलनी चाहिए। इसी तरह, बच्चों के ऊपर मनमाने धार्मिक पूर्वाग्रहों और कर्मकांडों को आरोपित नहीं किया जाना चाहिए। उन्हें यह स्वतन्त्रता मिलनी चाहिए कि वयस्क होने के बाद वे जिस किसी धर्म को अपनाएँ या न अपनाएँ।

तलाक

जिस तरह विवाह एक सामाजिक संस्था है, उसी तरह कुछ समाजों में विवाह से जुड़ी एक सामाजिक संस्था तलाक (divorce) भी है। तलाक द्वारा विवाह सम्बन्धों को तोड़ा जाता है। तलाक हो जाने पर सम्बद्ध व्यक्ति अपनी अविवाहिक स्थिति में वापस लौट जाते हैं। वे चाहें तो दुबारा विवाह कर सकते हैं। कह सकते हैं कि तलाक संस्था समाज द्वारा मान्यता प्राप्त वह विधि है, जिसके द्वारा विवाह सम्बन्धों को तोड़ा जा सकता है।

A New Dictionary of Sociology के अनुसार तलाक का अर्थ है **वह प्रक्रिया जिसके**

द्वारा किसी वैध विवाह को सम्बद्ध व्यक्तियों के जीवनकाल में रद्द किया जा सकता है। इससे वे अपनी अविवाहित स्थिति में वापस चले जाते हैं और दुबारा विवाह कर सकते हैं।[1]

तलाक संस्था का रूप अलग-अलग समाजों में और अलग-अलग समयों में अलग-अलग हो सकता है। किन परिस्थितियों में किसके द्वारा और किस प्रक्रिया द्वारा तलाक दी जा सकती है, इसके बारे में अलग-अलग नियम हो सकते हैं। इसके अलावा, एक ही समाज में एक ही समय में तलाक सम्बन्धी अलग-अलग नियमों का सहअस्तित्व भी हो सकता है। इसी तरह, एक ही समाज़ में एक ही समय में अलग-अलग व्यक्तियों के तलाक के प्रति अलग-अलग दृष्टिकोण भी हो सकते हैं।

तलाक के प्रति दृष्टिकोण का सम्बन्ध धर्म से भी है। उदाहरण के तौर पर, रोमन कैथलिक ईसाई धर्म और परम्परागत रूप से सनातन हिन्दू धर्म में तलाक को मान्यता नहीं दी गयी है। रोमन कैथलिक धर्म द्वारा अभी भी तलाक का विरोध किया जाता है। दूसरी ओर, यहूदी ओर इस्लाम धर्म में तलाक को मान्यता प्रदान की गयी है। ग्यारहवीं शताब्दी तक यहूदी कानून के अन्तर्गत पति को पत्नी को तलाक देने का अधिकार था, जबकि पत्नी को ऐसा कोई अधिकार नहीं था। आज के समय इसराइल में परस्पर सहमति द्वारा तलाक को कानूनी मान्यता प्राप्त है।[2] भारत जैसे बहुधर्मी समाज में तलाक की अलग-अलग विधियों और दृष्टिकोणों का सहअस्तित्व है। तलाक के प्रति दृष्टिकोण में परिवर्तन भी आ रहा है। उदाहरण के तौर पर, आज के समय हिन्दू कानून में तलाक को मान्यता प्रदान की गयी है।

भारत में तलाक की कानूनी स्थिति

भारत में विशेष विवाह अधिनियम 1954 (Special Marriage Act, 1954) के अन्तर्गत कोई भी दो भारतीय नागरिक परस्पर सहमति द्वारा विवाह कर सकते हैं, चाहे उनका जन्म जिस भी जाति या धर्म में हुआ हो, बशर्ते कि वर की उम्र कम से कम 21 और वधू की उम्र कम से कम 18 वर्ष की हो।

विशेष विवाह अधिनियम के अन्तर्गत कुछ परिस्थितियों में पति या पत्नी दोनों को तलाक के लिए अदालत में याचिका दायर करने का अधिकार है। कुछ अन्य परिस्थितियों में पत्नी तलाक के लिए अर्जी दे सकती है। इसके अलावा, पति-पत्नी दोनों परस्पर सहमति द्वारा तलाक के लिए भी अदालत में याचिका दे सकते हैं। **परस्पर सहमति से तलाक** के लिए पति-पत्नी को अदालत में आवेदन दे कर यह घोषित करना होता है कि (i) वे पिछले एक साल या उससे अधिक समय से अलग-अलग रह रहे हैं, (ii) वे एक साथ रहने में असफल रहे हैं, और (iii) वे आपस में विवाह सम्बन्ध समाप्त करने के लिए सहमत हैं।

परम्परागत रूप से हिन्दू कानून में तलाक का प्रावधान नहीं था। लेकिन हिन्दू विवाह अधिनियम 1955 में तलाक की अनुमति दी गयी है। इसमें तलाक सम्बन्धी प्रावधान विशेष विवाह अधिनियम से काफी हद तक लगभग मिलते-जुलते हैं। पहले इस अधिनियम में परस्पर सहमति द्वारा तलाक की अनुमति नहीं थी, लेकिन 1976 में किए गए एक संशोधन द्वारा

---

1. G. Duncan Mitchell, *A New Dictionary of Sociology*, pp. 57-58.
2. वही

विशेष विवाह अधिनियम की तरह इस कानून में भी परस्पर सहमति द्वारा तलाक की अनुमति दी गयी है।

परम्परागत रूप से मुस्लिम पति को अपनी पत्नी को बिना कोई कारण बतलाए लिख या बोल कर एकतरफा तलाक देने का अधिकार प्राप्त रहा है, जबकि मुस्लिम पत्नियां को ऐसा कोई अधिकार नहीं दिया गया है। इस बारे में मुस्लिम न्यायशास्त्र (jurisprudence) की अलग-अलग शाखाओं में कुछ अलग-अलग नियम भी हैं। भारत के अधिकांश सुन्नी मुसलमानों पर हनफी शाखा के नियम को लागू किया जाता है जिसके अनुसार कोई पति ''तीन बार तलाक देता हूँ'' बोल कर अपनी पत्नी को तलाक दे सकता है।[1]

मुस्लिम विवाह-विच्छेद अधिनियम (Dissolution of Muslim Marriages Act, 1939) के अन्तर्गत मुस्लिम महिलाओं को भी कुछ परिस्थितियों में पति को तलाक देने का अधिकार दिया गया है।[2] इसके अलावा, पति-पत्नी परस्पर सहमति द्वारा भी तलाक दे सकते हैं।[3]

मानक दृष्टि

तलाक संस्था के बारे में समाजशास्त्रीय दृष्टि से विचार किया जा सकता है, और मानक दृष्टि से भी। पश्चिम के समाजशास्त्रियों की मुख्य रूचि अमरीका और ब्रिटेन जैसे देशों में बढ़ते तलाक-दर के कारणों को खोजने में रही है। अमरीकी समाजशास्त्री हैरी एम॰ जॉनसन के अनुसार ''कठोर'' धर्मों के प्रभाव में कमी आने के कारण तलाक के प्रति धार्मिक सहिष्णुता और तलाक के प्रति कानूनी सहिष्णुता तलाक-दर में वृद्धि के मुख्य ''कारण'' हैं।[4]

मानक दृष्टि से विचार करने पर तलाक के बारे में दो महत्त्वपूर्ण प्रश्न उठाए जा सकते हैं—

(i) विवाहित दम्पतियों को तलाक की अनुमति मिलनी चाहिए या नहीं?

(ii) अगर हाँ, तो यह अनुमति किन परिस्थितियों में ओर किस प्रक्रिया द्वारा मिलनी चाहिए?

परम्परागत रूप से इस बारे में तीन किस्म के मत हैं:

(1) **कठोर मत**—किन्हीं भी परिस्थितियों में तलाक की अनुमति नहीं मिलनी चाहिए।

(2) **उदार मत**—तलाक की अनुमति मिलनी चाहिए, लेकिन सिर्फ विशेष परिस्थितियों में।

(3) **मौलिक मत**—परस्पर सहमति द्वारा तलाक की अनुमति मिलनी चाहिए।

हम पहले ही उल्लेख कर चुके हैं कि रोमन कैथलिक ईसाई मत द्वारा तलाक का विरोध किया जाता है। सनातन हिन्दू धर्म या ब्राह्मण धर्म के अन्तर्गत भी परम्परागत रूप में तलाक की अनुमति नहीं थी। इसके अन्तर्गत विवाह को एक संस्कार या धार्मिक विधान माना गया है जिसका मुख्य उद्देश्य है सन्तानोत्पत्ति। परम्परावादी मत के अन्तर्गत कई बार ऐसा माना जाता है कि विवाह सम्बन्ध ईश्वर द्वारा निर्धारित किए जाते हैं। विवाह दो आत्माओं का मिलन है, जन्म-जन्मान्तर का सम्बन्ध है, आदि-आदि। यह भी समझा जाता है कि पत्नी एक बार पति के घर डोली में जाती है, तो फिर उसे वहां से अर्थी में ही बाहर निकलना चाहिए। संक्षेप में, तलाक या तलाक के बाद फिर से विवाह की बात कल्पना से परे समझी जाती है।

जब हम तलाक के औचित्य के बारे में तर्कसंगत दृष्टि से स्वतंत्रता और समता के

1. Asaf A. A. Fyzee, *The Reform of Mulsim Personal Law in India*, p. 31.
2. वहीं, पृष्ठ 20.
3. एम॰ जे॰ एन्टनी, कानूनी सलाह, पृष्ठ 77-78.
4. Harry M. Johnson, *Sociology : A Systematic Introduction*, pp. 171-75.

मूल्यां के आधार पर विचार कर रहे हों, तब परलोकवाद (ईश्वर, आत्मा, पुनर्जन्म) पर आधारित तलाक-विरोधी धार्मिक युक्तियों को एक किनारे रखना चाहिए। तलाक के विरुद्ध धर्मनिरपेक्ष—धर्म से स्वतंत्र और इहलोकवादी—युक्तियों में एक युक्ति यह है कि तलाक के बाद अलग होने वाले पति-पत्नी को एक मानसिक आघात पहुँचता है, और उनका जीवन अस्त-व्यस्त हो जाता है। तलाक के विरुद्ध एक प्रमुख युक्ति यह है कि इससे बच्चों के जीवन पर बुरा प्रभाव पड़ता है। वे माता-पिता दोनों के साथ रहना चाहते हैं। तलाक होने पर उनकी यह इच्छा पूरी नहीं हो पाती है, और उनका जीवन माता-पिता के बीच बँट जाता है।

तलाक के बारे में विचार करते समय हमें यह ध्यान रखना चाहिए कि तलाक अपने-आप में कोई वांछनीय उद्देश्य नहीं है। यह एक अन्तिम विकल्प है। तलाक की नौबत तभी आती है या आनी चाहिए जब पति-पत्नी एक साथ सुखी जीवन जीने में असफल रहते हैं। कहा जा सकता है कि दो व्यक्तियों को काफी सोच-समझ कर परस्पर सहमति द्वारा विवाह करना चाहिए, ताकि विवाह के बाद तुरन्त ही तलाक की नौबत न आ जाए। (तयशुदा विवाह में अगर बेमेल विवाह होते हैं तो इसकी जिम्मेवारी सम्बद्ध माता-पिता या सम्बद्ध अभिभावकों की है।) विवाह के बाद पति-पत्नी को अपने बीच छोटे-मोटे मतभेदों को मिटा कर जहाँ तक सम्भव हो विवाह को सफल बनाने का प्रयत्न करना चाहिए। खास कर बच्चों के जन्म के बाद यह जिम्मेवारी और बढ़ जाती है।

इसमें सन्देह नहीं कि तलाक होने पर सम्बद्ध व्यक्तियों को अपने जीवन को फिर से ढर्रे पर लाने में कुछ समय लगता है, ओर इसके लिए उन्हें विशेष प्रयत्न करना पड़ता है। अगर परिवार में नाबालिक अविवाहित बच्चे हों तो उन्हें भी परेशानी होती है। लेकिन ध्यान रखना चाहिए कि यहाँ पर चुनाव एक सफल, सुखमय विवाह ओर तलाक के बीच नहीं है; बल्कि एक असफल, दुखमय एवं कलहपूर्ण विवाह और तलाक के बीच है। अगर तमाम प्रयत्नों के बाद भी पति-पत्नी अपने विवाह को सफल बनाने में असफल रहते है, और परिवार में लगातार कलह ओर झगड़े का माहौल रहता हो, तो ऐसे में भी सम्बद्ध पति-पत्नी और उनके बच्चों का जीवन दुखमय ही हो जाएगा। यहाँ पर यह देखने की जरूरत होगी कि कौन सी स्थिति बेहतर या बदतर है—तलाक पूर्व की या तलाक के बाद की। ऐसी परिस्थितियों में रोज-रोज के झगड़े से बाहर निकलने के लिए तलाक एक अन्तिम और बेहतर विकल्प हो सकता है। ऐसे असफल विवाहों में दम्पतियों को एक-दूसरे के साथ रहने के लिए बाध्य करने से कोई भी सामाजिक प्रयोजन सिद्ध नहीं होता है। हाँ, यह जरूर है कि ऐसे में नाबालिग बच्चों की देखभाल की पर्याप्त और संतोषजनक व्यवस्था होनी चाहिए। उल्लेखनीय है कि बच्चों पर पड़ने वाले बुरे प्रभाव की युक्ति ऐसे दृष्टांतों पर लागू नहीं होती है, जिनमें बच्चों का जन्म न हुआ हो, या जिनमें बच्चे बालिग हो चुके हों।

तलाक के प्रति दृष्टिकोण विवाह के प्रति दृष्टिकोण पर भी निर्भर है। विवाह को अगर ईश्वर द्वारा निर्धारित धार्मिक कर्म माना जाएगा तो तलाक के प्रति अलग दृष्टिकोण होगा। दूसरी ओर, अगर विवाह को **दो समान और स्वतंत्र व्यक्तियों के बीच सुखमय जीवन बिताने के लिए स्वतंत्रतापूर्वक किया गया समझौता** माना जाएगा, तो तलाक के प्रति दृष्टिकोण से अलग होगा। स्वतंत्रता और समता की दृष्टि से कहा जा सकता है कि जिस तरह दो वयस्क व्यक्तियों को समानता के आधार पर स्वतंत्रतापूर्वक परस्पर सहमति से विवाह

का अधिकार है, उसी तरह उन्हें परस्पर सहमति से तलाक का अधिकार भी मिलना चाहिए। तलाक पर पूर्ण पाबन्दी व्यक्ति की स्वतंत्रता का हनन है। दो व्यक्ति अगर साथ नहीं रहना चाहते हों, तो समाज को कोई अधिकार नहीं है कि उन्हें साथ रहने के लिए बाध्य करे। परम्परागत तलाक-विरोधी कठोर मानसिकता की परिणति कभी-कभी दहेज-हत्या जैसे दुष्परिणामों में भी होती है। इसी तरह, सिर्फ पुरुष को एकतरफा मौखिक तलाक का अधिकार समता के मूल्य का उल्लंघन है। तलाक के आधार और तलाक की प्रक्रिया पति और पत्नी दोनों के लिए एक जैसी होनी चाहिए। इसमें लिंग के आधार पर भेदभाव उचित नहीं है।

जहाँ तक विशेष परिस्थितियों में तलाक का प्रश्न है, तो उदार मत और मौलिक मत के बीच परस्पर विरोध नहीं है। जैसा कि पहले भी उल्लेख किया गया है विशेष विवाह अधिनियम में विशेष परिस्थितियों में पति **या** पत्नी को तलाक के लिए अदालत में जाने का अधिकार भी है, तथा पति **और** पत्नी दोनों को परस्पर सहमति के आधार पर तलाक प्राप्त करने का अधिकर भी। हिन्दू विवाह अधिनियम में भी काफी हद तक मिलते-जुलते प्रावधान हैं। किन विशेष आधारों पर पति या पत्नी को तलाक का अधिकार मिलना चाहिए यह विवाद का विषय हो सकता है। मोटे तौर पर कहा जा सकता है कि ये आधार समता पर आधारित होने चाहिए। अगर एक पक्ष दूसरे के साथ रहने को तैयार न हो, या एक पक्ष दूसरे पक्ष के साथ क्रूर व्यवहार करे, तो ऐसे में दूसरे पक्ष को तलाक का अधिकार मिलना चाहिए।

❑

अध्याय 10

सम्पत्ति

सम्पत्ति एक सामाजिक संस्था है। *The New Encyclopaedia Britannica* के अनुसार, सम्पत्ति को किसी आर्थिक वस्तु को नियन्त्रित करने के अनन्य (exclusive) अधिकार के रूप में परिभाषित किया जाता है। यह एक अवधारणा है, जिसका सम्बन्ध उन अधिकारों और दायित्वों, विशेषाधिकारों और सीमाओं से है जो मनुष्य के मूल्यवान वस्तुओं के साथ सम्बन्धों को शासित करती है। हर जगह और हर समय लोग ऐसी वस्तुओं का स्वामित्व चाहते हैं, जो अपना अस्तित्व बनाए रखने के लिए आवश्यक है, या जो सांस्कृतिक परिभाषा के अनुसार मूल्यवान है। ऐसी वस्तुएँ मांग के परिणामस्वरूप दुलर्भ हो जाती हैं। संगठित समाज द्वारा लागू किये गये प्रचलनों और कानूनों द्वारा ऐसी वांछित वस्तुओं के लिए प्रतिस्पर्धा को नियन्त्रित किया जाता है और उनके उपभोग की गारंटी दी जाती है। मोटे तौर पर, किसी के अपने के रूप में गारंटी की गयी वस्तु उसकी सम्पत्ति है। ''सम्पत्ति'' शब्द का इस्तेमाल उन **वस्तुओं** के लिए भी किया जाता है जिन पर अधिकार होते हैं, और वस्तुओं पर व्यक्तियों के **अधिकारों** के लिए भी।[1] जब हम सामाजिक संस्था के रूप में सम्पत्ति की बात करते हैं तो हमारा तात्पर्य वस्तुओं पर **अधिकारों** से होता है, जिन्हें समाज की मान्यता प्राप्त रहती है।

समाजशास्त्री हैरी एम. जॉनसन के अनुसार, किसी समाज में सम्पत्ति की संस्था दुलर्भ और मूल्यवान वस्तुओं में अधिकारों को निर्धारित करती है। जॉनसन ने इस तथ्य की ओर भी ध्यान दिलाया है कि आम बोलचाल की भाषा में ''सम्पत्ति'' शब्द का इस्तेमाल अक्सर उन वस्तुओं के लिए किया जाता है जिन पर सम्पत्ति अधिकार होते हैं और अधिकारों के लिए भी। ध्यान देने योग्य है जिन वस्तुओं पर सम्पत्ति अधिकार होते हैं वे दुलर्भ और मूल्यवान होती हैं। उदाहरण के तौर पर, हवा जैसी सुलभ वस्तु पर कोई सम्पत्ति अधिकार नहीं है। दुलर्भ और मूल्यवान वस्तुओं में, जिनमें सम्पत्ति अधिकार होते हैं, एक ओर, जमींन, खदान, मकान, सड़क, फर्नीचर, औजार, कपड़े, सवारी, गहने और कच्चे माल जैसी मूर्त और ठोस वस्तुएँ होती हैं, तथा दूसरी ओर, नाम ट्रेड मार्क और पेटेन्ट जैसी अमूर्त वस्तुएँ भी।[2]

A Dictionary of Political Thought के अनुसार, सरल रूप में सम्पत्ति को इस्तेमाल करने के अधिकार के रूप में समझा जा सकता है। यह अधिकार अलग-अलग मात्राओं में हो सकता है और इसके साथ कई किस्म की शर्तें जुड़ी रह सकती है।[3] इसी शब्दकोष के

1. *The New Encyclopaedia Britannica,* vol. 15, p. 46.
2. Harry M. Johnson, *Sociology: A Systematic Introduction,* p. 223.
3. Roger Scruton, *A Dictionary of Political Thought,* p. 382.

अनुसार निजी सम्पत्ति (private property) की मुख्य विशेषताएँ हैं—(1) वर्जित करने का अधिकार (right to exclude)—अगर कोई वस्तु किसी व्यक्ति की निजी सम्पत्ति है, तो वह व्यक्ति दूसरों के लिए उसके इस्तेमाल को वर्जित कर सकता है।

(2) उपयोग का अधिकार (right to use)— कोई व्यक्ति अपनी निजी सम्पत्ति का जैसे चाहे इस्तेमाल कर सकता है। (3) हस्तान्तरण का अधिकार (right to transfer)— कोई व्यक्ति अपनी निजी सम्पत्ति को किसी को भी हस्तान्तरित कर सकता है।[1]

निजी सम्पत्ति : पक्ष और विपक्ष

समाज-राजनीति दर्शन की दृष्टि से व्यक्तिगत सम्पत्ति के औचित्य का प्रश्न सबसे महत्वपूर्ण है—निजी सम्पत्ति की संस्था का आधार क्या है? क्या इसे नैतिक दृष्टि से उचित ठहराया जा सकता है? क्या निजी सम्पत्ति के अधिकारों को सीमित कर दिया जाना चाहिए, या पूरी तरह समाप्त कर दिया जाना चाहिए, खास कर उत्पादन के साधनों में? समाज और राजनीति दर्शन में इन मुद्दों पर लम्बी और गम्भीर बहस हुई है।

पक्ष में युक्तियाँ

निजी सम्पत्ति का समर्थन कई आधारों पर किया गया है। हीगेल ने इसे सामाजिक दृष्टि से अनिवार्य माना है। हीगेल के अनुसार निजी स्वतन्त्रता की दृष्टि से निजी सम्पत्ति की संस्था अनिवार्य है। निजी सम्पत्ति के बिना व्यक्ति अपनी स्वतन्त्रता को अक्षुण्ण बनाए नहीं रख सकता है। किस व्यक्ति को कितनी सम्पत्ति मिलनी चाहिए, इस प्रश्न पर हीगेल खामोश हैं।[2]

दूसरी ओर, लॉक ने सम्पत्ति के अधिकार को प्राकृतिक अधिकार मानते हुए इसका समर्थन किया है। लॉक के अनुसार, व्यक्ति ने जिस किसी वस्तु के साथ अपने ''श्रम का मिश्रण'' किया है, वह उसकी सम्पत्ति है; बशर्ते, वह पहले से ही किसी के अधिकार में नहीं थी; क्योंकि शरीर के जिन अंगों से वह उन पर काम करता है, वह उसकी अपनी होती है। लॉक के अनुसार सभी न्यायसंगत हस्तान्तरणों द्वारा भी यह प्राकृतिक अधिकार सुरक्षित रहता है। इस तरह, सिद्धान्ततः सभी वर्तमान सम्पत्ति अधिकारों के मूल स्रोत में जाकर यह जाना जा सकता है कि उसे कैसे अर्जित किया गया, और इस आधार पर यह भी निर्धारित किया जा सकता है कि कौन-सी सम्पत्ति उचित तरीके से हासिल की गयी है, और कौन अनुचित तरीके से।[3]

निजी सम्पत्ति की संस्था का समर्थन पूंजीवादी अर्थव्यवस्था के साथ जोड़ कर भी किया जाता है। *A Dictionary of Political Thought* के अनुसार पूंजीवादी व्यवस्था में पूंजीपति वर्ग, जिसके हाथों में उत्पादन के साधनों (means of production) का स्वामित्व रहता है, अपने उत्पादनों को बाजार में बेच कर मुनाफा (profit) कमाता है, जबकि मजदूर वर्ग अपने श्रम को बेचकर मजदूरी (wage) प्राप्त करता है। पूंजीवादी अर्थव्यवस्था के लिए उत्पादन के साधनों में व्यक्तिगत स्वामित्व या निजी सम्पत्ति की संस्था, बाजार अर्थव्यवस्था और श्रम के विभाजन का अस्तित्व जरूरी है।[4]

---

1. *A Dictionary of Political Thought*, pp. 375-76.
2. Ibid., pp. 382-383.
3. Ibid.
4. Ibid., pp. 52-53.

संक्षेप में, पूंजीवादी अर्थव्यवस्था के अस्तित्व के लिए उत्पादन के साधनों में निजी सम्पत्ति का अस्तित्व आवश्यक है। इसका अर्थ यह हुआ कि पूंजीवादी अर्थव्यवस्था के समर्थन में निजी सम्पत्ति की संस्था का समर्थन अन्तर्निहित हैं। दूसरी ओर, पूंजीवाद का समर्थन इसलिए भी किया जाता है, क्योंकि इसे निजी सम्पत्ति की संस्था का अनिवार्य परिणाम समझा जाता है।

इसके अलावा, पूंजीवाद का समर्थन इसलिए भी किया जाता है क्योंकि इसे बाजार अर्थव्यवस्था के लिए अनिवार्य समझा जाता है। बाजार अर्थव्यवस्था के समर्थन में कहा जाता है कि इसके द्वारा उत्पादन को अधिकतम करने और सीमित साधनों का युक्तिसंगत वितरण करने में सहायता मिलती है। इस प्रकार यह पूंजीपति और श्रमिक दोनों वर्गों के भौतिक सुख-सुविधाओं में वृद्धि करने में सहायक है।

ऐडम स्मिथ (1723-1790) पूंजीवादी अर्थव्यवस्था के समर्थक हैं। उन्होंने आर्थिक अहस्तक्षेप नीति (laissez-faire) का समर्थन किया है। स्मिथ के अनुसार बाजार को अगर उसके अपने हाल पर छोड़ दिया जाए, तो उसमें कुछ बुराइयाँ भी हैं, फिर भी यह एक सन्तुलन की ओर ले जाता है, जो अन्य किसी आर्थिक व्यवस्था में नहीं है। स्मिथ ने लाभ मनोवृत्ति (profit motive) का समर्थन किया है। स्मिथ के अनुसार पूंजीपति का उद्देश्य उसका अपना निजी लाभ होता है, लेकिन अपने इस उद्देश्य के बावजूद वह सामान्य कल्याण के लिए काम करता है। वह अपनी पूंजी का सबसे लाभदायक ढंग से इस्तेमाल करना चाहता है। अधिक मुनाफा कमाने के लिए वह ऐसे वस्तुओं का उत्पादन और विक्रय करता है जिससे अधिक से अधिक आवश्यकताओं की सतुष्टि होती है। स्मिथ के अनुसार राज्य को आर्थिक क्षेत्र में हस्तक्षेप नहीं करना चाहिए। आर्थिक क्षेत्र को "बाजार की शक्तियां" के भरोसे छोड़ देना चाहिए।[1]

बाजार अर्थव्यवस्था का समर्थन स्वतंत्रता के आदर्श के आधार पर भी किया जाता है। जिस तरह मनुष्य को राजनीतिक स्वतन्त्रता मिलनी चाहिए, उसी तरह उसे आर्थिक स्वतन्त्रता भी मिलनी चाहिए। राज्य को अर्थव्यवस्था में हस्तक्षेप नहीं करना चाहिए, या कम से कम हस्तक्षेप करना चाहिए। पूंजीवाद के समर्थन में यह भी कहा जाता है कि पूंजीवाद को नष्ट करने के किसी भी प्रयत्न से सारी शक्ति व्यक्ति से राज्य के हाथों मे चली जाएगी, और इससे राज्य की शक्ति इतनी बढ़ जाएगी कि किसी न किसी किस्म के सर्वाधिकारवाद का जन्म होगा।

निजी सम्पति और उससे जुड़े उत्तराधिकार के अधिकार का समर्थन इस आधार पर भी किया जाता है कि इससे श्रम करने की प्रेरणा मिलती है। उदाहरण के तौर पर, ह्यूम के अनुसार व्यक्ति का अपने द्वारा सृजन किए गए वस्तुओं पर अधिकार होना चाहिए ताकि "उपयोगी आदतों और उपलब्धियों" को प्रेरणा मिल सके। ह्यूम के विचार में उपयोगी उद्योग और व्यापार को प्रेरित करने या उनके लिए अनुकूल परिस्थिति पैदा करने की दृष्टि से उत्तराधिकार और हस्तान्तरित करने के अधिकार मूल्यवान हैं।[2]

---

1. *A Dictionary of Political Thought*, p. 430.
2. *The Encyclopedia of Philosophy*, vol. 6, p. 492.

विपक्ष में युक्तियाँ

समाजवादी विचारकों द्वारा निजी सम्पत्ति की संस्था का विरोध किया जाता है, खास कर उत्पादन के साधनों में। समाजवादी विचारधारा की सबसे महत्त्वपूर्ण विशेषता यह है कि इस चिन्तनधारा में समता और विशेष कर आर्थिक समता के लक्ष्य को महत्त्वपूर्ण स्थान दिया जाता है।

A Dictionary of Politics के अनुसार समाजवाद एक ऐसा, ''राजनीतिक और आर्थिक सिद्धान्त है जिसके अनुसार उत्पादन, वितरण और विनिमय के साधनों पर जनता का स्वामित्व और नियंत्रण होना चाहिए। हर किसी को अपनी प्रतिभा के विकास का समान अवसर मिलना चाहिए, और समुदाय के धन-सम्पत्ति का न्यायसंगत वितरण होना चाहिए।''[1]

निजी सम्पत्ति और पूंजीवाद के समर्थन में दी गयी युक्तियों के विरुद्ध समाजवादी आम तौर से यह कहते है कि पूंजीवाद, जिसमें मुनाफा उत्पादकों के हाथ में न जाकर किसी अन्य के हाथों में जाता है, अपने-आप में अन्यायपूर्ण है। अनियन्त्रित पूंजीवाद में धन का असमान वितरण, मजदूरों का शोषण और पूंजी का केन्द्रीकरण होता है। पूंजीवादी लोकतंत्र में लोकतंत्र का सिर्फ आभास होता है। वास्तविक शक्ति पूंजीपतियों के एक छोटे से वर्ग के हाथ में आ जाती है, जो अपने कर्मचारियों के प्रति जबावदेह नहीं होते।

फ्रेंच अराजकतावादी-समाजवादी दार्शनिक प्राउधाँ (1809-1865) ने अपनी पुस्तक *What is Property?* (1840) में उन्नीसवीं सदी के फ्रान्स मे प्रचलित सम्पत्ति के कई अधिकारों का विरोध किया, खास कर ऐसे अधिकार, जो दूसरे व्यक्ति के आचरण पर कारगर नियंत्रण स्थापित करते हों। प्राउधाँ के अनुसार सम्पत्ति चोरी है। **प्राउधाँ ने व्यक्ति के अधिकारों और स्वतन्त्रता का समर्थन किया है, और उस हद तक निजी सम्पत्ति का भी समर्थन किया है जिस हद तक वह इसके लिए जरूरी है।**[2]

प्राउधाँ ऐसी निजी सम्पत्ति का विरोध किया है जिसके द्वारा दूसरों के श्रम का शोषण होता है, उदाहरण के तौर पर, जमीन पर ऐसे लोगों का स्वामित्व जो स्वय जमीन पर काम नहीं करते। प्राउधाँ ने सिर्फ श्रमिक द्वारा अपने श्रम से उत्पादित वस्तुओं को बेचने के अधिकार का समर्थन किया है। प्राउधाँ के अनुसार, उत्पादन की गयी वस्तु पर किसी एक व्यक्ति का अधिकार हो सकता है, लेकिन उत्पादन के साधन पर सब का अधिकार है। ऐसा इसलिए क्योंकि उत्पादन के साधन, तकनीकों और आविष्कारों की विरासत, मानव सहयोग द्वारा बनायी गयी हैं, और किसी भी व्यक्ति को सिर्फ अपने लाभ के लिए इनका इस्तमेमाल करने का अधिकार नहीं हैं। स्वतंत्रता की दृष्टि से प्राउधाँ ने हर व्यक्ति के उस जमीन या औजारों पर नियन्त्रण का समर्थन किया है जिनका वह इस्तेमाल कर सकता है। प्राउधाँ के अनुसार, अनियन्त्रित सम्पत्ति से समता का नाश होता है, जबकि साम्यवाद द्वारा स्वतन्त्रता को नकारा जाता है। **इसलिए, इन दोनों से ही श्रेष्ठ है अराजकता या स्वतन्त्रता जो उत्पादकों के स्वतन्त्र नेटवर्क पर आधारित होती है।**'[3]

रूसी क्रान्तिकारी बाकुनिन (1814-1876) पर प्राउधाँ के विचारों का प्रभाव था। अपने अराजकतावाद के अन्तर्गत बाकुनिन द्वारा जमीन और पूंजी के सामुदायिक स्वामित्व की

1. Florence Elliott, *A Dictionary of Politics,* p. 421.
2 *A Dictionary of Pollitical Thought,* p. 385.
3 *The Encyclopedia of Philosophy,* vol.6, p. 507.

वकालत की गयी है। यह बाकुनिन और प्राउधाँ के बीच एक महत्त्वपूर्ण अन्तर है।[1] बाकुनिन और मार्क्स के बीच मुख्य मतभेद राज्य की भूमिका को ले कर था। बाकुनिन सीधे स्वतंत्र समितियों के स्वतन्त्र संघ की स्थापना के पक्ष में थे। एक अन्य रूसी अराजकतावादी क्रोपोटकिन के अनुसार, अराजकतावाद का उद्देश्य है व्यक्ति को हर किस्म के प्राधिकार (authority) से मुक्ति दिलाना। उत्पादकों को पूंजीपतियों के दासता से मुक्ति दिलाना अराजकतावाद के प्रमुख उद्देश्यों में से एक है।[2]

मार्क्सवाद-साम्यवाद के अनुसार, उत्पादन के साधनों में व्यक्तिगत स्वामित्व मजदूरों के शोषण और सामाजिक गैरबराबरी का आधार है। साम्यवाद के अन्तर्गत वर्गविहीन समाज को एक आदर्श माना गया है। इस आदर्श को हासिल करने के लिए उत्पादन के साधनों में व्यक्तिगत स्वामित्व को समाप्त कर सामुदायिक स्वामित्व की स्थापना कर दी जानी चाहिए। इस तरह, साम्यवाद उत्पादन के साधनों में व्यक्तिगत स्वामित्व और पूंजीवाद के पूरी तौर से विरुद्ध है।

साम्यवाद के अनुसार **वर्ग का आधार आर्थिक है।** "वर्ग" उस सामाजिक समूह को कहते हैं, जिसके सदस्यों का उत्पादन के साधनों के साथ एक जैसा सम्बन्ध होता है। उदाहरण के तौर पर, सामन्तवादी व्यवस्था में दो वर्ग होते हैं--एक, जमीन मालिकों या सामन्तों का, और दूसरा भूमिहीन मजदूरों का। इसी तरह, पूंजीवादी व्यवस्था में भी दो वर्ग होते है—एक, कारखानों के मालिकों का वर्ग या बुर्जुआ वर्ग, और दूसरा, कारखानों में काम करने वाले मजदूरों का वर्ग या सर्वहारा वर्ग।

साम्यवाद के अनुसार **अब तक के सभी समाजों का इतिहास वर्ग-संघर्षों का इतिहास है।** वर्ग-संघर्ष द्वारा ही समाज की आर्थिक संरचना में परिवर्तन आता है। उदाहरण के तौर पर, पूजीवादी व्यवस्था में बुर्जुआ वर्ग और सर्वहारा वर्ग के बीच हिंसक वर्ग संघर्ष होगा, जिसके परिणामस्वरूप सर्वहारा वर्ग की तानाशाही की स्थापना होगी। इस तानाशाही के जरिए उत्पादन के साधनों में व्यक्तिगत स्वामित्व को समाप्त कर दिया जाएगा और सामुदायिक स्वामित्व की स्थापना होगी। सामुदायिक स्वामित्व की स्थापना होने पर समाज के सभी सदस्यों के उत्पादन के साधनों के साथ एक जैसे सम्बन्ध हो जाएँगे, और इस तरह एक वर्गविहीन समाज की स्थाना हो जाएगी।

लास्की (Harold J. Laski) और टानी (R. H. Tawney) जैसे लोकतान्त्रिक समाजवादी विचारकों ने भी निजी सम्पत्ति की आलोचना की है, हालांकि उन्होंने इसे पूरी तौर से समाप्त करने का समर्थन नहीं किया है। लास्की के अनुसार, हर आदमी जिन्दा रहने के लिए सम्पत्ति अर्जित करना चाहता है। सम्पत्तिवान व्यक्ति भूखा मरने के डर से बचा रहता है। उसे वह काम करने की आवश्यकता नहीं होती जो उसकी इच्छा के विरुद्ध हो। उसके पास अवकाश रहता है जिसे वह ज्ञान प्राप्ति, कला, संगीत आदि में लगा सकता है। वह अपने बच्चों को भूख से बचा सकता है तथा उन्हें पढ़ा-लिखा सकता है। इस तरह, सम्पत्ति मनुष्य को सुरक्षा प्रदान करती है।

सम्पत्ति की आवश्यकता को स्वीकार करने के बाद लास्की ने वर्तमान सम्पत्ति व्यवस्था के बुरे प्रभावों को दिखाया है। उनके अनुसार, वर्तमान में सम्पत्ति कुछ लोगों के

---

1. *The Encyclopedia of Philosophy,* vol.1, p. 245.
2. C. E. M. Joad, *Introduction to Modern Political Theory,* p. 102.

हाथों में केन्द्रित है। सम्पत्ति के स्वामित्व का कर्त्तव्य पालन या बुद्धिमान होने से कोई सम्बन्ध नही है। सम्पत्ति का स्वामित्व उत्तराधिकार पर आधारित भी हो सकता है। पूंजी का नियन्त्रण पूंजीपतियों को उनलोगों को नियन्त्रित करने की शक्ति देता है, जो पूंजी के कारण हो रहे उत्पादन में लगे हैं। निजी सम्पत्ति के कारण राज्य भी सम्पत्तिवान लोगों के द्वारा नियन्त्रित संस्था बन जाती है। लास्की के अनुसार, निजी सम्पत्ति अमीर और गरीब के अन्तर को निरन्तर बढ़ाता रहता है, तथा गरीब आदमी को ऐसी परिस्थितियाँ नहीं मिल पाती हैं, जिसमें वह अपनी नागरिकता को प्रभावशाली बना सके। लास्की के विचार में निजी सम्पत्ति के कारण उत्पादन ठीक प्रकार से नहीं चलता। इसका उद्देश्य मुनाफे की दृष्टि से विलासिता की अनावश्यक चीजों का उत्पादन होता है।

लास्की ने इस युक्ति को अस्वीकार किया है कि श्रम को प्रोत्साहन देने के लिए सम्पत्ति की आवश्यकता होती है। लास्की के अनुसार, सम्पत्ति एकत्र करने के लिए व्यक्ति जो श्रम करता है वह समाज-विरोधी भी हो सकता है। सम्पत्ति श्रम को जितना प्रोत्साहित करती है उससे ज्यादा हतोत्साहित भी कर सकती है। लास्की निजी सम्पत्ति को श्रम और योग्यता का परिणाम न मान कर केवल मुनाफा कमाने की योग्यता का परिणाम मानते हैं।

लास्की के अनुसार, सम्पत्ति का नैतिक आधार है श्रम। अपने श्रम से पायी गयी सम्पत्ति ही नैतिक है। जिनकी सम्पत्ति दूसरों के प्रयत्नों का परिणाम है, वे समाज पर बोझ हैं। उनके पास कानूनी अधिकार है, लेकिन क्योंकि यह कानूनी अधिकार उनके व्यक्तिगत प्रयत्नों से पैदा नहीं हुए हैं, इसलिए वे सम्मान पाने का नैतिक अधिकार नहीं रखते हैं। लास्की ने उत्तराधिकार में मिली सम्पत्ति का विरोध किया है। उनके अनुसार उत्तराधिकार में मिली सम्पत्ति बर्बाद करने वाली होती है, और वह उद्देश्यहीन विलासिता में लग जाती है। लास्की उत्तराधिकार में मिली सम्पत्ति को न्याय के हर नियम के विरुद्ध मानते हैं। उनके अनुसार, उत्तराधिकार में मिली सम्पत्ति केवल विधवाओं को आमदनी देने और बच्चों की शिक्षा के लिए न्यायसंगत हो सकती है।

लास्की के अनुसार, उद्योग में पूंजी लगाने का अधिकार केवल उसे है जिसने अपने व्यक्तिगत प्रयत्नों से पूंजी एकत्रित की हो; क्योंकि कोई भी मनुष्य उस सम्पत्ति पर अधिकार नहीं रखता जो उसने स्वयं न अर्जित की हो। लास्की के विचार में औद्योगिक संगठन में पूंजी की भूमिका सीमित होनी चाहिए। पूंजी लगाने वाले को एक निश्चित लाभांश मिलना चाहिए जो उसकी पूंजी के उपयोग किए जाने का किराया हो। उद्योगों का नियन्त्रण पूंजीपतियों के हाथों में नहीं होना चाहिए, लास्की के अनुसार, उद्योगों में अगर मजदूरों को प्रबन्ध में हिस्सेदारी दी जाए, तो यह उन्हें सम्पत्ति की भावना की तुलना में अधिक प्रोत्साहन देगा। अच्छे काम के लिए प्रोत्साहन मुनाफा कमाना नहीं हो सकता है, क्योंकि मुनाफा कुछ लोग ही कमा सकते हैं। पूंजीपतियों का मुनाफा दूसरों को काम करने का प्रोत्साहन नहीं दे सकता है। श्रम को प्रोत्साहन तभी मिल सकता है जब समाज के हर व्यक्ति को उसके श्रम के अनुसार फल मिले। इस तरह, लास्की सम्पत्ति की मौजूदा व्यवस्था को अनुचित मानते हैं। उनके अनुसार, निजी सम्पत्ति किसी के पास इतनी अधिक नहीं होनी चाहिए कि वह स्वामित्व के आधार पर दूसरों पर वर्चस्व स्थापित कर सके, और न ही किसी के पास इतनी कम होनी चाहिए कि वह अपने व्यक्तित्व का विकास ही न कर पाए।[1]

---

1. एम०पो० जैन, ***आधुनिक राजनीति के सिद्धान्त*** (दिल्ली : आथर्स गिल्ड पब्लिकेशन्स, 1988). पृ० 281-86.

सार्वजनिक सम्पत्ति

मुख्यतः समता के आधार पर समाजवादियों द्वारा व्यक्तिगत सम्पति की संस्था का विरोध किया गया है और या तो व्यक्तिगत सम्पत्ति अधिकारों को सीमित करने या उत्पादन के साधनों के क्षेत्र में पूरी तरह समाप्त करने की वकालत की गयी है। समता के मूल्य के आधार पर ही व्यक्तिगत सम्पत्ति के विकल्प के रूप में सार्वजनिक सम्पत्ति के विचार का समर्थन किया जाता है। जब किसी सम्पत्ति को सार्वजनिक सम्पत्ति कहा जाता है तो इसका अर्थ यह होता है कि वह किसी व्यक्ति की निजी सम्पत्ति नहीं है, बल्कि पूरे समुदाय की सम्पत्ति है। सामुदायिक स्वामित्व की स्थापना एक केन्द्रीकृत राज्य के माध्यम से की जा सकती है (राजकीय समाजवाद), या मजदूरों और उत्पादकों के संगठनों द्वारा (अराजकतावादी समाजवाद)। जिस केन्द्रीकृत राज्य के माध्यम से सामुदायिक स्वामित्व की स्थापना की जाती है, उस पर जनता का लोकतान्त्रिक नियन्त्रण हो सकता है (लोकतान्त्रिक समाजवाद) या नहीं भी, जैसे कि भूतपूर्व सोवियत संघ में। सामुदायिक स्वामित्व विकेन्द्रित राज्य के माध्यम से भी सम्भव है, उदाहरण के तौर पर, गाँव के स्तर पर गाँव की सारी जमीन लोकतांत्रिक तरीके से निर्वाचित ग्राम पंचायत के हाथों में रह सकती है।

भारत में इस समय मिश्रित अर्थव्यवस्था है, जिसमें ''निजी क्षेत्र'' और ''सार्वजनिक क्षेत्र'' दोनों का अस्तित्व है। जिन उद्योगों और व्यापारों का नियन्त्रण व्यक्तिगत हाथों में है, उसे निजी क्षेत्र, और जिनका नियन्त्रण केन्द्र सरकार, राज्य सरकार या स्थानीय निकायों के हाथों में है, उसे सार्वजनिक क्षेत्र कहा जाता है। उदाहरण के तौर पर, भारतीय रेल एक सार्वजनिक सम्पत्ति है। भारतीय रेल का नियन्त्रण भारत की संसद के माध्यम से भारत की जनता के हाथों में है। यह किसी टाटा, बिरला या अम्बानी की निजी सम्पत्ति नहीं है।

सार्वजनिक सम्पत्ति की अवधारणा की आलोचना भी की गयी है। ये आलोचनाएँ मुख्यतः भूतपूर्व सोवियत संघ और चीन जैसे साम्यवादी देशों के अनुभवों पर आधारित रही है। उल्लेखनीय है कि जब राज्य के माध्यम से सामुदायिक स्वामित्व की स्थापना के प्रयत्न किए जाते हैं, तो इसे सही अर्थों में सामुदायिक स्वामित्व तभी कहा जा सकता है, जब कि राज्य पर समुदाय का लोकतान्त्रिक नियन्त्रण हो। ऐसे नियन्त्रण के अभाव में तथाकथित सार्वजनिक सम्पत्ति समुदाय की सम्पत्ति नहीं बल्कि मात्र राज्य की सम्पत्ति बन कर रह जाती है। इसलिए, लोकतांत्रिक समाजवादियों का यह आग्रह रहता है कि लोकतंत्र के अभाव में समाजवाद की स्थापना सम्भव नहीं हैं।

ट्रस्टीशिप

गाँधी समाज से गैरबराबरी मिटाने के और आर्थिक समता स्थापित किए जाने के पक्ष में थे। वे वर्गविहीन समाज के आदर्श को भी स्वीकार करते थे। गाँधी समाज में शारीरिक श्रम की प्रतिष्ठा चाहते थे और यह भी चाहते थे कि समाज के हर व्यवसाय में लगे लोगों को बराबर सम्मान और वेतन मिले। लेकिन, उनके अनुसार यह लक्ष्य हिंसा के द्वारा नहीं, बल्कि अहिंसा के द्वारा प्राप्त किया जाना चाहिए। साम्यवादियों की तरह वे यह नहीं मानते थे कि इसके लिए उत्पादन के साधनों में व्यक्गित स्वामित्व को समाप्त कर दिया जाना चाहिए। उनके अनुसार ट्रस्टीशिप के सिद्धान्त द्वारा इस लक्ष्य को प्राप्त किया जा सकता है।

गाँधी सत्य, अहिंसा, ब्रह्मचर्य, अपरिग्रह और अस्तेय जैसे नैतिक मूल्यों में विश्वास करते थे। उनके अनुसार, एक हद तक शारीरिक सुविधा और आराम का होना जरूरी है, लेकिन उस हद से आगे बढ़ने पर ये सुविधाएँ और आराम सहायक बनने की बजाए ''आध्यात्मिक'' उन्नति में बाधक बन जाते हैं। गाँधी के विचार में सच्ची सभ्यता के लक्षण परिग्रह बढ़ाना नहीं है, बल्कि सोच-समझ कर अपनी इच्छा से उसे कम करना है। गाँधी के अनुसार कोई चीज वास्तव में चुराई नहीं गयी हो तो भी अगर हम आवश्यकता के बिना उसका संग्रह करते हैं, तो उसे चोरी का माल समझा जाना चाहिए। गाँधी के अनुसार अगर हर कोई सिर्फ अपनी जरूरत की चीजों का ही संग्रह करे, तो किसी को कमी महसूस न हो और सब को संतोष हो। अगर अमीर व्यक्ति अपना बहुत ज्यादा परिग्रह छोड़े तो गरीब को भी अपनी जरूरत की चीजें आसानी से मिल जाएँ और दोनों को संतोष होगा। गाँधी की राय में अगर कोई ऐसी चीज लेता और रखता है, जिसकी उसे किसी तात्कालिक उपयोग के लिए जरूरत नहीं है, तो वह उसकी किसी दूसरे से चोरी ही करता है। यदि हरेक आदमी जितना उसे चाहिए उससे ज्यादा न ले, तो दुनिया में न गरीबी रहे न कोई आदमी भूखा मरे।

गाँधी के विचार में न सिर्फ भारत की बल्कि सारी दुनिया की अर्थव्यवस्था ऐसी होनी चाहिए कि किसी को भी रोटी और कपड़े के अभाव की तकलीफ न सहनी पड़े। दूसरे शब्दों में, हरेक को इतना अवश्य मिल जाना चाहिए कि वह अपने खाने-पीने की जरूरतें पूरी कर सके। गाँधी के विचार में यह आदर्श निरपवाद रूप से तभी कार्यान्वित किया जा सकता है जब जीवन की प्राथमिक आवश्यकताओं के उत्पादन के साधन जनता के नियंत्रण में रहे।

गाँधी के अनुसार, जिस अर्थविद्या से व्यक्ति या राष्ट्र के नैतिक कल्याण को हानि पहुँचती हो वह अनीतिमय और ''पापपूर्ण' है। उदाहरण के तौर पर, जो अर्थविद्या किसी देश को किसी दूसरे देश का शोषण करने की अनुमति देती है या मजदूरों को उचित पारिश्रमिक नहीं देती है और उनके श्रम का शोषण करती है, वह अनैतिक है। जो अर्थशास्त्र धन की पूजा करना सिखाता है और बलवानों को दुर्बलों का शोषण करके धन का संग्रह करने की सुविधा देता है, उसे शास्त्र का नाम नहीं दिया जा सकता है। सच्चा अर्थशास्त्र सामाजिक न्याय की हिमायत करता है, वह समान भाव से सब की भलाई का—जिनमें कमजोर भी शामिल हैं—प्रयत्न करता है।

गाँधी की राय में आर्थिक समानता के लिए काम करने का मतलब है, पूंजी और श्रम के झगड़े को हमेशा के लिए मिटा देना। इसका अर्थ यह होता है कि एक ओर जिन मुट्ठी भर पैसे वाले लोगों के हाथ में राष्ट्र की सम्पत्ति का बड़ा भाग इकट्ठा हो गया है, उनकी सम्पत्ति को कम करना, और दूसरी ओर जो करोड़ों लोग जिन्हें पर्याप्त रोटी और कपड़ा नहीं मिलता है, उनकी सम्पत्ति में वृद्धि करना। जब तक मुट्ठी भर धनवानों और करोड़ों भूखे रहने वालों के बीच बेहिसाब अन्तर बना रहेगा, तब तक अहिंसा के बुनियाद पर चलने वाली राज्य-व्यवस्था कायम नहीं हो सकती है।

प्रश्न यह उठता है कि अहिंसा के द्वारा आर्थिक समानता कैसे लायी जा सकती है? गाँधी के अनुसार इसके लिए पहला कदम यह है कि जिस किसी ने भी इस आदर्श को अपनाया हो, वह अपने जीवन मे आवश्यक परिवर्तन करे। भारत की गरीब जनता के साथ

तुलना कर के अपनी आवश्यकताएँ कम करे। अपने धन कमाने की शक्ति को नियंत्रण में रखे। जो धन कमाए उसे ईमानदारी से कमाने का निश्चय करे। अपना घर भी अपनी सामान्य आवश्यकताएँ पूरी करने लायक ही रखे और जीवन को हर तरह से संयमी बनाये। अपने जीवन में सम्भव सुधार कर लेने के बाद अपने मिलने-जुलने वालों और अपने पड़ोसियों में समानता के आदर्श का प्रचार करे।

गाँधी के अनुसार अमीरों के ट्रस्टीशिप द्वारा आर्थिक समता की दिशा में बढ़ा जा सकता है। गाँधी के अनुसार श्रम पूंजी से श्रेष्ठ है। उनका मानना था कि अगर श्रमिक पूंजीवाद के विरुद्ध इकट्ठे हो जाएँ, तो पूंजीवाद का अन्त हो जाएगा। लेकिन वे साम्यवादियों की तरह बलपूर्वक पूंजीवाद को उखाड़ फेंकने के पक्ष में नहीं थे। उनके अनुसार यह प्रक्रिया वर्ग-द्वेष पर आधारित है, जो अहिंसा या प्रेम के नैतिक मूल्य के विरुद्ध है। गाँधी के अनुसार जिस तरह पूंजीपतियों द्वारा श्रमिकों को उनके श्रम के न्यायसंगत मूल्य से वंचित रखना नैतिक दृष्टि से अनुचित है, वैसे ही श्रमिकों द्वारा अतिरंजित मांगों से पूंजीपतियों को परेशान करना और उद्योगों को नष्ट करना भी अनुचित है। वे पूंजीपति और मजदूर वर्ग के बीच संघर्ष नहीं, सहयोग और सहअस्तित्व का समर्थन करते थे।

गाँधी के अनुसार पूंजीपतियों को यह समझना चाहिए कि उनके पास जमा पूंजी श्रमिकों के श्रम का परिणाम है। इसलिए, एक पूंजीपति या जमीन-मालिक को, जिसके पास आवश्यकता से अधिक धन हो, अपने-आप को उस धन का ट्रस्टी मानना चाहिए। उसे समझना चाहिए कि वह धन आम जनता का है जो उसके पास धरोहर है, और इसलिए उस धन का इस्तेमाल अपने निजी आराम के लिए करने की बजाय उसे जन-कल्याण के कार्यों में लगाना चाहिए। अगर वह प्रामाणिकता से ट्रस्टी बनेगा, तो वह जो पैसा पैदा करेगा उसका सद्‌व्यय भी करेगा। जब मनुष्य अपने-आप को समाज का सेवक मानेगा, समाज के खातिर धन कमाएगा, समाज के कल्याण के लिए उसे खर्च करेगा, तब उसकी कमाई में शुद्धता आएगी। गाँधी के अनुसार, अगर ट्रस्टीशिप के विचार को ईमानदारी से अपनाया जाएगा तो समाज में संघर्ष के बिना एक मूक क्रान्ति पैदा हो सकती है।

ट्रस्टीशिप के सिद्धान्त के साथ इसकी व्यावहारिकता का प्रश्न भी जुड़ा हुआ है। गाँधी के अनुसार बुद्धि और प्रेम की बुनियादी मानव-प्रवृत्तियों के आधार पर पूंजीपतियों को यह समझाया जा सकता है कि उनके पास जमा पूंजी श्रमिकों के श्रम का फल है, और वे उसे इसी रूप में देखें। प्रश्न यह उठता है कि क्या मनुष्य के स्वभाव में इस किस्म के परिवर्तन के ऐसे दृष्टान्त मिलते हैं? गाँधी के अनुसार, व्यक्तियों में इस किस्म का परिवर्तन हुआ है। अगर बड़े पैमाने पर इस किस्म के समाज परिवर्तन के उदाहरण नहीं मिलते हैं, तो वह इसलिए क्योंकि व्यापक अहिंसा का प्रयोग आज तक नहीं किया गया है। यह नयी चीज है इसलिए इसे झूठ समझकर फेंक नहीं देना चाहिए। गाँधी के अनुसार, अहिंसा के द्वारा इस किस्म का परिवर्तन सम्भव है।

गाँधी के अनुसार, अगर महाप्रयत्न करने के बाद भी धनी वर्ग ट्रस्टी न बने और भूख से मरते करोड़ों लोगों को और अधिक कुचलता चला जाए, तो ऐसे में फिर असहयोग की सहायता लेनी चाहिए। कोई धनवान गरीबों के सहयोग के बिना धन नहीं कमा सकता। गरीबों को अपनी इस अहिंसक शक्ति का जब अहसास हो जाएगा, तो वे अहिंसक तरीके

से उस आर्थिक असमानता को, जिसके वे शिकार हैं, दूर करने का उपाय भी सीख जाएँगे। गाँधी के अनुसार, ट्रस्टीशिप का विचार अव्यावहारिक नहीं है। अगर इस विचार को व्यवहार में उतारने का प्रयत्न किया गया तो दुनिया में समानता की स्थापना की दिशा में हम दूसरे किसी उपाय से जितनी दूर तक जा सकते हैं, उसकी बजाए इस उपाय से ज्यादा दूर तक जा सकेंगे।

गाँधी के अनुसार, राज्य अगर हिंसा द्वारा पूंजीवाद को दबाने की कोशिश करेगा तो वह स्वयं ही हिंसा के ऐसे जाल में फँस जाएगा, जिससे वह फिर कभी भी अहिंसा का विकास नहीं कर सकेगा। गाँधी के विचार में राज्य हिंसा का एक केन्द्रित और संगठित रूप है। व्यक्ति में आत्मा होती है, क्योंकि राज्य एक जड़ यन्त्र मात्र है, इसलिए उसे हिंसा से कभी नहीं छुड़ाया जा सकता, हिंसा से ही राज्य का जन्म होता है। गाँधी ने ट्रस्टीशिप के सिद्धान्त को इस कारण ही महत्त्व दिया है। यह डर हमेशा बना रहता है कि कहीं राज्य उन लोगों के खिलाफ जो उससे मतभेद रखते हैं, बहुत ज्यादा हिंसा का उपयोग न करे। गाँधी के अनुसार, सबसे बेहतर तो यही है कि लोग स्वेच्छा से ट्रस्टी बन जाएँ ताकि राज्य के हाथों में शक्ति का अधिक केन्द्रीकरण न हो। गाँधी के विचार में राज्य की हिंसा की तुलना में व्यक्तिगत स्वामित्व की हिंसा कम हानिकारक है। लेकिन, अगर धनी लोग स्वेच्छा से ट्रस्टी नहीं बनते हैं, तो गाँधी की राय में "भरसक कम हिंसा का आश्रय लेकर उनसे उनकी सम्पत्ति ले लेनी पड़ेगी"। गाँधी के अनुसार, अगर राज्य द्वारा स्वामित्व अनिवार्य हो तो "मैं भरसक कम-से-कम राज्य की मालिकी की सिफारिश करूँगा"।

गाँधी के अनुसार, अगर सम्पत्तिवान वर्ग समझाने-बुझाने से अपने को ट्रस्टी मानने से इनकार करता है, तो अन्तिम विकल्प के रूप में असहयोग या सत्याग्रह का सहारा भी लिया जा सकता है। आजादी के कुछ समय पहले उन्होंने वैधानिक ट्रस्टीशिप का भी समर्थन किया था, लेकिन उनके अनुसार इस किस्म के कानून को ऊपर से लादे जाने की बजाए सामाजिक परिस्थितियों के परिपक्व होने पर जनता द्वारा पंचायत स्तर से लागू किया जाना चाहिए।[1]

गाँधी के बाद विनोबा और जयप्रकाश नारायण द्वारा ट्रस्टीशिप के सिद्धांत का एक बड़ा प्रयोग भूदान के रूप में किया गया। भूदान आन्दोलन के दौरान विनोबा और जयप्रकाश नारायण बहुत सारे जमीन मालिकों को अपनी जमीन का कुछ हिस्सा भूमिहीनों को देने के लिए राजी करने में सफल भी रहे थे। लेकिन, जैसा कि जे॰ पी॰ ने स्वयं स्वीकार किया था, यह प्रक्रिया एक सीमा तक जाकर रूक गयी थी। आगे चल कर, अपने सम्पूर्ण क्रान्ति के चिन्तन के अन्तर्गत जे॰ पी॰ ने शान्तिमय वर्ग-संघर्ष का समर्थन किया, जे॰ पी॰ के अनुसार सिर्फ ऊपर के वर्गों के विचार परिवर्तन पर निर्भर रहने से समाज में वांछनीय परिवर्तन लाने में काफी समय लग जाएगा। इसलिए, क्रान्ति की दिशा में बढ़ने के लिए जे॰ पी॰ पिछड़े, दबे लोगों के व्यापक वर्ग-संगठन ओर शान्तिमय वर्ग-संघर्ष को जरूरी मानते थे, (जे॰ पी॰ के वर्ग-संघर्ष की चर्चा "सम्पूर्ण क्रान्ति" अध्याय में की गयी है।)

---

1. मो॰ क॰ गाँधी (सम्पादक, सिद्धराज ढड्ढा), ***मेरे सपनों का भारत*** (वाराणसी : सर्वसेवा सघ, 1969), पृ॰ 28-34

समीक्षा

सम्पत्ति की संस्था पर नैतिक दृष्टि से विचार करते समय स्वतन्त्रता और समता के मूल्यों को ध्यान में रखना चाहिए। स्वतन्त्रता का अर्थ हुआ **प्रत्येक** व्यक्ति की अपने जीवन को जीने की अधिकतम स्वतन्त्रता, जब तक कि वह दूसरों की स्वतन्त्रता में हस्तक्षेप न करे। इसके इस्तेमाल के लिए सिर्फ बाहरी बन्धनों का अभाव **पर्याप्त** नहीं है। **आर्थिक क्षमता का होना भी जरूरी है।** इसी तरह, समता के अन्तर्गत कानूनी, राजनीतिक और सामाजिक प्रतिष्ठा की समता शामिल है। **आर्थिक असमानता के कारण कई बार कानूनी और राजनीतिक समानता निरर्थक हो जाती है, और प्रतिष्ठा की गैरबराबरी का भी जन्म होता है।** इन बातों को ध्यान में रखते हुए ही सम्पत्ति की संस्था का मूल्यांकन किया जा सकता है।

निजी सम्पत्ति के पक्ष में दी गयी युक्तियों पर विचार करते समय यह ध्यान रखना चाहिए कि जिस युक्ति से किसी एक किस्म की वस्तु में निजी सम्पत्ति के अधिकार का समर्थन किया जा सकता है, यह जरूरी नहीं है कि उसी युक्ति से किसी दूसरे किस्म की वस्तु पर सम्पत्ति के अधिकार का समर्थन भी किया जा सके। उदाहरण के तौर पर, अगर कोई व्यक्ति अपने श्रम से जमीन पर खेती कर फसल उगाता है, तो हम यह कह सकते हैं कि वह फसल उसके श्रम का परिणाम है, इसलिए, वह उसकी निजी सम्पत्ति है। इसी तरह, अगर कोई कुम्हार मिट्टी से अपने श्रम द्वारा बर्तन बनाता है या कोई लेखक अपने श्रम से कोई रचना करता है, तो हम यह कह सकते हैं कि वह बर्तन या रचना क्रमशः कुम्हार और लेखक की निजी सम्पत्ति है। लेकिन, इस आधार पर हम जमीन पर निजी स्वामित्व का समर्थन नहीं कर सकते हैं। **जमीन, नदी, या कोई भी प्राकृतिक सम्पदा किसी व्यक्ति के श्रम का फल नहीं है।** आज के समय में अगर कोई व्यक्ति अपने श्रम के द्वारा अर्जित पूंजी से जमीन खरीदता है, तो यह कहा जा सकता है कि यह उसके श्रम का परिणाम है, लेकिन इस आधार पर, अन्तिम विश्लेषण में, जमीन पर निजी स्वामित्व को सही नहीं ठहराया जा सकता है। जमीन पर इस पृथ्वी पर पैदा होने वाले हर इन्सान का बराबर अधिकार होना चाहिए। कुछ निजी हाथों में जमीन के स्वामित्व का केन्द्रीकरण सरासर अनुचित है। हर व्यक्ति को कम-से-कम इतनी जमीन मिलनी ही चाहिए कि वह एक स्वास्थ्यदायक और सुन्दर मकान बना कर रह सके।

इसी तरह, सम्पत्ति के बारे में विचार करते समय उत्पादनों के साधनों में निजी स्वामित्व या ''निजी सम्पत्ति'' (private property) और व्यक्तिगत इस्तेमाल की वस्तुओं में व्यक्तिगत स्वामित्व या ''व्यक्तिगत सम्पत्ति'' (personal property) के बीच अन्तर करना जरूरी है। (वैसे, व्यवहार में ''निजी सम्पत्ति'' और ''व्यक्तिगत सम्पत्ति'' शब्दों का प्रयोग "private property" के लिए पर्यायवाची के रूप में भी किया जाता है।) इस अर्थ में ''निजी सम्पत्ति'' के अन्तर्गत खेती के लिए जमीन या कारखाने जैसी वस्तुओं पर सम्पत्ति के अधिकार आते हैं; जबकि ''व्यक्तिगत सम्पत्ति'' में रोटी, कपड़ा, रहने के लिए मकान, किताबें, साइकिल, गाड़ी, रेडियो, टी. वी. और कम्प्यूटर जैसी व्यक्तिगत इस्तेमाल या उपयोग की वस्तुओं पर अधिकार आते हैं। उल्लेखनीय है कि समाजवादियों और साम्यवादियों द्वारा उत्पादन के साधनों पर निजी स्वामित्व या इस अर्थ में ''निजी सम्पत्ति'' को समाप्त करने की वकालत की गयी है, व्यक्तिगत सम्पत्ति को समाप्त करने

की नहीं। उदाहरण के तौर पर, पूर्व सोवियत संघ में भी व्यक्तिगत सम्पत्ति के अधिकार को संवैधानिक मान्यता प्राप्त थी।[1] जमीन के सन्दर्भ में कहा जा सकता है कि जमीन पर व्यक्तिगत सम्पत्ति (रहने के लिए घर बनाने) का अधिकार प्रत्येक वयस्क व्यक्ति को एक बराबर मिलना चाहिए, जबकि उत्पादन के साधन (खेत) के रूप में जमीन पर सामुदायिक स्वामित्व होना चाहिए। अगर कोई उस जमीन पर श्रम कर फसल उपजाता है, तो उस फसल पर उसका व्यक्तिगत स्वामित्व होगा, जमीन पर नहीं। लेकिन, जमीन पर सामुदायिक स्वामित्व केन्द्रित और सर्वाधिकारवादी राज्य के माध्यम से नहीं, बल्कि विकेन्द्रित, लोकतांत्रिक राज्य के माध्यम से होना चाहिए। उदाहरण के तौर पर, गाँव की सारी खेती-योग्य जमीन गाँव की निर्वाचित पंचायत के नियंत्रण में रह सकती है।

व्यक्तिगत या निजी सम्पत्ति के समर्थन में दी जाने वाली सबसे महत्त्वपूर्ण युक्ति यह है कि इससे आर्थिक सुरक्षा मिलती है, जो व्यक्तिगत स्वतन्त्रता और आत्मनिर्भरता के लिए बहुत जरूरी है। प्राउधाँ और लास्की जैसे समाजवादी विचारकों ने भी इस युक्ति का समर्थन किया है। लेकिन, इस युक्ति के आधार पर कुछ निजी हाथों में सम्पत्ति के केन्द्रीकरण को उचित नहीं ठहराया जा सकता है। बल्कि इसके आधार पर तो यही कहा जा सकता है कि **प्रत्येक** व्यक्ति के पास कम से कम इतनी सम्पत्ति होनी चाहिए, जिससे उसे आर्थिक सुरक्षा मिले और वह एक अच्छा जीवन जी सके। इस दृष्टि से देखने पर असली समस्या व्यक्तिगत या निजी सम्पत्ति की संस्था नहीं, बल्कि निजी सम्पत्ति के अधिकारों का कुछ हाथों में केन्द्रीकरण है। इस केन्द्रीकरण से गरीबी, आर्थिक गैरबराबरी और कानूनी एवं राजनीतिक गैरबराबरी पैदा होती है। इसलिए, अगर निजी सम्पत्ति को समाप्त नहीं किया जाता है, तो उसे कम-से-कम सीमित और विकेन्द्रित किया जाना चाहिए। उदाहरण के तौर पर, अगर गाँव के स्तर पर जमीन पर सामुदायिक स्वामित्व की स्थापना नहीं की जाती है, तो फिर भूमि हदबन्दी कानूनों के जरिए, जिनके पास बहुत अधिक जमीन है, उनसे जमीन ले कर भूमिहीनों के बीच बाँट दी जानी चाहिए।

इसी तरह, शहरी और औद्योगिक सम्पत्ति पर भी कानून द्वारा सीमा लगायी जानी चाहिए। अगर एक विकेन्द्रित लोकतान्त्रिक सरकार द्वारा बहुमत जनता के समर्थन से ऐसे कानूनों को लागू किया जाता है, तो इसमें कुछ भी अनुचित नहीं है।

निजी सम्पत्ति के अधिकार के साथ उत्तराधिकार के अधिकार का प्रश्न भी जुड़ा है। समता की दृष्टि से एक आदर्श यह है कि हर किसी को अपनी प्रतिभा के विकास का समान अवसर मिलना चाहिए। इस दृष्टि से आज के समाज में उत्तराधिकार का अधिकार एक विसंगति मालूम देता है। किसी को उत्तराधिकार में करोड़ों की सम्पत्ति मिल जाती है, तो किसी को गरीबी और कंगाली। ऐसे में यह कैसे कहा जा सकता है कि दोनो को अपनी प्रतिभा के विकास का बराबर अधिकार या अवसर प्राप्त है? एक तरह से यह भी **जन्म पर आधारित गैरबराबरी है।** इस दृष्टि से उत्तराधिकार का अधिकार समाज में गैरबराबरी का स्रोत मालूम देता है। लास्की जैसे विचारकों ने उत्तराधिकार के अधिकार को समाप्त करने की वकालत की है। आज के समय यही उचित लगता है कि किसी भी व्यक्ति को उत्तराधिकार में इतनी ही सम्पत्ति मिलनी चाहिए, जो उसे आर्थिक सुरक्षा प्रदान करने और

1. Pascal Gisbert, *Fundamentals of Sociology* (Bombay : Orient Longman, 1978), p. 169.

अच्छा जीवन जीने के लिए पर्याप्त हो। लेकिन, गहराई से देखने पर, यहाँ पर भी समस्या उत्तराधिकार नहीं, बल्कि **सम्पत्ति का असमान वितरण** है। सम्पत्ति के केन्द्रीकरण के साथ मिल कर उत्तराधिकार समाज में असमानता को स्थाई बनाता है। अगर समाज में सम्पत्ति का समान वितरण हो, तो उत्तराधिकार भी एक समान होगा।

संक्षेप में, स्वतन्त्रता और समता की दृष्टि से यह कहा जा सकता है कि एक लोकतान्त्रिक राज्य में निजी सम्पत्ति (private property) को या तो समाप्त कर देना चाहिए, या सीमित कर देना चाहिए। व्यक्तिगत सम्पत्ति (personal property) का अधिकार रहना चाहिए। सम्पत्ति चाहे निजी हो या व्यक्तिगत उसका वितरण ऐसा नहीं होना चाहिए, जिससे समाज में गरीबी या कानूनी, राजनीतिक और सामाजिक गैरबराबरी पैदा हो। राज्य के हाथों में सम्पत्ति का इतना केन्द्रीकरण भी नहीं होना चाहिए, जिससे व्यक्ति की स्वतन्त्रता के लिए खतरा पैदा हो जाए।

❑

अध्याय 11

शिक्षा का उद्देश्य

शिक्षा से सम्बन्धित तीन बुनियादी प्रश्न उठाए जा सकते हैं:

1. शिक्षा का उद्देश्य क्या होना चाहिए?

2. शिक्षा के लिए पाठ्यक्रम क्या होना चाहिए?

3. पाठ्यक्रम को पढ़ाने की विधि क्या होनी चाहिए?

इनमें से पहला प्रश्न शिक्षा-दर्शन (Philosophy of Education) से जुड़ा सबसे बुनियादी प्रश्न है। पहले प्रश्न का उत्तर खोजे बिना शिक्षा से जुड़े अन्य बुनियादी प्रश्नों का उत्तर देना सम्भव नहीं है। शिक्षा के उद्देश्य को निर्धारित किए बिना पाठ्यक्रम के स्वरूप और उसे पढ़ाने की विधि को निर्धारित करना सम्भव नहीं है।

जी. ई. मूर ने अपनी पुस्तक *Principle Ethica* में दो किस्म के बुनियादी नैतिक प्रश्नों के बीच अन्तर किया है: एक, किस किस्म के वस्तुओं का अपने-आप में अस्तित्व होना चाहिए? और दूसरा, किस किस्म के कर्मों को हमें करना चाहिए? मूर के अनुसार, इनमें से पहला प्रश्न अधिक बुनियादी है, क्योंकि दूसरे प्रश्न का उत्तर खोजने के लिए पहले प्रश्न का उत्तर जानना जरूरी है। पहले प्रश्न का सम्बन्ध **साध्य** से है, और दूसरे प्रश्न का सम्बन्ध **साधन** से है। यह निर्धारित करने के लिए कि कौन से कर्म ऐसे है जिन्हें हमें करना चाहिए, हमारे लिए दो बातों को जानना जरूरी है: एक, हमारे कर्मो का परिणाम क्या होगा? और दो, कौन-सी वस्तुएँ ऐसी हैं जिनका अपने-आप में अस्तित्व होना चाहिए?[1]

शिक्षा-दर्शन के क्षेत्र में भी कुछ ऐसी ही स्थिति है। शिक्षा का उद्देश्य क्या होना चाहिए?—इस प्रश्न का सम्बन्ध साध्य से है, जबकि बाद वाले दोनों प्रश्नों का सम्बन्ध साधन से हैं। साध्य स्पष्ट होने के बाद ही साधन के प्रश्न पर सही ढंग से विचार किया जा सकता है।

शिक्षा के उद्देश्य के बारे में किसी विचारक के विचार उसके दार्शनिक विचारों पर निर्भर करेंगे—खास कर, ज्ञान सम्बन्धी और नैतिकता सम्बन्धी विचारों पर। मोटे तौर पर कहा जा सकता है कि शिक्षा का उद्देश्य होना चाहिए **विद्यार्थी के ज्ञान मे वृद्धि और उसे एक अच्छा इन्सान बनाना।** लेकिन गहराई से देखने पर समस्या इतनी सरल नहीं है। प्रश्न यह उउता है कि ''ज्ञान'' क्या है और ज्ञान कैसे मिलेगा? अगर हम यह समझते हैं कि आस्था और श्रुति के जरिए ज्ञान मिल सकता है, तो हम अलग किस्म की शिक्षा की वकालत करेंगे। और अगर हमारे अनुसार तर्कसंगत और वैज्ञानिक चिन्तन से ज्ञान मिल सकता है, तो फिर हमारे अनुसार पाठ्यक्रम का स्वरूप और पढ़ाने की विधि अलग होगी।

---

1 G. E. Moore, *Principia Ethica*, pp. vii-ix.

इसी तरह, ''अच्छा इन्सान'' किसे कहेगें यह प्रश्न सीधे-सीधे नीतिशास्त्र से जुड़ा हुआ है। प्लेटो जैसे कुलीनतंत्र के समर्थक दार्शनिक के विचार में अच्छा इन्सान वही होगा जो कुलीनतत्रीय व्यवस्था में अपनी भूमिका को अच्छी तरह निभा सके। शिक्षा का उद्देश्य होगा उसे अपनी इस भूमिका के लिए तैयार करना। जबकि स्पष्ट ही है कि इस बारे में लॉक, मिल और डूवी जैसे लोकतन्त्र-समर्थक दार्शनिकों की राय अलग होगी। लॉक के अनुसार, शिक्षा का उद्देश्य है ऐसे मनुष्यों को उत्पन्न करना जो समुदाय के सुख में वृद्धि करें। मिल के अनुसार शिक्षा का मुख्य उद्देश्य मनुष्य को अधिकतम लोगों के अधिकतम सुख के सामाजिक आदर्श के करीब ले जाना है। डूवी के अनुसार शिक्षा द्वारा ऐसे बच्चे उत्पन्न किए जा सकते हैं, जो उच्च बुद्धि से सम्पन्न हों, और जिनमें निरन्तर बढ़ते सन्तोष के आदर्श की दिशा में समाज को सुधारने की मनोवृत्ति हो।

प्लेटो

प्लेटो (427-347 बी. सी.) ने अपनी पुस्तक *Republic* में प्रथम पूर्णतः विकसित शिक्षा का दर्शन प्रस्तुत किया है। प्लेटो ने शिक्षा के पाठ्यक्रम, विधि और प्रशासन सम्बन्धी अपने परामर्शों को मानव स्वभाव और समाज सम्बन्धी अपने विचारों पर आश्रित किया है। प्लेटो के अनुसार, शिक्षा एक साधन है जिसका अन्तिम लक्ष्य यह है कि **व्यक्ति एक न्यायपूर्ण (just) और अच्छे समाज में एक न्यायपूर्ण और अच्छा जीवन बिता सके।** प्लेटो ने अपने नैतिक चिन्तन के आधार पर इस लक्ष्य का समर्थन किया है। इसी तरह, प्लेटो ने ज्ञानमीमांसा सम्बन्धी अपने विचारों के आधार पर शिक्षा की कुछ विधियों का समर्थन किया है।

प्लेटो ने *Republic* की शुरूआत में ही यह प्रश्न उठाया है कि ''न्याय'' क्या है? प्लेटो के अनुसार, ''न्यायपूर्ण'' राज्य वह है जो एक व्यक्ति और एक काम के सिद्धान्त पर आधारित हो। हर व्यक्ति को वही काम करना चाहिए, जिसके लिए वह सबसे उपयुक्त हो, और उसे दूसरों के काम से हस्तक्षेप नहीं करना चाहिए। प्लेटो के ''आदर्श राज्य'' में ''श्रम का विभाजन'' है। इसमें तीन वर्ग हैं: एक, अभिभावक, दो, सैनिक, और तीन, उत्पादक श्रम में लगे लोग। प्लेटो के अनुसार, सभी इन्सान गुण की दृष्टि से एक जैसे नहीं होते हैं। जिनमें बुद्धि का तत्त्व प्रधान है उन्हें पहले वर्ग में, जिनमें साहस का तत्त्व प्रधान है उन्हें दूसरे वर्ग में, और जिनमें इच्छाएँ प्रमुख है उन्हें तीसरे वर्ग में रहना चाहिए। ''आदर्श'' या ''न्यायपूर्ण'' राज्य वह है, जिनमें ये तीनों वर्ग ''अपना-अपना'' काम करें। दूसरे शब्दों में, सैनिक वर्ग अभिभावक वर्ग के नियन्त्रण में, और उत्पादक श्रम में लगा तीसरा वर्ग सैनिक वर्ग के नियन्त्रण में रहे। कोई एक-दूसरे के काम में हस्तक्षेप न करे। इसी तरह, व्यक्ति के सन्दर्भ में ''न्यायपूर्ण''चरित्र वह है जिसमें मानव स्वभाव के तीनों तत्त्व—बुद्धि, साहस और इच्छाओ—के बीच सामंजस्य हो: साहस और इच्छाएँ बुद्धि के नियन्त्रण में रहें।

प्लेटो ने व्यक्ति के चरित्र और राज्य में सुधार लाने के लिए शिक्षा को मुख्य विधि के रूप में इस्तेमाल करने का परामर्श दिया है। प्लेटो के अनुसार, सुधार का अर्थ है व्यक्तिगत और सामाजिक न्याय की ओर बढ़ना। प्लेटो की राय में व्यक्तिगत और सामाजिक सुधार के लिए एक सर्वव्यापी, अनिवार्य और सार्वजनिक शिक्षा की व्यवस्था स्थापित की जानी चाहिए। सभी को पढ़ने, लिखने, गिनने, परम्परागत कविता और नाटक का मूल्यांकन करने तथा शारीरिक व्यायाम करने की शिक्षा दी जानी चाहिए। कुछ लोगा

को सैनिक कला की शिक्षा प्राप्त करनी चाहिए, और कुछ को विज्ञानों की और उन बुनियादी सिद्धान्तों की, जो सभी वास्तविकता और मूल्यों की व्याख्या करते हैं। प्रत्येक विद्यार्थी की क्षमता की जाँच द्वारा यह सुनिश्चित किया जाना चाहिए कि उसमें कौन-सी क्षमता अधिक विकसित है, और शिक्षा पूरी होने के बाद उसे राज्य में उसके अनुरूप भूमिका निभाने के लिए भेज दिया जाना चाहिए। इस तरह, राज्य के हर वर्ग में ऐसे लोगों की नियुक्ति की जानी चाहिए जो उस वर्ग के काम को करने के लिए सबसे अधिक योग्य हों। प्लेटो के अनुसार, इस किस्म की शिक्षा से **ऐसे व्यक्ति उत्पन्न होंगे जिनके चरित्र उनकी योग्यताओं के अनुरूप न्यायपूर्ण होंगे, और एक ऐसा राज्य उत्पन्न होगा जिसके विभिन्न अंगों के बीच भी व्यक्ति के चरित्र के विभिन्न तत्त्वों जैसा ही सामंजस्य होगा।**[1]

लॉक

लॉक (1632-1704) एक इन्द्रियानुभववादी दार्शनिक हैं। उन्होंने लोकतन्त्र का और व्यक्तिगत सम्पत्ति के अधिकार का समर्थन किया है। लॉक ने एक समय अपने एक मित्र के अनुरोध पर उसके बेटे की शिक्षा के सम्बन्ध में कई पत्र लिखे। 1693 में लॉक ने उन पत्रों में कुछ संशोधन ला कर *Some Thoughts Concerning Education* के रूप में प्रकाशित किया। इस तरह, लॉक के विचार एक ऐसे सम्पत्तिवान वर्ग के पुत्र को ध्यान में रख कर दिए गए हैं, जिसे भविष्य में सरकार में शामिल होना हो।

लॉक के अनुसार, **शिक्षा का उद्देश्य है ऐसे मनुष्यों को उत्पन्न करना जो समुदाय के सुख में वृद्धि करें।** उनका चरित्र अच्छा होना चाहिए और उनमें सीखने के प्रति उपयुक्त रूझान होना चाहिए। लॉक की राय में अच्छे चरित्र का अर्थ है सद्गुण, दुनियादारी (prudence) और शिष्टाचार के आधार पर आचरण करने की आदतें। सीखने के प्रति उपयुक्त मनोवृत्ति का अर्थ है ज्ञान के प्रति सम्मान और आवश्यकता होने पर उसे अर्जित करने की आदत। लॉक के अनुसार, इन आदतों और मनोवृत्तियों को अर्जित करने का सर्वश्रेष्ठ तरीका है शिक्षक द्वारा घर पर दी जाने वाली शिक्षा। बौद्धिक और नैतिक दोनों किस्म के प्रशिक्षण में बच्चे के हित को केन्द्र बना कर उसे स्वयं सीखने के लिए प्रेरित करना चाहिए, और उसकी सफलताओं का सार्वजनिक रूप से अनुमोदन कर उसे प्रेरणा देनी चाहिए।[2]

लॉक के अनुसार, शिक्षा प्रत्येक बच्चे की अभिवृत्ति और योग्यताओं को ध्यान में रखकर दी जानी चाहिए। लॉक ने मनमाने पाठ्यक्रम और छड़ी द्वारा विद्यार्थी को रटवा कर पढ़ाने को अस्वीकार किया है। लॉक ने बौद्धिक शिक्षा के पहले शारीरिक स्वास्थ्य और अच्छे चरित्र के विकास पर बल दिया है। लॉक के अनुसार, जहाँ तक सम्भव हो शिक्षा अनिवार्यतः लादी नही जानी चाहिए, बल्कि इस तरह दी जानी चाहिए जिससे विद्यार्थी को शिक्षा ग्रहण करने में आनन्द आए। लॉक ने अपनी पुस्तक में सिर्फ नियमों को याद करवाने और दण्ड की बजाए अच्छे उदाहरण, अभ्यास और व्यवहार द्वारा शिक्षा पर बल दिया है।[3]

---

1. *The Encyclopedia of Philosophy*, vol. 6, pp. 231-32.
2. Ibid., p. 234.
3. *The Encyclopedia of Philosophy*, vol. 4, p. 500.

मिल

मिल (1806-1873) ने ज्ञानमीमांसा के क्षेत्र में इन्द्रियानुभववाद का, नीतिशास्त्र के क्षेत्र में उपयोगितावाद का और राजनीति के क्षेत्र में लोकतन्त्र का समर्थन किया है। मिल के उपयोगितावाद के अनुसार, सर्वश्रेष्ठ समाज वह है जिसमें अधिकतम लोगों को अधिकतम सुख प्राप्त हो। मिल के अनुसार, "उच्च" और "निम्न" गतिविधियों के बीच सही अनुपात, व्यक्तिगत आत्मबोध और कर्त्तव्य पालन द्वारा ही सुख मिल सकता है।

शिक्षा का मुख्य उद्देश्य **मनुष्य को अधिकतम लोगों के अधिकतम सुख के सामाजिक आदर्श के करीब ले जाना है।** पाठ्यक्रम की ओर विशेष ध्यान दिया जाना चाहिए, जिससे "उच्च" और "निम्न" इच्छाओं और सुखों के बीच सही अनुपात बना रहे। शिक्षा की विधि ऐसी होनी चाहिए, जिससे व्यक्ति मुक्त विचार-विमर्श और सत्य की व्यक्तिगत खोज द्वारा आत्मबोध (self realization) प्राप्त कर सके। नैतिक शिक्षा को सफल तभी माना जाएगा जब व्यक्ति को ऐसे कार्य को करने में सुख का अनुभव हो, जिसे उसे करना चाहिए, चाहे भले ऐसा करने के लिए उसे अपने व्यक्तिगत सुखों (pleasures) का त्याग करना पड़े। मिल के विचार में सभी के लिए अनिवार्य प्राथमिक शिक्षा और ऐसे लोगों के लिए, जो इससे लाभ उठा सकते हैं, उच्च शिक्षा द्वारा ऐसे समाज की ओर बढ़ा जा सकता है, जिसमें अधिकतम सुख हो।[1]

जॉन डूवी

जॉन डूवी (1859-1952) बीसवीं सदी के एक प्रमुख अमरीकी दार्शनिक हैं। पर्स और जेम्स जैसे प्रमुख अमरीकी व्यवहारवादी (pragmatic) दार्शनिकों के साथ डूवी का नाम लिया जाता है। डूवी ने अपने दर्शन में प्रकृतिवाद और उपकरणवाद (instrumentalism) को केन्द्रीय स्थान दिया है। डूवी के प्रकृतिवाद के अनुसार सभी सार्थक अन्वेषण की शुरूआत और अन्त प्राकृतिक विश्व से होनी चाहिए; जबकि उपकरणवाद के अनुसार सभी मूल्यवान विचार समस्याओं को सुलझाने के प्रायोगिक उपकरण या औजार हैं।

जॉन डूवी बीसवीं सदी के एक प्रभावशाली शिक्षा दार्शनिक हैं। *The School and Society* और *Democracy and Education* शिक्षा सम्बन्धी डूवी की दो महत्त्वपूर्ण पुस्तकें हैं। डूवी के अनुसार, सर्वश्रेष्ठ जीवन वह है जिसमें जो क्रिया वास्तव में सबसे सन्तोषजनक है, वह पूरे समाज में सबसे व्यापक रूप में फैली हो। अच्छा समाज वह है जिसमें समाज की संस्थाएँ आपस में इस तरह जुड़ी हों कि नागरिकों के सन्तोष का निरन्तर विकास हो सके।

डूवी की राय में शिक्षा वह प्रक्रिया है जिसके द्वारा उस समाज की समूह आदतों (group habits) को बच्चे पर आरोपित किया जाता है, जिसमें उसका जन्म हुआ हो। इस तरह, शिक्षा समाज को स्थायित्व प्रदान करती है। लेकिन, शिक्षा इससे अधिक भी बहुत कुछ है। क्योंकि आरोपित की जाने वाली आदतों में एक आदत यह भी होती है कि बच्चा बुद्धिमानी से काम करे, इसलिए शिक्षा से समाज के सुधार को भी प्रोत्साहन मिलता है। इस तरह, स्कूल सामाजिक प्रगति के आधार हैं।

---

1. *The Encyclopedia of Philosophy,* vol. 6, p. 240.

डूवी के अनुसार, यह जरूरी नहीं है कि हर किसी को कोई एक ही पाठ्यक्रम पढ़ाया जाए। स्कूलों को किसी विद्यार्थी को वे सारी चीजें पढ़ानी चाहिए, जिन्हें सीखने में उसकी रूचि हो। जो बातें विद्यार्थी के लिए सीखना जरूरी हो उनमें विद्यार्थी की रूचि को जागृत करने का प्रयत्न करना चाहिए। शिक्षा की इस विधि के इस्तेमाल के लिए प्रत्येक विद्यार्थी की रूचियों और क्षमताओं को जानने की दृष्टि से उस पर व्यक्तिगत रूप से ध्यान देना जरूरी है। डूवी के विचार में बच्चा दूसरों के साथ मिलकर काम करते वक्त ही सर्वश्रेष्ठ तरीके से सीख सकता है। इसलिए, बच्चों को स्कूल के मामलों में कुछ हिस्सेदारी भी प्रदान की जानी चाहिए। डूवी के अनुसार, पाठ्यक्रम, शिक्षा की विधियों और प्रशासन में परिवर्तन ला कर शिक्षा द्वारा **ऐसे बच्चे उत्पन्न किए जा सकते हैं, जो उच्च बुद्धि से सम्पन्न हों, और जिनमें निरन्तर बढ़ते सन्तोष के आदर्श की दिशा में समाज को सुधारने की मनोवृत्ति हों।**[1]

डूवी के अनुसार, शिक्षा को अनुभव पर आधारित होना चाहिए और उसे अनुभव पर लागू भी किया जाना चाहिए। जीवन का अर्थ है विकास और **मनुष्य के पूर्ण एवं निरन्तर विकास के लिए शिक्षा आवश्यक है।** इसलिए, शिक्षा कोई ऐसी चीज नहीं है जो वयस्क होने से या कोई रोजगार हासिल करने से पहले दी जाती है। अच्छे या बुरे अर्थ में शिक्षा सारे जीवन चलती है। डूवी ध्यान दिलाते हैं कि शिक्षा को जितनी आवश्यकता सामान्य दार्शनिक मार्गदर्शन की है, उतनी ही आवश्यकता विशेष समस्याओं को सुलझाने वाली व्यावहारिक तकनीकों की है। शिक्षा को ऐसे सार्थक विधियों को खोजना चाहिए, जिसके द्वारा विचार और व्यवहार को एक-दूसरे से जोड़ा जा सके। डूवी के विचार में विद्यार्थियों को समस्याओं का बना-बनाया समाधान सिखाना आसान है, जबकि उन्हें उन विधियों को सिखाना, जिसके द्वारा वे स्वयं किसी समस्या का समाधान खोज सकें, अपेक्षाकृत कठिन है। किसी भी सही मायने में प्रगतिशील शिक्षा को विद्यार्थियों को न सिर्फ समस्याओं को सुलझाने के लिए पहले से बनी-बनायी विधियों को सिखाना चाहिए, बल्कि यह भी प्रयत्न करना चाहिए कि विद्यार्थी स्वयं भी उन विधियों को समझ सके। डूवी के अनुसार, प्रगतिशील शिक्षा एक गतिशील प्रक्रिया है जिसमें विचार और अनुभव के बीच तथा योजना बनाने और उसे लागू करने के बीच परस्पर सम्बन्ध होता है। डूवी की राय में प्रगतिशील शिक्षा का एक बुनियादी सिद्धान्त यह है कि इसका कभी भी अन्त नहीं होता। डूवी की दृष्टि में **एक शिक्षित व्यक्ति वह नहीं है जिसके पास किसी निश्चित मात्रा में ज्ञान हो, बल्कि वह है जिसमें और अधिक शिक्षा अर्जित करने की क्षमता हो।**

डूवी ने लोकतन्त्र और शिक्षा को एक-दूसरे का पूरक माना है। डूवी के विचार में सभी की अधिकतम सम्भव शिक्षा के बिना लोकतान्त्रिक समाज की स्थापना असम्भव है। साथ ही, डूवी यह भी मानते हैं कि ऐसी सामाजिक स्थितियों के बिना, जो मुक्त अन्वेषण और ज्ञान के उदार प्रसार को प्रोत्साहन दे, शैक्षणिक विकास को पूरी तौर से हासिल करना सम्भव नहीं है। डूवी ने शिक्षा को सामाजिक सन्दर्भ में रखा है। स्कूल और समाज, या शिक्षा और संस्कृति का एक-दूसरे पर असर पड़ता है। जैसे व्यक्ति पर्यावरण के प्रति अपनी अनुक्रिया द्वारा पर्यावरण में भी कुछ परिवर्तन लाता है, ठीक वैसे ही स्कूल या शिक्षा दोनों ही एक ओर समाज या संस्कृति द्वारा प्रभावित होते हैं, और दूसरी ओर वे समाज या संस्कृति को प्रभावित भी करते हैं।

डूवी के अनुसार, शिक्षा की विधियों की लगातार समीक्षा होनी चाहिए और उनमें

1 Ibid., pp. 240-41.

आवश्यक संशोधन लाया जाना चाहिए। शिक्षा के दर्शन की अनुभव के प्रकाश में निरन्तर जाँच की जानी चाहिए।[1]

डी. जे. ओ'कोनर

डी. जे. ओ'कोनर (D. J. O'Connor) ने पहली बार 1957 में प्रकाशित अपनी पुस्तक *An Introduction to the Philosophy of Education* में विश्लेषणात्मक दर्शन की दृष्टि से शिक्षा के दर्शन पर विचार किया है। ओ' कोनर के अनुसार, दर्शनशास्त्र एक किस्म की समीक्षात्मक क्रिया है जिसका उद्देश्य है स्पष्टता लाना।

ओ'कोनर के विचार में एक दृष्टि से हम सभी ''शिक्षा'' के अर्थ को समझते हैं। इस शब्द का तात्पर्य उस किस्म के प्रशिक्षण से है जो स्कूलों और विश्वविद्यालयों में दी जाती है। लेकिन, ''शिक्षा'' शब्द का एक व्यापक अर्थ भी है, जिस अर्थ में विश्वविद्यालयों के प्रशिक्षण महाविद्यालयों में विद्यार्थी शिक्षा का अध्ययन करते हैं। इन विद्यार्थियों की रूचि सिर्फ स्कूलों और विश्वविद्यालयों में होने वाली विभिन्न किस्म की गतिविधियों तक ही सीमित नहीं रहती है। ओ'कोनर के अनुसार, व्यापक दृष्टि से ''शिक्षा'' के अर्थ को संक्षेप में इस प्रकार रखा जा सकता है—

''शिक्षा'' का सम्बन्ध है—

(क) ज्ञान, हुनर (skill) और अभिवृत्तियों (attitude) को प्रदान करने के तकनीकों के एक समूह से।

(ख) सिद्धान्तों के एक समूह से जिसका उद्देश्य इन तकनीकों की व्याख्या करना या उनके औचित्य को दिखाना होता है।

(ग) मूल्यों या आदर्शों के एक समूह से, जिन्हें हासिल करने के लिए ज्ञान, हुनर और अभिवृत्तियाँ प्रदान की जाती हैं, और जो दी जानी वाली प्रशिक्षण की मात्रा और स्वरूप को निदेर्शित करता है।

ओ'कोनर के अनुसार, इनमें से तीसरे तत्त्व का दर्शनशास्त्र से सबसे स्पष्ट सम्बन्ध है। पहले और दूसरे तत्वों यानी शिक्षा के तकनीकों और उनकी व्याख्या और समर्थन करने वाले सिद्धान्तों का निर्धारण विज्ञान की विधियों द्वारा ही हो सकता है, और खासकर, मनोविज्ञान द्वारा। उदाहरण के तौर पर, गणित या भूगोल सिखाने की सबसे कारगर विधि क्या है यह एक तथ्य सम्बन्धी प्रश्न है, जिसका निर्धारण निरीक्षण, प्रयोग और प्रमाण के मूल्यांकन की अन्य विधियों द्वारा ही किया जा सकता है।

ओ'कोनर के अनुसार, शिक्षा के उद्देश्य सम्बन्धी तीसरे तत्त्व का सम्बन्ध दर्शनशास्त्र से है, और यह शिक्षा से सम्बन्धित सबसे बुनियादी प्रश्न है। किसी शिक्षा व्यवस्था के बारे में पूछे जाने वाले सभी प्रश्नों को दो मुख्य प्रश्नों के रूप में रखा जा सकता है: एक, साध्य के रूप में किसे मूल्यवान माना जाता है। और दो, इन साध्यों को प्राप्त करने के कारगर साधन क्या होंगे। कोनर के अनुसार, किसी भी समाज में **शिक्षा के उद्देश्यों को लेकर आपस में गम्भीर मतभेद रखनेवाले लोगों के बीच भी काफी आम सहमति रहती है।** समाज सुचारू रूप से चल पाए इसके लिए यह जरूरी होता है कि कुछ न्यूनतम हुनर और अभिवृत्तियाँ समाज के सदस्यों के बीच सामान्य हों। इस सामान्य न्यूनतम (common minimum) को प्रदान करना शिक्षा का एक उद्देश्य है। प्रश्न यह उठता है

1. Guy W. Stroh, *American Philosophy from Edwards to Dewey: An Introduction* (New Delhi: Affiliated East-West Press Pvt. Ltd. 1970), pp. 261-63.

कि "यह न्यूनतम क्या है?" ओ'कोनर के अनुसार, इस प्रश्न का उत्तर अलग-अलग समाजों में अलग-अलग होगा। ओ' कोनर ने, जो कि ब्रिटेन के हैं, अपनी ओर से शिक्षा के निम्नलिखित उद्देश्य बताए हैं—

(1) औरत और मर्द को उन न्यूनतम हुनरों को प्रदान करना जो उनके लिए (क) समाज में अपना स्थान ग्रहण करने के लिए और (ख) और अधिक ज्ञान प्राप्त करने के लिए जरूरी है।

(2) उन्हें व्यावसायिक प्रशिक्षण प्रदान करना जो उन्हें आत्मनिर्भर बना सके।

(3) उनमें ज्ञान के प्रति रुचि और उसके लिए स्वाद जागृत करना।

(4) उन्हें समीक्षात्मक बनाना।

(5) उन्हें मानवता के सांस्कृतिक और नैतिक उपलब्धियों के सम्पर्क में लाना और उनके मूल्यांकन के लिए प्रशिक्षित करना।

ओ'कोनर के अनुसार, उनकी युक्ति की दृष्टि से यह प्रासंगिक नहीं है कि ये शिक्षा के "वास्तविक" उद्देश्य हैं या कि इन्हें किसी भी शिक्षा व्यवस्था का उद्देश्य **होना चाहिए।** ओ'कोनर की राय में यह एक तथ्य है कि इन उद्देश्यों को लेकर शिक्षा में रुचि रखनेवाले अधिकांश लोगां में एक आम सहमति है। शिक्षा से सम्बन्धित इन उद्देश्यों में से कुछ को प्राथमिक स्तर पर हासिल किया जा सकता है जबकि कुछ को शिक्षा के उच्च स्तर पर। लेकिन, किसी भी सभ्य देश की शिक्षा व्यवस्था के प्रमुख उद्देश्य इसी प्रकार के होते हैं। ओ'कोनर के विचार में अगर हम इन उद्देश्यों पर सूक्ष्मता और विस्तार से विचार करें तब इनको लेकर असहमतियाँ पैदा होतीं हैं। महत्त्वपूर्ण बात यह है कि **शिक्षा के उद्देश्यों से सम्बन्धित किसी भी प्रस्ताव का उसे प्रस्तावित करने वाले व्यक्ति के मूल्यांकनों से सम्बन्ध रहता है।**[1]

समीक्षा

प्लेटो, लॉक, मिल और डूवी जैसे दार्शनिकों के शिक्षा-सम्बन्धी विचारों के सर्वेक्षण से यह स्पष्ट है कि उनके शिक्षा के उद्देश्य सम्बन्धी विचार उनके नैतिक या नीतिशास्त्रीय विचारों से जुड़े हुए हैं। यह स्वाभाविक ही है क्योंकि "शिक्षा का उद्देश्य क्या होना चाहिए?" यह एक **मानक** प्रश्न है। दूसरी महत्त्वपूर्ण बात यह है कि इन सभी ने मानव जीवन और समाज को बेहतर बनाने में शिक्षा को एक अहम भूमिका प्रदान की है, चाहे भले "बेहतर" मानव-जीवन और "बेहतर" समाज की उनकी अवधारणाएँ अलग-अलग हों।

ओ'कोनर का यह कहना भी सही मालूम देता है कि मतभेदों के बावजूद शिक्षा के उद्देश्यों के बारे में समाज में काफी हद तक आम सहमति भी रहती है। उदाहरण के तौर पर, इसे लगभग एक स्वयंसिद्ध माना जा सकता है कि शिक्षा का सम्बन्ध "ज्ञान" से है। "ज्ञान" क्या है, और इसे कैसे हासिल किया जा सकता है, इस बारे में राय चाहे भले कुछ भिन्न-भिन्न हो। फिर यह भी सत्य है कि स्कूली शिक्षा, व्यावसायिक शिक्षा और विश्वविद्यालयी शिक्षा के उद्देश्य कुछ अलग-अलग होंगे, हालांकि उनके बीच सामंजस्य होना भी जरूरी है।

बुद्धिवादी-मानवतावादी दृष्टि से यह कहा जा सकता है कि शिक्षा का सबसे बुनियादी उद्देश्य होना चाहिए, एक ओर, तर्कसंगत वैज्ञानिक चिंतन को, और दूसरी ओर, धर्मनिरपेक्ष, तर्कसंगत ओर मानवीय नैतिकता को प्रोत्साहन देना।

❑

1. D. J. O'Connor, *An Introduction to the Philosophy of Education* (London and Henley : Routledge & Kegan Paul, 1980).

अध्याय 12

वैज्ञानिक दृष्टिकोण और प्रगति

विज्ञान का समाज पर मुख्यतः दो तरीके से असर होता है—पहला, वैज्ञानिक दृष्टिकोण के द्वारा; और दूसरा, वैज्ञानिक विधि के इस्तेमाल से हुए तकनीकी आविष्कारों के जरिए। तकनीक और प्रौद्योगिकी का समाज पर काफी असर पड़ता है। यहाँ तक कि कुछ समाजशास्त्री प्रौधोगिकी को ही सामाजिक परिवर्तन का मुख्य कारक मानते हैं।

अपनी आवश्यकताओं को पूरा करने के सचेत प्रयत्न में मनुष्य प्रौद्योगिकी का विकास करता है, लेकिन इन तकनीकी आविष्कारों के प्रयोग के क्रम में वह अपनी कल्पना या अभिप्राय से कहीं ज्यादा गहरे और व्यापक परिवर्तनों को जन्म देता है। यह ठीक वैसे ही है जैसे हम कोई नया घर बनाते हैं, और फिर यह पाते हैं कि उसमें रहने के लिए हमें अपनी कई आदतों को बदलना होगा। समाजशास्त्री प्रोफेसर ओगबर्न ने रेडियो पर किए गए अध्ययन में ऐसे एक सौ पचास प्रभावों की चर्चा की है। इनमें ''सुबह के व्यायाम को प्रोत्साहन'' से लेकर ''राष्ट्रों के बीच सांस्कृतिक प्रसार'' शामिल है। इसके अलावा, जैसा कि मैकीवर और पेज ने ध्यान दिलाया है, कई बार तकनीकी यन्त्रों का इस्तेमाल करने के क्रम में सामाजिक सम्बन्धों में भी परिवर्तन लाना पड़ता है।[1]

अन्य समाजों की तरह भारत में भी तकनीक सामाजिक परिवर्तन का एक बड़ा स्रोत है। प्रिंटिंग प्रेस, रेल, रेडियो और फोन के आने से भारतीय समाज में परिवर्तन को काफी बल मिला। अब बड़े पैमाने पर टी० वी०, कम्प्यूटर और इंटरनेट जैसे आधुनिक संचार माध्यमों के आ जाने से सामाजिक परिवर्तन की प्रक्रिया और तेज हो रही है। तकनीकी विकास के सामाजिक परिणाम इतने दूरगामी और महत्त्वपूर्ण हैं कि वेवलेन जैसे कुछ समाजशास्त्री इसे सामाजिक परिवर्तन की मुख्य व्याख्या मानते हैं।[2]

वैज्ञानिक दृष्टिकोण के द्वारा समाज पर पड़नेवाला असर एक मायने में कहीं अधिक बुनियादी होता है। इससे समाज की बुनियादी मान्यताओं, विश्वासों या समाज की संस्कृति में मूल-तत्त्व—दर्शन—में ही परिवर्तन आ जाता है।

वैज्ञानिक विधि की विशेषता यह होती है कि वह इन्द्रियानुभव—निरीक्षण और प्रयोग—पर आधारित होती है। विज्ञान में सत्यापन (verification) के बिना किसी सिद्धान्त को सत्य स्वीकार नहीं किया जाता है। जब तक किसी सिद्धान्त का सत्यापन नहीं हो जाए, तब तक उसे सिर्फ प्राक्कल्पना (hypothesis) के रूप में ही स्वीकार किया जाता है।

---

1. R. M. MacIver & Charles H. Page, *Society: An Introductory Analysis* (New Delhi : Macmilan India Limited, 1981), pp. 515-16.
2. वैसे, सामाजिक परिवर्तन के सांस्कृतिक सहित और भी कारक होते हैं। देखें, ''सामाजिक परिवर्तन : परम्परा और आधुनिकता''

वैज्ञानिक दृष्टिकोण और आधुनिक दार्शनिक दृष्टिकोण एक-दूसरे के काफी करीब हैं। दर्शनशास्त्र की एक महत्त्वपूर्ण शाखा है—तर्कशास्त्र, और आगमन तर्कशास्त्र के अन्तर्गत मुख्यतः वैज्ञानिक विधि का ही अध्ययन किया जाता है। इसके अलावा, दर्शनशास्त्र में भी तर्कसंगत प्रमाण के बिना किसी सिद्धान्त को सत्य स्वीकार नहीं किया जाता है। दर्शनशास्त्र और विज्ञान में अन्तर यह है कि दार्शनिक **तार्किक विश्लेषण** की सहायता लेते हैं, जबकि वैज्ञानिक निरीक्षण और प्रयोग का। विज्ञान में तथ्यों के निरीक्षण (observation) प्रयोग (experiment), प्राक्कल्पना (hypothesis), और सत्यापन (verification) द्वारा सामान्य नियमों की स्थापना के लिए प्रयत्न किए जाते हैं। दूसरी ओर, दार्शनिक वैज्ञानिकों की तरह प्रयोगशालाओं में प्रयोग नहीं करते हैं। वे मुख्य रूप से विश्लेषण की सहायता लेते हैं। वैसे तो दर्शन के लम्बे इतिहास में अलग-अलग समस्याओं के समाधान के लिए दार्शनिकों द्वारा अलग-अलग विधियाँ अपनायी गयी हैं। लेकिन बीसवीं सदी में अंग्रेजी भाषी देशों में और उनके प्रभाव से भारत में भी विश्लेषणात्मक विधि की ही प्रमुखता रही है। समकालीन दार्शनिक विश्लेषण में **सम्प्रत्ययों के स्पष्टीकरण** (calrification of concepts) और **विश्वासों के समीक्षात्मक मूल्यांकन** (critical evaluation of beliefs) का केन्द्रीय स्थान है। समकालीन विश्लेषणात्मक दार्शनिकों द्वारा तथ्य-सम्बन्धी सिद्धान्तों की सत्यता की जाँच के लिए विज्ञान की सहायता ली जाती है। इस तरह, दर्शन और विज्ञान एक-दूसरे के सहायक हो जाते हैं, और व्यापक अर्थ में दार्शनिकों द्वारा भी ''वैज्ञानिक दृष्टिकोण'' को अपनाया जाता है।[1]

सामाजिक प्रगति या किसी भी समाज के आधुनिकीकरण में वैज्ञानिक दृष्टिकोण का बड़ा केन्द्रीय महत्त्व होता है। ''आधुनिकीकरण'' में दो तत्त्व निहित हैं—

(i) युक्तिपूर्ण समीक्षात्मक दृष्टिकोण और

(ii) धर्मनिरपेक्ष दृष्टिकोण

आधुनिकीकरण के अन्तर्गत धार्मिक अंधविश्वास से समीक्षात्मक और धर्मनिरपेक्ष दृष्टिकोण की दिशा में परिवर्तन शामिल है। सिर्फ ऐसे ही परिवर्तनों को जो समाज को अंधविश्वासी मानसिकता और धार्मिक रूढ़िवादिता से समीक्षात्मक और धर्मनिरपेक्ष दृष्टिकोण की दिशा में ले जाएँ, आधुनिकता की दिशा में परिवर्तन कहा जा सकता है। जहाँ एक ओर, आधुनिक विज्ञान और दर्शन समाज के आधुनिकीकरण में सहायक हैं, वहाँ दूसरी ओर, अंधविश्वासी मानसिकता और धार्मिक रूढ़िवादिता समाज के आधुनिकीकरण के रास्ते में मुख्य बाधाएँ हैं।

विज्ञान और आधुनिक दर्शन में इस बात पर बल दिया जाता है कि **किसी भी बात को प्रमाण या तार्किक युक्तियों के बिना स्वीकार नहीं किया जाए, जो कि आधुनिकता का सार तत्त्व है।** इसके विपरीत, संगठित धर्मों द्वारा तार्किक और स्वतन्त्र चिन्तन को हतोत्साहित किया जाता है, और उसके बदले श्रद्धा या **आस्था** (faith) को प्रतिष्ठित किया जाता है। इस किस्म के दृष्टिकोण से ज्ञान-विज्ञान के विकास में बाधा पहुँचती है। पश्चिम में एक ओर चर्च और दूसरी ओर वैज्ञानिकों-दार्शनिकों के बीच हुआ संघर्ष इस बात का गवाह है।

---

1. दार्शनिक विधि की विस्तृत चर्चा के लिए देखें : ''दर्शनशास्त्र का स्वरूप : जीवन, विचार और संस्कृति से सम्बन्ध''

वैज्ञानिक दृष्टिकोण युक्तिपूर्ण और समीक्षात्मक तो होता ही है; इसी तरह, यह ''इहलोकवादी'' के अर्थ में भी ''धर्मनिरपेक्ष'' होता है। वैज्ञानिक व्याख्या में ऐसे किसी भी अतिप्राकृतिक साधन की सहायता नहीं ली जाती है जिसका इन्द्रियानुभव द्वारा ज्ञान नहीं मिलता हो। इस तरह, दर्शनशास्त्र के अध्ययन-अध्यापन की तरह, वैज्ञानिक दृष्टिकोण भी समाज को परम्परा से आधुनिकता की दिशा में ले जाने में, या दूसरे शब्दों में, सामाजिक प्रगति में सहायक है।

बट्रेण्ड रसेल ने अपनी पुस्तक *The Impact of Science on Society* में, अन्य बातों के अलावा, विज्ञान के निम्नलिखित प्रभावों की चर्चा की है—एक, विज्ञान का सीधा वैचारिक असर जिसके परिणामस्वरूप हम कई परम्परागत विश्वासों को छोड़ देते हैं, और विज्ञान द्वारा सुझाए गए नए विश्वासों को अपना लेते हैं। दूसरे, विज्ञान से उत्पन्न नयी प्रौद्योगिकी का प्रभाव, जिससे सामाजिक संगठन में गम्भीर परिवर्तन आते हैं, और परिणामस्वरूप धीरे-धीरे समानान्तर राजनीतिक परिवर्तन भी आ जाते हैं।[1]

Scientific Method के लेखक ए० बी० शाह के अनुसार विज्ञान का मानव जीवन पर तीन किस्म के प्रभाव पड़ते हैं—(i) तकनीकी (ii) सांस्कृतिक और (iii) दार्शनिक।

शाह के अनुसार प्रिंटिंग प्रेस ने ज्ञान को धार्मिक से धर्मनिरपेक्ष धरातल पर लाकर मानव जाति को अंधविश्वासों से मुक्ति दिलायी है। आधुनिक प्रौद्योगिकी के द्वारा ज्ञान और कला की विशाल निधि, जो पहले कुछ चुने हुए लोगों तक ही सीमित थी, आम लोगों तक पहुँच पायी है।[2] किसी एक वर्ग या जाति द्वारा अब ज्ञान के किसी भी क्षेत्र पर एकाधिकार बना कर रख पाना सम्भव नहीं है। प्रिंटिंग प्रेस द्वारा किताबों में उपलब्ध ज्ञान को, और अब कम्प्यूटर-इन्टरनेट द्वारा उपलब्ध ज्ञान को, कोई भी व्यक्ति हासिल कर सकता है, चाहे वह औरत हो या मर्द या चाहे उसकी कोई भी जाति हो।

❑

1. Bertand Russell, *The Impact of Science on Society* (London : Unwin Paperbacks, 1976), p. 11
2. A. B. Shah, *Scientific Method* (New Delhi : Allied Publishers Private Limited, 1974), pp. 1-10

अध्याय 13

विरसन
(Alienation)

आधुनिक पश्चिमी दर्शन में ''विरसन''या ''अलगाव'' (alienation) की अवधारणा की चर्चा सबसे पहले हीगेल के दर्शन में पाई जाती है। हीगेल के समीक्षात्मक अनुयायियों ने इस अवधारणा को धीरे-धीरे लौकिक बना दिया, और फिर मार्क्स ने अपने प्रारम्भिक रचनाओं में पूंजीवादी समाज में श्रमिकों की स्थिति की वर्णनात्मक और आलोचनात्मक व्याख्या के लिए इस अवधारणा का इस्तेमाल किया। 1950 के दशक और 60 के दशक की शुरूआत में मुख्यतः सीमैन (Seeman) द्वारा लिखित "On the Meaning of Alienation" के माध्यम से ''विरसन'' की अवधारणा को समाजशास्त्र की मुख्यधारा में शामिल कर लिया गया, और उस समय के समाजशास्त्रीय चिन्तन में इस अवधारणा की प्रधानता रही।[1]

"Alienation" शब्द की उत्पत्ति "alien" शब्द से हुई है। *Oxford Paperback Dictionory* के अनुसार "alien" का अर्थ है ''ऐसा व्यक्ति जो उस देश का नागरिक नहीं हो जिसमें वह रह रहा हो''। इसी शब्दकोष के अनुसार "alienate" शब्द का अर्थ है, ''विरोधी या प्रतिकूल बना देना''। समाजशास्त्र में "alienation" (विरसन) शब्द का प्रयोग आम बोलचाल से कुछ भिन्न अर्थ में हुआ है, हालांकि यह प्रयोग आम बोलचाल के प्रयोग से पूरी तरह अलग नहीं है।

The Macmillan Student Encyclopedia of Sociology (सम्पादक, माइकेल मैन) के अनुसार ''विरसन'' का अर्थ है व्यक्ति का अपने-आप से, या समाज से, या (जैसा कि मार्क्स ने कहा है) सामाजिक और आर्थिक प्रक्रिया से अलगाव।

जबकि *A New Dictionary of Sociology* के अनुसार ''विरसन'' का अर्थ है व्यक्ति का उसके सामाजिक अस्तित्व के मुख्य पहलुओं से अलगाव।

हीगेल के अनुसार ''विरसन'' की अवधारणा

हीगेल के अनुसार विरसन इस विश्व में मानव अस्तित्व का एक हिस्सा है। कर्त्ता (subject) के रूप में मनुष्य और वस्तु (object) के रूप में मनुष्य—दूसरे शब्दों में, आत्मसिद्धि के लिए प्रयत्नशील एक रचनात्मक कर्त्ता के रूप में मनुष्य और दूसरों द्वारा छलयोजना से प्रभावित वस्तु के रूप में मनुष्य—के बीच एक अन्तर्निहित अलगाव है; जिसके कारण मनुष्य अपनी ही द्वारा बनायी गयी चीजों, जैसे, अपनी कला, भाषा, विज्ञान, आदि, से दूर चला जाता है, और वे उसके सामने परायी वस्तु बन कर आ खड़ी होती हैं। मनुष्य की चेतना प्रकृति और भौतिक वस्तुओं से अलग हो जाती है, और इस अलगाव से उसे इस

---

1. *American Sociology Review*, 1955.

आत्मज्ञान द्वारा ही छुटकारा मिल सकता है कि बाह्य विश्व भी उसकी अपनी ही चेतना की अभिव्यक्ति है।

मार्क्स के अनुसार ''विरसन'' की अवधारणा

मार्क्स ने अपनी प्रारम्भिक दार्शनिक रचनाओं (*Economic and Philosophic Manuscripts*, 1844) में विरसन की चर्चा की है। 1932 में इन रचनाओं की खोज और प्रकाशन के बाद विरसन की अवधारणा में विचारकों की रुचि काफी बढ़ गई। इस तरह, समाजशास्त्रीय अन्वेषण के औजार के रूप में विरसन की अवधारणा में समकालीन रुचि मुख्यतः मार्क्स के प्रभाव के कारण है।

हीगेल में विरसन की अवधारणा उनके प्रत्ययवादी तत्त्वमीमांसा से जुड़ी है। मार्क्स ने हालांकि ''विरसन'' शब्द हीगेल से लिया, लेकिन उन्होंने इसे लौकिक बना दिया। यह प्रक्रिया जर्मन भौतिकवादी दार्शनिक लुडविग फ्यूरबाख से ही शुरू हो चुकी थी। इन विचारकों के अनुसार विरसन की उत्पत्ति विशेष किस्म के सामाजिक संगठन के कारण होती है। उदाहरण के तौर पर, फ्यूरबाख के अनुसार धर्म की संस्था ही विरसन का स्रोत है।

मार्क्स के अनुसार विरसन का अर्थ यह है कि मनुष्य इस विश्व में अपने-आपको एक सक्रिय कर्त्ता के रुप में महसूस नहीं करता, बल्कि यह विश्व (प्रकृति, दूसरे मनुष्य और वह स्वयं) उसके लिए पराया बना रहता है। ये उससे ऊपर और उसके विरुद्ध वस्तुएँ बन कर खड़ी हो जाती हैं, चाहे भले ही वे स्वयं उसकी बनाई हुई वस्तुएँ हों।

एम. हैरलम्बस ने अपनी पुस्तक *Sociology: Themes and Perspectives* में विरसन की चर्चा की है।[1] हैरलम्बस के अनुसार विरसन वह स्थिति है जिसमें मनुष्य की अपनी बनाई चीजें उसके लिए परायी वस्तु बन जाती है। न सिर्फ उन वस्तुओं को उन्हे बनाने वालों से स्वतंत्र मान लिया जाता है, बल्कि उनमें उन्हें नियन्त्रित करने की शक्ति प्रदान कर दी जाती है।

मार्क्स के अनुसार विरसन की प्रक्रिया की सबसे तीव्र अभिव्यक्ति कार्य और श्रम के विभाजन में होती है। लेकिन मार्क्स ने धार्मिक विरसन, विरसन के राजनीतिक रूपों और समाज के अन्य सदस्यों से विरसन की भी चर्चा की है।

मनुष्य के विरसन का एक उदाहरण धर्म में मिलता है। मार्क्स के अनुसार ''मानव ने धर्म को बनाया है, धर्म ने मानव को नहीं''। लेकिन समाज के सदस्य इस तथ्य को नहीं समझ पाते हैं कि धर्म उनकी ही बनाई हुई चीज है। वे ईश्वर में अपने कर्मों को नियन्त्रित करने और अपने भविष्य को निर्धारित करने की स्वतन्त्र शक्ति आरोपित कर देते हैं। इस तरह, स्वयं अपनी शक्ति ईश्वर को प्रदान कर देने के कारण उनका अपने-आप से विरसन हो जाता है।

मार्क्स के अनुसार धर्म समाज की आर्थिक संरचना में मौजूद विरसन के और भी आधारभूत स्रोत की अभिव्यक्ति मात्र है। वह स्रोत है श्रमिकों का अपने कार्य से विरसन। मार्क्स के अनुसार जब श्रमिकों का अपने कार्य से विरसन हो जाता है, तो उनका कार्य उनके लिए उनके स्वभाव का अंग नहीं रह कर, एक बाहरी वस्तु बन जाता है। इस कारण उन्हें अपने कार्य से सन्तोष नहीं मिलता, और न ही इससे उनकी शारीरिक और मानसिक शक्तियों का विकास होता है। इसके विपरीत, उन्हें अपने कार्य से तकलीफ होती है, और

---

1. M. Haralambos with R. M. Heald, *Sociology : Themes and Perspectives*, pp. 228-48.

उससे उनकी शारीरिक और मानसिक शक्तियों का ह्रास होता है। ऐसी स्थिति में श्रमिक अपने को कार्य के समय नहीं, बल्कि सिर्फ अवकाश के समय ही अंच्छा महसूस करता है। वह अपने कार्य को स्वेच्छा से नहीं, बल्कि बाध्यता के कारण करता है। उसका कार्य उसके लिए अन्य आवश्यकताओं की पूर्ति का साधन मात्र बन जाता है। अपने कार्य से उसके अलगाव की पुष्टि इससे ही होती है कि बाहरी दबावों के अभाव में वह अपने कार्य से दूर भागता है। वह अपने कार्य से इसलिए भी अलगाव अनुभव करता है, क्योंकि उसका कार्य उसके लिए नहीं, बल्कि दूसरों के लिए होता है।[1]

मार्क्स ने बाजार में उत्पादित वस्तुओं के विनिमय को विरसन का स्रोत माना है। मार्क्स के अनुसार, पूंजीवादी अर्थव्यवस्था में विरसन की प्रक्रिया अपनी पराकाष्ठा पर पहुँच जाती है। पूंजीवादी अर्थव्यवस्था में उत्पादन के साधनों का स्वामित्व समाज के एक छोटे अल्पसंख्यक समूह के हाथों में केन्द्रित रहता है। श्रमिक का अपने द्वारा उत्पादित वस्तुओं पर न तो नियन्त्रण रहता है और न स्वामित्व। अपने द्वारा उत्पादित वस्तुओं की तरह श्रमिक स्वयं भी एक वस्तु बन जाता है। जिस तरह मशीन और कच्चे माल की लागत का मूल्य निर्धारित किया जाता है, उसी तरह उसके श्रम की लागत का भी हिसाब लगाया जाता है। अपने द्वारा उत्पादित वस्तुओं की तरह, वह भी माँग और सप्लाई के नियम जैसे बाजार की शक्तियों द्वारा नियंत्रित होने लगता है।

इस तरह, अपने कार्य से विरसन हो जाने के कारण उसका कार्य उसके लिए सन्तोष का स्रोत नहीं रह जाता है। बल्कि अपना अस्तित्व बनाए रखने के लिए साधन मात्र रह जाता है। अपने द्वारा उत्पादित वस्तु, अपने कार्य और अपने-आप के साथ-साथ उसका समाज के अन्य व्यक्तियों से भी विरसन हो जाता है।

मार्क्स ने औद्योगिक समाज की दो महत्त्वपूर्ण विशेषताओं—उत्पादन का यन्त्रीकरण और श्रम के विभाजन—को श्रमिकों के विरसन को बढ़ाने के लिए उत्तरदायी माना है। लेकिन साथ ही उन्होंने इसे बात पर भी बल दिया है कि विरसन का मुख्य स्रोत औद्योगिकीकरण नहीं, बल्कि पूंजीवादी अर्थव्यवस्था है। इस तरह, मार्क्स के अनुसार, जैसा कि *Maclillan Student Encyclopaedia of Sociology* में बतलाया गया है, पूंजीवादी व्यवस्था में श्रमिकों का विरसन चार तरीकों से होता है—

(1) **अपने श्रम द्वारा उत्पादित वस्तुओं से विरसन**—क्योंकि इन वस्तुओं पर दूसरों का अधिकार हो जाता है;

(2) **अपने कार्य से विरसन**—उसका कार्य उसके लिए सन्तोष का स्रोत नही रह कर एक बाध्यता बन जाता है;

(3) **अन्य व्यक्तियों से विरसन**—क्योंकि पूंजीवादी व्यवस्था में सामाजिक सम्बन्ध प्रतिस्पर्धा पर आधारित हो जाते हैं और

(4) **अपने मौलिक मानव स्वभाव (species being) से विरसन**—मनुष्य अन्य जानवरों से इस मायने में अलग है कि जहाँ दूसरे जानवर अपने को पर्यावरण के साथ समायोजित (adapt) करते हैं, मनुष्य अपने चेतन प्रयत्नों द्वारा पर्यावरण को अपने वश में करने की कोशिश करता है। पूंजीवादी व्यवस्था में उसकी यह विशेषता समाप्त हो जाती है,

---

1. Lewis A. Coser and Bernard Rosenberg (ed.), *Sociological Theoory : A Book of Readings.*

और श्रमिक भी जानवरों जैसी स्थिति में आ जाता है। हीगेल के विपरीत, मार्क्स ने विरसन को एक विशेष किस्म के सामाजिक संगठन से उत्पन्न हुआ माना है, जिससे छुटकारा पाने के लिए चेतना में नहीं, बल्कि वास्तविक जगत में परिवर्तन लाने की आवश्यकता है।

सीमैन द्वारा ''विरसन'' की अवधारणा का विश्लेषण

मेलविन सीमैन ने अपने निबन्ध "On the Meaning of Alienation" में विरसन की अवधारणा की चर्चा की है। समाजशास्त्रीय साहित्य में ''विरसन'' शब्द के प्रयोग की अस्पष्टता को ध्यान में रखते हुए, सीमैन ने अपने निबन्ध में इस शब्द के साथ जुड़े अर्थों को अलग-अलग करने का और उन्हें ऐसा रूप देने का प्रयत्न किया है, जिससे उनके परिमाण को नापा जा सके। सीमैन के अनुसार ''विरसन'' समाजशास्त्र में एक केन्द्रीय अवधारणा है। इसलिए, इसके अर्थ के बारे में विशेष स्पष्टता जरूरी है। सीमैन ने बतलाया है कि ''विरसन'' की अवधारणा का मुख्य रूप से पाँच प्रकार से प्रयोग किया गया है।

सीमैन ने ''विरसन'' को एक समाज-मनोवैज्ञानिक दृष्टि से देखा है। सीमैन के अनुसार यह और अधिक शोध का विषय है कि (क) वे कौन-सी सामाजिक स्थितियाँ हैं जिनसे ये पाँच प्रकार के विरसन उत्पन्न होते हैं, और (ख) इसका मानव व्यवहार पर क्या असर होता है। सीमैन द्वारा बताए गए ''विरसन'' के पाँच भिन्न अर्थ निम्नलिखित है :

(1) **शक्तिहीनता** (powerlessness)—सीमैन के अनुसार ''विरसन'' के इस अर्थ का स्रोत मार्क्स द्वारा पूंजीवादी समाज में श्रमिक की स्थिति का विवरण है। श्रमिक अपने द्वारा उत्पादित वस्तुओं पर कोई नियन्त्रण न होने के कारण अपने को विरसित अनुभव करता है।

इस तरह, ''विरसन'' का सीमैन द्वारा बतलाया गया पहला अर्थ यह है कि व्यक्ति ऐसा महसूस करता है कि वह उन सामाजिक स्थितियों को प्रभावित करने में अक्षम है, जिसमें उसकी सामाजिक क्रियाएँ होती हैं। व्यक्ति यह समझने लगता है कि उसके द्वारा इच्छित परिणामों का निर्धारण उसके अपने व्यवहार द्वारा नहीं होता है।

(2) **अर्थहीनता** (meaninglessness)—''विरसन'' के दूसरे अर्थ का सम्बन्ध व्यक्ति की उन घटनाओं की समझ से है जिनमें वह शामिल होता है। विरसन के इस दूसरे अर्थ में व्यक्ति उस समय विरसित होता है जब वह समझ नहीं पाता है कि उसे क्या विश्वास करना चाहिए—जब निर्णय लेने के लिए व्यक्ति को कम-से-कम जितनी स्पष्टता की आवश्यकता हो उसकी पूर्ति नहीं होती।

इस तरह, ''विरसन'' के पहले अर्थ का सम्बन्ध घटनाओं को नियन्त्रित करने की क्षमता के अनुभव से हैं, वहाँ ''विरसन'' के दूसरे अर्थ का सम्बन्ध व्यवहार के परिणामों के बारे में भविष्यवाणी करने की क्षमता के अनुभव से है।

(3) **नैतिक प्रतिमानहीनता** (normlessness)—''विरसन'' के इस तीसरे अर्थ का सम्बन्ध फ्रेंच समाजशास्त्री दुर्खाइम के ''अप्रतिमानता'' (anomie) के वर्णन से है। सीमैन ने बतलाया है कि अपने परम्परागत प्रयोग में अप्रतिमानता का अर्थ ऐसी स्थिति से है, जिसमें व्यक्ति के आचरण को नियन्त्रित करने वाले नैतिक प्रतिमान या तो टूट चुके होते हैं या आचरण के नियम के रूप में प्रभावी नहीं रह गए होते हैं।

लेकिन स्वयं सीमैन ने मर्टन के आधार पर ''अप्रतिमानता'' की परिभाषा एक ऐसी स्थिति के रूप में की है, जिसमें इस बात की बहुत अधिक प्रत्याशा रहती है कि दिए गए उद्देश्यों को प्राप्त करने के लिए ऐसे व्यवहारों की आवश्यकता है, जिसे समाज में मान्यता प्राप्त नहीं है।

(4) **एकाकीकरण या पृथक्करण** (isolation)—"विरसन" के चौथे अर्थ का सम्बन्ध एकाकीकरण से है। इस अर्थ में विरसन का प्रयोग सबसे अधिक बुद्धिजीवियों की भूमिका के वर्णन में होता है, जहाँ पर बुद्धिजीवी का अपने समाज और उसके लोकप्रिय सांस्कृतिक मापदण्डों से अलगाव हो जाने की चर्चा की जाती है। सीमैन के अनुसार एकाकीकरण के अर्थ में ऐसे लोग विरसित हैं जो, बुद्धिजीवी की तरह, समाज में अधिक महत्त्व दिए जाने वाले लक्ष्यों और विश्वासों को कम महत्त्व देते हैं।

(5) **स्व-विमुखता** (self-estrangement)—"विरसन" शब्द का अन्तिम अर्थ है अपने-आप से अलगाव। सीमैन के अनुसार विरसन शब्द का इस अर्थ मे सबसे विस्तृत चर्चा एरिक फ्रॉम की पुस्तक *The Sane Society* में हुई है, जहाँ फ्रॉम ने "विरसन" शब्द का इस्तेमाल अनुभव की ऐसी स्थिति के लिए किया है, जिसमें व्यक्ति अपने को अपने-आप से पराया अनुभव करता है। वह अपने-आप से ही अलग हो जाता है।

सीमैन ने बतलाया है कि विरसन के इस अर्थ में निश्चित तौर से यह बताना कठिन है कि व्यक्ति का किस वस्तु से विरसन होता है, क्योंकि "अपने-आप से विरसन" आखिर एक रूपक ही है। लेकिन, सीमैन के अनुसार, इसके पीछे मूल विचार यह है कि व्यक्ति ऐसे क्रियाकलाप नहीं खोज पाता है, जिसमें भाग ले कर वह सन्तोष का अनुभव कर सके। इस अर्थ में कोई श्रमिक जो सिर्फ वेतन के लिए काम करता है, या कोई गृहणी जो किसी तरह काम पूरा करने के लिए खाना बनाती है, स्व-विमुखता के उदाहरण हैं।

सीमैन ने विरसन शब्द के इन पाँच अर्थो को एक-दूसरे से स्वतन्त्र माना है। इनमें से हरेक के परिमाण को नापा जा सकता है; और इनमें से हरेक के आधार पर उन सामाजिक परिस्थितियों की छानबीन की गई है, जिनके कारण विरसन का जन्म होता है।

रॉबर्ट ब्लॉनर : विरसन और प्रौद्योगिकी

"विरसन" के ऊपर दिए गए पाँच में से चार अर्थों को (अप्रतिमानता को छोड़ कर) अमरीकी समाजशास्त्री ब्लॉनर ने अपने *Alienation and Freedom* (1964) शीर्षक प्रसिद्ध अध्ययन में और अधिक विकसित किया है। ब्लॉनर ने छपाई, कपड़ा, मोटर-कार और रसायन उद्योगों में शारीरिक श्रम करने वाले मजदूरों के व्यवहार और मनोवृत्ति का अध्ययन किया। अलग-अलग किस्म की प्रौद्योगिकी का विश्लेषण कर उसने उनके द्वारा उत्पन्न विरसन की मात्रा को मापने का प्रयत्न किया। ब्लॉनर के अनुसार श्रमिक की मनोवृत्ति को उनमें मौजूद विरसन की मात्रा का प्रामाणिक मापदण्ड माना जा सकता है। अगर श्रमिक अपने कार्य से संतोष व्यक्त करता है, तो इसका अर्थ है कि उसका विरसन नहीं हुआ है। इस तरह, ब्लॉनर ने इस मार्क्सवादी दृष्टिकोण को अस्वीकार किया है कि पूंजीवादी समाज में श्रमिक उत्पादन सम्बन्धों में अपनी स्थिति के कारण अनिवार्य रूप से विरसित हो जाते हैं।

ब्लॉनर के अनुसार उत्पादन के लिए अपनायी गयी प्रौद्योगिकी श्रमिक में विरसन की मात्रा को प्रभावित करने वाला एक महत्त्वपूर्ण कारक है। अलग-अलग प्रौद्योगिकी कार्य के प्रति अलग-अलग मनोवृत्ति और इसलिए अलग-अलग मात्रा में विरसन उत्पन्न करती है। अपने अध्ययन के आधार पर ब्लॉनर ने यह विचार सामने रखा है कि परम्परागत छपाई जैसे शिल्प उद्योगों में श्रमिकों को अपने कार्य से अधिकतम संतोष प्राप्त होता है। दूसरी ओर, मोटरकार उद्योग जैसे बड़े पैमाने पर यांत्रिक संयोजन की प्रौद्योगिकी पर आधारित उद्योगों में सबसे अधिक विरसन होता है।

विरसन और अप्रतिमानता

सीमैन द्वारा बताए गए ''विरसन'' के भिन्न अर्थों में एक ''नैतिक प्रतिमानहीनता'' भी है जिसका निकट सम्बन्ध ''अप्रतिमानता'' की अवधारणा से है।

समाजशास्त्र में ''अप्रतिमानता'' (anomie) की अवधारणा का प्रवेश फ्रेंच समाजशास्त्री दुर्खाइम के माध्यम से हुआ है, जिसने बाद में इसका प्रयोग ठोस सामाजिक समस्याओं के विश्लेषण के लिए एक व्याख्यात्मक अवधारणा के रूप में किया।

''अप्रतिमानता'' का अर्थ है नैतिक प्रतिमानहीनता की स्थिति, एक नैतिक शून्य, या ऐसी स्थिति जिसे अनियन्त्रण (deregulation) कहा जाता है। अप्रतिमानता के सन्दर्भ में यह मान कर चला जाता है कि पहले समाज में एक ऐसी स्थिति रहती है, जब व्यवहार नैतिक प्रतिमानों द्वारा निर्धारित होता है। किसी कष्टदायक सामाजिक संकट के कारण बड़ी संख्या में लोगों का जीवन अस्त-व्यस्त हो जाता है और यह संतुलन नष्ट हो जाता हे। इसके परिणामस्वरूप परम्पराओं का नियंत्रण उतना प्रभावी नहीं रह जाता है और व्यापक अप्रतिमानता का जन्म होता है।

दुर्खाइम ने अप्रतिमानता को आधुनिक समाज की कई बुराइयों से जोड़ा है। उदाहरण के तौर पर, आत्महत्या पर किए गए अपने प्रसिद्ध अध्ययन में दुर्खाइम ने जिन चार प्रकार की आत्म हंत्याओं की चर्चा की है उनमें ''अप्रतिमानता आत्महत्या'' (anomic suicide) भी एक है। जब जीवन में प्राप्त करने योग्य वस्तुओं और करने योग्य कार्यों को परिभाषित करने वाले नैतिक प्रतिमानों से व्यक्ति दूर चले जाते हैं, तो उनके आत्महत्या करने की सम्भावना बढ़ जाती है। इसलिए, जैसे-जैसे समाज में अप्रतिमानता की मात्रा बढ़ती है वैसे-वैसे आत्महत्या की दर भी बढ़ जाती है।

इस तरह, ''विरसन'' समाजशास्त्र में एक महत्त्वपूर्ण अवधारणा है, और इस शब्द का समाजशास्त्रियों द्वारा अलग-अलग अर्थों में इस्तेमाल किया गया है।

❑

अध्याय 14

पारिस्थितिकी का दर्शन

(Philosophy of Ecology)

परिस्थिति-विज्ञान या पारिस्थितिकी (ecology) जीव-विज्ञान (biology) की एक शाखा है। इसे जीव-परिस्थिति-विज्ञान (bio-ecology) या पर्यावरण-जीव विज्ञान (environmental biology) भी कहा जाता है। इसके अन्तर्गत जीव (organism) का एक-दूसरे के साथ और पर्यावरण के साथ सम्बन्धों का अध्ययन किया जाता है।[1]

1960 के पहले तक विज्ञान के क्षेत्र में कई लोगों द्वारा परिस्थिति-विज्ञान को दूसरे दर्जे का स्थान दिया जाता था। 1960 के दशक में, जैसे-जैसे पर्यावरण सम्बन्धी समस्याएँ प्रमुख होती चली गयीं, परिस्थिति-विज्ञान जीव-विज्ञान के सबसे महत्त्वपूर्ण और लोकप्रिय पक्षों में से एक के रूप में उभर कर सामने आया।[2]

"Ecology" शब्द का प्रयोग जर्मन प्राणी-वैज्ञानिक (zoologist) अर्नेस्ट हैकेल (Ernst Haeckel) द्वारा शुरू किया गया। यह शब्द ग्रीक शब्द "oikos" से आया है, जिसका अर्थ है ''घर या रहने की जगह''।[3]

संक्षेप में, **परिस्थिति-विज्ञान का सम्बन्ध जीव और उसके पर्यावरण से है। पर्यावरण के अन्तर्गत जैव और भौतिक वातावरण दोनों ही शामिल हैं।**

दर्शनशास्त्र के अन्तर्गत परम्परागत रूप से पारिस्थितिकी या पर्यावरण सम्बन्धी समस्याओं का अध्ययन नहीं किया जाता है। अब नीतिशास्त्र की शाखा अनुप्रयुक्त नीतिशास्त्र (applied ethics) के अन्तर्गत इसके अध्ययन को महत्त्व दिया जाने लगा है। **अनुप्रयुक्त नीतिशास्त्र के अन्तर्गत किसी तात्कालिक महत्त्व की व्यावहारिक समस्या का नैतिक समाधान ढूँढ़ने का प्रयास किया जाता है।**[4] अनुप्रयुक्त नीतिशास्त्र के एक महत्त्वपूर्ण लेखक पीटर सिंगर के अनुसार अनुप्रयुक्त या व्यावहारिक नीतिशास्त्र के अन्तर्गत जातीय अल्पसंख्यकों (racial minorities) के साथ व्यवहार, महिलाओं की समानता, भोजन और शोध के लिए पशुओं का इस्तेमाल, गर्भपात, सुखमृत्यु (euthanasia) और समृद्ध लोगों का गरीबों के प्रति दायित्व जैसे व्यावहारिक मुद्दों पर विचार किया जाता है।[5]

इस तरह, अब पर्यावरण से जुड़ी समस्याओं का अध्ययन भी नीतिशास्त्र के अन्तर्गत होने लगा है। इस समय तो *The Journal of Environmental Ethics* के नाम से एक दार्शनिक शोध-पत्रिका का भी प्रकाशन हो रहा है।

---

1. *The New Encyclopaedia Britannica*, vol.3, p, 777.
2. Ibid., vol. 6, p. 197.
3. Ibid.
4. Peter Singer (ed.), *Applied Ethics* (Oxford : Oxford University Press,1986), p. 1.
5. Peter Singer, *Practical Ethics* (Cambridge : Cambridge University Press), p.1.

पर्यावरण सम्बन्धी नीतिशास्त्र की पहली समस्या है ''पर्यावरण'' शब्द के अर्थ को स्पष्ट करना। वैसे तो व्यापक अर्थ में मनुष्य के पर्यावरण या वातावरण (surroundings) के अन्तर्गत अन्य मानव भी आ जाते हैं, लेकिन जब आम तौर से ''पर्यावरण'' की चर्चा होती है, तो उसका तात्पर्य ''गैर-मानवीय पर्यावरण'' (non-human environment) से होता है। इस अर्थ में मनुष्य के पर्यावरण के अन्तर्गत मनुष्य को छोड़कर अन्य पशु-पक्षी, पेड़-पौधे, नदी-पहाड़ आदि आ जाते हैं।

बढ़ती हुई आबादी, तेजी से खत्म होते प्राकृतिक संसाधन, प्रदूषण के कारण पर्यावरण का बिगड़ता हुआ सन्तुलन, और मनुष्य पर उसके दुष्प्रभाव ने मानव को पहले की तुलना में पर्यावरण के प्रति अधिक सचेत होने के लिए बाध्य कर दिया है। लेकिन, जैसा कि पहले भी जिक्र किया गया है, परम्परागत रूप से नीतिशास्त्र का सम्बन्ध, **अन्य मनुष्यों पर पड़ने वाले प्रभाव के सन्दर्भ में,** मानव आचारण के अध्ययन से रहा है। मानव आचरण के अन्य पशुओं, पेड़-पौधों और नदी-पहाड़ों पर पड़ने वाले प्रभाव का अध्ययन भी नीतिशास्त्र के अन्तर्गत किया जाए, यह एक नया प्रस्ताव है।

पर्यावरण नीतिशास्त्र के अन्तर्गत पशु-नीतिशास्त्र (animal ethics) का विषय भी है। इसमें मनुष्य का अन्य जानवरों के प्रति व्यवहार का प्रश्न उठाया जाता है। पीटर सिंगर ने अपने महत्त्वपूर्ण लेख "All Animals are Equal" में इस प्रश्न को सशक्त ढंग से उठाया है, और दर्शनशास्त्र के क्षेत्र को अधिक व्यापक बनाने की वकालत की है।

पीटर सिंगर के अनुसार अश्वेत लोगों की मुक्ति का आन्दोलन और नारी मुक्ति आन्दोलन निकट अतीत के दो महत्त्वपूर्ण मुक्तिदायी आन्दोलन रहे हैं। किसी भी मुक्तिदायी आन्दोलन द्वारा समानता के सिद्धान्त की पुनर्व्याख्या के द्वारा मनुष्य के नैतिक क्षितिज को और व्यापक बनाया जाता है। इसके परिणामस्वरूप जिन आचरणों और पूर्वाग्रहों को पहले स्वाभाविक और अपरिहार्य माना जाता था, उनका फिर से मूल्यांकन किया जाता है, और मनुष्य द्वारा अपनी मौलिक अभिवृत्तियों में परिवर्तन लाया जाता है। सिंगर के अनुसार अगर हम इस किस्म का मानसिक परिवर्तन ला पाते हैं, तो हम यह देखने में समर्थ हो जाते हैं कि हमारी अभिवृत्तियों और व्यवहारों में एक संगत पैटर्न है, जो किसी एक समूह के हित में काम करता है, आम तौर से उस समूह के, जिसके हम स्वयं सदस्य होते हैं। इस तरह, हम यह देख पाते हैं कि एक नए मुक्तिदायी आन्दोलन की आवश्यकता है। सिंगर ने अपने लेख में यह प्रस्ताव रखा है कि हमारे द्वारा अन्य पशुओं के प्रति अभिवृत्ति में भी इस प्रकार का परिवर्तन लाया जाए। दूसरे शब्दों में, सिंगर का यह कहना है कि **समानता के जिस मौलिक सिद्धान्त की बात हम मानव के सन्दर्भ में करते हैं, उसे अन्य पशुओं पर भी लागू किया जाए।**

सिंगर के विचार में समानता के सिद्धान्त का एक निहितार्थ यह है कि हम दूसरों के साथ कैसा व्यवहार करते हैं, इसे उनकी योग्यता या अन्य गुणों पर आधारित नहीं होना चाहिए। अगर दो व्यक्तियों के बीच तथ्य-सम्बन्धी कुछ भिन्नता है, तो इसके आधार पर उनकी आवश्यकताओं और हितों को अलग-अलग महत्त्व देने को उचित नहीं ठहराया जा सकता है। नस्लवाद (racism) और सेक्सवाद (sexism) का विरोध भी अन्ततः इसी आधार पर किया जा सकता है। सिंगर के अनुसार अगर कोई व्यक्ति अधिक बुद्धिमान हो तो उसे दूसरे व्यक्तियों का साधन के रूप में इस्तेमाल करने का अधिकार नहीं मिल

जाता है। फिर, इस आधार पर मनुष्यों द्वारा अन्य पशुओं के शोषण का अधिकार कैसे मिल सकता है? दुख और सुख का अनुभव करने की क्षमता मनुष्य की तरह अन्य पशुओं में भी है। इसलिए, सिंगर की राय में, इस दृष्टि से अन्य पशुओं को भी मनुष्य के समान मानना चाहिए।

सिंगर के अनुसार जिस तरह नस्लवादी या प्रजातिवादी (racist) लोग अपनी प्रजाति (race) के सदस्यों के हितों को अन्य प्रजातियों के हितों की तुलना में अधिक महत्त्व देते हैं, और समानता के सिद्धान्त का उल्लंघन करते हैं। उसी तरह 'स्पीशीजिस्ट' (speciesist) लोग अपनी 'स्पीशीज' (मानव जाति) के हितों को अन्य जीवों के हितों की तुलना में अधिक महत्त्व देते हैं। सिंगर की राय में अधिकांश मनुष्य 'स्पीशीजिस्ट' होते हैं। इसका परिचय इस बात से ही मिल जाता है कि अधिकतर मनुष्यों का खास कर शहरी और औद्योगिक समाजों में, अन्य 'स्पीशीज' के साथ सबसे सीधा सम्बन्ध भोजन के समय होता है—वे उन्हें खाते हैं। ऐसा कर के वे उन्हें पूरी तरह अपने साध्यों के लिए साधन के रूप में इस्तेमाल करते हैं। वे उनके जीवन और कल्याण को एक विशेष किस्म के पकवान के लिए अपने स्वाद के अधीन रखते हैं। सिंगर के अनुसार अन्य पशुओं को भोजन में खाना पूरी तरह ''स्वाद'' का प्रश्न है, क्योंकि मांसाहार को पोषण की आवश्यकताओं को पूरा करने के आधार पर उचित नहीं ठहराया जा सकता है। यह पूरी तौर से साबित हो चुका है कि हम प्रोटीन और अन्य पोषक तत्त्वों सम्बन्धी अपनी आवश्यकताओं को सब्जियों के द्वारा पूरा कर सकते हैं। सिंगर की राय में 'स्पीशीजिस्म' से बचने के लिए हमें मांसाहार को छोड़ देना चाहिए। यह हमारा नैतिक दायित्व है।

सिंगर के अनुसार वैज्ञानिक शोध के लिए पशुओं का इस्तेमाल और उनकी हत्या 'स्पीशीजिस्म' का दूसरा उदाहरण है। सिंगर ने आधुनिक दर्शनशास्त्र में 'स्पीशीजिस्म' की भी चर्चा की है। सिंगर के विचार में दर्शन को अपने युग की बुनियादी पूर्वमान्यताओं के बारे में प्रश्न उठाना चाहिए। दर्शन का मुख्य कार्य उन बातों के बारे में सावधानीपूर्वक और समीक्षात्मक तरीके से सोचना है, जिन्हें लोग आम तौर से सही मानकर चलते हैं। यही दर्शन को एक सार्थक कार्य बनाता है। दुख की बात है कि दर्शन हमेशा अपनी इस ऐतिहासिक भूमिका को निभा नहीं पाता है। दार्शनिक भी इन्सान ही होते हैं, और उन पर उस समाज की पूर्वमान्यताओं का असर पड़ता है, जिसके वे सदस्य होते हैं। कभी-कभी वे अपने को प्रचलित विचारधारा से स्वतन्त्र करने में समर्थ होते हैं—लेकिन अधिकतर वे प्रचलित विचारधारा के परिष्कृत समर्थक बन जाते हैं। ''स्पीशीजिस्म'' के सन्दर्भ में जिस रूप में विश्वविद्यालयों में दर्शनशास्त्र का अध्ययन-अध्यापन हो रहा है, वह सिंगर के अनुसार, अन्य जीवों (species) के साथ सम्बन्धों के बारे में हमारी पूर्वमान्यताओं को चुनौती देने में असमर्थ है। जिन दार्शनिकों ने इस विषय पर लिखा है वे भी उन्हीं पूर्वमान्यताओं से ग्रस्त रहे हैं, जिनसे अधिकांश लोग प्रभावित रहते हैं।

सिंगर ने इस तथ्य की ओर ध्यान दिलाया है कि नैतिक और राजनीतिक दर्शन में जब भी समानता के समस्या की चर्चा होती है, वह मानवीय समानता के सन्दर्भ में ही होती है। इसका एक परिणाम यह है कि दूसरे पशुओं की समानता का प्रश्न दार्शनिकों और दर्शन के अध्ययनकर्त्ताओं के सामने आता ही नहीं है। इससे इस बारे में स्थापित विश्वासों को चुनौती देने में दर्शन की असफलता का परिचय मिलता है। उदाहरण के तौर पर, सिंगर

ने विलियम फ्रैंकेना (William Frankena) के " The Concept of Social Justice" का उल्लेख किया है। फ्रैंकेना ने ''न्याय'' को योग्यता पर आधारित किए जाने का विरोध किया है, क्योंकि इसके गैरबराबरी को बढ़ाने वाले परिणाम होते हैं। फ्रैंकेना के अनुसार ''सभी मनुष्यों को समान माना जाना चाहिए इसलिए नहीं कि वे किसी भी मायने में एक जैसे हैं, बल्कि सिर्फ इसलिए क्योंकि वे मानव हैं। वे मानव हैं क्योंकि उनमें भावनाएँ और इच्छाएँ हैं, और वे सोच सकते हैं, और इसलिए वे उस अर्थ में अच्छे जीवन का उपभोग करने में समर्थ हैं, जिस अर्थ में दूसरे पशु नहीं हैं।''

सिंगर ने यह सवाल उठाया है आखिर यह अच्छा जीवन क्या है, जिसका उपभोग करने की क्षमता सभी मनुष्यों में है, लेकिन अन्य पशुओं में नहीं है? दूसरे पशुओं में भी भावनाएँ और इच्छाएँ होती हैं, और वे भी अच्छे जीवन का उपभोग करने में समर्थ मालूम देते हैं। सिंगर के अनुसार जिस तरह प्रत्येक मनुष्य को अपने-आप में साध्य मानने की बात की जाती है, उसी तरह प्रत्येक पशु को भी अपने-आप में साध्य मानना चाहिए।[1]

इस तरह सिंगर ने दर्शन, नीतिशास्त्र और समानता के दायरे में अन्य पशुओं को भी शामिल किए जाने की वकालत की है। इसी तरह कुछ पर्यावरणवादी पेड़-पौधों को भी साध्य के रूप में महत्त्व देने की वकालत करते हैं। अगर हम अन्य पशुओं को भी साध्य के रूप में मनुष्य के बराबर महत्त्व देते हैं, तो ऐसे में मांसाहार का कोई नैतिक औचित्य नहीं रह जाता है। इसी तरह, अगर हम पेड़-पौधों को भी साध्य के रूप में महत्त्व देते हैं, तो न सिर्फ ईंधन और फर्निचर के लिए पेड़ काटने का बल्कि शाक-शब्जी खाने का भी कोई नैतिक औचित्य नहीं रह जाएगा। ऐसे में मनुष्य क्या करेगा, यह सोचने की बात है!

स्पष्ट है कि पेड़-पौधों को मनुष्य के बराबर महत्त्व देना बिल्कुल अव्यावहारिक बात है। जहाँ तक अन्य पशुओं का प्रश्न है, मनुष्य और अन्य पशुओं के बीच मनुष्य और पेड़-पौधों की तुलना में अधिक समानताएँ हैं, और मांसाहार छोड़ने में उस किस्म की व्यावहारिक कठिनाइयाँ नहीं है, जैसी शाक-सब्जी खाना छोड़ने में है। फिर भी, मनुष्य और अन्य पशुओं के बीच सम्बन्धों को सिर्फ मांसाहार के ही सन्दर्भ में नहीं देखा जा सकता है। अगर हम अन्य पशुओं को भी मनुष्य के बराबर महत्त्व दिए जाने के नैतिक सिद्धान्त को स्वीकार करते हैं, तो फिर मलेरिया जैसे रोग को फैलने से रोकने के लिए मच्छरों को मारने का भी कोई नैतिक औचित्य नहीं रह जाएगा। यह हमें ''अहिंसा'' की जैन अवधारणा की ओर ले जाता दिखाई दे रहा है। जैनियों ने इसलिए खेती करना छोड़ दिया, क्योंकि खेतों में हल चलाने से कीटाणु मारे जाते हैं; लेकिन जैन लोग भी खेतों में उपजाए अन्न को तो खाते ही हैं। क्या हो अगर सभी मनुष्य इस नैतिक सिद्धान्त का पालन करते हुए खेती करना छोड़ दें?

पिटर सिंगर का लेख "All Animals are Equal" निश्चय ही विचारोत्तेजक है, और इसमें उठाए गए प्रश्नों पर गम्भीरता से विचार किया जाना चाहिए। यह कहा जा सकता है कि **हमें अन्य पशुओं को इस किस्म के अनावश्यक कष्ट देने से बचना चाहिए, जिन्हें टाला जा सकता हो। यह उचित नहीं लगता है कि मनुष्य अपने आचरण द्वारा अन्य पशुओं के लिए अनावश्यक कष्ट में वृद्धि करे।** मगर जब हम अन्य पशुओं को भी मनुष्य के बराबर महत्त्व देने की बात करते हैं, तो हम ऐसी दार्शनिक

1. Peter Singer (ed.), *Applied Ethics*, pp. 215-28.

कठिनाइयों में उलझते हुए नजर आते हैं, जो मांसाहार या अन्य पशुओं को अनावश्यक कष्ट देने से परे जाती हैं। यह नहीं भूलना चाहिए कि मनुष्य भी एक पशु ही है, और अन्य पशुओं के साथ संघर्ष करके ही वह अब तक अपने अस्तित्व को बनाए रख सका है। अगर मनुष्य द्वारा यह नैतिक नियम बना लिया जाए कि किसी भी परिस्थिति में **मानव हित में** अन्य पशुओं को कष्ट नहीं दिया जाएगा, या उनकी हत्या नहीं की जाएगी, तो क्या मनुष्य अस्तित्व के संघर्ष में अन्य पशुओं के सामने टिक पाएगा? इस प्रश्न पर भी गम्भीरता से विचार किया जाना चाहिए।

जहाँ तक पेड़-पौधों का प्रश्न है, तो अगर हम उन्हें मनुष्य के बराबर दर्जा न भी दें, और मनुष्य को ही केन्द्र में रखकर सोचें, तो भी यह कहा जा सकता है कि **मनुष्य को इस किस्म का आचरण नहीं करना चाहिए, जिससे पर्यावरण का सन्तुलन बिगड़ जाए, क्योंकि इससे अन्ततः मानव जाति का ही नुकसान होगा।**

संपोष्य विकास की अवधारणा

बढ़ती हुई आबादी, तेजी से खत्म होते प्राकृतिक संसाधन, प्रदूषण के कारण पर्यावरण का बिगड़ता हुआ सन्तुलन, और मनुष्य पर उसके दुष्प्रभाव ने, मानव को पहले की तुलना में पर्यावरण के प्रति अधिक संवेदनशील बना दिया है। आज हम विकास की संपोष्य अवधारणा (concept of sustainable development) के बारे में सोचने के लिए मजबूर हैं।

चिकित्सा विज्ञान में विकास और स्वास्थ्य सेवाओं में विस्तार के परिणामस्वरूप पहले की तुलना में कई महामारियों पर काबू पा लिया गया है। नतीजतन मृत्यु-दर में कमी आई है। जन्म-दर में पर्याप्त कमी न आने के कारण विश्व की जनसंख्या लगातार बढ़ रही है, और इस कारण पर्यावरण पर दबाव बढ़ रहा है। हर क्षेत्र में बढ़ती हुई मांगों की पूर्ति के लिए प्राकृतिक संसाधनों का अधिक-से-अधिक इस्तेमाल किया जा रहा है। औद्योगिकीकरण और शहरीकरण के कारण जंगल काटे जा रहे हैं, और प्रदूषण में वृद्धि हो रही है। इस मामले में ''विकासशील'' देशों की तुलना में संयुक्त राज्य अमेरिका जैसे ''विकसित'' देश अधिक दोषी हैं। इन देशों में संसाधनों की खपत भी अधिक है, औद्योगिकरण भी अधिक और प्रदूषण भी। आज संयुक्त राज्य अमेरिका दुनिया में सबसे अधिक प्रदूषण फैलाने वाला देश है।

आज कुछ देशों द्वारा कोयला और खनिज तेल जैसे सीमित संसाधनों का, जिनका नवीनीकरण नहीं होता है, इतनी तेजी से इस्तेमाल हो रहा है कि यह भी संदेह होने लगा है कि आने वाली पीढ़ियों के लिए कुछ बचेगा भी या नहीं। अगर दुनिया के ''विकासशील'' देश भी ''विकसित'' देशों के पैमाने पर ही संसाधनों की खपत करने लगें, तो क्या होगा, इसकी कल्पना की जा सकती है।

पिछले कुछ दशकों में बड़े पैमाने पर जीवाश्म (fossil) ईंधनों को जलाए जाने और जंगलों को काटे जाने के परिणामस्वरूप वायुमंडल में कार्बन डाई-ऑक्साइड की मात्रा बढ़ गयी है। इससे वायुमंडल का तापमान बढ़ गया है (global warming)। अगर इस प्रक्रिया को रोका नहीं गया तो पृथ्वी के ध्रुवों पर जमी बर्फ की चादरें पिघल जाएँगी, समुद्र तल ऊँचा हो जाएगा, और समुद्र-तट से जुड़े प्रदेश पानी में डूब जाएँगे।

कोयले और खनिज तेल के जलने से वायुमंडल में सल्फर डाई-ऑक्साइड भी चली जाती है। मोटर कारों के धुएँ के साथ निकले कार्बन मोनो-ऑक्साइड जैसे गैस भी वायुमंडल में मिल जाते हैं। मोटर कारों का धुआँ साँस के रोगों का कारण बनता है। अमेरिका और यूरोप के औद्योगिक देशों में अम्लीय वर्षा (acid rain) भी इन्हीं गैसों के कारण होती है। अम्लीय वर्षा का जलाशयों और जंगलों पर बुरा असर पड़ता है।

इसी तरह, वायुमंडल की ओजोन परत (ozone layer) पर जेट विमानों से निकले धुएँ का बुरा असर पड़ता है। वायुमंडल के ऊपरी परतों में पायी जाने वाली ओजोन पृथ्वी को हानिकारक पराबैंगनी विकिरण (ultra violet rays) से बचाती है। जेट विमानों के धुएँ में मौजूद क्लोरो-फ्ल्यूरो-कार्बन (C.F.C) के कारण पिछले सौ वर्षों में ओजोन परत में काफी कमी आयी है। ओजोन परत के निरन्तर पतले होने का त्वचा के कैंसर जैसे नुकसानदेह परिणाम हो सकते हैं।[1]

ऐसे में अगर "विकसित" देशों के विकास के मॉडल का "विकासशील देशों" द्वारा अन्धानुकरण किया गया, तो इसके परिणाम घातक हो सकते हैं। आज मानव जाति एक दोराहे पर खड़ी है। या तो वह अबादी, खपत और औद्योगिकीकरण को अन्धाधुन्ध बढ़ाते हुए पर्यावरण को इस हद तक बिगाड़ ले कि पृथ्वी से मनुष्य जाति का अस्तित्व ही समाप्त हो जाए; या वह विकास की ऐसी संपोष्य अवधारणा को अपनाए जिससे पर्यावरण का सन्तुलन बना रहे। इसके लिए एक ओर "विकासशील" देशों को आबादी नियन्त्रण की ओर अधिक ध्यान देना होगा, तो दूसरी ओर "विकसित" देशों को खपत और प्रदूषण घटाने की ओर। कोयला और खनिज जैसे सीमित संसाधानों के प्रयोग को कम कर हवा, पानी और सौर ऊर्जा जैसे असीमित संसाधनों के प्रयोग को बढ़ाना होगा। साधनों को संरक्षित रखते हुए अन्धाधुन्ध और अनावश्यक उपभोग पर रोक लगानी होगी और औद्योगिकीकरण को प्रदूषण-मुक्त बनाने के उपाय ढूँढ़ने होंगे। इस मामले में "विकासशील" देशों को "विकसित" देशों का अन्धानुकरण करने की बजाए संपोष्य विकास की ओर ध्यान देना होगा, और साथ ही "विकसित" देशों पर यह दबाव डालना होगा कि वे अपनी बेतहाशा खपत और प्रदूषण बढ़ाने वाली विकास की शैली को बदलें।

❑

---

1. डॉ० सुरेश नन्दन प्रसाद, ***पर्यावरण बोध*** (पटनाः बिहार स्टेट टेक्स्टबुक पब्लिशिंग कॉरपोरेशन लिमिटेड, 1999-2000), पृ० 127-28.

अध्याय 15

दण्ड के सिद्धान्त

किसी भी राज्य में अपराध करने पर लोगों को दण्डित किया जाता है। दण्ड दिए जाने का उद्देश्य क्या है? या, दूसरे शब्दों में, दण्ड देने का नैतिक औचित्य क्या है?

दण्ड की समस्या समाज-राजनीति दर्शन की एक प्रमुख समस्या है। दण्ड के उद्देश्य या नैतिक औचित्य के बारे में तीन मुख्य सिद्धान्त हैं—

प्रतिकारवाद
(Retributive Theory)

प्रतिकारवाद के अनुसार दण्ड देने का उद्देश्य है—न्याय। अगर कोई व्यक्ति अपराध करता है, तो उसे दण्ड मिलना ही चाहिए, यही उचित और न्यायसंगत है। प्रतिकारवाद के अनुसार दण्ड की मात्रा या स्वरूप अपराध के अनुपात में होना चाहिए। जैसा अपराध हो वैसा ही सजा भी मिलनी चाहिए।

यहाँ पर यह प्रश्न उठाया जा सकता है कि दण्ड का निर्धारण करते समय अपराध की परिस्थितियों पर ध्यान दिया जाना चाहिए या नहीं। इस बारे में दो किस्म के मत हैं—

(i) **कठोरवाद** (*Rigourism*)—इस मत के अनुसार अपराध के लिए दण्ड, दण्ड की गम्भीरता के अनुपात में दिया जाना चाहिए। बड़े अपराध के लिए बड़ी सजा, और छोटे अपराध के लिए छोटी सजा—परिस्थितियाँ चाहे जो भी हों। दण्ड का निर्धारण करते समय उन परिस्थितियों की ओर ध्यान नहीं दिया जाना चाहिए, जिनमें वह अपराध किया गया है। उदाहरण के तौर पर, मान लें कि एक व्यक्ति ने चोरी को अपना पेशा बना लिया है, और वह चोरी करता हुआ पकड़ा जाता है। दूसरी ओर, कोई भूख से परेशान गरीब व्यक्ति किसी दुकान से खाने का कोई समान उठा लेता है। कठोरतावाद के अनुसार दोनों दृष्टान्तों में एक ही जैसी सजा मिलनी चाहिए।

(ii) **शान्त मत** (*Mollified view*)—इस मत के अनुसार दण्ड देते समय उन परिस्थितियों की ओर भी ध्यान दिया जाना चाहिए, जिनमें अपराध किया गया है। अगर आन्तरिक या बाह्य परिस्थितियाँ ऐसी हों, जिनसे अपराधी पर कुछ दबाव पड़ता हो, तो ऐसे में कम सजा दी जानी चाहिए। उदाहरण के तौर पर, शान्त मत के अनुसार, ऊपर दिए गए उदाहरण में, दूसरे दृष्टान्त में कम सजा दी जानी चाहिए। इसी तरह, अगर एक व्यक्ति सोच-समझकर योजना बना कर किसी की हत्या करता है, और दूसरा व्यक्ति बिना किसी पूर्व-योजना के तात्कालिक आवेश में किसी की हत्या कर बैठता है, तो कठोर मत के अनुसार दोनों दृष्टान्तों में एक जैसी सजा मिलनी चाहिए। जबकि शान्त मत के अनुसार दूसरे दृष्टान्त में कुछ कम सजा दी जानी चाहिए।

निवर्तनवादी मत
(Preventive, Exemplary or Deterrent theory)

इस मत के अनुसार दण्ड का उद्देश्य है अपराध को रोकना। अगर किसी व्यक्ति को किसी अपराध के लिए सजा दी जाती है, तो उसका उद्देश्य दूसरों को उस अपराध को करने से रोकना होता है। उदाहरण के तौर पर, हत्या या चोरी के लिए दिए जाने वाले दण्ड का उद्देश्य दूसरों को हत्या और चोरी करने से रोकना होता है।

इस मत के समर्थक अक्सर अपराध के अनुपात में कहीं अधिक कठोर और कड़े दण्ड की वकालत करते हैं, ताकि अपराधी को एक ऐसा उदाहरण बनाया जा सके, जिसे देखकर दूसरे उस अपराध को करने से घबराएँ, जैसे, रिश्वत लेने के लिए मृत्यु दण्ड, चोरी करने के लिए हाथों का काट दिया जाना, आदि।

निवर्त्तनवादी मत प्रत्येक व्यक्ति को अपने-आप में साध्य मानने के बुनियादी नैतिक सिद्धान्त के विरुद्ध जाता दिखाई देता है। अगर किसी व्यक्ति को उदाहरण बनाने के लिए आवश्यकता से अधिक कठोर दण्ड दिया जाता है, तो इसका अर्थ यह हुआ कि उसे साध्य के रूप में नहीं, बल्कि मात्र अपराध रोकने के एक साधन के रूप में देखा जा रहा है। यह नैतिक दृष्टि से उचित नहीं है। अपराध की गम्भीरता को देखते हुए, उसी अनुपात में सजा देना ही ठीक है।

सुधारवादी मत
(Reformative theory)

इस मत के अनुसार दण्ड देने का उद्देश्य है अपराधी को सुधारना, ताकि वह दुबारा अपराध न करे। दण्ड का लक्ष्य अपराधी को दूसरों के लिए उदाहरण बनाना नहीं है, बल्कि उसे शिक्षित करना और उसमें सुधार लाकर स्वयं उसका कल्याण करना है। इस मत के पक्षधर बहुत कठोर दण्ड का समर्थन नहीं करते हैं। खासकर सुधारवादी दृष्टि से किसी भी परिस्थिति में मृत्यु-दण्ड का समर्थन नहीं किया जा सकता है। क्योंकि, अगर अपराधी को मृत्यु-दण्ड दे दिया गया, तो फिर उसका सुधार कैसे हो सकता है?

अपराधी को नर्म सजा दिए जाने के पक्ष में यह भी कहा जाता है कि अपराध एक किस्म का मानसिक विकार है, और हर अपराधी एक मानसिक रोगी। इसलिए, अपराधियों को कठोर दण्ड देने की बजाय उनके साथ सहानुभूतिपूर्ण व्यवहार किया जाना चाहिए।

इस युक्ति को पूरी तरह सन्तोषजनक नहीं माना जा सकता है। अगर यह कहा जाए कि जो व्यक्ति मनोवैज्ञानिक रोगी या पागल है, उसे सामान्य व्यक्ति की तरह अपने कर्म के लिए उत्तरदायी मानकर सजा न दी जाए, तो इस बात को स्वीकार किया जा सकता है। लेकिन यह मान लेना सही नहीं है कि हर अपराधी एक मनोवैज्ञानिक रोगी है। बहुत सारे अपराध पूरे होशो-हवास में ठण्डे दिमाग से सोच-समझकर किए जाते हैं। ऐसे अपराधियों को मानसिक रोगी नहीं माना जा सकता है।

इसी तरह, यह भी कहा जा सकता है कि बहुत सारे अपराध, जैसे, चोरी या डकैती, गरीबी और गैरबराबरी के कारण किए जाते हैं। कोई भी व्यक्ति जन्म से अपराधी नहीं होता है, सामाजिक परिस्थितियाँ ही उसे अपराध करने के लिए मजबूर करती है। इसलिए, अपराध के लिए सामाजिक परिस्थितियाँ जिम्मेवार हैं, न कि अपराधी।

इस युक्ति को भी ठीक नहीं माना जा सकता है। सभी गरीब अपराधी नहीं होते हैं.

और न ही सभी अपराधी गरीब। चोरी जैसे अपराध करने वाले सभी अपराधी गरीब नहीं होते हैं। करोड़ों रुपए रिश्वत लेकर स्विस बैंक में जमा करनेवाले राजनीतिज्ञों, अफसरों और व्यावसायिकों को क्या कहा जाए। इसी तरह टैक्स की चोरी करने वाले अधिकांश लोग अमीर हैं। दूसरी ओर, जिन लोगों को गरीबी और गैरबराबरी का सामना करना पड़ता है, वे सभी लोग चोरी, डकैती या तस्करी नहीं करने लग जाते हैं। उनमें से एक बहुत ही छोटा हिस्सा ही इन अपराधों को अपनाता है। अधिकांशतः लोग ईमानदारी से मेहनत करके ही अपनी रोटी कमाते हैं। वैसे भी, गरीबी और गैरबराबरी का इलाज सही दिशा में सामाजिक-आर्थिक परिवर्तन है, न कि चोरी और तस्करी जैसे अपराध। इसलिए, चाहे अमीर हों या गरीब, सामाजिक परिस्थितियों का वास्ता देकर उन्हें उनके उत्तरदायित्व से पूरी तरह मुक्त नहीं किया जा सकता है। हाँ, प्रतिकारवाद के शान्त मत की तरह यह जरूर कहा जा सकता है कि अगर अपराधी पर गरीबी और गैरबराबरी जैसी सामाजिक परिस्थितियों का बहुत अधिक दबाव हो, तो उसे कुछ कम सजा दी जाए।

समीक्षा

पहली दृष्टि में तो प्रतिकारवाद का शान्त रूप ही सन्तोषजनक मालूम देता है। अपराधी को उसके अपराध की सजा मिलनी चाहिए, क्योंकि यही ''उचित'' है। साथ ही, उन परिस्थितियों पर भी ध्यान दिया जाना चाहिए जिनमें अपराध किया गया है।

कुछ अधिक गम्भीरता से विचार करने पर यह बात समझ में आती हे कि इस मत मे यह बुनियादी प्रश्न तो अनुत्तरित ही रह जाता है कि अपराधी को उसके अपराध की सजा मिले, यह क्यों ''उचित'' है? अगर कहा जाता है कि यह ''न्याय'' की दृष्टि से उचित है, तो फिर ''न्याय'' के विश्लेषण का प्रश्न हमारे सामने उपस्थित हो जाता है। वैसे तो, ''न्याय'' की अवधारणा एक जटिल अवधारणा है (देखें ''राजनीतिक आदर्शः'')। लेकिन दण्ड के सिद्धान्त के सन्दर्भ में इसका यही अर्थ हो सकता है कि सामाजिक व्यवस्था को बनाए रखने की दृष्टि से अपराधी को उसके अपराध के लिए सजा देना उचित है।

इस प्रकार दण्ड के उद्देश्य पर विचार करने पर इस बात से इनकार नहीं किया जा सकता है कि इसका उद्देश्य अपराधी में सुधार लाना और दूसरों को अपराध करने से रोकना भी होना चाहिए। इन दोनों उद्देश्यों से सामाजिक व्यवस्था को बनाए रखने में मदद मिलती है। लेकिन दूसरों को अपराध से रोकने के लिए यह जरूरी नहीं है कि अपराधी को आवश्यकता से अधिक कठोर दण्ड दिया जाए। अगर अपराधी को अपराध के अनुपात में सही सजा मिल जाए, तो यही दूसरों को अपराध करने से रोकने के लिए पर्याप्त होगा। इसी तरह, अगर हम इस बात को स्वीकार करते हैं कि दण्ड देने का एक उद्देश्य स्वयं अपराधी में सुधार लाना भी होना चाहिए, तो इसका अर्थ यह होगा कि मृत्यु-दण्ड जैसी सजा को समाप्त कर दिया जाना चाहिए, और जेल में अपराधियों के साथ बहुत कठोर व्यवहार करने की बजाय उन्हें सुधरने के लिए पर्याप्त अवसर दिया जाना चाहिए।

❑

अध्याय 16

समाज और धर्म

समाज में धर्म की भूमिका के बारे में दो दृष्टि से विचार किया जा सकता है: एक, समाज में धर्म की भूमिका क्या है? और दो, समाज में धर्म की भूमिका क्या होनी चाहिए? पहले प्रश्न का सम्बन्ध समाजशास्त्र से है, जबकि दूसरे का समाज दर्शन या धर्म-दर्शन से।

19वीं सदी में धर्म के समाजशास्त्रीय अध्ययनों का सम्बन्ध मुख्यतः दो प्रश्नों से था: ''धर्म का उद्‌गम कैसे हुआ?'' और ''धर्म का विकास कैसे हुआ?'' यह दृष्टिकोण डारविन के विकासवादी सिद्धान्त का परिणाम था। जिस तरह डारविन ने विभिन्न जीव-जन्तुओं के उद्‌गम और विकास की व्याख्या की थी, उसी तरह समाजशास्त्री समाज और सामाजिक संस्थाओं के उद्‌गम और विकास की व्याख्या का प्रयत्न करते थे। धर्म के उद्‌गम की व्याख्या के लिए मुख्यतः दो सिद्धान्त सामने रखे गए : एक, जीवात्मवाद (animism) और दो, *नेचरिज्म* (naturism)।[1]

जीवात्मवाद या जीववाद का अर्थ है जीवात्मा (spirit) के अस्तित्व में विश्वास। एडवर्ड बी टायलर (Edward B. Tylor) के अनुसार, जीवात्मवाद धर्म का सबसे प्रारम्भिक रूप है। टायलर के अनुसार जीवात्मवाद का उद्‌गम मानव द्वारा दो प्रश्नों का उत्तर खोजने के प्रयत्नों से होता है: एक ''जीवित शरीर और मृत शरीर के बीच क्या अन्तर है?'' और दो, ''वे मानव आकृतियाँ क्या हैं जो सपने में और कल्पना में प्रकट होती हैं?'' इन घटनाओं की व्याख्या के लिए आत्मा या जीव के विचार का आविष्कार किया गया। जीवात्मा वह है जो स्वप्न के समय अस्थायी और मृत्यु के समय स्थायी रूप से शरीर को छोड़ देती है। एक बार इसका आविष्कार हो जाने पर जीवात्मा के विचार को सिर्फ मनुष्य पर ही नहीं, बल्कि प्राकृत्तिक और सामाजिक वातावरण के कई अन्य पक्षों पर भी लागू किया गया। इस तरह, अन्य जानवरों में भी जीवात्मा के अस्तित्व की कल्पना कर ली गयी। टायलर के अनुसार, जीवात्मवाद के रूप में धर्म का उद्‌गम मनुष्य के बौद्धिक स्वभाव को संतुष्ट करने या, दूसरे शब्दों में, मृत्यु और स्वप्न की व्याख्या करने की आवश्यकता से हुआ।

नेचरिज्म का अर्थ है प्रकृति में अतिप्राकृतिक शक्ति के अस्तित्व में विश्वास। एफ मैक्समूलर (F. Maxmuller) के अनुसार, यह धर्म का सबसे प्रारम्भिक रूप है। उनके अनुसार नेचरिज्म का उद्‌गम मनुष्य की भावनाओं या संवेगों पर प्रकृति के असर के कारण हुआ। प्रकृति में ज्वालामुखी का फटना, बादल का गरजना और बिजली का चमकना जैसी आश्चर्यजनक घटनाएँ मनुष्य में आतंक और चमत्कार की भावनाएँ पैदा करती हैं। प्रकृति

---

1. M. Haralambos with R. M. Heald, *Sociology: Themes and Perspective*, pp. 453-454.

की शक्ति से विस्मित और भयभीत होकर मनुष्य ने अमूर्त शक्तियों को व्यक्तित्ववान एजेन्टों में बदल दिया। उसने हवा और सूर्य जैसी प्राकृतिक सत्ताओं को व्यक्तित्व प्रदान कर दिया।

धर्म के विकास के सन्दर्भ में भी 19वीं सदी के समाजशास्त्रियों द्वारा कई सिद्धान्त दिए गए हैं। उदाहरण के तौर पर, टायलर के अनुसार मानव समाज की तरह धर्म भी विकास की पाँच प्रमुख स्थितियों से गुजरता हुआ अनेकों जीवात्माओं में विश्वास से आरम्भ कर एक सर्वोच्च ईश्वर के विचार तक पहुँचा है।

धर्म के प्रति विकासवादी दृष्टिकोण की आलोचनाएँ भी की गयीं हैं। धर्म का उद्‌गम अतीत में खो चुका है। अतिप्राकृतिक में विश्वास के प्रथम प्रमाण साठ हजार वर्ष पहले मिलते हैं। ऐसे में धर्म के उद्‌गम के बारे में सिर्फ जानकारी पर आधारित अटकल ही लगायी जा सकती है। इस बारे में पूरी निश्चयता से कुछ कह पाना सम्भव नहीं है। फिर, यह भी जरूरी नहीं हैं कि सभी धर्मों का उद्‌गम और विकास अनिवार्यतः किसी एक ही तरीक़े से हुआ हो। धर्म सम्बन्धी सारे तथ्यों को धर्म के विकास के किसी एक सिद्धान्त में फिट कर पाना सम्भव नहीं हैं।[1]

दुर्खाइम द्वारा धर्म की व्याख्या

समाजशास्त्री एमिले दुर्खाइम (Emile Durkheim) के अनुसार, सभी समाजों में विश्व को "पवित्र" (sacred) और "लौकिक" (profane) या "गैर-पवित्र" में विभाजित किया जाता है। धर्म पवित्र समझे जाने वाली वस्तुओं से जुड़ी विश्वासों और व्यवहारों की एक व्यवस्था है। जिन वस्तुओं को "पवित्र" माना जाता है वे किसी दूसरी वस्तु का प्रतीक होती हैं। समाज में धर्म की भूमिका को समझने के लिए पवित्र प्रतीकों और उन वस्तुओं के बीच सम्बन्ध को समझना जरूरी है, जिनका वे प्रतिनिधित्व करती हैं।

धर्म-सम्बन्धी अपने विचार को विकसित करने के लिए दुर्खाइम ने ऑस्ट्रेलिया के मूल निवासियों की धार्मिक मान्यताओं का उपयोग किया है। दुर्खाइम के अनुसार टोटेमवाद सबसे बुनियादी और सरल किस्म का धर्म है। आदिम समाज कई दलों (clan) में बँटा होता है। प्रत्येक दल में कई संयुक्त परिवार होते हैं, और उनके साझा कर्तव्य और दायित्व होते हैं। इसके अलावा, उनके विवाह-सम्बन्धी नियम भी होते हैं। हर दल का अपना कोई एक टोटेम (आम तौर से जानवर या पौधा) होता है। यह उस दल के झंडे या प्रतीक की तरह होता है। यह एक पवित्र प्रतीक होता है। दुर्खाइम के अनुसार यह ईश्वर या देवता और समाज दोनों का प्रतीक होता है। दुर्खाइम की राय में जब मनुष्य देवता की पूजा करता है, तो वह दरअसल समाज की पूजा करता है। मनुष्य की धार्मिक श्रद्धा का वास्तविक विषय समाज है। मनुष्य और पवित्र प्रतीक के बीच ठीक वैसा ही सम्बन्ध होता है जैसा कि मनुष्य और समाज के बीच। पवित्र प्रतीक को मनुष्य से श्रेष्ठ समझा जाता है और मनुष्य को उस पर निर्भर माना जाता है। इसी तरह, समाज भी व्यकित की तुलना में अधिक महत्त्वपूर्ण और शक्तिशाली होता है। मनुष्य सीधे-सीधे समाज की पूजा नहीं कर के टोटेम जैसे किसी पवित्र प्रतीक की पूजा इसलिए करता है, क्योंकि समाज या दल जैसी जटिल वस्तु की तुलना में किसी प्रतीक के प्रति अपनी भावनाओं को व्यक्त करना आसान होता हैं।

---

1. Ibid., pp. 450-55.

दुर्खाइम के विचार में साझा मूल्यों और नैतिक विश्वासों के बिना सामाजिक जीवन सम्भव नहीं हैं। इन साझा मूल्यों और नैतिक विश्वासों को दुर्खाइम ने "सामूहिक विवेक" कहा है। इसके अभाव में समाज में कोई व्यवस्था, नियन्त्रण, एकता और सहयोग सम्भव नहीं है। धर्म इस सामूहिक विवेक को सुदृढ़ बनाता है। समाज की पूजा से सामाजिक जीवन को आधार प्रदान करने वाले ये मूल्य और विश्वास और मजबूत होते हैं। इन्हें पवित्र घोषित कर धर्म मानव व्यवहार को नियन्त्रित करने के इनकी क्षमता को और बढ़ाता है। समाज की पूजा कर मनुष्य एक तरह से सामाजिक समूह के महत्त्व को और उस पर अपनी निर्भरता को मान्यता देता है। इस तरह धर्म समाज में एकता और सहयोग को प्रोत्साहन देता है।[1]

धर्म की मार्क्सवादी व्याख्या

मार्क्स (1818-1883)और एंगेल्स के सामाजिक-राजनीतिक विचारों की या "मार्क्सवाद" की चर्चा "साम्यवाद" अध्याय के अन्तर्गत की गयी है। अपने मूल रूप में मार्क्सवाद मुख्यतः सामाजिक परिवर्तन की व्याख्या का दावा करने वाला सिद्धान्त या इतिहास-दर्शन हैं। इतिहास की मार्क्सवादी व्याख्या को इतिहास की आर्थिक व्याख्या या "ऐतिहासिक भौतिकवाद" भी कहा जाता है। मार्क्स और एंगेल्स के धर्म-सम्बन्धी विचारों को भी उनके इतिहास-दर्शन के परिप्रेक्ष्य में सही ढंग से समझा जा सकता है। यहाँ पर हम विशेष तौर से धर्म के मार्क्सवादी विश्लेषण की चर्चा करेंगे।

मार्क्स ने अपने द्वन्द्वात्मक भौतिकवाद में हीगेल की द्वन्द्वात्मक विधि को जर्मन भौतिकवादी फ्यूरबाख के भौतिकवाद के साथ जोड़ने की कोशिश की थी। जर्मन दार्शनिक लुडविक फ्यूरबाख (1804-1872) के धर्म सम्बन्धी विचारों का कुछ प्रभाव मार्क्स पर भी पड़ा। फ्यूरबाख के धर्म सम्बन्धी सिद्धान्त को, जिसे उन्होंने अपनी पुस्तक *The Essence of Christianity* में व्यक्त किया है, "प्रक्षेप सिद्धान्त" (projection theory) कहा जाता है। इस सिद्धान्त के अनुसार ईश्वर और अन्य देवी-देवता वास्तविक न होकर मनुज्य की अपनी इच्छाओं के अचेतन प्रक्षेपण मात्र हैं। फ्यूरबाख के अनुसार मानव ईश्वर को अपने से अलग एक सर्वोच्च अतिप्राकृतिक सत्ता समझता है, लेकिन यह उसकी बहुत बड़ी भूल है। मनुष्य स्वयं अपनी इच्छाओं और अपने कुछ विशेष गुणों के आधार पर ही ईश्वर की कल्पना करता है, जिसे वह अपने से अलग एक वस्तुपरक और अतिप्राकृतिक सत्ता मान लेता है। वास्तव में ईश्वर मानव की एक ऐसी काल्पनिक प्रक्षेपित प्रतिमा है, जिसमें वे सभी गुण और विशेषताएँ मौजूद हैं, जिन्हें वह अपने जीवन में सर्वाधिक महत्त्व देता है। संक्षेप में, ईश्वर मनुष्य से अलग कोई वस्तुपरक सत्ता न होकर उसका अपना ही प्रक्षेपित रूप हैं।[2]

फ्यूरबाख के ईश्वर सम्बन्धी विचारों का प्रभाव मार्क्स पर भी पड़ा। फ्यूरबाख की तरह मार्क्स भी निरीश्वरवादी और भौतिकवादी विचारक हैं। धर्म के विश्लेषण में मार्क्स ने धर्म के सामाजिक पक्ष को विशेष महत्त्व दिया है। धर्म के विरुद्ध मार्क्स की मुख्य आपत्ति यह है कि धर्म सर्वहारा वर्ग को अपनी दयनीय आर्थिक और सामाजिक स्थिति में सन्तुष्ट रहने के लिए प्रेरित करता है। इस तरह, धर्म पूंजीपत्ति वर्ग के विरूद्ध संघर्ष और सामाजिक क्रान्ति के रास्ते में बाधा डालता है। धर्म काल्पनिक स्वर्ग में प्राप्त होने वाले

---

1. Ibid., pp.455-57
2. वेद प्रकाश वर्मा, ***धर्म-दर्शन की मूल समस्याएँ*** (दिल्लीः दिल्ली विश्वविद्यालय, 1991), पृ० 430-31.

तथाकथित सुखों का झूठा आश्वासन देकर शोषित वर्ग को उन सांसारिक सुखों से स्वेच्छापूर्वक वचित रहने के लिए प्रोत्साहित करता है, जिन्हें प्राप्त करना उसका अधिकार है। धर्म सर्वहारा वर्ग को नशे की सुख-निद्रा में सुला कर उसे पूरी तरह भाग्यवादी बना देता है। इस तथ्य को ध्यान में रखते हुए ही मार्क्स ने यह कहा था कि ''धर्म आम लोगों की अफीम है''। मार्क्स के अनुसार समाज में धर्म की यह नकारात्मक भूमिका पूंजीपति वर्ग के लिए बहुत लाभदायक सिद्ध होती है। यह उसके आर्थिक हितों की रक्षा करती है और सर्वहारा वर्ग पर अपना वर्चस्व बनाए रखने में उसकी सहायता करती है। इसलिए, पूंजीपति वर्ग समाज में धर्म के प्रभाव को बनाए रखने के लिए निरन्तर प्रचार करता है।[1]

मार्क्स के अनुसार धर्म की उत्पत्ति मनुष्य में मौजूद दैवी प्रेरणा या स्वाभाविक मूल प्रवृत्ति के कारण नहीं, बल्कि सामाजिक और आर्थिक परिस्थितियों के कारण हुई है। विकास की लम्बी प्रक्रिया के दौरान मनुष्य को कुछ ऐसी दुखद परिस्थितियों से गुजरना पड़ा, जिनके परिणामस्वरूप धर्म की उत्पत्ति हुई। प्रतिकूल भौतिक और सामाजिक परिस्थितियों के कारण मनुष्य को जो दुख झेलने पड़ते हैं, उन्हें सहने या उनकी तीव्रता को कम करने के लिए उसने ईश्वर सहित अनेक देवी-देवताओं की कल्पना कर ली। वर्ना मनुष्य में कोई ऐसी प्राकृतिक प्रवृत्ति नहीं है जो उसे स्वभावतः ''धार्मिक प्राणी'' बनाती है। मार्क्स के अनुसार ''मनुष्य ही धर्म को बनाता है, धर्म मनुष्य को नहीं बनाता है''।[2]

मार्क्स ने समाज में धर्म की भूमिका पर दो दृष्टिकोणों से विचार किया है। एक ओर उन्होंने मजदूरों और किसानों के जीवन में धर्म की हानिकारक भूमिका का विस्तृत विवेचन किया है, और दूसरी ओर, उन्होंने यह दिखलाया है कि किस प्रकार धर्म पूंजीपति वर्ग के लिए लाभदायक सिद्ध होता है।

मार्क्स के अनुसार पूंजीपति वर्ग द्वारा मजदूरों और किसानों का आर्थिक शोषण किया जाता है, जिसके परिणामस्वरूप उनका जीवन अत्यधिक दुखमय हो जाता है। उन्हे अपने जीवन में जो असह्य कष्ट भोगने पड़ते हैं उनकी क्षतिपूर्ति के लिए वे धर्म का सहारा लेते हैं। धर्म उन्हें यह आश्वासन देता है कि मृत्यु के बाद स्वर्ग में उन्हें वे सभी सुख असीमित मात्रा में मिल जाएँगे, जिनसे वे इस संसार में वंचित हैं। धार्मिक विचारक स्वर्ग के अनन्त सुखों का जो आकर्षक वर्णन करते हैं, उससे मजदूरों और किसानों को बड़ी सांत्वना मिलती है, जिसके कारण वे सारे सांसारिक दुखों को सहर्ष सहन कर लेते हैं। स्वर्ग के इस झूठे आश्वासन के कारण वे सारे वर्तमान दुखों को भूल कर एक विशेष प्रकार की सुख-निद्रा में सो जाते हैं। मार्क्स के अनुसार धर्म मजदूर वर्ग के लिए एक अफीम है, जो उसे काल्पनिक स्वर्ग-सुख की निद्रा में सदा सुलाए रखती है। लेकिन, धर्म की इस अफीम के लिए मजदूरों और किसानों को भारी कीमत चुकानी पड़ी है। वे पूंजीपति वर्ग द्वारा स्थापित अन्यायपूर्ण अर्थव्यवस्था को सहर्ष स्वीकार कर लेते हैं, जो उनके शोषण और सारे दुखों का मूल कारण है। सर्वहारा वर्ग यह मान लेता है कि पूंजीवादी अर्थव्यवस्था ईश्वर द्वारा स्थापित की गयी है। इसलिए इसमें परिवर्तन करना न तो सम्भव है और न वांछनीय। स्वर्ग में, जहाँ शोषण पर आधारित यह अर्थव्यवस्था नहीं होगी, उनके साथ पूरा न्याय होगा। मजदूर वर्ग धार्मिक विचारकों के इस विचार को भी स्वीकार कर लेता है कि इस संसार

---

1. वेद प्रकाश वर्मा; ***धर्म दर्शन की मूल समस्याएँ*** (दिल्ली : दिल्ली विश्वविद्यालय, 1991), पृ० 432-33

में वह जिन दुखों को भोग रहा है, वह उसके अपने ही पापों के परिणाम है, जिनके लिए ईश्वर ने उसे इन दुखों को भोगने का दण्ड दिया है। धर्म के ऐसे विचार पूंजीवादी अर्थव्यवस्था के विरुद्ध मजदूरों के मन में उत्पन्न होने वाली क्रान्ति एवं विद्रोह की इच्छा को पूर्णतः समाप्त कर देते हैं, जिससे यथास्थिति को मदद मिलती है। वे इस अन्यायपूर्ण अर्थव्यवस्था को अनिवार्य मान कर इससे उत्पन्न शोषण को चुपचाप सहन करते रहते हैं।[1]

धर्म के विरुद्ध मार्क्स की एक गम्भीर आपत्ति यह भी है कि वह मजदूरों तथा किसानों में दासता सम्बन्धी मूल्य उत्पन्न कर उन्हें शोषक वर्ग की अधीनता स्वीकार करने के लिए प्रेरित करता है। इस सन्दर्भ में उन्होंने ईसाई धर्म की कटु आलोचना की है। संक्षेप में, सर्वहारा वर्ग के जीवन में धर्म की भूमिका के सम्बन्ध में मार्क्स का निष्कर्ष यह है कि वह मृत्यु के बाद स्वर्ग-सुख के झूठे आश्वासन की अफीम चटा कर इस वर्ग को बहुत बड़ा नुकसान पहुँचाता है।[2]

मार्क्स के अनुसार जहाँ एक ओर धर्म सर्वहारा वर्ग के लिए बहुत नुकसानदेह है, वहाँ दूसरी ओर वह पूंजीपति वर्ग के लिए अत्यधिक सहायक है। पूंजीपति वर्ग के हाथ में धर्म एक ऐसा साधन है जिसके जरिए वह समाज में अपने प्रभुत्व को बनाए रखता है। धर्म-दर्शन की मूल समस्याएँ के लेखक वेद प्रकाश वर्मा के अनुसार, अपने इस मत के समर्थन में मार्क्स द्वारा प्रस्तुत किए गए तर्कों में से कुछ इस प्रकार हैं—(1) धर्म श्रमिकों को स्वर्ग में सभी प्रकार के सुखों की प्राप्ति का आश्वासन देकर पूंजीपति वर्ग के विरुद्ध उनके मन में उत्पन्न होने वाले विद्रोह की आग को शांत कर देता है। (2) धर्म पूंजीपति वर्ग द्वारा स्थापित अन्यायपूर्ण अर्थव्यवस्था और समाज में उससे उत्पन्न उच्च एवं निम्न वर्ग के भेद को ''ईश्वरीय नियम'' बतला कर श्रमिकों को इस सामाजिक व्यवस्था में किसी प्रकार का परिवर्तन लाने से रोकता है। (3) धर्म श्रमिकों में दासतापूर्ण गुणों को उत्पन्न कर उन्हें दुर्बल बनाए रखता है, ताकि वे पूंजीपति वर्ग के विरुद्ध विद्रोह और क्रान्ति न कर सकें। धर्मगुरू प्रायः आत्म-तिरस्कार, तुच्छता, विनम्रता, शत्रु के प्रति क्षमा आदि मनोवृत्तियों को महान सद्गुणों के रूप में प्रस्तुत करते रहते है। (4) धर्मगुरु जब यह कहते हैं कि राजा ईश्वर का रूप है और इस संसार में प्रत्येक व्यक्ति अपने ही पुण्य या पाप के कारण सुख या दुख भोगता है, तो उनके ऐसे धार्मिक विचार पूंजीपतियों को यह विश्वास दिला देते हैं कि वे सर्वहारा वर्ग का जो शोषण और दमन कर रहे हैं वह उचित और न्यायसंगत है।[3]

इस तरह, मार्क्स के अनुसार धर्म समाज में पूंजीपति और सर्वहारा वर्ग के लिए अलग-अलग भूमिकाएँ निभाता है। जहाँ एक ओर वह सर्वहारा वर्ग के लिए नुकसानदेह है वहाँ दूसरी ओर वह पूजीपति वर्ग के लिए लाभदायक है। धर्म की इस दोहरी सामाजिक भूमिका के कारण अन्यायपूर्ण पूंजीवादी व्यवस्था को समाज में स्थायी रूप में बने रहने के लिए एक सुदृढ़ आधार मिल जाता है। इसी कारण मार्क्स धर्म की तीव्र आलोचना करते हैं और मनुष्य की आर्थिक और सामाजिक प्रगति के लिए उसका अन्त आवश्यक मानते हैं।

मार्क्स के अनुसार धर्म की आलोचना की जानी चाहिए, क्योंकि धर्म की आलोचना मानव को भ्रम से मुक्त करती है। उल्लेखनीय है कि धर्म के कटु आलोचक होने के बाद

1. वहीं, पृ० 435.
2. वहीं, पृ० 436.
3. वहीं, पृ० 436-438.

भी मार्क्स धार्मिक व्यक्तियों पर अत्याचार का समर्थन नहीं करते थे, क्योंकि उनके अनुसार ऐसा करने से धर्म का अन्त नहीं हो सकता है। मार्क्स के अनुसार, केवल धर्म की आलोचना द्वारा धर्म को समाप्त नहीं किया जा सकता है। धर्म की उत्पत्ति कुछ विशेष सामाजिक और आर्थिक परिस्थितियों में होती है। उन परिस्थितियों का अन्त हो जाने पर धर्म का भी अन्त अपने-आप हो जाएगा। धर्म को जन्म देने वाली परिस्थितियों का अन्त तभी हो सकता है जब पूंजीवादी व्यवस्था को समाप्त कर साम्यवादी व्यवस्था की स्थापना कर दी जाए। इस साम्यवादी व्यवस्था में धर्म की कोई आवश्यकता नहीं रह जाएगी। इसलिए, इस व्यवस्था में धर्म का अपने-आप अन्त हो जाएगा।[1]

फ्रायड द्वारा धर्म की व्याख्या

प्रसिद्ध मनोवैज्ञानिक सिगमन्ड फ्रायड (1856-1939) मनोविश्लेषण पर आधारित मानसिक रोगियों की विशेष चिकित्सा प्रणाली के लिए जाने जाते हैं। फ्रायड ने अपनी पुस्तकों *Future of an Illusion, Totem and Taboo, Civilization and its Discontents* और *Masses and Monotheism* में धर्म के उद्गम और मानव जीवन पर उसके प्रभाव के बारे में भी विस्तार से अपने विचार व्यक्त किए हैं।[2] फ्रायड धर्म को मानव जीवन के लिए बहुत नुकसानदेह मानते थे। फ्रायड के विचार में मनुष्य की कुछ आन्तरिक अचेतन इच्छाएँ ही धर्म का मूल स्रोत है। धर्म की उत्पत्ति मानव की उन शैशवकालीन आवश्यकताओं से हुई है, जिनसे प्रेरित होकर वह प्रौढ़ावस्था में भी ईश्वर या किसी अन्य काल्पनिक दैवी शक्ति की सहायता, सुरक्षा और सहारे की कामना करता है।

फ्रायड विज्ञान और वैज्ञानिक विधि के समर्थक थे। उनके अनुसार विज्ञान जीवन और विश्व को समझने का एकमात्र साधन है। उनकी राय में विज्ञान द्वारा ही मनुष्य अपने जीवन की समस्याओं को सुलझा सकता है। फ्रायड वैसे सभी धार्मिक विश्वासों को असत्य मानते थे जिन्हें विज्ञान और बौद्धिक युक्तियों द्वारा सत्य प्रमाणित नहीं किया जा सकता है। धर्म ईश्वर या किसी अतिप्राकृतिक शक्ति, आत्मा, स्वर्ग और नरक जैसे अप्रमाणित विश्वासों पर आधारित है। इसलिए फ्रायड के अनुसार उसके सत्य होने की कोई सम्भावना नहीं है।[3]

फ्रायड ने धर्म का विश्लेषण ईसाई धर्म जैसे ईश्वरवादी धर्मो को ध्यान में रख कर किया है। इन धर्मो में एक ईश्वर के विचार को केन्द्रीय महत्त्व दिया जाता है। फ्रायड के अनुसार ईश्वर ने मनुष्य को नहीं, बल्कि मनुष्य ने ईश्वर को बनाया है। फ्रायड ने ईश्वर के विश्वास की मनोवैज्ञानिक व्याख्या की है। फ्रायड के अनुसार अपने जीवन के कुछ प्रारम्भिक वर्षो में असहाय, दुर्बल एवं पराश्रित होने के कारण बच्चा अपने पिता को ही सर्वशक्तिमान, सर्वज्ञ और प्रेममय मानकर अपनी सुरक्षा के लिए पूरी तौर से उस पर निर्भर रहता है। लेकिन बड़ा होने पर उसे यह बात समझ में आती है कि उसका पिता वास्तव में सर्वशक्तिमान और सर्वज्ञ नहीं है। इससे बच्चे को एक मानसिक आघात पहुँचता है। अब वह अपने पिता से उस किस्म की सुरक्षा की आशा नहीं रख पाता है जिसका अनुभव उसे बचपन में होता है। वयस्क होकर वह एक बार फिर अपने को संसार में बिल्कुल असहाय, अकेला, दुर्बल और असुरक्षित महसूस करने लगता है। असुरक्षा की इस कष्टदायक स्थिति

1. वहीं, पृष्ठ 439.
2. वेद प्रकाश वर्मा, वहीं, पृष्ठ 444.
3. वहीं, पृष्ठ 455.

से मुक्ति के लिए मनुष्य शारीरिक दृष्टि से वयस्क होकर भी बच्चे की तरह किसी ऐसे सहारे की खोज करने लगता है जो दुख की अवस्था में उसे आश्वासन, सहायता और सुरक्षा प्रदान कर सके। यह सहारा उसे सर्वशक्तिमान, सर्वज्ञ, अत्यन्त दयालु एवं प्रेममय ईश्वर के रूप में होता है, जिसे वह बच्चे की तरह अपना परम पिता मान लेता है।[1]

फ्रायड के अनुसार आदिकाल से ही मनुष्य के सामने विभिन्न प्रकार के दुखों से मुक्ति होने की मुख्य समस्या बनी रही है। विकास के प्रारम्भिक काल में उसका जीवन पूरी तरह प्राकृतिक शक्तियों पर निर्भर था, जिनके बारे में वह कुछ भी नहीं जानता था। आँधी, तूफान, बाढ़, भूकम्प आदि प्राकृतिक विपदाओं के कारण उसे भारी नुकसान पहुँचता था। ऐसे में उसके सामने मुख्य प्रश्न यह था कि वह कैसे इन प्राकृतिक विपदाओं का सामना करे और कैसे इनसे बचे। अपनी इस समस्या के समाधान के लिए मनुष्य ने विभिन्न प्राकृतिक शक्तियों से सम्बन्धित अनेक देवी-देवताओं की कल्पना कर ली और उन्हें प्रसन्न करने के लिए उनकी पूजा करने लगा। सूर्य, चन्द्र, जलवायु, अग्नि आदि को देवता मानकर उसने उनसे प्रार्थना की कि वे प्राकृतिक विपत्तियों से उसकी रक्षा करें तथा उसके जीवन को सुखी और समृद्ध बनाए। फ्रायड के अनुसार मनुष्य के लिए इन देवी-देवताओं को व्यक्तिवान मानना जरूरी था, क्योंकि तभी वे उससे व्यक्तिगत सम्बन्ध स्थापित कर सहायता मांग सकते थे।[2]

फ्रायड के अनुसार प्राकृतिक शक्तियों की पूजा के साथ-साथ मनुष्य में कभी-कभी इनके प्रति विद्रोह या विरोध की भावना भी उत्पन्न होती है। फ्रायड यह मानते हैं कि धार्मिक कर्मकांड से सम्बन्धित मनुष्य का पूरा आचरण ठीक वैसा ही होता है जैसे अपने पिता के प्रति बच्चे का। बच्चा अपने पिता से प्रेम करने के साथ-साथ उससे डरता भी है और उसके द्वारा अपने इच्छाओं की पूर्ति न किए जाने पर उससे घृणा भी करता है। अपने काल्पनिक ईश्वर और देवी-देवताओं के प्रति वयस्क मनुष्य का आचरण भी ठीक ऐसा ही होता है।

मानव की अपनी इच्छाओं से उत्पन्न होने के कारण फ्रायड ने धार्मिक विश्वासों को ''भ्रम'' की संज्ञा दी है। फ्रायड ने ''भ्रम'' शब्द का इस्तेमाल विशेष अर्थ में किया है। उनके अनुसार, ''जब कोई विश्वास मुख्यतः इच्छा-पूर्ति से अभिप्रेरित होता है और वास्तविकता के साथ उसका कोई सम्बन्ध नहीं होता तो हम उस विश्वास को भ्रम कहते हैं।''[3] इस विशेष अर्थ में ही फ्रायड ने उन धार्मिक विश्वासों को भ्रम माना है जिन्हें सत्य मानने के लिए हमारे पास कोई विश्वसनीय प्रमाण नहीं है। ईश्वर में विश्वास सुरक्षा प्राप्त करने की तीव्र इच्छा से उत्पन्न होता है। इसी तरह, आत्मा की अमरता में विश्वास का उद्‌गम मनुष्य की अनन्त काल तक जीवित रहने की प्रबल इच्छा से होता है। मृत्यु के बाद हमेशा के लिए खत्म हो जाने का विचार उसे बहुत दुखद और भयंकर मालूम देता है। इसलिए वह किसी-न-किसी रूप में मरणोत्तर जीवन की कामना करता है। इस कामना से ही आत्मा की अमरता सम्बन्धी विश्वास का जन्म होता है। इसी तरह, विश्व में नैतिक व्यवस्था के होने का विश्वास मनुष्य की इस इच्छा का परिणाम है कि प्रत्येक व्यक्ति के साथ न्याय होना चाहिए। वास्तविक जीवन में कभी-कभी ऐसा न्याय नहीं होता है। इसलिए, मनुष्य यह आशा करता है कि मरणोत्तर जीवन में अवश्य ही ईश्वर द्वारा उसके साथ न्याय

1. वहीं, पृष्ठ 446-47.
2. वहीं, पृष्ठ 448.
3. Sigmund Freud, *The Future of an Illusion*, वेद प्रकाश वर्मा द्वारा उद्धृत, वहीं, पृष्ठ 450.

किया जाएगा। इस तरह, फ्रायड ने सभी महत्त्वपूर्ण धार्मिक विश्वासों को मूलतः मनुष्य की कुछ प्रबल इच्छाओं से उत्पन्न या प्रेरित माना है। इनका वास्तविकता से कोई सम्बन्ध नहीं है। इसलिए, फ्रायड ने इन्हें ''भ्रम'' कहा है।[1]

फ्रायड के विचार में धर्म मानवीय इच्छाओं से उत्पन्न भ्रम और शैशवकाल की ओर प्रतिगमन का परिणाम है। इसका अर्थ यह है कि वयस्क होकर भी मनुष्य अपनी जीवन की कठिनाइयों और समस्याओं के कारण फिर से अपने बचपन की ओर लौट जाता है और उसके इसी प्रतिगमन से धार्मिक विश्वासों एवं कर्मकांड का जन्म होता है। फ्रायड के अनुसार धार्मिक कर्मकांड में वैसी ही बाध्यता पायी जाती है जैसी मनोरोग से ग्रस्त व्यक्तियों में दिखायी देती है। फ्रायड ने धर्म को भ्रम के साथ-साथ एक मानसिक रोग भी माना है, जिससे मुक्त होना मनुष्य के लिए जरूरी है।

धर्म के विकल्प के रूप में मानवतावाद

राजनीतिक विचारधारा के रूप में मानवतावाद की चर्चा ''मानवतावाद'' अध्याय के अन्तर्गत की गयी है। यहाँ पर हम धर्म के विकल्प के रूप में मानवतावाद की चर्चा करेंगे। आरम्भ में कुछ मानवतावादी मानवतावाद को धर्म भी मानते थे, क्योंकि मानवतावाद व्यक्ति के जीवन में वही भूमिका निभाता है, जो परम्परागत रूप से धर्म द्वारा निभायी जाती थी। ऐसे मानवतावादियों के लिए अमरीका में ''धार्मिक मानवतावादी'' शब्द का इस्तेमाल किया गया। लेकिन, ''धर्मनिरपेक्ष मानवतावादियों'' द्वारा मानवतावाद को धर्म से स्वतन्त्र एक जीवन-मुद्रा या जीवन-दर्शन माना जाता है। धर्म का आधार आस्था है, जबकि मानवतावाद में बुद्धि और वैज्ञानिक चिन्तन को केन्द्रीय महत्त्व दिया जाता है। इसलिए, मानवतावाद को धर्म का विकल्प और एक जीवन-दर्शन मानना ही बेहतर है। वैसे भी, अब धीरे-धीरे ''मानवतावाद'' शब्द का इस्तेमाल ''धर्मनिरपेक्ष मानवतावाद'' के अर्थ में होने लगा है। प्रमुख शब्दकोशों में ''मानवतावाद'' को एक गैरधार्मिक दर्शन माना गया है।

इस तरह, मानवतावाद वैज्ञानिक चिन्तन और उदार मानवीय मूल्यों पर आधारित गैरधार्मिक दर्शन हैं। मानवतावाद ईश्वर से सम्बन्धित न होकर मनुष्य के हितों से सम्बन्धित है। यह विचार, विश्वास अथवा कर्म सम्बन्धी वह पद्धति है, जो ईश्वर का परित्याग करके अपना ध्यान मनुष्य तथा सांसारिक वस्तुओं पर केन्द्रित रखती है। कह सकते है कि मानवतावाद अपने प्रयत्नों द्वारा मानवता के विकास के पक्ष में धर्म का परित्याग है।

मानवतावादियों के अन्तरर्राष्ट्रीय संगठन ***इंटरनेशनल ह्यूमैनिस्ट ऐण्ड एथिकल यूनियन*** द्वारा 1996 में ''मानवतावाद'' की ''न्यूनतम परिभाषा'' इस प्रकार की गयी है: ''मानवतावाद एक लोकतान्त्रिक और नैतिक जीवन मुद्रा है जो दृढ़तापूर्वक यह कहता है कि मानव को अपने जीवन को अर्थ और आकार प्रदान करने का अधिकार और उत्तरदायित्व है। यह मानवीय क्षमताओं द्वारा, बुद्धि और मुक्त अन्वेषण की मनोवृत्ति से, मानवीय और अन्य प्राकृतिक मूल्यों पर आधारित नैतिकता द्वारा एक अधिक मनावोचित समाज के बनाए जाने का समर्थन करता है। यह ईश्वरवादी नहीं है, और यह वास्तविकता के अतिप्राकृतिक दृष्टिकोणों को स्वीकार नहीं करता है।''[2]

धर्म-दर्शन की मूल समस्याएँ के लेखक, डॉ. वेद प्रकाश वर्मा के अनुसार मानवतावाद मूलतः मानव-केन्द्रित दर्शन है जो अलौकिक या अतिप्राकृतिक शक्तियों के स्थान पर स्वयं

1. वहीं, पृष्ठ 450.
2. ***बुद्धिवादी***, वर्ष 11, अंक 4, अक्टूबर, 1997, पृ०-4.

मनुष्य के अनुभव एवं उसकी तर्कबुद्धि को ही सर्वाधिक महत्त्व देता है, और मानव-जाति के भविष्य के निर्माण के लिए केवल मनुष्य को ही उत्तरदायी मानता है।[1]

उदाहरण के तौर पर, हम अमरीकी मानवतावादी दार्शनिक कॉर्लिस लामोन्ट के विचारों को ले सकते हैं। लामोन्ट के अनुसार **मानवतावाद इस प्राकृतिक विश्व में समस्त मानवता के अधिकतर शुभ के लिए सहर्ष सेवा का दर्शन है। यह बुद्धि, विज्ञान और लोकतन्त्र की विधियों का समर्थन करता है।**

लामोन्ट के अनुसार मानवतावाद प्रकृतिवाद (naturalism) का समर्थन करता है। यह ईश्वर और मृत्यु के बाद जीवन सहित हर किस्म के अतिप्रकृतिवाद (supernaturalism) को कोरी कल्पना मानता है। मानवतावाद के अनुसार मानव में इतनी क्षमता है कि वह साहस और दूरदृष्टि के साथ, मुख्यतः बुद्धि और वैज्ञानिक विधि की सहायता से, अपनी समस्याओं को सुलझा सकता है। मानवतावाद हर किस्म के भाग्यवाद और नियतिवाद को अस्वीकार करता है। मानवतावाद के अनुसार, कुछ सीमाओं के अन्तर्गत, मानव अपने भविष्य का निर्माण स्वयं कर सकता है। मानवतावाद इस विश्व में सुख, स्वतंत्रता और प्रगति को सर्वोच्य लक्ष्य मानने वाली नैतिकता का समर्थन करता है। मानवतावाद द्वारा लोकतान्त्रिक स्वतन्त्रताओं, प्रक्रियाओं और लोकतान्त्रिक सरकार का समर्थन किया जाता है। वैज्ञानिक विधि पर आधारित होने के कारण मानवतावाद कोई बन्द दर्शन नहीं हैं, बल्कि यह नए आविष्कारों और अधिक परिष्कृत युक्तियों के आलोक में अपने को निरन्तर विकसित करता रहता है।

इसी तरह, रैडिकल मानवतावाद के प्रवर्त्तक, भारतीय दार्शनिक मानवेन्द्र नाथ रॉय के अनुसार किसी भी क्रान्तिकारी या मुक्तिदायी सामाजिक-दर्शन का कार्य इस बुनियादी तथ्य पर बल देना है कि **अपने विश्व का निर्माता स्वयं मानव है, और वह एक चिन्तनशील प्राणी और व्यक्ति के रूप में ही विश्व का नवनिर्माण कर सकता है।** मनुष्य का मस्तिष्क भी एक उत्पादन का साधन है, और इसमें सबसे क्रान्तिकारी वस्तु का उत्पादन होता है। क्रान्ति के लिए रूढ़िभंजक विचारों का होना जरूरी है। रॉय की यह मान्यता थी कि सामाजिक क्रान्ति के पहले दार्शनिक क्रान्ति का होना जरूरी है। उनके अनुसार **भाग्य और भगवान भारतीय जनता की गुलामी की जंजीर की सबसे मजबूत कड़ी है।** रॉय के अनुसार, भारत को एक बुद्धिवादी और मानवतावादी नवजागरण की आवश्यकता है। इसके बिना लोकतन्त्र का आधार सुदृढ़ नहीं हो पाएगा। रॉय ईश्वर, आत्मा, भाग्यवाद और कर्मवाद के विरुद्ध थे। वे वैज्ञानिक दृष्टिकोण और धर्मनिरपेक्ष नैतिकता के पक्ष में थे। रॉय की यह कल्पना थी कि रैडिकल मानवतावादी आन्दोलन एक स्कूल की तरह होगा, जो भारत की जनता को भाग्य और उसके शीर्ष पर विराजमान भगवान के विरुद्ध विद्रोह करना सिखाएगा। रॉय के अनुसार क्रान्तिकारी व्यक्ति वही है, जो इस बात को समझता है कि यह विश्व किसी अतिप्राकृतिक सत्ता द्वारा निर्मित नहीं है, और इसे मानव प्रयत्नों द्वारा बेहतर बनाया जा सकता है।[1]

❑

1. डॉ. वेद प्रकाश वर्मा, ***धर्म-दर्शन की मूल समस्याएँ,*** पृ॰ 461-62.
2. डॉ. रमेन्द्र, ''मानवेन्द्रनाथ रॉय'', ***स्वतंत्रोत्तर भारतीय दार्शनिक चिन्तन*** (पटना: मोतीलाल बनारसीदास, 1993), पृष्ठ 59-83.

   Also sec, Dr. Ramendra, *M. N. Roy's New Humanism and Materialism* (Patna : Buddhiwadi Foundation, 2001) .

अध्याय 17

धार्मिक सहिष्णुता

सभी धर्मों के समर्थक अपने-अपने धर्म को सभी धर्मों में सर्वश्रेष्ठ मानते और बतलाते हैं। फिर, इन धर्मों की बुनियादी मान्यताओं में भी भिन्नता होती है। (इसकी चर्चा ''धर्मों की समानता, एकता और सर्वव्यापकता'' के अन्तर्गत की गयी है।) लेकिन हर धर्म के धार्मिक रूढ़िवादी (fundamentalist) अपने-अपने धर्म की मूल मान्यताओं को अक्षरशः सत्य मानते हैं। इसके अलावा, विभिन्न धर्मों में धर्म-परिवर्तन के लिए भी होड़ लगी रहती है। यह धर्म परिवर्तन कभी शान्तिमय और लोकतान्त्रिक तरीकों से होता है, और कभी इसमें भय, आतंक और हिंसा का सहारा भी लिया जाता है। इस तरह, इन कारणों से विभिन्न धर्मों के बीच संघर्ष चलता रहता है। यह संघर्ष शान्तिमय भी हो सकता है और कभी-कभी यह हिंसक रूप भी ले लेता है।

अगर धर्मों के बीच शान्तिमय और लोकतान्त्रिक तरीकों से संघर्ष हो, जैसा कि लोकतान्त्रिक व्यवस्था में राजनीतिक विचारधाराओं के बीच होता है, तब तो कोई दिक्कत या परेशानी की बात नहीं है। लेकिन वास्तविकता यह है कि दुनिया के इतिहास में धार्मिक झगड़ों के कारण काफी खून-खराबा हुआ है। उदाहरण के तौर पर, इस्लाम और ईसाई धर्म के बीच लम्बी लड़ाई चली थी। भारतीय उपमहाद्वीप में भी जैन, हिन्दू, इस्लाम, सिख और ईसाई धर्मों के बीच संघर्ष हुआ है, और यह संघर्ष हमेशा शान्तिमय नहीं रहा है। यहाँ तक कि एक ही धर्म के दो सम्प्रदायों के बीच भी झगड़े चले हैं, जैसे शैव और वैष्णवों के बीच और शिया-सुन्नी के बीच।

खुल्लम-खुल्ला धार्मिक युद्ध (''क्रुसेड'' या ''जेहाद'') के अतिरिक्त धार्मिक या ''साम्प्रदायिक'' (communal) दंगों की समस्या भी है। इन दंगों के दौरान एक धार्मिक समूह के लोग दूसरे धार्मिक समूह के लोगों की जान, माल और इज्जत को जानबूझकर नुकसान पहुँचाते हैं। **हर धर्म के धर्मावलम्बियों द्वारा अपने-अपने धर्म को सर्वश्रेष्ठ और अन्तिम सत्य मानने की प्रवृत्ति (रुढ़िवादिता), और दूसरे धर्मों को मानने वालों के प्रति विरोध और नफरत की भावना (साम्प्रदायिकता) के कारण होने वाली हिंसा ने कई धार्मिक और गैरधार्मिक विचारकों को धार्मिक सहिष्णुता के बारे में सोचने के लिए मजबूर किया है।**

भारत जैसे बहुधर्मी देश में तो यह समस्या और भी विकट है। भारत में आजादी और विभाजन के समय तो बड़े पैमाने पर हिन्दू-मुस्लिम दंगे हुए ही। इसके अलावा, 1992 में कुछ हिन्दू उग्रवादियों द्वारा बाबरी-मस्जिद ढाहे जाने के बाद भी देश के कई हिस्सों में हिन्दू-मूस्लिम दंगे हुए। इसी तरह, 1984 में तत्कालीन प्रधानमंत्री इन्दिरा गाँधी की उनके सिक्ख अंगरक्षकों द्वारा हत्या के बाद दिल्ली और कुछ अन्य स्थानों पर हिन्दू-सिक्ख दंगे भी हुए। 2002 में गुजरात में हिन्दुओं और मुसलमानों के बीच बड़े पैमाने पर साम्प्रदायिक हिंसा हुई।

धार्मिक दंगों को असभ्यता की चरम पराकाष्ठा ही कहा जा सकता है। इन दंगों के दौरान कुछ लोग सिर्फ **इसलिए** किसी की जान, माल और इज्जत को नुकसान पहुँचाते हैं **क्योंकि** वह किसी दूसरे धार्मिक समूह का है। किसी भी सभ्य समाज में, खास तौर से एक ऐसे धर्मनिरपेक्ष और लोकतान्त्रिक राज्य में, जिसमें विभिन्न धर्मों को मानने वाले और किसी भी धर्म को न मानने वाले मानवतावादी लोग भी रहते हों, **नागरिकों के शान्तिमय सहअस्तित्व के लिए धार्मिक सहिष्णुता एक अनिवार्य शर्त है।** धार्मिक सहिष्णुता की आवश्यकता और महत्त्व को इसी से समझा जा सकता है।

धार्मिक सहिष्णुता का अर्थ—धार्मिक सहिष्णुता (religious trlerance) का आदर्श यह है कि **किसी एक धर्म को मानने वाला व्यक्ति अपने धर्म की मान्यताओं के अनुसार स्वयं अपना जीवन व्यतीत करता हुए भी, दूसरे धर्मों को माननेवालों के प्रति नफरत या असहनशीलता का रवैया न अपनाए, बल्कि उनके जीवन, स्वतन्त्रता और सम्पत्ति के अधिकार का सम्मान करे।** दूसरे शब्दों में, कोई व्यक्ति अपने धार्मिक विचारों को जबरदस्ती दूसरों पर लादने का प्रयत्न न करे, या सिर्फ इसलिए किसी की जान का दुश्मन न बन जाए क्योंकि उसकी धार्मिक मान्यताएँ उससे अलग है। व्यापक दृष्टि से धार्मिक लोगों द्वारा मानवतावादियों के प्रति सहनशीलता और मानवतावादियों द्वारा धार्मिक लोगों के प्रति सहनशीलता भी धार्मिक सहिष्णुता के अन्तर्गत शामिल है।

धार्मिक सहिष्णुता का आधार—धार्मिक सहिष्णुता का सबसे महत्त्वपूर्ण आधार **लोकतान्त्रिक दृष्टिकोण** है। लोकतन्त्र में विभिन्न राजनीतिक विचारधाराओं को मानने वाले अपने विचारों का प्रचार करते हैं, और उनके बीच संघर्ष भी होता है; लेकिन लोकतान्त्रिक आदर्श यह है कि राजनीतिक विचारधाराओं के बीच का यह संघर्ष शान्तिमय होना चाहिए। लोकतान्त्रिक व्यवस्था में हर किसी को अपने विचारों को अभिव्यक्त करने की पूरी स्वतन्त्रता रहती है, लेकिन किसी को भी अपने विचारों को बलपूर्वक किसी पर लादने का अधिकार नहीं रहता है। इस तरह, लोकतान्त्रिक राज्यों में राजनीतिक संघर्ष आम तौर से शान्तिमय ही होते हैं। अगर धार्मिक कट्टरता और रूढ़िवादिता का त्याग करके, लोकतान्त्रिक दृष्टिकोण को अपनाया जाए, तो यह धार्मिक सहिष्णुता का एक दृढ़ आधार हो सकता है।

यह सही है कि लोकतान्त्रिक व्यवस्था में राजनीतिक संघर्ष भी कभी-कभी हिंसक हो उठते हैं। खास तौर से ऐसे आतंकवादी समूहों द्वारा, जो लोकतन्त्र में विश्वास नहीं रखते हैं, संगठित रूप में हिंसा की जाती है (देखें, ''आतंकवाद'')। एक तरह से धार्मिक कट्टरवादियों की स्थिति भी राजनीतिक आतंकवादियों जैसी ही होती है। दोनों अपने विचारों को अलोकतान्त्रिक तरीके से पूरे समाज पर लादना चाहते हैं। इस तरह, धार्मिक कट्टरता धार्मिक सहिष्णुता का दुश्मन है। धार्मिक कट्टरता के विरुद्ध संघर्ष किए बिना धार्मिक सहिष्णुता को बढ़ावा नहीं दिया जा सकता है।

धार्मिक सहिष्णुता और धर्म-समन्वय—कुछ धार्मिक विचारकों द्वारा धर्म समन्वय के आधार पर धार्मिक सहिष्णुता की स्थापना की कोशिश की गयी है। मध्य युग में अकबर द्वारा **दीने इलाही** की स्थापना ऐसा ही एक प्रयत्न था। 19 वीं और 20 वीं शताब्दी में, अन्य लोगों के अलावा, राम मोहन रॉय, विवेकानन्द और गाँधी द्वारा भी इस किस्म के प्रयास किए गए हैं। इन विचारकों द्वारा इस विचार को प्रचारित किया गया कि सभी धर्म बुनियादी तौर पर एक हैं, और एक ही मंजिल तक पहुँचने के अलग-अलग रास्ते हैं।

यह सही है कि समन्वयववादी धार्मिक दृष्टिकोण अपनाने पर व्यक्ति में कुछ हद तक धार्मिक सहिष्णुता आ जाएगी, फिर भी उसमें अपने धर्म के प्रति विशेष आग्रह तो रहेगा ही। गाँधी धार्मिक समन्वयवादी दृष्टिकोण का समर्थन करने के बाद भी अपने को ''सनातनी हिन्दू'' ही कहते थे, और हिन्दू धर्म का समर्थन भी करते थे। इस दृष्टिकोण के साथ सबसे बड़ी कठिनाई यह है कि यह बात सही नहीं है कि सभी धर्म मूलतः एक हैं, या एक ही मंजिल तक पहुँचने के अलग-अलग रास्ते है। एक बहुप्रचारित मत है कि सभी धर्म एक ही ईश्वर तक पहुँचने के अलग-अलग रास्तें हैं। यह व्याख्या ईश्वरवादी धर्मो पर लागू हो भी सकती है, लेकिन जैन और बौद्ध धर्म जैसे निरीश्वरवादी धर्मों पर इसे लागू नहीं किया जा सकता है। इसलिए, इस आधार पर धार्मिक सहिष्णुता को बढ़ावा देना सम्भव नहीं है। **विभिन्न धर्मों के वस्तुनिष्ठ और तुलनात्मक अध्ययन से यह तथ्य सामने आता है कि धर्मों के बीच जहाँ कुछ बातों में समानता है, वहाँ दूसरी ओर कई मुद्दों पर मतभेद भी हैं।** धर्मों के बीच यह मतभेद सतही मुद्दों पर नहीं, बल्कि बुनियादी महत्त्व के प्रश्नों पर हैं। ईसाई धर्म में मुहम्मद को ''रसूल'' नहीं माना जाता है, जबकि इस्लाम में जिससे को ''ईश्वर-पुत्र'' के रूप में स्वीकार नहीं किया जाता है। इस तरह, ये दोनों धर्म एक-दूसरे की बुनियादी मान्यता को अस्वीकार करते हैं, जबकि इन धर्मों का अस्तित्व ही इन्हीं मान्यताओं पर टिका हुआ है। इसी तरह, जैन और बौद्ध धर्म में न तो **वेदों** को प्रामाणिक माना जाता है, और न वर्ण-व्यवस्था को स्वीकार किया जाता है, जबकि ये हिन्दू धर्म की बुनियादी मान्यताएँ हैं। (इसकी विस्तृत चर्चा ''धर्मों की समानता, एकता और सर्वव्यापकता'' के अन्तर्गत की गयी है।)

अगर विभिन्न धर्मों के बीच मतभेद बुनियादी प्रश्नों पर नहीं होता, और/या विभिन्न धर्मों के समर्थक उन मुद्दों को ''बुनियादी'' नहीं समझते, तो फिर इन धर्मो का अलग-अलग धर्म के रूप में अस्तित्व ही क्यों रहता? इनमें आपस में इतना संघर्ष ही क्यों होता? इसलिए, मुख्य बात यह नहीं है कि **धर्मों के बीच ''बुनियादी'' मुद्दों पर मतभेद नहीं है, बल्कि यह है कि बुनियादी मुद्दों पर मतभेद होने के बावजूद विभिन्न धर्मावलम्बियों को एक-दूसरे के साथ शान्तिपूर्ण और लोकतान्त्रिक तरीके से रहना सीखना होगा।**

धार्मिक समन्वयवादी दृष्टिकोण के साथ दूसरी कठिनाई यह है कि इस दृष्टिकोण के समर्थक, धर्म के अपने गलत विश्लेषण के कारण, धार्मिक कट्टरता पर सीधा प्रहार करने से बचते हैं, और एक तरह से अपने रवैए से विभिन्न धर्मों की कट्टरता का ही पोषण करते हैं। जैसा कि पहले भी उल्लेख किया गया है, **धार्मिक कट्टरता धार्मिक असहिष्णुता का मूल स्रोत है, और धार्मिक कट्टरता पर सीधा प्रहार किए बिना धार्मिक सहिष्णुता को बढ़ावा नहीं दिया जा सकता है।** जहाँ अपने धर्म में **आस्था** (faith) होगी, वहाँ दूसरे धर्मों में अनास्था और उनके प्रति विरोध भाव भी होगा। आम तौर से जहाँ एक ओर विभिन्न धर्मों में उस धर्म को स्वीकार करने वालों के प्रति सद्भावना और प्रेम की बात की जाती है, वहाँ दूसरी ओर **उस धर्म को अस्वीकार करने वालों के प्रति नफरत और असहनशीलता की भावना रहती है।** इसलिए, धार्मिक झगड़ों का वास्तविक और स्थायी समाधान बुद्धिवादी-मानवतावादी और लोकतान्त्रिक दृष्टिकोण के आधार पर ही सम्भव है, धर्मों के प्रति अयथार्थवादी दृष्टिकोण के आधार पर नहीं, चाहे इस किस्म के दृष्टिकोण का

समर्थन करने वालों के इरादे कितने भी नेक क्यों न हो। यह जरूरी है कि **आस्था** के आधार पर काम करने के बजाय धार्मिक लोग तर्कबुद्धि के आधार पर अपने मतभेदों को सुलझाने का प्रयत्न करें।

एक प्रश्न यह भी उठाया जाता है कि क्या सभी धर्म धार्मिक कट्टरता की दृष्टि से एक जैसे हैं, या कुछ धर्म धार्मिक सहिष्णुता के अधिक अनुकूल हैं। इसमें संदेह नहीं है **कि ईश्वरवादी धर्मों में जैन और बौद्ध धर्म जैसे निरीश्वरवादी धर्मों की तुलना में अधिक कट्टरता होती है।** ईसाई और इस्लाम जैसे ईश्वरवादी धर्म अपने-अपने धर्मग्रन्थों को ''ईश्वर की वाणी'' समझते हैं। इन धर्मों के कट्टरपंथियों को अपने धर्म के धर्मग्रन्थों के विरुद्ध एक शब्द सुनना भी मंजूर नहीं होता है। मध्ययुग में ईसाई कट्टरपंथियों द्वारा कितने स्वतन्त्र विचारकों को मौत के घाट उतार दिया गया। सलमान रश्दी और तस्लीमा नसरीन की स्थिति से इस्लामी कट्टरपंथ का परिचय मिलता है। भारत में मुस्लिम निजी कानून में किसी भी सुधार का कुछ लोगों द्वारा इस आधार पर विरोध किया जाता है कि इस्लामी कानून या शरियत ''ईश्वरीय'' है। यह मुस्लिम कट्टरपंथ का एक उदाहरण है।

हिन्दू धर्म को ईसाई और इस्लाम की तरह एकेश्वरवादी तो नहीं माना जा सकता है, फिर भी अपने लोकप्रिय रूप में यह एक ईश्वरवादी धर्म ही है। हिन्दू धर्म में भी **वेद** को प्रामाणिक और अन्तिम सत्य माना जाता है। राममोहन रॉय ने जब सती प्रथा का विरोध किया, तो कट्टरपंथियों ने शास्त्रों की दुहाई देकर इस क्रूर और अमानवीय प्रथा को सही ठहराने की कोशिश की। बीसवीं सदी में भी पुंरी के पूर्व शंकराचार्य निरंजनदेव जैसे कुछ हिन्दू रूढ़िवादियों द्वारा सती और छुआछूत को सही ठहराने की कोशिश की गयी है। कुछ हिन्दू उग्रवादियों द्वारा सुनियोजित तरीके से बाबरी मस्जिद को ढाहना हिन्दू धार्मिक कट्टरपंथ और असहिष्णुता का एक ताजा उदाहरण है। प्राचीन काल में कुछ हिन्दू कट्टरपंथी राजाओं द्वारा बौद्धों के हिंसक दमन के प्रमाण भी मिल रहे हैं। वास्तव में, **हिन्दू धर्म की कट्टरता वर्ण-व्यवस्था और छुआछूत के जरिए व्यक्त होती है। फिर भी, सामाजिक कठोरता के बावजूद, ईश्वर सम्बन्धी और मुक्ति के मार्ग सम्बन्धी मान्यताओं की दृष्टि से हिन्दू धर्म में ईसाई और इस्लाम धर्म की तुलना में अधिक लचीलापन है।**

सिक्ख धर्म भी ईसाई और इस्लाम धर्म की तरह एकेश्वरवादी धर्म हैं। सिक्ख धर्म में गुरुग्रन्थ साहब को सर्वोच्च मानकर उसकी पूजा की जाती है, हालांकि उसे ''ईश्वरीय'' नहीं माना जाता है। सिक्खों के एक सम्प्रदाय निरंकारियों द्वारा अपने गुरू को ***गुरूग्रन्थ*** से ऊपर स्थान दिए जाने के कारण सिक्ख कट्टरपंथियों द्वारा उनका हिंसक दमन किया गया। इसी तरह, कुछ सिक्ख विद्वानों को ***गुरुग्रन्थ*** पर किए गए उनके शोध-सम्बन्धी निष्कर्षों के लिए अकाल तख्त द्वारा सजा भी सुना दी गयी। इस तरह, सभी **ईश्वरवादी धर्मों द्वारा अपने-अपने धर्मग्रन्थों को अन्तिम सत्य मानने, आस्था को प्रोत्साहन देने, और तर्कबुद्धि एवं स्वतन्त्र चिन्तन को हतोत्साहित किए जाने के कारण धार्मिक कट्टरता को बढ़ावा मिलता है।**

दूसरी ओर, ऐसा नहीं है कि जैन और बौद्ध धर्म जैसे निरीश्वरवादी धर्मों में आस्था का तत्त्व बिलकुल ही नहीं है। बौद्ध और जैन धर्म में भी बुद्ध और महावीर के प्रति श्रद्धा और पूजा की भावना तो पायी ही जाती है। लेकिन इसके बावजूद इन धर्मों के दायरे में कुछ हद तक तर्कबुद्धि और स्वतन्त्र चिन्तन को प्रोत्साहित किया गया है। या कम-से-कम अन्य धर्मों की तरह तर्कबुद्धि को आस्था के नाम पर हतोत्साहित नहीं किया गया है। इन

धर्मों में यह आग्रह भी नहीं पाया जाता है कि इनके संस्थापक ''ईश्वर के पुत्र'' या ''संदेशवाहक'' थे। न ही ये अपने धर्मग्रन्थों को ''ईश्वर की वाणी'' मानते हैं। इसके अलावा **इन धर्मों में अहिंसा पर अत्यधिक बल दिया गया है।** इसलिए, इन धर्मों का प्रचार-प्रसार भी आम तौर से शान्तिपूर्ण तरीके से ही हुआ है। **इस तरह, इन धर्मों को ईसाई, इस्लाम, सिक्ख और हिन्दू धर्म जैसे ईश्वरवादी धर्मों की तुलना में धार्मिक सहिष्णुता के अधिक अनुकूल माना जा सकता है।**

धार्मिक सहिष्णुता और धर्म परिवर्तन—एक प्रश्न यह भी उठाया जाता है कि क्या धार्मिक सहिष्णुता और धर्म परिवर्तन के बीच तालमेल बैठाया जा सकता है? लोकतान्त्रिक तरीके से अपनी धार्मिक मान्यताओं का प्रचार और धर्म परिवर्तन हर नागरिक का मौलिक अधिकार है। इसलिए, **लोकतान्त्रिक धर्म परिवर्तन और धार्मिक सहिष्णुता के बीच कोई विरोध नहीं है।** हाँ, अगर धर्म परिवर्तन जबरदस्ती हिंसक तरीकों से करवाया जाए, तो यह लोकतन्त्र और धार्मिक सहिष्णुता के विरुद्ध होगा।

❑

अध्याय 18

धर्मों की समानता, एकता और सर्वव्यापकता

विभिन्न धर्मों के धार्मिक रूढ़िवादियों द्वारा अपने-अपने धर्म की बुनियादी मान्यताओं को अक्षरशः सत्य मानने, और इन बुनियादी मान्यताओं के बीच परस्पर विरोध के कारण, विभिन्न धर्मों के बीच, और यहाँ तक कि एक ही धर्म के अलग-अलग सम्प्रदायों (sects) के बीच (शिया-सुन्नी, वैष्णव-शैव) काफी संघर्ष हुआ है। दुनिया के इतिहास में धार्मिक झगड़ों और दंगों के कारण काफी खून बहाया गया है, और आज भी यह सिलसिला जारी है।

दूसरी ओर, इन झगड़ों से बचने के लिए, और धार्मिक सहिष्णुता एवं विभिन्न धर्मों के मानने वालों के शान्तिमय सह-अस्तित्व को प्रोत्साहित करने के इरादे से धर्मों के बीच एकता या समन्वय स्थापित करने के प्रयत्न भी हुए हैं। भारत में मध्य-युग में अकबर द्वारा **दीने इलाही** की स्थापना ऐसा ही एक प्रयत्न था। अकबर द्वारा यह प्रयत्न, पारसी, यहूदी, ईसाई, इस्लाम और हिन्दू धर्म के तुलनात्मक अध्ययन के आधार पर किया गया था।

19वीं और 20वीं शताब्दी में भारत में राममोहन रॉय, विवेकानन्द और गाँधी द्वारा भी धर्मों के बीच समन्वय स्थापित करने के प्रयत्न किए गए हैं। राममोहन रॉय ने इस्लाम, हिन्दू, ईसाई और यहूदी धर्म के अध्ययन के आधार पर धर्मों के बीच समन्वय स्थापित करने का प्रयत्न किया। राममोहन रॉय के अनुसार अलग-अलग धर्मों का जन्म अलग-अलग वातावरण और संस्कृतियों में हुआ है। इसलिए, उनमें आंशिक विभिन्नता है, लेकिन मूलतः सभी धर्म ईश्वरवादी हैं। डॉ० मधुसूदन प्रसाद के अनुसार, अपने लेख "Humble Suggestions to our Countrymen" में राममोहन रॉय ने स्पष्ट लिखा है कि सभी धर्म एक समान हैं, इसलिए हर धर्म के प्रति श्रद्धाभाव रखना हर मानव का कर्त्तव्य है। इस प्रकार उन्होंने सर्वधर्म समभाव का संदेश दिया है।[1]

इसी तरह, विवेकानन्द ने ''सर्वव्यापी धर्म'' (universal religion) की अवधारणा प्रस्तुत की है। विवेकानन्द के अनुसार ऐसे सर्वव्यापी या सार्वभौम धर्म में दो गुणों का होना आवश्यक है—एक, इसके दरवाजे हर व्यक्ति के लिए खुले होने चाहिए। व्यक्ति के धर्म का निर्धारण जन्म के आधार पर नहीं होना चाहिए, बल्कि हर व्यक्ति को इस बात की छूट मिलनी चाहिए कि वह किस धर्म को अपनाए। दूसरे, सार्वभौम धर्म को सभी धार्मिक सम्प्रदायों को सन्तुष्ट करने में समर्थ होना चाहिए।

विवेकानन्द के अनुसार, ऐसे सार्वभौम धर्म का अस्तित्व पहले से ही है, चाहे सभी को इसकी चेतना न हो। प्रश्न यह उठता है कि इस धर्म का स्वरूप क्या है? क्या यह धर्म ऐसे सामान्य तत्त्वों को ढूँढ़ने में समर्थ हुआ है, जो विभिन्न धर्मावलम्बियों को सन्तुष्ट कर सकें? विवेकानन्द के अनुसार अलग-अलग धर्मों में धर्म के अलग-अलग पक्षों पर बल दिया

---

1. अशोक कुमार वर्मा (सं०), ***स्वतन्त्रोत्तर भारतीय दार्शनिक चिन्तन*** (पटना : मोतीलाल बनारसीदास, 1993), पृ० 22-23.

गया है। इसलिए, सभी धर्मों के सामान्य तत्त्व को ढूँढना बहुत मुकिश्ल काम है। लेकिन, विवेकानन्द की राय में, सार्वभौम धर्म का यह अर्थ नहीं है कि उसके एक जैसे सिद्धान्त, ''पुराणविद्या'' या मिथकशास्त्र(mythology) और कर्मकांड हों। सर्वव्यापी धर्म के अन्तर्गत सभी धर्मों को धार्मिक लक्ष्य को पाने के अलग-अलग मार्गों के रूप में मान्यता दी जाएगी। हर व्यक्ति को इनमें से किसी भी मार्ग को अपनाने की स्वतन्त्रता होगी। अलग-अलग मार्गों को अपनाने वालों में दूसरे मार्ग को अपनाने वालों के प्रति सिर्फ सहिष्णुता ही नहीं होगी, बल्कि सभी मार्गों को वैध मार्गों के रूप में स्वीकार करने की भावना होगी। सर्वव्यापी या सार्वभौम धर्म में विश्वास रखने वाला व्यक्ति, व्यापक और उदार दृष्टि को अपनाते हुए, सभी धर्मों के धर्मग्रन्थों से सीख हासिल करने के लिए तैयार रहेगा। विवेकानन्द के अनुसार इस किस्म का दृष्टिकोण अपनाने पर कम-से-कम एक ऐसे तत्त्व को ढूँढ़ा जा सकता है, जो सभी धर्मों में सामान्य है—ईश्वर में विश्वास। इस तरह, विवेकानन्द की राय में ईश्वर में विश्वास को सर्वव्यापी धर्म का सार तत्त्व माना जा सकता है।[1]

धर्मों के बीच समन्वय स्थापित करने का प्रयत्न गाँधी द्वारा भी किया गया है। गाँधी के अनुसार धर्म का मूल तत्त्व है नैतिकता। अपने धर्म के अलावा अन्य धर्मों के अध्ययन से व्यक्ति को यह बात समझ में आ जाएगी की मूलतः सभी धर्म एक हैं। गाँधी ने सभी धर्मों के भाईचारे या मैत्रीभाव (fellowship) की कल्पना की है। धर्मों के बारे में अपनी राय को गाँधी ने इस प्रकार व्यक्त किया है—

(i) सभी धर्म सत्य हैं।

(ii) सभी धर्मों में कुछ दोष (error) हैं।

(iii) मुझे सभी धर्म लगभग उतने ही प्रिय हैं, जितना कि अपना हिन्दू धर्म।

गाँधी धर्म परिवर्तन के विरुद्ध थे। उनके अनुसार धार्मिक मैत्रीभाव का उद्देश्य हिन्दू को बेहतर हिन्दू, मुसलमान को बेहतर मुसलमान और ईसाई को बेहतर ईसाई बनाना होना चाहिए।[2]

राममोहन रॉय, विवेकानन्द और गाँधी के अलावा आधुनिक समय में डॉ॰ राधाकृष्णन और डॉ॰ भगवान दास ने भी धर्मों के बीच समन्वय स्थापित करने का प्रयत्न किया है। डॉ॰ वेद प्रकाश वर्मा के अनुसार राधाकृष्णन ने अपनी कुछ रचनाओं में यह प्रमाणित करने की कोशिश की है कि हिन्दू धर्म, विशेषकर अद्वैत वेदान्त, ही सार्वभौम धर्म हो सकता है, क्योंकि वह निरपेक्ष रूप में सत्य है, जबकि बाकी सभी धर्म आंशिक और सापेक्ष रूप से सत्य हैं। अपनी पुस्तक *The Hindu view of Life* में उन्होंने स्पष्ट कहा है कि वेदान्त ही पूरी मानव-जाति के लिए गहनतम और सबसे महत्त्वपूर्ण सार्वभौम धर्म है। इसी तरह, अपनी एक अन्य पुस्तक *Eastern Religions and Western Thought* में हिन्दू धर्म की ''सहिष्णुता'' और ''उदारता'' के आधार पर राधाकृष्णन ने उसे विश्व धर्म के रूप में प्रस्तुत किया है।[3]

---

1. Basant Kumar Lal, *Contemporary Indian Philosophy* (Delhi : Motilal Banarsidass, 1978), pp.-43–45.
2. Dhirendra Mohan Datta, *The Philosophy of Mahatma Gandhi* (Calcutta : Universiy of Calcutta, 1968), p. 49.
3. डॉ॰ वेद प्रकाश वर्मा, ***धर्म-दर्शन की मूल समस्याएँ*** (दिल्ली : दिल्ली विश्वविद्यालय, 1991), पृ॰-471.

डॉ॰ भगवानदास के अनुसार विश्व में प्रचलित धर्मों में मौजूद सामान्य तत्त्वों के आधार पर सार्वभौम धर्म की स्थापना सम्भव है। अपनी पुस्तक *Essential Unity of All Religions* में उन्होंने सार्वभौम धर्म की स्थापना के बारे में विस्तार से विचार किया है। डॉ॰ भगवान दास की राय में धर्मों के बीच जो मतभेद पाए जाते है, उनका सम्बन्ध महत्त्वपूर्ण और अनिवार्य विषयां से नहीं है, बल्कि मात्र बाहरी कर्मकांड से है। धर्मो में असमानताओं के साथ-साथ कुछ समान तत्त्व भी पाए जाते हैं, जो उनके बीच एकता का आधार हो सकते हैं। इन तत्त्वों में भगवान दास ने एक ही ईश्वर और ''विश्वात्मा'' का विशेष रूप से उल्लेख किया है।[1]

धर्म-दार्शनिक दृष्टि से यहाँ पर महत्त्वपूर्ण प्रश्न यह है कि **क्या वास्तव में सभी धर्म एक हैं? क्या इनमें तार्किक रूप से एकता की स्थापना सम्भव है? या क्या इन्हें एक ही मंजिल तक पहुँचने के अलग-अलग रास्तों के रूप में देखा जा सकता है?**

धार्मिक एकता स्थापित करने के प्रयत्नों के पीछे इरादे चाहे कितने भी नेक क्यों न हो, वास्तविकता तो यह है कि धर्मो के बीच तार्किक रूप से एकता की स्थापना सम्भव ही नहीं है। सभी धर्मो को एक ही मंजिल तक पहुँचने के अलग-अलग रास्तों के रूप में भी नहीं देखा जा सकता है। **अगर वस्तुनिष्ठ और निष्पक्ष दृष्टि से सभी धर्मों का तार्किक और तुलनात्मक अध्ययन किया जाए, तो यही तथ्य सामने आएगा कि विभिन्न धर्मों के बीच जहाँ कुछ मुद्दों पर समानता है, वहाँ दूसरी ओर कुछ महत्त्वपूर्ण और बुनियादी मुद्दों को लेकर मतभेद भी हैं। ये मतभेद सतही बातों को लेकर नहीं हैं, बल्कि इनका सम्बन्ध धर्मों की मूल मान्यताओं से है।**[2]

कुछ विचारकों ने धर्मसमन्वय की दृष्टि से और धार्मिक सहिष्णुता को बढ़ावा देने के लिए, धर्मो के बीच मौजूद वास्तविक और काल्पनिक समानताओं को आवश्यकता से अधिक महत्त्व दिया है। दूसरी ओर, उन्होंने धर्मो के बीच बुनियादी असमानताओं की अनदेखी की है। जबकि वस्तुनिष्ठ दृष्टि से धर्मों के बीच समानताओं और असमानताओं, दोनों की ओर बराबर ध्यान देना जरूरी है। वैसे भी, **धर्मों के प्रति अयथार्थवादी दृष्टिकोण अपना कर धार्मिक सहिष्णुता को बढ़ावा नहीं दिया जा सकता है।** उदाहरण के तौर पर, हम इस मान्यता को लें कि ईश्वर-विचार सभी धर्मों में पाया जाता है, और विभिन्न धर्मो को एक ही ईश्वर तक पहुँचने के अलग-अलग मार्गो के रूप में देखा जा सकता है। अगर हिन्दू, जैन, बौद्ध, ईसाई, इस्लाम और सिक्ख धर्मों के आलोक में इस मान्यता की जाँच करें, तो हम पाएँगे कि यह सही नहीं है।

ईसाई, इस्लाम और सिक्ख धर्म ईश्वरवादी या एकेश्वरवादी धर्म हैं, लेकिन जैन, बौद्ध और हिन्दू धर्म के बारे में ऐसा नहीं कहा जा सकता है। जैन और बौद्ध धर्म तो पूरी तरह निरीश्वरवादी धर्म हैं। इन धर्मों के अन्तर्गत ''मोक्ष'' या ''निर्वाण'' को जीवन का अन्तिम लक्ष्य माना गया है, और इसकी व्याख्या ''ईश्वर'' के बिना की गयी है। इसलिए, इन धर्मों के बारे में यह नहीं कहा जा सकता है कि ये ''ईश्वर तक पहुँचने के अलग-

1. डॉ॰ वेद प्रकाश वर्मा, ***धर्म-दर्शन की मूल समस्याएँ*** (दिल्ली : दिल्ली विश्वविद्यालय, 1991), पृ॰ 474-75
2. Dr. Ramendra, *The Myth of Unity of all Religions* (Patna : Buddhiwadi Foundation, 2003).

अलग रास्ते हैं''। अगर ''धर्म'' की परिभाषा ''ईश्वर'' के आधार पर की जाती है, तो यह एक अव्याप्त (too narrow) परिभाषा होगी, क्योंकि इसके परिणामस्वरूप जैन और बौद्ध धर्मों को ''धर्म'' के दायरे से बाहर निकालना होगा।

हिन्दू धर्म जैन और बौद्ध धर्मों की तरह निरीश्वरवादी तो नहीं है, लेकिन इसे ईसाई, इस्लाम या सिक्ख धर्म की तरह एकेश्वरवादी भी नहीं कहा जा सकता है। इसमें सन्देह नहीं है कि लोकप्रिय रूप में हिन्दू धर्म एक ईश्वरवादी धर्म है, लेकिन हिन्दू धर्म के दायरे में ईश्वर के बारे में विविध प्रकार के विचारों का, यहाँ तक कि ईश्वरवाद और निरीश्वरवाद जैसे परस्पर विरोधी विचारों का भी, सहअस्तित्व है। हिन्दू दर्शन की दो शाखाएँ—सांख्य और मीमांसा—निरीश्वरवादी हैं। सांख्य में ''बन्धन'' और ''मुक्ति'' की व्याख्या ईश्वर की सहायता के बिना की गयी है, जबकि मीमांसा में ''स्वर्ग-प्राप्ति'' को जीवन का सर्वोच्च लक्ष्य माना गया है। शंकर के अद्वैत वेदान्त के अन्तर्गत भी ''सगुण ब्रह्म'' या ''ईश्वर'' को ''जगत'' की तरह ''अविद्या'' या ''माया'' की उपज माना गया है। शंकर के अनुसार, अन्तिम विश्लेषण में, ''निर्गुण ब्रह्म'' ही एकमात्र सत्य है। इसलिए, श्रवण, मनन और निदिध्यासन द्वारा ईश्वर की आराधना से ऊपर उठकर ईश्वर के प्रति उदासीनता का भाव अपनाना चाहिए।

इसलिए, अगर धर्मों की व्याख्या ''एक ही ईश्वर तक पहुँचने के अलग-अलग रास्ते'' के रूप में की जाती है, या ''धर्म'' की परिभाषा ''ईश्वर'' से जोड़कर की जाती है, तो न सिर्फ जैन और बौद्ध धर्मों को बल्कि हिन्दू धर्म की कुछ शाखाओं को भी ''धर्म'' के दायरे से बाहर निकालना होगा!

इस तरह, यह स्पष्ट है कि **''ईश्वर'' के विचार को सभी धर्मों में स्वीकार नहीं किया जाता है, और इस आधार पर धर्मों के बीच समन्वय की कोशिश बेकार है। दूसरे, जिन धर्मों में ''ईश्वर'' की अवधारणा को स्थान दिया गया है, उनमें भी ''ईश्वर'' के स्वरूप के बारे में मतभेद हैं।** हिन्दू धर्म के दायरे में बहुदेववाद (polytheism), एकेश्वरवाद (monotheism) और प्रकृति पूजा का सहअस्तित्व है। इसलिए, हिन्दू धर्म को, जिस हद तक वह ईश्वरवादी धर्म है, ईसाई, इस्लाम और सिक्ख धर्मों जैसे एकेश्वरवादी धर्मों की श्रेणी में नहीं रखा जा सकता है। इसके अलावा, ईसाई, इस्लाम और सिक्ख धर्म जैसे एकेश्वरवादी धर्मों के बीच ''ईश्वर'' के स्वरूप के बारे में मतभेद हैं। सिक्ख धर्म के अनुसार ईश्वर सगुण और निर्गुण दोनों है। ईसाई धर्म में ''त्र्येक परमेश्वर'' (trinity) की अवधारणा पायी जाती है। इसके अनुसार पिता (father), पुत्र (son) और पवित्रात्मा (holy ghost) को एक माना जाता है। दूसरी ओर, इस्लाम में इसे स्वीकार नहीं किया जाता है। इस्लाम के अनुसार यह इब्राहिम (यहूदी पैगम्बर) द्वारा सिखाए गए एकेश्वरवाद की विकृति है। इस्लाम में जिसस को पैगम्बर के रूप में तो स्वीकार किया गया है, लेकिन उन्हें ''ईश्वर पुत्र'' या ''ईश्वर के अवतार'' के रूप में स्वीकार नहीं किया गया है। इसी तरह, इस्लाम में इस मान्यता को भी स्वीकार नहीं किया गया है कि जिसस को सूली पर चढ़ाया गया था, जबकि यह ईसाई धर्म की बुनियादी मान्यता है। ईसाई धर्म के अनुसार इस ''तथ्य'' से इनकार करना की जिसस को सूली पर चढ़ाया गया था, ईसाई धर्म को नकारने के बराबर है। इसके अलावा, ईसाई धर्म में जिसस को ''ईश्वर का अवतार'' माना गया है। हिन्दू धर्म में भी ईश्वर के अवतार लेने की बात की गयी है, जबकि इस्लाम और सिक्ख धर्म में अवतारवाद को अस्वीकार किया गया है।

संक्षेप में, **ईश्वर के अस्तित्व और स्वरूप के बारे में सभी धर्मों के विचार एक जैसे नहीं हैं।** कुछ धर्मों के अनुसार, ''ईश्वर का अस्तित्व है'' और कुछ के अनुसार ''ईश्वर का अस्तित्व नहीं है''। अब, **या तो ईश्वर का अस्तित्व है, या नहीं है।** ये दोनों बातें एक साथ सत्य नहीं हो सकती हैं। (इसी तरह, एक धार्मिक मान्यता यह है कि ईश्वर ''निर्गुण'' है, और एक यह कि ईश्वर ''सगुण'' है।) **इस तरह की परस्पर विरोधी मान्यताओं के बीच तार्किक संगति की स्थापना असम्भव है।** यह जरूर हो सकता है कि किसी एक धर्म के दायरे में इन परस्पर विरोधी मान्यताओं का सहअस्तित्व हो, जैसे, हिन्दू या सिक्ख धर्म के दायरे में, लेकिन इसे किसी भी दृष्टि से तार्किक समन्वय नहीं कहा जा सकता है। **जिस व्यक्ति की रुचि सत्य जानने में हो, वह यह जरूर जानना चाहेगा कि इन परस्पर-विरोधी सत्य-सम्बन्धी दावों में कौन सत्य है, और कौन असत्य।**

ईश्वर के अस्तित्व के अतिरिक्त अन्य महत्त्वपूर्ण मुद्दों पर भी विभिन्न धर्मों के बीच असहमति है। उदाहरण के तौर पर, हिन्दू धर्म में **वेद** को, ईसाई धर्म में ***बाइबिल*** को, और इस्लाम में ***कुरान*** को प्रामाणिक और अन्तिम सत्य माना जाता है। सिक्ख धर्म में ***गुरु ग्रन्थ साहब*** को सर्वोच्च स्थान देते हुए उसकी पूजा की जाती है। इसी तरह, जैन और बौद्ध अपने-अपने धार्मिक सहित्य क्रमशः ***आगम*** और ***त्रिपिटक*** को सर्वोच्च महत्त्व देते हैं, हालांकि वे इसे ''ईश्वरीय'' नहीं मानते हैं।

हिन्दू धर्म में ***वेदों*** की प्रामाणिकता के अतिरिक्त वर्ण-व्यवस्था को केन्द्रीय महत्त्व दिया गया है, जबकि जैन और बौद्ध धर्मों में न तो ***वेदों*** को प्रामाणिक माना जाता है, और न ही वर्ण-व्यवस्था को स्वीकार किया जाता है। इसी तरह, ईसाई धर्म में मुहम्मद को ''रसूल'' के रूप में स्वीकार नहीं किया जाता है, जबकि जैसा कि पहले भी जिक्र किया गया, इस्लाम में जिसस को पैगम्बर माना जाता है, लेकिन उन्हें ''ईश्वर-पुत्र'' के रूप में स्वीकार नहीं किया जाता है, और न ही इस मान्यता को स्वीकार किया जाता है कि उन्हें सूली पर चढ़ाया गया था।

यह नहीं कहा जा सकता है कि ऊपर जिन मतभेदों की चर्चा की गयी है, वे सतही या ''बाहरी'' हैं। दरअसल, **ये इन धर्मों की बुनियादी मान्यताएँ हैं, और अलग-अलग धर्मों के रूप में इनका अस्तित्व ही इन मान्यताओं पर आधारित है।** ***वेदों*** की प्रामाणिकता और वर्ण-व्यवस्था में विश्वास हिन्दू धर्म के लिए उतना ही बुनियादी है, जितना ईसाई धर्म के लिए जिसस और ***बाइबिल*** में, या इस्लाम के लिए मुहम्मद और ***कुरान*** में। ''अल्लाह को छोड़कर कोई दूसरा ईश्वर नहीं और मुहम्मद उसके पैगम्बर (रसूल) हैं''—इस मान्यता को इस्लाम में इतना अधिक महत्त्व दिया जाता है कि नए जन्मे पुरुष-शिशु के कान में सबसे पहले यही बात कही जाती है। इसके अलावा, कलिमा पढ़ने को हर मुसलमान का धार्मिक कर्त्तव्य माना जाता है। इसी तरह, ईसाई धर्म में संत पॉल ने बार-बार यह कहा है कि ईसा मसीह और उनकी क्रूसीय-मौत (crucification) में उद्धार के मार्ग के रूप में **विश्वास** करने पर ही पापों का नाश हो सकता है, और ''मुक्ति'' (salvation) मिल सकती है।

ईश्वर के अस्तित्व में विश्वास तो सभी धर्मों में नहीं पाया जाता है, लेकिन मृत्यु के बाद जीवन में विश्वास हर धर्म में किसी-न-किसी रूप में पाया जाता है। मगर **''मृत्यु के बाद के जीवन'' के स्वरूप और मानव की अन्तिम नियति के बारे में अलग-अलग धर्मों में अलग-अलग विचार पाए जाते हैं।**

ईसाई और इस्लाम धर्म जैसे पैगम्बरी धर्मों में ''पुनर्जन्म'' में विश्वास नहीं पाया जाता है। इन धर्मों के अनुसार ''कयामत के दिन'' सभी मृत व्यक्ति फिर से जीवित हो उठेंगे, और उन्हें उनके कर्मों के आधार पर स्वर्ग या नरक भेज दिया जाएगा। ईसाई धर्म के अनुसार जो जिसस और उनकी क्रूसीय मौत में विश्वास रखते हैं, उन्हें स्वर्ग में भेजा जाएगा और बाकी ''नरक'' की ''अग्नि'' में जलते रहेंगे। दूसरी ओर, इस्लाम के अनुसार जो मुहम्मद में विश्वास रखते हैं, उन्हें स्वर्ग भेजा जाएगा।

जैन, हिन्दू, बौद्ध और सिक्ख धर्म जैसे भारतीय मूल के धर्मों में ''कयामत के दिन'' की अवधारणा नहीं पायी जाती है। इन धर्मों में ''पुनर्जन्म'', जीवन-मरण के ''चक्र'' और उससे ''मुक्ति'' के विचार को मोटे तौर पर स्वीकार किया जाता है। (हिन्दू धर्म में स्वर्ग और नरक का विचार भी पाया जाता है।) विस्तार में जाने पर बन्धन के कारण, ''मुक्ति'' के उपाय और ''मुक्ति'' के बाद की स्थिति के बारे में इन धर्मों के विचार अलग-अलग हैं। बौद्ध धर्म निरीश्वरवादी और अनात्मवादी है। इसमें ''निर्वाण'' की व्याख्या ''ईश्वर'' और ''आत्मा'' की सहायता के बिना की गयी है। ''निर्वाण'' की व्याख्या को लेकर थेरवाद (''हीनयान'') और महायान के बीच कुछ अन्तर भी हैं। मोटे तौर पर, ''निर्वाण'' एक इच्छाविहीन शान्त स्थिति है। दूसरी ओर, जैन धर्म भी निरीश्रवादी है। लेकिन इसमें ''आत्मा'' में विश्वास पाया जाता है। जैन धर्म के अनुसार ''मोक्ष'' की स्थिति में ''आत्मा'' फिर से अपने प्रारम्भिक ''पूर्ण'' (perfect) स्थिति को प्राप्त कर लेती है। हिन्दू धर्म में शंकर और रामानुज द्वारा ''मुक्ति'' की अलग-अलग व्याख्या की गयी है। शंकर के अनुसार ''मुक्ति'' की स्थिति में ''आत्मा'' और ''ब्रह्म'' एकाकार हो जाते हैं, जबकि रामानुज के अनुसार ''मुक्ति'' के बाद जीव बैकुण्ठ (स्वर्ग) में ईश्वर (विष्णु) के सान्निध्य में रहकर आध्यात्मिक प्रगति की ओर बढ़ता रहता है। अन्त में जीव में विश्व की सृष्टि की क्षमता के अतिरिक्त ईश्वर के सभी गुण आ जाते हैं। (सांख्य दर्शन में ''मुक्ति'' की निरीश्वरवादी व्याख्या भी गयी गयी है।) सिक्ख धर्म में मनुष्य की अन्तिम गति के बारे में शंकर और रामानुज दोनों जैसे विचार मिलते हैं।

इस तरह, यह स्पष्ट है कि **जिस तरह ईश्वर के अस्तित्व और स्वरूप के बारे में सभी धर्मों की राय एक जैसी नहीं है, उसी तरह ''मृत्यु के बाद जीवन'' और मनुष्य की अन्तिम गति के बारे में भी सभी धर्मों के विचार एक जैसे नहीं है। मोटे तौर पर, इस बारे में एक ओर ईसाई और इस्लाम धर्म जैसे पैगम्बरी धर्मों की; और दूसरी ओर जैन, बौद्ध, हिन्दू और सिक्ख धर्मों की राय एक जैसी है, लेकिन विस्तार में जाने पर इनमें भी आपस में महत्त्वपूर्ण मतभेद हैं।** उदाहरण के तौर पर, अगर बौद्ध धर्म के अनुसार आत्मा का अस्तित्व नहीं है; और हिन्दू, जैन एवं सिक्ख धर्मों के अनुसार आत्मा का अस्तित्व है, तो इसे सतही या ''बाहरी'' मतभेद कहकर इसकी अनदेखी नहीं की जा सकती है। **या तो आत्मा का अस्तित्व है, या नहीं है।** दोनों बातें एक साथ सत्य नहीं हो सकती हैं। इसी तरह, या तो ''पुनर्जन्म'' का अस्तित्व है या नहीं है। या तो ''पुनरूत्थान'' और ''कयामत का दिन'' वास्तविकता है या नहीं है। या तो व्यक्ति मरने के बाद स्वर्ग-नरक में जाता है, या नहीं जाता है। **मृत्यु के बाद मनुष्य की गति के बारे में परस्पर विरोधी दावे एक साथ सत्य नहीं हो सकते हैं। इन परस्पर-विरोधी सत्य-सम्बन्धी दावों के बीच तार्किक संगति की स्थापना सम्भव नहीं है।**

एक मत यह भी है कि धर्म का ''मूल तत्त्व'' नैतिकता है, और इसलिए धर्मों के बीच

''सतही'' मतभेदों की अनदेखी की जानी चाहिए, और धर्म के नैतिक पक्ष पर ध्यान केन्द्रित करना चाहिए।

यह सही है कि हर धर्म के साथ कुछ नैतिक मान्यताएँ भी जुड़ी रहती हैं, और उस धर्म को मानने वालों से यह अपेक्षा की जाती है कि वे उन नैतिक मान्यताओं के अनुसार आचरण करें। इस तरह, ये नैतिक मान्यताएँ भी धर्म का एक अंग होती हैं। उदाहरण के तौर पर, जैन धर्म का सम्बन्ध **त्रिरत्न** से और बौद्ध धर्म का सम्बन्ध **अष्टांगिक मार्ग** से है। इस तरह, हर धर्म के साथ कुछ-न-कुछ नैतिक मान्यताएँ जुड़ी हुई हैं। लेकिन यह धर्म का एक पक्ष हुआ। यह नहीं कहा जा सकता है कि ऊपर जिन पक्षों की चर्चा की गयी, वे धर्म के महत्त्वपूर्ण पक्ष नहीं हैं। धर्म सिर्फ नैतिकता नहीं है। **हर धर्म में नैतिकता के अलावे और भी कई किस्म के विश्वास और कर्मकांड पाए जाते हैं। उन सबकी अनदेखी कर हम ''धर्म'' और ''नैतिकता'' को एक नहीं मान ले सकते हैं।**

यह भी नहीं कहा जा सकता है कि नैतिक मान्यताएँ ही धर्म का ''मूल तत्त्व'' हैं। यह एक **प्रस्ताव** हो सकता है कि नैतिकता को धर्म का मूल तत्त्व माना जाए, लेकिन इसे धर्म के बारे में **वास्तविक स्थिति का वर्णन** नहीं माना जा सकता है। बल्कि इसकी बजाय यह मान्यता सही मालूम देती है कि अपने धर्म के संस्थापकों और/या धर्मग्रन्थों में **आस्था** (faith) धर्म का ''मूल तत्त्व'' है । दरअसल, विभिन्न धर्मावलम्बियों द्वारा अपने-अपने धर्मग्रन्थों पर आधारित नैतिक मान्यताओं को ही सही माना जाता है। ईसाई धर्म में ***बाइबिल*** पर आधारित नैतिक मान्यताओं को, इस्लाम में ***कुरान*** और ***हदीस*** पर आधारित नैतिक मान्यताओं को और हिन्दू धर्म में **वेद** और ***मनुस्मृति*** जैसे धर्मशास्त्रों पर आधारित नैतिकता को स्वीकार किया जाता है। इसी तरह, जैन और बौद्ध धर्मों में क्रमशः तीर्थकरों और बुद्ध द्वारा बतलाए गए नैतिक मार्ग को स्वीकार किया जाता है। इस तरह, इन धर्मों से जुड़ी नैतिकता को विभिन्न धर्मावलम्बियों द्वारा अपने धर्म के संस्थापकों और/या धर्मशास्त्रों में **आस्था** के **कारण** ही स्वीकार किया जाता है। इसलिए, यह कहा जा सकता है कि **धर्म का मूलतत्त्व आस्था है, न कि नैतिकता।**

इसके अलावा, एक महत्त्वपूर्ण तथ्य यह है कि **सभी धर्मों में एक जैसी नैतिक मान्यताओं का समर्थन नहीं किया गया है। सबसे पहले तो सभी धर्मों में किसी एक ही लक्ष्य को सर्वोच्च नैतिक लक्ष्य के रूप में स्वीकार नहीं किया गया है।** जैन और बौद्ध धर्मों में ''मोक्ष'' और ''निर्वाण'' को जीवन का सर्वोच्च लक्ष्य माना गया है, जबकि हिन्दू और सिक्ख धर्मों में ''मोक्ष'' के अलावा ''स्वर्ग-प्राप्ति'' को भी जीवन का लक्ष्य माना गया है। दूसरी ओर, ईसाई और इस्लाम धर्म में ''मोक्ष'' को नहीं, बल्कि ''स्वर्ग'' को ही जीवन का अन्तिम लक्ष्य माना गया है। फिर, भारतीय मूल के धर्मों में जहाँ ''मोक्ष'' के लक्ष्य को मोटे तौर पर स्वीकार किया गया है, वहाँ दूसरी ओर **''मोक्ष'' प्राप्ति के निरीश्वरवादी और ईश्वरवादी पथ के बीच महत्त्वपूर्ण अन्तर है।** ईश्वरवादी धर्मों में ईश्वर की भक्ति और उपासना को उचित नैतिक आचरण माना जाता है। ऐसा समझा जाता है कि अगर भक्त अपने को ईश्वर के आगे पूरी तौर से समर्पित कर दे, तो ईश्वर करूणा से द्रवित होकर उसका उद्धार कर देता है। इसके विपरीत, निरीश्वरवादी धर्मों के अनुसार साधक ईश्वर की सहायता के बिना, ईश्वर की भक्ति, उपासना या कृपा के बिना, स्वयं अपने प्रयत्नों से नैतिक प्रगति कर सकता है, और ''मोक्ष'' या ''निर्वाण'' के लक्ष्य को प्राप्त कर सकता है।

इसके अलावा, नैतिक दृष्टि से और भी कई महत्त्वपूर्ण मुद्दों पर धर्मों के बीच मतभेद हैं। उदाहरण के तौर पर, **हिन्दू धर्म में वर्ण-व्यवस्था का समर्थन किया गया है,** और अलग-अलग वर्णों (ब्राह्मण, क्षत्रिय, वैश्य और शूद्र) के लिए अलग-अलग ''वर्ण धर्म'' बतलाए गए हैं। दूसरी ओर, **जैन और बौद्ध धर्मों में इसे स्पष्ट तौर से अस्वीकार किया गया है।** ईसाई, इस्लाम और सिक्ख धर्म में भी वर्ण-व्यवस्था जैसी कोई व्यवस्था नहीं पायी जाती है।

इसी तरह, **हिंसा-अहिंसा के प्रश्न पर भी धर्मों के बीच मतभेद हैं।** एक छोर पर जैन धर्म है, जिसमें अहिंसा को ''परम धर्म'' माना गया है, तो दूरी छोर पर इस्लाम और सिक्ख धर्म जिनमें ''जेहाद'' और ''सन्त सिपाही'' की अवधारणा पायी जाती है। हिन्दू धर्म के अन्तर्गत युद्ध करना क्षत्रिय का ''वर्ण धर्म'' माना गया है। ***भगवद्गीता*** में इसी आधार पर कृष्ण ने बार-बार अर्जुन को युद्ध लड़ने के लिए प्रेरित किया है। बौद्ध धर्म में भी जैन धर्म की तरह अहिंसा की बात की गयी है, लेकिन बौद्ध धर्म में मांसाहार पर रोक नहीं है। दूसरी ओर, जैनियों ने जमीन पर हल चलाने से होने वाली हिंसा से बचने के लिए खेती तक करना छोड़ दिया। इसी तरह, श्वेताम्बर जैन मुनि नाक और मुँह पर कपड़ा बाँध कर रखते हैं, ताकि कीटाणुओं को नुकसान न पहुँचे। इसलिए, यह नहीं कहा जा सकता है कि हिंसा-अहिंसा के प्रश्न पर सभी धर्मों के विचार एक जैसे हैं।

नैतिक मुद्दों पर धर्मों के बीच आपसी मतभेद के और भी कई उदाहरण दिए जा सकते हैं। जैन, बौद्ध, हिन्दू और ईसाई धर्म में ब्रह्मचर्य और संन्यास को स्थान दिया गया है, हालांकि इनमें भी आपस में मात्रा (degree) का अन्तर है, लेकिन दूसरी ओर इस्लाम में ब्रह्मचर्य और संन्यास को प्रश्रय नहीं दिया गया है। सिक्ख धर्म में भी संन्यास का समर्थन नहीं किया गया है। संक्षेप में, यह कहा जा सकता है कि **नैतिकता के आधार पर भी सभी धर्मों में समन्वय या एकता की स्थापना सम्भव नहीं है।** विभिन्न धर्मों का दार्शनिक दृष्टि से तुलनात्मक अध्ययन करने पर यह तथ्य सामने आता है कि—

(i) सभी धर्म एक नहीं है।

(ii) सभी धर्मों को एक साथ सत्य नहीं माना जा सकता है, क्योंकि इनकी बुनियादी मान्यताओं में परस्पर विरोध है।

(iii) सभी धर्मों को एक ही मंजिल तक पहुँचने के अलग-अलग रास्ते के रूप में भी स्वीकार नहीं किया जा सकता है, क्योंकि सभी धर्मों की ''मंजिल'' एक नहीं है।

❑

अध्याय 19

धर्म परिवर्तन

''धर्म परिवर्तन'' का अर्थ—जब कोई व्यक्ति **किसी एक धर्म को छोड़कर किसी दूसरे धर्म को अपना लेता है, तो उसे ''धर्म परिवर्तन''** ***(religious conversion)*** **कहते हैं।** भारत के इतिहास में धर्म परिवर्तन के अनेक उदाहरण मिलते हैं। प्राचीन काल में जैन और बौद्ध धर्मों की स्थापना के बाद कई वैदिक धर्म को मानने वाले हिन्दुओं ने इन धर्मों को अपना लिया। इस्लाम के भारत आने पर कई हिन्दुओं ने इस्लाम को अपना लिया। इसी तरह, ईसाई मिशनरियों के भारत आगमन पर कई लोगों ने, विशेषकर आदिवासी जनजातियों ने, ईसाई धर्म को अपना लिया। धर्म परिवर्तन के नवीनतम व्यापक उदाहरण में डॉ॰ बी॰ आर॰ अम्बेडकर की प्रेरणा से कई दलित (''अछूत'') जातियों के लोगों ने बौद्ध धर्म को अपना लिया।

धर्म परिवर्तन के कारण—धर्म परिवर्तन के कई अलग-अलग कारण हो सकते हैं। पहला और प्रमुख कारण तो आन्तरिक परिवर्तन है। जब कोई व्यक्ति यह महसूस करने लगता है कि कोई दूसरा धर्म उसके जन्म के धर्म से बेहतर है, और वह उस धर्म को अपनाना चाहता है, तो वह उस धर्म को अपना लेता है। इसके अलावा, धर्म परिवर्तन के सामाजिक और राजनीतिक कारण भी हो सकते हैं, जिनका सम्बन्ध पहले कारण से भी हो सकता है, क्योंकि धर्मों को उनके सामाजिक-राजनीतिक पक्ष से अलग करके नहीं देखा जा सकता है। इसी तरह, भय और हिंसा या किसी दबाव के द्वारा जबरदस्ती धर्म परिवर्तन भी करवाया जा सकता है; लेकिन ऐसे में व्यक्ति में जो परिवर्तन आएगा वह बाहरी होगा आन्तरिक नहीं। उदाहरण के तौर पर, हिन्दू धर्म में वर्ण-व्यवस्था को प्रमुख स्थान दिया गया है, जिसके अन्तर्गत समाज में ब्राह्मणों को सर्वोपरि स्थान दिया जाता है। शूद्रों की स्थिति ब्राह्मणों के गुलाम जैसी रखी गयी है, जबकि तथाकथित ''वर्ण संकर'' जातियों को ''वर्ण बाह्य'' या ''अछूत'' तक माना गया है। दूसरी ओर, बौद्ध और जैन धर्म में वर्ण-व्यवस्था को पूरी तरह अस्वीकार किया गया है। गैर ब्राह्मण जातियों द्वारा बौद्ध धर्म या जैन धर्म को अपनाने का यह एक महत्त्वपूर्ण कारण हो सकता है। डॉ॰ अम्बेडकर ने हिन्दू धर्म को छोड़कर बौद्ध धर्म को अपनाने के जो कारण बतलाएँ हैं, उनमें उन्होंने वर्ण-व्यवस्था को प्रमुख स्थान दिया है। डॉ॰ अम्बेडकर के अनुसार वर्ण-व्यवस्था के कारण हिन्दू धर्म के दायरे में छुआछूत को मिटा पाना सम्भव नहीं है। इसके लिए हिन्दू धर्म को अस्वीकार करना जरूरी है।[1]

भारत में, खास कर कुछ हिन्दुओं के बीच, एक प्रचलित धारणा यह है कि भारत में इस्लाम का प्रसार तलवार के जोर पर हुआ है। सम्भव है कुछ हिन्दुओं के मुसलमान बनने के पीछे भय या आतंक भी एक कारण रहा हो, लेकिन इसे ज्यादा-से-ज्यादा एक अर्ध-

1. डॉ॰ रमेन्द्र, ***डॉ॰ अम्बेडकर ने हिन्दू धर्म का त्याग क्यों किया?*** (पटना : बिहार बुद्धिवादी समाज, 1992).

सत्य ही कहा जा सकता है। इस्लाम धर्म में भी वर्ण-व्यवस्था को काई स्थान नहीं दिया गया है। इसलिए, यह सम्भव है कि पिछड़ी जातियां के हिन्दुओं ने और दलित जातियां ने ऊपरी सामाजिक गतिशीलता और शासक वर्ग से निकटता प्राप्त करने के लिए स्वेच्छा से इस्लाम को अपनाया हो। इतिहासकार डॉ॰ जे॰ एन॰ सरकार के अनुसार बहुत सारे शूद्रां ने मुस्लिम आक्रमणकारियों का मुक्तिदाता के रूप में स्वागत किया और इस्लाम को अपनाया।[1] यह भी हो सकता है कि कई बौद्धों ने हिन्दू धर्म में वापस जाने की बजाय इस्लाम को अपनाना बेहतर समझा। (भारत में इस्लाम के आगमन के समय भारत में बौद्ध धर्म का वर्चस्व था।)

ईसाई मिशनरियों का विरोध करते हुए भी कई बार हिन्दू रूढ़िवादियों द्वारा कहा जाता है कि ''प्रलोभन'' द्वारा लोगों को ईसाई बनाया जा रहा है। अगर ईसाई मिशनरी आदिवासी जनजातियों या अन्य दलित जातियों के बीच जाते हैं। उनके बीच स्कूल, कॉलेज, अस्पताल आदि खोलते हैं, तो ऐसे में क्या आश्चर्य है, अगर उनमें से कई लोग ईसाई धर्म को अपना लेते हैं! यह सही है कि यह सब करने के पीछे ईसाई मिशनरियों का उद्देश्य लोगों को ईसाई बनाना होता है। लेकिन अगर धर्मनिरपेक्ष और लोकतान्त्रिक दृष्टि से देखा जाए तो **भारत में हर धर्म के लोगों को अपने-अपने धर्म के प्रचार की स्वतन्त्रता है, ठीक उसी तरह जैसे उन बुद्धिवादियों और मानवतावादियों को भी अपने विचारों का प्रसार करने की स्वतन्त्रता है, जो सभी संगठित धर्मों को अस्वीकार करते हैं।**

धर्म परिवर्तन का विरोध—भारत में धर्म परिवर्तन का विरोध मुख्यतः रूढ़िवादी हिन्दुओं द्वारा किया जाता है। इसके धार्मिक, सामाजिक और राजनीतिक कारण हैं। बौद्ध, जैन, ईसाई और इस्लाम धर्म प्रचारक धर्म हैं, और इनमें किसी दूसरे धर्म से व्यक्ति को अपने धर्म में शामिल करने की व्यवस्था है, जबकि हिन्दू धर्म में ऐसी कोई व्यवस्था नहीं है। **हिन्दू धर्म के साथ सबसे बड़ी समस्या यह है कि अगर किसी को हिन्दू धर्म में शामिल किया जाएगा तो उसे किस जाति में रखा जाएगा!** (ईसाई मिशनरियों का प्रभाव बढ़ने के बाद दयानन्द ने आर्य समाज के माध्यम से ''शुद्धिकरण'' द्वारा हिन्दू बनाने की प्रक्रिया शुरू की थी, लेकिन आर्य समाज को हिन्दू धर्म की मुख्यधारा नहीं माना जा सकता है।) इस तरह, आम तौर से रूढ़िवादी हिन्दुओं को यह भय रहता है कि धर्म परिवर्तन के कारण भारत में हिन्दुओं की संख्या घटती चली जाएगी। रूढ़िवादियों का यह भय समझ में आने लायक है, लेकिन इसके कारण **नागरिकों को धर्म परिवर्तन के लोकतान्त्रिक अधिकार से वंचित नहीं किया जा सकता है।** जो लोग हिन्दुओं के मुसलमान, ईसाई या बौद्ध बनने से चिन्तित हैं, उन्हें धर्म परिवर्तन का विरोध करने की बजाय अपने धर्म की कमजोरियां, खास कर वर्ण-व्यवस्था और छुआछूत को मिटाने की ओर ध्यान देना चाहिए। 19वीं सदी में ईसाई मिशनरियों के बढ़ते प्रभाव को देखकर आर्य समाज और ब्रह्म समाज द्वारा इस किस्म के प्रयत्न किए भी गए थे।

कभी-कभी यह भी कहा जाता है कि भारत एक धर्मनिरपेक्ष राज्य है, इसलिए धर्म परिवर्तन पर रोक लगा देनी चाहिए! ऐसा कहने वाले लोग यह भूल जाते हैं कि भारत एक धर्मनिरपेक्ष और **लोकतान्त्रिक** राज्य है। भारत में **राज्य का कोई धर्म नहीं है, लेकिन**

---

1. Y. Masih, *A Comparative Study of Religions*, p. 363.

भारत के संविधान में नागरिकों को किसी भी धर्म को मानने या न मानने की स्वतन्त्रता मिली हुई है। किसी नागरिक को एक धर्म छोड़कर दूसरा धर्म अपनाने से, या अपने जन्म के धर्म का त्याग कर धर्मनिरपेक्ष मानवतावादी दर्शन को अपनाने से कैसे रोका जा सकता है? अगर किसी व्यक्ति को बलपूर्वक, जबरदस्ती या धोखे से धर्म बदलने के लिए बाध्य किया जाए, तो यह जरूर अवैध और अनुचित होगा, लेकिन **स्वेच्छा से धर्म परिवर्तन या धर्म-त्याग हर नागरिक का मौलिक मानव-अधिकार है।**

दूसरे, अगर कोई राज्य धर्मनिरपेक्ष हो, मगर लोकतान्त्रिक न हो, तो भी वहाँ पर धर्म परिवर्तन पर रोक क्यों लगाया जाएग? बल्कि ऐसे राज्य में तो सभी धर्मों पर ही रोक लगा दी जाएगी, जैसा कि 1967–90 में पूर्वी यूरोप के साम्यवादी देश अलबानिया में किया गया था। लोकतान्त्रिक दृष्टि से इसे भी उचित नहीं माना जा सकता है। निरीश्वरवाद का समर्थन करने वाले मानवतावादी लोग भी इस किस्म के अलोकतान्त्रिक प्रतिबन्ध का समर्थन नहीं करते हैं।[1]

❑

1. Dr. Finngeir Hiorth, *Introduction to Atheism* (Pune Indian Secular Society, 1995), pp. 11–12.

परिशिष्ट

वस्तुनिष्ठ प्रश्न

1. इनमें से कौन दर्शनशास्त्र की शाखा नहीं हैः
   (क) ज्ञानमीमांसा (ख) भौतिकशास्त्र
   (ग) तत्त्वमीमांसा (घ) नीतिशास्त्र
2. इनमें से कौन दार्शनिक नहीं हैंः
   (क) अरिस्टॉट्ल (ख) कान्ट
   (ग) न्यूटन (घ) मिल
3. इनमें से कौन दार्शनिक विधि का अंग नहीं हैः
   (क) तर्कशास्त्र (ख) निरीक्षण और प्रयोग
   (ग) अवधारणाओं का स्पष्टीकरण
   (घ) विश्वासों का समीक्षात्मक मूल्यांकन
4. दर्शनशास्त्र में प्रश्न उठाए जाते हैं
   (क) यथार्थवादी दृष्टि से (ख) मानक दृष्टि से
   (ग) दोनों दृष्टि से (घ) दोनों में से किसी से नहीं
5. समाज दर्शन में समाज का अध्ययन करते हैंः
   (क) दार्शनिक विधि से (ख) वैज्ञानिक विधि से
   (ग) दोनों से (घ) दोनों में से किसी से नहीं
6. समाज दर्शन का सम्बन्ध हैः
   (क) समाज से (ख) राज्य से
   (ग) दोनो से (घ) इनमें से किसी से नहीं
7. समाजः
   (क) स्थायी और नित्य है (ख) निरन्तर परिवर्तनशील है
   (ग) कभी परिवर्तनशील है, कभी नहीं
   (घ) इनमें से कोई नहीं
8. समाज दर्शन और राजनीति दर्शनः
   (क) एक हैं
   (ख) समाज दर्शन राजनीति दर्शन से व्यापक है
   (ग) राजनीति दर्शन समाज दर्शन से व्यापक है
   (घ) दोनों का एक-दूसरे से कोई सम्बन्ध नहीं है
9. इनमें से कौन सामाजिक अवधारणा नहीं हैः
   (क) मुक्ति (ख) समुदाय
   (ग) संस्था (घ) समिति

10. इनमें से कौन संस्कृति का तत्त्व नहीं है:

(क) भाषा (ख) धर्म

(ग) साहित्य (घ) क्षेत्र

11. एक पीढ़ी से दूसरी पीढ़ी को संस्कृति का हस्तान्तरण होता है:

(क) सामाजिक स्तरीकरण द्वारा (ख) सामाजीकरण द्वारा

(ग) सामाजिक परिवर्तन द्वारा (घ) विरसन द्वारा

12. प्रतिमान और मूल्य:

(क) एक हैं (ख) एक-दूसरे से स्वतन्त्र हैं

(ग) एक-दूसरे से जुड़े हैं (घ) इनमें से कोई नहीं

13. समिति और संस्था:

(क) एक हैं (ख) एक-दूसरे से स्वतन्त्र हैं

(ग) एक-दूसरे से जुड़े हैं (घ) इनमें से कोई नहीं

14. *On Liberty* के लेखक हैं:

(क) लॉक (ख) रूसो

(ग) हॉब्स (घ) मिल

15. मानव अधिकारों के सार्वभौमिक घोषणा-पत्र में मान्यता दी गयी हैं:

(क) स्वतन्त्रता को (ख) समानता को

(ग) दोनों को (घ) दोनों में से किसी को नहीं

16. सामाजिक आदर्श:

(क) राज्य पर लागू किए जाते हैं

(ख) गैर-राजनीतिक संस्थाओं पर लागू किए जाते हैं

(ग) दोनों पर (घ) दोनों में से किसी पर भी नहीं

17. सामाजिक आदर्श और राजनीतिक आदर्श:

(क) एक हैं

(ख) सामाजिक आदर्श का दायरा अधिक व्यापक है

(ग) राजनीतिक आदर्श का दायरा अधिक व्यापक है

(घ) दोनों का एक-दूसरे से कोई सम्बन्ध नहीं है

18. इनमें से कौन सामाजिक समझौता सिद्धान्त के समर्थक नहीं हैं:

(क) लॉक (ख) रूसो

(ग) हॉब्स (घ) मिल

19. एम॰ एन॰ रॉय के अनुसार:

(क) व्यक्ति समाज से पहले आता है (ख) समाज व्यक्ति से पहले आता है

(ग) दोनों का बराबर महत्त्व है (घ) इनमें से कोई नहीं

20. इनमें से कौन व्यक्तिवाद का समर्थक नहीं है:

(क) लॉक (ख) मिल

(ग) हीगेल (घ) गाँधी

21. ''सामाजिक परिवर्तन'' का अर्थ हैं:
(क) फैशन में परिवर्तन (ख) सरकार में परिवर्तन
(ग) सामाजिक संरचना में परिवर्तन (घ) भौतिक वातावरण में परिवर्तन

22. तकनीकी परिवर्तन का सामाजिक संरचना पर असर:
(क) पड़ता है (ख) नहीं पड़ता है
(ग) दोनों के बीच कोई सम्बन्ध नहीं है (घ) इनमें से कोई नहीं

23. सभी समाजों में परिवर्तन:
(क) एक रफ्तार से होता है (ख) अलग-अलग रफ्तार से होता है
(ग) कुछ समाजों में परिवर्तन ही नहीं होता है
(घ) इनमें से कोई नहीं

24. जाति:
(क) जन्म पर आधारित है (ख) कर्म पर आधारित है
(ग) दोनों पर (घ) दोनों में से कोई नहीं

25. इनमें से कौन सामाजिक वर्ग का निर्धारक नहीं हैं:
(क) शिक्षा (ख) साहित्य
(ग) व्यवसाय (घ) धन

26. लिंग भूमिकाएँ संस्कृति द्वारा निर्धारित होती हैं, यह किसका विचार हैं:
(क) मर्डक (ख) ओकली
(ग) मार्क्स (घ) लेनिन

27. लिंग भूमिकाओं का आधार औरत-मर्द के बीच जैविक या जेनेटिक भिन्नता हैं, यह किसका विचार हैं:
(क) मर्डक (ख) ओकली
(ग) मार्क्स (ग) लेनिन

28. औरत एक:
(क) वर्ग हैं (ख) जाति हैं
(ग) जाति भी है और वर्ग भी (घ) दोनों में से कोई नहीं

29. विवाह:
(क) समिति है (ख) संस्था है
(ग) मूल्य है (घ) प्रतिमान है

30. विवाह और परिवार:
(क) एक हैं (ख) एक-दूसरे से स्वतन्त्र हैं
(ग) एक-दूसरे से जुड़े हैं (घ) इनमें से कोई नहीं

31. जब किसी समूह के सदस्य को समूह के अन्दर ही जीवन-साथी चुनने की अनुमति रहती है, तो उसे कहते हैं:
(क) एक-विवाह (ख) बहु-विवाह
(ग) अन्तर्विवाह (घ) बाह्य-विवाह

32. इनमें से कौन व्यक्तिगत सम्पत्ति का समर्थक है:
(क) मार्क्स (ख) लॉक
(ग) एंगेल्स (घ) बाकुनिन

33. इनमें से किसने ट्रस्टीशिप के सिद्धान्त का समर्थन किया है:
(क) मार्क्स (ख) बाकुनिन
(ग) गाँधी (घ) क्रोपोटकिन

34. शिक्षा का उद्देश्य है मनुष्य को अधिकतम लोगों के अधिकतम सुख के आदर्श की दिशा में ले जाना। यह विचार है:
(क) प्लेटो का (ख) लॉक का
(ग) मिल का (घ) डूवी का

35. *Democracy and Education* पुस्तक के लेखक हैं:
(क) प्लेटो (ख) लॉक
(ग) मिल (घ) डूवी

36. इनमें से किसका वैज्ञानिक विधि से सम्बन्ध नहीं है:
(क) निरीक्षण (ख) आस्था
(ग) प्रयोग (घ) प्राक्कल्पना

37. इनमें से किस विचारक ने विरसन के बारे में विचार नहीं दिए हैं:
(क) हीगेल (ख) मार्क्स
(ग) मिल (घ) सीमैन

38. सीमैन ने ''विरसन'' के कितने अर्थों की चर्चा की है:
(क) एक (ख) दो
(ग) चार (घ) पाँच

39. ''विरसन'' का ''अप्रतिमानता'' के अर्थ में किसने इस्तेमाल किया है:
(क) हीगेल (ख) मार्क्स
(ग) दुर्खाइम (घ) सीमैन

40. मार्क्स के अनुसार श्रमिक के विरसन का क्या कारण है:
(क) लोकतन्त्र (ख) समाजवाद
(ग) पूंजीवादी अर्थव्यवस्था (घ) प्रौद्योगिकी

41. पर्यावरण के अन्तर्गत शामिल है:
(क) जैविक वातावरण (ख) भौतिक वातावरण
(ग) दोनो (घ) दोनो में से कोई नही

42. "All animals are Equal" के लेखक हैं:
(क) जॉन डूवी (ख) पॉल कर्ज
(ग) पीटर सिंगर (घ) एम॰ एन॰ रॉय

43. इनमें से किस मत के अनुसार मृत्यु दण्ड अनुचित है:

(क) प्रतिकारवाद (ख) निवर्तनवाद
(ग) सुधारवाद (घ) किसी के अनुसार नहीं

44. "धर्म आम जनता के लिए अफीम है" यह किसने कहा है:
(क) दुर्खाइम (ख) मार्क्स
(ग) फ्रायड (घ) टायलर

45. धर्म को "भ्रम" की संज्ञा किसने दी है:
(क) दुर्खाइम (ख) मार्क्स
(ग) फ्रायड (घ) टायलर

46. इनमें से किसके अनुसार समाज में धर्म की उपयोगी भूमिका है
(क) मानवेन्द्र नाथ रॉय (ख) दुर्खाइम
(ग) फ्रायड (घ) मार्क्स

47. जीवात्मवाद को धर्म का मौलिक रूप किस ने माना है:
(क) टायलर (ख) दुर्खाइम
(ग) फ्रायड (घ) मार्क्स

48. मानवतावाद:
(क) ईश्वर केन्द्रित है (ख) मानव केन्द्रित है
(ग) परलोकवादी है (घ) अतिप्राकृतिक है

49. पुनर्जन्म का विचार पाया जाता है:
(क) सभी धर्मों में (ख) किसी भी धर्म में नहीं
(ग) कुछ धर्मों में (घ) इनमें से कोई नहीं

50. वर्ण-व्यवस्था का समर्थन किया गया है:
(क) जैन धर्म में (ख) बौद्ध धर्म में
(ग) हिन्दू धर्म में (घ) सिक्ख धर्म में

उत्तर

1. (ख)	2. (ग)	3. (ख)	4. (ग)	5. (क)	6. (ग)
7. (ख)	8. (ख)	9. (क)	10. (घ)	11. (ख)	12. (ग)
13. (ग)	14. (घ)	15. (ग)	16. (ग)	17. (ख)	18. (घ)
19. (क)	20. (ग)	21. (ग)	22. (क)	23. (ख)	24. (क)
25. (ख)	26. (ख)	27. (क)	28. (घ)	29. (ख)	30. (ग)
31. (ग)	32. (ख)	33. (ग)	34. (ग)	35. (घ)	36. (ख)
37. (ग)	38. (घ)	39. (ग)	40. (ग)	41. (ग)	42. (ग)
43. (ग)	44. (ख)	45. (ग)	46. (ख)	47. (क)	48. (ख)
49. (ग)	50. (ग)				

❑

ग्रन्थ-सूची

एन्टनी एम॰ जे॰ ***कानूनी सलाह*** (दिल्ली : हिन्द पॉकेट बुक्स प्राइवेट लिमिटेड, 1993).

गाँधी, मो. क. (सम्पादकः सिद्धराज ढड्ढा), ***मेरे सपनों का भारत*** (वाराणसीः सर्वसेवा संघ, 1969).

जैन, एम. पी. ***आधुनिक राजनीति के सिद्धान्त*** (दिल्ली : ऑथर्स गिल्ड पब्लिकेशन्स, 1988).

प्रसाद, सुरेश नन्दन. ***पर्यावरण बोध*** (पटना : बिहार स्टेट टेक्स्ट बुक पब्लिशिंग कॉरपोरेशन लिमिटेड, 1999-2000).

रमेन्द्र, ***मैं हिन्दू क्यों नहीं और मैं बुद्धिवादी कैसे बना*** (पटना : बुद्धिवादी फाउंडेशन, 2001).

रमेन्द्र : ***डॉ॰ अम्बेडकर ने हिन्दू धर्म का त्याग क्यों किया*** (पटना : बिहार बुद्धिवादी समाज, 1992)

रमेन्द्र. (सं.), ***जयप्रकाश विचार संकलन*** (पटना : राजेन्द्र प्रकाशन, 1986).

वर्मा, अशोक कुमार. ***नीतिशास्त्र की रूपरेखा*** (पटनाः मोतीलाल बनारसीदास, 1996).

वर्मा, अशोक कुमार. (सं.), ***स्वतन्त्रोत्तर भारतीय दार्शनिक चिन्तन*** (पटना : मोतीलाल बनारसीदास, 1993).

वर्मा, वेद प्रकाश. ***धर्म-दर्शन की मूल समस्याएँ*** (दिल्ली : दिल्ली विश्वविद्यालय, 1991).

मनुस्मृति, (वाराणसीः चौखम्भा संस्कृत संस्थान, 1982).

बुद्धिवादी, वर्ष 11, अंक 4, अक्टूबर, 1997.

Bose, Nirmal. Kumar. *Selections from Gandhi* (Ahmedabad : Navajivan Publishing House, 1972).

Copi, Irving M. *Symbolic Logic* (New York : Macmillan Publishing Co. Inc., 1979).

Coser, Lewis A. and Rosenberg, Bernard (ed.), *Sociological Theory: A Book of Readings.*

Datta, Dhirendra Mohan. *The Philosophy of Mahatma Gandhi* (Calcutta : University of Calcutta, 1968).

Duncan Mitchell, G. *A New Dictionary of Sociology* (London and Henley : Routledge & Kegan Paul, 1981).

Elliott, Florence. *A Dictionary of Politics* (Middlesex, England: Penguin Books, seventh edition, 1974).

Freud, Sigmund. *The Future of an Illusion*.

Fyzee, Asaf A.A. *The Reform of Muslim Personal Law in India* (Pune : Indian Secular Society, 1992).

Ginsberg, Morris. *Sociology* (Delhi : Surjeet Publications, 1979).

Gisbert, P. *Fundamentals of Sociology* (Bombay : Orient Longman Ltd., 1978).

Goode, William J. *The Family* (New Delhi : Prentice-Hall of India Pvt. Ltd. 1987).

Haralambos, M. with Heald, R. M. *Sociology, Themes and Perpectives* (New Delhi : Oxford University Press, 1984).

Hiorth, Finngeir. *Introduction to Atheism* (Pune : Indian Secular Society, 1995).

Hospers, John. *An Introduction to Philosophical Analysis* (New Delhi : Allied Publishers Private Ltd. 1975).

Inkeles, Alex. *What is Sociology?* (Englewood Cliffs, New Jersey: Prentice-Hall, Inc., 1964).

Joad, C. E. M. *Introduction to Modern Political Theory* (Delhi : Oxford University Press, sixth impression, 1982).

Johnson, Harry M. *Sociology: A Systematic Introduction* (New Delhi : Allied Publishers Private Limited, 1978).

Keer, Dhanajay. *Dr. Ambedkar Life and Mission* (Bombay : Popular Prakashan, 1997).

Lal, Basant Kumar. *Contemporary Indian Philosophy* (Delhi : Motilal Banarsidass, 1978).

MacIver, R. M.& Page, Charles H. *Society, An Introductory Analysis* (New Delhi : Macmillan India Ltd; 1981).

Masih, Y. *A Comparative Study of Religions* (Delhi : Motilal Banarsidass, 1990).

Masih, Y. *The Hindu Religious Thought* (Delhi : Motilal Banaraidass, 1983).

Mill, John Stuart. Utilitarianism, (London: The Fontana Library, 1962).

Moore, G. E. *Principia Ethica* (Cambridge : Cambridge University Press, 1965).

O'Connor, D. J. *An Introduction to the Philosophy of Education* (London and Henley : Routledge & Kegan Paul, 1980).

Ramendra. *M. N. Roy's New Humanism and Materialism* (Patna : Buddhiwadi Foundation, 2001).

Ramendra. *The Myth of Unity of all Religions* (Patna : Buddhiwadi Foundation, 2003).

Raphael, D. D. *Problems of Political Philosophy* (Hong Kong : The Macmillan Press Ltd; 1978).

Rosenberg, Morris and Turner, Ralph H. (eds), *Social Psychology* (New York: Basic Books, Inc., Publishers, 1981).

Russell, Bertrand. *The Impact of Science on Society* (London : Unwin Paperbacks, 1976).

Scruton, Roger. *A Dictionary of Political Thought* (London : Pan Books, 1983).

Shah, *A. B. Scientific* Method (New Delhi : Allied Publishers Private Limited, 1974).

Shankar, Jogan. *Devadasi Cult: A Sociological Analysis* (New Delhi : Ashish Publishing House, 1994).

Singer, Peter. (ed.), *Applied Ethics* (Oxford : Oxford University Press, 1986).

Singer, Peter. *Practical Ethics* (Cambridge : Cambridge University Press).

Srinivas, M. N. *Social Change in Modern India* (Bombay : Orient Longman Limited, 1980).

Stroh, Guy W. *American Philosophy from Edwards to Dewey: An Introduction* (New Delhi : Affiliated East-West Press Pvt. Ltd., 1970).

Veeramani, K. (ed.), *Periyar on Women's Rights* (Madras : Emerald Publishers, 1996).

Warder, A. K. *Indian Buddhism* (Delhi : Motilal Banarsidass, 1980).

Warraq, Ibn. *Why I am not a Muslim* (Amherst, New York : Prometheus books, 1995).

Mann, Michael. (ed.), *Macmillan Student Encylopedia of Sociology.*

Sills, David L. (ed.), *International Encyclopaedia of the Social Sciences.*

The New Encyclopaedia Britannica, vols. 3, 1519.

The Encyclopedia of Philsophy (ed. Paul Edwards), vols. 1, 4, 6.

American Sociological Review, 1955

Manushi, Nos. 24, 116, 127, 131.

❑

भाग 2

राजनीति दर्शन
(POLITICAL PHILOSOPHY)

अध्याय 1

राजनीति दर्शन का स्वरूप

राजनीति दर्शन दर्शनशास्त्र की एक शाखा है। **जब दार्शनिक विधि से राजनीति का अध्ययन करते हैं, तो उसे राजनीति दर्शन कहा जाता है।** राजनीति दर्शन के स्वरूप को स्पष्टता से समझने के लिए तीन बातों को समझना जरूरी है, (1) ''राजनीति'' क्या है? (2) दार्शनिक विधि क्या है? और (3) दार्शनिक विधि को राजनीति पर किस तरह लागू किया जाता है?

राजनीति

''राजनीति'' अंग्रेजी शब्द "politics" का हिन्दी पर्याय है। ''सामाजिक'' शब्द का प्रयोग जब व्यापक अर्थ में किया जाता है, तो ''राजनीति'' और ''राजीनतिक'' भी उसके अन्तर्गत आ जाते हैं, क्योंकि ''राजनीतिक'' जीवन भी ''सामाजिक'' जीवन का ही एक अंग है।

प्रश्न यह उठता है कि सामाजिक जीवन के किस अंग को हम ''राजनीतिक'' कहेंगे? परम्परागत रूप से ''राजनीति'' को यह कह कर रेखांकित किया जाता है कि **''राजनीति'' वह है, जिसका सम्बन्ध राज्य से है।** उदाहरण के तौर पर, गेटेल के अनुसार राजनीति विज्ञान ''राज्य का विज्ञान है''। गेटेल की राय में राजनीति विज्ञान का मुख्य सम्बन्ध राज्य, सरकार और कानून से है। गेटेल के अनुसार राज्य के चार अनिवार्य मौलिक तत्व हैः (i) आबादी (ii) क्षेत्र (iii) सरकार और (iv) सम्प्रभुता। सरकार का काम है कानून बनाना, कानून को लागू करना और कानून की व्याख्या करना।[1]

इसी तरह, गार्नर के अनुसार, ''राजनीति विज्ञान की शुरूआत और अन्त राज्य से होती है''।

कभी-कभी ''राजनीति'' की परिभाषा शक्ति (power) और प्रभाव (influence) के माध्यम से भी की जाती है। उदाहरण के तौर पर, रार्बट ए. डैड्ल के अनुसार ''राजनीतिक व्यवस्था'' वह है जिसका सम्बन्ध नियन्त्रण (control), प्रभाव, शक्ति और प्राधिकार (authority) से होता है।[2]

दूसरी ओर, *Problems of Political Philosophy* के लेखक डी. डी. रैफेल के अनुसार ''राजनीति'' को ''शक्ति'' के माध्यम से परिभाषित करने का प्रयत्न सन्तोषजनक नहीं है, क्योंकि ''राजनीति'' का सम्बन्ध हर किस्म की ''शक्ति'' से नहीं है। उदाहरण के तौर पर,

1. Raymond Garfield Gettel, *Political Science* (Calcutta : The World Press Pvt. Ltd., 1950), p. 3.
2. Robert A. Dahl, *Modern Political Analysis* (New Delhi : Prentice-Hall of India Pvt. Limited, 1978), p. 3.

राजनीति का सम्बन्ध वाष्प इंजन की यांत्रिक शक्ति से नहीं है। ''शक्ति'' का एक अर्थ है दूसरों से वैसा करवा पाने की क्षमता जैसा कोई चाहता है। ''राजनीति'' का इसी अर्थ में ''शक्ति'' से सम्बन्ध है। लेकिन इस किस्म की ''शक्ति'' का प्रयोग भी कई सन्दर्भों में होता है, जैसे, परिवार के अन्दर या शिक्षण संस्थाओं में। माँ-बाप कई बार बच्चों से वैसा आचरण करवाने में सफल हो जाते हैं, जैसा वे चाहते हैं, या इसी तरह, शिक्षण संस्थाओं में शिक्षक छात्रों से। पर इसे ''राजनीति'' नहीं कहा जा सकता है। ''राजनीति'' का सम्बन्ध ''शक्ति'' से तब होता है, जब शक्ति का इस्तेमाल **राजनीतिक सन्दर्भ** में किया जाता है। और सन्दर्भ को ''राजनीतिक'' कब कहा जाता है, इसकी व्याख्या हम ''राज्य'' की अवधारणा को लाये बिना नहीं कर सकते हैं। इसलिए, रैफेल के अनुसार, ''राजनीति'' को ''राज्य'' के माध्यम से परिभाषित करने का पुराना तरीका ही बेहतर हैं।[1]

संक्षेप में, ''राजनीति'' वह है जिसका सम्बन्ध राज्य से है। राज्य के प्रमुख तत्त्व हैं: (i) आबादी (ii) क्षेत्र (iii) सरकार और (iv) सम्प्रभुता। फिर, इसमें सरकार के मुख्य काम तीन हैं: (i) कानून बनाना (ii) कानून को लागू करना और (iii) कानून की व्याख्या करना। आधुनिक लोकतन्त्र में ये काम क्रमशः सरकार की तीन शाखाओं द्वारा किए जाते हैं: (i) विधायिका (ii) कार्यपालिका और (iii) न्यायपालिका।

(''राज्य'' और ''सम्प्रभुता'' की अवधारणा का विस्तृत विश्लेषण आगे के अध्यायों में किया गया है।)

दार्शनिक विधि

An Introduction to Philosophical Analysis के लेखक, जॉन हॉस्पर्स के अनुसार दर्शनशास्त्र के चार मुख्य परिभाषक लक्षण हैं। इनमें से दो का सम्बन्ध दार्शनिक विधि से और दो का दर्शन की समस्याओं के स्वरूप से हैं:

1. **संप्रत्ययों का स्पष्टीकरण** (clarification of concepts)—दर्शनशास्त्र का सम्बन्ध संप्रत्ययों के स्पष्टीकरण और मुख्य पदों या शब्दों के स्पष्टतर प्रयोग से है। दर्शनशास्त्र में जिन संप्रत्ययों पर विचार किया जाता है वे अक्सर अत्याधिक अमूर्त होते हैं। इसलिए, ''इससे आपका क्या अर्थ हैं?''—यह प्रश्न दार्शनिकों द्वारा बार-बार पूछा जाता है।

2. **विश्वासों का समीक्षात्मक मूल्यांकन** (critical evaluation of beliefs)—दर्शनशास्त्र में तर्क और युक्ति के आधार पर आगे बढ़ा जाता है। किसी भी कथन को दार्शनिक तभी कहा जाएगा, जब युक्तियों द्वारा उसका समर्थन या विरोध किया जाये। अन्तःप्रज्ञा, आस्था या आप्तवचन के आधार पर कही गयी किसी बात को दर्शनशास्त्र में कोई स्थान नहीं दिया जाता है। इस तरह, दर्शनशास्त्र में अर्थ-सम्बन्धी और विश्वासों की सत्यता से सम्बन्धित या ज्ञान-सम्बन्धी प्रश्न उठाए जाते हैं।

3. **दर्शनशास्त्र का सम्बन्ध मूलभूत प्रश्नों (ultimate question) से है।** दर्शन में हर विषय-वस्तु से सम्बन्धित बुनियादी प्रश्न उठाए जाते हैं। विभिन्न विज्ञानों, कलाओं और धर्मशास्त्र की मौलिक पूर्वमान्यताओं की जाँच की जाती है। उदाहरण के तौर पर, धर्म-दर्शन में यह प्रश्न किया जाता है कि ''क्या धर्मों की मूलभूत मान्यताएँ सत्य हैं?'' इसी

---

1 D. D. Raphael, *Problems of Political philosophy* (HongKong : The Macmillan Press Ltd., 1978), pp. 30-32.

तरह, राजनीति दर्शन में राजनीतिक विचारधाराओं की मूलभूत मान्यताओं की समीक्षा की जाती हैं।

4. **दर्शनशास्त्र की समस्याएँ सामान्य (general) किस्म की होती है।** उदाहरण के तौर पर, दर्शनशास्त्र में यह प्रश्न नहीं उठाया जाता है कि "यह कुर्सी क्या है?" बल्कि सामान्य तौर पर यह प्रश्न किया जाता है कि "भौतिक वस्तु (physical object) क्या है?" इसी तरह, राजनीति दर्शन में जब "राज्य" के बारे में विचार किया जाता है, तो किसी एक राज्य के बारे में नहीं, बल्कि सामान्य तौर पर "राज्य" की विशेषताओं के बारे में विचार किया जाता है।[1]

दर्शनशास्त्र के हॉस्पर्स द्वारा बताए गए चार लक्षणों के अतिरिक्त एक और लक्षण महत्त्वपूर्ण है, जिसकी ओर समाज और राजनीति दर्शन के सन्दर्भ में विशेष तौर से ध्यान देना जरूरी है।

5. **दर्शनशास्त्र में मूल्य और आदर्श सम्बन्धी मानक (normative) प्रश्न भी पूछे जाते हैं।** उदाहरण के तौर पर, नीतिशास्त्र में मानव-आचरण का अध्ययन मानक दृष्टि से किया जाता है है। नीतिशास्त्र में यह प्रश्न नहीं उठाया जाता है कि "मानव-आचरण कैसा है?" बल्कि यह प्रश्न पूछा जाता है कि "मानव-आचरण को कैसा होना चाहिए?" इसी तरह, समाज और राजनीति दर्शन के रचनात्मक या नैतिक पक्ष के अन्तर्गत सामाजिक और राजनीतिक समस्याओं पर मानक दृष्टि से विचार किया जाता है।

अवधारणाओं का स्पष्टीकरण और विश्वासों का समीक्षात्मक मूल्यांकन

जब दार्शनिक विधि से राज्य और राजनीति, राजनीतिक मूल्यों और राजनीतिक विचारधाराओं के बारे में चिन्तन करते हैं, तो उसे राजनीति दर्शन कहा जाता है। डी. डी. रैफेल ने अपनी पुस्तक *Problems of Political Philosophy* में यह दिखलाया है कि (1) संप्रत्ययों के स्पष्टीकरण (clarification of concepts) और (2) विश्वासों के समीक्षात्मक मूल्यांकन (critical evaluation of beliefs) की दार्शनिक विधि को राज्य और राजनीति की समस्याओं पर किस तरह लागू किया जाता है।

अवधारणाओं का स्पष्टीकरण

राजनीति दर्शन में राजनीति से जुड़े मौलिक और सामान्य अवधारणाओं का अर्थ स्पष्ट किया जाता है। इस अध्याय में "राजनीति" शब्द के अर्थ को स्पष्ट करने का प्रयत्न इसका एक उदाहरण है। "राजनीति", "राज्य", "सरकार" और "सम्प्रभुता", "शक्ति", "प्रभाव" और "प्राधिकार" एवं "स्वतन्त्रता", "समता" और "लोकतंत्र" जैसी महत्त्वपूर्ण राजनीतिक अवधारणाओं को स्पष्ट करने का प्रयत्न करना राजनीति दर्शन का महत्त्वपूर्ण कार्य है। इससे राजनीतिक चर्चा में एक स्पष्टता आ जाती है।

रैफेल के अनुसार अवधारणाओं के स्पष्टीकरण के अन्तर्गत **अवधारणाओं का विश्लेषण, संश्लेषण और सुधार किया जाता है।** अवधारणा के विश्लेषण का अर्थ है उसके तत्वों को .बतलाना, अक्सर उसकी परिभाषा देकर; उदाहरण के तौर पर,

1. John Hopspers, An *Introduction to Philosophical Analysis* (New Delhi : Allied Publishers Pvt. Ltd., 1975), pp. 55-56.

''राज्य'' का विश्लेषण उसके चार तत्त्वों—आबादी, क्षेत्र, सरकार और सम्प्रभुता—को बतला कर किया जा सकता है। इसी तरह, ''सम्प्रभुता'' का विश्लेषण ''सर्वोच्च कानूनी प्राधिकार'' (supreme legal authority) के रूप में किया जा सकता है।

अवधारणा के संश्लेषण का अर्थ है एक अवधारणा और किसी अन्य अवधारणा के बीच तार्किक सम्बन्ध को बतलाना। उदाहरण के तौर पर, अगर किसी व्यक्ति X का किसी अन्य व्यक्ति Y के विरुद्ध कोई ''अधिकार'' (right) है, तो इसका अर्थ यह हुआ है कि Y का X के प्रति ''दायित्व'' (obligation) है। अगर राज्य को कानून पालन करवाने का ''अधिकार'' है, तो इसका अर्थ यह हुआ कि नागरिकों का यह ''दायित्व'' है कि वे कानून का पालन करें।

रैफेल के अनुसार, अवधारणा में सुधार का अर्थ हुआ कोई ऐसी परिभाषा या उपयोग की परामर्श देना जिससे स्पष्टता और सामन्जस्य प्राप्त करने में सहायता मिले। उदाहरण के तौर पर, हम ''धर्मनिरपेक्षता'' (secularism) शब्द को लें। ''धर्मनिरपेक्ष'' का अर्थ है ''धर्म से स्वतन्त्र'' या ''जिसका सम्बन्ध लौकिक से हो, धार्मिक या आध्यात्मिक से नहीं''। लेकिन, भारत में कुछ लोग ''धर्मनिरपेक्षता'' शब्द का प्रयोग ''सर्वधर्म समभाव'' (सभी धर्मों का एक जैसा बराबर सम्मान) के अर्थ में भी करने लगे हैं। इससे ''धर्मनिरपेक्षता'' शब्द के अर्थ को लेकर कुछ भ्रम भी फैल गया है। ऐसे में स्पष्टता की दृष्टि से यह सलाह दी जा सकती है कि जो लोग सभी धर्मों के एक बराबर सम्मान की बात करना चाहते हों, वे ''सर्वधर्म समभाव'' शब्द का ही प्रयोग करें, ''धर्मनिरपेक्षता'' का नहीं, क्योंकि ''सर्वधर्म समभाव'' और ''धर्मनिरपेक्षता'' पर्यायवाची शब्द नहीं हैं।

अवधारणाओं का स्पष्टीकरण और विश्वासों का समीक्षात्मक मूल्यांकन

रैफेल के अनुसार परम्परागत रूप से दर्शनशास्त्र में विश्वासों के समीक्षात्मक मूल्यांकन का उद्देश्य ही प्रमुख रहा है; और अवधारणाओं के स्पष्टीकरण को वहीं तक ही महत्त्व दिया गया है, जहाँ तक वह विश्वासों के समीक्षात्मक मूल्यांकन में सहायक हो। लेकिन, बीसवीं सदी के दर्शन में कभी-कभी अवधारणाओं के स्पष्टीकरण को ही अधिक महत्त्व दिया जाने लगा और उसे ही साध्य मान लिया गया।

अगर अवधारणाओं के स्पष्टीकरण को ही अपने-आप में एक लक्ष्य न मान लिया जाए, तो भी अवधारणाओं के स्पष्टीकरण का अपना केन्द्रीय महत्त्व है, क्योंकि यह विश्वासों के समीक्षात्मक मूल्यांकन की पहली सीढ़ी है। अवधारणाओं के स्पष्टीकरण के बिना हम सही ढंग से विश्वासों का समीक्षात्मक मूल्यांकन भी नहीं कर सकते हैं। उदाहरण के तौर पर, हम ''ईश्वर'' की अवधारणा को स्पष्ट किए बिना सही ढंग से ईश्वर में विश्वास का समीक्षात्मक मूल्यांकन नहीं कर सकते। यह तो, खैर, धर्म-दर्शन का विषय है। लेकिन, राज़नीति दर्शन में भी अवधारणाओं के स्पष्टीकरण का केन्द्रीय महत्त्व है। उदाहरण के तौर पर, व्यक्ति और राज्य के सम्बन्ध पर मानक दृष्टि से विचार करना राजनीति दर्शन का एक प्रमुख विषय है, लेकिन ''राज्य'' की अवधारणा को स्पष्ट किए बिना इस विषय पर सही ढंग से विचार नहीं किया जा सकता है। इसी तरह, अगर एक राजनीतिक विचारधारा के रूप में मार्क्सवाद का समीक्षात्मक मूल्यांकन करना हो, तो इसके लिए यह समझना जरूरी है कि मार्क्सवाद है क्या। दूसरे शब्दों में, ''मार्क्सवाद'' की अवधारणा और उसके मौलिक सिद्धान्तों के स्वरूप को स्पष्ट किए बिना, मार्क्सवाद का समीक्षात्मक मूल्यांकन नहीं किया जा सकता है। या

फिर, अगर हम इस प्रश्न पर विचार करना चाहते हों कि लोकतांत्रिक व्यवस्था फासिस्ट व्यवस्था से बेहतर है या नहीं, तो इसके लिए हमें पहले यह समझना जरूरी है कि ''लोकतंत्र'' और ''फासिज्म'' का अर्थ क्या है। यही बात मानवतावाद, समाजवाद और सर्वोदय जैसी अन्य राजनीतिक विचारधाराओं के लिए भी सही है। राजनीति दर्शन में इन विचारधाराओं के स्वरूप को स्पष्ट किया जाता है, और इनके मौलिक विश्वासों का समीक्षात्मक मूल्यांकन भी किया जाता है। इसके अलावा, मानक दृष्टि से राजनीतिक मूल्यों और आदर्शों पर विचार करना भी राजनीति दर्शन का एक प्रमुख हिस्सा रहा है। राजनीति दर्शन के इस नैतिक पक्ष का निकट सम्बन्ध नीतिशास्त्र (ethics) से है।

विश्वासों का समीक्षात्मक मूल्यांकन

राजनीति दर्शन में विश्वासों का समीक्षात्मक मूल्यांकन कैसे किया जाए इस पर रैफेल ने अपनी पुस्तक *Problems of Political Philosophy* में अपनी राय बहुत विस्तार से दी है। पर वास्तव में यह समस्या उतनी जटिल नहीं है।

विश्वासों के समीक्षात्मक मूल्यांकन के अन्तर्गत किसी विश्वास के समर्थन या विरोध में दी गयी युक्ति का तार्किक मूल्यांकन किया जाता है। कोई युक्ति तार्किक दृष्टि से वैध है या नहीं, इसकी जाँच तो दार्शनिक तर्कशास्त्रों में अपनी विशेषज्ञता के आधार पर आसानी से कर सकते हैं। अब, किसी युक्ति के द्वारा कोई निष्कर्ष प्रमाणित हो, और वह निष्कर्ष वास्तव में भी सत्य हो इसके लिए सिर्फ युक्ति का वैध होना ही पर्याप्त नहीं है। युक्ति के आधार-वाक्यों में वास्तवकि सत्यता भी होनी चाहिए।

कभी-कभी प्रश्न यह उठाया जाता है कि आधार-वाक्यों (premise) की वास्तविक सत्यता की जाँच का काम दार्शनिक कैसे करेंगे? क्योंकि तथ्यों का सिलसिलेवार अन्वेषण तो विज्ञान का काम है, न कि दर्शन का। लेकिन यह, दरअसल कोई इतनी बड़ी समस्या नहीं है। आधार-वाक्यों की वास्तविक सत्यता की जाँच करने के लिए दार्शनिक सम्बद्ध विज्ञान से प्राप्त निष्कर्षों की सहायता ले सकते हैं। उदाहरण के तौर-पर, तत्त्वमीमांसा में भौतिक द्रव्य के स्वरूप पर विचार करते समय भौतिक शास्त्र से भौतिक द्रव्य के बारे में प्राप्त ज्ञान का इस्तेमाल किया जा सकता है। इसी तरह, राजनीति दर्शन में राजनीति विज्ञान के इन्द्रियानुभविक (empirical) पक्ष से और जहाँ आवश्यक हो समाजशास्त्र से या अन्य समाज विज्ञानों या प्राकृतिक विज्ञानों से प्राप्त जानकारी और सामान्यज्ञान का इस्तेमाल किया जा सकता है। उदाहरण के तौर पर, नात्सी विचारधारा के अन्तर्गत ''आर्य प्रजाति'' को अन्य प्रजातियों से श्रेष्ठ माना जाता है। अब, जैसा कि रैफेल ने बतलाया है, समाज विज्ञानों से प्राप्त जानकारी के आधार पर यह दिखलाया जा सकता है कि जैविक अर्थ में ''आर्य प्रजाति'' जैसी कोई प्रजाति है ही नहीं, तथा ''आर्य'' और ''अनार्य'' के बीच सही अन्तर का सम्बन्ध भाषा से हो सकता है न कि प्रजाति या नस्ल से। दूसरे शब्दों में, यह दिखलाया जा सकता है कि नात्सी विचारधारा में ''आर्य प्रजाति'' के अस्तित्व सम्बन्धी जो पूर्वमान्यता अन्तर्निहित है, वह असत्य है। ''आर्य प्रजाति'' की श्रेष्ठता का प्रश्न तो तब उठेगा न, जब पहले कोई ''आर्य प्रजाति'' हो?

इस तरह, अगर जिन विश्वासों का समीक्षात्मक मूल्यांकन किया जा रहा हो वे विश्वास अगर तथ्य-सम्बन्धी (factual) हों, तो उनका मूल्यांकन करना कोई ऐसी बड़ी समस्या नहीं है। लेकिन, राजनीति दर्शन में जिन विश्वासों का मूल्यांकन किया जाता है वे

सिर्फ तथ्य-सम्बन्धी ही नहीं होते हैं बल्कि मानक या आदर्श मूलक (normative) भी होते हैं। यहाँ पर स्थिति कुछ जटिल जरूर है। रैफेल के अनुसार, मूल्य-सम्बन्धी निर्णयों (value judgment) के सन्दर्भ में भी तार्किक संगति के मापदण्ड का तो इस्तेमाल किया ही जा सकता है, लेकिन यहाँ पर यह स्पष्ट नहीं है कि तथ्य-सम्बन्धी निर्णयों के सन्दर्भ में ''तथ्यों से मेल'' के जिस मापदण्ड का इस्तेमाल किया जाता है, उसके स्थान पर किस मापदण्ड का इस्तेमाल होगा। क्योंकि, नैतिक मान्यताओं का सम्बन्ध सत्य और असत्य से नहीं बल्कि उचित-अनुचित एवं अच्छे और बुरे से होता है। रैफेल ने अपनी ओर से इस समस्या का यह समाधान दिया है कि राजनीतिक दर्शन में मानक मान्यताओं के सन्दर्भ में किसी सिद्धान्त का समर्थन प्रत्यक्ष रूप से नहीं, बल्कि परोक्ष रूप से उसके वैकल्पिक सिद्धान्तों के निराकरण द्वारा किया जा सकता है। रैफेल के अनुसार, किसी मूल्य सम्बन्धी सिद्धान्त के निराकरण के लिए उसमें तार्किक असंगति दिखलाना ही पर्याप्त हैं। दूसरे, मानक सिद्धान्तों के साथ भी अक्सर तथ्य-सम्बन्धी पूर्वमान्यताएँ जुड़ी रहती हैं, जिनके सत्यता की जाँच ''तथ्यों के मेल'' के मापदण्ड के आधार पर की जा सकती है।

वास्तव में नैतिक निर्णयों का तार्किक दृष्टि से समर्थन और विरोध कैसे किया जाए, यह समस्या तथ्य-सम्बन्धी प्रश्नों की तुलना में जटिल जरूर है, लेकिन ऐसा नहीं है कि इसका कोई समाधान सम्भव ही नहीं। दरअसल, इस समस्या का सम्बन्ध दर्शन शास्त्र की एक अन्य शाखा नीतिशास्त्र से है। मानक नीतिशास्त्र (normative ethics) और अधिनीतिशास्त्र (metaethics) में इस प्रश्न पर काफी विचार हुआ है, और हो रहा है। मेरी राय में यहाँ पर विस्तार से इन प्रश्नों की चर्चा में जाना प्रासंगिक नहीं है। यहाँ पर हम इतना ही कह सकते हैं कि राजनीति दर्शन के नैतिक पक्ष के अन्तर्गत नीतिशास्त्र के निष्कर्षों को राजनीति पर लागू किया जा सकता है।

समाज दर्शन और राजनीति दर्शन

''सामाजिक'' शब्द का प्रयोग व्यापक अर्थ में होता है और सीमित अर्थ में भी। जब ''सामाजिक'' शब्द का इस्तेमाल व्यापक अर्थ में किया जाता है, तो इसके अन्तर्गत ''राजनीतिक'' भी आ जाता है, क्योंकि राज्य भी एक सामाजिक समिति या संगठन है, और राजनीतिक गतिविधियाँ भी समाजिक गतिविधियों का एक अंग है। लेकिन, कभी-कभी ''सामाजिक'' शब्द का प्रयोग सीमित अर्थ में भी होता है। इस अर्थ में ''सामाजिक'' के अन्तर्गत सामाजिक क्रियाओं के ऐसे क्षेत्र आते हैं, जिनका राजनीति विज्ञान और अर्थशास्त्र जैसे सामाजिक विज्ञानों से सम्बन्ध नहीं है; उदाहरण के तौर पर, परिवार और धर्म। दूसरी ओर, ''सामाजिक'' के व्यापक अर्थ में राज्य और सम्पति जैसी संस्थाएँ भी ''सामाजिक'' के दायरे में आती हैं। समाज दर्शन और समाजशास्त्र के सन्दर्भ में ''सामाजिक'' शब्द का प्रयोग व्यापक अर्थ में ही किया जाता है। इस दृष्टि से समाज दर्शन का क्षेत्र राजनीति दर्शन से व्यापक है। समाज दर्शन के अन्तर्गत राजनीति दर्शन भी शामिल है।

समाज दर्शन की परिभाषा यह कह कर की जा सकती है कि **समाज दर्शन में हम दार्शनिक विधि से समाज के बारे में चिन्तन करते हैं।** मॉरिस गिन्सबर्ग ने अपनी पुस्तक *Sociology* में समाज दर्शन के दो पक्ष बतलाएँ हैं—

(1) **समीक्षात्मक या तार्किक** (critical or logical), जिसके अन्तर्गत समाज-

विज्ञानों की विधियों और सिद्धान्तों की वैधता के बारे में तार्किक दृष्टि से अध्ययन किया जाता है। समाज दर्शन के इस पक्ष का तर्कशास्त्र के साथ निकट सम्बन्ध है, और इसे समाज-विज्ञान का दर्शन (philosophy of social science) भी कहते हैं।

(2) **रचनात्मक या संश्लेषणात्मक** (constructive or synthetic), जिसका सम्बन्ध सामाजिक आदर्शों की वैधता से है। समाजदर्शन के इस पक्ष का नीतिशास्त्र के साथ निकट सम्बन्ध हैं। इसमें नीतिशास्त्र के परिणामों को सामाजिक संगठन और सामाजिक विकास की समस्याओं पर लागू किया जाता है।[1]

अगर इस दृष्टि से देखा जाए तो राजनीति दर्शन के भी दो पक्ष हुए : एक, तार्किक, जिसके अन्तर्गत राजनीति विज्ञान की पूर्वमान्यताओं और विधियों का समीक्षात्मक अध्ययन किया जाता है, और दो, नैतिक जिसके अन्तर्गत राजनीति के बारे में मानक दृष्टि से विचार किया जाता है।

इस तरह, हम यह कह सकते हैं कि राजनीति दर्शन में,

1. राजनीतिक अवधारणाओं का स्पष्टीकरण
2. राजनीतिक विश्वासों का समीक्षात्मक मूल्यांकन
3. मानक दृष्टि से राजनीति पर विचार, और
4. राजनीति विज्ञान की पूर्वमान्यताओं और विधियों का समीक्षात्मक अध्ययन किया जाता है।

राजनीति दर्शन और राजनीतिक सिद्धान्त

अक्सर ''राजनीति दर्शन'' और ''राजनीतिक सिद्धान्त'' (political theory) शब्दों का प्रयोग लगभग पर्यायवाची के रूप में किया जाता है। लेकिन, रैफेल ने इनके बीच एक महत्त्वपूर्ण अन्तर करने का प्रयत्न किया है। रैफेल के अनुसार, राजनीति-वैज्ञानिकों द्वारा किए जाने वाले सैद्धान्तिक कार्य और राजनीति दर्शन के बीच भी ठीक वैसा ही अन्तर है, जैसा समाजशास्त्रियों द्वारा किए जाने वाले सैद्धान्तिक कार्य और समाज दर्शन के बीच। समाज वैज्ञानिक भी प्राकृतिक वैज्ञानिकों की तरह अपने क्षेत्र में तथ्यों की व्याख्या का प्रयत्न करते हैं। इसके लिए वे निरीक्षण, प्राक्कल्पना और सत्यापन की वैज्ञानिक विधि की सहायता लेते हैं। रैफेल के अनुसार, राजनीति-वैज्ञानिक राजनीति को समझने और उसकी व्याख्या करने के लिए वैज्ञानिक विधि का इस्तेमाल करते हुए जो सिद्धान्त बनाते हैं, उसे ''राजनीतिक सिद्धान्त'' कहना चाहिए। और जब दार्शनिक विधि से राजनीति के बारे में चिन्तन किया जाए, तो उसे राजनीति दर्शन कहना चाहिए।

''राजनीतिक सिद्धान्त'' और ''राजनीति दर्शन'' के बीच रैफेल द्वारा किया गया अन्तर महत्त्वपूर्ण और किए जाने योग्य है। लेकिन व्यवहार में इस अन्तर का पालन नहीं किया जा रहा है। जैसा कि रैफेल ने स्वयं कहा है, इन दोनों शब्दों का प्रयोग लगभग पर्यायवाची के रूप में किया जाता है। उदाहरण के तौर पर, अगर हम सेबिन की *A History of Political Theory*[1] या बार्कर की *Principles of Social and Political Theory*[2] या. सी. इ. एम. जोड की *Introduction to Modern Political Theory*[3] को देखते हैं, तो उनमें हमे रैफेल द्वारा बताए गए अर्थ में ''राजनीतिक सिद्धान्त'' की बहुत

---

1. Morris Ginsberg, *Sociology* (Delhi: Surjeet Publications, 1979), p. 26.

अधिक चर्चा नहीं मिलेगी। बल्कि इन पुस्तकों में जो चर्चा की गयी है उसे ''राजनीति दर्शन'' कहा जा सकता है या, अगर हम ''राजनीतिक दर्शन'' शब्द को ऊपर बतलाए तकनीकी अर्थ के लिए सुरक्षित रखना चाहते हों, तो हम उसे ''राजनीतिक चिन्तन'' (*Political Thought*) कह सकते हैं। यहाँ पर ''राजनीतिक चिन्तन'' का अर्थ होगा राज्य से सम्बन्धित बुनियादी समस्याओं पर समीक्षात्मक चिन्तन, जिसमें रैफेल द्वारा बतलाए गए अर्थ में ''राजनीतिक सिद्धान्त'' और ''राजनीति दर्शन'' के बीच स्पष्ट अन्तर न किया गया हो।

राजनीति दर्शन और राजनीति विज्ञान

राजनीति दर्शन समाज दर्शन का ही एक अंग है। इस दृष्टि से कहा जा सकता है कि राजनीति दर्शन और राजनीति विज्ञान (Political Science) के बीच भी ठीक वैसा ही सम्बन्ध है, जैसा कि समाज दर्शन और समाजशास्त्र के बीच। समाज दर्शन में समाज का अध्ययन दार्शनिक दृष्टि से किया जाता है; जबकि समाजशास्त्र में समाज का अध्ययन मुख्यतः यथार्थवादी दृष्टि से किया जाता है। समाज दार्शनिक अपने चिन्तन के लिए समाजशास्त्र द्वारा प्राप्त जानकारी पर निर्भर हैं। इसी तर्ज पर हम राजनीति दर्शन और राजनीति विज्ञान को भी समझ सकते हैं। लेकिन, वास्तव में राजनीति दर्शन और राजनीति विज्ञान के बीच इस किस्म का सरल और साफ-सुथरा सम्बन्ध नहीं है। दरअसल में, वास्तविक स्थिति कहीं अधिक जटिल है। समाजशास्त्र अपेक्षाकृत नवीन विषय है, और इसके संस्थापकों ने इसकी स्थापना एक यथार्थवादी विज्ञान के रूप में की। जबकि राजनीति विज्ञान या राजनीतिशास्त्र का अध्ययन-अध्यापन प्लेटो और अरिस्टॉट्ल जैसे प्राचीन ग्रीक दार्शनिकों के समय से होता आ रहा है। परम्परागत रूप से विश्वविद्यालयों में जिस तरह राजनीति विज्ञान का अध्ययन और अध्यापन होता है, उसमें राजनीति दर्शन का भी समावेश रहता है।

हम पहले ही चर्चा कर चुके हैं कि रैफेल ने ''राजनीतिक सिद्धान्त'' और ''राजनीति दर्शन'' के बीच अन्तर करने का प्रयत्न किया है। लेकिन, हमने यह भी देखा है कि व्यवहार में राजनीति विज्ञान के क्षेत्र में ''राजनीति सिद्धान्त'' और ''राजनीति दर्शन'' का प्रयोग लगभग पर्यायवाची के रूप में किया जाता है। आम तौर से, राजनीतिशास्त्र के लेखक जिसे ''राजनीति सिद्धान्त'' कहते हैं वह अगर पूरी तौर से राजनीति दर्शन न भी हो, तो भी उसमें काफी हद तक राजनीति दर्शन का समावेश रहता है। इस तरह, परम्परागत रूप से राजनीति दर्शन का अध्ययन राजनीति विज्ञान के अन्तर्गत शामिल रहा है। उदाहरण के तौर पर, अपनी पुस्तक *Political Science* में गेटेल ने राजनीति विज्ञान की परिभाषा ''राज्य के विज्ञान'' के रूप में की है। लेकिन साथ ही उन्होंने यह भी कहा है कि राजनीति विज्ञान का सम्बन्ध सिर्फ राजनीतिक संस्थाओं से नहीं बल्कि राजनीतिक

---

1. George H. Sabine, *A History of Political Theory* (New Delhi : Oxford & IBH Publishing Co. 1973).
2. Ernest Barker, *Principles of Social & Political Theory* (Calcutta : Oxford University Press, 1978).
3. C. E. M. Joad, *Introduction to Modern Political Theory* (Delhi : Oxford University Press, 1982).

विचारों से भी है। इनमें राजनीति दार्शनिकों द्वारा रचे गए राज्य से सम्बन्धित सिद्धान्त और सामान्य जनों का राजनीतिक चिन्तन भी शामिल है।

रॉबर्ट ए. डैह्ल ने अपनी पुस्तक *Modern Political Analysis* में "राजनीतिक विश्लेषण" की महत्त्वपूर्ण और रोचक चर्चा की है। डैह्ल के अनुसार राजनीति का विश्लेषण चार दृष्टिकोणों से किया जा सकता है, एक, इन्द्रियानुभविक दृष्टिकोण (empirical orientation), दो, मानक दृष्टिकोण (normative orientation), तीन, नीतिनिर्धारक दृष्टिकोण (policy orientation), और, चार, शब्दमीमांसीय दृष्टिकोण (semantics orientation)[1]। (इसकी विस्तृत व्याख्या अगले अध्याय में की गयी है।)

डैह्ल के अनुसार राजनीति विज्ञान का विषयवस्तु राजनीतिक विश्लेषण है। डैह्ल के अनुसार, हालांकि "राजनीति विज्ञान" शब्द से ऐसा लगता है जैसे राजनीति विज्ञान में राजनीति का अध्ययन सिर्फ इन्द्रियानुभविक दृष्टि से किया जाता है, जबकि वास्तव में ऐसा नही है। राजनीतिक वैज्ञानिकों की, और विश्वविद्यालयों के राजनीति विज्ञान के विभागों की इन चारो किस्म के विश्लेषणों में रुचि रहती है। राजनीति विज्ञान के विभागों के पाठ्यक्रमों में राजनीतिक व्यवस्थाओं का वर्णन किया जाता है। दूसरे शब्दों में, यह समझने का प्रयत्न किया जाता है कि क्या है, न कि क्या होना चाहिए। लेकिन दूसरी ओर, उनके पाठ्यक्रमों में मानक दृष्टि से भी राजनीति का अध्ययन किया जाता है, खास तौर से महान दार्शनिकों के राजनीतिक विचारों का। कई पाठ्यक्रमों में, दार्शनिकों की ही तरह, मानक और इन्द्रियानुभाविक विश्लेषण दोनों का ही समावेश रहता है। इसी तरह, डैह्ल के अनुसार राजनीति विज्ञान के अन्तर्गत शब्दमीमांसीय दृष्टि से भी राजनीतिक अवधारणाओं का विश्लेषण किया जाता है, क्योंकि इसके बिना राजनीति के अध्ययन में आगे बढ़ना सम्भव नहीं है।

जैसी कि हम पहले भी चर्चा कर चुके हैं, राजनीति दर्शन के क्षेत्र में राजनीतिक अवधारणाओं का स्पष्टीकरण और राजनीतिक विश्वासों का समीक्षात्मक मूल्यांकन किया जाता है। इसके अलावा, मानक दृष्टि से राजनीति के बारे में भी विचार किया जाता है। इस तरह, परम्परागत रूप से राजनीति दर्शन राजनीति विज्ञान का अंग रहा है। "राजनीति विज्ञान" में "विज्ञान" शब्द का प्रयोग "तर्कसंगत और व्यवस्थित अध्ययन" के अर्थ में किया जाता है, न कि "इन्द्रियानुभविक अध्ययन" के अर्थ में।

जब हम राजनीति दर्शन को दर्शनशास्त्र की एक शाखा के रूप में लेते हैं तो हम यह कह सकते हैं कि राजनीति दार्शनिक राजनीतिक तथ्यों की जानकारी के लिए राजनीति विज्ञान के इन्द्रियानुभविक पक्ष पर निर्भर हैं। इस दृष्टि से राजनीति दर्शन और राजनीति विज्ञान के बीच निकट सम्बन्ध है, और दोनों एक-दूसरे के पूरक हैं।

❑

---

1. Robert A. Dahl, Op. Cit., pp.12-15.

अध्याय 2

राजनीतिक विश्लेषण का स्वरूप

पिछले अध्याय में हमने राजनीति के दार्शनिक विश्लेषण की विस्तार से चर्चा की है। राजनीति दर्शन और राजनीति विज्ञान के बीच सम्बन्ध की चर्चा के सन्दर्भ में हमने रार्बट डैह्ल के अनुसार ''राजनीतिक विश्लेषण'' के स्वरूप का संक्षिप्त उल्लेख भी किया है। अब, इस अध्याय में हम इसकी विस्तृत चर्चा करेंगे।

डैह्ल के अनुसार राजनीतिक विश्लेषण एक महत्त्वपूर्ण गतिविधि हैं, क्योंकि प्रत्येक व्यक्ति का सम्बन्ध कभी-न-कभी, किसी-न-किसी रूप में, किसी-न-किसी किस्म की राजनीतिक व्यवस्था से जुड़ता ही है। आज मानव जाति का भविष्य राजनीति और राजनीतिज्ञों से जुड़ा हुआ है। मानव जाति का विध्वंस हो जाएगा, या हम इस किस्म की राजनीतिक व्यवस्था बना पाएँगे, जिसमें मानव का अस्तित्व बना रहे, यह राजनीति और राजनीतिज्ञों पर निर्भर है। डैह्ल के अनुसार हर किसी के लिए राजनीतिक विश्लेषण की अपनी क्षमता में सुधार लाना बहुत जरूरी है। क्योंकि तभी हम उस विश्व को बेहतर ढंग से समझ सकते हैं, जिसमें हम जी रहे हैं; और तभी हम हमारे सामने जो विकल्प हैं, उनमें से बेहतर विकल्प को बुद्धिमत्तापूर्वक चुन सकते हैं; और उन परिवर्तनों को प्रभावित कर सकते हैं, जो हर राजनीतिक व्यवस्था में अन्तर्निहित रहते हैं।

चार किस्म के दृष्टिकोण

अगर हम वास्तविकता को बुद्धिमत्तापूर्वक समझना, और उसके आधार पर कार्य करना चाहते हैं, तो इसके लिए चार किस्म के बुनियादी प्रश्न उठाए जा सकते हैं। पहला, मैं बेहतर स्थिति को प्राप्त करने के लिए किस ढंग से काम कर सकता हूँ? दूसरा प्रश्न जिसका उत्तर पहले प्रश्न का उत्तर देने के लिए आवश्यक है, वह है: हम बेहतर स्थिति किसे कहेंगे? या और सामान्य तौर पर हम बेहतर और बदतर के बीच कैसे अन्तर कर सकते हैं? तीसरा प्रश्न यह हो सकता है: वास्तविक विश्व में घटनाएँ किस प्रकार घटती हैं? उदाहरण के तौर पर, अगर हम यह समझते हैं कि शान्ति युद्ध से बेहतर है, और हम युद्ध को टालना या रोकना चाहते हैं, तो इसके लिए हमें युद्ध के कारणों को दूर करने के लिए कुछ करना होगा। लेकिन उससे पहले हमें यह प्रश्न पूछना होगा: युद्ध के कारण क्या हैं? इन तीन प्रकार के प्रश्नों का उत्तर देने से पहले एक चौथे प्रश्न का उत्तर देना जरूरी होता है। हम अपने वक्तव्यों में जिन महत्त्वपूर्ण पदों का इस्तेमाल करते हैं उनका अर्थ क्या है? उदाहरण के तौर पर, ''युद्ध'' का अर्थ क्या है? युद्ध अन्य किस्म की हिंसा के कैसे अलग है?

डैह्ल के अनुसार ये चार किस्म के प्रश्न विश्व के प्रति चार अलग-अलग दृष्टिकोणों का प्रतिनिधित्व करते हैं। जब हम पहला प्रश्न पूछते हैं, तो हम एक **नीति** की तलाश कर रहे होते हैं। जब हम दूसरा प्रश्न पूछते हैं तो हम वैकल्पिक नीतियों के मूल्यांकन के लिए **नैतिक प्रतिमान (norm)** या मापदण्ड ढूँढ रहे होते हैं। जब हम तीसरा प्रश्न उठाते हैं, तब हम वास्तविक विश्व के तत्त्वों के बीच **इन्द्रियानुभविक (empirical) सम्बन्ध** को

जानना चाह रहे होते हैं। और जब हम चौथा प्रश्न उठाते हैं, तो हम **अर्थ स्पष्ट** करना चाह रहे होते हैं। इस तरह, हम नीति-निर्धारक दृष्टिकोण(policy orientation), मानक दृष्टिकोण (normative orientation), इन्द्रियानुभविक दृष्टिकोण (empirical orientation) और शब्दमीमांसीय दृष्टिकोण (semantics orientation) अपना सकते हैं। इन चारों दृष्टिकोणों के साथ चार किस्म के विश्लेषण जुड़े हुए हैं, एक, नीति विश्लेषण; दो, मानक विश्लेषण; तीन, इन्द्रियानुभविक विश्लेषण और चार, शब्दमीमांसीय विश्लेषण।

इन्द्रियानुभविक विश्लेषण

इन्द्रियानुभविक विश्लेषण का सबसे स्पष्ट रूप प्राकृतिक विज्ञानों में मिलता है, लेकिन यह सभी सामाजिक विज्ञानों में भी मौजूद रहता है। वैज्ञानिक अपने अन्वेषण के क्षेत्र में घटनाओं को व्यवस्थित ढंग से समझने, वर्णन करने, व्याख्या करने; और उनके बारे में भवि ग्व. गी करने का प्रयत्न करते हैं। भौतिकशास्त्र के क्षेत्र में न्यूटन और आइंस्टाइन के नियम इसके उदाहरण हैं। इसी तरह, राजनीति से जुड़ा यह कथन कि मध्यम वर्गीय व्यक्ति की तुलना में एक मजदूर वर्ग के व्यक्ति द्वारा वामपंथी राजनीतिक दलों को वोट देने की अधिक सम्भावना रहती है, इन्द्रियानुभविक दृष्टिकोण का उदाहरण है। इन्द्रियानुभविक दृष्टिकोण का इस्तेमाल सिर्फ प्राकृतिक और सामाजिक विज्ञानों में ही नहीं, बल्कि रोजमर्रा के जीवन में भी होता है। विश्व के प्रति इन्द्रियानुभविक दृष्टिकोण अपनाए बिना जीवन को जीना भी सम्भव नहीं है। इन्द्रियानुभविक कथनों का सत्यापन या खण्डन निरीक्षण और प्रयोग द्वारा होता है। संक्षेप में, इन्द्रियानुभविक विश्लेषण करते समय हमारा सम्बन्ध **क्या है** से होता है, न कि **क्या होना चाहिए** से।

मानक विश्लेषण

मानक विश्लेषण का सम्बन्ध विशेष तौर से नीतिशास्त्र और राजनीति दर्शन से है। इन्द्रियानुभविक दृष्टिकोण की तरह मानक दृष्टिकोण भी हमारे विश्वासों और कर्मो का अनिवार्य अंग है। आम जीवन में भी हम इस विश्वास के आधार पर आचरण करते हैं कि कुछ चीजें अन्य की तुलना में बेहतर हैं। जो लोग सिर्फ आत्म-हित में काम करने का दावा करते हैं, उनकी भी आत्म-हित के स्वरूप के बारे में कुछ-न-कुछ धारणा रहती है। आत्म-हित क्या है? क्या यह सुख है? या धन? या शक्ति?

डैह्ल के अनुसार जब मानक दृष्टिकोण अपना कर सिलसिलेवार ढंग से चिन्तन किया जाता है, तो इस किस्म के प्रश्न उठाये जाते हैं: ''शुभ'' (good) या ''बेहतर'' से हमारा क्या तात्पर्य होता है? क्या शुभ के निर्धारण के लिए सुख, स्वतन्त्रता, समानता या न्याय जैसा कोई एक सर्वश्रेष्ठ मापदण्ड है? अगर नहीं, तो फिर इन अलग-अलग शुभों में किस प्रकार का सम्बन्ध है? शुभ के किसी एक या अधिक मापदण्डों का समर्थन किस प्रकार किया जा सकता है? हम कैसे जान सकते हैं कि शुभ क्या है? क्या शुभ के बारे में हमारा ज्ञान प्राकृतिक विज्ञानों के ज्ञान की तरह ''वस्तुनिष्ठ'' होता है, या यह ''आत्मनिष्ठ'' होता है?(उल्लेखनीय है कि इन प्रश्नों का निकट सम्बन्ध दर्शनशास्त्र की शाखा नीतिशास्त्र के साथ है।)

नीति विश्लेषण

नीति विश्लेषण द्वारा ऐसी नीतियों की तलाश की जाती है, जिनके द्वारा जो वर्त्तमान में है, और जो बेहतर भविष्य सम्भव है, उनके बीच की दूरी को पाटने की कोशिश की जाती है। जो कुछ असन्तोषजनक है, उससे सन्तोषजनक स्थिति की ओर बढ़ने की दृष्टि

से समस्या के समाधान की तलाश की जाती है; **नीति वह है, जो हम जहाँ हैं, वहाँ से हमें उस जगह ले जाती है, जहाँ हम जाना चाहते हैं।**

डैह्ल के अनुसार आज के समय में सरकार, व्यावसायिक संस्थानों और कई प्रकार के संगठनों के नीति-निर्धारक पदाधिकायिं द्वारा व्यवस्थित रूप में नीति विश्लेषण का काम किया जाता है। हालांकि व्यवहार में नीति विश्लेषण मानव चिन्तन जितना ही पुराना होगा, लेकिन एक व्यवस्थित बौद्धिक क्रिया के रूप में यह अपेक्षाकृत नया है। इस दृष्टि से नीति विश्लेषण इन्द्रियानुभविक विश्लेषण और मानक विश्लेषण से अलग है, जो हजारों वर्षों से व्यवस्थित बौद्धिक क्रियाएँ (intellectual activity) रही हैं। डैह्ल के अनुसार नीति विश्लेषण का सार तत्त्व है विभिन्न विकल्पों के परिणामों के बारे में चिन्तन। नीति विश्लेषण का विकास ज्ञान के एक विशिष्ट क्षेत्र के रूप में हो पाएगा या नहीं, इसका सन्तोषजनक उत्तर इस समय दे पाना सम्भव नहीं है।

शब्दमीमांसीय विश्लेषण

शब्दमीमांसीय विश्लेषण द्वारा अर्थ स्पष्ट किया जाता है, विशेष कर मुख्य अवधारणाओं का। इसलिए, इसे अवधारणात्मक विश्लेषण (conceptual analysis) या अवधारणाओं का स्पष्टीकरण भी कहा जाता है। राजनीति के क्षेत्र में ''राज्य'', ''शक्ति'', ''प्रभाव'', ''प्राधिकार'' जैसे बुनियादी संप्रत्ययों के अर्थ को स्पष्ट करने का प्रयत्न शब्दमीमांसीय विश्लेषण का उदाहरण है। डैह्ल के अनुसार कई बार राजनीति वैज्ञानिक और राजनीति दार्शनिक भी ''लोकतन्त्र'', स्वतन्त्रता'', ''समता'', और ''क्रान्ति'' जैसे शब्दों का इस्तेमाल एक अर्थ में नहीं करते हैं। इसलिए, स्पष्टता की दृष्टि से शब्दमीमांसीय विश्लेषण राजनीति विश्लेषण का एक महत्त्वपूर्ण अंग है।

चार किस्म के दृष्टिकोणों के बीच सम्बन्ध

इन्द्रियानुभविक विश्लेषण का सम्बन्ध क्या है के बारे में ज्ञान प्राप्त करने से है, जबकि मानक विश्लेषण का क्या होना चाहिए के बारे में; और नीति विश्लेषण का जो हैं उससे जो होना चाहिए की ओर कैसे बढ़ा जाए इस ज्ञान के बारे में। लेकिन, डैह्ल के अनुसार यह सोचना गलत है कि ये तीनों दृष्टिकोण एक-दूसरे से पूरी तौर से स्वतन्त्र हैं।

नीति विश्लेषण के लिए क्या है और क्या होना चाहिए दोनो की समझ जरूरी है। अगर कोई नीति विश्व के बारे में गलत जानकारी पर आधारित हो, तो उसे गलत नीति कहा जाएगा, क्योंकि उससे वांछनीय परिणाम प्राप्त नहीं होगें। उदाहरण के तौर पर, अगर मँहगाई रोकने के लिए कोई ऐसी नीति अपनायी जाए जिसके परिणामस्वरूप मँहगाई और भी बढ़ जाए। इसी तरह, अगर किसी नीति के परिणाम बुरे हों तो उसे गलत नीति कहा जाएगा, चाहे भले नीति निर्धारकों का उद्देश्य उन बुरे परिणामों को प्राप्त करना ही क्यों न हो। उदाहरण के तौर पर, यहूदियों की हत्या करने की नात्सी नीति। इस तरह, सही नीति के निर्धारण के लिए क्या है, और क्या होना चाहिए दोनों की सही समझ जरूरी है।

यह तो स्पष्ट ही है कि नीति विश्लेषण के लिए साध्य और साधन दोनों का विश्लेषण जरूरी है; लेकिन कभी-कभी ऐसा समझा जाता है कि मानक विश्लेषण का सम्बन्ध सिर्फ साध्यों से है, जबकि इन्द्रियानुभाविक विश्लेषण का साधन से। डैह्ल के अनुसार यह विचार सन्तोषजनक नहीं है, क्योंकि सभी मानक विश्लेषणों के साथ कुछ इन्द्रियानुभविक विश्वास भी पूर्वमान्यता के रूप में जुड़े रहते हैं।

इस चर्चा के आधार पर यह निष्कर्ष निकाला जा सकता है कि नीति विश्लेषण के लिए मानक और इन्द्रियानुभविक विश्लेषण जरूरी हैं; और मानक विश्लेषण के लिए कुछ इन्द्रियानुभविक विश्वास जरूरी हैं। जबकि इन्द्रियानुभविक विश्लेषण मानक और नीति विश्लेषण से स्वतन्त्र रूप में आगे बढ़ सकता है। इस परिप्रेक्ष्य में, समाज विज्ञानों सहित विज्ञान का उद्देश्य ऐसे वस्तुनिष्ठ ज्ञान को ढूँढना है, जो शुभ और अशुभ के प्रतिमानों से स्वतंत्र हो। वैज्ञानिक का काम अन्वेषण करना और वर्णन करना है, न कि क्या होना चाहिए, इस बारे में परामर्श देना।

लेकिन, जैसा कि डैह्ल ने स्वयं ध्यान दिलाया है, इस दृष्टिकोण पर बहुत सारे प्रश्न उठाए गए हैं, जिन पर काफी बहस चल रही है। क्या प्राकृतिक विज्ञानों में भी वस्तुनिष्ठ ज्ञान सम्भव है? अगर हाँ, तो क्या यह उन समाज विज्ञानों में भी सम्भव है जिन का सम्बन्ध मनुष्य से है? अगर ऐसा सम्भव भी हो, तो क्या मानव विज्ञानों में मूल्यों की ओर ध्यान दिए बिना इन्द्रियानुभविक ज्ञान की तलाश वांछनीय है?—ये बहुत ही विवादस्पद प्रश्न हैं।

कुछ लेखकों के अनुसार राजनीतिक विश्लेषण में हमेशा, कम-से-कम अन्तर्निहित रूप में, इन्द्रियानुभविक और मानक दोनों दृष्टिकोण सम्मिलित रहते हैं। इस मत के समर्थक इस तथ्य की ओर ध्यान दिलाते हैं कि चाहे सिद्धान्ततः मानक और नीति दृष्टिकोण से स्वतन्त्र रूप में इन्द्रियानुभविक राजनीतिक विश्लेषण सम्भव हो या न हो; व्यवहार में राजनीतिक विश्लेषण में इन्द्रियानुभविक, मानक और नीति दृष्टिकोण आपस में मिले हुए होते हैं। कभी-कभी तो किसी लेखक की रचना में ये तीनों दृष्टिकोण इस हद तक उलझे रहते हैं कि यह जानना भी मुश्किल हो जाता है कि लेखक का उद्देश्य क्या है। यहाँ पर कहा जा सकता है कि स्पष्टता की दृष्टि से इन तीनो प्रकार के विश्लेषणों के बीच अन्तर बना कर रखना ही बेहतर है।

शब्दमीमांसीय विश्लेषण

नीति विश्लेषण, मानक विश्लेषण और इन्द्रियानुभविक विश्लेषण तीनो किस्म के विश्लेषणों के लिए मौलिक पदों के अर्थ के बारे में काफी सहमति जरूरी है।

डैह्ल के अनुसार पदों के बारे में स्पष्टता राजनीति के बारे में स्पष्टता हासिल करने में मदद करती है, लेकिन परिभाषाओं की सीमा को समझना भी जरूरी है। परिभाषाओं के माध्यम से हमें "वास्तविक" विश्व के बारे में "तथ्यों" की जानकारी नहीं मिलती है। परिभाषाओं के द्वारा हमें भाषा को समझने में मदद मिलती है, लेकिन सिर्फ परिभाषा द्वारा हम वास्तविक विश्व को नहीं समझ सकते हैं। इसके लिए इन्द्रियानुभविक कथनों की जरूरत है, जिनका सत्यापन या खण्डन इन्द्रियानुभव के आधार पर होता है।

राजनीतिक विश्लेषण और राजनीति विज्ञान

डैह्ल के अनुसार राजनीति विश्लेषण और राजनीति विज्ञान के बीच क्या सम्बन्ध हैं, इसकी चर्चा हम पिछले अध्याय में "राजनीति दर्शन और राजनीति विज्ञान" के अन्तर्गत कर चुके हैं। डैह्ल के अनुसार राजनीति विज्ञान का विषय-वस्तु राजनीतिक विश्लेषण है। डैह्ल के अनुसार हालांकि "राजनीति विज्ञान" शब्द से ऐसा लगता है जैसे राजनीति विज्ञान में राजनीति का अध्ययन सिर्फ इन्द्रियानुभविक दृष्टि से किया जाता है, जबकि वास्तव में ऐसा नहीं है। राजनीति वैज्ञानिकों की, और विश्वविद्यालयों के राजनीति विज्ञान के विभागों

की इन चारों किस्म के विश्लेषणों में रुचि रहती है। राजनीति विज्ञान के विभागों के पाठ्यक्रमों में राजनीतिक व्यवस्थाओं का वर्णन किया जाता है। दूसरे शब्दों में, यह समझने का प्रयत्न किया जाता है कि क्या है, न कि क्या होना चाहिए। लेकिन दूसरी ओर, उनके पाठ्यक्रमों में मानक दृष्टि से भी राजनीति का अध्ययन किया जाता है, खास तौर से महान दार्शनिकों के राजनीतिक विचारों का। कई पाठ्यक्रमों में, दार्शनिकों की ही तरह, मानक और इन्द्रियानुभविक विश्लेषण दोनों का ही समावेश रहता है। इसी तरह, डैह्ल के अनुसार राजनीति विज्ञान के अन्तर्गत शब्दमीमांसीय दृष्टि से भी राजनीतिक अवधारणाओं का विश्लेषण किया जाता है, क्योंकि इसके बिना राजनीति के अध्ययन में आगे बढ़ना सम्भव नहीं है।

राजनीति दर्शन और राजनीतिक विश्लेषण

राजनीति दर्शन में दार्शनिक विश्लेषण की पद्धति को राजनीति पर लागू किया जाता है, इसकी चर्चा हम पिछले अध्याय में कर चुके हैं। डैह्ल के अनुसार राजनीति विज्ञान का विषय-वस्तु ''राजनीतिक विश्लेषण'' है। यह विश्लेषण किस प्रकार का होता है, इसकी व्याख्या डैह्ल ने की है। अब, अगर हम दोनों प्रकार के विश्लेषणों की तुलना करें, तो हम पाते हैं कि शब्दमीमांसीय विश्लेषण और मानक विश्लेषण को दोनो में ही स्थान दिया गया है। लेकिन, दार्शनिक विश्लेषण के अन्तर्गत इन्द्रियानुभविक विश्लेषण और नीति विश्लेषण शामिल नहीं हैं। यह राजनीति विज्ञान की विशेषता है। जैसी कि हम पिछले अध्याय में चर्चा कर चुके हैं, राजनीति दर्शन में विश्वासों के समीक्षात्मक मूल्यांकन के अन्तर्गत तथ्य सम्बन्धी और मानक दोनों किस्म के विश्वासों की समीक्षा की जाती है। लेकिन, तथ्य सम्बन्धी पक्ष की वास्तविकता के लिए दार्शनिक राजनीति विज्ञान के इन्द्रियानुभविक पक्ष पर निर्भर हैं।

सन्दर्भ

Robert A. Dahl, *Modern Political Analysis* (New Delhi: Prentice-Hall of India Pvt. Limited, 1978), pp. 12-20.

❑

अध्याय 3

राजनीतिक अवधारणाएँ

मौलिक राजनीतिक अवधारणाओं का स्पष्टीकरण राजनीति दर्शन का एक प्रमुख कार्य है। इस अध्याय में हम ''राज्य'', ''शक्ति'', ''प्रभाव'', ''प्राधिकार'' और ''अधिकार'' जैसी कुछ मौलिक राजनीतिक अवधारणाओं का अर्थ स्पष्ट करेंगे।

राज्य

राजनीति दर्शन का सम्बन्ध राज्य से है। इसलिए ''राज्य'' की अवधारणा का स्पष्टीकरण सबसे जरूरी है। राज्य एक सामाजिक समिति (social association) है। किसी विशेष और सामान्य लक्ष्य के लिए संगठित समूह को सामाजिक समिति कहते हैं। किसी भी समाज में कई समितियाँ होती हैं, जैसे राजनीतिक दल या कोई भी अन्य स्वयंसेवी संगठन। परिवार और राज्य महत्त्वपूर्ण सामाजिक समितियाँ हैं। प्रश्न यह है कि राज्य अन्य सामाजिक समितियों के किस प्रकार भिन्न है?

राज्य की कई परिभाषाएँ दी गयी हैं। गार्नर के अनुसार, **राज्य एक निश्चित भू-भाग में रहने वाले व्यक्तियों का संगठन है, जिसकी एक संगठित, स्वतंत्र सरकार होती है, जिसके आदेशों का पालन उस भू-भाग के लोग करते हैं।**[1]

गेटेल के अनुसार, राज्य के चार तत्त्व हैः (1) आबादी (2) क्षेत्र (3) सरकार और (4) सम्प्रभुता। राज्य के अस्तित्व के लिए इन चारों तत्त्वों का रहना जरूरी हैं।[2]

आबादी

किसी भी राज्य के अस्तित्व के लिए व्यक्तियों के समूह या आबादी का होना जरूरी है। यह बात राज्य सहित हर सामाजिक समिति पर लागू होती है। राज्य की जनसंख्या अधिक भी हो सकती है और कम भी। लेकिन, किसी भी राज्य में कम-से-कम इतनी आबादी अवश्य होनी चाहिए जो राज्य के संगठन को आत्म-निर्भर रूप में चला सके।

क्षेत्र

राज्य के अस्तित्व के लिए क्षेत्र का होना जरूरी है, जिसमें उस राज्य की आबादी रहती है। यह क्षेत्र बड़ा भी हो सकता है, जैसे, भारतीय राज्य का क्षेत्र, और छोटा भी, जैसे, नेपाल राज्य का। राज्य के क्षेत्र के अन्तर्गत उसकी जमीन, जल और वायु-क्षेत्र आते हैं। यह बात सभी सामाजिक समितियों पर लागू नहीं होती। कई समितियाँ ऐसी हो सकती हैं, जिनका अपना कोई क्षेत्र नहीं हो, जैसे, परिवार।

---

1. अशोक कुमार वर्मा, ***प्रारम्भिक समाज एवं राजनीति दर्शन*** (पटनाः मोतिलाल बनारसीदास, 1999), पृ०-186.
2. Gettel, *Political Science*, pp. 19-20.

सरकार

आबादी और क्षेत्र के होने से ही राज्य का अस्तित्व नहीं हो जाता है। राज्य के अस्तित्व के लिए संगठित सरकार का होना भी जरूरी है, जिसके जरिए राज्य के कानून की अभिव्यक्ति होती है। सरकार के तीन कार्य होते हैं: (i) कानून बनाना (ii) कानून को लागू करना और (iii) कानून की व्याख्या करना। आधुनिक लोकतांत्रिक राज्य में ये काम क्रमशः राज्य की तीन अलग-अलग शाखाओं द्वारा किए जाते हैं: (i) विधायिका (ii) कार्यपालिका और (iii) न्यायपालिका। सरकार की इन शाखाओं द्वारा राज्य की सम्प्रभु शक्ति का इस्तेमाल किया जाता है। (कभी-कभी ''राज्य'' शब्द का सीमित अर्थ में ''सरकार'' के पर्याय के रूप में भी इस्तेमाल किया जाता है।)

सम्प्रभुता

राज्य के अस्तित्व के लिए आबादी, क्षेत्र और सरकार का होना ही पर्याप्त नहीं है। इसके लिए सम्प्रभुता का होना अनिवार्य हैं। ''सम्प्रभुता'' का अंग्रेजी पर्याय "sovereignty" है, जो लैटिन शब्द "supremitas" से उत्पन्न हुआ है, जिसका अर्थ है ''सर्वोच्च शक्ति''। गेटेल के अनुसार **आन्तरिक सर्वोच्चता और बाह्य स्वतन्त्रता**, या दूसरे शब्दों में, सम्प्रभुता ही वह विशेष गुण हैं, जो राज्य को अन्य मानवीय संस्थाओं से अलग करता है।

इस तरह, सम्प्रभुता के दो पक्ष हुए—(i) आन्तरिक और (ii) बाह्य। आन्तरिक दृष्टि से सम्प्रभुता का अर्थ यह हुआ कि राज्य को अपने क्षेत्र की पूरी आबादी पर पूर्ण कानूनी प्राधिकार रहता है। राज्य द्वारा बनाए गए नियमों को कानून कहा जाता है, और राज्य को, अगर आवश्यक हुआ तो, उसे लागू करने के लिए बल-प्रयोग का अधिकार भी रहता है। ये कानून राज्य के क्षेत्र के अन्तर्गत आने वाली सभी संस्थाओं द्वारा बनाए गए नियमों के ऊपर होते हैं, और ये राज्य के क्षेत्र में आने वाले सभी व्यक्तियों और समितियों पर अनिवार्यतः लागू होते हैं। दूसरी ओर, बाह्य दृष्टि से सम्प्रभुता का अर्थ यह हुआ कि राज्य कानूनी दृष्टि से किसी दूसरे राज्य के नियंत्रण से स्वतंत्र होता है।

डी.डी. रैफेल के अनुसार **राज्य को सम्प्रभु (sovereign) कहने का अर्थ यह हुआ कि राज्य समुदाय में सर्वोच्च और अंतिम प्राधिकारी (authority) है। राज्य द्वारा बनाए गए नियम किसी भी अन्य समिति द्वारा बनाए गए नियमों से ऊपर होते हैं।**[1]

''राज्य'' शब्द के ऊपर बतलाए गए अर्थ में भारत, पाकिस्तान, नेपाल, श्रीलंका आदि राज्य हैं। भारत में भारतीय संघ की क्षेत्रीय इकाइयों को भी ''राज्य'' कहा जाता है। इस अर्थ में बिहार, पंजाब, आदि राज्य हैं। लेकिन, बिहार या पंजाब ऊपर बतलाए गए अर्थ में ''राज्य'' नहीं हैं, क्योंकि इनमें आबादी, क्षेत्र और सरकार तो हैं, लेकिन सम्प्रभुता नहीं हैं।

राज्य के कार्य

राज्य के कार्य क्या होने चाहिए इस बारे में राजनीतिक विचारकों के अलग-अलग विचार रहें हैं। राज्य का स्वरूप क्या है, या क्या होना चाहिए, और राज्य के क्या कार्य होने चाहिए, इस बारे में राजनीति दर्शन में कई सिद्धान्त हैं। उनके विस्तार में जाना यहाँ पर हमारा प्रयोजन नहीं है। यहाँ पर हमारी रुचि सिर्फ ''राज्य'' की अवधारणा को स्पष्ट करने में हैं। रैफेल

1. D.D. Raphael, *Problems of Political Philosophy*, p. 55.

के अनुसार व्यवहार में किसी आधुनिक राज्य का सबसे महत्त्वपूर्ण कार्य होता है सुरक्षा और व्यवस्था को बनाए रखना। सुरक्षा के दो पक्ष हैं: आन्तरिक और बाह्य। आन्तरिक सुरक्षा बनाए रखने का अर्थ हैं, व्यक्ति के जीवन, अधिकारों और सम्पत्ति की रक्षा। बाह्य सुरक्षा का मुख्य अर्थ है अन्य राज्यों द्वारा सैनिक आक्रमण से रक्षा, या अन्य राज्यों से राज्य के आर्थिक हितों की रक्षा। आन्तरिक सुरक्षा के लिए कानून की सहायता ली जाती है, जबकि बाह्य सुरक्षा के लिए सेना, संधि और आर्थिक समझौतों की। आज के समय में लगभग सभी राज्यों द्वारा राज्य के इस नकारात्मक कार्य के अलावा, एक सकारात्मक कार्य भी किया जाता है। यह सकारात्मक कार्य है जन-कल्याण और न्याय को प्रोत्साहन, हालांकि इस दृष्टि से एक राज्य और दूसरे राज्य के बीच डिग्री का अन्तर होता है।

राज्य और राष्ट्र

रैफेल ने ''राज्य'' (state) और ''राष्ट्र'' (nation) में अन्तर किया है। रैफेल के अनुसार, राष्ट्र एक समुदाय है, एक समूह जो सामान्य जीवन के सभी शर्तों को पूरा करता है, और जिसके साथ निष्ठा और तादात्म्य की स्वाभाविक भावना जुड़ी रहती है। इस भावना का आधार सामान्य भाषा, संस्कृति और इतिहास हो सकता है। राष्ट्र का कोई विशेष उद्देश्य नहीं होता है। दूसरे शब्दों में, राष्ट्र राज्य की तरह समिति नहीं है।

राष्ट्र और राज्य हमेशा एक नहीं होते हैं। कभी-कभी एक राष्ट्र के लोग अलग-अलग राज्यों के नागरिक हो सकते हैं, जैसे, पख्तून राष्ट्र के कुछ लोग पाकिस्तान राज्य के नागरिक और कुछ अफगानिस्तान राज्य के; या फिर तमिल राष्ट्र के कुछ लोग भारत राज्य के और कुछ श्रीलंका के। दूसरी ओर, एक बहुराष्ट्रीय राज्य में कई राष्ट्र के लोग नागरिक हो सकते हैं, जैसे, संयुक्त राज्य (United Kingdom) में अंग्रेज, स्कॉट और अन्य। इस अर्थ में हम कह सकते है कि भारत में भी कई राष्ट्रीयताएँ या उपराष्ट्रीयताएँ हैं। सामान्य तौर पर, रैफेल के अनुसार, आधुनिक विश्व में राष्ट्र और राज्य अपनी सदस्यता में समरूप होते हैं, क्योंकि राष्ट्रीयता की भावना राष्ट्रीय-राज्यों (nation-states) को जन्म देती है; और एक राज्य के सदस्य होने से राष्ट्रीयता की भावना उत्पन्न होती है। फिर भी, राष्ट्र और राज्य में अन्तर है। राष्ट्र एक समुदाय है, राज्य एक समिति। राष्ट्र की सदस्यता भावनाओं से जुड़ी होती है, जो सामान्य अनुभव और इतिहास पर निर्भर करती है, जबकि राज्य की सदस्यता का सम्बन्ध कानूनी स्थिति से हैं।

शक्ति

''शक्ति'' (power) शब्द का इस्तेमाल विभिन्न सन्दर्भों में किया जाता है। यहाँ पर हमारा सम्बन्ध राजनीतिक शक्ति से है। कुछ राजनीतिक विचारक ''राजनीति'' की परिभाषा ''शक्ति'' से जोड़ कर करते हैं। चाहे यह पूरी तौर से सन्तोषजनक हो या न हो, इसमें कोई संदेह नहीं है कि ''शक्ति'' एक केन्द्रीय राजनीतिक अवधारणा है। एक मत के अनुसार राजनीति दर्शन की केन्द्रीय समस्या यह है कि मानव अस्तित्व को बनाए रखने और मानव जीवन में सुधार लाने के लिए राजनीतिक शक्ति का कैसे इस्तेमाल किया जाए, और उसे कैसे सीमित किया जाए।[1]

रैफेल के अनुसार ''शक्ति'' का सबसे सामान्य अर्थ हैं ''क्षमता''। सामाजिक सन्दर्भ

1. *The New Encyclopaedia Britannica,* vol. 14, p. 684.

में शक्ति का अर्थ है दूसरों से वैसा करवाने की क्षमता जैसा कोई चाहता है। रैफेल के अनुसार, राजनीति का सम्बन्ध इसी प्रकार की शक्ति से होता है, जब इसका इस्तेमाल राजनीतिक या राज्य के सन्दर्भ में होता है।

A Dictionary of Political Thought के अनुसार ''शक्ति'' उन परिणामों को प्राप्त करने की क्षमता है, जिसे कोई चाहता है। शक्ति सहमति पर भी आधारित हो सकती है, या बल-प्रयोग पर भी। एक जनप्रिय राजनेता की शक्ति सहमति पर आधारित हो सकती है, जबकि एक तानाशाह की बल-प्रयोग पर। शक्ति का इस्तेमाल प्रभाव (influence) के द्वारा भी हो सकता है और नियंत्रण (control) के द्वारा भी। शब्दकोष के अनुसार कुछ राजनीतिक वैज्ञानिक ''शक्ति'' और ''प्रभाव'' में अन्तर करते हैं।[1]

The New Encyclopaedia Britannica के अनुसार ''शक्ति'' की अवधारणा का व्यापक रूप से सभी सामाजिक विज्ञानों में इस्तेमाल होता है। राजनीति में ''शक्ति'' का अर्थ है दूसरों के कर्मों पर असर डालने की क्षमता, या दूसरे शब्दों में, उनके व्यवहार में परिवर्तन लाने की क्षमता। राजनीतिक शक्ति और अन्य किस्म की शक्ति, जैसे, सामाजिक शक्ति या आर्थिक शक्ति के बीच अन्तर किया जाता है। शक्ति को राजनीतिक तब कहा जाता है जब उसका सम्बन्ध राज्य या सरकार से होता है। जब शक्ति का इस्तेमाल राज्य और सरकार के सन्दर्भ में होता है, तो उसे राजनीतिक शक्ति कहते हैं। इस शक्ति का इस्तेमाल या तो राज्य के द्वारा किया जाता है, या राज्य को प्रभावित करने के लिए किया जाता है, या दोनों।

प्रभाव

''प्रभाव'' (influence) की अवधारणा राजनीति में एक महत्त्वपूर्ण अवधारणा है। लासवेल के अनुसार राजनीति का अध्ययन प्रभाव तथा प्रभावशाली का अध्ययन हैं।[2]

A Dictionary of Political Thought के अनुसार ''प्रभाव'' राजनीति विज्ञान की बुनियादी अवधारणाओं में से एक है, और ऐसी कई अन्य अवधारणाओं की तरह, इसकी परिभाषा भी बहुत कठिन है। ''प्रभाव'' और ''शक्ति'' के बीच क्या सम्बन्ध है, यह भी एक विवाद का विषय बना हुआ है। शब्दकोष के अनुसार, प्रभाव एक किस्म की शक्ति है। लेकिन प्रभाव एवं नियन्त्रण और बल-प्रयोग में अन्तर है। जब प्रभाव द्वारा किसी के आचरण में परिवर्तन लाया जाता है, तो वहाँ पर युक्तियाँ दी जाती है, धमकियाँ नहीं। इन युक्तियों का सम्बन्ध उन लाभों से हो सकता है, जो उस व्यक्ति को होंगी, जिसे प्रभावित करने का प्रयत्न किया जा रहा है, या फिर उनका सम्बन्ध नैतिकता और परोपकारिता से हो सकती है। जो व्यक्ति प्रभावित होकर आचरण करता है, वह स्वंतन्त्र रूप में कार्य करता है, न कि बल-प्रयोग के भय से। वह चाहे तो इस प्रभाव की अनदेखी कर सकता है, और जो उसे प्रभावित करना चाह रहा है, वह स्वयं भी उसे प्रभावित करने का प्रयत्न कर सकता है।

A Dictionary of Political Thought के अनुसार, ''शक्ति'' एक व्यापक अवधारणा है, और ''प्रभाव'' एक किस्म की शक्ति है। शक्ति नियन्त्रण पर भी आधारित हो सकती है, और सहमति पर भी। नियन्त्रण पर आधारित शक्ति को हम ''दमनात्मक शक्ति'' कह

---

1. Roger Scruton, *A Dictionary of Political Thought*. (London : Pan Books, 1983) p. 366.
2. अशोक कुमार वर्मा, ***प्रारम्भिक समाज एवं राजनीति दर्शन***, पृ०-261.

सकते हैं, और सहमति पर आधारित शक्ति को ''प्रभाव''। इस दृष्टि से ''प्रभाव'' अदमनात्मक शक्ति है। लेकिन इस शब्दकोष में यह भी स्वीकार किया गया है कि कुछ राजनीति वैज्ञानिक ''शक्ति'' और ''प्रभाव'' के बीच अन्तर करते हैं, हालांकि, शब्दकोष के अनुसार, ऐसा करने के लिए पर्याप्त आधार नहीं है। ऐसे राजनीतिक वैज्ञानिकों के अनुसार, ''शक्ति'' शब्द का इस्तेमाल वहीं होना चाहिए जहाँ पर वह नियन्त्रण पर आधारित हो। ''अदमनात्मक शक्ति'' को ''शक्ति'' नहीं बल्कि ''प्रभाव'' कहना चाहिए।

शक्ति और प्रभाव

''शक्ति'' और ''प्रभाव'' के सम्बन्ध को लेकर राजनीतिक अध्ययन के क्षेत्र में मतभेद दिखाई देता है। एक मत के अनुसार ''शक्ति'' व्यापक है। ''शक्ति'' के दो रूप है—(i) बल-प्रयोग या नियन्त्रण पर आधारित दमनात्मक शक्ति और (ii) सहमति पर आधारित या अदमनात्मक शक्ति। ''प्रभाव'' अदमनात्मक शक्ति है। दूसरे मत के अनुसार ''शक्ति'' शब्द का प्रयोग सिर्फ नियंत्रण पर शक्ति के लिए ही किया जाना चाहिए और जिसे ''अदमनात्मक शक्ति'' कहा जाता है, उसे ''प्रभाव'' कहना चाहिए। इस मत के अनुसार प्रभाव एक किस्म की शक्ति नहीं है, बल्कि ''शक्ति'' और ''प्रभाव'' दो अलग-अलग अवधारणाएँ हैं।

इसके अलावा, एक तीसरे मत के अनुसार ''शक्ति'' और ''प्रभाव'' पर्यायवाची हैं। उदाहरण के तौर पर, डैह्ल ने ''शक्ति'' और ''प्रभाव'' का इस्तेमाल इसी प्रकार किया है।[1] एक चौथा मत यह भी है कि ''प्रभाव'' व्यापक धारणा है, और शक्ति एक किस्म का प्रभाव। नियन्त्रण और बल-प्रयोग पर आधारित प्रभाव को ''शक्ति'' कहते हैं। इस तरह, ''शक्ति'' और ''प्रभाव'' के सम्बन्ध के बारे में चार किस्म के मत हो गए। ऐसे में स्पष्टता की दृष्टि से क्या करना चाहिए?

इसमें सन्देह नहीं कि राजनीति दर्शन और राजनीति विज्ञान में ''शक्ति'' की धारणा का प्रयोग अधिक समय से और अधिक व्यापक रूप में होता आ रहा है। आम बोलचाल में और व्यावहारिक राजनीतिज्ञों द्वारा भी ''राजनीति'' को ''शक्ति'' से जोड़ा जाता है। ''प्रभाव'' को बुनियादी राजनीतिक अवधारणा मानने की प्रवृत्ति नयी है। बीसवी सदी में लासवेल जैसे इन्द्रियानुभविक राजनीति वैज्ञानिकों ने ऐसा किया है, जब उन्होंने राजनीतिक अध्ययन को प्रभाव और प्रभावशाली के अध्ययन से जोड़ा। ऐसे में स्पष्टता की दृष्टि से यही ठीक मालूम देता है कि ''शक्ति'' को ही ''प्रभाव'' की तुलना में अधिक बुनियादी राजनीतिक अवधारणा माना जाए। एक तरीका तो यही है कि ''शक्ति'' को अधिक व्यापक मानते हुए ''अदमनात्मक शक्ति'' को ''प्रभाव'' कहा जाए, जैसा कि *A Dictionary of Political Thought* में किया गया है। लेकिन, दमनात्मक शक्ति और अदमनात्मक शक्ति के बीच का अन्तर भी महत्त्वपूर्ण, और किए जाने योग्य है। राज्य की शक्ति, जिससे राजनीति का मुख्य सम्बन्ध है, दमनात्मक ही होती है, क्योंकि राज्य को कानून लागू करवाने के लिए बल-प्रयोग का अधिकार रहता है। ऐसे में दमनात्मक और अदमनात्मक शक्ति के अन्तर को अधिक स्पष्ट करने के लिए सिर्फ ''दमनात्मक शक्ति'' के लिए ''शक्ति'' और ''अदमनात्मक शक्ति'' के लिए ''प्रभाव'' शब्द का इस्तेमाल किया जा सकता है।

---

1. Robert A. Dahl, *Modern Political Analysis*, p. 26.

लेकिन, सबसे जरूरी यह है कि राजनीति के अध्ययनकर्त्ताओं, विचारकों और लेखकों के बीच बुनियादी राजनीतिक अवधारणाओं के अर्थ को लेकर आम राय हो, और वे सभी इन बुनियादी अवधारणाओं का एक या लगभग एक अर्थ में इस्तेमाल करें। तभी राजनीति के अध्ययन-अध्यापन में अधिक स्पष्टता आ पाएगी। क्योंकि राजनीति का जीवन से घनिष्ट सम्बन्ध है, इसलिए यह भी ध्यान रखना चाहिए कि जहाँ तक सम्भव हो राजनीति विज्ञान और दर्शन के क्षेत्र में भी इन अवधारणाओं का अर्थ आम बोलचाल और व्यावहारिक राजनीतिज्ञों की भाषा के करीब हो। राजनीति के नए लेखकों को, स्पष्टता की दृष्टि से, अपनी ओर से इन अवधारणाओं का नया अर्थ देने की बजाय, इनका उसी अर्थ में इस्तेमाल करना चाहिए, जिस अर्थ में इनका प्रयोग पहले से राजनीति के अधिकांश लेखकों द्वारा किया जा रहा हो। जिस तरह, आम भाषा में शब्दों के प्रचलित प्रयोग के आधार पर सामान्य शब्दकोष बनाए जाते हैं, उसी तरह राजनीति के विशेषज्ञों के बीच राजनीति के बुनियादी शब्दों के प्रचलित प्रयोग के आधार पर प्रामाणिक राजनीतिक शब्दकोष बनाए जा सकते हैं, जिनका इस्तेमाल सभी विशेषज्ञ कर सकते हैं। साधारण बोलचाल में उस शब्द का क्या अर्थ है इसकी जानकारी सामान्य शब्दकोषों से मिल सकती है। जहाँ पर विशेषज्ञों के बीच भी प्रयोग में अस्पष्टता या विविधता हो, वहाँ पर कोई लेखक अपनी ओर से यह स्पष्ट कर सकता है कि वह प्रचलित अर्थों में से किस अर्थ में किसी शब्द का इस्तेमाल कर रहा है। उदाहरण के तौर पर, कोई लेखक ''शक्ति'' और ''प्रभाव'' के बारे में चर्चा करते समय यह स्पष्ट कर सकता है कि वह नियन्त्रण पर आधारित शक्ति के लिए ''शक्ति'' और अदमनात्मक शक्ति के लिए ''प्रभाव'' शब्द का इस्तेमाल कर रहा है। जहाँ आवश्यक हो वहाँ अवधारणाओं के सुधार के लिए भी राय दी जा सकती है। लेकिन, अगर हर बुनियादी राजनीतिक अवधारणा के अर्थ की चर्चा करते समय राजनीति के नए छात्र-छात्राओं को यही बतलाना पड़े कि उस अवधारणा के अर्थ को लेकर राजनीति वैज्ञानिकों और दार्शनिकों के बीच कई किस्म की राय है, तो यह कोई अच्छी स्थिति नहीं है।

प्राधिकार

''शक्ति'', ''प्रभाव'' और ''प्राधिकार'' (authority) मिलती-जुलती अवधारणाएँ है। लेकिन, इनके बीच सूक्ष्म अन्तर भी किया जाता है।

प्राधिकार किसी व्यक्ति, भूमिका, पद या सरकार का वह गुण है, जिससे उसके द्वारा जारी किए गए आदेशों को वैधता (legitimacy) मिलती है। प्राधिकार आदेश देने का अधिकार है।

अगर किसी व्यक्ति के साथ पद के कारण नहीं, बल्कि उसके व्यक्तित्व के कारण प्राधिकार जुड़ा रहता है, तो उसे करिश्मा से प्राप्त प्राधिकार कहते हैं। समाजशास्त्री मैक्स वेबर ने तीन किस्म के प्राधिकार की चर्चा की हैः (1) बुद्धिसंगत-वैधानिक (2) परम्परागत और (3) करिश्मा पर आधारित। *A Dictionary of Political Thought* के अनुसार, यह वर्गीकरण समाजशास्त्रीय दृष्टि से किया गया है, और यह अलग-अलग किस्म के प्राधिकार के बीच नहीं, बल्कि प्राधिकार में विश्वास रखने के अलग-अलग कारणों के बीच अन्तर करता है।

शब्दकोष के अनुसार ''प्राधिकार'' और ''शक्ति'' के बीच अन्तर है। प्राधिकार कानूनी (de jure) सम्बन्ध है और वह अनिवार्यतः वास्तविक (de facto) नहीं होता है।

प्राधिकार कार्य करने का अधिकार है; कार्य करने की शक्ति नहीं। सम्भव है प्राधिकार के साथ शक्ति जुड़ी हो, ऐसे में उसकी मर्यादा का पालन किया जाता है। यह भी सम्भव है कि उसके साथ शक्ति न जुड़ी हो, और उसकी अनदेखी की जाए। प्राधिकार को बनाए रखने वाली एक सबसे महत्त्वपूर्ण शक्ति है आम लोगों का उसमें विश्वास। इस तरह, एक अर्थ में प्राधिकार अपनी शक्ति का सृजन स्वयं करता है। यदि लोग किसी पद पर मौजूद व्यक्ति के प्राधिकार में विश्वास करते हैं, तो वे उसके आदेशों का पालन करते हैं। इससे उस व्यक्ति में शक्ति आ जाती है। इसलिए कभी-कभी ''प्राधिकार'' और ''शक्ति'' का प्रयोग इस तरह भी किया जाता है, जैसे दोनों पर्यायवाची शब्द हों। राजनीतिक प्राधिकार में विश्वास के क्या-क्या आधार हैं, इसकी चर्चा राजनीतिक दायित्व के सिद्धान्तों के अन्तर्गत की जाती है।

राजनीतिक दायित्व

नागरिकों के राज्य के प्रति दायित्व को या प्रजा के सम्प्रभु के प्रति दायित्व को ''राजनीतिक दायित्व'' (political obligation) कहते हैं। कभी-कभी इसका इस्तेमाल सम्प्रभु का प्रजा के प्रति दायित्व या दोनों के एक-दूसरे के प्रति दायित्व के लिए भी किया जाता है।[1]

राज्य को नियम बनाने का प्राधिकार रहता है। इसका अर्थ यह हुआ कि राज्य को कानून बनाने का, आदेश देने का और उनका पालन कराने का अधिकार रहता है। अधिकार के साथ कर्त्तव्य भी जुड़े रहते हैं। इसलिए, राज्य को नागरिकों से क़ानून पालन करवाने का अधिकार है, तो राज्य के नागरिकों के प्रति कुछ कर्त्तव्य भी होते हैं। इनका पालन करना राज्य का दायित्व है। राज्य के सन्दर्भ में नागरिकों के कुछ अधिकार भी होते हैं, जिनकी रक्षा की अपेक्षा राज्य से रहती है। इसी तरह, नागरिकों के राज्य के प्रति कुछ कर्त्तव्य भी होते हैं। नागरिकों का यह दायित्व होता है, कि वे इन कर्त्तव्यों का पालन करें। राज्य के नियमों का पालन नागरिकों को करना ''चाहिए'' (ought)। यह चाहिए की भावना ही ''दायित्व'' है।

राजनीतिक दायित्व की समस्या, या दूसरे शब्दों में, ''राजनीतिक दायित्व'' क्या है, और इसका क्या औचित्य है—यह समस्या राजनीति दर्शन की केन्द्रीय समस्याओं में से एक है।

रैफेल के अनुसार राज्य के प्राधिकार का अर्थ है कि राज्य को आदेश देने और उनका पालन करवाने का अधिकार रहता है। तदनुरूप नागरिकों का दायित्व रहता है कि वे राज्य के आदेशों का पालन करें। नागरिकों को राज्य के आदेश का पालन क्यों करना चाहिए? यही राजनीतिक दायित्व के आधार की समस्या है। रैफेल के अनुसार राजनीतिक दायित्व के आधार के पाँच ऐसे सिद्धान्त हैं जिनका अभी भी दार्शनिक महत्त्व है—

(1) राज्य का आधार सामाजिक समझौता (social contract) है।

(2) राज्य का आधार सहमति (consent) है।

(3) राज्य सामान्य संकल्प (general will) का प्रतिनिधित्व करता है।

(4) राज्य न्याय (justice) को सुनिश्चित करता है।

---

1. Roger Scruton, Op. Cit.

(5) राज्य सामान्य हित (general interest) और सामान्य शुभ (general good) को प्राप्त करने का प्रयत्न है।

यहाँ पर हमारी रुचि इन सिद्धान्तों के विस्तार में जाने में नहीं है, बल्कि ''राजनीतिक दायित्व'' की अवधारणा को स्पष्ट करने में है।

अधिकार

जो हमें **मिलना चाहिए**, वह हमारा ''अधिकार'' है; और जो हमें **करना चाहिए**, वह हमारा ''कर्त्तव्य''। ''कर्त्तव्य'' और ''अधिकार'' एक-दूसरे से जुड़े रहते हैं। ''माता-पिता का कर्त्तव्य है कि वे बच्चों की देख-भाल करें'', इसका अर्थ यह भी है कि ''बच्चों का यह अधिकार है कि माता-पिता उनकी देख-भाल करें''। इसी तरह, राजनीतिक सन्दर्भ में, ''राज्य का यह कर्त्तव्य है कि नागरिकों के जान-माल की रक्षा करें'', इसका अर्थ यह हुआ कि ''नागरिकों का यह अधिकार है कि राज्य उनके जान-माल की रक्षा करे''। इसी तरह, अगर ''नागरिकों का यह कर्त्तव्य है कि वे राज्य के न्यायोचित आदेशों का पालन करें'', तो इसका अर्थ यह हुआ कि राज्य को नागरिकों को आदेश देने का अधिकार है। राज्य के इस अधिकार को ही **''प्राधिकार''** कहते हैं।

राजनीतिक चिन्तन में, खास कर लोकतान्त्रिक चिन्तनधारा के अन्तर्गत, नागरिक के अधिकारों पर बहुत बल दिया गया है। कई बार नागरिकों के अधिकारों को राज्य से पूर्व, जन्मजात और प्राकृतिक माना गया है। उदहारण के तौर पर, सतरहवीं शताब्दी के लोकतन्त्र समर्थक ब्रिटिश दार्शनिक लॉक ने जीवन के अधिकार, स्वतन्त्रता और सम्पत्ति के अधिकार को प्राकृतिक माना है। लॉक के विचारों से संयुक्त राज्य अमेरिका के संस्थापकों और फ्रेंच क्रान्तिकारियों ने भी प्रेरणा ली। फ्रेंच क्रान्ति और अमरीकी स्वतन्त्रता की घोषणा के बाद अधिकारों की घोषणा की गयी। अमरीकी संविधान में जीवन, स्वतन्त्रता और सुख की तलाश के अधिकार को जन्मजात माना गया है। संयुक्त राष्ट्र मानव अधिकार घोषणा-पत्र के अनुसार सभी मनुष्य जन्म से स्वतन्त्र और गरिमा और अधिकारों की दृष्टि से एक समान हैं। अधिकारों के स्रोत के बारे में राजनीतिक चिन्तन में कई सिद्धान्त हैं। एक मत के अनुसार अधिकार जन्मजात या प्राकृतिक नहीं, बल्कि वैधानिक होते हैं। इस मत के अनुसार राज्य जिन मांगों को स्वीकार करे, और जो कानून द्वारा मान्यता प्राप्त हो, वही अधिकार है।

अधिकारों का वर्गीकरण भी अलग-अलग ढंग से किया जाता है। कभी-कभी कुछ नागरिक अधिकारों को मौलिक अधिकार (fundamental rights) कह कर अधिक महत्व दिया जाता है। उदाहरण के तौर पर, भारत के संविधान में नागरिकों के मौलिक या मूल अधिकार की चर्चा हे। यह भारतीय संविधान की एक मुख्य विशेषता है।

भारतीय संविधान में मौलिक अधिकार

भारतीय संविधान में मौलिक अधिकारों को छः वर्गों में बाँटा गया है—(i) समता का अधिकार (ii) स्वतन्त्रता का अधिकार (iii) शोषण के विरुद्ध अधिकार (iv) धर्म की स्वतन्त्रता का अधिकार (v) संस्कृति और शिक्षा सम्बन्धी अधिकार और (vi) संवैधानिक उपचारों का अधिकार।

समता के अधिकार के अन्तर्गत कानून के समक्ष समता (equality before law) का अधिकार शामिल है। राज्य द्वारा धर्म, उद्‌गम, जाति, सेक्स या जन्म स्थान के आधार

पर एक नागरिक और दूसरे नागरिक के बीच भेदभाव नहीं किया जा सकता है। भारतीय संविधान द्वारा छुआछूत को समाप्त घोषित किया गया है, और इसका किसी भी रूप में आचरण निषिद्ध किया गया है। छुआछूत के आचरण को एक दण्डनीय अपराध माना गया है।

स्वतन्त्रता के अधिकार के अन्तर्गत बोलने और अभिव्यक्ति की स्वतन्त्रता, संगठन बनाने की स्वतन्त्रता, बिना शस्त्रों के शान्तिपूर्वक सम्मेलन करने की स्वतंत्रता, राज्य के किसी क्षेत्र में निवास करने, आजीविका अपनाने या व्यापार करने की स्वतन्त्रता शामिल है। इसके अलावा, इसका सम्बन्ध ''कानून के शासन'' (rule of law) की अवधारणा से भी है, जिसके अनुसार किसी व्यक्ति को उसके जीवन और स्वतन्त्रता से कानून द्वारा स्थापित प्रक्रिया से ही वंचित किया जा सकता है, अन्यथा नहीं। धर्म की स्वतन्त्रता के अधिकार के अन्तर्गत नागरिकों को किसी भी धर्म को मानने या न मानने की स्वतंत्रता मिली हुई है। संविधान की प्रस्तावना में ही सभी नागरिकों को विचार, अभिव्यक्ति, विश्वास, धर्म और उपासना की स्वतन्त्रता प्राप्त कराने की बात की गयी है। नागरिकों की बुनियादी स्वतन्त्रताओं को ''नागरिक स्वतन्त्रता'' (civil liberties) भी कहा जाता है।

भारतीय संविधान के अनुसार राज्य को ऐसा कोई कानून बनाने का अधिकार नहीं है, जो नागरिकों के मौलिक अधिकारों को छीनता या कम करता है। संवैधानिक उपचारों के अधिकार (right to constitutional remedies) के अन्तर्गत नागरिकों को अपने मौलिक अधिकारों को लागू करवाने के लिए उच्चतम न्यायालय में आवेदन करने का अधिकार प्राप्त है। अगर किसी कानून से, या कार्यपालिका के किसी आदेश से, संविधान में बतलाए गए नागरिकों के मौलिक अधिकारों का उल्लंघन होता हो, तो नागरिकों द्वारा चुनौती देने पर, सुप्रीम कोर्ट उसे रद्द कर सकती है। इससे समझ में आता है कि इन अधिकारों को कितना मौलिक माना गया है।

लोकतांत्रिक चिन्तधारा के अन्तर्गत यह भी माना जाता है कि नागरिकों को अपनी सरकार चुनने का राजनीतिक अधिकार है। भारत के संविधान के अन्तर्गत भी इस अधिकार को मान्यता दी गयी है।

मानव अधिकार

संयुक्त राष्ट्र संघ के चार्टर (U. N. Charter) में मानव अधिकारों (Human Rights) का उल्लेख आया है, और अभिव्यक्ति, उपासना एवं शान्तिमय प्रदर्शन की स्वतन्त्रता जैसे बुनियादी अधिकारों को मानव अधिकारों के रूप में मान्यता दी गयी है। इस चार्टर के अनुसार, ''नस्ल, सेक्स, भाषा और धर्म के आधार पर कोई भेदभाव किए बिना सभी के लिए मानव अधिकारों और मौलिक स्वतन्त्राओं के प्रति सम्मान को प्रोत्साहित करना'' संयुक्त राष्ट्र संघ (United Nations Organization) के मुख्य उद्देश्यों में एक है।

10 दिसम्बर, 1948 को संयुक्त राष्ट्र संघ की महासभा (Genral Assembly) ने मानव अधिकारों के सार्वभौमिक घोषणा-पत्र (Universal Declaration of Human Rights) को ''सारे राष्ट्रों और जनता के लिए उपलब्धि के एक सामान्य मापदण्ड'' के रूप में स्वीकार किया। इस तरह, संयुक्त राष्ट्र संघ के सभी सदस्य राज्य सिद्धान्ततः मानव अधिकारों के घोषणा-पत्र को स्वीकार करते हैं। इस घोषणा-पत्र के अनुसार ''सभी मनुष्य जन्म से स्वतन्त्र और गरिमा एवं अधिकारों की दृष्टि से समान हैं। उनमें बुद्धि और विवेक है और उन्हें एक-दूसरे के प्रति भाईचारे की भावना से आचरण करना चाहिए।''

यहाँ पर फ्रांस की क्रान्ति के बाद से ही लोकतांत्रिक मूल्यों के रूप में मान्यता प्राप्त स्वतन्त्रता, समता और बन्धुता के आदर्शों की गूंज साफ सुनाई दे रही है। भारतीय संविधान की प्रस्तावना (preamble) में भी इन मूल्यों का उल्लेख है।

मानव अधिकार घोषणा-पत्र में यह स्पष्ट रूप से लिखा गया है कि घोषणा-पत्र में दिए गए अधिकार और स्वतन्त्रताएँ सभी मनुष्यों के लिए हैं; और इस दृष्टि से उनके बीच नस्ल, रंग, सेक्स, भाषा, धर्म, राजनीतिक या अन्य मत, राष्ट्रीय या सामाजिक उद्‌गम, सम्पत्ति, जन्म या अन्य प्रस्थिति (status) के आधार पर कोई भेद-भाव नहीं किया जाएगा। घोषणा-पत्र के अनुसार हर व्यक्ति को जीवन, स्वतन्त्रता और सुरक्षा का अधिकार है। गुलामी की प्रथा को इसमें हर रूप में प्रतिबन्धित किया गया है। घोषणा-पत्र में उल्लिखित अधिकारों में विचारों, विवेक और धर्म की स्वतन्त्रता का अधिकार शामिल है। धर्म की स्वतन्त्रता के अन्तर्गत धर्म-परिवर्तन की स्वतंत्रता भी है। मानव अधिकार घोषणा-पत्र में तीस धाराएँ हैं, जिनमें विभिन्न मानव अधिकारों का विस्तार से उल्लेख है। इनमें शिक्षा का अधिकार, काम का अधिकार और अपने देश की सरकार में सीधे या अपने चुने हुए प्रतिनिधियों के माध्यम से हिस्सा लेने का अधिकार भी शामिल है। इसके अलावा, इस घोषणा-पत्र में सम्पत्ति का अधिकार, ट्रेड यूनियन बनाने का अधिकार और वयस्क मनुष्यों द्वारा नस्ल, राष्ट्र या धर्म पर आधारित प्रतिबन्ध के बिना स्वेच्छा से विवाह करने का अधिकार भी शामिल है।

घोषणा-पत्र के प्रावधानों को कानूनी रूप देने के लिए संयुक्त राष्ट्र संघ ने दो अन्तर्राष्ट्रीय प्रसंविदाएँ (covenants) भी स्वीकार की हैं, जो किसी राष्ट्र या राज्य द्वारा स्वीकार किए जाने पर उस पर कानूनी रूप से लागू हो जाते हैं—(i) नागरिक और राजनीतिक अधिकारों पर अन्तर्राष्ट्रीय प्रसंविदा (ii) आर्थिक, सामाजिक और सांस्कृति अधिकारों पर अन्तर्राष्ट्रीय प्रसंविदा।

नागरिक और राजनीतिक अधिकारों के प्रसंविदा के साथ एक वैकल्पिक संलेख (optional protocol) भी है। जो राज्य इसे स्वीकार करते हैं, उनके नागरिकों को, ऐसा महसूस होने पर कि उनके मानव अधिकारों का उल्लंघन हुआ है संयुक्त राष्ट्र संघ मानव अधिकार समिति में शिकायत करने का अधिकार भी मिल जाता है।

कर्त्तव्य

कर्त्तव्य (duty) की अवधारणा की चर्चा नीतिशास्त्र में भी होती है। जो हमें **करना चाहिए**, वह हमारा ''कर्त्तव्य'' है। उदाहरण के तौर पर, जब हम कहते हैं कि ''बच्चों की देखभाल माता-पिता का कर्त्तव्य है'', तो इसका अर्थ यह हुआ कि ''माता-पिता को बच्चों की देखभाल **करनी चाहिए**''।

''कर्त्तव्य'' की अवधारणा को ''उचित'' (right) की अवधारणा से भी जोड़ सकते हैं। जो ''उचित'' है, उसे हमें ''करना चाहिऐ'', और जो हमें ''करना चाहिए'' वह हमारा ''कर्त्तव्य'' है। लेकिन, ''उचित'' की तुलना में ''कर्त्तव्य'' के साथ एक बाध्यता जुड़ी रहती है। अगर किसी कर्म के बारे में यह कहते हैं कि यह ''उचित'' है, तो इसका अर्थ होता है कि उसे किया जा सकता है; जबकि उसे ''कर्त्तव्य'' कहने का अर्थ होता है कि उसे अवश्य ही करना चाहिए। उदाहरण के तौर पर, दर्शनशास्त्र का अध्ययन एक उचित कार्य है, लेकिम यह हर किसी का कर्त्तव्य नहीं है। जो ''कर्त्तव्य'' है, वह अवश्य ही

''उचित'' होगा। लेकिन यह जरूरी नहीं कि हर ''उचित'' कार्य ''कर्त्तव्य'' हो। इस दृष्टि से ''उचित'' कर्त्तव्य'' से व्यापक है। ऐसे उचित कार्य, जिनके साथ बाध्यता जुड़ी हो, कर्त्तव्य हैं।

राजनीति में ''कर्त्तव्य'' का इस्तेमाल राज्य के सन्दर्भ में किया जाता है। राज्य के नागरिकों के प्रति कुछ कर्त्तव्य होते हैं, और नागरिकों के राज्य के प्रति। राज्य के और नागरिक के एक-दूसरे के प्रति क्या कर्त्तव्य होते हैं, या होने चाहिए, इस पर राजनीतिक विचारकों की कई राय हो सकती है, लेकिन यहाँ पर हमारा सम्बन्ध ''कर्त्तव्य'' की अवधारणा को स्पष्ट करने से हैं। जब हम कहते हैं कि ''राज्य का यह कर्त्तव्य है कि वह नागरिकों के जान-माल की रक्षा करे'', तो इसका अर्थ होता है कि ''राज्य को नागरिकों के जान-माल की रक्षा करनी चाहिए'' या अगर हम कहते हैं कि ''नागरिकों का यह कर्त्तव्य है कि वे राज्य के न्यायोचित आदेशों का पालन करें'', तो इसका अर्थ यह हुआ कि ''नागरिकों को राज्य के न्यायोचित आदेशों का पालन करना चाहिए''। किसी राज्य के सदस्य या नागरिक के रूप में व्यक्ति के जो कर्त्तव्य हैं उन्हें ''नागरिक कर्त्तव्य'' कहा जाता है।

नागरिक कर्त्तव्य

राज्य का सदस्य या नागरिक होने के नाते व्यक्ति के जो कर्त्तव्य हैं, उन्हें ''नागरिक कर्त्तव्य'' (civic duty) कहते हैं। नैतिक दृष्टि से ''कर्त्तव्य'' का दायरा व्यापक है। माता-पिता के बच्चों के प्रति या बच्चों के माता-पिता के प्रति कर्त्तव्य हो सकते हैं, लेकिन इन्हें ''नागरिक कर्त्तव्य'' की श्रेणी में नहीं रखा जा सकता है। एक नागरिक होने के नाते जो कर्त्तव्य हैं, जैसे, आम तौर से राज्य के न्यायोचित आदेशों और कानूनों का पालन करना, उन्हें ही ''नागरिक कर्त्तव्य'' कहा जा सकता है।

नागरिकों के कर्त्तव्य क्या हैं, और क्या नहीं, कब और किस सीमा तक नागरिकों को राज्य के आदेशों का पालन करना चाहिए, ये चर्चा और विवाद के विषय हो सकते हैं। लेकिन, अगर हम इस प्रश्न पर लोकतांत्रिक दृष्टि से विचार करें, तो लोकतांत्रिक नागरिक अधिकारों के साथ जोड़ कर नागरिक कर्त्तव्यों की व्याख्या की जा सकती है।

जीवन, स्वतन्त्रता और समता नागरिकों के मौलिक अधिकार है। इस आधार पर हम कह सकते हैं कि एक-दूसरे के प्रति बन्धुत्व की भावना रखना, अपनी बुद्धि और विवेक का इस्तेमाल करते हुए एक-दूसरे के जीवन, स्वतन्त्रता और समता के अधिकार का सम्मान करना नागरिकों का कर्त्तव्य है। अपनी स्वतन्त्रता की रक्षा और उपयोग करते हुए, प्रत्येक नागरिक को अन्य नागरिकों की स्वतन्त्रता का सम्मान करना चाहिए। इसी तरह, हर नागरिक को अन्य नागरिकों के साथ समता का व्यवहार करना चाहिए। एक-दूसरे को हीन दृष्टि से देखने से बचना चाहिए।

लोकतन्त्र में नागरिकों को सरकार चुनने का अधिकार होता है। इस आधार पर कहा जा सकता है कि राजनीति में सक्रिय दिलचस्पी लेना और राज्य को बेहतर दिशा में ले जाने के लिए राजनीति में हिस्सा लेना नागरिकों का कर्त्तव्य है। इसमें अपने मताधिकार का बुद्धिमतापूर्वक इस्तेमाल करने का कर्त्तव्य भी शामिल है।

लोकतन्त्र में कानून नागरिकों द्वारा निर्वाचित विधायिका के माध्यम से बनाए जाते हैं। इस तरह ये कानून किसी बाहरी निरंकुश शक्ति द्वारा बाहर से आरोपित नहीं, बल्कि स्वयं

अपने द्वारा स्वीकृत होते हैं। यह एक किस्म का स्वनियन्त्रण या आत्मानुशासन होता है। इसलिए, नागरिकों का यह कर्त्तव्य बनता है कि वे आमतौर से कानून के प्रति सम्मान रखें और कानून का पालन करें। हाँ, अगर कोई कानून अन्यायपूर्ण हो और उसके द्वारा नागरिकों की स्वतन्त्रताओं को अनावश्यक रूप से सीमित किया जाता हो, तो ऐसे कानूनों का सत्याग्रह सहित अन्य शान्तिमय और लोकतान्त्रिक तरीकों से विरोध करना भी नागरिकों का कर्त्तव्य है। आमतौर से नागरिक अधिकारों और स्वतन्त्रताओं की रक्षा के लिए सतत सचेत और प्रयत्नशील रहना भी नागरिकों का कर्त्तव्य है।

राज्य के प्रमुख कार्य हैं : आन्तरिक और बाह्य सुरक्षा को बनाए रखना एवं जनकल्याण के लिए काम करना। इन लक्ष्यों को हासिल करने के लिए राज्य द्वारा जो सही और न्यायपूर्ण कदम उठाए जाएँ उन्हें लागू करने में सहयोग करना; और गलत एवं अन्यायपूर्ण नीतियों का विरोध करना नागरिक का कर्त्तव्य है। राज्य से सहयोग करने के अलावा, नागरिक स्वयं अपने स्तर पर स्वयंसेवी संगठनों के माध्यम से नागरिकों की समस्याओं को सुलझाने और राज्य को बेहतर दिशा में ले जाने के लिए कार्य कर सकते हैं।

भारतीय संविधान में नागरिकों के मौलिक कर्त्तव्यों का भी उल्लेख है। इन कर्त्तव्यों में संविधान का पालन करना और उसके आदर्शों, संस्थाओं, राष्ट्र ध्वज और राष्ट्र गान का सम्मान करना शामिल है। इसके अलावा, भारतीय संविधान में नागरिकों के निम्नलिखित मौलिक कर्त्तव्य बतलाए गए हैं—

1. भारतीय स्वतन्त्रता आन्दोलन को प्रेरित करने वाले उच्च आदर्शों का पालन करना।
2. भारत की सम्प्रभुता, एकता और अखण्डता की रक्षा करना।
3. भारत के सभी लोगों में समरसता और समान भ्रातृत्व की भावना का निर्माण करना, जो धर्म, भाषा, प्रदेश या वर्ग के सभी भेद-भाव से परे हो।
4. ऐसी प्रथाओं का त्याग जो स्त्रियों के सम्मान के विरूद्ध हो।
5. वैज्ञानिक दृष्टिकोण, मानववाद और ज्ञानार्जन एवं सुधार की भावना का विकास।

भारतीय संविधान की प्रस्तावना में ही स्वतंत्रता, समता, बन्धुता और न्याय के आदर्शों का उल्लेख किया गया है। भारतीय स्वतंत्रता आन्दोलन को भी इन मूल्यों ने प्रेरित किया। अतः इन मूल्यों के आलोक में ही नागरिक कर्त्तव्यों की व्याख्या की जा सकती है।

❑

अध्याय 4

सम्प्रभुता

राजनीति दर्शन और राजनीति विज्ञान के अन्तर्गत राज्य का अध्ययन किया जाता है। राज्य के चार आवश्यक तत्त्व माने गए हैं: एक, आबादी; दो, क्षेत्र; तीन, सरकार और चार, सम्प्रभुता। ''सम्प्रभुता'' भी एक राजनीतिक अवधारणा ही है। लेकिन, इसे राज्य का एक आवश्यक गुण माना जाता है, और राजनीति के अध्ययन में इसे अक्सर केन्द्रीय महत्त्व दिया जाता है। इसलिए इसकी चर्चा अलग से की जा रही है।

गेटेल के अनुसार ''सम्प्रभुता'' की अवधारणा आधुनिक राजनीति विज्ञान का आधार है।[1] *The New Encyclopaedia Britannica* के अनुसार ''सम्प्रभुता'' राज्य का सबसे मौलिक और विशिष्ट गुण है।[2] जबकि *The Encyclopedia of Philosophy* के अनुसार ''सम्प्रभुता'' के विश्लेषण के क्रम में हम राजनीति दर्शन की सभी प्रमुख समस्याओं के सम्पर्क में आ जाते हैं।[3]

''सम्प्रभुता'' का अंग्रेजी पर्याय "sovereignty" है, जो लैटिन शब्द "supremitas" से उत्पन्न हुआ है, जिसका अर्थ हैं ''सवोच्च शक्ति''। गेटेल के अनुसार **आन्तरिक सर्वोच्चता और बाह्य स्वतन्त्रता**, या दूसरे शब्दों में, सम्प्रभुता ही वह विशेष गुण है, जो राज्य को अन्य मानवीय समितियों से अलग करता है।

इस तरह, सम्प्रभुता के दो पक्ष हुए: एक, आन्तरिक और दो, बाह्य। आन्तरिक दृष्टि से सम्प्रभुता का अर्थ यह हुआ कि राज्य का अपने क्षेत्र की पूरी आबादी पर पूर्ण कानूनी प्राधिकार रहता है। राज्य द्वारा बनाए गए नियमों को कानून कहा जाता है, और राज्य को, अगर आवश्यक हुआ तो, उसे लागू करने के लिए बल-प्रयोग का अधिकार भी रहता है। ये कानून राज्य के क्षेत्र के अन्तर्गत आने वाली सभी समितियों द्वारा बनाए गए नियमों से ऊपर होते हैं, और ये राज्य के क्षेत्र के अन्तर्गत आने वाले सभी व्यक्तियों और समितियों पर अनिवार्यत: लागू होते हैं। दूसरी ओर, बाह्य दृष्टि से सम्प्रभुता का अर्थ यह हुआ कि राज्य कानूनी दृष्टि से किसी दूसरे राज्य के नियन्त्रण से स्वतन्त्र होता है। अन्तर्राष्ट्रीय कानून में सम्प्रभुता का अर्थ होता है किसी राज्य की स्वायत्तता या स्वतंत्रता।[4]

डी.डी. रैफेल के अनुसार **राज्य को सम्प्रभु (sovereign) कहने का अर्थ यह हुआ कि राज्य समुदाय में सर्वोच्च और अंतिम प्राधिकारी (authority) है। राज्य द्वारा बनाए गए नियम किसी भी अन्य समिति द्वारा बनाए गए नियमों से ऊपर होते हैं।**[5]

---

1. Raymond Garfield Gettel, *Political Science*, p. 122.
2. *The New Encyclopaedia Britannica*, vol., 17, p. 609.
3. *The Encyclopedia of Philosophy*, vol., 7 p. 5017.
4. Raymond Garfield Gettel, Op. Cit, pp. 25-26.
5. D.D Raphael, *Problems of Political Philosophy*, p. 51.

''सम्प्रभुता'' शब्द के ऊपर बतलाए गए अर्थ में भारत एक सम्प्रभुता सम्पन्न राज्य है। भारतीय संविधान की प्रस्तावना में भी इसका उल्लेख है।

कौटिल्य

कौटिल्य या चाणक्य (321-296 बी. सी.) के राजनीतिक विचारों का परिचय ***अर्थशास्त्र*** नाम की पुस्तक से मिलता है। कौटिल्य की यह किताब चन्द्रगुप्त मौर्य के लिए मार्गदर्शक का काम करती थी। कौटिल्य के अनुसार सम्प्रभुता कुल में भी रह सकती है। लेकिन, कौटिल्य की मुख्य रुचि राजतन्त्र में थी। कौटिल्य ने राजा के ईश्वरीय स्वरूप और राजा के पद के ईश्वरीय अनुमोदन की वकालत की है, लेकिन साथ ही इसका राजा के निर्वाचित उद्‌गम के सिद्धान्त से सामंजस्य बैठाने का भी प्रयत्न किया है। कौटिल्य के अनुसार प्राकृतिक अवस्था में, जब राजा का अस्तित्व नहीं था, तब समाज में अराजकता थी, और बलवान द्वारा कमजोर को निगल लिया जाता था। राजा के चार कार्य हैं—जो अर्जित नहीं हुआ है, उसे अर्जित करना। जो अर्जित हो चुका है, उसकी रक्षा करना; जिसकी रक्षा की जा रही है, उसकी वृद्धि करना; और जो अधिशेष (surplus) हो उसे सुपात्र को देना।

इसी तरह, कौटिल्य के अनुसार राज्य के सात तत्त्व हैः राजा, मंत्री, क्षेत्र, किला, राजकीय कोष, सेना और मित्र। इन सब के बीच आंगिक सम्बन्ध है। राजा की तीन शक्तियाँ हैं—अच्छे परामर्श की शक्ति, स्वयं राजा की तेजस्क्तिा, और प्रेरित करने की शक्ति। स्पष्ट है कि कौटिल्य ने राजा को ही सम्प्रभु माना है। राजा ''धर्म का प्रवर्तक'' है, लेकिन, कौटिल्य के अनुसार, स्वयं राजा भी धर्म के विधानों से विमुक्त नहीं है। धर्म का प्रवर्तक होने के नाते उसे अपने को काम, क्रोध, लोभ, अहंकार जैसी भावनाओं से मुक्त करना चाहिए।

कौटिल्य के अनुसार, प्रजा के सुख में ही राजा का सुख है। राजा का मुख्य कार्य है सुरक्षा प्रदान करना। राजतन्त्र ही अराजकता के विरूद्ध गारंटी है। राजा का काम है अकाल, बाढ़ और महामारी जैसी प्राकृतिक विपदाओं को टालना। उसे कृषि, उद्योग, खान, अनाथ, वृद्ध, बीमार और गरीब लोगों की रक्षा करनी चाहिए। इसके अलावा, राजा को गुप्तचरों की सहायता से अपराध को नियन्त्रित करना चाहिए।[1]

बोदाँ

जॉन बोदाँ (Jean Bodin, 1530-96)—16वीं शताब्दी के फ्रेंच विचारक बोदाँ को इस आधुनिक सिद्धान्त का प्रथम प्रवक्ता माना जाता है कि प्रत्येक राज्य में एक निश्चित सम्प्रभु प्राधिकारी का होना जरूरी है। बोदाँ के अनुसार सम्प्रभु शक्ति की मौजूदगी ही वह तत्त्व है, जो राज्य को परिवार जैसी अन्य समितियों से अलग करता है। बोदाँ के विचार में नागरिकता का अर्थ है सम्प्रभु के अधीन रहना। बोदाँ की राय में किसी सामान्य सम्प्रभु की उपस्थिति किसी भी राजनीतिक समुदाय का अनिवार्य तत्त्व हैं।

बोदाँ के अनुसार ''सम्प्रभुता'' का अर्थ है ''नागरिकों और प्रजा के ऊपर कानून द्वारा अनियंत्रित सर्वोच्च शक्ति''।[2] यह शक्ति स्थायी, असीमित और अहरणीय होती है। इस पर कानून की कोई सीमा नहीं होती है, क्योंकि सम्प्रभु ही कानून का स्रोत होता है। सम्प्रभुता सामान्यतः नागरिकों पर उनकी सहमति से या सहमति के बिना कानून लागू करने का अधिकार

---

1. *The New Encyclopaedia Britannica*, vol. 9, p. 323.
2. *The Encyclopedia of Philosophy*, vol. 7, p. 502.

है। कानून और कुछ नहीं, बल्कि अपनी सम्प्रभु शक्ति का इस्तेमाल करते हुए, सम्प्रभु द्वारा दिया गया आदेश है। इस तरह, सम्प्रभु की मुख्य विशेषता है किसी श्रेष्ठ, समान या हीन व्यक्ति की सहमति के बिना नागरिकों के लिए कानून बनाने की शक्ति। इसके अलावा, सम्प्रभु युद्ध और शान्ति की घोषणा कर सकता है; न्यायाधीशों की नियुक्ति कर सकता है, अन्तिम विश्लेषण में स्वयं न्यायालय का काम कर सकता है; किसी को कुछ दे सकता है, करेंसी चला सकता है और टैक्स लगा सकता है। बोदाँ की राय में सम्प्रभु के कानून प्रचलनात्मक कानून से ऊपर होते हैं। बोदाँ ने निरंकुश राजतन्त्र का समर्थन किया है।

बोदाँ के अनुसार सम्प्रभु नागरिकों या प्रजा के प्रति उत्तरदायी नहीं होता है। वही सभी के लिए कानून बनाता है, और मिटाता है। लेकिन सम्प्रभु ईश्वर और प्रकृति के नियमों के अधीन होता है। उदाहरण के तौर पर, बोदाँ की राय में, सम्प्रभु को बिना किसी बुद्धिसंगत कारण के प्रजा की सम्पत्ति को जब्त नहीं करना चाहिए। इसी तरह, उसे प्रजा को दिए गए वचनों का पालन करना चाहिए। इसके अलावा, उसे संविधान के मौलिक कानूनों का सम्मान करना चाहिए, जैसे, उत्तराधिकार का कानून, क्योंकि कानूनी प्राधिकार के रूप में यह कानून ही सम्प्रभुता के स्रोत हैं।

बोदाँ के अनुसार अराजकता को टालने के लिए हर ''सुव्यवस्थित राज्य'' में प्राधिकार के एक अविभाजित स्रोत का रहना जरूरी है। बोदाँ ने राज्य और सरकार के बीच अन्तर किया है। बोदाँ के अनुसार सरकार के अलग-अलग रूप हो सकते हैं, राज्य के नहीं। सरकार के अलग-अलग रूपों में शक्ति अलग-अलग स्थान पर रहती है। राजतन्त्र में सम्प्रभुता राजा में होती है। राजा अपने सलाहकारों से राय ले सकता है, लेकिन राजा पर उस परामर्श को मानने की कानूनी बाध्यता नहीं होती है। अगर तथाकथित राजा अपने सलाहकारों की सभा की सलाह को मानने के लिए कानूनी रूप से बाध्य हो, तो बोदाँ के अनुसार, वह व्यवस्था राजतन्त्र नहीं, बल्कि कुलीनतंत्र कहलाएगी। अगर अन्तिम शक्ति किसी निर्वाचित सभा के हाथ में हो, तो वह व्यवस्था लोकतान्त्रिक कहलाती है। संक्षेप में, बोदाँ की राय में मिश्रित राज्य जैसी कोई चीज नहीं होती है। अविभाज्य शक्ति के अभाव में सुव्यवस्थित राज्य का अस्तित्व सम्भव नहीं है। इस शक्ति का किसी एक स्थान पर स्थित रहना जरूरी है, चाहे वह राजा हो, या सभा, या आम जनता। बोदाँ के अनुसार राज्य में सम्प्रभु शक्ति होती है। सरकार उस तंत्र को कहते हैं जिसके द्वारा इस शक्ति का इस्तेमाल होता है। बोदाँ ने लोकतंत्र और कुलीनतंत्र की तुलना में राजतंत्र का समर्थन किया है क्योंकि उनके अनुसार इसमें प्राधिकार की एकता और अविभाज्यता सबसे अधिक सुरक्षित मालूम देती है।

बोदाँ निरंकुश राजतन्त्र के समर्थक माने जाते हैं। उन्होंने अपने समय के फ्रांस के राजतन्त्र का समर्थन किया। लेकिन उनके चिन्तन में विसंगतियाँ भी हैं। बोदाँ के अनुसार सम्प्रभु को ''ईश्वर और प्रकृति के नियमों'' के अधीन काम करना चाहिए। अगर थोड़ी देर के लिए मान भी लें कि ईश्वर का अस्तित्व है, तो भी ये ''ईश्वरीय और प्राकृतिक'' नियम क्या है, और इनकी जानकारी कैसे मिलेगी, यह विवाद का विषय हो सकता है। स्वयं बोदाँ ने इस सन्दर्भ में सम्पत्ति के अधिकारों को ही विशेष महत्त्व दिया है, जीवन और स्वतंत्रता के अधिकारों को नहीं। लॉक ने जीवन, स्वतन्त्रता और सम्पत्ति के अधिकारों को प्रमुख प्राकृतिक अधिकार माना है। दूसरे, अगर सम्प्रभु प्रकृति के नियमों का उल्लंघन करे तो, बोदाँ के विचारों के सन्दर्भ में, उसे इसके लिए कानूनी दृष्टि से जवाबदेह बनाने का कोई रास्ता नहीं है। क्या प्रजा काल्पनिक ईश्वर के भरोसे बैठी रहेगी? बोदाँ के अनुसार ऐसी स्थिति में नागरिकों

को आदेश का पालन करने से मुक्ति मिल जाती है, लेकिन उन्हें विद्रोह करने का अधिकार नहीं मिलता है। बोदाँ की राय में राजनीतिक ''सुव्यवस्था'' का इतना महत्त्व है कि किसी को भी उसे समाप्त करने का अधिकार नहीं है। हाँ, इससे पड़ोस के राजाओं को ''न्याय'' के हित में हस्तक्षेप करने का अधिकार मिल जाता है!

अगर इस युक्ति को स्वीकर भी कर लिया जाए कि सुव्यवस्थित राज्य के लिए या अराजकता से बचने के लिए एक अविभाज्य सम्प्रभु शक्ति का होना अनिवार्य है, तो इससे यह कहाँ सिद्ध होता है कि इस शक्ति का किसी एक व्यक्ति (राजा) के हाथ में केन्द्रित रहना जरूरी है? यह शक्ति निर्वाचित विधायिका के हाथों में भी रह सकती है। यह भी जरूरी नहीं है कि सम्प्रभुता या सर्वोच्च कानूनी प्राधिकार किसी एक ही संस्था के हाथों में हो। यह विधायिका, कार्यपालिका और न्यायपालिका जैसी अलग-अलग संस्थाओं के बीच विभाजित भी रह सकती है, जैसा कि आधुनिक लोकतन्त्र में होता है। लॉक और मॉन्टेस्क्यू ने स्वतन्त्रता की रक्षा के लिए ''शक्ति के विभाजन'' का समर्थन किया है। लॉक जैसे लोकतान्त्रिक विचारकों के अनुसार, अन्तिम विश्लेषण में सम्प्रभुता आम जनता के पास रहती है।

बोदाँ के सम्प्रभुता के सिद्धान्त की यह कह कर भी आलोचना की गयी है कि इसमें एक ओर सम्प्रभुता की परिभाषा ''कानून द्वारा अनियंत्रित सर्वोच्च शक्ति'' के रूप में की गयी है, और दूसरी ओर, उस पर संवैधानिक सीमाओं का उल्लेख किया गया है। इस तरह, बोदाँ ने अपने सम्प्रभुता के सिद्धान्त का संविधानवाद के साथ समन्वय करने का प्रयास किया है। बोदाँ ने अपने समय के फ्रांस के संवैधानिक कानून का भी समर्थन किया है। उन्होंने यह स्वीकार किया है कि फ्रांस का राजा कानूनी दृष्टि से कुछ कार्यों को नहीं कर सकता है, जैसे उत्तराधिकार के नियम में परिवर्तन। अगर वह ऐसा करेगा तो सम्प्रभुता ही समाप्त हो जाएगी। दूसरी ओर वे यह भी मानते थे कि फ्रांस का राजा उनके बताए गए अर्थ में सम्प्रभु का श्रेष्ठ उदाहरण है। यहाँ पर आत्म-विरोध स्पष्ट है। एक ओर सम्प्रभु कानून का स्रोत भी है, और दूसरी ओर कुछ संवैधानिक कानून ऐसे हैं जो उसने नहीं बनाए हैं, और जिनमें वह परिवर्तन नहीं ला सकता है। अगर कानून और कुछ नहीं सिर्फ ''सम्प्रभु का आदेश'' है, तो फिर उस पर संवैधानिक कानूनों द्वारा कोई सीमा कैसे लगायी जा सकती है? क्या वह इन कानूनों को बदल नहीं सकता है? दरअसल, निरंकुश राजतन्त्र ओर संविधानवाद के बीच सामंजस्य बैठाना सम्भव नहीं है।[1] (देखे ''राजतन्त्र'')

जो भी हो, बोदाँ को पहला राजनीतिक विचारक माना जाता है, जिसने ''सम्प्रभुता'' की अवधारणा पर अलग से विचार किया, और उसे एक ऐसा आवश्यक तत्त्व माना जो राज्य को अन्य संगठनों से अलग करता है। बोदाँ के राजनीतिक विचारों का प्रभाव हॉब्स पर भी पड़ा।

ऑस्टिन

जॉन ऑस्टिन (1790-1895)—19वीं सदी के उपयोगितावादी दार्शनिकों ने प्राकृतिक कानून और प्राकृतिक अधिकार के सिद्धान्त का विरोध किया है। अंग्रेज उपयोगितावादी दार्शनिक बेन्थम के अनुसार, कानून और कुछ नहीं सिर्फ सम्प्रभु का आदेश है। कानून में

1. Sabine, *A History of Political Theory,* pp. 377-82.

''अधिकतम व्यक्तियों के अधिकतम सुख'' के तर्कसंगत उपयोगिता सिद्धान्त के आधार पर सुधार लाया जा सकता है।

बेन्थम के प्रशंसक ऑस्टिन ने सम्प्रभुता के सिद्धान्त का इस्तेमाल कानून के विश्लेषण के लिए किया है। ऑस्टिन के कानून के आदेश-सिद्धान्त (command theory of law) के अनुसार ''सही अर्थों में कानून'' सम्प्रभु का आदेश है, जो उसकी इच्छा को व्यक्त करता है, और जिसके साथ दण्ड-विधान जुड़ा रहता है। ऑस्टिन की यह मान्यता थी कि नैतिक नियमों और कानूनी नियमों के बीच एक बुनियादी अन्तर होता है। ऑस्टिन के अनुसार कानून और अन्य नियमों के बीच यही अन्तर है कि कानून के साथ शक्ति जुड़ी रहती है। ऑस्टिन के अनुसार नैतिक नियमों और नैतिक अधिकारों का पालन, अगर करवाया जा सकता है, तो व्यापक समुदाय द्वारा ही करवाया जा सकता है। अगर उनका पालन सम्प्रभु द्वारा करवाया जाता है, तो वे कानूनी नियम बन जाते हैं, जिनका पालन किसी मानव शासक द्वारा शक्ति के इस्तेमाल से करवाया जाता है। इसे ही ऑस्टिन ने सही अर्थों में कानून या ''यथार्थवादी कानून'' (positive law) कहा है। ऑस्टिन के अनुसार उसका विशेष स्रोत और उसके साथ जुड़ी दण्ड-व्यवस्था ही यथार्थवादी कानून की पहचान है। ऑस्टिन की राय में सम्प्रभु के आदेश अविवेकपूर्ण हो सकते हैं, लेकिन वे कभी भी गैर-कानूनी नहीं होते। इन आदेशों का नैतिकता के नियमों से विरोध हो सकता है, लेकिन इस विरोध के बावजूद वे वैधानिक होते हैं। इसलिए, ऑस्टिन की राय में, वैधानिक दृष्टि से ''बुरे'' कानूनों का अस्तित्व नहीं हो सकता है, क्योंकि कानून और कुछ नहीं सम्प्रभु का आदेश है।

ऑस्टिन के अनुसार किसी भी कानूनी-व्यवस्था में एक सर्वोच्च शक्ति का अस्तित्व अनिवार्य है। एक ऐसा निश्चित श्रेष्ठ मानव, जो अपने जैसे किसी श्रेष्ठ मानव की आज्ञा का पालन करने का अभ्यस्त न हो; और समाज के अधिकांश सदस्य जिसकी आज्ञा का **आदतन** पालन करते हों। ऐसी सर्वोच्च शक्ति की इच्छा ही कानून को वैधता प्रदान करने वाला अन्तिम सिद्धान्त है। इस तरह, ऑस्टिन ने सम्प्रभुता को आज्ञा पालन के समाजशास्त्रीय तथ्य पर आधारित किया है।

ऑस्टिन ने पहली बार ''सम्प्रभुता'' के सन्दर्भ में ''आदत'' (habit) को प्रासंगिक माना है। इसी तरह, ऑस्टिन ही ऐसे पहले विचारक है, जिनके अनुसार ''सम्प्रभुता'' के सन्दर्भ में यह बात प्रासंगिक है कि समाज में कितने लोगों को किसी को श्रेष्ठ मानने की आदत लगी हुई है।

ऑस्टिन के विचार में इंगलैण्ड की संसद, जिस पर किसी दूसरे प्राधिकारी द्वारा कोई कानूनी सीमा नहीं लगी हुई है, प्रथम दृष्टि से, सम्प्रभु विधायिका का एक उदाहरण है। यह जरूरी नहीं है कि आदतन जिस सर्वोच्च शक्ति की आज्ञा का पालन किया जाता हो वह कोई व्यक्ति या व्यक्तियों का समूह हो। यह सर्वोच्च शक्ति कानून द्वारा बनायी गयी संसद जैसी कोई संस्था भी हो सकती है।[1]

ऑस्टिन के विचारों का समकालीन कानूनी यथार्थवाद (legal positivism) पर गहरा प्रभाव है। बीसवीं सदी के विधि-शास्त्र (jurisprudence) के लेखक एच. एल. ए. हॉर्ट (*The Concept of Law, 1961*) पर भी ऑस्टिन के विचारों का प्रभाव हैं।

---

1. *The Encyclopedia of Philosophy*, vol. 7, p. 503.

लास्की

हैरॉल्ड. जे. लास्की—लास्की ने राज्य के एकत्ववादी (monistic) मॉडेल की जगह बहुलवादी (pluralistic) मॉडेल को अपनाया है। बहुलवादियों द्वारा राज्य और समाज के बीच अन्तर किया जाता है। समाज में कई समितियाँ (associations) हैं, और वे अलग-अलग मानवीय आवश्यकताओं को पूरा करती हैं। राज्य का नागरिकों की निष्ठा पर, अन्य समितियों की तुलना में, कोई विशेषाधिकार नहीं होता है। जिन आवश्यकताओं को राज्य पूरा नहीं कर सकता है, उन्हें पूरा करने के लिए ट्रेड यूनियन जैसी अन्य समितियाँ अस्तित्व में आती हैं। लास्की के अनुसार समाज की अन्य समितियों के संविधान, उद्देश्यों और आन्तरिक सम्बन्धों को नियंत्रित करने का राज्य का दावा, इन समितियों की नैतिक स्वायत्तता पर एक आक्रमण है। प्रत्येक समिति अपने-अपने क्षेत्र में सम्प्रभु है। बहुलवादी इस बात को स्वीकार करते हैं कि राज्य का अस्तित्व आवश्यक है, लेकिन, उनकी राय में, राज्य को व्यवस्था की न्यूनतम शर्तों को बनाए रखने के लिए एक 'अम्पायर' का काम करना चाहिए। राज्य को अन्य समितियों के बीच अधिकार-क्षेत्र (jurisdiction) के विवादों का निबटारा करना चाहिए, और एक समिति के सदस्यों को दूसरी समिति के अधिकार-क्षेत्र में अतिक्रमण करने से रोकना चाहिए।[1]

कानून के बारे में लास्की की राय बोदाँ और ऑस्टिन से अलग है। लास्की के अनुसार कानून की वैधता इस पर निर्भर नहीं है कि वह किस स्रोत से आता है। कानून तभी कानून बनता है, जब उसे लागू किया जाता है, और जब उसे स्वीकार किया जाता है। इसका अर्थ यह नहीं है कि जिन कानूनों को स्वीकार किया जाता है, वे सभी उचित कानून होते हैं। सम्भव है कि उन्हें सिर्फ उनके पीछे मौजूद ताकत के कारण स्वीकार किया जाता है।

लास्की के अनुसार कानून की धारणा का तीन अर्थों में इस्तेमाल किया जा सकता है। पहला, औपचारिक वैधानिक (juristic) अर्थ, जो एक घोषणा मात्र से अधिक कुछ भी नहीं, जो अन्ततः सम्प्रभु प्राधिकार के कुछ निर्णयों को लागू करने के संकल्प पर निर्भर करता है। दूसरा अर्थ है, राजनीतिक अर्थ, जब किसी घोषणा को, जिन पर उसे लागू किया जाना है, उनके द्वारा स्वीकार किए जाने पर, वैधता मिल जाती है। तीसरा अर्थ हैं, नैतिक अर्थ, जब घोषित निर्णयों का इसलिए पालन किया जाना चाहिए, क्योंकि उसके द्वारा जो कुछ करने का प्रस्ताव रखा जाता है, उसे करना नैतिक दृष्टि से उचित है।

लास्की के अनुसार कानून के पहले दो अर्थों में नागरिकों का कोई अन्तर्निहित कर्त्तव्य नहीं है कि वे उनका पालन करें। सिर्फ औपचारिक योग्यता या राजनीतिक शक्ति द्वारा ही कानून का पालन करवाने का अधिकार नहीं मिल जाता है। किसी कानून का पालन करना नागरिकों का कर्त्तव्य तभी है जब वह कानून नैतिक दृष्टि से संतोषजनक हो। नैतिक दृष्टि से कानून को वैध होने के लिए उसे अधिकारों की उस व्यवस्था के अनुरूप होना चाहिए, जिन्हें बनाए रखने के लिए राज्य का अस्तित्व है। लास्की के विचार में क्योंकि कानून एक आदेश है, जो नागरिकों के व्यवहार को किसी विशेष ढंग से नियंत्रित करने का प्रयत्न

1. Ibid., 504.

करता है, इसलिए यह जरूरी है कि प्रत्येक नागरिक इसकी जाँच करे कि वह नैतिक दृष्टि से संतोषजनक है या नहीं। इस तरह, लास्की के विचार में वैध कानून की जड़ें व्यक्ति के विवेक में ही होती हैं, या हो सकती हैं। नागरिक अपने विवेक की सहमति दे कर ही किसी कानून को वैधानिक बनाता है।[1]

समीक्षा

सम्प्रभुता राज्य का एक अनिवार्य तत्त्व है। राज्य के चार तत्त्व हैं: आबादी, क्षेत्र, सरकार और सम्प्रभुता। इन चार तत्त्वों से अलग या स्वतन्त्र राज्य का कोई अस्तित्व नहीं है। सम्प्रभुता या सर्वोच्च कानूनी प्राधिकार का इस्तेमाल सरकार द्वारा किया जाता है। सरकार को कानून बनाने और बलपूर्वक कानून को लागू करवाने का अधिकार रहता है। सरकार द्वारा बनाए गए कानून राज्य के क्षेत्र में आनेवाली सभी समितियों के नियमों से ऊपर होते हैं, और वे राज्य के क्षेत्र में आने वाली आबादी पर अनिवार्यतः लागू होते हैं।

सम्प्रभुता को राज्य के स्वरूप से अलग करके देखना चाहिए। किसी राज्य में शासन-व्यवस्था निरंकुश राजतन्त्र हो सकती है या लोकतन्त्र; लेकिन दोनों ही सरकारों में सम्प्रभुता रहती है। अन्तर इस बात का ले कर होता है कि सम्प्रभुता का स्रोत किसे माना जाता है, और सम्प्रभु शक्ति का इस्तेमाल किसके द्वारा और कैसे किया जाता है। राजतंत्र में राजा की सम्प्रभुता का स्रोत ईश्वर को माना गया है, जबकि लोकतंत्र में सरकार की सम्प्रभुता का स्त्रोत जनता को माना जाता है। राजतंत्र में राजा को ईश्वर के प्रति जिम्मेवार माना जाता है, जबकि लोकतंत्र में शासनतंत्र को जनता के प्रति। राजतंत्र में सम्प्रभु शक्ति का इस्तेमाल एक व्यक्ति (राजा) द्वारा किया जाता है, जबकि लोकतन्त्र में इसका इस्तेमाल विधायिका, कार्यपालिका और न्यायपालिका जैसी संस्थाओं द्वारा।

कानून के स्वरूप का प्रश्न भी सम्प्रभुता की अवधारणा के साथ जुड़ा है। सम्प्रभुता और कानून जैसे प्रश्नों पर दो दृष्टि से विचार किया जा सकता है, एक इन्द्रियानुभविक या यथार्थवादी दृष्टि से; और दो, मानक या आदर्शवादी दृष्टि से। अगर इन दो दृष्टिकोणों को अलग-अलग और स्पष्ट रखा जाए, तो बहुत सारे संशयों और भ्रान्तियों से बचा जा सकता है।

अगर यथार्थवादी दृष्टि से हम किसी राज्य की सम्प्रभुता पर विचार करेंगे, तो हम यह जानने का प्रयत्न करेंगे कि उस राज्य में सम्प्रभुता का स्रोत किसे माना जाता है, उसमें सम्प्रभुता किसी एक व्यक्ति में निहित है या किसी एक या एक से अधिक समितिओं में; सम्प्रभु शक्ति का इस्तेमाल करने वाले व्यक्ति या समिति को किसके प्रति जिम्मेवार माना जाता है, आदि। जबकि अगर हम सम्प्रभुता के प्रश्न पर मानक दृष्टि से विचार करेंगे, तो हम यह सोचेंगे कि सम्प्रभुता का स्रोत किसे मानना चाहिए; सम्प्रभु शक्ति का इस्तेमाल एक व्यक्ति द्वारा किया जाना चाहिए, किसी एक समिति द्वारा या कई समितिओं द्वारा; सम्प्रभु-शक्ति का इस्तेमाल करने वाले व्यक्ति या समितिओं को किसके प्रति जिम्मेवार होना चाहिए, आदि।

1. William Ebenstein, *Modern Political Thought* (New Delhi: Oxford & IBH Publishing Co., 1970), pp. 137-40.

अगर यथार्थवादी दृष्टि से देखा जाए, तो कानून सम्प्रभु का आदेश है, जिसके साथ दण्ड की व्यवस्था जुड़ी रहती है। अगर मानक और लोकतांत्रिक दृष्टि से देखा जाए, तो कानून को, अन्तिम विश्लेषण में, नागरिकों की सहमति पर आधारित होना चाहिए। कोई कानून यथार्थवादी दृष्टि से वैधानिक होने के बावजूद नैतिक दृष्टि से बुरा कानून हो सकता है। इसे ही इस प्रकार भी कहा जा सकता है कि यह यथार्थवादी दृष्टि से कानून है, लेकिन नैतिक दृष्टि से कानून नहीं है। अगर कानून लोकतांत्रिक मूल्यों के अनुरूप हो, तो नागरिकों को उसका पालन करना चाहिए, अन्यथा उसका विरोध करना चाहिए। हर हाल में नागरिकों को कानून का पालन करना चाहिए यह निरंकुश राजतन्त्र का आदर्श हो सकता है, लोकतंत्र का नहीं। अगर कानून स्वतन्त्रता और समता जैसे बुनियादी लोकतान्त्रिक मूल्यों के और न्याय की लोकतान्त्रिक अवधारणा के विरुद्ध हो, तो उनका पालन न करना या विद्रोह करना नागरिकों का अधिकार और दायित्व है।

❑

अध्याय 5

राजनीतिक आदर्श

स्वतन्त्रता, समानता और न्याय महत्त्वपूर्ण राजनीतिक आदर्श है। भारतीय संविधान की प्रस्तावना में भी इन आदर्शों को प्रमुख स्थान दिया गया है। इसमें भारत के सभी नागरिकों को अभिव्यक्ति, विश्वास, धर्म और उपासना की **स्वतन्त्रता**; प्रतिष्ठा और अवसर की **समानता** एवं समाजिक, आर्थिक और राजनीतिक **न्याय** प्राप्त कराने की बात की गई है।

स्वतन्त्रता

स्वतन्त्रता एक महत्त्वपूर्ण और बुनियादी राजनीतिक आदर्श है। लोकतान्त्रिक चिन्तनधारा के अन्तर्गत स्वतन्त्रता को प्रमुख स्थान दिया जाता है। स्वतन्त्रता और समता को बुनियादी लोकतान्त्रिक मूल्य या आदर्श माना जाता है। लोकतान्त्रिक शासन व्यवस्था को इसलिए पसन्द किया जाता है और इसका समर्थन भी इसलिए किया जाता है, क्योंकि इसके अन्तर्गत नागरिकों को अधिकतम **स्वतन्त्रता** मिलती है, और प्रत्येक नागरिक को एक समान महत्त्व दिया जाता है। इसके अलावा, मानवतावादियों के द्वारा भी स्वतंत्रता को एक बुनियादी राजनीतिक आदर्श के रूप में स्वीकार किया जाता है। मानवतावादियों द्वारा आम तौर से स्वतन्त्रता, मानव अधिकारों और लोकतन्त्र का समर्थन किया जाता है।

''स्वतन्त्रता'' का अर्थ है ''रुकावट या बन्धनों का अभाव''। अंग्रेजी शब्द "liberty", लैटिन शब्द "liber" से व्युत्पन्न हुआ है, जिसका अर्थ है—''बन्धनों का नही होना''।

नीतिशास्त्र के अन्तर्गत या नैतिक सन्दर्भों में ''संकल्प की स्वतन्त्रता'' (freedom of will) की चर्चा भी की जाती है। ''संकल्प-स्वातन्त्र्य'' का अर्थ होता है अपने सामने मौजूद कई विकल्पों में से किसी एक को चुनने की **आन्तरिक** स्वतन्त्रता।

लेकिन जब सामाजिक और राजनीतिक सन्दर्भों में ''स्वतन्त्रता'' की चर्चा की जाती है, तो वहाँ पर ''संकल्प की स्वतन्त्रता'' से तात्पर्य नहीं होना है, बल्कि वहाँ पर ''स्वतन्त्रता'' का अर्थ व्यक्ति ने जिस कर्म को करने के लिए चुना है, उसे करने में किसी **बाहरी** रुकावट से स्वतंत्रता होना है। कोई व्यक्ति जिस कर्म को करना चाहे, उसे करने में कोई रोक नहीं हो, तो वह स्वतंत्र है। ''स्वतन्त्रता'' की इस अवधारणा को, ''सामाजिक स्वतन्त्रता'' कहते हैं।

डी.डी. रैफेल के अनुसार, ''सामाजिक स्वतन्त्रता'' **व्यक्ति द्वारा चुने गए, या उस कर्म पर जिसे वह चुनता अगर वह यह जानता की वह चुन सकता है, रोक का अभाव है।** रैफेल के अनुसार यहाँ पर यह जोड़ना जरूरी है कि यह रुकावट अवश्य ही या तो दूसरे व्यक्तियों के कर्मों द्वारा जान-बूझकर उत्पन्न की गयी होनी चाहिए, या दूसरों के संकल्पित कर्मों द्वारा उसे हटाना सम्भव होना चाहिए।[1] उदाहरण के तौर पर, अगर किसी

1. D. D. Raphael, *Problems of Political Philosophy* (HongKong : The Macmillan Press Ltd., 1978), p. 115.

व्यक्ति को जेल में डाल दिया जाए, तो इससे उसकी स्वतन्त्रता का हनन होता है, क्योंकि यह रुकावट दूसरों द्वारा लगाए जाती है। दूसरी ओर, जब हम अभाव से स्वतन्त्रता की बात करते हैं, या हम कहते है कि मानवता को कैंसर से स्वतन्त्र किया जाना चाहिए, तो हम समझते हैं कि जिस रुकावट की हम बात कर रहे हैं, हालांकि वह मानव द्वारा लगायी नहीं गयी है, लेकिन उसे मानव प्रयत्नों द्वारा दूर किया जा सकता है। अगर कोई रूकावट प्राकृतिक कारणों से हो तो हम यह नहीं कहेंगे कि व्यक्ति उसके कारण स्वतन्त्र नहीं हैं। उदाहरण के तौर पर, हम यह कह सकते हैं कि मनुष्य उड़ने में **समर्थ** नहीं है, लेकिन यह नहीं कि मनुष्य को उड़ने की **सामाजिक स्वतन्त्रता** नहीं है।

जब हम किन्हीं विशेष परिस्थितियों में स्वतन्त्रता की बात करते हैं, तो दो प्रश्न उठाए जा सकते हैं: किस कार्य को करने की स्वतन्त्रता? और किस बात से स्वतन्त्रता? पहला प्रश्न यह है कि वे किस किस्म के कर्म हैं जिन पर रूकावट नहीं रहनी चाहिए। जबकि दूसरा प्रश्न यह सवाल उठाता है कि वह कौन-सी रुकावट है जिसे हटाना है।

दूसरे विश्व युद्ध के दौरान अमरीकी राष्ट्रपति रुजवेल्ट और इंगलैंड के प्रधानमंत्री चर्चिल द्वारा जारी की गयी अटलांटिक चार्टर में ''चार स्वतन्त्राओं'' की चर्चा की गयी थी:

(1) अभिव्यक्ति की स्वतन्त्रता

(2) उपासना की स्वतन्त्रता

(3) भय से स्वतन्त्रता, और

(4) अभाव से स्वतन्त्रता

इनमें से पहली दो स्वतन्त्रताओं का सम्बन्ध उन कर्मों से है जिन पर रुकावट नहीं रहनी चाहिए, जबकि बाद की दो स्वतन्त्रताओं का सम्बन्ध उन रुकावटों से है, जिन्हें हटाया जाना चाहिए।

स्वतन्त्रता और कानून

राज्य द्वारा बनाए गए कानूनों से व्यक्ति की स्वतन्त्रता सीमित हो जाती है। हो सकता है व्यक्ति राज्य द्वारा बनाए गए कानूनों के कारण कई ऐसे कार्यों को न कर पाए जिन्हें वह करना चाहता हो। कानून द्वारा व्यक्ति की स्वतन्त्रता पर लगायी गयी सीमाओं का उद्देश्य, या तो दूसरों की स्वतन्त्रता की रक्षा करना हो सकता है, या फिर स्वतन्त्रता के अलावा किसी अन्य मूल्य को प्रोत्साहन देना। कानून द्वारा व्यक्ति की स्वतंत्रता पर लगायी गयी सीमाएँ कभी उचित और आवश्यक भी हो सकती हैं, और कभी अनुचित ओर अनावश्यक भी। लोकतान्त्रिक राज्य में व्यक्ति की स्वतन्त्रता को सर्वाधिक महत्त्व दिया जाता है। नागरिकों को अधिक-से-अधिक स्वतंत्रता प्राप्त हो, और राज्य द्वारा उनकी स्वतंत्रता पर कम से कम सीमाएँ लगायी जाएँ—यही लोकतान्त्रिक आदर्श है। लेकिन, विस्तार में जाने पर, यह सीमा ठीक कब और कितनी होनी चाहिए, यह राजनीतिक विचारकों के बीच विवाद का विषय भी रहा है।

राजनीतिक चिन्तन में, खास कर लोकतांत्रिक चिन्तनधारा के अन्तर्गत, नागरिक के अधिकारों पर बहुत बल दिया जाता है। स्वतंत्रता के अधिकार को भी नागरिकों के अधिकार के रूप में मान्यता मिली हुई हैं। कई बार नागरिकों के अधिकारों को राज्य से पूर्व, जन्मजात

और प्राकृतिक माना जाता है। उदाहरण के तौर पर, सतरहवीं शताब्दी के लोकतंत्र समर्थक ब्रिटिश दार्शनिक लॉक ने जीवन के अधिकार, **स्वतंत्रता** और सम्पत्ति के अधिकार को प्राकृतिक माना है। अमरीकी संविधान में जीवन, स्वतंत्रता और सुख की तलाश के अधिकार को जन्मजात माना गया है। संयुक्त राष्ट्र मानव अधिकार घोषणा-पत्र के अनुसार सभी मनुष्य जन्म से स्वतंत्र तथा गरिमा और अधिकारों की दृष्टि से एक समान हैं। अधिकारों के स्रोत के बारे में राजनीतिक चिन्तन में कई सिद्धान्त हैं। एक मत के अनुसार अधिकार जन्मजात या प्राकृतिक नहीं, बल्कि **वैधानिक** होते हैं। इस मत के अनुसार राज्य जिन माँगों को स्वीकार करे, और जो कानून द्वारा मान्यता प्राप्त हो, वही अधिकार है।

कभी-कभी कुछ नागरिक अधिकारों को मौलिक अधिकार (fundamental rights) कह कर अधिक महत्त्व दिया जाता है। उदाहरण के तौर पर, भारत के संविधान में नागरिकों के मौलिक या मूल अधिकार की चर्चा है। स्वतंत्रता के अधिकार और धर्म की स्वतंत्रता के अधिकार को भारतीय संविधान में मौलिक अधिकार के रूप में मान्यता दी गई है। **स्वतंत्रता के अधिकार** के अन्तर्गत बोलने और अभिव्यक्ति की स्वतंत्रता, संगठन बनाने की स्वतंत्रता, बिना शस्त्रों के शान्तिपूर्वक सम्मेलन करने की स्वतंत्रता, राज्य के किसी क्षेत्र में निवास करने, आजीविका अपनाने या व्यापार करने की स्वतंत्रता शामिल है। इसके अलावा, इसका सम्बन्ध ''कानून के शासन'' (rule of law) की अवधारणा से भी है; जिसके अनुसार किसी व्यक्ति को उसके जीवन और स्वतंत्रता से कानून द्वारा स्थापित प्रक्रिया से ही वंचित किया जा सकता है, अन्यथा नहीं। धर्म की स्वतंत्रता के अधिकार के अन्तर्गत नागरिकों को किसी भी धर्म को मानने या न मानने की स्वतंत्रता मिली हुई हैं। भारतीय संविधान के अनुसार राज्य को ऐसा कोई कानून बनाने का अधिकार नहीं है, जो नागरिकों के मौलिक अधिकारों को छिनती या कम करती है। नागरिकों की बुनियादी स्वंतत्रताओं को ''नागरिक स्वतंत्रता'' (civil liberties) भी कहा जाता है। संयुक्त राष्ट्र संघ द्वारा स्वीकृत मानव-अधिकार घोषणा-पत्र में भी इन स्वतंत्रताओं को ''मानव अधिकारों'' के रूप में मान्यता मिली हुई है।

संयुक्त राष्ट्र संघ के चार्टर (U. N. Charter) में मानव अधिकारों (Human Rights) का उल्लेख आया है, और अभिव्यक्ति, उपासना एवं शान्तिमय प्रदर्शन की स्वतंत्रता जैसे बुनियादी अधिकारों को मानव अधिकारों के रूप में मान्यता दी गयी है। मानव अधिकारों के सार्वभौमिक घोषणा-पत्र (Universal Declaration of Human Rights) के अनुसार हर व्यक्ति को जीवन, स्वतंत्रता और सुरक्षा का अधिकार है। घोषणा-पत्र में उल्लिखित अधिकारों में विचारों, विवेक और धर्म की स्वतंत्रता का अधिकार शामिल है।

स्वतन्त्रता पर मिल के विचार

जॉन स्टुअर्ट मिल उन्नसवीं शताब्दी के एक अंग्रेज उपयोगितावादी दार्शनिक हैं। मिल ने अपनी पुस्तक *On Liberty* में विचारों और अभिव्यक्ति की स्वतंत्रता का जबरदस्त समर्थन किया है। मिल के अनुसार राज्य का उद्देश्य है व्यक्ति के सुख में वृद्धि करना। यही उसके अस्तित्व का औचित्य है। मिल की राय में राज्य व्यक्ति के निजी मामलों में कम-से-कम हस्तक्षेप द्वारा ही उनके सुख में वृद्धि कर सकता है। मिल के अनुसार आचरण की स्वतंत्रता मानव सुख और व्यक्ति एवं समाज के विकास का मुख्य तत्त्व है। मिल की राय में ऐसे मामलों में जहाँ व्यक्ति के आचरण का प्रभाव समुदाय पर नहीं पड़ता हो, व्यक्ति

को पूर्ण स्वतंत्रता मिलनी चाहिए। जबकि ऐसे मामलों में जहाँ व्यक्ति के आचरण का प्रभाव समुदाय पर पड़ता हो, वहाँ अगर व्यक्ति का आचरण समुदाय के कल्याण के विरुद्ध हो, तो समुदाय को व्यक्ति के आचरण को नियंत्रित करने का अधिकार है। मिल के अनुसार सिर्फ दूसरों की स्वतंत्रता में हस्तक्षेप करने से रोकने के लिए ही किसी व्यक्ति की स्वतंत्रता पर रोक लगायी जानी चाहिए।

मिल के अनुसार **दूसरों को नुकसान से बचाना ही एक वह एकमात्र लक्ष्य है जिसे प्राप्त करने के लिए किसी व्यक्ति की स्वतंत्रता पर रोक लगाना उचित है।** अगर किसी व्यक्ति का कोई कर्म ऐसा है, जिससे दूसरों को कोई नुकसान नहीं पहुँचता हो, तो उस पर रोक नहीं लगायी जानी चाहिए, चाहे भले उस कर्म से स्वयं उस व्यक्ति को नुकसान क्यों न पहुँचता हो। मिल के अनुसार ऐसे दृष्टांतों में व्यक्ति को समझाया जा सकता है, लेकिन उसे बाध्य नहीं किया जाना चाहिए। समाज या राज्य को व्यक्ति के सिर्फ ऐसे ही कर्मों पर रोक लगाने का अधिकार है, जिसका असर दूसरों पर पड़ता हो, और जिससे दूसरों को नुकसान पहुँचता हो। जहाँ तक व्यक्ति के ऐसे कर्मों का सवाल है, जिनका असर स्वयं उस तक ही सीमित हो, तो व्यक्ति को अपने शरीर और दिमाग का मालिक स्वयं माना जाना चाहिए। मिल ने कानून के सार्वजनिक दायरे और नैतिकता के निजी क्षेत्र के बीच अन्तर किया है, और कानून द्वारा बुनियादी स्वतंत्रताओं की गारंटी देने की वकालत की है।[1]

स्वतंत्रता की दो अवधारणाएँ

कुछ विचारकों द्वारा स्वतंत्रता की दो अवधारणाओं की बात की गयी है। उनके द्वारा स्वतंत्रता की परम्परागत परिभाषा को निषेधात्मक कहा जाता है, और इसके एवं ''सकारात्मक स्वतंत्रता'' के बीच अन्तर किया जाता है। स्वतंत्रता की सकारात्मक परिभाषा के अन्तर्गत चुनाव (choice) को केन्द्रीय महत्त्व दिया जाता है। उदाहरण के तौर पर, रिचर्ड नॉरमन के अनुसार यह सही है कि स्वतंत्रता के लिए दूसरे मनुष्यों द्वारा बल-प्रयोग का **अभाव** जरूरी है, जैसा कि स्वतंत्रता की निषेधात्मक अवधारणा के अन्तर्गत कहा जाता है। लेकिन, अगर हम मात्र हस्तक्षेप के अभाव के निषेधात्मक तथ्य पर बल देने की बजाय **चुनाव** के सकारात्मक तथ्य पर बल देते हैं, तो हम इस तथ्य के प्रति न्याय कर सकते हैं कि स्वतंत्रता के लिए मात्र बल-प्रयोग के अभाव के अलावा कुछ और भी आवश्यक शर्तें होती हैं। सिर्फ अकेले छोड़ दिए जाने से कोई व्यक्ति चुनाव की अपनी क्षमता का प्रयोग नहीं कर सकता है। इसके लिए कुछ सकारात्मक भौतिक और सामाजिक शर्तों का पूरा होना जरूरी है। इस तरह, नॉरमन के अनुसार स्वतंत्रता का अर्थ है **सार्थक और कारगर चुनाव का, और उसके उपयोग की क्षमता का, उपलब्ध होना।** नॉरमैन के अनुसार जिनके पास सामाजिक शक्ति, धन और शिक्षा है वे अपने लिए चुनाव करने की दृष्टि से बेहतर स्थिति में होते हैं, और इसलिए वे अधिक स्वतन्त्रता का उपयोग कर सकते हैं।[2]

---

1. John Stuart Mill, *Utilitarianism*, (London : The Fontana Libraty, 1962).
2. Keith Graham (ed.), *Contemporary Political Philosophy* (Cambridge : Cambridge University Press, 1982), pp. 83-109.

समानता

स्वतंत्रता के अलावा समानता भी एक महत्त्वपूर्ण राजनीतिक आदर्श है। उदार-लोकतांत्रिक चिंतनधारा के अन्तर्गत स्वतंत्रता के साथ-साथ समानता को भी एक राजनीतिक आदर्श के रूप में स्वीकार किया जाता है। उदारवादी जब व्यक्ति की अधिकतम स्वतंत्रता की बात करते है, तो उनका तात्पर्य किसी एक व्यक्ति की नहीं बल्कि **प्रत्येक** व्यक्ति की अधिकतम स्वतंत्रता से होता है। इस तरह, समता का विचार स्वतंत्रता में अन्तर्निहित है। लोकतांत्रिक शासन-व्यवस्था को स्वतंत्रता और समानता के लोकतांत्रिक आदर्शों के साथ जोड़ा जाता है। राजनीतिक समानता के अन्तर्गत कानूनी समानता का विचार भी शामिल है। सामाजिक लोकतंत्रवादियों द्वारा **सामाजिक** समता पर बल दिया जाता है।

समाजवादी चिन्तनधारा के अन्तर्गत समता, विशेष कर आर्थिक समता, को केन्द्रीय स्थान दिया जाता है। साम्यवादियों द्वारा तो उस समय आर्थिक समता के पक्ष में स्वतंत्रता को भी तिलांजलि दे दी जाती है, जब वे ''सर्वहारा की तानाशाही'' की वकालत करने लगते हैं। दूसरी ओर, लोकतांत्रिक समाजवादियों द्वारा स्वतंत्रता और समानता के बीच समन्वय स्थापित करने का प्रयत्न किया जाता है।

''समान'' का एक अर्थ हैं ''एक जैसा'' (identical) होना (A = A)। इस अर्थ में "A" और "A" एक समान है। यह तो स्पष्ट ही है कि समानता के इस अर्थ में सभी मनुष्य एक समान या एक जैसे नहीं होते हैं। शारीरिक और मानसिक बनावट की दृष्टि से मनुष्यों के बीच काफी भिन्नता रहती है। लेकिन जब एक राजनीतिक आदर्श के रूप में ''समानता'' की बात की जाती है, तो वहाँ पर यह तात्पर्य नहीं होता है कि सभी व्यक्ति ऊपर बताए गए अर्थ में ''एक समान'' हैं। समानता को एक राजनीतिक आदर्श मानने का अर्थ होता है कि **राजनीतिक दृष्टि से हर व्यक्ति को एक बराबर महत्त्व दिया जाना चाहिए, क्योंकि जन्म, सेक्स, रंग, जाति और धर्म की दृष्टि से अलग-अलग होने के बावजूद सभी मनुष्य, मनुष्य होने के नाते एक समान है।** जैसा कि उपयोगितावादी दार्शनिक बेन्थम ने कहा हैं, हर किसी की गिनती एक के बराबर होनी चाहिए, एक से अधिक नहीं:

"Each one to count for one and none for more than one."[1]

लोकतांत्रिक राजनीतिक व्यवस्था में समानता के मूल्य की अभिव्यक्ति ''एक व्यक्ति और एक वोट'' के सिद्धान्त के माध्यम से होती है। चाहे किसी का जन्म ''उच्च'' जाति में हुआ हो, या ''निम्न'' जाति में, चाहे कोई अमीर हो या गरीब, हर व्यक्ति को लोकतंत्र में सिर्फ एक वोट डालने का अधिकार रहता है। इस बारे में जन्म, सेक्स, रंग, जाति, धर्म या आर्थिक स्थिति के आधार पर कोई भेदभाव नहीं बरता जाता है। इसका अर्थ यह हुआ कि लोकतंत्र में हर नागरिक को राजनीति में हिस्सा लेने या सरकार को प्रभावित करने का एक जैसा और एक बराबर अधिकार रहता है।

कानूनी समानता

राजनीतिक समानता के साथ कानूनी समानता का विचार भी जुड़ा हुआ है। कानूनी समता का अर्थ यह है कि कानून की नजरों में सभी व्यक्ति एक बराबर हैं। **एक जैसे**

---

1. अशोक कुमार वर्मा, *नीतिशास्त्र की रूपरेखा* (पटना: मोतीलाल बनारसीदास, 1996), पृष्ठ 179.

अपराध के लिए हर व्यक्ति को एक जैसी सजा मिलनी चाहिए, यह एक लोकतांत्रिक आदर्श है। एक ही अपराध के लिए ब्रह्मण जाति में जन्मे व्यक्ति को कम और शूद्र जाति में जन्में व्यक्ति को अधिक सजा देना, जैसा कि ***मनुस्मृति*** में बतलाया गया है, कानूनी समता के लोकतांत्रिक आदर्श के विरुद्ध है।

सामाजिक समानता

सामाजिक समता का अर्थ यह हुआ कि जन्म, जाति, सेक्स, रंग, धन, धर्म आदि के आधार पर भेदभाव किए बिना सभी व्यक्तियों को मनुष्य होने के नाते समाज में एक जैसा सम्मान और एक जैसी प्रतिष्ठा मिलनी चाहिए। जाति या वर्ण के आधार पर समाज में व्यक्ति को अलग-अलग प्रतिष्ठा प्रदान करना, ब्रह्मण वर्ण में जन्में व्यक्ति को ''श्रेष्ठ'' और शूद्र में जन्में व्यक्ति को ''हीन'' मानना, जैसा कि वर्ण-व्यवस्था के अन्तर्गत किया जाता है, सामाजिक समता के आदर्श के विरुद्ध है। वर्ग-व्यवस्था भी सामाजिक समता के मूल्य के विरुद्ध है। इसलिए, समतावादियों तथा समाजवादियों द्वारा वर्गविहीन और जातिविहीन समाज को आदर्श माना जाता है।

उदार लोकतांत्रिक चिन्तनधारा के अन्तर्गत राजनीतिक और कानूनी समानता को मान्यता दी जाती है। फिर भी, व्यवहार में कई बार, सामाजिक और आर्थिक गैरबराबरी के कारण, राजनीतिक और कानूनी समानता के बावजूद, सामाजिक दृष्टि से प्रतिष्ठित और आर्थिक दृष्टि से सम्पन्न लोग राजनीति पर अपनी संख्या बल की तुलना में अधिक हावी होने लगते हैं। इसलिए, सामाजिक लोकतंत्रवादियों द्वारा सामाजिक-आर्थिक समता पर बल दिया जाता है।

भारतीय संविधान की प्रस्तावना में भारत के सभी नागरिकों को **प्रतिष्ठा और अवसर की समानता** उपलब्ध कराने की बात की गयी है। इसमें **समता के अधिकार** को भी मौलिक अधिकार माना गया है। समता के अधिकार के अन्तर्गत कानून के समक्ष समता का अधिकार शामिल है। राज्य द्वारा धर्म, उद्‌गम, जाति, सेक्स या जन्म स्थान के आधार पर एक नागरिक और दूसरे नागरिक के बीच भेदभाव नहीं किया जा सकता है। भारतीय संविधान द्वारा छुआछूत को समाप्त घोषित किया गया है, और इसका किसी भी रूप में आचरण निषिद्ध किया गया है। छुआछूत के आचरण को एक दण्डनीय अपराध माना गया है।

समता के अधिकार को मानव अधिकार के रूप में भी मान्यता मिली हुई हैं। संयुक्त राष्ट्र संघ के चार्टर के अनुसार, ''**नस्ल, सेक्स, भाषा और धर्म के आधार पर कोई भेदभाव किए बिना सभी के लिए** मानव अधिकारों और मौलिक स्वतंत्रताओं के प्रति सम्मान को प्रोत्साहित करना'' संयुक्त राष्ट्र संघ के मुख्य उद्देश्यों में एक है। मानव अधिकारों के सार्वभौमिक घोषणा-पत्र के अनुसार ''**सभी** मनुष्य जन्म से स्वतंत्र और गरिमा एवं अधिकारों की दृष्टि से **समान** हैं। उनमें बुद्धि एवं विवेक है और उन्हें एक-दूसरे के प्रति भाईचारे की भावना से आचरण करना चाहिए।'' गुलामी की प्रथा को इसमें हर रूप में प्रतिबन्धित किया गया है।

आर्थिक समानता

जैसा कि पहले भी उल्लेख किया गया है, समाजवादी चिन्तनधारा के अन्तर्गत आर्थिक समता को केन्द्रीय महत्त्व दिया जाता है। विशेषकर साम्यवादियों द्वारा समाज में वर्गो के अस्तित्व को सीधे-सीधे उत्पादन के साधनों (means of production) के

स्वामित्व के साथ जोड़ा जाता है, और वर्गविहीन समाज की स्थापना की दृष्टि से ''सर्वहारा की तानाशाही'' द्वारा उत्पादन के साधनों पर व्यक्तिगत स्वामित्व को समाप्त करने की वकालत की जाती है। इस मत में कई कठिनाइयाँ भी हैं। खास कर इसका स्वतंत्रता और समता की लोकतांत्रिक अवधारणा से विरोध दिखता है। इसकी विस्तृत चर्चा साम्यवाद के अन्तर्गत की जाएगी। वैसे, सामुदायिक स्वामित्व के विचार का तानाशाही के साथ कोई अनिवार्य सम्बन्ध नहीं है। लोकतांत्रिक समाजवादियों द्वारा भी समता की दृष्टि से लोकतंत्र के दायरे में राज्य द्वारा अर्थव्यवस्था में हस्तक्षेप, और सम्पति के अधिकार को कुछ हद तक सीमित करने की वकालत की जाती है। इस तरह, लोकतांत्रिक समाजवादियों द्वारा स्वतंत्रता और समता के बीच सामंजस्य स्थापित करने का प्रयास किया जाता है। जो भी हो, समानता की किसी भी लोकतांत्रिक अवधारणा के अन्तर्गत यह विचार भी शामिल रहता है कि **समाज में प्रत्येक व्यक्ति की न्यूनतम आर्थिक आवश्यकताएँ पूरी होनी चाहिए, और प्रत्येक व्यक्ति को आर्थिक क्षेत्र में आगे बढ़ने के लिए समान अवसर मिलना चाहिए।**

भारतीय संविधान में समता के राजनीतिक और कानूनी आदर्श को तो स्वीकार किया ही गया है। इसके अलावा परम्परागत रूप से पिछड़े तथा दलित वर्गों और जातियों को आगे लाने और समाजिक समता को प्रोत्साहित करने के लिए **विशेष अवसर के सिद्धान्त** को भी मान्यता दी गयी है।

संक्षेप में, कई भिन्नताओं के बावजूद बुनियादी मानव स्वभाव, आवश्यकताएँ और क्षमताएँ एक जैसी हैं। इसलिए, समाज में प्रत्येक व्यक्ति को एक जैसी प्रतिष्ठा, एक जैसे राजनीतिक, कानूनी अधिकार, आर्थिक क्षेत्र में आगे बढ़ने के लिए एक समान अवसर, और अगर आवश्यक हो तो परम्परागत रूप से पिछड़ी-दलित जातियों और वर्गों को बराबरी के स्तर पर आने के लिए विशेष अवसर मिलना चाहिए। इसके अलावा, आर्थिक गैरबराबरी को एक सीमा से अधिक बढ़ने नहीं दिया जाना चाहिए। यही समता का लोकतांत्रिक आदर्श हैं।

स्वतन्त्रता और समानता

कभी-कभी कहा जाता है कि स्वतंत्रता और समानता के मूल्यों के बीच परस्पर विरोध है। क्या वास्तव में ऐसा है?

स्वतंत्रता और समता इन दोनों मूल्यों को लोकतांत्रिक चिन्तनधारा में भी महत्त्व दिया जाता है। जब लोकतंत्रवादी स्वतंत्रता की बात करते हैं, तब वे किसी एक व्यक्ति की स्वतंत्रता की नहीं, बल्कि प्रत्येक व्यक्ति की स्वतंत्रता की बात करते हैं। उदार लोकतंत्रवादी चाहे सामाजिक-आर्थिक समता को पर्याप्त महत्त्व न देते हों, लेकिन वे राजनीतिक और कानूनी समता का समर्थन तो करते ही हैं। लोकतांत्रिक सामाजवादियों और सामाजिक लोकतंत्रवादियों द्वारा स्वतंत्रता और समता के मूल्यों के समन्वय का प्रयत्न किया जाता है, और इन मूल्यों को सामाजिक और आर्थिक क्षेत्रों में भी लागू करने का प्रयत्न किया जाता है।

समता के कई पक्ष हैं जैसे सामाजिक, राजनीतिक, कानूनी और आर्थिक। सामाजिक, राजनीतिक और कानूनी समता का स्वतंत्रता के मूल्य से कोई विरोध नहीं दिखता है। अगर समाज में प्रत्येक व्यक्ति को एक बराबर प्रतिष्ठा और एक जैसे राजनीतिक एवं कानूनी अधिकार मिलें, तो इससे किसी की स्वतंत्रता में कोई बाधा नहीं पहुँचती है। ज्यादा-से-

ज्यादा यही कहा जा सकता है कि इससे अपने को श्रेष्ठ मानने और दूसरों से हीन जैसा व्यवहार करने की ''स्वतंत्रता'' नहीं रह जाती है। इस आपत्ति के उत्तर में यह कहा जा सकता है कि इस ''स्वतंत्रता'' को समता के मूल्य के पक्ष में सीमित कर दिया जाना चाहिए। स्वतंत्रता के मूल्य के आधार पर किसी को दूसरे की हत्या करने की, बलात्कार करने की, या मारने-पीटने की आजादी नहीं दी जाती है। यहाँ पर प्रत्येक व्यक्ति के जीवन और स्वतंत्रता को ध्यान में रखते हुए व्यक्ति की स्वतंत्रता को कुछ हद तक सीमित किया जाता है। इसी तरह, प्रत्येक की समानता के मूल्य के आधार पर अपने को श्रेष्ठ और दूसरे को हीन मानकर व्यवहार करने की स्वतंत्रता को भी कानून द्वारा सीमित किया जाना चाहिए। उदाहरण के तौर पर, भारतीय संविधान में छुआछूत को निषिद्ध घोषित किया गया है, जो उचित ही है।

दरअसल, स्वतंत्रता और समता के मूल्यों के विरोध की बात आर्थिक समता के सन्दर्भ में की जाती है। उदाहरण के तौर पर, अगर कोई सरकार गरीबी, बेरोजगारी और आर्थिक गैरबराबरी मिटाने के लिए व्यक्तिगत सम्पत्ति के अधिकार को कुछ हद तक नियंत्रित करती है, तो यह कहा जा सकता है कि इससे व्यक्ति की सम्पत्ति रखने की स्वतंत्रता सीमित होती है।

स्वतंत्रता और समता के कई पक्ष हैं। अगर व्यक्तिगत सम्पत्ति रखने, बढ़ाने की स्वतंत्रता को कुछ हद तक सीमित किया जाता है, तो इससे व्यक्ति के विचारों, अभिव्यक्ति, उपासना और अन्य स्वतंत्रताओं से कोई अनिवार्य विरोध नहीं है। साम्यवादी व्यवस्था में यह विरोध दिखता है, क्योंकि इसके अन्तर्गत आर्थिक समता के उद्देश्य को ''सर्वहारा की तानाशाही'' के द्वारा हासिल करने का प्रयत्न किया जाता है। संक्षेप में, अगर स्वतंत्रता और समता के मूल्यों में विरोध की बात की जाती है, तो इस का अगर कोई मतलब है, तो सिर्फ सम्पत्ति रखने की स्वतंत्रता और आर्थिक समता के सन्दर्भ में। लेकिन, यहाँ पर भी ऐसा लगता है कि जो लोग आर्थिक समता के विरुद्ध हैं उनके द्वारा इस विरोध को बढ़ा-चढ़ा कर दिखाया जाता है।

अगर हम आर्थिक समता की व्याख्या A = A की तरह आर्थिक दृष्टि से सभी को बिल्कुल एक समान बना देने के रूप में नहीं करके, इस रूप में करते हैं कि प्रत्येक व्यक्ति की बुनियादी आर्थिक आवश्यकताओं की पूर्त्ति होनी चाहिए, प्रत्येक को आर्थिक क्षेत्र में आगे बढ़ने का एक जैसा अवसर, और जो आर्थिक दृष्टि से कमजोर हैं, उन्हें विशेष अवसर मिलना चाहिए, और आर्थिक गैरबराबरी को एक सीमा से अधिक बढ़ने नहीं दिया जाना चाहिए; तो आर्थिक समता के इस लक्ष्य को हासिल करने के लिए कुछ लोगों की बेशुमार सम्पत्ति रखने की स्वतंत्रता को सीमित किया जा सकता है। बल्कि कहा जा सकता है कि इससे हम प्रत्येक व्यक्ति की आर्थिक स्वतंत्रता की दिशा में बढ़ते हैं। ''आर्थिक स्वतंत्रता'' का अर्थ सिर्फ सम्पत्तिवान लोगों द्वारा सम्पत्ति रखने की स्वतंत्रता नहीं है। अगर कोई व्यक्ति भुखमरी की कगार पर खड़ा हो, तो फिर यह नहीं कहा जा सकता है कि वह अपना जीवन अपनी मर्जी के अनुसार जीने के लिए **स्वतंत्र** है। स्वतंत्रता के उपयोग के लिए बुनियादी आर्थिक आवश्यकताओं का पूरा होना भी जरूरी है। अगर हम इस बात को समझते हैं कि स्वतंत्रता के उपयोग के लिए सिर्फ बन्धनों का अभाव नहीं, बल्कि **आर्थिक क्षमता** भी चाहिए, तो फिर कहा जा सकता है कि इस सीमित अर्थ में भी स्वतंत्रता और समता के बीच कोई विरोध नहीं है, बल्कि ये एक-दूसरे के पूरक हैं।

कहा जाता है कि ''मुक्त'' बाजार-अर्थव्यवस्था में हर कोई सरकारी हस्तक्षेप के बिना कोई भी उद्योग लगाने, व्यापार करने और बाजार में कुछ भी खरीदने-बेचने के लिए स्वतंत्र होता है। लेकिन, जिनके पास पूंजी ही नहीं हो, वे अपनी इस स्वतंत्रता का उपयोग कैसे करेंगे? जिसके पास जितनी अधिक पूंजी रहती है, वे ही इन स्वतंत्रताओं का अधिक इस्तेमाल करते हैं। इस तरह, पूंजीवादी बाजार-व्यवस्था बड़े पूंजीपतियों के पक्ष में झुकी रहती है।

स्वतंत्रता के मूल्य के आधार पर नागरिकों को एक-दूसरे की हत्या करने की आजादी तो नहीं दी जाती है? फिर, इस आधार पर बाजार-अर्थव्यवस्था में आर्थिक गैरबराबरी को अनियंत्रित रूप में बढ़ाने की, और कुछ नागरिकों को भुखमरी और बदहाली की स्थिति में धकेलने की आजादी भी कैसे दी जा सकती है?

आर्थिक क्षमता के अभाव में कई बार राजनीतिक और कानूनी समता भी बेमानी हो जाती है। आर्थिक गैरबराबरी से सामाजिक और राजनीतिक शक्ति के क्षेत्र में भी गैरबराबरी पैदा होती है, जो राजनीतिक समता के लोकतांत्रिक मूल्य के विरुद्ध है। समाज में आर्थिक गैरबराबरी इतनी अधिक नहीं होनी चाहिए, जिससे सामाजिक और राजनीतिक गैरबराबरी का जन्म हो। राजनीतिक लोकतंत्र कारगर ढंग से काम कर सके इसके लिए सामाजिक और आर्थिक लोकतंत्र जरूरी है। इस तरह, स्वतंत्रता और समता के मूल्य परस्पर विरोधी नहीं बल्कि एक-दूसरे के पूरक हैं। एक के अभाव में दूसरे का अस्तित्व सम्भव नहीं हैं।

न्याय

''न्याय'' शब्द का अंग्रेजी पयार्य "justice" लैटिन शब्द "jus" से उत्पन्न हुआ है, जिसका अर्थ है ''बाँधना'' (tie)। इस तरह, ''व्युत्पति के अनुसार न्याय उस व्यवस्था का नाम है, जिसके द्वारा एक व्यक्ति दूसरे से सम्बद्ध है।''[1]

डी. डी. रैफल ने अपनी पुस्तक *Problems of Political Philosophy* में बतलाया है कि ''न्याय'' (justice) की अवधारणा एक जटिल अवधारणा है; एक, इसका प्रयोग कानून के सन्दर्भ में भी किया जाता है, और सामाजिक नैतिकता के सन्दर्भ में भी, दो, न्याय को एक ओर सम्पूर्ण सामाजिक व्यवस्था से जोड़ा जाता है, और दूसरी ओर सामान्य सामाजिक व्यवस्था के दावों के विपरीत, व्यक्ति के अधिकारों की अभिव्यक्ति से भी। तीन, इसके अलावा, न्याय की अवधारणा को रुढ़िवादी दृष्टि से भी देखा जा सकता है और सुधारवादी दृष्टि से भी।

1. कानून के क्षेत्र में ''न्याय'' शब्द का इस्तेमाल उन सभी सिद्धान्तों और प्रक्रियाओं के लिए किया जाता है, जिनका पालन किया जाना चाहिए। कानून के क्षेत्र में अक्सर कानूनों की व्यवस्था को न्याय की व्यवस्था कहा जाता है। इस सन्दर्भ में ''प्राकृतिक न्याय'' (natural justice) की भी चर्चा की जाती है। कानूनी-व्यवस्था के अपेक्षाकृत छोटे लेकिन बुनियादी हिस्से के लिए ''प्राकृतिक न्याय'' शब्द का इस्तेमाल किया जाता है। न्याय-व्यवस्था की पूरी अधिरचना (superstructure) प्राकृतिक न्याय पर ही आधारित रहती है। इस तरह, न्याय-व्यवस्था के अपेक्षाकृत मौलिक अंश को प्राकृतिक न्याय कहते हैं। प्राकृतिक न्याय पर आधारित न्याय-व्यवस्था की अधिरचना का सम्बन्ध प्रचलन, पूर्वोदाहरण (precedent) और अधिनियम (enactment) से रहता है।

---

1. अशोक कुमार वर्मा, ***प्रारम्भिक समाज एवं राजनीति दर्शन***, पृ.-170.

दूसरी ओर, सामाजिक नैतिकता के क्षेत्र में न्याय को सामाजिक नैतिकता की सम्पूर्ण व्यवस्था से नहीं जोड़ा जाता है। न्याय सामाजिक नैतिकता की आधारशिला है, इसके बिना सामाजिक नैतिकता का ढाँचा ढह जाएगा, लेकिन यह सम्पूर्ण सामाजिक नैतिकता नहीं है। इस सन्दर्भ में एक ओर न्याय और दूसरी ओर उदारता तथा परोपकारिता के बीच अन्तर किया जाता है। ऐसा समझा जाता है कि उदारता और परोपकारिता न्याय से परे जाते हैं। व्यक्ति को न्याय की दृष्टि से जो कुछ मिलना चाहिए, उसे उसका अधिकार (right) कहा जाता है। अधिकार के साथ कर्त्तव्य की अवधारणा भी जुड़ी रहती है, जबकि उदारता और परोपकारिता के साथ ऐसी कोई बात नहीं रहती है।

कानून का सम्बन्ध उदारता के नैतिक कर्त्तव्यों से नहीं रहता है। कानून व्यक्ति के अधिकारों की रक्षा करता है, और उसके अनुरूप कर्त्तव्यों का पालन करवाता है। फिर भी, इसका यह अर्थ नहीं है कि न्यायालायों में जो कुछ भी होता है उसे ''न्यायपूर्ण'' (just) ही कहा जाएगा। उसे कानूनी या नैतिक दृष्टि से ''अन्यायपूर्ण'' कह कर उसकी आलोचना भी की जा सकती है। उदाहरण के तौर पर, अगर कोई कानून ''न्याय'' की नैतिक अवधारणा के अनुरूप न हों, तो उसे ''अन्यायपूर्ण'' कहा जा सकता है। इसी तरह, अगर कानूनी प्रक्रियाएँ न्याय के उन मानदण्डों के अनुरूप न हों, जिनकी उनसे अपेक्षा रखी जाती है, तो फिर कानून के प्रशासन की भी आलोचना की जा सकती है।

2. न्याय की कानूनी और नैतिक अवधारणा सामाजिक व्यवस्था के साथ जुड़ी हुई है। सामाजिक व्यवस्था के किसी भी उल्लंघन को न्याय का उल्लंघन कहा जाता है। न्याय के आधार पर ही इसके लिए सजा भी दी जाती है। खास कर अपराधिक कानून (criminal law) का उद्देश्य सामाजिक व्यवस्था की रक्षा करना होता है। फिर भी, अगर आवश्यक हुआ तो न्याय की अवधारणा का इस्तेमाल व्यक्ति के अधिकारों का समर्थन करने के लिए भी किया जाता है। अक्सर इन दोनों के बीच कोई विरोध नहीं होता है। पर जब कभी ऐसा होता है, तो व्यक्ति के अधिकारों को कायम रखने के लिए न्याय की अवधारणा का इस्तेमाल किया जाता है।

3. न्याय की रूढ़िवादी अवधारणा के अन्तर्गत न्याय स्थापित सामाजिक व्यवस्था और उसमें मौजूद अधिकारों के वितरण की रक्षा करता है, और यथास्थिति को बनाए रखने का प्रयत्न करता है। जबकि न्याय की सुधारवादी अवधारणा के अन्तर्गत स्थापित सामाजिक व्यवस्था में सुधार और न्याय के वर्तमान आदर्श के अनुरूप अधिकारों के पुनर्वितरण की मांग की जाती है। आम तौर से जब लोग ''सामाजिक न्याय'' की बात करते हैं, तो वे ''न्याय'' शब्द का सुधारवादी अर्थ में इस्तेमाल करते हैं। इस तरह, ''न्याय'' की अवधारणा एक जटिल अवधारणा है, और इसका विभिन्न सन्दर्भों में अलग-अलग अर्थों में इस्तेमाल किया गया है।[1]

प्लेटो और आरिस्टॉट्ल में न्याय की अवधारणा

प्राचीन ग्रीक नैतिक और राजनीतिक दर्शन में भी ''न्याय'' की अवधारणा की चर्चा हुई है। प्लेटो ने अपने *Republic* में व्यक्ति और राज्य दोनों के सन्दर्भ में ''न्याय'' की चर्चा की है। प्लेटो के अनुसार राज्य या समाज के सन्दर्भ में ''न्याय'' का अर्थ है **विभिन्न सामाजिक वर्गों में सामंजस्य**। प्लेटो के न्याय की धारणा कुलीनतंत्रीय है। लोकतांत्रिक दृष्टि से इसकी आलोचना भी की गयी है, जैसें, कार्ल पॉपर द्वारा। प्लेटो के अनुसार, **वही**

1. D. D. Raphael, Op. Cit., p.165.

राज्य "न्यायपूर्ण" है, जिसमें हर वर्ग "अपना-अपना" काम करे। पॉपर के अनुसार, इसका अर्थ हुआ: शासक शासन करे, श्रमिक श्रम करे, और गुलाम गुलामगिरी। पॉपर की राय में प्लेटो के इस "न्याय" की धारणा का समता के मूल्य से कोई सम्बन्ध नहीं है। यह वर्ग-शासन और वर्ग-विशेषाधिकार का समर्थन है।[1]

अरिस्टॉट्ल के अनुसार, "न्याय" राजनीतिक दर्शन का वास्तविक विषय-वस्तु है। आरिस्टॉट्ल के विचार में राज्य (polis) का मुख्य उद्देश्य है न्याय को लागू करना। आरिस्टॉट्ल ने "वितरणात्मक" (distributive) हौर "विनिमयात्मक" (commutative) न्याय के बीच अन्तर किया है। वितरणात्मक न्याय का सम्बन्ध एक वर्ग के बीच वस्तुओं के वितरण से है, जबकि दूसरे का सम्बन्ध इससे है कि किसी विशेष कार्य के सम्पादन में (जैसे कि व्यक्ति को दण्डित करते समय) व्यक्ति के साथ कैसे पेश आया जाए। आरिस्टॉट्ल के अनुसार वितरणात्मक न्याय का सम्बन्ध "समान लोगों से समानता का व्यवहार" करने से है; जबकि विनिमयात्मक न्याय का सम्बन्ध किसी को वह देने से है जिसके वह योग्य हो, या जिसे प्राप्त करने का उसे अधिकार है। आरिस्टॉट्ल ने "गणितीय" (arithmetical) समानता और "ज्यामितीय" (geometrical) या "आनुपातिक" समानता के बीच अन्तर किया है। गणितीय समानता के अन्तर्गत प्रत्येक व्यक्ति को बराबर हिस्सा दिया जाता है। आरिस्टॉट्ल के अनुसार इसमें समान और असमान दोनों को बराबर हिस्सा दिया जाता है, जो गलत है। समान व्यक्तियों को एक समान, और असमान व्यक्तियों को असमान हिस्सा दिया जाना चाहिए। अरिस्टॉट्ल के अनुसार अगर बाँसुरियाँ वितरित की जानी है, तो ये उन्हें ही मिलनी चाहिए, जिनमें बाँसुरी बजाने की क्षमता हो। इसी तरह, शासन में उन्हें ही हिस्सा मिलना चाहिए जिनमें शासन करने की क्षमता हो।

गणितीय समानता का सम्बन्ध वितरणात्मक न्याय के लोकतांत्रिक अवधारणा से हैं; जबकि आनुपातिक समानता की अवधारणा कुलीनतंत्रीय अवधारणा है। अरिस्टॉट्ल द्वारा, दरअसल, असमान वितरण का समर्थन किया गया है। अरिस्टॉट्ल के अनुसार "न्याय" का अर्थ हैं समान लोगों के साथ समान व्यवहार, और असमान लोगों के साथ उस अनुपात में असमान व्यवहार, **जिस अनुपात में उनके बीच प्रासंगिक अन्तर या भेद हो।**[2]

इस मत में कठिनाई यह है कि किस सन्दर्भ में कौन से भेद प्रासंगिक हैं, और कौन से नहीं, इस पर मतभेद सम्भव है। अरिस्टॉट्ल ने तो गुलामी तक का समर्थन किया है;[3] आखिर कौन से ऐसे प्रासंगिक भेद हैं, जिनके आधार पर कुछ लोगों के साथ गुलामों जैसे व्यवहार को न्यायसंगत ठहराया जा सकता है?

---

1. K. R. Popper, *The Open Society and its Enemies* (London: Routledge & Kegan Paul, 1984), vol. 1, pp. 86-90.
2. Roger Sruton, *A Dictionary of Political Thought*, pp. 244-245.
3. अरिस्टॉट्ल ने अपनी रचना *Politics* में गुलामी-प्रथा का समर्थन किया है। अरिस्टॉट्ल के अनुसार गुलाम एक "सजीव सम्पत्ति" है, और गुलामी एक प्राकृत्ति व्यवस्था है। कुछ लोग जन्म से शासक, और कुछ लोग जन्म से गुलाम होते हैं, कुछ लोगों में बुद्धि नहीं होती है, लेकिन वे समझ सकते है, ऐसे लोग "प्राकृतिक गुलाम" (natural slaves) होते हैं। ऐसे लोगों के लिए मालिक के अधीन रहना ही श्रेयस्कर है। See, Aristotle's *Politics* (tr. Benjamin Jowett, New York: Carlton House), pp. 58-60.

जब लोकतंत्र के अन्तर्गत ''एक व्यक्ति और एक वोट'' की बात की जाती है, तो यह माना जाता है कि प्रत्येक व्यक्ति को शासन में एक बराबर हिस्सा मिलना चाहिए। ऐसा कोई भी प्रासंगिक भेद नहीं है, जिसके आधार पर इस दृष्टि से एक नागरिक और दूसरे नागरिक के बीच अन्तर किया जाए। अगर अरिस्टॉट्ल के बाँसुरी के उदाहरण को ही लें, तो प्रश्न उठाया जा सकता है कि जिसके पास बाँसुरी नहीं है, उसमें बाँसुरी बजाने की क्षमता कैसे आ सकती है? बाँसुरी बजाने की क्षमता तो उसमें ही आ सकती है, जिसके पास पहले से ही बाँसुरी है, या जो बाँसुरी का इस्तेमाल करने की स्थिति में हो। अगर ऐसे ही लोगों के बीच बाँसुरी का वितरण किया गया, तो इससे तो समाज में गैरबराबरी घटने की बजाय और बढ़ जाएगी? क्या इसे वितरणात्मक ''न्याय'' कहा जाएगा?

इसी तरह, जिन्हें शासन में हिस्सा लेने का कभी मौका ही न मिला हो, उनमें शासन में हिस्सा लेने की क्षमता है या नहीं, इसकी जाँच कौन और कैसे करेगा? इस सिद्धान्त का परिणाम यही होगा कि जिस वर्ग के हाथ में पहले से शासन है, उसके ही हाथ में राजनीतिक शक्ति निरन्तर बनी रहेगी। जब किसी को पानी में उतरने ही न दिया जाए, तो वह तैरना कैसे सीखेगा?

रोजर स्क्रूटन के अनुसार अरिस्टॉट्ल द्वारा वितरणात्मक और विनिमयात्मक के बीच किया गया भेद अब भी किसी-न-किसी रूप में प्रचलित है, हालांकि अब इन्हें न्याय की दो अलग-अलग अवधारणाएँ नहीं मानकर एक ही अवधारणा के दो अलग-अलग उपयोग माना जाता है। आज के समय में ''सामाजिक न्याय'' की अवधारणा का इस्तेमाल वितरणात्मक अर्थ में किया जाता है, जबकि विनिमयात्मक न्याय का लोगों के आपसी आचरण को नियंत्रित करने के संदर्भ में।

बीसवीं सदी के अमरीकी दार्शनिक जॉन रॉल्स ने न्याय के वितरणात्मक पहलू पर बल दिया है। अपनी पुस्तक *Theory of Justice* (1971) में रॉल्स ने राजनीतिक दायित्व के उदार आदर्श और सामाजिक न्याय के वितरणात्मक अवधारणा के बीच सामंजस्य स्थापित करने का प्रयत्न किया है। रॉल्स ने गुलामी प्रथा को हर हाल में अन्यायपूर्ण माना है।

समीक्षा

''न्याय'' जैसी जटिल धारणा पर विचार करते समय कई दृष्टियों से विचार किया जा सकता है। जब कोई व्यक्ति यह प्रश्न उठाता है कि ''न्याय'' क्या है? तो उसके कम-से-कम चार अलग-अलग अर्थ हो सकते हैं: एक, ''न्याय'' शब्द का आम बोल-चाल की भाषा में क्या अर्थ है? दो, ''न्याय'' शब्द का इस्तेमाल किसी विशेष क्षेत्र में, जैसे, नीतिशास्त्र, राजनीति दर्शन या कानून के क्षेत्र में, किस अर्थ में किया जाता है? तीन, अगर विशेषज्ञों में भी एक राय न हो, तो ''न्याय'' शब्द का इस्तेमाल महत्त्वपूर्ण नीतिशास्त्रियों, राजनीतिक दार्शनिकों और कानूनविदों द्वारा किस अर्थ में किया गया है? चार, ''न्याय'' शब्द का इस्तेमाल किस अर्थ में किया जाना चाहिए?

अगर इन चार प्रश्नों को अलग-अलग रखा जाए, तो कई अनावश्यक संशय और भ्रान्तियों से बचा जा सकता है। पहले प्रश्न का उत्तर सामान्य, प्रामाणिक मानक शब्दकोषों से मिल सकता है। उदाहरण के तौर पर, *Webster's New Dictionary & Thesaurus* के अनुसार "just" का अर्थ है "upright, fair, proper, right, equitable,....." और "justice"

का अर्थ है "quality of being just, fairness,...." इसी तरह, *Oxford's Advanced Learners Dictonary* के अनुसार "justice" का अर्थ है "just conduct, the quality of being right and fair.... "

दूसरे और तीसरे प्रश्न का उत्तर सम्बद्ध शास्त्र के शब्दकोषों, पाठ्य-पुस्तकों, विश्वकोषों और सम्बद्ध विचारकों की रचनाओं से मिल सकता है। चौथे प्रश्न को हम अवधारणाओं में सुधार की दृष्टि से भी देख सकते हैं। लेकिन, दरअसल में यह एक नैतिक प्रश्न है। कोई भी विचारक ''न्याय'' की अपनी ओर से जो भी अवधारणा देगा, उसका सम्बन्ध उसकी नैतिक मान्यताओं से होगा। उदाहरण के तौर पर, प्लेटो और अरिस्टॉट्ल जैसे कुलीनतंत्रीय और गुलामी प्रथा का समर्थन करने वाले दार्शनिकों की ''न्याय'' की अवधारणा किसी लोकतांत्रिक और समतावादी दार्शनिक को स्वीकार्य नहीं हो सकती। ''न्याय'' की किसी भी लोकतांत्रिक अवधारणा का स्वतंत्रता और समता जैसे लोकतांत्रिक मूल्यों से अवश्य ही सम्बन्ध होना चाहिए। ''न्याय'' की वह अवधारणा किसी काम की नहीं है, जिसके आधार पर गुलामी-प्रथा को ''अन्यायपूर्ण'' न कहा जा सके।

❑

अध्याय 6

व्यक्ति और राज्य

व्यक्ति और राज्य के बीच कैसा सम्बन्ध होना चाहिए?—यह राजनीति दर्शन का एक महत्त्वपूर्ण प्रश्न है। एक ओर उदार व्यक्तिवादी विचारक हैं, जिनके अनुसार राज्य में नागरिकों को अधिक-से-अधिक स्वतंत्रता मिलनी चाहिए; तो दूसरी ओर, सर्वाधिकरवादी विचारक, जो व्यक्ति पर राज्य के पूर्ण नियंत्रण की वकालत करते हैं। राज्य एक सामाजिक समिति है, इसलिए, व्यक्ति और राज्य के बीच सम्बन्ध का प्रश्न व्यक्ति और समाज के बीच सम्बन्ध के व्यापक प्रश्न से भी जुड़ा हुआ है।

राज्य का प्रत्ययवादी सिद्धान्त

हीगेल, ग्रीन और बोसंके ने राज्य के प्रत्ययवादी सिद्धान्त का समर्थन किया है। हीगेल के अनुसार राज्य मानव समाज का विकसित रूप है—राज्य और समाज में कोई अन्तर नहीं है। राज्य एक अनन्य समुदाय है, जिससे बढ़कर कोई दूसरा मानव समुदाय नहीं है। राज्य का अपना एक स्वतंत्र अस्तित्व है। राज्य एक सजीव आत्मा है, जिसका स्पष्टीकरण उसके अन्तर्गत व्यक्तियों और छोटी-छोटी संस्थाओं में होता है।

राज्य के प्रत्ययवादी सिद्धान्त के अन्तर्गत राज्य को व्यक्ति से अधिक महत्त्व दिया गया है। व्यक्ति की चेतना राज्य की चेतना की ही आंशिक अभिव्यक्ति है। राज्य ही व्यक्ति के वास्तविक व्यक्तित्व का सृजन करता है, और उसके अस्तित्व की गांरटी देता है। व्यक्ति की ''वास्तविक'' स्वतंत्रता राज्य द्वारा ही सम्भव बनायी जाती है। राज्य के अभाव में व्यक्ति के लिए स्वतंत्रताओं का उपभोग करना सम्भव नहीं हो पाता।

राज्य के माध्यम से ''सामान्य संकल्प'' (general will) की अभिव्यक्ति होती है, जो समाज के सभी व्यक्तियों के संकल्प का प्रतिनिधित्व करता है, और जो अलग-अलग व्यक्तियों के संकल्पों से स्वतंत्र और ऊपर होता है। इस तरह, व्यक्ति और राज्य के बीच सम्बन्ध के सन्दर्भ में प्रत्ययवादी सिद्धान्त के अनुसार राज्य साध्य है, और व्यक्ति साधन। राज्य के अधिकार व्यक्ति के ''तथाकथित'' अधिकारों से ऊपर हैं। व्यक्ति के सभी अधिकार राज्य द्वारा ही प्रदान किए जाते हैं। इसलिए, व्यक्ति के ऐसे कोई भी ''वास्तविक'' अधिकार नहीं हो सकते हैं, जिनका राज्य के साथ संघर्ष हो। क्योंकि राज्य द्वारा ''सामान्य संकल्प'' की अभिव्यक्ति होती है, जो अलग-अलग व्यक्तियों के संकल्पों से ऊपर होता है; इसलिए, राज्य के नियंत्रण में ही, या दूसरे शब्दों में राज्य द्वारा बनाए गए कानूनों का पालन करने में ही व्यक्ति की ''वास्तविक'' स्वतंत्रता हैं।[1]

हीगेल द्वारा दी गयी राज्य की प्रत्ययवादी अवधारणा एक निरंकुश (absolutist) राज्य की ओर ले जाती दिखायी देती है। इसे लोकतांत्रिक दृष्टि से सन्तोषजनक नहीं माना जा सकता है।

---

1. C. E. M. Joad, *Introduction to Modern Political Theory,* pp. 11-14.

व्यक्तिवाद

व्यक्तिवाद का समर्थन कई विचारकों द्वारा किया गया है। पश्चिम में लॉक और मिल, और भारत में मानवेन्द्रनाथ रॉय और गाँधी इसके प्रमुख समर्थकों में हैं। व्यक्तिवाद का सम्बन्ध अक्सर सामाजिक समझौता सिद्धान्त (social contract theory) से जोड़ा जाता है। लॉक जैसे व्यक्तिवादी विचारकों ने अपने व्यक्तिवाद का समर्थन करने के लिए सामाजिक समझौता सिद्धान्त का सहारा लिया है। लेकिन सामाजिक समझौता सिद्धान्त और व्यक्तिवाद के बीच कोई अनिवार्य तार्किक या ऐतिहासिक सम्बन्ध नहीं है। व्यक्तिवाद का समर्थन स्वतन्त्र रूप में भी किया जा सकता है। पश्चिम में जॉन स्टुअर्ट मिल और भारत में मानवेन्द्रनाथ रॉय जैसे विचारकों ने व्यक्तिवाद का समर्थन किया है, लेकिन उन्होंने इसके लिए सामाजिक समझौता सिद्धान्त की सहायता नहीं ली है।

लॉक

सामाजिक समझौता सिद्धान्त के अनुसार ''प्राकृतिक अवस्था'' (state of nature) में समाज और राज्य का अस्तित्व नहीं था। लॉक के अनुसार ''प्राकृतिक अवस्था'' में व्यक्ति एक समान (equal) और प्रकृत्ति के नियम के दायरे में जैसा चाहें वैसा करने के लिए स्वतंत्र थे। प्राकृतिक नियम से ही मनुष्य को कुछ प्राकृतिक अधिकार मिलते हैं, जिनमें जीवन, स्वतंत्रता और सम्पत्ति का अधिकार प्रमुख हैं।

लॉक की राय में प्राकृतिक अवस्था में व्यक्ति के प्राकृतिक अधिकार तो थे, लेकिन शान्ति और सुरक्षा नहीं थी। इसलिए, मनुष्य ने एक समझौते के द्वारा नागरिक समाज (civil society) की स्थापना की, जिसमें उसने सुरक्षा के बदले अपने अधिकारों को कुछ हद तक सीमित किया जाना स्वीकार किया। सभी ने यह स्वीकार किया कि वे बहुमत के शासन को मानेंगे, क्योंकि इसके बिना राज्य का अस्तित्व सम्भव नहीं है। लॉक के अनुसार सरकार का निर्माण न्यास (trust) द्वारा होता है। सरकार के निर्माण के बाद भी सर्वोच्च शक्ति आम जनता के पास ही रहती है। व्यक्ति के प्राकृतिक अधिकार भी, जिन्हें किसी भी स्थिति में उससे अलग नहीं किया जा सकता है, पूर्ववत् बने रहते हैं।

लॉक के अनुसार व्यक्ति के प्राकृतिक अधिकारों को उसकी **सहमति** के बिना सीमित नहीं किया जा सकता है। सरकार द्वारा व्यक्ति के अधिकारों को सीमित किया जाता है। इसलिए, कोई भी सरकार तभी वैध (legitimate) हो सकती है, जब वह सहमति पर आधारित हो। लॉक के अनुसार राजनीतिक शक्ति का इस्तेमाल सार्वजनिक शुभ के लिए और सहमति के आधार पर किया जाना चाहिए।[1]

मिल

जॉन स्टुअर्ट मिल उपयोगितावादी दार्शनिक हैं। मिल के विचारों की चर्चा पिछले अध्याय में स्वतंत्रता के आदर्श के सन्दर्भ में की गयी है। अगले अध्याय में भी लोकतान्त्रिक विचारक के रूप में मिल के विचारों की चर्चा होगी।

मिल यह स्वीकार करते हैं कि समाज एक प्राकृतिक वस्तु है, और राज्य में रह कर ही व्यक्ति उस सुख का पूरी तरह अनुभव कर सकता है, जिसकी क्षमता मानव-स्वभाव में है। लेकिन, मिल के अनुसार, इस स्वीकारोक्ति का यह अर्थ नहीं है कि राज्य का अस्तित्व व्यक्ति के सुख के लिए नहीं है। मिल के अनुसार राज्य का उद्देश्य है व्यक्ति के सुख में वृद्धि करना। यही उसके अस्तित्व का औचित्य है।

---

1. Roger Scruton, *A Dictionary of Political Thought*, pp. 275-76.

मिल के विचार में राज्य व्यक्तियों के सुख में वृद्धि कर सकता है, अगर वह उनके निजी मामलों में कम-से-कम हस्तक्षेप करे। मिल ने अपनी पुस्तक *On Liberty* में विचारों और अभिव्यक्ति की स्वतंत्रता का जबरदस्त समर्थन किया है। मिल के अनुसार आचरण की स्वतंत्रता मानव सुख और व्यक्ति एंव समाज के विकास का मुख्य तत्त्व है। मिल की राय में ऐसे मामलों में जहाँ व्यक्ति के आचरण का प्रभाव समुदाय पर नहीं पड़ता हो, व्यक्ति को पूर्ण स्वतन्त्रता मिलनी चाहिए। जबकि ऐसे मामलों में जहाँ व्यक्ति के आचरण का प्रभाव समुदाय पर पड़ता हो, वहाँ अगर व्यक्ति का आचरण समुदाय के कल्याण के विरुद्ध हो, तो समुदाय को व्यक्ति के आचरण को नियंत्रित करने का अधिकार है। मिल के अनुसार **सिर्फ दूसरों की स्वतंत्रता में हस्तक्षेप करने से रोकने के लिए ही किसी व्यक्ति की स्वतंत्रता पर रोक लगायी जानी चाहिए।**[1]

रॉय

मानवेन्द्र नाथ रॉय के अनुसार राज्य समाज का राजनीतिक संगठन है। रॉय के विचार में समाज के मूल में है—व्यक्ति। यह सही है कि सहयोगात्मक सामाजिक सम्बन्धों से व्यक्ति की क्षमताओं के विकास में सहायता मिलती है, लेकिन सामाजिक प्रगति का पैमाना व्यक्ति का विकास है। किसी समूह के अस्तित्व के लिए व्यक्ति का अस्तित्व आवश्यक है। व्यक्ति से स्वतंत्र राष्ट्र या वर्ग में सामूहिक अहं के अस्तित्व को मान लेना एक भूल है। व्यक्ति को प्राप्त स्वतंत्रता और सुख से अलग सामाजिक विकास एक काल्पनिक आदर्श है। सामाजिक कल्याण व्यक्ति के कल्याण द्वारा ही सम्भव है। किसी भी सामूहिक प्रयत्न या सामाजिक संगठन की सफलता का मापदण्ड उससे समूह की इकाई व्यक्ति को मिलने वाला वास्तविक लाभ है। रॉय के अनुसार, सामाजिक-राजनीतिक दर्शन की शुरूआत इस बुनियादी विचार से होनी चाहिए कि **व्यक्ति समाज से पहले आता है, और व्यक्ति ही स्वतंत्रता का अनुभव कर सकता है।** (मानवेन्द्रनाथ रॉय के विचारों की चर्चा के लिए देखें, ''मानवतावाद'')।

गाँधी

गाँधी ने भी व्यक्तिवाद का समर्थन किया है। गाँधी के अनुसार मूल्यों और राजनीतिक शक्ति की दृष्टि से व्यक्ति का केन्द्रीय महत्त्व है। राज्य और सरकार अपना अस्तित्व और शक्ति व्यक्तियों से प्राप्त करती हैं। राज्य का उद्देश्य होना चाहिए व्यक्ति के सर्वांगीण विकास में सहयोग। राज्य को आम जनता के प्रति सेवा की भावना रखनी चाहिए। कभी भी मालिक जैसा व्यवहार नहीं करना चाहिए।

गाँधी के अनुसार आम नागरिकों को यह ध्यान रखना चाहिए कि उनके सहयोग के बिना सरकार एक कदम भी नहीं चल सकती है। इसलिए उन्हें सरकार के कल्याणकारी कार्यों को लागू करने में, अच्छे कानूनों का पालन करने में और राज्य की रक्षा करने में पूरा सहयोग करना चाहिए। लेकिन दूसरी ओर, अगर राज्य जनता का शोषण करे, उनके विकास में बाधा उत्पन्न करे, तो नागरिकों का यह दायित्व हो जाता है कि वे अपना सहयोग वापस ले लें, और नैतिक दबाव एवं अहिंसक असहयोग द्वारा सरकार को सुधरने के लिए बाध्य करें। इस तरह, **नागरिकों को सहयोग और असहयोग द्वारा सरकार को न्याय के रास्ते पर बनाए रखना चाहिए।**

---

1. John Stuart Mill, *Utilitarianism*, p. 135.

समीक्षा

राज्य एक सामाजिक समिति है। इसलिए, व्यक्ति और राज्य के बीच सम्बन्ध का प्रश्न व्यक्ति और समाज के बीच सम्बन्ध के व्यापक प्रश्न से जुड़ा हुआ है। व्यक्ति और राज्य के बीच सम्बन्धों के बारे में दो परस्पर विरोधी सिद्धान्त हैं। व्यक्तिवाद के अनुसार व्यक्ति साध्य है, और समाज या राज्य साधन; जबकि राज्य के प्रत्ययवादी सिद्धान्त के अनुसार समाज या राज्य साध्य हैं, और व्यक्ति साधन। इसी तरह, व्यक्तिवादी सिद्धान्त के अनुसार व्यक्ति को समाज और राज्य में अधिक-से-अधिक स्वतंत्रता मिलनी चाहिए, जबकि प्रत्ययवादी सिद्धान्त के अनुसार व्यक्ति को राज्य के नियंत्रण में रहना चाहिए।

इन दो परस्पर विरोधी सिद्धान्तों में कौन-सा सिद्धान्त सन्तोषजनक है, यह निर्धारित करने के लिए ''समाज'' और ''राज्य'' का अर्थ स्पष्ट करना जरूरी है।

मैकीवर और पेज के अनुसार ''समाज'' सामाजिक सम्बन्धों का एक ऐसा ताना-बाना है, जो निरन्तर परिवर्तनशील रहता है। (''सामाजिक सम्बन्ध'' ऐसे सम्बन्धों को कहते हैं, जिनमें एक-दूसरे के अस्तित्व का बोध रहता है ओर ये सम्बन्ध विभिन्न व्यक्तियों के बीच होते हैं।)[1] समाज का क्षेत्र राज्य से व्यापक है। ''समाज'' की इस परिभाषा से स्पष्ट है कि ''समाज'' कोई ठोस वस्तु नहीं है, बल्कि एक अमूर्त धारणा है। समाज की इकाई है व्यक्ति। समाज के व्यक्तियों से अलग और स्वतंत्र ''समाज'' का कोई अस्तित्व नहीं होता है।

हम पिछले अध्यायों में राज्य की अवधारणा की चर्चा कर चुके हैं। राज्य एक सामाजिक समिति है, जिसके चार तत्त्व हैं—(i) आबादी (ii) क्षेत्र (iii) सरकार और (iv) सम्प्रभुता। इस तरह, राज्य व्यक्तियों का एक समूह है। राज्य की इकाई है व्यक्ति। राज्य के व्यक्तियों से अलग और स्वतंत्र ''राज्य'' का कोई अस्तित्व नहीं होता है। व्यक्ति ही मस्तिष्क और चेतना से सम्पन्न है, और व्यक्ति ही सुख-दुख का अनुभव कर सकता है। आबादी के अभाव में किसी राज्य के अस्तित्व की कल्पना नहीं की जा सकती है।

थोड़ी देर के लिए अगर यह मान भी लिया जाए कि ''राज्य का हित'' साध्य है, और व्यक्ति साधन। तो फिर यह प्रश्न उठाया जा सकता है कि ''राज्य का हित'' क्या है? ''राज्य'' के ऊपर दिए गए विश्लेषण से यह स्पष्ट है कि व्यक्ति के हित से स्वतन्त्र ''राज्य के हित'' की कल्पना नहीं की जा सकती है। राज्य के अलग-अलग व्यक्तियों के हितों को मिला कर ही ''राज्य का हित'' बनता है। व्यक्ति का हित क्या है, यह निर्धारित किए बिना हम यह तय नहीं कर सकते हैं कि ''राज्य का हित'' क्या है। राज्य का अस्तित्व व्यक्ति के लिए है, व्यक्ति का अस्तित्व राज्य के लिए नहीं। इस तरह, नैतिक दृष्टि से व्यक्ति समाज और राज्य से पहले आता है। उदाहरण के तौर पर, जब हम एक ''सुखी समाज'' बनाने की बात करते है, तो उसका एक ऐसे समाज के सिवा और क्या अर्थ हो सकता है, जिसमें सभी या अधिकांश व्यक्ति सुखी हों? क्या जिस समाज में सभी व्यक्ति दुखी हों, वह समाज सुखी हो सकता है? सुख और दुख का अनुभव व्यक्ति ही कर सकता है, ''समाज'' या ''राज्य'' नहीं। और व्यक्ति तभी सुखी हो सकता है, जब उसे अपने सुख के तलाश की अधिकतम स्वतंत्रता हो। काल्पनिक ''सामाजिक शुभ'' के नाम पर व्यक्ति के सुख और स्वतंत्रता का हनन एक बहुत भारी भूल है। इस तरह, नैतिक दृष्टि से व्यक्तिवाद ही एक संतोषजनक सिद्धान्त है।

❑

---

1. R. M. MacIver & Charles H. Page, *Society, An Introductory Analysis* (New Delhi : Macmillan India Ltd., 1981), p. 6.

अध्याय 7

लोकतंत्र

लोकतंत्र एक किस्म की राजनीतिक व्यवस्था या शासन-तंत्र का नाम है। उदारवाद या व्यक्तिवाद को, जिसमें प्रत्येक व्यक्ति को अपने-आप में साध्य माना जाता है, और व्यक्ति की अधिकतम स्वतंत्रता को सर्वोच्च महत्त्व दिया जाता है, हम लोकतंत्र का सैद्धान्तिक आधार मान सकते हैं। इस तरह, हम लोकतंत्र का समर्थन करने वाली राजनीतिक विचारधारा को लोकतांत्रिक विचारधारा कह सकतें हैं। इस अध्याय में हम मुख्यतः लोकतांत्रिक आदर्श, लोकतांत्रिक सरकार और कुछ लोकतांत्रिक विचारकों की चर्चा करेंगे।

लोकतांत्रिक आदर्श

लोकतांत्रिक शासन-व्यवस्था का सम्बन्ध **स्वतंत्रता** और **समता** के लोकतांत्रिक मूल्यों या आदर्शों से है। लोकतांत्रिक शासन-व्यवस्था को इसलिए पसन्द किया जाता है, और इसका समर्थन भी इसलिए किया जाता है, क्योंकि **इसके अन्तर्गत नागरिकों को अधिकतम स्वतंत्रता मिलती है, और प्रत्येक नागरिक को एक समान महत्त्व दिया जाता है।**

सरकार द्वारा बनाए गए कानूनों से कई बार नागरिकों की स्वतंत्रता सीमित हो जाती है। लेकिन लोकतंत्र में नागरिक स्वयं सरकार और कानून बनाते हैं। इसलिए, लोकतंत्र में इस बात की सबसे अधिक गारंटी रहती है कि नागरिकों की स्वतंत्रता को अनावश्यक रूप से सीमित नहीं किया जाएगा। जब नागरिक अपने द्वारा निर्वाचित सरकार के माध्यम से कानून बनाते हैं, तो फिर यह ऊपर से आरोपित नहीं होता है, बल्कि एक तरह का स्वनियंत्रण या आत्मानुशासन होता है। और अगर कोई सरकार नागरिकों की स्वतंत्रता को आवश्यकता से अधिक सीमित करे, तो फिर नागरिक चुनाव के माध्यम से उस सरकार को बदल भी सकते हैं। इस तरह, लोकतांत्रिक शासन-व्यवस्था का स्वतंत्रता से सीधा सम्बन्ध है।

लोकतंत्र में नागरिकों की समानता के आदर्श की अभिव्यक्ति सामान्य वयस्क मताधिकार या "एक व्यक्ति, एक वोट" के सिद्धान्त द्वारा होती है। इससे यह बात समझ में आती है कि लोकतंत्र में हर नागरिक को सरकार बनाने और उसे नियंत्रित करने का एक जैसा और बराबर अधिकार रहता है, चाहे वह व्यक्ति जिस भी सामाजिक वर्ग से हो। इस तरह, राजनीतिक समानता लोकतंत्र का अनिवार्य अंग है। इसके अलावा, लोकतंत्र में सभी नागरिकों को कानूनी दृष्टि से एक समान माना जाता है। जैसा कि डी. डी. रैफेल ने अपनी पुस्तक *Problems of Political Philosophy* में बतलाया है, लोकतंत्र को शुरू से ही स्वतंत्रता और समता के मूल्यों से जोड़ा गया है। यहाँ तक कि लोकतंत्र के आलोचक प्लेटो ने भी लोकतंत्र की इसलिए आलोचना की है, क्योंकि प्लेटो के अनुसार इस शासन-व्यवस्था का

लक्ष्य स्वतंत्रता और समता है। कुलीनतंत्र के समर्थक प्लेटो को ये मूल्य स्वीकार्य नहीं थे। इस तरह, जहाँ ''लोकतंत्र'' और ''लोकतांत्रिक'' शब्दों का इस्तेमाल एक विशेष किस्म की राजनीतिक-व्यवस्था के लिए किया जाता है, वहाँ दूसरी ओर इन शब्दों को स्वतंत्रता और समानता के सामाजिक-राजनीतिक आदर्शों से भी जोड़ा जाता है।[1]

फ्रांस की क्रान्ति के समय से ही स्वतंत्रता और समता के अलावा बन्धुत्व या भ्रातृत्व के मूल्य को भी लोकतांत्रिक मूल्य के रूप में स्वीकार किया जाता है। भारत के संविधान की प्रस्तावना में भी इन आदर्शों का उल्लेख किया गया है। स्वतंत्रता, समता और बन्धुता के अतिरिक्त भारतीय संविधान की प्रस्तावना में सामाजिक, राजनीतिक और आर्थिक न्याय के आदर्श का भी जिक्र किया गया है।

लोकतांत्रिक सरकार

लोकतांत्रिक सरकार की अब्राहम लिंकन द्वारा दी गयी सुप्रसिद्ध परिभाषा के अनुसार लोकतांत्रिक सरकार **''जनता की जनता द्वारा और जनता के लिए''** होती है।[2] इस परिभाषा में जो सबसे महत्त्वपूर्ण बात है, वह है ''जनता द्वारा'', क्योंकि जनता की या जनता के लिए सरकार होने का दावा तो तानाशाह भी कर सकते हैं, बल्कि आम तौर से करते ही हैं। लोकतांत्रिक सरकार की सबसे बड़ी विशेषता यही है कि यह सरकार जनता द्वारा होती है—लोकतंत्र में जनता स्वयं सरकार बनाती है। इस तरह, लोकतंत्र में तंत्र (सरकार) पर लोक (जनता) का नियंत्रण रहता है।

लोकतांत्रिक सरकारों को दो वर्गों में डाला जा सकता है (i) **प्रत्यक्ष** और (ii) **अप्रत्यक्ष**।

प्रत्यक्ष लोकतंत्र में राज्य के सभी वयस्क नागरिक किसी एक जगह पर इकट्ठे हो कर कानून बनाने का, और अन्य सरकारी काम करते हैं। प्राचीन समय में भारत में वैशाली और ग्रीस में एथेन्स में इस किस्म के लोकतंत्र का अस्तित्व था। आधुनिक समय में स्वीट्जरलैंड के ''कैन्टन्स'' (प्रान्तीय इकाइयां) में इस किस्म के लोकतन्त्र का अस्तित्व है।

अप्रत्यक्ष या प्रातिनिधिक लोकतंत्र में जनता अपने निर्वाचित प्रतिनिधियों के माध्यम से कानून बनाने का काम और अन्य सरकारी काम करती है। दरअसल, प्रत्यक्ष लोकतंत्र का अस्तित्व बहुत ही छोटे राज्य या इकाई में ही सम्भव है। बड़ी आबादी वाले राज्यों में प्रत्यक्ष लोकतंत्र व्यावहारिक नहीं है। आज के समय में अप्रत्यक्ष लोकतंत्र का ही अधिक प्रचलन है।

किसी भी सरकार के तीन कार्य होते हैं—**एक, कानून बनाना, दो, कानून को लागू करना और तीन, कानून की व्याख्या करना**। आधुनिक लोकतंत्र में ये कार्य क्रमशः सरकार के तीन अंगों—विधायिका, कार्यपालिका और न्यायपालिका—द्वारा किए जाते हैं। आधुनिक लोकतंत्र में विधायिका और कार्यपालिका जनता द्वारा निर्वाचित होती है, लेकिन न्यायपालिका निर्वाचित नहीं होती है।

प्रातिनिधिक या अप्रत्यक्ष लोकतंत्र के दो प्रमुख रूप हैं: **एक, राष्ट्रपति प्रणाली और दो, संसदीय प्रणाली।**

संयुक्त राज्य अमेरिका में राष्ट्रपति प्रणाली की सरकार है। इसके अन्तर्गत वहाँ पर

---

1. D. D. Raphael, *Problems of Political Philosophy*, p. 143.
2. Ibid., p. 146.

राष्ट्रपति को मतदाताओं द्वारा चार वर्षों के लिए चुना जाता है। राष्ट्रपति कार्यपालिका का प्रमुख होता है। राष्ट्रपति प्रणाली के अन्तर्गत विधायिका भी निर्वाचित रहती है। अमेरिका में कानून बनाने का अधिकार विधायिका को है, लेकिन लागू करने या न करने का अधिकार राष्ट्रपति को है। विधायिका राष्ट्रपति को अविश्वास प्रस्ताव पारित कर हटा भी नही सकती है। असाधारण परिस्थितियों में, भ्रष्टाचार के आरोप पर महाभियोग लगाकर राष्ट्रपति को हटाया जा सकता है। इस तरह, **राष्ट्रपति प्रणाली में कार्यपालिका और विधायिका एक-दूसरे से स्वतंत्र रहते हैं।** सरकार के तीनों अंग परस्पर एक-दूसरे पर अंकुश रखते हैं।

संसदीय प्रणाली

ब्रिटेन और भारत में संसदीय प्रणाली की सरकार है। ब्रिटेन एक संवैधानिक **राजतंत्र** है। वास्तविक सत्ता प्रधानमंत्री के पास रहती है, जो संसद के प्रति उत्तरदायी रहता है। दूसरी ओर, भारत एक **गणतंत्र** है। भारत में संवैधानिक प्रमुख राष्ट्रपति का चुनाव अप्रत्यक्ष तरीके से होता है, लेकिन आम तौर से वास्तविक सत्ता प्रधानमंत्री के हाथ में रहती है। कुछ विशेष परिस्थितियां को छोड़ कर, राष्ट्रपति को मंत्रिमंडल के प्रमुख के रूप में प्रधानमंत्री की सलाह के अनुसार काम करना पड़ता है। प्रधानमंत्री और मंत्रिमंडल विधायिका के प्रति उत्तरदायी रहते हैं। कोई भी सरकार (कार्यपालिका) तभी तक सत्ता में बनी रह सकती है, जब तक उसे लोकसभा का विश्वास प्राप्त हो। अगर लोकसभा किसी भी सरकार के विरूद्ध अविश्वास प्रस्ताव पारित कर दे, तो वह सरकार गिर जाती है। लोकसभा का चुनाव सीधे मतदाताओं द्वारा किया जाता है। इस तरह, **संसदीय प्रणाली में कार्यपालिका विधायिका के प्रति उत्तरदायी रहती है।** राष्ट्रपति प्रणाली और संसदीय प्रणाली के लोकतंत्र के बीच मुख्य अन्तर यही है कि राष्ट्रपति प्रणाली में कार्यपालिका और विधायिका एक-दूसरे से स्वतंत्र रहते हैं, जबकि संसदीय प्रणाली में कार्यपालिका विधायिका के प्रति उत्तरदायी रहती है।

भारत और ब्रिटेन दोनों में संसदीय प्रणाली की सरकार है, लेकिन दोनों की शासन-प्रणाली में कुछ महत्त्वपूर्ण अन्तर भी हैं। एक तो भारत संयुक्त राज्य अमेरिका की तरह एक गणतंत्र है। गणतंत्र में राज्य का प्रमुख (राष्ट्रपति) निर्वाचित होता है। दूसरे, भारत का संविधान अमेरिका की संविधान की तरह लिखित है, ब्रिटेन के संविधान की तरह अलिखित नहीं। तीसरे, भारत में अमेरिका की तरह न्यायपालिका को न्यायिक समीक्षा (judicial review) का अधिकार मिला हुआ है। इसका अर्थ यह है कि **संविधान की व्याख्या का अन्तिम अधिकार न्यायपालिका को है।** अगर न्यायपालिका यह समझती है कि विधायिका द्वारा बनाया गया कोई कानून संविधान के विरुद्ध है, तो वह उसे रद्द कर सकती है। इसके विपरीत, ब्रिटेन में विधायिका को सर्वोच्च माना जाता है।

भारत के संविधान की एक महत्त्वपूर्ण विशेषता यह भी है कि इसमें भारत को एक **धर्मनिरपेक्ष** (secular) राज्य घोषित किया गया है। संविधान की प्रस्तावना के अनुसार भारत एक समाजवादी, धर्मनिरपेक्ष और लोकतांत्रिक गणतंत्र है। भारत का संविधान धर्मनिरपेक्ष है क्योंकि (1) इसमें किसी भी धर्म को सरकारी धर्म के रूप में मान्यता नहीं दी गयी है। (2) इसमें स्पष्ट कहा गया है कि धर्म के आधार पर एक नागरिक और दूसरे नागरिक के बीच भेदभाव नहीं बरता जाएगा। सुप्रीम कोर्ट के एक महत्त्वपूर्ण निर्णय के अनुसार

धर्मनिरपेक्षता भारतीय संविधान के बुनियादी ढाँचे का अंग है। दरअसल, भारत जैसे बहुधर्मी देश में धर्मनिरपेक्षता लोकतंत्र के अस्तित्व के लिए एक अनिवार्य शर्त है।

लोकतंत्र में, जैसा कि पहले भी उल्लेख किया गया है, सरकार जनता द्वारा बनायी जाती है। प्रातिनिधिक लोकतंत्र में जनता अपने प्रतिनिधियों के माध्यम से सरकार बनाती है, जो जनता के प्रति उत्तरदायी रहती है। **नियमित चुनाव और बहुमत द्वारा निर्णय लोकतंत्र के दो महत्त्वपूर्ण सिद्धान्त हैं**। उदाहरण के तौर पर, भारत की संसदीय प्रणाली में हर पाँच वर्ष पर लोकसभा के चुनाव होते हैं (बशर्ते की लोकसभा बीच में ही भंग न कर दी जाए)। आम चुनाव के जरिए भारत के मतदाता लोकसभा के सदस्यों का चुनाव करते हैं। लोकसभा में जिस पार्टी या गठबंधन को बहुमत का समर्थन प्राप्त हो वही सरकार बनाती है। कोई भी सरकार तभी तक सत्ता में रहती है, ज़ब तक कि उसे लोकसभा में बहुमत का समर्थन प्राप्त हो। इसी तरह, विधायिका द्वारा कानून बनाने के लिए भी बहुमत का समर्थन अनिवार्य रहता है।

संसदीय प्रणाली की एक और विशेषता है विधायिका (संसद) की नियमित बैठकें। उदाहरण के तौर पर, भारतीय संसद की बैठक समय-समय पर होती रहती है। कानून बनाने और बजट पास करने के अतिरिक्त इन बैठकों में उन विषयों पर चर्चा बहस भी होती है, जो सदस्य समय-समय पर उठाते हैं। अध्यक्ष की अनुमति से ध्यानाकर्षण प्रस्ताव और काम रोको प्रस्ताव द्वारा सरकार का ध्यान जनहित के किसी महत्त्वपूर्ण मुद्दे की ओर दिलाया जा सकता है, और उस पर बहस भी करवायी जा सकती है। इसके अलावा, प्रश्न काल के दौरान सदस्य अध्यक्ष की अनुमति से किसी भी सरकारी विभाग के बारे में कोई भी प्रश्न पूछ सकते हैं, और सम्बद्ध विभाग के मंत्री के लिए उन प्रश्नों का उत्तर देना अनिवार्य होता है। इन सारे उपायों के द्वारा सरकार पर अंकुश रखा जाता है, और इस बात की पुष्टि होती है कि **सरकार लोकसभा के माध्यम से जनता के प्रति जवाबदेह है**। इसके अलावा, इन उपायों से विपक्षी पार्टियाँ विभिन्न महत्त्वपूर्ण प्रश्नों पर अपनी नीतियों को जनता के सामने रखने में समर्थ होती हैं, ताकि मतदाताओं को यह मालूम हो सके कि अगर उन पार्टियों की सरकारें बनीं तो वे किन नीतियों पर चलेंगी।

नियमित चुनाव और बहुमत द्वारा निर्णय तो लोकतंत्र के महत्त्वपूर्ण सिद्धान्त हैं ही, इसके अलावा **लोकतंत्र का नागरिक स्वतंत्रताओं के साथ भी अनिवार्य सम्बन्ध है**। उदाहरण के तौर पर, भारत के संविधान में नागरिकों की मौलिक स्वतंत्रताओं को सुनिश्चित किया गया है। अभिव्यक्ति की स्वतंत्रता, संगठन बनाने की स्वतंत्रता, शान्तिमय प्रदर्शन करने की स्वतन्त्रता—ये कुछ प्रमुख नागरिक स्वतन्त्रताएँ हैं। अगर कार्यपालिका के किसी आदेश से या विधायिका द्वारा बनाए गए किसी कानून से नागरिक स्वतंत्रताओं सहित नागरिकों के किसी मौलिक अधिकार का उल्लंघन होता हो, तो ऐसे में नागरिकों को न्यायपालिका का दरवाजा खटखटाने का अधिकार प्राप्त है। नागरिकों द्वारा चुनौती दिए जाने पर न्यायपालिका कार्यपालिका के असंवैधानिक और गैरकानूनी आदेश को, या विधायिका द्वारा बनाए गए किसी असंवैधानिक कानून या संवैधानिक संशोधन को रद्द कर सकती है। इस तरह, **नागरिकों की मौलिक स्वतंत्रताएँ और अधिकार, स्वतंत्र न्यायपालिका और कानून का शासन भारतीय संसदीय लोकतंत्र का अभिन्न अंग हैं**। अभिव्यक्ति की स्वतंत्रता के साथ ही प्रेस और मीडिया की स्वतंत्रता भी जुड़ी हुई है।

नागरिकों की स्वतंत्रताओं का अपने-आप में बुनियादी महत्त्व तो है ही, इसके अलावा सरकार पर अंकुश रखने और सरकार को बदलने के अपने अधिकार के उपयोग के लिए भी इन स्वतंत्रताओं का अस्तित्व जरूरी है। सरकारी पार्टी के अतिरिक्त अन्य राजीनतिक दलों को संगठित करने का अधिकार (संगठन बनाने की स्वतंत्रता), सरकार की आलोचना करने का अधिकार (अभिव्यक्ति की स्वतंत्रता) और सरकार से अपनी असहमति को सार्वजनिक प्रदर्शन द्वारा व्यक्त करने का अधिकार अगर नागरिकों को उपलब्ध न हो, तो फिर सरकार बदलने के अधिकार का भी उपयोग नहीं किया जा सकता है। इस तरह, नागरिक स्वतंत्रताओं का लोकतंत्र के लिए बुनियादी महत्त्व है। लोकतंत्र में बहुमत द्वारा निर्णय जरूर लिए जाते हैं. लेकिन जो अल्पमत में रहते हैं, उन्हें भी अभिव्यक्ति की पूरी स्वतंत्रता रहती है।

भारतीय संविधान में नागरिकों के मौलिक अधिकारों (Fundamental Rights) के अतिरिक्त राज्य के नीति-निदेशक सिद्धान्तों (Directive Principles of State Policy) का भी उल्लेख है। संविधान के अनुसार कानून बनाते समय इन सिद्धान्तों को लागू करना राज्य का कर्त्तव्य है, लेकिन इन सिद्धान्तों को मौलिक अधिकारों की तरह न्यायालय के माध्यम से लागू नहीं करवाया जा सकता है। एक तरह से इन सिद्धान्तों का उद्देश्य राज्य का मार्गदर्शन करना है। ग्राम पंचायतों का गठन करना, नागरिकों के लिए काम और शिक्षा के अधिकार सुनिश्चित करना, मजदूरों के लिए उचित मजदूरी और 14 वर्ष तक के सभी बच्चों के लिए निःशुल्क शिक्षा उपलब्ध कराना कुछ प्रमुख नीति-निदेशक सिद्धान्त हैं। इसके अलावा, सभी नागरिकों के लिए एक समान नागरिक संहिता के विकास का प्रयत्न, और अनुसूचित जातियों, जनजातियों एवं अन्य कमजोर वर्गों के शैक्षणिक और आर्थिक हितों को विशेष प्रोत्साहन देना भी नीति-निदेशक सिद्धान्तों में शामिल है।

समीक्षा

लोकतंत्र की आलोचनाएँ दो दृष्टि से की गयी हैः एक, लोकतंत्र-समर्थक दृष्टि से और दो, लोकतंत्र-विरोधी दृष्टि से। लोकतंत्र-समर्थक दृष्टि से की गयी आलोचनाओं में लोकतंत्र को पूरी तरह अस्वीकार नहीं किया जाता है, बल्कि उसकी कमियों की ओर ध्यान दिलाकर, उसे और पुष्ट करने की बात की जाती है; जबकि लोकतंत्र-विरोधी आलोचकों द्वारा लोकतंत्र को पूरी तरह अस्वीकार किया जाता है और उसके बदले किसी-न-किसी किस्म की तानाशाही की वकालत की जाती है।

प्रातिनिधिक लोकतंत्र की एक मुख्य आलोचना यह है कि इसमें वास्तविक सत्ता जनता के हाथ में नहीं, बल्कि उसके ''प्रतिनिधियों'' के हाथ में रहती है, और दो चुनावों के बीच जनता का अपने ''प्रतिनिधियों'' पर कोई नियंत्रण या अंकुश नहीं रह जाता है। इस तरह, ''प्रतिनिधियों'' के हाथों में सत्ता का केन्द्रीकरण हो जाता है, और दो चुनावों के बीच की अवधि में जनता शक्तिहीन हो जाती है। इसलिए, लोकतंत्र को और अधिक जीवन्त और वास्तविक बनाने के लिए एम. एन. रॉय, गाँधी, जयप्रकाश और डॉ. राममनोहर लोहिया जैसे भारतीय नेताओं, विचारकों ने लोकतंत्र को अधिक विकेन्द्रित बनाने और उसमें जनता की हिस्सेदारी को और व्यापक बनाने पर बल दिया है। जन-प्रतिनिधियों को निरंकुश होने से रोकने के लिए जयप्रकाश नारायण द्वारा प्रतिनिधि वापसी के अधिकार (Right to Recall) की वकालत की गयी थी। इस किस्म का अधिकार संयुक्त राज्य अमेरिका के

कुछ राज्यों में नागरिकों को उपलब्ध है। भारत में पंचायती राज व्यवस्था के अन्तर्गत कुछ प्रान्तों में नागरिकों को अपने प्रतिनिधियों को वापस बुलाने का अधिकार दिया गया है।

इसमें तो कोई संदेह नहीं कि लोकतंत्र को और अधिक विकेन्द्रित एवं सहभागी बनाया जाना चाहिए, तथा जन-प्रतिनिधियों को निरंकुश होने से रोकने के लिए अधिक उपाय किए जाने चाहिए, लेकिन आम तौर से प्रातिनिधिक लोकतंत्र और भारतीय संसदीय प्रणाली के समर्थन में यह कहा जा सकता है कि दो आम चुनावों के बीच प्रतिनिधियों को निरंकुश होने से रोकने के लिए भी जनता के पास कई उपाय उपलब्ध रहते हैं। उदाहरण के तौर पर, नागरिक या तो न्यायपालिका की मदद ले सकते हैं या फिर प्रेस के जरिए दबाव पैदा कर सकते है। शान्तिमय प्रदर्शन का अधिकार तो नागरिकों को रहता ही है। दूसरे, जन-प्रतिनिधियों को इस बात की भी चिन्ता रहती है कि देर-सवेर फिर से मतदाताओं का सामना करना ही पड़ेगा। यह भय उन्हें पूरी तरह निरंकुश होने से काफी हद तक रोकता है।

मार्क्सवादी-कम्युनिस्ट दृष्टि से लोकतंत्र की आलोचना के अनुसार ''पूंजीवादी'' या ''बुर्जुआ'' लोकतंत्र में सिर्फ नाम के लिए राजनीतिक सत्ता आम जनता के हाथों में रहती है। दरअसल में, वास्तविक सत्ता ''बुर्जुआ'' वर्गों के हाथों में रहती है, जिनके पास उत्पादन के साधनों का स्वामित्व रहता है। परम्परागत मार्क्सवाद के अनुसार लोकतांत्रिक तरीकों से बुर्जुआ वर्ग के शासन को समाप्त कर वर्गविहीन और राज्यविहीन साम्यवादी समाज की दिशा में बढ़ना सम्भव नहीं है। इसलिए, हिंसक वर्ग संघर्ष के माध्यम से ''संक्रमण काल'' में लोकतंत्र को समाप्त कर ''सर्वहारा की तानाशाही'' स्थापित कर दी जानी चाहिए।

मार्क्सवादी विचारधारा की विस्तृत चर्चा आगे की जाएगी। यहाँ पर हम इतना ही कह सकते हैं कि यह सही है कि लोकतंत्र में धन-शक्ति द्वारा प्रचार माध्यमों पर अपने नियंत्रण के कारण कई बार पूंजीपति वर्ग अपनी संख्या के अनुपात में जनमत पर अधिक हावी हो जाते हैं, और अपने निहित-स्वार्थों की रक्षा में सफल होते है। लेकिन ऐसा हर समय होना अनिवार्य नही हैं। लोकशक्ति के जागरण और संगठन द्वारा धन-शक्ति के प्रभाव को निष्प्रभावी किया जा सकता है। ब्रिटेन और भारत सहित कई लोकतांत्रिक देशों में मजदूर और गरीब वर्गों का समर्थन करने वाली लोकतांत्रिक समाजवादी पार्टियाँ पूंजीपतियों द्वारा समर्थित पार्टियों को चुनाव में पराजित कर सत्ता में आ चुकी है। भारत में तो कई प्रान्तों में लोकतांत्रिक प्रक्रिया से मार्क्सवादी पार्टियाँ भी सत्ता में आ चुकी हैं। वास्तविकता तो यह है कि भारत की प्रमुख मार्क्सवादी-कम्युनिस्ट पार्टियाँ पूरी तौर से संसदीय लोकतंत्र की राजनीति में हिस्सा ले रही है। सिर्फ कुछ नक्सलवादी या माओवादी समूह ही ''सशस्त्र क्रान्ति'' की बात कर रहे हैं।

संक्षेप में, हम यह कह सकते हैं कि रूढ़िवादी मार्क्सवादी दृष्टि से की गयी लोकतंत्र की आलोचना अतिसरलीकृत है। इस आलोचना के आधार पर तानाशाही की वकालत को स्वीकार नहीं किया जा सकता है। हाँ, यह जरूर कहा जा सकता है कि चुनाव प्रणाली में सुधार, राजनीतिक दलों की आय-व्यय की सार्वजनिक जाँच, चुनाव लड़ने के लिए राजनीतिक दलों और उम्मीदवारों को राजकीय सहायता (state funding of elections), मंत्रियों और विधायकों द्वारा अपनी सम्पत्ति का नियमित ब्योरा, आदि अन्य उपायों द्वारा धन-शक्ति और राज्य-शक्ति के बीच के सम्बन्ध को तोड़ने के लिए ठोस उपाय किए जाने चाहिए।

अपनी तमाम खामियों के बावजूद प्रातिनिधिक लोकतंत्र किसी भी किस्म की तानाशाही व्यवस्था से बेहतर है। लोकतंत्र में स्वतंत्रता के साथ राजनीतिक समानता तो रहती ही है, लेकिन समाजिक-आर्थिक समता के अभाव में अक्सर राजनीतिक समता भी निरर्थक हो जाती है। ऐसे में प्रत्येक व्यक्ति को एक बराबर स्वतंत्रता भी नहीं मिल पाती है। इसलिए, सामाजिक लोकतंत्रवादी भी स्वतंत्रता और समता के मूल्यों को सामाजिक-आर्थिक क्षेत्र पर भी लागू करने पर बल देते हैं। लोकतंत्र और समाजवाद के समन्वय का प्रयास लोकतांत्रिक समाजवादियों द्वारा किया गया है। इसकी चर्चा आगे की गयी है।

लोकतंत्र का विरोधाभास

लोकतंत्र की व्याख्या अगर ''बहुमत के शासन'' (rule of the majority) के रूप में की जाती है, तो इससे एक विरोधाभास का जन्म होता है, जिसे ''लोकतंत्र का विरोधाभास'' (paradox of democracy) कहा जाता है। प्रश्न यह है कि अगर किसी राज्य में किसी समय बहुमत किसी फासिस्ट या रूढ़िवादी कम्युनिस्ट पार्टी का समर्थन करे, जिसका स्वतंत्र संस्थाओं के अस्तित्व और लोकतंत्र में भरोसा न हो, तो ऐसी परिस्थिति में क्या किया जाना चाहिए? ऐसी पार्टियाँ लोकतांत्रिक तरीके से सत्ता में आने के बाद लोकतंत्र को नष्ट कर सकती हैं। इसलिए, ऐसे में किसी लोकतांत्रिक व्यक्ति के लिए, जो बहुमत के शासन के प्रति प्रतिबद्ध हो, बहुत बड़ा संकट पैदा हो जाता है। अगर वह इन परिस्थितियों में फासिस्ट पार्टी के सत्ता में आने का विरोध करता है, तो इसका अर्थ यह हुआ कि वह अपने लोकतांत्रिक सिद्धान्त के प्रति ईमानदार नहीं है, और दूसरी ओर, अगर वह ऐसी पार्टी का विरोध नहीं करता है, तो वह उसके द्वारा लोकतंत्र के नष्ट किए जाने में सहायक बनता है। संक्षेप में, समस्या यह है कि **क्या किसी लोकतांत्रिक व्यक्ति के लिए बहुमत के समर्थन से सत्ता में आने वाली लोकतंत्र-विरोधी पार्टी का विरोध करना उचित है?**

सतही तौर पर देखने से यह एक बहुत बड़ी समस्या मालूम देती है, लेकिन वास्तव में ऐसा है नहीं। लोकतंत्र की जो चर्चा पहले की जा चुकी हैं, उससे यह स्पष्ट है कि, हालांकि ''बहुमत द्वारा निर्णय'' लोकतंत्र का एक महत्त्वपूर्ण सिद्धान्त है, लोकतंत्र का अर्थ बहुमत की तानाशाही नहीं है। लोकतांत्रिक शासन व्यवस्था की विशेषता यह है कि इसमें शासक जनता द्वारा निर्वाचित होते हैं, और उन्हें समय-समय पर होने वाले चुनावों के माध्यम से सत्ता से हटाया भी सकता है। इसके अलावा, लोकतंत्र में नागरिकों को अभिव्यक्ति की, संगठन बनाने की और बिना हथियारों के शान्तिमय प्रदर्शन करने की स्वतंत्रता जैसी बुनियादी स्वतंत्रताएँ भी प्राप्त रहती हैं। जिस शासन व्यवस्था में नागरिकों को ये बुनियादी स्वतंत्रताएँ प्राप्त न हों, उसे लोकतांत्रिक नहीं कहा जा सकता है। वैसे भी, इन स्वतंत्रताओं के अभाव में शासक दल का विरोध करने और उसे चुनाव के माध्यम से सत्ता से हटाने के अधिकार का प्रयोग नहीं किया सकता है।

लोकतंत्र में प्रतिबद्धता का अर्थ है लोकतांत्रिक स्वतंत्रताओं और संस्थाओं या लोकतांत्रिक राजनीतिक व्यवस्था में प्रतिबद्धता। इसलिए, अगर किसी लोकतंत्र-विरोधी पार्टी को किसी समय बहुमत का समर्थन प्राप्त हो, तो भी लोकतांत्रिक व्यक्ति को बेहिचक ऐसी पार्टी का विरोध करना चाहिए, क्योंकि ये पार्टियाँ लोकतांत्रिक स्वतंत्रताओं और संस्थाओं में विश्वास नहीं रखती है। जैसा कि पहले भी उल्लेख किया जा चुका है,

लोकतंत्र का अर्थ बहुमत की तानाशाही नहीं है। लोकतांत्रिक व्यवस्था में जो लोग अल्पमत में हैं, उन्हें भी अपने विचारों को व्यक्त करने का और उसका प्रचार करने का पूरा अधिकार रहता है। अगर कोई पार्टी नागरिकों के इस अधिकार को छीनने का इरादा रखती हो, तो एक लोकतांत्रिक व्यक्ति के लिए ऐसी पार्टी का विरोध करना पूरी तौर से उचित होगा।

The Open Society and its Enemies के लेखक कार्ल पॉपर ने अपनी रचना में ''लोकतंत्र के विरोधाभास'' का जिक्र किया है।[1] पॉपर के अनुसार ''मुक्त'' समाज में हर किसी को सरकार की नीतियों और कार्यक्रमों के आलोचना की स्वतंत्रता रहती है, और आलोचना के प्रकाश में नीतियों-कार्यक्रमों में परिवर्तन भी लाया जाता है। सत्ता में बैठे लोगों को समय-समय पर शान्तिमय तरीके से वैकल्पिक नीतियों में विश्वास रखने वाले लोगों द्वारा बदला भी जा सकता है। नागरिकों को अपने विचारों का प्रचार-प्रसार करने की स्वतंत्रता रहती है। समय-समय पर स्वतंत्र चुनाव करवाए जाते हैं। पॉपर के अनुसार ऐसे ही समाज को ''लोकतंत्र'' कहा जा सकता है।

पॉपर ने बल देकर कहा है कि अगर हम लोकतंत्र को स्वतंत्र संस्थाओं से जोड़ कर देखते हैं, तो ऐसे में ''लोकतंत्र के विरोधाभास'' से बचा जा सकता है। जो व्यक्ति स्वतंत्र लोकतांत्रिक संस्थाओं की सुरक्षा के लिए प्रतिबद्ध है, वह बिना किसी आत्मविरोध के इन संस्थाओं पर किए जाने वाले आक्रमणों से इनकी रक्षा कर सकता है—चाहे यह आक्रमण अल्पमत की दिशा से हो या बहुमत की दिशा से।

लोकतांत्रिक विचारक
(लॉक, रूसो, मिल और पॉपर)

लॉक

जॉन लॉक (1632-1704) 17वीं शताब्दी के अंग्रेज दार्शनिक हैं, जिनका ज्ञानमीमांसा के क्षेत्र में भी महत्त्वपूर्ण योगदान है। लॉक के राजनीतिक दर्शन को 1688 के ''गौरवपूर्ण क्रान्ति'' (Glorious Revolution) के समर्थन के रूप में देखा जा सकता है। राजनीति दर्शन के क्षेत्र में *Two Treatises of Civil Government* (1690) और *Letter of Toleration* (1689) लॉक की महत्त्वपूर्ण रचनाएँ हैं। लॉक की रचनाओं में सीमित सरकार (limited government) का समर्थन किया गया है, और इन्हें आधुनिक उदारवाद (liberalism) की प्रथम अभिव्यक्तियों में एक माना जाता है। लॉक ने निरंकुश राजतंत्र का समर्थन करने वाले दैवी सिद्धान्त (देखें, ''राजतंत्र'') का विरोध किया और नागरिकों के प्राकृतिक अधिकारों (natural rights) पर आधारित सीमित, संवैधानिक सरकार का समर्थन किया। लॉक के इन विचारों से संयुक्त राज्य अमेरिका के संस्थापकों और फ्रेंच क्रान्तिकारियों ने भी प्रेरणा ली। लॉक ने सामाजिक समझौता सिद्धान्त (social contract theory) का समर्थन किया है। धार्मिक क्षेत्र में लॉक ने अन्तःकरण की स्वतंत्रता और सहनशीलता की वकालत की है।

लॉक के अनुसार ''प्राकृतिक अवस्था'' (state of nature) में व्यक्ति एक समान (equal) और प्रकृति के नियम के दायरे में जैसा चाहें वैसा करने के लिए स्वतंत्र थे। प्राकृतिक नियम से ही मनुष्य को कुछ प्राकृतिक अधिकार मिलते हैं, जिनमें जीवन, स्वतंत्रता और सम्पत्ति का अधिकार प्रमुख हैं।

---

1. Bryan Magee, *Popper* (London : Fontana Paperbacks, 1982), pp. 78-79.

लॉक ने सम्पत्ति के अधिकार को भी प्राकृतिक अधिकार मानते हुए उसका समर्थन किया है। लॉक के अनुसार, व्यक्ति ने जिस किसी वस्तु के साथ अपने ''श्रम का मिश्रण'' किया है, वह उसकी सम्पत्ति है; बशर्ते, वह पहले से ही किसी के अधिकार में नहीं थी; क्योंकि शरीर के जिन अंगों से वह उन पर काम करता है, वह उसकी अपनी होती हैं।

लॉक के अनुसार व्यक्ति के प्राकृतिक अधिकारों को उसकी सहमति के बिना सीमित नहीं किया जा सकता है। सरकार द्वारा व्यक्ति के अधिकारों को सीमित किया जाता है। इसलिए, कोई भी सरकार तभी वैध (legitimate) हो सकती है, जब वह सहमति पर आधारित हो। लॉक के अनुसार राजनीतिक शक्ति का इस्तेमाल सार्वजनिक शुभ के लिए और सहमति के आधार पर किया जाना चाहिए।

लॉक की राय में प्राकृतिक अवस्था मे व्यक्ति के प्राकृतिक अधिकार तो थे, लेकिन शान्ति और सुरक्षा नहीं थी। इसलिए, मनुष्य ने एक समझौते के द्वारा नागरिक समाज (civil society) की स्थापना की, जिसमें उसने सुरक्षा के बदले अपने अधिकारों को कुछ हद तक सीमित किया जाना स्वीकार किया। सभी ने यह स्वीकार किया कि वे बहुमत के शासन को मानेंगे, क्योंकि इसके बिना राज्य का अस्तित्व सम्भव नहीं है। लॉक के अनुसार सरकार का निर्माण न्यास (trust) द्वारा होता है। सरकार के निर्माण के बाद भी सर्वोच्च शक्ति आम जनता के पास ही रहती है। व्यक्ति के प्राकृतिक अधिकार भी, जिन्हें किसी भी स्थिति में उससे अलग नहीं किया जा सकता, पूर्ववत् बने रहते है।

लॉक ने स्वतंत्रता की रक्षा के लिए ''शक्ति के विभाजन'' (separation of power) के सिद्धान्त का समर्थन किया है। आगे चल कर फ्रेंच दार्शनिक मॉन्टेस्क्यू ने ''शक्ति के विभाजन'' के सिद्धान्त को और विकसित किया। इसके अनुसार नागरिकों की स्वतंत्रताओं की सुरक्षा की दृष्टि से सरकार के तीन कामों को—कानून बनाना, कानून को लागू करना और कानून की व्याख्या करना—सरकार के तीन अलग-अलग अंगों—विधायिका, कार्यपालिका और न्यायपालिका—द्वारा किया जाना चाहिए, और सरकार की इन तीनों शाखाओं को एक-दूसरे पर अंकुश रखना चाहिए। इस तरह, लॉक ने सीमित सरकार, संविधान, जनप्रतिनिधित्व और स्वतंत्रताओं की रक्षा के लिए ''शक्ति के विभाजन'' के सिद्धान्त का समर्थन किया है।[1]

रूसो

जीन जैकस रूसो (1712-1778) स्विट्जरलैण्ड में जन्में 18वीं शताब्दी के दार्शनिक थे, जिन्होने काफी समय फ्रांस में बिताया था। *Emile* (1762) और *Social Contract* (1762) उनकी महत्त्वपूर्ण रचनाएँ हैं। *Emile* में रूसो ने स्वतंत्र व्यक्ति के लिए ऐसी शिक्षा का वर्णन किया है, जिससे उसमें प्राकृतिक रूप से अन्तर्निहित अच्छाई न सिर्फ सुरक्षित रहे, बल्कि और अधिक विकसित हो सके।

अपनी रचना *Social Contract* में रूसो ने सामाजिक समझौता सिद्धान्त का समर्थन किया है। इस रचना की शुरूआत इस प्रसिद्ध पंक्ति से हुई हैः ''मनुष्य स्वतंत्र पैदा होता है, फिर भी वह हर जगह जंजीरों से जकड़ा हुआ है।'' रूसो के अनुसार, मनुष्य प्राकृतिक

---

1. Roger Scruton, *A Dictionary of Political Thought.* Also see, Sabine, *A History of Political Theory.*

रूप से अच्छा और स्वतंत्र है। वह उन संस्थाओं द्वारा बुरा और अस्वतंत्र बनाया जाता है, जो उसकी शक्ति को नकारतीं हैं। रूसो की राय में प्रत्यक्ष लोकतंत्र एकमात्र ऐसी शासन व्यवस्था है, जिसमें व्यक्ति की प्राकृतिक स्वतंत्रता सुरक्षित रहती है, क्योंकि इसमें वैधता का आधार सहमति होती है। लेकिन इस किस्म के लोकतंत्र का भी अपना विरोधाभास है। जब व्यक्ति के अपने चुनाव और बाकी समुदाय के बीच संघर्ष हो, तो वह अपनी स्वतंत्रता को कुछ हिस्से तक समुदाय को समर्पित कर देता है। इस सर्मपण का स्वरूप समाज के प्रत्येक व्यक्ति और अन्य सभी व्यक्तियों के बीच सामान्य शुभ के लिए किए गए एक सामाजिक समझौते के जैसा होता है। इस समझौते द्वारा एक ऐसी समिति का निर्माण होता है, जिसकी अपनी एक सामूहिक पहचान (corporate indentity) और जिसका अपना व्यक्तित्व होता है। जब यह समिनि निष्क्रिय रहती है, तो उसे ''राज्य'' और जब सक्रिय रहती है, तो उसे ''सम्प्रभु'' कहा जाता है। किसी भी वैधानिक व्यक्ति (legal person) की तरह, उसका अपना संकल्प(will)होता है। रूसो ने इसे ''सामान्य संकल्प''(general will) कहा है, जो ''सभी के संकल्प'' (अलग-अलग व्यक्तियों के संकल्पों की समष्टि) से भिन्न होता है। यह सामान्य संकल्प सार्वजनिक नैतिक उद्देश्यों के लिए काम करता है, और ''न्याय'' सुनिश्चित करने की दृष्टि से व्यक्ति को उसके आदेशों का पालन करना चाहिए। रूसो के अनुसार, जिस किसी व्यक्ति के अपने निजी संकल्प और सामान्य संकल्प के बीच संघर्ष हो, वह अपने-आप के साथ संघर्षमय है। ऐसा व्यक्ति ''व्याघात'' (contradiction) में जीने का प्रयत्न कर रहा है। अगर ऐसे व्यक्ति को सामान्य संकल्प के सामने झुकाया नहीं गया, तो यह उसकी सवतंत्रता को नकारने के बराबर होगा। इसलिए, उसे ''स्वतंत्र होने के लिए बाध्य'' किया जाना चाहिए। यहाँ पर रूसो के विचारों में विरोधाभास नजर आता है। रूसो के विचारों को स्वतंत्रता तथा मनुष्य के अधिकारों के समर्थन और हर किस्म की निरंकुश सरकार के विरोध के रूप में देखा जा सकता है। लेकिन रूसो के विचारों में निरंकुशता का समर्थन करने वाली प्रवृत्तियाँ भी नजर आती हैं।[1]

मिल

जॉन स्टुअर्ट मिल (1806-1873) उन्नीसवीं शताब्दी के एक अंग्रेज दार्शनिक हैं, जिनका तर्कशास्त्र, नीतिशास्त्र के अलावे राजनीति दर्शन और अर्थशास्त्र के क्षेत्र में भी योगदान है। नीतिशास्त्र और राजनीति दर्शन की दृष्टि से *On Liberty* (1859), *Utilitarainism* (1863), *Representative Government* (1861) और *Subjection of Women* (1865) मिल की प्रमुख रचनाएँ हैं। मिल ने महिलाओं के कानूनी और सामाजिक अधिकारों का भी समर्थन किया है। मिल के अनुसार स्त्री और पुरुष के बीच ऐसा कोई अन्तर नहीं है, जिससे अधिकारों के क्षेत्र में उनके बीच भेद-भाव किया जाए।

नीतिशास्त्र के क्षेत्र में मिल के विचारों को ''उपयोगितावाद'' (utilitarianism) कहा जाता है। वे बेन्थम की तरह उपयोगिता सिद्धान्त का समर्थन करते हैं, जिसके अनुसार कोई कर्म ''उपयोगी'' और ''उचित'' है, अगर उससे ''अधिकतम के अधिकतम सुख'' में वृद्धि होती हो। इसी सिद्धान्त को फिर नैतिक नियमों और कानूनों पर भी लागू किया जा सकता है। ''सुख'' के स्वरूप और मानव स्वभाव के बारे में मिल के विचार बेन्थम से कुछ अलग हैं।[2]

1. Ibid.
2. Mill, *Uitilitarianism.*

राजनीति दर्शन के क्षेत्र में मिल के विचारों को उदारवाद या व्यक्तिवाद कहा जाता है। अन्य उपयोगितावादी विचारकों की तरह मिल ने भी ''सामान्य संकल्प'' और ''राज्य के व्यक्तित्व'' जैसी अमूर्त अवधारणाओं का विरोध किया, जिनका इस्तेमाल हीगेल द्वारा निरंकुशता (absolutism) का समर्थन करने के लिए किया गया। मिल के अनुसार राज्य एक स्वाभाविक और प्राकृतिक संगठन है। राज्य में रह कर ही व्यक्ति उस सुख का पूरी तौर से अनुभव कर सकता है, जिसकी क्षमता मानव-स्वभाव में है। लेकिन, मिल के अनुसार, इस स्वीकारोक्ति का यह अर्थ नहीं है कि राज्य का अस्तित्व व्यक्ति के सुख के लिए नहीं है। मिल के अनुसार राज्य का उद्देश्य है व्यक्ति के सुख में सक्रिय रूप में वृद्धि करना। यही उसके अस्तित्व का औचित्य है।

मिल की राय में राज्य व्यक्ति के निजी मामलों में कम-से-कम हस्तक्षेप द्वारा ही उनके सुख में वृद्धि कर सकता है। मिल ने अपनी पुस्तक *On Liberty* में विचारों और अभिव्यक्ति की स्वतंत्रता का जबरदस्त समर्थन किया है। मिल के अनुसार आचरण की स्वतंत्रता मानव सुख और व्यक्ति एवं समाज के विकास का मुख्य तत्त्व है। मिल की राय में ऐसे मामलों में जहाँ व्यक्ति के आचरण का प्रभाव समुदाय पर नहीं पड़ता हो, व्यक्ति को पूर्ण स्वतंत्रता मिलनी चाहिए। जबकि ऐसे मामलों में जहाँ व्यक्ति के आचरण का प्रभाव समुदाय पर पड़ता हो, वहाँ अगर व्यक्ति का आचरण समुदाय के कल्याण विरूद्ध हो, तो समुदाय को व्यक्ति के आचरण को नियंत्रित करने का अधिकार है। मिल के अनुसार सिर्फ दूसरों की स्वतंत्रता में हस्तक्षेप करने से रोकने के लिए ही किसी व्यक्ति की स्वतंत्रता पर रोक लगायी जानी चाहिए।

मिल के अनुसार **दूसरों को नुकसान से बचाना ही एक वह एकमात्र लक्ष्य है जिसे प्राप्त करने के लिए किसी व्यक्ति की स्वतंत्रता पर रोक लगाना उचित है।** अगर किसी व्यक्ति का कोई कर्म ऐसा है, जिससे दूसरों को कोई नुकसान नहीं पहुँचता हो, तो उस पर रोक नहीं लगायी जानी चाहिए, चाहे भले उस कर्म से स्वयं उस व्यक्ति को नुकसान क्यों न पहुँचता हो। मिल के अनुसार ऐसे दृष्टांतों में व्यक्ति को समझाया जा सकता है, लेकिन उसे बाध्य नहीं किया जाना चाहिए। समाज या राज्य को व्यक्ति के सिर्फ ऐसे ही कर्मों पर रोक लगाने का अधिकार है, जिसका असर दूसरों पर पड़ता हो, और जिससे दूसरों को नुकसान पहुँचता हो। जहाँ तक व्यक्ति के ऐसे कर्मों का सवाल है, जिनका असर स्वयं उस तक ही सीमित हो, तो व्यक्ति को अपने शरीर और दिमाग का मालिक स्वयं माना जाना चाहिए।

मिल के अनुसार अगर जनमत किसी विचार के बिल्कुल विरुद्ध हो, तो भी राज्य को उसके दमन का अधिकार नहीं है। राज्य का काम व्यक्ति के सुख में वृद्धि करना है। इसलिए राज्य को जो लोग अल्पमत में हों, उनके विचारों का दमन कर उनके सुख में हस्तक्षेप नहीं करना चाहिए।

मिल ने कानून द्वारा बुनियादी स्वतंत्रताओं की गारंटी देने की वकालत की है। मिल ने कानून के सार्वजनिक दायरे और नैतिकता के निजी क्षेत्र के बीच अन्तर किया है।

Representative Government में मिल ने आनुपातिक प्रतिनिधित्व (proportional representation) पर आधारित आदर्श राजनीतिक व्यवस्था का चित्रण और समर्थन किया

है। इस व्यवस्था में, मिल के अनुसार सरकार की संस्थाओं में अल्पसंख्यकों का भी प्रतिनिधित्व होगा, और सभी नागरिकों के अधिकारों की पक्की गारंटी होगी। प्रत्येक व्यक्ति को आत्म विकास के अधिकतम अवसर प्राप्त होंगे। इस तरह, मिल ने उपयोगितावाद, व्यक्तिवाद, उदारवाद, व्यक्ति की मौलिक स्वतंत्रताओं, महिलाओं और अल्पसंख्यकों के अधिकार और प्रतिनिधि लोकतंत्र का समर्थन किया है।

पॉपर

कार्ल रेमण्ड पॉपर (1902-1994) का जन्म बीसवीं शताब्दी में ऑस्ट्रिया में हुआ। समाज और राजनीतिक दर्शन के अलावे विज्ञान के दर्शन के क्षेत्र में भी पॉपर का महत्त्वपूर्ण योगदान है। दरअसल, पॉपर ने समाज-राजनीति दर्शन के क्षेत्र में भी अपने विज्ञान के दर्शन के निष्कर्षों को लागू किया है। *Logic of Scientific Discovery* (1935), *The Open Society and its Enemies* (1945), *Poverty of Historicism* (1957) पॉपर की महत्त्वपूर्ण रचनाएँ हैं।

The Open Society and its Enemies की रचना की शुरूआत पॉपर ने मार्च 1936 में उस दिन की थी, जिस दिन उन्हें ऑस्ट्रिया पर नात्सी हमले की जानकारी मिली थी। उस समय वे न्यूजीलैण्ड विश्वविद्यालय में दर्शनशास्त्र के शिक्षक थे। पॉपर के अनुसार उनकी यह किताब राजनीति दर्शन और इतिहास दर्शन का समीक्षात्मक परिचय है, और उसमें सामाजिक पुनर्निमाण के सिद्धान्तों की जाँच की गयी है। इस पुस्तक में व्यक्त पॉपर के विचारों का सकारात्मक पक्ष है, "मुक्त" (open) और लोकतांत्रिक समाज का समर्थन; और इसका नकारात्मक पक्ष है, "मुक्त समाज" की विरोधी विचारधाराओं की समीक्षा। पुस्तक के पहले भाग में प्लेटो और दूसरे भाग में हीगेल और मार्क्स के विचारों की समीक्षा की गई है।

पॉपर "मुक्त समाज" के बहुत बड़े समर्थक हैं। पॉपर ने मुक्त समाज की समस्याओं पर विज्ञान की समीक्षात्मक और बुद्धिसंगत विधियों को लागू करने का प्रयत्न किया है। पॉपर के अनुसार "मुक्त" समाज में निरंकुश प्राधिकार को अस्वीकार किया जाता है तथा स्वतंत्रता, मानवीयता और बुद्धिसंगत समीक्षा को महत्त्व दिया जाता है। पॉपर के अनुसार तार्किक और वैज्ञानिक दृष्टि से एक "मुक्त समाज" एक "बन्द समाज" (closed society) की तुलना में अपनी समस्याओं का बेहतर ढंग से समाधान कर सकता है। "मुक्त" समाज में हर किसी को सरकार की नीतियों और कार्यक्रमों की आलोचना की स्वतंत्रता रहती है, और आलोचना के प्रकाश में नीतियों-कार्यक्रमों में परिवर्तन भी लाया जाता है। सत्ता में बैठे लोगों को समय-समय पर शान्तिमय तरीके से वैकल्पिक नीतियों में विश्वास रखने वाले लोगों द्वारा बदला भी जा सकता है। नागरिकों को अपने विचारों का प्रचार-प्रसार करने की स्वतंत्रता रहती है। समय-समय पर स्वतंत्र चुनाव करवाए जाते हैं। पॉपर के अनुसार ऐसे ही समाज को "लोकतंत्र" कहा जा सकता है।

पॉपर के अनुसार जीवन को जीने का सर्वप्रथम अर्थ है समस्याओं को सुलझाना। इसलिए, पॉपर ऐसे समाज की वकालत करते हैं, जो अपनी समस्याओं को सुलझाने में सक्षम हो। समस्याओं को सुलझाने के लिए "परीक्षण समाधान" (trial solutions) का सुस्पष्ट प्रतिपादन, और फिर उनकी समीक्षा द्वारा दोषों का निवारण जरूरी है। इसलिए पॉपर ऐसा समाज चाहते हैं जिसमें अलग-अलग प्रस्तावों को रखने की पूरी छूट हो; और

जिसमें समीक्षा की, और समीक्षा के प्रकाश में परिवर्तन की वास्तविक सम्भावना हो। पॉपर के अनुसार अगर किसी नैतिक सोच-विचार को छोड़ दें, तो भी इस किस्म का समाज अपनी समस्याओं को सुलझाने में अधिक सक्षम होगा।

पॉपर के अनुसार व्यावाहारिक और नैतिक दृष्टि से सर्वश्रेष्ठ समाज वह है जिसमें नागरिकों को अधिकतम स्वतंत्रता रहती है। इस अधिकतम स्वंतत्रता का सृजन और पोषण इस उद्देश्य से राज्य की शक्ति द्वारा समर्थित संस्थाओं के माध्यम से ही हो सकता है। इस दृष्टि राजनीतिक, आर्थिक और सामाजिक क्षेत्र में राज्य का हस्तक्षेप जरूरी है। बहुत अधिक या बहुम कम हस्तक्षेप से स्वतन्त्रता अनावश्यक रूप से सीमित हो जायेगी। इस खतरे से बचने के लिए सबसे महत्त्वपूर्ण है ऐसी संवैधानिक व्यवस्था जिसके अन्तर्गत शासितों द्वारा शासकों को हटाया जा सके, और उनके स्थान पर वैकल्पिक नीतियों में विश्वास रखने वाले व्यक्तियों को लाया जा सके। पॉपर के अनुसार यह मुक्त समाज और लोकतंत्र के अस्तित्व के लिए अनिवार्य शर्त है।

पॉपर के अनुसार राजनीति में महत्त्वपूर्ण प्रश्न यह नहीं है कि "शासन कौन करे?" बल्कि यह है कि "ऐसी संस्थाएँ कैसे बनायी जाएँ, जो बुरे शासकों के खतरे को कम-से-कम करें?"

पॉप्र ने उन समाज दर्शनों की भी आलोचना की है जो लोकतांत्रिक सुधार की सम्भावना पर प्रश्नचिह्न लगाते हैं। पॉपर के अनुसार इनमें सबसे प्रभावशाली है **इतिहासपरतावाद** (historicism)। पॉपर के अनुसार वैज्ञानिक विधि द्वारा व्यापक ऐतिहासिक भविष्यवाणियाँ (prophecies) सम्भव नहीं है। भविष्य हम पर निर्भर है, और हम किसी ऐतिहासिक अनिवार्यता पर निर्भर नहीं हैं। पॉपर के अनुसार हम अपने भविष्य के निर्माता बन सकते हैं, अगर हम उसके भविष्यक्ता होने का दिखावा करना छोड़ दें। पॉपर की राय में कुछ समाज दार्शनिक यह मानते हैं कि समाज विज्ञानों का मुख्य काम दूरगामी ऐतिहासिक भविष्यवाणी करना है। वे ऐसा समझते हैं कि उन्होंने इतिहास के ऐसे नियमों को ढूँढ लिया है, ज़िनमे आधार पर वे ऐतिहासिक घटनाओं की दिशा के बारे में भविष्यवाणी कर सकते हैं। इस किस्म के समाज दर्शनों को पॉपर ने इतिहासपरतावाद कहा है। *The Open Society and its Enemies* और *Poverty of Historicism* में पॉपर ने इतिहासपरतावाद का विरोध किया है। पॉपर के अनुसार वैज्ञानिक भविष्यवाणी (scientific prediction) और ऐतिहासिक भविष्यवाणी (historical prophecy) के बीच अन्तर है।

पॉपर के अनुसार ज्ञान के विकास का प्रभाव इतिहास पर पड़ता है, लेकिन ज्ञान के विकास के या उसके सामान्य प्रभावों के बारे में पहले से कोई भविष्यवाणी सम्भव नहीं है। आने वाले ज्ञान के बारे में तो भविष्यवाणी तभी की जा सकती है, जब वह ज्ञान पहले से ही हमारे पास हो। यह इतिहासपरतावाद के विरुद्ध पॉपर की प्रमुख युक्ति है। दूसरे, पॉपर के अनुसार समाज विज्ञान का स्वरूप ही ऐसा है कि सम्पूर्ण सामाजिक विकास के नियम नहीं बनाए जा सकते हैं। सिर्फ अलग-अलग और पृथक सामाजिक इकाइयों के बारे में ही नियम बनाए जा सकते हैं।

इन आधारों पर पॉपर ने यह निष्कर्ष निकाला है कि सामाजिक समस्याओं के क्षेत्र में सम्पूर्ण परिवर्तन के पक्ष में कोई तर्कसंगत आधार दे पाना सम्भव नहीं है। इसके लिए जितने समाजशास्त्रीय ज्ञान की आवश्यकता होगी, वह उपलब्ध नहीं है। इस ज्ञान के अभाव में

ऐसी कोई भी योजना दिशाहीन होगी। इसलिए, पॉपर ने ''यूटोपियन सामाजिक इंजीनियरी'' के स्थान पर ''खण्डशः सामाजिक इंजीनयरी'' (piecemeal social engineering) की वकालत की है। ''यूटोपियन सामाजिक इंजीनियरी'' में पहले एक ''आदर्श'' समाज या राज्य की तस्वीर बना ली जाती है, और फिर उसे प्राप्त करने के तरीकों को ढूँढा जाता है। इस दृष्टिकोण के विरोध में पॉपर का यह मानना है कि हम चाहे जहाँ भी जाना चाहें, शुरूआत वहीं से करनी होगी जहाँ हम हैं। राजनीति के क्षेत्र में हम बिल्कुल शून्य से या नए सिरे से शुरूआत नहीं कर सकते हैं। यह कहना कि कुछ बदलने से पहले हमें सब कुछ बदलना होगा, एक आत्मविरोधी बात है। इसलिए समाज के पूर्ण या व्यापक परिवर्तन की बजाय सार्वजनिक नीति का उद्देश्य ऐसे दुखों को कम-से-कम करना होना चाहिए, जिन्हें टाला जा सकता है (minimize avoidable suffering)। इसके लिए तत्काल उन समस्याओं की ओर ध्यान देना चाहिए, जो लोगों को सबसे अधिक परेशान कर रहीं हों। यह काम वैज्ञानिक विधि से किया जाना चाहिए, और ऐसा एक मुक्त समाज में ही सम्भव हैं।[1]

❑

1. K. R. Popper, *The Open Societies and its Enemies.*

अध्याय 8

समाजवाद

समाजवाद के दो प्रमुख रूप है—(1) सर्वाधिकारवादी समाजवाद या साम्यवाद और (2) लोकतांत्रिक समाजवाद। समाजवादी विचारधारा के अन्तर्गत आर्थिक समता पर बल दिया जाता है और अनियंत्रित पूंजीवाद का विरोध किया जाता है। इस अध्याय में मुख्यतः पूंजीवाद और लोकतांत्रिक समाजवाद की चर्चा की जाएगी। साम्यवाद की चर्चा अगले अध्याय में की गयी है।

पूंजीवाद

A Dictionary of Politics के अनुसार पूंजीवाद वह आर्थिक व्यवस्था है, जिसमें उत्पादन के साधनों का स्वामित्व एक छोटे अल्पमत वर्ग के हाथ में केन्द्रित रहता है, और जिसके अन्तर्गत एक सम्पत्तिविहीन वर्ग भी होता है, जो आजीविका के लिए अपने श्रम को बेचता है।[1]

A Dictionary of Political Thought के अनुसार **पूंजीवादी व्यवस्था में पूंजीपति वर्ग, जिसके हाथों में उत्पादन के साधनों का स्वामित्व रहता है, अपने उत्पादनों को बाजार में बेच कर मुनाफा (profit) कमाता है, जबकि मजदूर वर्ग अपने श्रम को बेचकर मजदूरी (wage) प्राप्त करता है। पूंजीवादी अर्थव्यवस्था के लिए उत्पादन के साधनों में व्यक्तिगत स्वामित्व या निजी सम्पत्ति की संस्था, बाजार अर्थव्यवस्था और श्रम के विभाजन का अस्तित्व जरूरी है।**[2]

बाजार अर्थव्यवस्था या मुक्त बाजार व्यवस्था में वितरण और विनिमय पर राज्य का कोई नियंत्रण नहीं होता है, और दाम (price) का निर्धारण मांग (demand) और आपूर्ति (supply) के बाजार की शक्तियां द्वारा होता है।

मार्क्सवाद के अनुसार पूंजीवाद ऐतिहासिक विकास की एक स्थिति है, जिसमें उत्पादन का मुख्य साधन कारखाने होते हैं। पूंजीवाद के अन्तर्गत दो वर्ग होते हैं: (i) कारखानों के मालिकों का वर्ग या ''बुर्जुआ'' वर्ग और (ii) कारखानों में काम करने वाले मजदूरों का वर्ग या ''सर्वहारा'' वर्ग।

''पूंजीवाद'' शब्द का प्रयोग उस राजनीतिक-आर्थिक विचारधारा के लिए भी किया जाता है, जिसके द्वारा पूंजीवादी अर्थव्यवस्था का समर्थन किया जाता है।

पूंजीवाद का समर्थन इसलिए भी किया जाता है, क्योंकि इसे व्यक्तिगत सम्पत्ति की संस्था का अनिवार्य परिणाम समझा जाता है। व्यक्तिगत सम्पत्ति का समर्थन कई आधारों पर किया गया है। हीगेल ने इसे सामाजिक दृष्टि से अनिवार्य माना है। हीगेल के अनुसार

1. Florence Elliott, *A Dictionary of Politics* (Middlesex, England: Penguin Books, seventh edition, 1974), p. 80.
2. Scruton, *A Dictionary of Political Thought*, pp. 52-53.

व्यक्तिगत स्वतंत्रता की दृष्टि से व्यक्तिगत सम्पत्ति की संस्था अनिवार्य है। दूसरी ओर, लॉक ने सम्पत्ति के अधिकार को प्राकृतिक अधिकार मानते हुए इसका समर्थन किया है। लॉक के अनुसार, व्यक्ति ने जिस किसी वस्तु के साथ अपने ''श्रम का मिश्रण'' किया है, वह उसकी सम्पत्ति है; बशर्ते, वह पहले से ही किसी के अधिकार में नहीं थी; क्योंकि शरीर के जिन अंगों से वह उन पर काम करता है, वह उसकी अपनी होती है। लॉक के अनुसार सभी न्यायसंगत हस्तांतरणों द्वारा भी यह प्राकृतिक अधिकार सुरक्षित रहता है। इस तरह, सिद्धान्ततः सभी वर्तमान सम्पत्ति अधिकारों के मूल स्रोत में जाकर यह जाना जा सकता है कि उसे कैसे अर्जित किया गया, और इस आधार पर यह भी निर्धारित किया जा सकता है कि कौन-सी सम्पत्ति उचित तरीके से हासिल की गयी है, और कौन अनुचित तरीके से।

पूंजीवाद का समर्थन इसलिए भी किया जाता है कि क्योंकि इसे बाजार अर्थव्यवस्था के लिए अनिवार्य समझा जाता है। बाजार अर्थव्यवस्था के समर्थन में कहा जाता है कि इसके द्वारा उत्पादन को अधिकतम करने और सीमित साधनों का युक्तिसंगत वितरण करने में सहायता मिलती है। इस प्रकार यह पूंजीपति और श्रमिक दोनों वर्गों के भौतिक सुख-सुविधाओं में वृद्धि करने में सहायक है।

ऐडम स्मिथ (1723-1790) ने आर्थिक अहस्तक्षेप की नीति (laissez-faire) का समर्थन किया है। स्मिथ के अनुसार बाजार को अगर उसके अपने हाल पर छोड़ दिया जाए, तो उसमें कुछ बुराइयाँ भी हैं, फिर भी यह एक सन्तुलन की ओर ले जाता है, जो अन्य किसी आर्थिक व्यवस्था में नहीं है। स्मिथ ने लाभ मनोवृत्ति (profit motive) का समर्थन किया है। स्मिथ के अनुसार पूंजीपति का उद्देश्य उसका अपना निजी लाभ होता है, लेकिन अपने इस उद्देश्य के बावजूद वह सामान्य कल्याण के लिए काम करता है। अधिक मुनाफा कमाने के लिए वह ऐसे वस्तुओं का उत्पादन और विक्रय करता है जिससे अधिक-से-अधिक आवश्यकताओं की सन्तुष्टि होती है। स्मिथ के अनुसार राज्य को आर्थिक क्षेत्र में हस्तक्षेप नहीं करना चाहिए। आर्थिक क्षेत्र को ''बाजार की शक्तियों'' के भरोसे छोड़ देना चाहिए।

बाजार अर्थव्यवस्था का समर्थन स्वतंत्रता के आदर्श के आधार पर भी किया जाता है। जिस तरह मनुष्य को राजनीतिक स्वतंत्रता मिलनी चाहिए, उसी तरह उसे आर्थिक स्वतंत्रता भी मिलनी चाहिए। राज्य को अर्थव्यवस्था में हस्तक्षेप नहीं करना चाहिए, या कम-से-कम हस्तक्षेप करना चाहिए। पूंजीवाद के समर्थन में यह भी कहा जाता है कि पूंजीवाद को नष्ट करने के किसी भी प्रयत्न से सारी शक्ति व्यक्ति से राज्य के हाथों में चली जाएगी, और इससे राज्य की शक्ति इतनी बढ़ जाएगी कि किसी-न-किसी किस्म के सर्वाधिकारवाद का जन्म होगा।

इन युक्तियों के विरुद्ध समाजवादी आम तौर से यह कहते हैं कि पूंजीवाद, जिसमें मुनाफा उत्पादकों के हाथ में न जाकर किसी अन्य के हाथों में जाता है, अपने-आप में अन्यायपूर्ण है। अनियंत्रित पूंजीवाद में धन का असमान वितरण, मजदूरों का शोषण और पूंजी का केन्द्रीकरण होता है। पूंजीवादी लोकतंत्र में लोकतंत्र का सिर्फ आभास होता है। वास्तविक शक्ति पूंजीपतियों के एक छोटे से वर्ग के हाथ में आ जाती है, जो अपने कर्मचारियों के प्रति जबावदेह नहीं होते।

समाजवादी विचारकों के द्वारा व्यक्तिगत सम्पत्ति की संस्था का भी विरोध किया गया

है। उदाहरण के तौर पर फ्रेंच दार्शनिक प्राउधाँ (1809-1865) ने अपनी पुस्तक *What is Property?* (1840) में उन्नीसवीं सदी के फ्रांस में प्रचलित सम्पत्ति के कई अधिकारों का विरोध किया, खास कर ऐसे अधिकार, जो दूसरे व्यक्ति के आचरण पर कारगर नियंत्रण स्थापित करते हों। प्राउधाँ के अनुसार सम्पत्ति चोरी है। (लोकतांत्रिक समाजवादी विचारक लास्की के सम्पत्ति सम्बन्धी विचारों की चर्चा ''सम्पत्ति'' अध्याय में की गयी है।)

साम्यवाद के अन्तर्गत उत्पादन के साधनों में निजी स्वामित्व को शोषण, गैरबराबरी और वर्ग का आधार माना गया है। साम्यवाद के अनुसार वर्गविहीन समाज की स्थापना के लिए उत्पादन के साधनों में निजी स्वामित्व को समाप्त कर सामुदायिक स्वामित्व की स्थापना जरूरी है।

उदारवादी विचारक जॉन स्टुअर्ट मिल ने भी अपनी *Principles of Political Economy* में पूर्ण आर्थिक अहस्तक्षेप की नीति का समर्थन नहीं किया है। मिल के अनुसार पूंजीवादी व्यवस्था में न्यायपूर्ण और व्यवस्थित आर्थिक विकास सिर्फ तभी हो सकता है जब ट्रेड यूनियनों का अस्तित्व हो। इससे ही उद्योग के मालिकों और उनके कर्मचारियों के सौदे की शक्ति में संतुलन और समता आ सकती है। मिल ने सामाजिक न्याय की दृष्टि से पुर्नवितरण के लिए कई प्रस्ताव दिए हैं, जिनमें से अधिकांश का सम्बन्ध टैक्स लगाने से है, खास कर मृत्यु के बाद। मिल ने आनुवंशिक सिद्धान्त के विरूद्ध युक्तियाँ दी हैं।

पॉपर ने अपनी पुस्तक *The Open Society and Its Enemies* में आर्थिक स्वतंत्रता के विरोधाभास (paradox of economic freedom) की ओर ध्यान दिलाया है, जिसके द्वारा अमीरों द्वारा गरीबों का अनियंत्रित शोषण होता है, और जिसके परिणामस्वरूप गरीबों की कोई आर्थिक स्वतंत्रता नहीं रह जाती है। पॉपर के अनुसार यहाँ पर स्थिति में सुधार के लिए राजनीतिक उपाय जरूरी है। राज्य की शक्ति द्वारा समर्थित ऐसी सामाजिक संस्थाओं का निर्माण होना चाहिए जिनके द्वारा आर्थिक दृष्टि से कमजोर लोगों की आर्थिक दृष्टि से शक्तिशाली से रक्षा की जा सके। इसका अर्थ यह है कि अनियंत्रित अर्थव्यवस्था में अहस्तक्षेप की नीति को छोड़ना होगा। पॉपर के अनुसार अगर हम स्वतंत्रता की रक्षा चाहते हैं, तो हमें यह मांग करनी होगी कि सरकारें असीमित आर्थिक स्वतंत्रता की नीति को त्याग कर उसके बदले योजनाबद्ध आर्थिक हस्तक्षेप (economic interventionism) की नीति पर चलें।[1]

समाजवाद

समाजवाद एक काफी प्रभावशाली राजनीतिक विचारधारा रही है। एक समय ''समाजवाद'' शब्द के आकर्षण के कारण कई ऐसे राजनीतिज्ञों द्वारा भी अपनी नीतियों के लिए ''समाजवाद'' शब्द का प्रयोग किया जाने लगा, जो वास्तव में समाजवादी नहीं थे। शायद इसलिए सी. ई. एम. जोड ने समाजवादी विचारधारा की चर्चा करते हुए कहा है कि ''समाजवाद एक ऐसी आकारहीन टोपी है, जिसे हर कोई पहनता है''।[2]

''समाजवाद'' शब्द के लापरवाह इस्तेमाल से पैदा होने वाले भ्रम को अगर छोड़ भी दें, तो भी जिसे व्यापक दृष्टि से समाजवादी विचारधारा कहा जा सकता है, उसमें कई महत्त्वपूर्ण उपधाराएँ भी रही हैं, जिनमें कई महत्त्वपूर्ण मुद्दों पर सैद्धांतिक मतभेद भी रहे हैं, जैसे, लोकतंत्र और राज्य के प्रति दृष्टिकोण को लेकर।

1. Bryan Magee, *Popper*, pp. 80-81.
2. C. E. M. Joad, *Introduction to Modern Political Theory*, p. 40.

बीसवीं सदी के प्रारम्भ में ब्रिटेन, फ्रान्स और रूस में कई किस्म की समाजवादी राजनीतिक धाराएँ प्रचलित थी। 1918 में पहली बार प्रकाशित अपनी पुस्तक *Roads to Freedom* में रसेल ने समाजवाद, अराजकतावाद (anarchism) और श्रमिक संघवाद (syndicalism) की चर्चा की है। अपनी इस पुस्तक में रसेल ने अराजकतावाद को समाजवाद के करीब माना है। अराजकतावाद के प्रति सहानुभूति होने के बाद भी रसेल ने व्यावहारिकता के आधार पर श्रेणी समाजवाद (guild socialism) का समर्थन किया है। इस पुस्तक में फैबियनवाद (Fabianism) का भी संक्षिप्त उल्लेख है, जिसका प्रभाव ब्रिटेन की लेबर पाटी पर पड़ा।[1]

अराजकतावाद

अराजकतावाद वह राजनीतिक सिद्धान्त है, जो राज्य को एक अनावश्यक बुराई मानता है, और राज्यविहीन समाज को एक आदर्श। अराजकतावाद के अन्तर्गत राज्य का विरोध किया गया है, क्योंकि राज्य द्वारा नागरिकों पर बल-प्रयोग किया जाता है। अराजकतावाद में व्यक्ति की स्वतंत्रता को सर्वोच्च महत्त्व दिया जाता है। अराजकतावाद में समुदाय द्वारा व्यक्ति पर किसी भी बल-प्रयोग और नियंत्रण का विरोध किया जाता है। उन्नीसवी सदी के अराजकतावादी व्यक्ति की स्वतंत्र समितियाँ चाहते थे, जिसमें कोई सेना, पुलिस, अदालत या जेल न हो। अराजकतावादियों के अनुसार व्यक्ति एक राज्यविहीन समाज में, राज्य जैसी किसी बाहरी समिति द्वारा हस्तक्षेप और बल-प्रयोग के बिना भी, परस्पर सहयोग और सदभावना से जीवन बिता सकते हैं। कुछ अराजकतावादियों ने अपने उद्देश्यों को हासिल करने के लिए हिंसक और आतंकवादी तरीकों को अपनाया, जबकि कुछ ने शान्तिमय तरीकों को।

रूसी क्रान्तिकारी बाकुनिन (1814-1876) के अराजकतावाद के अन्तर्गत जमीन और पूंजी के सामुदायिक स्वामित्व की वकालत की गयी है। इस दृष्टि से यह समाजवाद के करीब है। रसेल ने बाकुनिन के विचारों को अराजकतावादी साम्यवाद (anarchist communism) कहा है, और इसके और तॉल्सतॉय के व्यक्तिवादी अराजकतावाद (individualistic anarchism) के बीच अन्तर किया है। बाकुनिन को रसेल ने अराजकतावादी साम्यवाद का जनक माना है। बाकुनिन पर प्राऊधाँ के विचारों का भी प्रभाव था। बाकुनिन और मार्क्स के बीच कुछ मतभेद भी थे। बाकुनिन के अनुसार हिंसक संघर्ष और आतंकवाद द्वारा क्रान्तिकारी परिवर्तन लाया जा सकता है, जिसका मुख्य उद्देश्य होना चाहिए सभी राजनीतिक, सामाजिक और धार्मिक संस्थाओं को समाप्त कर, उनके स्थान पर स्वतंत्र समितियों के स्वतंत्र संघ की स्थापना। इस संघ में सभी को एक बराबर अधिकार और सुविधाएँ होगीं। यहाँ तक की उन्हें संघ से अलग होने का भी अधिकार होगा।

मार्क्सवादी-साम्यवाद भी अराजकतावादी है। इसके अन्तर्गत राज्य को एक वर्ग द्वारा दूसरे वर्ग के शोषण का औजार माना गया है। वर्गविहीन समाज में राज्य की कोई आवश्यकता नहीं रहेगी और राज्य का विसर्जन हो जाएगा। लेकिन, इसमें ''संक्रमण काल'' में ''सर्वहारा की तानाशाही'' की वकालत की गयी है। सर्वोदय में भी अराजकतावादी प्रवृत्तियाँ है। गाँधी अहिंसक समाज चाहते थे। राज्य द्वारा हिंसा की जाती है, इसलिए वे राज्यविहीन समाज को आदर्श मानते थे। क्योंकि व्यवहार में इस आदर्श को पूरी तौर से प्राप्त करना सम्भव नहीं है, इसलिए उन्होंने अमेरिकन विचारक थ्यूरो की इस उक्ति को

1. Bertrand Russell, *Roads to Freedom* (London, Unwin Paperbacks, 1977).

अपनाया ''वह सरकार सर्वश्रेष्ठ है जो कम-से-कम शासन करे''। गाँधी पर रूसी लेखक-विचारक तॉल्सतॉय के विचारों का भी प्रभाव था।

श्रमिक संघवाद

''श्रमिक संघवाद'' अंग्रेजी शब्द "syndicalism" का हिन्दी पर्याय है। "Syndicalism" फ्रेंच शब्द "syndical" से बना है, जिसका अर्थ होता है ''ट्रेड यूनियन''। श्रमिक संघवाद 1890 में फ्रांस में शुरू हुए एक ट्रेड यूनियन आन्दोलन का नाम है।[1] श्रमिक संघवाद के अन्तर्गत नए समाज के आधार और नए समाज के सृजन के औजार के रूप में श्रमिक संघ या ट्रेड यूनियन को केन्द्रीय स्थान दिया जाता है। इसके अन्तर्गत पूंजी को चोरी माना जाता है, और पूंजीवादी समाज में वर्ग संघर्ष का समर्थन किया जाता है। इसके द्वारा उत्पादन के साधनों में व्यक्तिगत स्वामित्व को समाप्त कर सामुदायिक स्वामित्व के स्थापना की बात की जाती है।

सी. ई. एम जोड के अनुसार श्रमिक संघवाद पर मार्क्स की बजाय प्राऊधाँ के विचारों का प्रभाव था। श्रमिक संघवाद के अनुसार श्रमिकों और उत्पादकों का न सिर्फ आर्थिक और औद्योगिक क्षेत्र पर, बल्कि राजनीतिक क्षेत्र पर भी नियंत्रण होना चाहिए। राज्य का अस्तित्व समाप्त हो जाना चाहिए और राज्य के कार्य श्रमिक संघों द्वारा किए जाने चाहिए। इस तरह श्रमिक संघवाद में भी अराजकतावादी तत्त्व हैं।

श्रेणी-समाजवाद

A Dictionary of Political Thought के अनुसार श्रेणी-समाजवाद (guild socialism) श्रमिक संघवाद का ब्रिटिश रूप है। इस आन्दोलन के अन्तर्गत राजकीय समाजवाद (state socialism) का विरोध किया गया है। राजकीय समाजवाद के अनुसार उद्योगों का नियंत्रण राज्य के हाथों में होना चाहिए, जबकि श्रेणी समाजवाद के अनुसार ट्रेड यूनियनों का संगठन 'गिल्ड' (श्रेणी या संघ) के रूप में किया जाना चाहिए और उन्हें ही उद्योगों का संचालन करना चाहिए। बट्रेण्ड रसेल के अनुसार श्रेणी समाजवाद के अन्तर्गत राजकीय समाजवाद और श्रमिक संघवाद दोनों के वैध तत्त्वों के समन्वय का प्रयास किया गया है। इसके अन्तर्गत ट्रेड यूनियनों के संघ की व्यवस्था का समर्थन किया गया है। जोड के अनुसार श्रमिक संघवाद और श्रेणी समाजवाद के बीच यह अन्तर है कि आर्थिक क्षेत्र में तो वे भी श्रमिक संघवादियों की तरह ही यह मानते हैं कि इस क्षेत्र का नियंत्रण श्रमिक संघों के हाथ में होना चाहिए, लेकिन वे इसके अलावा राजनीतिक क्षेत्र में ''सामान्य संकल्प'' (common will) के प्रतिनिधित्व की आवश्यकता को भी स्वीकार करते हैं।

फैबियनवाद

''फैबियनवाद'' (Fabianism) शब्द रोमन जेनरल फैबियस के नाम से जुड़ा हुआ है, जो अपने दुश्मन को धीरे-धीरे थका कर युद्ध जीतने की रणनीति में विश्वास रखते थे। उन ब्रिटिश समाजवादियों ने जो हिंसक क्रान्ति की बजाय संवैधानिक सरकार के दायरे में क्रमिक सुधार द्वारा अपने लक्ष्य को हासिल करना चाहते थे, 1884 में फैबियन सोसाइटी की स्थापना की। फैबियन सोसाइटी द्वारा राजकीय समाजवाद का समर्थन किया गया है। इस समाज में सिडनी वेब, जॉर्ज बर्नाड शॉ और एच. जी. वेल्स जैसे कई प्रभावशाली

---

1. Roger Scruton, *A Dictionary of Political Thought.*

बुद्धिजीवी थे, और उन्होंने समाजवाद को बौद्धिक एवं राजनीतिक दृष्टि से सम्मानजनक बनाने के लिए काफी काम किया। फैबियन सोसाइटी का प्रभाव लेबर पार्टी पर भी रहा, और लेबर पार्टी की स्थापना में भी उसकी भूमिका रही है।

इस तरह, इतिहास में समाजवाद के कई रूप रहे हैं और लोकतंत्र एवं राज्य की भूमिका जैसे महत्त्वपूर्ण मुद्दों पर इनके बीच सैद्धान्तिक मतभेद भी रहे हैं। लेकिन इन बुनियादी सैद्धान्तिक मतभेदों के बाद भी ''समाजवादी'' कही जाने वाली विचारधाराओं में कुछ बातें सामान्य जरूर हैं, जिनके आधार पर इन सबको व्यापक दृष्टि से ''समाजवादी'' कहा जा सकता है।

समाजवादी विचारधारा की सबसे महत्त्वपर्णू विशेषता यह है कि **इस चिन्तनधारा में समता और विशेष कर आर्थिक समता के लक्ष्य को महत्त्वपूर्ण स्थान दिया जाता है।**

A Dictionary of Politics के अनुसार समाजवाद एक ऐसा, **''राजनीतिक और आर्थिक सिद्धान्त है जिसके अनुसार उत्पादन, वितरण और विनिमय के साधनों पर जनता का स्वामित्व और नियंत्रण होना चाहिए। हर किसी को अपनी प्रतिभा के विकास का समान अवसर मिलना चाहिए, और समुदाय के धन-सम्पत्ति का न्यायसंगत वितरण होना चाहिए।''**[1]

समाजवाद को कई दृष्टियों से वर्गीकृत किया गया है और किया जा सकता है, जैसे, राज्य के प्रति दृष्टिकोण को लेकर (1) राजकीय समाजवाद और (2) अराजकतावादी समाजवाद।

इसी तरह, समाजवाद की दिशा में परिवर्तन के लिए अपनायी गयी विधि की दृष्टि से (1) विकासात्मक समाजवाद और (2) क्रान्तिकारी समाजवाद।

मार्क्सवाद के अन्तर्गत समाजवाद को (1) यूटोपियन समाजवाद और (2) वैज्ञानिक समाजवाद में वर्गीकृत किया गया है।

समाजवादी चिन्तनधाराओं में सबसे महत्त्वपूर्ण अन्तर लोकतंत्र के प्रति दृष्टिकोण को ले कर है। इस दृष्टि से हम समाजवादी चिन्तनधारा को दो विभागों में बाँट सकते हैं:

1. लोकतांत्रिक समाजवाद और
2. सर्वाधिकारवादी समाजवाद (totalitarian socialism)

परम्परागत मार्क्सवाद-साम्यवाद को, जिसके अन्तर्गत ''बुर्जुआ'' लोकतंत्र को नष्ट कर, ''सर्वहारा की तानाशाही'' स्थापित करने की वकालत की जाती है, हम सर्वाधिकारवादी समाजवाद के अन्तर्गत रख सकते हैं। (सर्वाधिकारवादी शासन व्यवस्था में एक पार्टी की तानाशाही रहती है। इसमें संगठन बनाने की स्वतंत्रता सहित नागरिक स्वतंत्रताओं का और स्वायत्त संस्थाओं का अभाव रहता है।)

लोकतांत्रिक समाजवाद

लोकतांत्रिक समाजवाद में, जैसा कि नाम से ही स्पष्ट है, लोकतंत्र का समर्थन किया जाता है। कई बार लोकतांत्रिक समाजवादियों द्वारा अपनी विचारधारा के लिए ''लोकतांत्रिक''

1. Florence Elliott, *A Dictionary of Politics*, p. 421.

विशेषण के बिना सिर्फ "समाजवादी" शब्द का प्रयोग भी किया जाता है। उदाहरण के तौर पर, आजादी के बाद कांग्रेस पार्टी से अलग होकर जयप्रकाश नारायण और राममनोहर लोहिया ने जिस "समाजवादी" पार्टी का गठन किया था, वह दरअसल **लोकतांत्रिक** समाजवादी पार्टी थी। इसी तरह, फ्रांस के भूतपूर्व "समाजवादी" राष्ट्रपति मितराँ भी लोकतांत्रिक समाजवादी थे। ब्रिटेन की लेबर पार्टी भी लोकतांत्रिक समाजवादी पार्टी है। फैबियनवाद भी एक किस्म का लोकतांत्रिक समाजवाद है। जर्मनी में "सामाजिक लोकतंत्र" (social democracy) शब्द का अधिक इस्तेमाल होता है।

लोकतांत्रिक समाजवादियों के अनुसार समाजवाद की स्थापना के लिए साधन और साध्य दोनों ही रूपों में लोकतंत्र का अस्तित्व एक अनिवार्य शर्त है। उदाहरण के तौर पर, जयप्रकाश नारायण ने अपने चिन्तन के लोकतांत्रिक समाजवादी दौर में यह स्पष्ट कहा था कि **लोकतंत्र के अभाव में समाजवाद का अस्तित्व असम्भव है।**

इसी तरह, जहाँ साम्यवाद के अन्तर्गत समाजवाद की स्थापना के लिए हिंसक वर्ग संघर्ष और "सर्वहारा की तानाशाही" की वकालत की जाती है, वहाँ लोकतांत्रिक समाजवादियों के अनुसार किसी लोकतांत्रिक राजनीतिक व्यवस्था में, लोकतांत्रिक साधनों को अपना कर, समाजवाद की दिशा में बढ़ना सम्भव है। इसलिए, लोकतांत्रिक समाजवादी समाजवाद की स्थापना के लिए लोकतंत्र को नष्ट करने या उखाड़ फेंकने की बजाय लोकतंत्र को और अधिक मजबूत बनाने का, और समाजवाद की दिशा में बढ़ने के लिए अभिव्यक्ति की स्वतंत्रता और संगठन बनाने की स्वतंत्रता जैसी लोकतांत्रिक स्वतंत्रताओं का उपयोग करने का समर्थन करते हैं। स्पष्ट है कि लोकतांत्रिक समाजवादी लोकतंत्र के मार्क्सवादी विश्लेषण को स्वीकार नहीं करते। इसके अलावा, वे हिंसक वर्ग संघर्ष और "सर्वहारा की तानाशाही" के साम्यवादी सिद्धान्त को भी अस्वीकार करते हैं। यह भी जरूरी नहीं है कि लोकतांत्रिक समाजवादी द्वन्द्वात्मक भौतिकवाद और ऐतिहासिक भौतिकवाद के मार्क्सवादी सिद्धान्त को स्वीकार करें।

आर्थिक दृष्टि से लोकतांत्रिक समाजवादियों की स्थिति पूंजीवाद और साम्यवाद के बीच की है। न तो वे अनियंत्रित पूंजीवाद या सरकार द्वारा पूर्ण आर्थिक अहस्तक्षेप (laissez-faire) की नीति का समर्थन करते हैं; और न ही अर्थव्यवस्था पर पूर्ण सरकारी नियंत्रण का, जैसा कि सर्वाधिकारवादी समाजवाद या साम्यवाद में होता है। लोकतांत्रिक समाजवादी गैरबराबरी मिटाने और सामाजिक-आर्थिक समता के लक्ष्य की ओर बढ़ने के लिए अर्थव्यवस्था में सरकारी हस्तक्षेप का समर्थन करते हैं, लेकिन वे अर्थव्यवस्था पर पूर्ण सरकारी नियंत्रण का समर्थन नहीं करते हैं। भारत, ब्रिटेन, फ्रांस, स्वीडन और जापान आदि देशों में समय-समय पर लोकतांत्रिक समाजवादी पार्टियाँ सत्ता में आयी हैं, लेकिन उन्होंने अर्थ-व्यवस्था पर पूर्ण सरकारी नियंत्रण स्थापित करने का प्रयत्न नहीं किया। लेकिन इस सन्दर्भ में विभिन्न देशों की स्थिति अलग हैं, और विस्तार में जाने पर लोकतांत्रिक समाजवादियों के विचार कुछ अलग-अलग भी हो सकते हैं।

अर्थव्यवस्था में सरकारी हस्तक्षेप का सही स्वरूप और विस्तार क्या हो, इस बारे में लोकतांत्रिक समाजवादियों में भी मतभेद हो सकते हैं। उदाहरण के तौर पर, पहले भारत में लोकतांत्रिक समाजवादियों द्वारा भी उद्योगों—कम-से-कम बुनियादी उद्योगों के समाजीकरण या सरकारीकरण पर अत्यधिक बल दिया जाता था, लेकिन अब ऐसा नहीं है। फिर भी,

आम तौर से लोकतांत्रिक समाजवादियां द्वारा सार्वजनिक क्षेत्र के उद्योगों के अन्धाधुन्ध निजीकरण का और भारतीय अर्थव्यवस्था को मिश्रित अर्थव्यवस्था से पूरी तौर पर पूंजीवादी अर्थव्यवस्था की ओर धकेलने का विरोध किया जाता है। भारत में इस समय लोकतांत्रिक समाजवादियों द्वारा जाति पर आधारित समाजिक-आर्थिक गैरबराबरी को मिटाने के लिए सरकारी नौकरियां और शिक्षण संस्थानों में पिछड़ी एंव दलित जातियां के लिए आरक्षण पर बल दिया जा रहा है। भारतीय समाजवादी, डॉ. राममनोहर लोहिया द्वारा पिछड़ी और दलित जातियां के लिए आरक्षण का समर्थन किया गया है। जो भी हो, **लोकतांत्रिक समाजवादी सरकार द्वारा आर्थिक क्षेत्र में पूर्ण अहस्तक्षेप की नीति का भी समर्थन नहीं करते हैं। वे सामाजिक-आर्थिक गैरबराबरी मिटाने के लिए किसी-न-किसी रूप में सरकार द्वारा हस्तक्षेप की वकालत करते हैं।**

एक तरह से देखा जाए तो लोकतांत्रिक समाजवादी अपनी राजनीतिक विचारधारा में उदार लोकतंत्रवादी और समाजवादी—दोनों विचारधाराओं के महत्त्वपूर्ण तत्त्वों को स्थान देते है। उदार लोकतंत्रवादी समता से अधिक स्वतंत्रता पर बल देते हैं। लोकतंत्र के समर्थक होने के नाते वे राजनीतिक समता के आदर्श को भी अवश्य स्वीकार करते हैं, लेकिन उनके द्वारा सामाजिक-आर्थिक समता को पर्याप्त महत्त्व नहीं दिया जाता है। सामाजिक-आर्थिक समता के अभाव में राजनीतिक समता भी कभी-कभी बेमानी हो जाती है। मार्क्स ने लोकतंत्र के इसी पक्ष की आलोचना की थी।

दूसरी ओर, मार्क्सवाद-साम्यवाद में समता के लक्ष्य को प्राप्त करने के लिए स्वतंत्रता की तिलांजली दे दी जाती है। यहाँ तक कि साम्यवादी व्यवस्था में राजनीतिक समता भी नही रहती है; क्योंकि साम्यवाद की सरकारी व्याख्या से अलग विचार रखने वालों को अभिव्यक्ति की स्वतंत्रता या संगठन बनाने का अधिकार नहीं रहता है।

लोकतांत्रिक समाजवादी भी साम्यवादियों की तरह आर्थिक समता का समर्थन करते हैं, लेकिन वे इस लक्ष्य को लोकतांत्रिक साधनों द्वारा लोकतंत्र के दायरे में प्राप्त करने पर बल देते है। इस तरह, हम यह कह सकते हैं कि **लोकतांत्रिक समाजवादी स्वतंत्रता और समता दोनों को अभिन्न मानते हुए बराबर महत्त्व देते हैं**, और इन मूल्यों को सिर्फ राजनीतिक क्षेत्र तक सीमित रखने की बजाय सामाजिक-आर्थिक क्षेत्र में भी लागू करने पर बल देते हैं। दरअसल, इस विचारधारा तक लोकतांत्रिक दिशा से भी पहुँचा जा सकता है। उदाहरण के तौर पर, सामाजिक लोकतंत्रवादी (social democrat) लोकतंत्र का समर्थन करते हुए स्वतंत्रता और समता के लोकतांत्रिक मूल्यों को सामाजिक-आर्थिक क्षेत्र में भी लागू करने का प्रयत्न करते हैं। इस तरह, हम कह सकते हैं कि लोकतांत्रिक समाजवादी विचारधारा में लोकतांत्रिक और समाजवादी दोनों राजनीतिक विचारधाराओं का संगम हो जाता है।

समीक्षा

लोकतांत्रिक समाजवादी विचारधारा में लोकतांत्रिक और समाजवादी दोनों ही धाराओं के गुण मौजूद हैं, यह इसकी एक विशेषता है। सामाजिक और आर्थिक गैरबराबरी मिटाने के लिए सरकार को हस्तक्षेप करना ही चाहिए, यही उचित मालूम देता है। पूर्ण अहस्तक्षेप की नीति से सिर्फ सम्पन्न वर्गों का ही लाभ हो सकता है, लेकिन सरकार द्वारा कारगर हस्तक्षेप के उपाय क्या हों, यह एक विचारणीय प्रश्न हो सकता है।

अत्यधिक सरकारी हस्तक्षेप और नियंत्रण से राजनीतिक सत्ता के साथ-साथ आर्थिक सत्ता का भी सरकार के हाथों में केन्द्रीकरण हो जाता है, और इससे नागरिकों की स्वतंत्रता के लिए भी खतरा पैदा हो सकता है। दूसरी ओर, अनियंत्रित पूंजीवाद में अतिशय गैरबराबरी और आर्थिक शक्ति के केन्द्रीकरण से सामाजिक, राजनीतिक और कानूनी गैरबराबरी का जन्म होता है। इन दोनों खतरों से बचने के लिए राजनीतिक और आर्थिक शक्ति का अधिकतम विकेन्द्रीकरण और राज्य पर नागरिकों का अधिक-से-अधिक नियंत्रण जरूरी है। सामाजिक और आर्थिक लोकतंत्र के अभाव में राजनीतिक लोकतंत्र भी कारगर रूप से काम नहीं कर सकता है।

परम्परागत रूप से लोकतांत्रिक समाजवादियों द्वारा भी उद्योगों के सरकारीकरण या ''राष्ट्रीयकरण'' पर बल दिया जाता रहा है। भारत में भी सार्वजनिक क्षेत्र में कई उद्योगों की स्थापना की गयी और कई उद्योगों का ''राष्ट्रीयकरण'' किया गया, लेकिन सिर्फ इससे गैरबराबरी मिटाने में बहुत मदद मिली है, ऐसा नहीं दिखता है। अगर सरकारी उद्योग लगातार घाटे में चलें, तो इससे उल्टा नुकसान ही होता है। लेकिन सार्वजनिक क्षेत्र के जो उद्योग मुनाफे में चल रहे हों, उन्हें बन्द करने का भी कोई औचित्य नहीं दिखता है। फिर, यह भी ध्यान रखने की बात है कि सार्वजनिक क्षेत्र के सभी उद्योग मुनाफे की दृष्टि से नहीं चलाए जाते हैं। सरकार मुनाफा कमाने वाली व्यावसायिक संस्था नहीं है। सरकार का उद्देश्य है जन-कल्याण और विशेष तौर से आर्थिक दृष्टि से कमजोर वर्गो के हितों की रक्षा। अगर जन-कल्याण की दृष्टि से कुछ उद्योगों और आर्थिक संस्थाओं को सार्वजनिक क्षेत्र में चलाना जरूरी हो, तो उन्हें सार्वजनिक क्षेत्र में ही चलाया जा सकता है। भारतीय अर्थव्यवस्था को मिश्रित अर्थव्यवस्था से पूरी तौर से पूंजीवादी अर्थव्यवस्था की ओर धकेल दिया जाए, इसका कोई औचित्य नहीं दिखता। अगर मुनाफे में चलनेवाला सार्वजनिक क्षेत्र के उद्योगों को बड़े पूंजीपतियों के हाथों बेचा जाता है, तो इससे समाज में आर्थिक गैरबराबरी कम होने के बजाए और बढ़ती है। अनियंत्रित पूंजीवाद की बुराइयाँ जगजाहिर हैं। इसमें सिर्फ पूंजीपति वर्ग का हित-साधन होता है। कहा जाता है कि ''मुक्त'' बाजार-अर्थव्यवस्था में हर कोई सरकारी हस्तक्षेप के बिना कोई भी उद्योग लगाने, व्यापार करने और बाजार में कुछ भी खरीदने-बेचने के लिए स्वतंत्र होता है। लेकिन, जिनके पास पूंजी ही नहीं हो, वे अपनी इस स्वतंत्रता का उपयोग कैसे करेंगे? जिसके पास जितनी अधिक पूंजी रहती है, वे ही इन स्वतंत्रताओं का अधिक इस्तेमाल करते हैं। इस तरह, पूंजीवादी बाजार-व्यवस्था बड़े पूंजीपतियों के पक्ष में झुकी रहती है।

इसके अलावा, लोकतांत्रिक समाजवादी दृष्टि से सरकार को अपने साधनों का इस्तेमाल कृषि और औद्योगिक संरचना के विकास के अलावे नागरिकों, खासकर कमजोर वर्गो के लिए स्वास्थ्य और शिक्षा सेवाओं के विस्तार के लिए करना चाहिए। गरीबी मिटाने और भुखमरी को टालने के लिए रोजगार गारंटी जैसी योजनाएँ भी चलायी जानी चाहिए।

कई बार सरकार द्वारा गरीब वर्गों और मजदूरों के हित में कई नियम-कानून बनाए जाते हैं, लेकिन अक्सर सरकारी तंत्र के असंवेदनशील और भ्रष्ट होने के कारण इससे गरीब वर्गो को कोई बहुत अधिक वास्तविक लाभ नहीं होता है, और उल्टे यह सरकारी तंत्र के लिए भ्रष्टाचार का और आम लोगों को परेशान करने का साधन मात्र बन कर रह जाता है। ये उपाय अपने वास्तविक लक्ष्य को कैसे प्राप्त करें इस बारे में सोचने की जरूरत है।

इसमें सन्देह नहीं कि गैरबराबरी मिटाने के कई परम्परागत उपाय बहुत अधिक कारगर साबित नहीं हुए हैं। लेकिन इसका यह अर्थ भी नहीं है कि अर्थव्यवस्था को सिर्फ बाजार के भरोसे ही छोड़ दिया जाए और सरकार गरीबी-बेरोजगारी, गैरबराबरी मिटाने के लिए या जन-कल्याण के लिए कुछ करे ही नहीं। आज लोकतांत्रिक समाजवादियों के सामने यह एक बहुत बड़ी चुनौती है कि वे **गरीबी और गैरबराबरी मिटाने के भ्रष्टाचार-मुक्त और कारगर उपायों की नए सिरे से तलाश करें।** सरकारी हस्तक्षेप कम-से-कम हो, लेकिन उसका कारगर और प्रभावी होना जरूरी है।

कभी-कभी कहा जाता है कि लोकतांत्रिक और समाजवादी विचारधाराओं का समन्वय सम्भव नहीं है, क्योंकि स्वतंत्रता और समता के मूल्यों के बीच परस्पर विरोध है। लेकिन यह बात सही नहीं मालूम देती है। इसकी चर्चा स्वतंत्रता और समता के मूल्यों के सन्दर्भ में की गयी है। स्वतंत्रता और समता इन दोनों मूल्यों को लोकतांत्रिक चिन्तनधारा में भी महत्त्व दिया जाता है। जब लोकतंत्रवादी स्वतंत्रता की बात करते हैं, तब वे किसी एक व्यक्ति की स्वतंत्रता की नहीं, बल्कि **प्रत्येक व्यक्ति की स्वतंत्रता** की बात करते हैं। उदार लोकतंत्रवादी चाहे सामाजिक-आर्थिक समता को पर्याप्त महत्त्व न देते हों, लेकिन वे राजनीतिक और कानूनी समता का समर्थन तो करते ही हैं। सामाजिक-आर्थिक समता के अभाव में कई बार राजनीतिक और कानूनी समता का लाभ भी नागरिकों को नहीं मिल पाता है। अगर कोई व्यक्ति भुखमरी की कगार पर खड़ा हो, तो फिर यह नहीं कहा जा सकता है कि वह अपना जीवन अपनी मर्जी के अनुसार जीने के लिए **स्वतन्त्र** है। स्वतन्त्रता के उपयोग के लिए बुनियादी आर्थिक आवश्यकताओं का पूरा होना भी जरूरी है। आर्थिक क्षमता के अभाव में स्वतंत्रता का भी कोई अर्थ नहीं रह जाता है। स्वतंत्रता के अन्तर्गत आर्थिक स्वतंत्रता भी शामिल है; और ''आर्थिक स्वतंत्रता'' का अर्थ मात्र पूंजीपति वर्ग की स्वतंत्रता नहीं है। इसका अर्थ है प्रत्येक नागरिक की आर्थिक बंधनों से मुक्ति। इसलिए, लोकतांत्रिक समाजवादी और सामाजिक लोकतंत्रवादी दोनों ही सरकार द्वारा आर्थिक क्षेत्र में हस्तक्षेप का समर्थन करते हैं। अगर यह हस्तक्षेप कम-से-कम हो, और इसके द्वारा स्वतंत्रता को अनावश्यक रूप से सीमित न किया जाए, तो फिर यह नहीं कहा जा सकता है कि इसका स्वतंत्रता के मूल्य से विरोध है। बल्कि स्वतंत्रता और समता के मूल्य एक-दूसरे के पूरक हैं। स्वतंत्रता के मूल्य के आधार पर नागरिकों को एक-दूसरे की हत्या करने की आजादी तो नहीं दी जाती है? फिर, इस आधार पर बाजार-अर्थव्यवस्था को कुछ नागरिकों को भुखमरी और बदहाली की स्थिति में धकेलने की आजादी भी कैसे दी जा सकती है?

❑

अध्याय 9

साम्यवाद

''मार्क्सवाद'' और ''साम्यवाद'' शब्दों का प्रयोग अक्सर पर्यायवाची शब्दों के रूप में किया जाता है, और कभी-कभी दोनों के बीच अन्तर भी किया जाता है। उदाहरण के तौर पर, *History of Political Theory* के लेखक सेबिन ने मार्क्स और एंगेल्स के उन मूल विचारों को ''मार्क्सवाद'' कहा है, जो कम्युनिस्ट घोषणापत्र और मार्क्स एवं एंगेल्स की उन परिपक्व रचनाओं पर आधारित हैं, जो उनके जीवन काल में प्रकाशित हुई। दूसरी ओर, सेबिन ने मार्क्सवाद के लेनिन द्वारा संशोधित रूपान्तर को ''मार्क्सवाद-लेनिनवाद'' या ''साम्यवाद'' कहा है।[1]

भूतपूर्व सोवियत संघ में साम्यवाद की स्थापना के बाद विश्व की साम्यवादी पार्टियों द्वारा मुख्यतः मार्क्सवाद-लेनिनवाद या सोवियत साम्यवाद को ही अपनी राजनीतिक विचारधारा का आधार बनाया गया था। इसके अलावा, मार्क्सवाद साम्यवाद के और भी कई रूप हैं जिनमें प्रमुख है माओवाद। आज कल ''नवमार्क्सवाद'' की चर्चा भी होती है, जो मार्क्स के उन पहले की रचनाओं पर आधारित है, जो उनके जीवन काल में प्रकाशित नहीं हुई थीं।

''समाजवाद'' शब्द के व्यापक अर्थ में लोकतांत्रिक समाजवाद के अतिरिक्त साम्यवाद को भी इसके अन्तर्गत शामिल किया जाता है। उदाहरण के तौर पर, भूतपूर्व सोवियत संघ को सरकारी तौर पर ''समाजवादी गणराज्य'' कहा जाता था। एंगेल्स ने मार्क्सवाद या साम्यवाद को ''वैज्ञानिक समाजवाद'' कहा है।

मार्क्सवाद

अपने मूल रूप में **मार्क्सवाद मुख्यतः सामाजिक परिवर्तन की व्याख्या का दावा करने वाला सिद्धान्त या इतिहास-दर्शन है।** मौलिक मार्क्सवाद के दो मुख्य सिद्धान्त हैं, जिन्हें हम मार्क्सवाद-साम्यवाद का दार्शनिक आधार कह सकते हैं—

1. **द्वन्द्वात्मक भौतिकवाद**—इसके अन्तर्गत मार्क्स ने हीगेल की **द्वन्द्वात्मक विधि** को जर्मन भौतिकवादी फ्यूरबाख के **भौतिकवाद** के साथ जोड़ने की कोशिश की थी। मार्क्स ने हीगेल की द्वन्द्वात्मक विधि (dialectical method) को तो अपनाया, लेकिन उनके प्रत्ययवादी तत्त्वमीमासा को अस्वीकार कर दिया। प्रत्ययवाद (idealism) की जगह मार्क्स ने भौतिकवाद (materialism) को अपनाया। हीगेल के अनुसार विचारों का प्रभाव भौतिक (सामाजिक-आर्थिक) स्थितियों पर पड़ता है, जबकि मार्क्स के अनुसार व्यक्ति के विचार अन्तिम विश्लेषण में भौतिक स्थितियों द्वारा निर्धारित होते हैं। इसी सन्दर्भ में मार्क्स की यह

1. George H Sabine, *A History of Political Theory* (New Delhi : Oxford & IBH Publishing Co, fourth edition 1973).

प्रसिद्ध उक्ति भी है कि हीगेल का द्वन्द्ववाद सिर के बल खड़ा था और मैंने उसे सीधा कर पैर पर खड़ा कर दिया।

2. **ऐतिहासिक भौतिकवाद या इतिहास की आर्थिक व्याख्या**—सामाजिक-राजनीतिक दर्शन की दृष्टि से द्वन्द्वात्मक भौतिकवाद (dialectical materialism) की तुलना में ऐनिहासिक भौतिकवाद (historical materialism) या इतिहास की आर्थिक व्याख्या का महत्त्व अधिक है। मार्क्सवादी इतिहास की व्याख्या के अनुसार किसी भी समाज के ढाँचे में मुख्य बात उसकी आर्थिक संरचना (economic structure) होती है। यह आर्थिक संरचना ''उत्पादन के सम्बन्धों'' (production relations) यानी उन सम्बन्धों से बनती है जिनमें व्यक्ति उत्पादन के क्रम में, अपनी इच्छा से स्वतंत्र, अनिवार्य रूप से जुड़ने के लिए बाध्य होते हैं। दूसरी ओर, ये उत्पादन-सम्बन्ध इस बात पर निर्भर करते हैं कि उस समाज में ''उत्पादन की शक्तियों'' (forces of production) का, यानी उत्पादन की तकनीक और इस तकनीक का उपयोग करने की क्षमता से सम्पन्न व्यक्तियों का, कितना विकास हुआ है। समाज के इस आर्थिक आधार (economic base) पर ही उसकी कानूनी, राजनीतिक और सांस्कृतिक अधिरचना (superstructure) आधारित रहती है।

मार्क्सवाद के अनुसार जब किसी समाज में ''उत्पादन की शक्तियों'' का अधिक विकास हो जाता है, तब इन शक्तियों और ''उत्पादन के सम्बन्धों'' के बीच ''अर्न्तविरोध'' (contradiction) पैदा हो जाता है, और इस ''अन्तर्विरोध'' के कारण समाज की आर्थिक संरचना में परिवर्तन आ जाता है। इसके बाद नए ''उत्पादन के सम्बन्धों'' के अनुरूप समाज की कानूनी, राजनीतिक और सांस्कृतिक अधिरचना में भी अपेक्षाकृत तेजी से परिवर्तन आ जाता है। **इस प्रकार प्रत्येक समाज परिवर्तन की विभिन्न स्थितियों—आदिम साम्यवाद, दास प्रथा पर आधारित प्राचीन समाज, सामन्तवाद और पूंजीवाद से गुजरता हुआ अनिवार्य: साम्यवाद की दिशा में बढ़ता है।**

ऐतिहासिक भौतिकवाद का एक महत्त्वपूर्ण पक्ष है कि इस सिद्धान्त के अनुसार अन्तिम विश्लेषण में मनुष्य के विचार या उसकी ''चेतना'', ''भौतिक ऐतिहासिक शक्तियों'' या उसके ''जीवन'' द्वारा निर्धारित होती है। अगर अधिक ठोस रूप में कहा जाए तो इसका अर्थ यह है कि किसी भी व्यक्ति के विचार और मूल्य आर्थिक संरचना में उसकी स्थिति द्वारा अनिवार्यतः निर्धारित होते हैं। उदाहरण के तौर पर, अगर कोई ''बुर्जुआ'' विचारक चाहे सचेत रूप में जितना भी प्रयत्न करे, लेकिन उसकी विचारधारा ''बुर्जुआ'' वर्ग के निहित स्वार्थों से प्रभावित हुए बिना नहीं रह सकती है। इसे ही एंगेल्स ने यह कह कर व्यक्त किया है कि **''विचारधारा (ideology) एक प्रक्रिया है जिसे तथाकथित विचारक सचेत होकर जरूर सम्पन्न करता है, लेकिन वह ऐसा झूठी चेतना (false consciousness) से करता है।''**[1]

इस तरह, अपने मौलिक रूप में मार्क्सवाद एक इतिहास-दर्शन है, जिसके अनुसार प्रत्येक समाज अनिवार्य रूप से परिवर्तन की विभिन्न स्थितियों से गुजरता हुआ एक वर्गविहीन और राज्यविहीन समाज की ओर बढ़ रहा है; और जिसके अनुसार मनुष्य की ''चेतना'' उसकी सामाजिक या ''भौतिक'' स्थिति पर निर्भर करती है।

---

1. Roger Scruton, *A Dictionary of Political Thought* (London : Pan Books, 1983), p. 167.

मार्क्सवाद-लेनिनवाद

अपने संशोधित रूप में मार्क्सवाद-लेनिनवाद या साम्यवाद क्रान्ति करने की एक तकनीक है, जिसके जरिए वर्गविहीन और राज्यविहीन समाज, या दूसरे शब्दों में, साम्यवादी समाज की स्थापना की आशा रखी जाती है। मार्क्सवाद-लेनिनवाद के संशोधित रूप के अन्तर्गत हिंसक वर्ग-संघर्ष और ''सर्वहारा की तानाशाही'' के सिद्धान्तों को महत्त्वपूर्ण स्थान दिया गया है। साम्यवाद के प्रमुख सिद्धान्त इस प्रकार है—

1. **राज्य का सिद्धान्त**—साम्यवाद के अनुसार राज्य हमेशा एक वर्ग द्वारा दूसरे वर्ग के शोषण का औजार होता है। उदाहरण के तौर पर, सामन्तवादी व्यवस्था में राज्य सामन्तों द्वारा भूमिहिनों के शोषण का औजार होता है। इसी तरह, पूंजीवादी व्यवस्था में राज्य ''बुर्जुआ'' वर्ग द्वारा ''सर्वहारा'' वर्ग के शोषण का साधन होता है। इसलिए, साम्यवाद के अनुसार आदर्श वर्गविहीन समाज में राज्य की कोई आवश्यकता नहीं रह जाएगी और राज्य का विसर्जन हो जाएगा। इस तरह, आदर्श साम्यवादी समाज वर्गविहीन होने के अलावा राज्यविहीन भी होगा।

2. **वर्ग-संघर्ष का सिद्धान्त**—साम्यवाद के अनुसार वर्ग का आधार आर्थिक है। ''वर्ग'' उस सामाजिक समूह को कहते हैं, जिसके सदस्यों का ''उत्पादन के साधनों'' (means of production) के साथ एक जैसा सम्बन्ध होता है। उदाहरण के तौर पर, सामन्तवादी व्यवस्था में दो वर्ग होते हैं–एक, जमीन मालिकों या सामन्तों का, और दूसरा भूमिहीन मजदूरों का। इसी तरह, पूंजीवादी व्यवस्था में भी दो वर्ग होते हैं–एक, कारखानों के मालिकों का वर्ग या बुर्जुआ वर्ग, और दूसरा, कारखानों में काम करने वाले मजदूरों का वर्ग या सर्वहारा वर्ग।

साम्यवाद के अनुसार अब तक के **सभी समाजों का इतिहास वर्ग-संघर्षों का इतिहास है**। वर्ग-संघर्ष द्वारा ही समाज की आर्थिक संरचना में परिवर्तन आता है। उदाहरण के तौर पर, पूंजीवादी व्यवस्था में बुर्जुआ वर्ग और सर्वहारा वर्ग के बीच हिंसक वर्ग संघर्ष होगा जिसके परिणामस्वरूप सर्वहारा वर्ग की तानाशाही की स्थापना होगी। इस तानाशाही के जरिए उत्पादन के साधनों में व्यक्तिगत स्वामित्व को समाप्त कर दिया जाएगा और सामुदायिक स्वामित्व की स्थापना होगी। सामुदायिक स्वामित्व की स्थापना होने पर समाज के सभी सदस्यों के उत्पादन के साधनों के साथ एक जैसे सम्बन्ध हो जाएँगे, और इस तरह एक वर्गविहीन समाज की स्थापना हो जाएगी। क्योंकि साम्यवाद के अनुसार राज्य एक वर्ग द्वारा दूसरे वर्ग के शोषण का औजार होता है, इसलिए वर्गविहीन समाज में राज्य का भी विसर्जन हो जाएगा।

मार्क्स ने भी मूलतः हिंसक वर्ग-संघर्ष की कल्पना की थी। लेकिन मार्क्स ने बाद में यह भी माना था कि कुछ विशेष परिस्थितियों में वर्ग-संघर्ष शान्तिमय भी हो सकता है। इसके विपरीत, लेनिन के अनुसार, हिंसक वर्ग-संघर्ष के बिना साम्यवाद की स्थापना सम्भव नहीं हैं।

3. **सर्वहारा की तानाशाही**—रूढ़िवादी साम्यवादी विचारधारा के अनुसार, लोकतांत्रिक तरीकों से साम्यवाद की दिशा में बढ़ना सम्भव नहीं है। ''बुर्जुआ'' लोकतंत्र में वास्तविक सत्ता ''बुर्जुआ'' वर्ग के हाथों में रहती है। इस तरह, ''बुर्जुआ'' लोकतंत्र वास्तव में बुर्जुआ वर्ग की तानाशाही होती है। संघर्ष की निर्णायक घड़ी में ''बुर्जुआ'' वर्ग अपने

लोकतांत्रिक मुखौटे को उतार फेंकेगा। इसलिए, साम्यवाद की दिशा में बढ़ने के लिए ''संक्रमण काल'' (transition period) में हिंसक वर्ग-संघर्ष द्वारा ''सर्वहारा की तानाशाही'' (dictatorship of proletariat) की स्थापना जरूरी है।

लेनिन के प्रभाव से ''सर्वहारा की तानाशाही'' की मूल मार्क्सवादी अवधारणा में भी परिवर्तन आया। लेनिन के अनुसार सर्वहारा वर्ग अपने-आप में वर्ग-चेतना और अपनी क्रान्तिकारी भूमिका के ज्ञान से सम्पन्न नहीं रहता है। यह क्रान्तिकारी चेतना से सम्पन्न मध्यमवर्गीय बुद्धिजीवियों का काम होता है कि वह सर्वहारा वर्ग तक क्रान्तिकारी विचारधारा को पहुँचाए और उन्हें नेतृत्व प्रदान करें। लेनिन के अनुसार यह काम एक केन्द्रीकृत, अनुशासित और गुप्त रूप से काम करने वाली पार्टी के माध्यम से ही किया जा सकता है। इस तरह, लेनिन की राय में मध्यमवर्गीय बुद्धिजीवियों के नेतृत्व में कम्युनिस्ट पार्टी ही ''सर्वहारा क्रान्ति'' का नेतृत्व कर सकती है। इसका अर्थ यह हुआ कि व्यवहार में ''सर्वहारा वर्ग की तानाशाही'' दरअसल कम्युनिस्ट पार्टी की तानाशाही बन जाती है।

4. **''क्रान्किारी''नीतिशास्त्र**—लेनिन के अनुसार साम्यवादी नैतिकता पूरी तौर से सर्वहारा वर्ग के हित का साधन है। दरअसल में महत्त्वपूर्ण है साध्यः क्रान्किारी लक्ष्य को प्राप्त करने के लिए किसी भी साधन को अपनाया जा सकता है, चाहे वह ''बुर्जुआ''नैतिकता की दृष्टि से कितना भी आपत्तिजनक क्यों न मालूम देता हो। सर्वहारा वर्ग के हित के लिए जो कुछ भी किया जाए, वह नैतिक दृष्टि से सही है।

5. **एक देश में समाजवाद**—भूतपूर्व सोवियत संघ के साम्यवादियों के बीच एक विवाद इस प्रश्न को लेकर चला था कि एक देश में समाजवाद की स्थापना सम्भव है या नहीं। मूलतः मार्क्सवाद एक अन्तर्राष्ट्रीय विचारधारा है। 1924 में स्टालिन द्वारा ''एक देश में समाजवाद'' के सिद्धान्त के प्रतिपादन के पहले सोवियत संघ में भी कम्युनिस्ट पार्टी की आधिकारिक घोषित नीति यही थी कि सोवियत संघ में समाजवाद की स्थायी स्थापना तभी हो सकती है, जबकि पश्चिम यूरोप के देशों में भी कम्युनिस्ट क्रान्ति हो। लेनिन के बाद स्टालिन ने इस नीति को बदलते हुए यह घोषणा की कि समाजवाद की स्थापना एक देश में सम्भव है। इसके विपरीत, लेनिन के प्रमुख सहयोगी त्रात्की का यह मानना था कि अन्तरराष्ट्रीय क्रान्ति की सहायता के बिना सोवियत संघ में भी क्रान्ति असफल हो जाएगी। इसलिए, उन्होंने ''स्थायी'' क्रान्ति या निरन्तर क्रान्ति (permanent revolution) की वकालत की। स्टालिन और त्रास्की के बीच हुए सत्ता संघर्ष में त्रास्की की हार हुई, और बाद में निर्वासित जीवन बीता रहे त्रास्की की संदिग्ध परिस्थितियों में हत्या कर दी गयी।

6. **साम्राज्यवाद का सिद्धान्त**—वैसे तो मौलिक रूप में मार्क्सवाद एक इतिहास-दर्शन है, और मार्क्सवाद-लेनिनवाद साम्यवादी क्रान्ति करने की एक तकनीक। लेकिन व्यवहार में यह अन्तर हमेशा सुस्पष्ट नहीं रहा है। मार्क्स की रुचि क्रान्ति करने में भी थी। इसी तरह, लेनिन ने इतिहास-दर्शन के क्षेत्र में भी योगदान देने का प्रयत्न किया है। मार्क्स ने ब्रिटेन में ''सर्वहारा क्रान्ति'' की भविष्यवाणी की थी, पर वास्तव में ऐसा कुछ हुआ नहीं। लेनिन ने अपने ''साम्राज्यवाद के सिद्धान्त'' (doctrine of imperialism) द्वारा इसकी व्याख्या का प्रयत्न किया। लेनिन के अनुसार, ब्रिटेन में सर्वहारा क्रान्ति इसलिए नहीं हुई, क्योंकि वहाँ पूंजीवाद और साम्यवाद के बीच में ''साम्राज्यवाद'' आ गया। ब्रिटेन ने कई देशों को उपनिवेश बना लिया, और उनका आर्थिक शोषण करने लगा। इसलिए,

मार्क्स की भविष्यवाणी के अनुरूप ब्रिटेन के सर्वहारा वर्ग की स्थिति में निरन्तर गिरावट नहीं आई। बल्कि ब्रिटेन द्वारा अन्य देशों के औपनिवेशिक शोषण का हिस्सेदार बन जाने के कारण, उनकी दशा में सुधार हुआ, और वे वर्ग-संघर्ष की ओर अग्रसर नहीं हुए। इसलिए, मार्क्स की भविष्यवाणी के अनुरूप ब्रिटेन में क्रान्ति नहीं हुई।

माओवाद

माओवाद भी मार्क्सवाद का एक रूप है। माओवाद का सम्बन्ध चीनी नेता माओ त्से-तुंग से है, जिन्होंने चीन में साम्यवादी राज्य की स्थापना की। परम्परागत मार्क्सवाद और माओवाद के बीच कुछ प्रमुख अन्तर इस प्रकार हैं—

1. **क्रान्ति में गरीब किसानों (peasants) की भूमिका**—परम्परागत रूप से मार्क्सवाद के अन्तर्गत ''सर्वहारा वर्ग'' (कारखानों में काम करने वाले मजदूरों के वर्ग) को क्रान्तिकारी वर्ग माना गया है। जबकि माओ ने क्रान्ति की रणनीति के अन्तर्गत छोटे और भूमिहीन किसानों को केन्द्रीय महत्त्व दिया है। माओ के अनुसार गरीब किसानों के नेतृत्व के बिना क्रान्ति नहीं हो सकती है।

2. **गुरिल्ला युद्ध**—माओवाद के अन्तर्गत गुरिल्ला युद्ध को बहुत महत्त्व दिया गया है। माओं ने स्वयं लाल सेना का गठन किया था, और गुरिल्ला युद्ध की सहायता ली थी। माओं के अनुसार शहरों में साम्राज्यवादी और प्रतिक्रियावादी ताकतें अधिक मजबूती से स्थापित रहती हैं। इसलिए, सही रणनीति यह है कि ताकतवर दुश्मन से सीधे टक्कर लेने की बजाए, गाँवों में क्रान्तिकारी आधार-क्षेत्र बना कर शहरों को घेरा जाए।

माओं के अनुसार दुनिया को सिर्फ बन्दूक द्वारा बदला जा सकता है। जो कोई भी राजनीतिक शक्ति पर कब्जा करना, और उस पर अपना नियंत्रण बनाए रखना चाहता है, उसके पास एक मजबूत सेना होनी चाहिए। माओं के प्रसिद्ध शब्दों में, ''राजनीतिक शक्ति बन्दूक की नली से निकलती है''।

3. **राज्य का सिद्धान्त**—परम्परागत मार्क्सवाद के अनुसार राज्य एक वर्ग द्वारा दूसरे वर्ग के शोषण का औजार है। इसलिए, एक वर्गविहीन समाज में राज्य की कोई आवश्यकता नहीं रह जाएगी, और राज्य का विर्सजन हो जाएगा। इसके विपरीत, माओ के अनुसार समाज में दो किस्म के अन्तर्विरोध होते हैं: एक, विरोधात्मक अन्तर्विरोध (antagonistic contradiction) और दो, अविरोधात्मक अन्तर्विरोध (non-antagonistic contradiction)। विरोधात्मक अन्तर्विरोध वह है जो क्रान्तिकारियों और आम जनता के दुश्मनों के बीच होता है। दूसरी ओर, अविरोधात्मक अन्तर्विरोध आम जनता के बीच रहता है। इन अविरोधात्मक अन्तर्विरोधों को सुलझाने के लिए राज्य की आवश्यकता रहेगी। इसलिए, माओ के अनुसार साम्यवाद के अन्तर्गत राज्य का विर्सजन नहीं होगा।[1]

समीक्षा

मार्क्स की एक प्रसिद्ध उक्ति है कि **दार्शनिकों ने अब तक सिर्फ विश्व की व्याख्या की है, जबकि आवश्यकता है उसे बदलने की।** मार्क्सवाद अपने मौलिक रूप में सामाजिक परिवर्तन या इतिहास की व्याख्या करनेवाला एक सिद्धान्त है। मार्क्सवाद

---

1. Sabine. Op. Cit., pp. 782-87.

के अनुसार उसके सिद्धान्त से सामाजिक परिवर्तन या इतिहास की वैज्ञानिक व्याख्या हो जाती है। यही कारण है कि एंगेल्स ने मार्क्सवाद को ''वैज्ञानिक'' समाजवाद कहा था। लेकिन, जैसा कि मार्क्स के ऊपर दिए गए कथन से स्पष्ट है, स्वयं मार्क्स की रूचि एक समाज वैज्ञानिक के रूप में सिर्फ सामाजिक परिवर्तन की व्याख्या करने में नहीं, बल्कि समाज में परिवर्तन लाने में भी थी।

दार्शनिकों के बारे में मार्क्स का सामान्यीकरण कहाँ तक सही है, यह एक अलग प्रश्न है। वैसे, दार्शनिकों के समर्थन में इतना जरूर कहा जा सकता है कि जहाँ एक ओर कई ऐसे दार्शनिक हुए हैं जिनकी मुख्य रुचि ज्ञानमीमांसा या तत्त्वमामांसा (विश्व की व्याख्या) में रही है; वहाँ दूसरी ओर, आधुनिक काल में लॉक, वाल्तेयर, रूसो, बेन्थम, मिल और बीसवी सदी में बट्रेण्ड रसेल, सार्त्र और कार्ल पॉपर जैसे कई दार्शनिक भी हुए हैं, जिनकी रुचि सामाजिक-राजनीतिक परिवर्तन में थी।

यह भी कहा जा सकता है कि विश्व को समझने का प्रयत्न भी अपने-आप में एक महत्त्वपूर्ण कार्य है, और विश्व के वास्तविक स्वरूप को समझे बिना मानव जीवन को बेहतर बनाने के लिए यथार्थवादी तरीके से कोई ठोस काम कर पाना भी सम्भव नहीं है। इसलिए, विश्व को समझने के प्रयत्नों की अवहेलना भी ठीक नहीं है।

अगर समाज-दार्शनिक दृष्टि से देखें, तो किसी समाज में बेहतर दिशा में परिवर्तन लाने के लिए व्यावहारिक प्रयत्न करने के लिए उस समाज की वास्तविक स्थिति और उसमें चल रही प्रक्रियाओं को सही-सही समझना जरूरी है। और यह काम, जैसा कि मार्क्सवादियों का भी मानना है, वैज्ञानिक विधि को अपना कर ही किया जा सकता है। लेकिन, दूसरी ओर, समाज को ''बेहतर'' दिशा में बदलने के सन्दर्भ में यह महत्त्वपूर्ण प्रश्न भी उठता है कि ''बेहतर'' दिशा क्या है? इस प्रश्न का उत्तर नीतिशास्त्र और सामाजिक आदर्शों से जोड़ कर ही दिया जा सकता है। इस तरह, **समाज में बेहतर दिशा में परिवर्तन लाने के लिए समाज के प्रति वैज्ञानिक और नैतिक दोनों किस्म के दृष्टिकोण को अपनाना जरूरी है**। यह बात जरूर है कि जब हम समाज को उसके वास्तविक रूप में समझने का प्रयत्न करते हैं, उस समय हमें अपनी नैतिक मान्यताओं को पृष्ठभूमि में रहना चाहिए। इसके अलावा, हमारी नैतिक मान्यताओं को भी मानव-स्वभाव की वास्तविकताओं पर आधारित होना चाहिए। अगर समाज परिवर्तन की कोई योजना इस अर्थ में अव्यावहारिक हो कि उसका मानव-स्वभाव से मेल न हो, या उसे बनाने में अपने समय की सामाजिक वास्तविकताओं को ध्यान में न रखा गया हो, तो उसकी आलोचना जरूर की जा सकती है; लेकिन सामाजिक परिवर्तन के प्रति नैतिक मूल्यों पर आधारित किसी भी दृष्टिकोण की ''यूटोपियन'' कह कर आलोचना करना, और **समाज-परिवर्तन के प्रति नैतिक दृष्टिकोण को पूरी तौर से नकार देना, सही नहीं है।** यह मार्क्सवाद की एक बुनियादी सैद्धान्तिक कमजोरी है।

अपने मौलिक रूप में, मार्क्सवाद एक इतिहास दर्शन है, जिसके अनुसार प्रत्येक मानव-समाज का विकास इतिहास के या सामाजिक परिवर्तन के किसी नियम के अनुसार एक निश्चित तरीके से एक निश्चित दिशा में होता है। इतिहास के प्रति इस किस्म के दृष्टिकोण को कार्ल पॉपर ने ''इतिहासपरतावाद'' (historicism) कहा है। मार्क्सवाद ही एकमात्र इतिहासपरतावादी सिद्धान्त नहीं है। यह मानने का कोई कारण नहीं दिखता है कि

मार्क्सवाद या कोई अन्य इतिहासपरतावादी सिद्धान्त सत्य है। **हर समाज में किसी एक ही बने-बनाए नियम के अनुसार परिवर्तन नहीं आता है। अलग-अलग समाजों में अलग-अलग कारणों से अलग-अलग तरीकों से परिवर्तन आ सकता है।**

मार्क्स ने अपने इतिहास की आर्थिक व्याख्या के आधार पर ब्रिटेन में ''सर्वहारा क्रान्ति'' की भविष्यवाणी की थी, लेकिन वास्तव में ऐसा कुछ भी नहीं हुआ है। इसके विपरीत, वहाँ पर लोकतांत्रिक तरीकों से लेबर पार्टी कई बार सत्ता में आ चुकी है, जबकि मार्क्स ने इसकी कल्पना नहीं की थी। दूसरी ओर, मार्क्सवाद के अनुसार रूस जैसे अर्ध-सामन्ती और अर्ध-पूंजीवादी समाज में या चीन जैसे सामंतवादी देश में कम्युनिस्ट पार्टी की तानाशाही की स्थापना नहीं होनी चाहिए थी, लेकिन ऐसा हो गया। अगर ब्रिटेन में क्रान्ति न होने की लेनिन द्वारा की गयी व्याख्या को सही मान भी लिया जाए, तो भी इससे यह तो स्पष्ट होता ही है कि इतिहास किसी बने-बनाए ढर्रे के अनुसार नहीं चलता है।

इसी तरह, भूतपूर्व सोवियत संघ में उत्पादन के साधनों में व्यक्तिगत स्वामित्व के समाप्त हो जाने के बाद, वर्गविहीन समाज की स्थापना हो जानी चाहिए थी, लेकिन ऐसा नहीं हुआ। बल्कि राजनीतिक और आर्थिक सत्ता से सम्पन्न कम्युनिस्ट नौकरशाहों के एक नए शक्तिशाली वर्ग का उदय हो गया।

सोवियत संघ में आधिकारिक तौर पर यही दावा किया जाता था कि वहाँ पर वर्गविहीन समाज की स्थापना हो चुकी थी। अगर ऐसा था, तो फिर वहाँ पर राज्य का विर्सजन हो जाना चाहिए था। सोवियत संघ में राज्य का विर्सजन तो नहीं हुआ, लेकिन सोवियत संघ का विघटन जरूर हो गया। इस विघटन के परिणामस्वरूप अनेक स्वतंत्र राज्यों का उदय हो गया। चीन की स्थिति तो और भी अजीब है। वहाँ एक ओर कम्युनिस्ट पार्टी की तानाशाही अभी बरकरार है, और दूसरी ओर, अर्थव्यवस्था में निजी क्षेत्र और विदेशी पूंजी को बढ़ावा दिया जा रहा है। यह पूरी तरह स्पष्ट है कि **इन सारे ऐतिहासिक तथ्यों की व्याख्या मार्क्सवादी इतिहास दर्शन के आधार पर सम्भव नहीं है।** सामाजिक परिवर्तन में आर्थिक कारक ही एकमात्र कारक नहीं होता है। विचारों, मूल्यों और मानव-प्रयत्नों की भी इसमें महत्त्वपूर्ण भूमिका रहती है। भूतपूर्व मार्क्सवादी मानवेन्द्रनाथ रॉय ने भी अपने नवमानवतावादी या रैडिकल मानवतावादी दर्शन में इतिहास के मार्क्सवादी सिद्धान्त की आलोचना की है। रॉय ने यह बुनियादी प्रश्न उठाया है कि **अगर इतिहास आर्थिक दृष्टि से पूर्व निर्धारित है, तो फिर हम मानव-प्रयत्नों द्वारा क्रान्ति कैसे कर सकते हैं?** रॉय के इतिहास की मानवतावादी व्याख्या के अनुसार इतिहास का निर्माता स्वयं मानव है। उत्पादन के साधन और समाज की आर्थिक संरचना सहित मानव-समाज एक मानवीय रचना है। इस तरह, रॉय ने इस मार्क्सवादी सिद्धान्त को अस्वीकार किया है कि विचारधाराएँ और नैतिक मूल्य समाज के आर्थिक ढाँचे की अधिरचना (superstructure) मात्र है। रॉय के अनुसार विचारों की उत्पत्ति भौतिक विश्व की पृष्ठभूमि में मानव मस्तिष्क में ही होती है, लेकिन एक बार उत्पन्न हो जाने के बाद विचारों का अपना स्वतंत्र अस्तित्व होता है, और अपने स्वतंत्र नियम होते हैं। विचारों का विकास ओर समाज का विकास, ये दोनों प्रक्रियाएँ समानान्तर चलती हैं, और एक-दूसरे को प्रभावित करती है।

मार्क्सवाद के अनुसार व्यक्ति की ''चेतना'' या उसके विचार, उसके ''सामाजिक

अस्तित्व'' (social existence) पर निर्भर हैं। ऐसा कई बार वास्तव में होता भी है। लेकिन **अगर इसे एक वैज्ञानिक नियम मान लिया जाए, तो मार्क्सवाद की लोकतंत्र की आलोचना की तरह यह भी एक अतिसरलीकरण है।** किसी विचारक के लिए अपने वर्ग हित से ऊपर उठकर तार्किक और वैज्ञानिक दृष्टि से सोचना कठिन हो सकता है, खास कर सामाजिक, राजनीतिक और आर्थिक मुद्दों पर, लेकिन यह पूरी तौर से असम्भव नहीं। मार्क्स और एंगेल्स ने स्वयं भी इस सम्भावना को स्वीकार किया था। दरअसल, मार्क्स या एंगेल्स का जन्म भी सर्वहारा वर्ग में नहीं हुआ था। ऐसा मान लेने का तो कोई कारण नहीं है कि मार्क्स और एंगेल्स पहले और अन्तिम ऐसे विचारक थे जो अपने वर्ग हित से ऊपर उठकर सामाजिक मुद्दों के बारे में सोच पाए।

अगर मार्क्सवाद को इतिहास दर्शन के रूप में न देख कर, क्रान्ति करने की तकनीक के रूप में देखा जाए, जैसाकि मार्क्सवाद-लेनिनवाद के अन्तर्गत देखा जाता है, तो भी यह स्पष्ट है कि **मार्क्सवादी-लेनिनवादी तौर-तरीकों से भूतपूर्व सोवियत संघ में वर्गविहीन और राज्यविहीन समाज की स्थापना नहीं हुई थी।**

दरअसल, राज्य और वर्ग की मार्क्सवादी अवधारणा सन्तोषजनक नहीं है। किन्हीं परिस्थितियों में राज्य एक वर्ग द्वारा दूसरे वर्ग के शोषण का औजार हो सकता है, लेकिन यह राज्य का अनिवार्य चरित्र नहीं है। राज्य का चरित्र इस बात पर निर्भर है कि राज्य पर किन शक्तियों का नियंत्रण है। अगर राज्य पर रूढ़िवादी दक्षिणपंथी शक्तियों का नियंत्रण हो, तो राज्य का चरित्र दूसरा होगा, और अगर राज्य पर लोकतांत्रिक समाजवादी शक्तियों का नियंत्रण हो, तो उसका चरित्र अलग होगा। इसके अलावा, राज्य के कई महत्त्वपूर्ण कार्य भी है, जैसे, नागरिकों की जान-माल की रक्षा करना और जन-कल्याण के उपाय करना। गरीबी, बेरोजगारी और गैरबराबरी को नियंत्रित करना भी राज्य का कार्य हो सकता है। इसलिए, **एक आदर्श समाज में राज्य के विसर्जन की बात अव्यावहारिक है।** यह जरूर सम्भव है कि राज्य शक्ति का अधिक-से-अधिक विकेन्द्रीकरण हो, राज्य पर नागरिकों का अधिक-से-अधिक नियंत्रण स्थापित हो, और राज्य द्वारा बल-प्रयोग कम से कम किया जाए।

इसी तरह, मार्क्सवाद के अन्तर्गत वर्ग की अवधारणा भी सन्तोषजनक नही है। **वर्ग के निर्धारण में आर्थिक कारक ही एकमात्र कारक नहीं है। इसके अलावा, जन्म, सत्ता, व्यवसाय और शिक्षा जैसे वर्ग के अन्य निर्धारक भी होते हैं।** उदाहरण के तौर पर, हिन्दू जाति-व्यवस्था में व्यक्ति की जाति का निर्धारण उसके जन्म के आधार पर होता है। इसका ''उत्पादन के सम्बनधों'' से कोई रिश्ता नहीं है। खास कर भारत जैसे देश में जांति सामाजिक गैरबराबरी और वर्ग का एक प्रमुख आधार है। **भारत में जातिविहीन समाज की स्थापना के बिना वर्गविहीन समाज की स्थापना सम्भव नहीं है।**

अगर व्यावहारिक राजनीति की दृष्टि से देखा जाए, तो जिस साम्यवादी सिद्धान्त का सबसे अधिक विरोध हुआ है, वह है ''सर्वहारा की तानाशाही'' का सिद्धान्त। राजनीतिक शक्ति के अधिकतम विकेन्द्रीकरण और सामाजिक गैरबराबरी को कम-से-कम करने के लक्ष्यों को सामाजिक लोकतन्त्रवादी सहित कई गैर-साम्यवादी विचारक भी सहर्ष स्वीकार करेंगे। जयप्रकाश नारायण की ''सम्पूर्ण क्रान्ति'' के अन्तर्गत भी इन लक्ष्यों को स्वीकार किया गया है। लेकिन **''सर्वहारा की तानाशाही'' और हिंसक वर्ग संघर्ष के**

साम्यवादी सिद्धान्तों को किसी भी लोकतान्त्रिक व्यक्ति के लिए स्वीकार कर पाना सम्भव नहीं है।

वैसे, देखा जाए तो अन्तिम विश्लेषण में मार्क्सवाद-साम्यवाद में भी लोकतांत्रिक मूल्यों को पूरी तौर से नकारा नहीं गया है। मार्क्सवाद के अनुसार "बुर्जुआ" लोकतंत्र "वास्तविक" लोकतंत्र नहीं है। "सर्वहारा की तानाशाही" की प्रक्रिया से गुजरने के बाद जब राज्यविहीन और वर्गविहीन, साम्यवादी समाज की स्थापना हो जाएगी, तो वही एक ऐसा वास्तविक लोकतंत्र होगा, जिसमें हर नागरिक स्वतंत्र और समान होगा। लेकिन दिक्कत यह है कि साम्यवाद का यह आदर्श रूप तो आज तक किसी भी "साम्यवादी" देश में देखने को नहीं मिला है, मगर अतीत में हंगरी, चेकोस्लेवाकिया और पोलैंड जैसे देशों में साम्यवादियों की भूमिका लोकतंत्र-विरोधी रह चुकी है। "सर्वहारा की तानाशाही" का सिद्धान्त अपने-आप में एक लोकतंत्र-विरोधी सिद्धान्त है ही, लेकिन यह और भी विकृत होकर सर्वहारा वर्ग पर कम्युनिस्ट पार्टी की तानाशाही में बदल गया। जिस समय पोलैंड एक साम्यवादी देश था, उस समय कम्युनिस्ट पार्टी के नियंत्रण से स्वतंत्र ट्रेड यूनियन की स्थापना करने के लिए मजदूर वर्गों के आन्दोलन—सॉलिडैरिटी—को काफी लम्बा संघर्ष करना पड़ा, और सरकारी दमन का सामना करना पड़ा।

दरअसल, तथाकथित बुर्जुआ लोकतंत्र की मार्क्सवादी-साम्यवादी आलोचना एकतरफा साबित हुई हैं (इसकी चर्चा "लोकतंत्र" के अन्तर्गत की गयी है।) **मार्क्स और एंगेल्स लोकतंत्र की सम्भावनाओं का सही आकलन करने में असमर्थ रहे।** लोकतंत्र को सिर्फ आर्थिक चश्में से देखना ठीक नहीं है। लोकतांत्रिक स्वतंत्रताओं और लोकतांत्रिक राजनीतिक व्यवस्था का अपने-आप में स्वतंत्र महत्त्व और अस्तित्व है। इसे आर्थिक संरचना की अधिरचना (superstructure) मात्र कह कर नकारा नहीं जा सकता है। मार्क्स ने यह कल्पना नहीं की थी कि ब्रिटेन में "बुर्जुआ" लोकतंत्र के दायरे में ही मजदूरों की पार्टी सत्ता में आ सकती है। लेकिन ब्रिटेन सहित कई देशों में लोकतांत्रिक तरीकों का इस्तेमाल करते हुए लोकतांत्रिक समाजवादी पार्टियाँ पूंजीपतियों द्वारा समर्थित पार्टियों को सफलतापूर्वक पराजित कर सत्ता में आ चुकी हैं। भारत में भी लोकतांत्रिक समाजवादी और साम्यवादी पार्टियाँ लोकतांत्रिक तरीकों का इस्तेमाल कर विभिन्न प्रान्तों और केन्द्र सरकार में सत्ता में आ चुकी हैं।

अभिव्यक्ति की स्वतंत्रता, संगठन बनाने की स्वतंत्रता और शान्तिमय प्रदर्शन करने की स्वतंत्रता जैसी बुनियादी स्वतंत्रताओं के महत्त्व को नकारा नहीं जा सकता है। मानव अपने स्वभाव से ही स्वतंत्रता-प्रेमी है। यही कारण है कि आज इन स्वतंत्रताओं को मानव-अधिकारों (Human Rights) के रूप में सारे विश्व में सैद्धान्तिक मान्यता मिली हुई है। इसमें संदेह नहीं है कि साम्यवादी तानाशाही और लोकतंत्र के बीच के संघर्ष में लोकतंत्र की ही जीत हुई है। रूस के अलावे आज पूर्वी यूरोप के भूतपूर्व साम्यवादी देशों में अब लोकतंत्र की स्थापना हो चुकी है। इन देशों की अधिकांश साम्यवादी पार्टियों ने अपने को लोकतांत्रिक समाजवादी पार्टियों में बदल दिया है। भारत में भी "नक्सलवादी" या "माओवादी" समूह को छोड़कर अधिकांश साम्यवादी पार्टियाँ पूरी तौर से संसदीय लोकतंत्र में हिस्सा ले रही हैं।

❑

अध्याय 10

सर्वोदय

''सर्वोदय'' शब्द का अर्थ है ''सब का उदय''। **गांधी के सम्पूर्ण सामाजिक-राजनीतिक चिन्तन के लिए ''सर्वोदय दर्शन'' शब्द का प्रयोग किया जाता है।** गाँधी की कल्पना के आदर्श समाज को ''सर्वोदय समाज'' कहा जाता है। इसके अलावा, आजादी के बाद विनोबा द्वारा चलाए गए भूदान-ग्रामदान आन्दोलन को भी सर्वोदय आन्दोलन कहा जाता है। इस आन्दोलन में विनोबा के अलावा जयप्रकाश नारायण की भी प्रमुख भूमिका थी।

गाँधी ने अपने सामाजिक-राजनीतिक चिन्तन को नैतिक मूल्यों पर आधारित किया है। वे अपने संरक्षण में चलने वाले ''आश्रम'' के सदस्यों को छः नैतिक सद्गुणों का पालन करने का व्रत दिलवाते थे—**एक, अहिंसा, दो, सत्य, तीन, अस्तेय (चोरी नहीं करना), चार, अपरिग्रह (संग्रह नहीं करना), पाँच, ब्रह्मचर्य और छः अभय।**

इनमें से प्रथम पाँच सद्गुणों को जैन, बौद्ध और हिन्दू दर्शन की एक शाखा—योग दर्शन—के अर्न्तगत मान्यता मिली हुई है। प्रशस्तपाद ने इसमें से चार सद्गुणों—अहिंसा, सत्य, अस्तेय, ब्रह्मचर्य—को ''सामान्य धर्म'' के रूप में स्वीकार किया है। छठा सद्गुण—अभय—गाँधी ने अपनी ओर से जोड़ा है।

सामाजिक चिन्तन

अपने सामाजिक चिन्तन में गाँधी ने **जन्म पर आधारित हिन्दू वर्ण–व्यवस्था का समर्थन किया है, लेकिन वर्ण-व्यवस्था की उनकी व्याख्या *मनुस्मृति* जैसे हिन्दू धर्मशास्त्रों में दी गयी वर्ण-व्यवस्था की व्याख्या से कुछ अलग थी।**

वर्ण-व्यवस्था के अन्तर्गत हिन्दू समाज को चार वर्णों—ब्राह्मण, क्षत्रिय, वैश्य और शूद्र—में बाँटा गया है। इनमें प्रतिष्ठा की दृष्टि से सबसे ऊपर ब्राह्मण, उनके नीचे क्षत्रिय, उसके बाद वैश्य और सबसे नीचे शूद्रों को रखा गया है। ब्राह्मणों के लिए अध्ययन और शिक्षण, क्षत्रियो के लिए शासन और युद्ध, वैश्यों के लिए कृषि और व्यापार एवं शूद्रों के लिए ऊपर के तीन ''द्विज'' वर्णों की शारीरिक श्रम द्वारा सेवा का कार्य निर्धारित किया गया है। ***मनुस्मृति*** के अनुसार अध्ययन और शिक्षा प्राप्त करने का अधिकार सिर्फ ''द्विज'' वर्णों के पुरुषों को है। इसी तरह, परम्परागत रूप से वर्ण-व्यवस्था के अन्तर्गत एक वर्ण और दूसरे वर्ण में जन्में व्यक्तियों के बीच विवाह पर भी प्रतिबन्ध लगाया गया है।

''आदर्श'' वर्ण-व्यवस्था

गाँधी के अनुसार वर्ण का नियम मनुष्य के प्राकृतिक स्वभाव और सीमाओं के अध्ययन के बाद बनाया गया है। प्रत्येक व्यक्ति कुछ सीमाओं के साथ पैदा होता है, जिन्हें वह पार नहीं कर सकता है। इसलिए, प्रत्येक व्यक्ति को अपने वर्ण के पेशे को ही अपनाना चाहिए। इससे ''बेकार की प्रतिस्पर्धा'' पर रोक लगती है। दूसरे शब्दों में, गाँधी के

अनुसार वर्ण-व्यवस्था ''जन्म पर आधारित श्रम का स्वस्थ विभाजन'' है। गाँधी के शब्दों में, **''वर्ण-व्यवस्था हमें सिखाती है कि हम में से प्रत्येक को अपने खानदानी पेशे द्वारा रोजी कमानी चाहिए''।**[1]

इस तरह, गाँधी जन्म पर आधारित वर्ण-व्यवस्था का समर्थन करते थे, लेकिन साथ ही उनका यह भी मानना था कि **वर्ण-व्यवस्था का ऊँच-नीच, अन्तर्जातीय विवाहों पर प्रतिबन्ध या छुआछूत से कोई सम्बन्ध नहीं है।** गाँधी के अनुसार वर्ण का सम्बन्ध कर्त्तव्यों से है, विशेषाधिकारों से नहीं। ''वर्तमान जाति-व्यवस्था वर्णाश्रम की प्रतिस्थापना (antithesis) हैं''। इसे जल्दी से जल्दी समाप्त कर दिया जाना चाहिए।[2]

समान वेतन और प्रतिष्ठा

एक ओर गाँधी यह चाहते थे कि जन्म पर आधारित ''आदर्श'' वर्ण-व्यवस्था की स्थापना हो, और दूसरी ओर वे **छुआछूत का विरोध करते थे और चाहते थे कि समाज में प्रत्येक व्यक्ति को बराबर सम्मान और प्रतिष्ठा मिले**। उनके अनुसार वकील, डाक्टर, शिक्षक और भंगी सभी समाज की सेवा करते हैं, इसलिए सबको एक बराबर वेतन और प्रतिष्ठा मिलनी चाहिए। गाँधी इस बात को समझते थे कि इस उच्च उद्देश्य को तत्काल हासिल नहीं किया जा सकता है। लेकिन, उनका यह मानना था कि हर समाज में इस लक्ष्य को स्वीकार किया जाना चाहिए, और इसे हासिल करने के लिए निरन्तर प्रयत्न करना चाहिए।

समाज में शारीरिक श्रम को प्रतिष्ठित करने के लिए गाँधी ने ''रोटी-श्रम'' (bread labour) का विचार सामने रखा। उनके अनुसार **हर व्यक्ति को हर रोज कुछ शारीरिक श्रम जरूर करना चाहिए**, ऐसे लोगों को भी जिनका व्यवसाय मानसिक श्रम से जुड़ा है। इससे शारीरिक श्रम को प्रतिष्ठित करने और शारीरिक श्रम से जुड़े व्यवसाय में लगे लोगों की सामाजिक प्रतिष्ठा को बढ़ाने में मदद मिलेगी। ''रोटी-श्रम'' और सभी व्यवसायों में लगे लोगों की बराबर प्रतिष्ठा के विचार को अपनाने की प्रेरणा गाँधी को रस्किन की पुस्तक *Unto This Last* से मिली थी। यह गाँधी की प्रिय पुस्तक थी।

राजनीतिक चिन्तन

गाँधी के राजनीतिक चिन्तन में मार्क्सवाद-साम्यवाद की तरह, अराजकतावादी (anarchist) प्रवृत्तियाँ हैं। वे राज्यविहीन समाज को आदर्श मानते थे, लेकिन क्योंकि व्यवहार में इस आदर्श को पूरी तरह प्राप्त करना सम्भव नहीं हैं, इसलिए उन्होंने अमेरिकन विचारक थ्यूरो की इस उक्ति को अपनाया कि **''वह सरकार सर्वश्रेष्ठ है, जो कम-से-कम शासन करे''**[3] गाँधी पर रूसी अराजकतावादी विचारक-लेखक तॉल्सतॉय के विचारों का भी प्रभाव था।

---

1. Nirmal Kumar Bose, *Selections from Gandhi* (Ahmedabad: Navjivan Publishing House, 1972) p, 265.
2. Ibid.
3. D. M. Datta, *The Philosophy of Mahatma Gandhi* (Calcutta: University of Calcutta, 1968), p. 153.

व्यक्ति और राज्य

समाज-दार्शनिक दृष्टि से गाँधी व्यक्तिवादी थे। गाँधी के अनुसार मूल्यों और सत्ता की दृष्टि से व्यक्ति का केन्द्रीय महत्त्व है। राज्य और सरकार अपना अस्तित्व और सत्ता व्यक्तियों से प्राप्त करती हैं। राज्य का उद्देश्य होना चाहिए व्यक्ति के सर्वांगीण विकास में सहयोग। राज्य को आम जनता के प्रति सेवा की भावना रखनी चाहिए। कभी भी मालिक जैसा व्यवहार नहीं करना चाहिए।

गाँधी के अनुसार आम नागरिकों को यह ध्यान रखना चाहिए कि उनके सहयोग के बिना सरकार एक कदम भी नहीं चल सकती है। इसलिए, उन्हें सरकार के कल्याणकारी कार्यों को लागू करने में, अच्छे कानूनों का पालन करने में, और राज्य की रक्षा करने में पूरा सहयोग करना चाहिए। लेकिन, दूसरी ओर, अगर राज्य जनता का शोषण करे, उनके विकास में बाधा उत्पन्न करे, तो नागरिकों का यह दायित्व हो जाता है कि वे अपना सहयोग वापस ले लें, और नैतिक दबाव एवं अहिंसक असहयोग द्वारा सरकार को सुधरने के लिए बाध्य करें। इस तरह, **नागरिकों को सहयोग और असहयोग द्वारा सरकार को न्याय के रास्ते पर बनाए रखना चाहिए।** गाँधी के अनुसार सच्चा स्वराज कुछ लोगों द्वारा सत्ता प्राप्त करने से नहीं आएगा, बल्कि सभी लोगों द्वारा सत्ता के दुरूपयोग का प्रतिरोध करने की क्षमता को प्राप्त करने से आएगा।

विकेन्द्रीकरण

गाँधी राज्य की सत्ता को बढ़ाए जाने के विरुद्ध थे, क्योंकि उनके अनुसार हालांकि राज्य की सत्ता कई बार शोषण समाप्त करने के उद्देश्य से बढ़ायी जाती है, लेकिन यह प्रगति के मूल तत्त्व—व्यक्ति के व्यक्तित्व को नष्ट करके, मानवता का बहुत बड़ा अहित करती है। इसलिए, गाँधी राज्य की सत्ता को कम-से-कम रखने के और राजनीतिक सत्ता के अधिकतम विकेन्द्रीकरण के पक्ष में थे। वे **विकेन्द्रित ग्राम-गणराज्यों** का समर्थन करते थे। उनका मानना था कि प्रत्येक गाँव, जहाँ तक सम्भव हो, भोजन, कपड़ा, पानी, दूध, सफाई, माध्यमिक शिक्षा और मनोरंजन के मामले में आत्मनिर्भर हो। ग्रामवासी स्वयं बारी-बारी से गाँव की रक्षा करें। गाँव की सरकार गाँव के वयस्क नागरिकों द्वारा निर्वाचित पंचायत के माध्यम से चलायी जाए। गाँव की अर्थव्यवस्था मुख्यतः कृषि और छोटे-कुटीर उद्योगों पर आधारित हो। इस तरह, गाँधी के अनुसार **हरेक गाँव एक आदर्श लोकतंत्र हो, जिसमें नागरिकों को स्वतंत्रता प्राप्त हो और जिसकी सरकार, सहयोग और अहिंसा के आधार पर काम करने वाली नागरिकों की अपनी सरकार हो**। व्यक्ति की बुनियादी आवश्यकताएँ पूरी हों, और उसे अपने व्यक्तित्व के विकास का पूरा अवसर प्राप्त हो।

गाँधी के ग्राम-स्वराज के विचार को भारतीय संविधान में भी काफी हद तक शामिल किया गया है। राज्य की नीति के निदेशक तत्त्व (Directive Principles of State Policy) के अनुसार ''राज्य ग्राम पंचायतों का संगठन करने के लिए कदम उठाएगा और उनको ऐसी शक्तियाँ और प्राधिकार प्रदान करेगा जो उन्हें स्वायत्त शासन की इकाइयों के रूप में कार्य करने योग्य बनाने के लिए आवश्यक हो'' (धारा 40)। संविधान लागू होने के बाद से कई प्रान्तों मे पंचायती राज्य व्यवस्था लागू भी की गयी। लेकिन अक्सर पंचायतों के चुनाव नियमित रूप से नहीं हो पाते थे और कई बार उन्हें समय से पहले

विघटित कर दिया जाता था। अब संविधान के तिहत्तरवें (73वें) संशोधन द्वारा पंचायती व्यवस्था को ठोस आधार दिया गया है। इस संविधान संशोधन द्वारा पंचायतों की संरचना, कार्यकाल, शक्तियाँ, प्राधिकार और उत्तरदायित्व को स्पष्टता से परिभाषित किया गया है। पंचायतों के चुनाव करवाने के लिए राज्य निर्वाचन आयोग की व्यवस्था की गयी है। इन प्रावधानों को लागू करने के सन्दर्भ में राज्य विधान-मंडलों और राज्य सरकारों को अधिकार दिए गए है। यह आशा की जा रही है कि इस संविधान संशोधन के पूरी तौर से लागू होने के बाद देश भर में पंचायतों की स्थिति सुदृढ़ हो जाएगी। पंचायतों का कार्यकाल पाँच वर्ष का होगा, और अगर कार्यकाल पूरा होने से पहले पंचायतों का विघटन किया गया, तो छः महीने के अन्दर फिर से चुनाव करवाना अनिवार्य होगा।

आर्थिक चिन्तन

गाँधी समाज में **शारीरिक श्रम की प्रतिष्ठा चाहते थे और यह भी चाहते थे कि समाज के हर व्यवसाय में लगे लोगों को बराबर सम्मान और वेतन मिले**—इसकी चर्चा हम पहले भी कर चुके हैं। गाँधी के अनुसार श्रम पूंजी से श्रेष्ठ है। उनका मानना था कि अगर श्रमिक पूंजीवाद के विरुद्ध इकट्ठे हो जाएँ, तो पूंजीवाद का अन्त हो जाएगा। लेकिन वे साम्यवादियों की तरह बलपूर्वक पूंजीवाद को उखाड़ फेंकने के पक्ष में नही थे। उनके अनुसार यह प्रक्रिया वर्ग-द्वेष पर आधारित है, जो अहिंसा या प्रेम के नैतिक मूल्य के विरुद्ध है। गाँधी के अनुसार जिस तरह पूंजीपतियों द्वारा श्रमिकों को उनके श्रम के न्यायसंगत मूल्य से वंचित रखना नैतिक दृष्टि से अनुचित है, वैसे ही श्रमिकों द्वारा अतिरंजित माँगों से पूंजीपतियों को परेशान करना और उद्योगों को नष्ट करना भी अनुचित है। वे पूंजीपति और मजदूर वर्ग के बीच संघर्ष नहीं, सहयोग और सहअस्तित्व का समर्थन करते थे।

ट्रस्टीशिप

गाँधी समाज से **गैरबराबरी मिटाने के और आर्थिक समता स्थापित किए जाने के पक्ष में थे**। लेकिन वे साम्यवादियों की तरह यह नहीं मानते थे कि इसके लिए उत्पादन के साधनों में व्यक्तिगत स्वामित्व को समाप्त कर दिया जाना चाहिए। उनके अनुसार ट्रस्टीशिप के सिद्धान्त द्वारा इस लक्ष्य को प्राप्त किया जा सकता है।

गांधी के अनुसार पूंजीतियों को यह समझना चाहिए कि उनके पास जमा पूंजी श्रमिकों के श्रम का परिणाम है। इसलिए, एक पूंजीपति या जमीन-मालिक को, जिसके पास आवश्यकता से अधिक धन हो, अपने आप को उस धन का ट्रस्टी मानना चाहिए। उसे समझना चाहिए कि वह धन आम जनता का है जो उसके पास धरोहर है, और इसलिए उस **धन का इस्तेमाल अपने निजी आराम के लिए करने की बजाय उसे जन-कल्याण के कार्यों में लगाना चाहिए।**

ट्रस्टीशिप के सिद्धान्त के साथ इसकी व्यावहारिकता का प्रश्न भी जुड़ा हुआ है। गांधी के अनुसार बुद्धि और प्रेम की बुनियादी मानव-प्रवृत्तियों के आधार पर पूंजीपतियों को यह समझाया जा सकता है कि उनके पास जमा पूंजी श्रमिकों के श्रम का फल है, और वे उसे इसी रूप में देखें। भूदान आन्दोलन के दौरान विनोबा और जयप्रकाश नारायण बहुत सारे जमीन मालिकों को अपनी जमीन का कुछ हिस्सा भूमिहीनों को देने के लिए राजी करवाने

में सफल भी रहे थे। लेकिन, जैसा कि जे.पी. ने स्वयं स्वीकार किया था, यह प्रक्रिया एक सीमा तक जा कर रूक गयी थी। गांधी के अनुसार **अगर सम्पत्तिवान वर्ग समझाने-बुझाने से अपने को ट्रस्टी मानने से इनकार करते हैं, तो अन्तिम विकल्प के रूप में असहयोग या सत्याग्रह का सहारा भी लिया जा सकता है**। आजादी के कुछ समय पहले उन्होंने वैधानिक ट्रस्टीशिप का भी समर्थन किया था, लेकिन उनके अनुसार इस किस्म के कानून को ऊपर से लादे जाने की बजाय, सामाजिक परिस्थितियों के परिपक्व होने पर, जनता द्वारा पंचायत स्तर से लागू किया जाना चाहिए (ट्रस्टीशिप की विस्तृत चर्चा समाज दर्शन के अन्तर्गत ''सम्पत्ति'' अध्याय में की गयी है।)

औद्यौगिकीकरण और मशीन के प्रति दृष्टिकोण

गाँधी उद्योगवाद (industrialism) के विरुद्ध थे। वे विश्व के औद्योगिक दृष्टि से विकसित देशों की तरह भारत का औद्योगिकीकरण नहीं चाहते थे। बड़े उद्योगों को वे एक बुराई मानते थे। एक समय तो उन्होंने यह भी कह दिया था कि रेल और टेलिग्राफ मनुष्य के नैतिक विकास के लिए जरूरी नहीं है, हालांकी वे इन सुविधाओं को समाप्त करने की वकालत नहीं करते थे। बाद में उन्होंने स्पष्ट करने का प्रयत्न किया कि वे मशीन के नहीं, बल्कि मशीन के दुरुपयोग के विरुद्ध थे। चर्खा भी एक मशीन ही है। उनके अनुसार मनुष्य के स्थान पर मशीन का इस्तेमाल नहीं किया जाना चाहिए। गाँधी के अनुसार मशीन का ऐसा उपयोग नहीं किया जाना चाहिए, जिससे (i) बेरोजगारी बढ़े, (ii) अमीर पूंजीपतियों द्वारा गरीब श्रमिकों का और एक देश द्वारा दूसरे देश का शोषण हो, (iii) बड़े उद्योगों और बड़े शहरों द्वारा समाज केन्द्रीकरण की दिशा में बढ़े, और इसके साथ जुड़ी नैतिक बुराइयाँ उत्पन्न हों, एवं (iv) मशीन पर अतिशय निर्भरता के कारण मनुष्य अपने शरीर के अंगों से काम ही लेना छोड़ दे।

मशीन और मशीनी सभ्यता के विरुद्ध गाँधी की इन आपत्तियों में कुछ बल जरूर है, लेकिन इस तथ्य से भी इनकार नहीं किया जा सकता है कि गाँधी बुनियादी तौर पर मशीन और उद्योगों के प्रति नकारात्मक दृष्टिकोण रखते थे। गांधी अपरिग्रह या असंग्रह का समर्थन करते थे। ऐसे में उत्पादन और उपभोग को बढ़ाने वाली मशीनों और उद्योगों के प्रति उनका नकारात्मक दृष्टिकोण समझ में आने के लायक है।

साध्य और साधन

सामाजिक परिवर्तन की प्रक्रिया के अन्तर्गत गाँधी ने **साध्य और साधन की एकता** पर अत्यधिक बल दिया है। साम्यवाद की चर्चा करते समय हमने देखा था कि लेनिन के ''क्रान्तिकारी नीतिशास्त्र'' के अनुसार अगर साध्य सही हों, तो फिर उसे प्राप्त करने के लिए कोई भी साधन अपनाया जा सकता है। इसके विपरीत, गाँधी के अनुसार **अच्छे साध्य को प्राप्त करने के लिए अच्छे साधनों को अपनाना भी जरूरी है**। साधन को साध्य के अनुरूप होना चाहिए। अगर हमारा उद्देश्य सत्य और अहिंसा पर आधारित समाज की रचना करना हो, तो फिर उसके लिए अपनाए गए साधनों को भी सत्य और अहिंसा पर आधारित होना चाहिए।

सत्याग्रह

''सत्याग्रह'' शब्द दो शब्दों से मिलकर बना है ''सत्य'' और ''आग्रह''। इस तरह,

''सत्याग्रह'' शब्द का अर्थ हुआ ''सत्य के लिए आग्रह''। गाँधी के अनुसार **सत्य को पाने का सही रास्ता अहिंसा या प्रेम है।** सत्याग्रह की विधि सत्य और अहिंसा के नैतिक मूल्यों पर आधारित है। सत्याग्रह के कई रूप हैं, जैसे, **नागरिक अवज्ञा** या किसी अनैतिक कानून को मानने से इनकार करना, **अनुचित टैक्स नहीं देना आदि। असहयोग, अनशन, बन्द आदि सत्याग्रह के अन्य रूप हैं।** गाँधी ने इन विधियों का इस्तेमाल पहले दक्षिण अफ्रीका में और फिर बाद में भारत में ब्रिटिश सरकार के विरुद्ध किया।

गाँधी के अनुसार सत्याग्रह का उद्देश्य सामने वाले को पराजित या अपमानित करना नहीं होता है, बल्कि उसमें अन्तर्निहित मानवीय भावनाओं को जगाकर उसे सुधरने का मौका देना होता है। सत्याग्रही सामने वाले में परिवर्तन लाने के लिए स्वयं कष्ट सहता है। गाँधी के अनुसार सत्याग्रही को ईमानदार, अनुशासित और निर्भय होना चाहिए। इसके अलावा, उसे त्याग करने के लिए भी तैयार रहना चाहिए। सत्याग्रह की विधि की विस्तृत चर्चा आगे ''सत्याग्रह'' अध्याय के अन्तर्गत की गयी है।

विनोबा और जे० पी०

''सर्वोदय आन्दोलन'' शब्द का इस्तेमाल विनोबा द्वारा चलाए गए भूदान-ग्रामदान आन्दोलन के लिए भी किया जाता है। इस आन्दोलन में जयप्रकाश नारायण की भी महत्त्वपूर्ण भूमिका थी। भूदान आन्दोलन के दौरान विनोबा और जे. पी. बहुत सारे जमीन मालिकों को अपनी जमीन का कुछ हिस्सा भूमिहीनों को देने के लिए राजी करवाने में सफल रहे थे। सर्वोदय आन्दोलन में शामिल होने से पहले जे. पी. ने विनोबा के साथ चर्चाएँ कर अपने को आश्वस्त कर लिया था कि उनका आन्दोलन सिर्फ जमीन के बटवारे के लिए नहीं था, बल्कि उसका लक्ष्य व्यक्ति और समाज का सम्पूर्ण परिवर्तन था। 1954 से 1974 तक विनोबा के सर्वोदय आन्दोलन में काम करने के बाद जे. पी. को यह महसूस होने लगा कि ग्राम-स्वराज आन्दोलन के जरिए अहिंसक क्रान्ति होने वाली नहीं है। इसके बाद वे दूसरे रास्ते की तलाश करने लगे। अन्ततः 1974 के बिहार आन्दोलन के दौरान उन्होंने ''सम्पूर्ण क्रान्ति'' का विचार दिया।

सम्पूर्ण क्रान्ति के दौर में जे. पी. और विनोबा के बीच मुख्य अन्तर संघर्ष के प्रश्न पर था। शायद विनोबा यह सोचते थे कि शान्तिमय संघर्ष के बिना ही राजनीतिक व्यवस्था में संरचनात्मक परिवर्तन लाया जा सकता है। वे हर हाल में संघर्ष को टालने के लिए उत्सुक मालूम देते थे। जबकि, जे. पी. की यह निश्चित मान्यता थी कि **शान्तिमय जन-संघर्ष के बिना सम्पूर्ण क्रान्ति सम्भव नहीं है।** जे. पी. की सम्पूर्ण क्रान्ति और विनोबा द्वारा चलाए जा रहे सर्वोदय आन्दोलन के बीच का अन्तर जे. पी. के ''शान्तिमय वर्ग-संघर्ष'' के विचार द्वारा भी स्पष्ट होता है। (इसकी चर्चा अगले अध्याय में ''सम्पूर्ण क्रान्ति'' के अन्तर्गत की गयी है।)

जे. पी. की सम्पूर्ण क्रान्ति और विनोबा द्वारा चलाए गए सर्वोदय आन्दोलन के बीच दूसरा महत्त्वपूर्ण अन्तर राज्य के प्रति दृष्टिकोण को लेकर था। विनोबा के सर्वोदय आन्दोलन के अन्तर्गत राज्य और राजनीति की पूर्ण अवहेलना की गयी थी, या उसके प्रति तटस्थता बरती गयी थी। ऐसा मान लिया गया था कि एक लोकतांत्रिक देश में बड़े पैमाने पर जनता के बीच सीधे कार्य करने पर उसका स्वभावतः राज्य पर असर पड़ेगा। इसलिए, उसकी ओर विशेष ध्यान देने के जरूरत नहीं है। जे. पी. के अनुसार यह मान्यता गलत

थी। क्योंकि समाज और राजनीति में जड़े जमाये हुए निहित स्वार्थ राज्य को अपने नियंत्रण में बनाए रखने के लिए तत्पर रहते हैं। इसलिए, जे. पी. स्वयं राज्य-शक्ति नहीं प्राप्त करना चाहते हुए भी, राज्य-शक्ति को लोकशक्ति के प्रति उत्तरदायी बनाने की आवश्यकता, और इस दृष्टि से सत्ता की राजनीति में हस्तक्षेप करने की वांछनीयता के प्रति पूरी तरह सचेत थे। राज्य-शक्ति पर लोकशक्ति का अंकुश स्थापित करना सम्पूर्ण क्रान्ति का एक मुख्य राजनीतिक उद्देश्य है।

अगर देखा जाए तो इन दो मुद्दों पर जे. पी. का दृष्टिकोण विनोबा के दृष्टिकोण की तुलना में गाँधी के दृष्टिकोण के अधिक करीब है। गाँधी को संघर्ष से कोई परहेज नहीं था। दरअसल, सत्याग्रह की प्रक्रिया राजनीति को गाँधी का एक मुख्य योगदान है। इसी तरह, स्वयं सत्ता की राजनीति से अलग रहते हुए भी गाँधी राज्य-शक्ति या सत्ता की राजनीति के प्रति तटस्थ नहीं थे; न ही आवश्यकता पड़ने पर स्थापित सरकार के विरुद्ध संघर्ष का आह्वान करने में उन्हें कोई हिचकिचाहट थी। यहाँ पर सम्पूर्ण क्रान्ति और सर्वोदय के बीच जो अन्तर है, वह गाँधी के विचारों से नहीं, बल्कि गांधी के विचारों की विनोबा द्वारा की गयी व्याख्या और संशोधनों से है।[1]

समीक्षा

गाँधी के राजनीतिक चिन्तन में कई विशेषताएँ हैं। **राजनीति को नैतिकता से जोड़ने का आग्रह, राजनीतिक शक्ति के विकेन्द्रीकरण पर बल, और सत्याग्रह की विधि को राजनीति में उनका प्रमुख योगदान माना जा सकता है**। सामान्य तौर पर, राजनीतिक सत्ता के विकेन्द्रीकरण का समर्थन एम. एन. रॉय, जयप्रकाश नारायण और डॉ. राममनोहर लोहिया ने भी किया है।

मार्क्सवाद से मोहभंग होने के बाद जब जयप्रकाश नारायण गाँधी के विचारों की ओर आकर्षित हुए, तो उन्होंने गाँधी-विचार से चार मुख्य तत्त्वों को अपनाया—एक, उसका नैतिक आधार और मूल्यों से लगाव; दूसरे, सत्याग्रह द्वारा सामाजिक क्रान्ति की तकनीक; तीसरे, राजनीतिक-आर्थिक सत्ता के विकेन्द्रीकरण का आग्रह; और चौथे, छोटे समुदाय और समुचित तकनीक (appropriate thechnology) पर बल। जे. पी. ने इन विचारों को ''सम्पूर्ण क्रान्ति'' के अपने चिन्तन के अन्तर्गत भी स्थान दिया है।

जे. पी. ने इस तथ्य की ओर ध्यान दिलाया है कि सर्वोदय और साम्यवाद के सामाजिक-राजनीतिक आदर्श लगभग एक जैसे हैं। **दोनों ही वर्गविहीन और राज्यविहीन समाज के आदर्श को स्वीकार करते हैं**। जे. पी. की राय में **सर्वोदय दर्शन हमें इन आदर्शो तक पहुँचने का बेहतर रास्ता दिखलाता है**, क्योंकि इसके द्वारा बताए गए मार्ग में साध्य और साधन के बीच संगति है। जे. पी. के अनुसार साध्य और साधन के बीच असंगति के कारण ही भूतपूर्व सोवियत संघ में साम्यवादी वर्गविहीन और राज्यविहीन समाज के अपने लक्ष्य को प्राप्त नहीं कर सके, बल्कि उल्टे वहाँ पर एक केन्द्रीकृत, सर्वाधिकारवादी शासन-व्यवस्था की स्थापना हो गयी। लेकिन जे. पी. सर्वोदय को भी सामाजिक दर्शन का अन्तिम शब्द नहीं मानते थे। वे गाँधी के विचारों के ''बुद्धिहीन उपयोग'' के नहीं, बल्कि उसके ''गतिशील और क्रान्तिकारी रूपान्तर'' के पक्ष में थे।[2]

---

1. रमेन्द्र ''जयप्रकाश नारायण'', अशोक कुमार वर्मा (सं), ***स्वतंत्रोतर भारतीय दार्शनिक चिन्तन*** (पटना: मोतीलाल बनारसीदास, 1993), पृष्ठ 136-38.
2. वहीं, पृष्ठ 134-35.

यह सोचना एक भूल होगी कि गाँधी के पास हमारी हर राजनीतिक-सामाजिक समस्या का बना बनाया और अन्तिम समाधान मौजूद है। उदाहरण के तौर पर, व्यक्ति की स्वतंत्रता को बनाए रखने के लिए राज्य की शक्ति को कम-से-कम रखने का गाँधी का आग्रह मोटे तौर पर सही है। लेकिन भारत जैसे गरीब देश में **बेरोजगारी और गरीबी मिटाने एवं गैरबराबरी को नियंत्रित करने के लिए कारगर सरकारी हस्तक्षेप भी जरूरी है।** आज की परिस्थितियों में अगर सरकार ''कम-से-कम'' शासन करे, तो फिर सर्वोदय विचार और रूढ़िवादी आर्थिक अहस्तक्षेप की नीति (laissez-faire) के बीच कोई अन्तर नहीं रह जाता है। इस किस्म के दृष्टिकोण से सबका नहीं, बल्कि सिर्फ सम्पन्न वर्गों का ही उदय हो सकता है। यह नहीं भूलना चाहिए कि **लोकतंत्र में सरकार पर जनता का नियंत्रण रहता है, और सरकार का यह दायित्व और कर्त्तव्य बनता है कि वह जनहित में कार्य करे।**

इसी तरह, गाँधी के इस विचार को भी स्वीकार किया जा सकता है कि जहाँ तक सम्भव हो गाँव स्वाबलम्बी हों और तकनीक का विकास छोटे समुदायों की आवश्यकता को ध्यान में रखकर किया जाए। लेकिन **''समुचित तकनीक'' के नाम पर हर नयी तकनीक का विरोध भी सही नहीं है।** इसका कोई कारण नहीं दिखता है कि ट्रैक्टर और पम्पिंग सेट के अलावे गाँवों में रेडियो, टेलीवीजन, फोन, कम्प्यूटर, इन्टरनेट आदि का इस्तेमाल न किया जाए। **इन सभी वस्तुओं का उत्पादन गाँव के स्तर पर न सम्भव है, और न जरूरी।** गाँधी ब्रह्मचर्य और अपरिग्रह जैसे मूल्यों से प्रभावित थे। उन्होंने जिस ''आदर्श'' जीवन-स्तर की कल्पना की थी, एक औसत व्यक्ति का जीवन-स्तर उससे कुछ अधिक ऊँचा होना चाहिए। सामाजिक-राजनीतिक नीति का उद्देश्य सभी भारतवासियों को संन्यासी बनाना नहीं हो सकता है।

गाँधी ने अपने सामाजिक-राजनीतिक चिन्तन में मूल्यों और नैतिकता को मुख्य स्थान दिया है—साध्य और साधन की एकता पर बल दिया है, यह उनके राजनीतिक चिन्तन की एक विशेषता है। लेकिन गाँधी जहाँ **एक ओर राजनीति को नैतिकता से जोड़ते थे, वहाँ दूसरी ओर, वे स्पष्ट तौर से नैतिकता को संगठित धर्मों से जोड़ते थे।** अपने सामाजिक-राजनीतिक चिन्तन को व्यक्त करने के लिए उन्होंने ''राम राज्य'' जैसे शब्द का इस्तेमाल किया, जिसका सम्बन्ध हिन्दू धर्म से है। वे अपने को ''सनातनी हिन्दू'' कहते थे, और जन्म पर आधारित वर्ण-व्यवस्था का समर्थन करते थे।[1] इसके अलावा, वे गोहत्याबन्दी और ब्रह्मचर्य का भी समर्थन करते थे। गाँधी ने ईश्वर और संगठित धर्मो के बारे में बहुत कुछ लिखा, और उसे अपने सामाजिक-राजनीतिक चिन्तन से जोड़ा भी। इस तरह, गाँधी के सामाजिक-राजनीतिक चिन्तन को धर्मनिरपेक्ष (धर्म से स्वतन्त्र) नहीं कहा जा सकता है। वे खुद को ''सनातनी हिन्दू'' कहते हुए भी सभी धर्मों के लिए एक जैसे बराबर सम्मान की वकालत करते थे। इसे अधिक-से-अधिक ''सर्वधर्म समभाव'' कहा जा सकता है, ''धर्मनिरपेक्षता'' नहीं।

''धर्मनिरपेक्षता'' का राजनीतिक अर्थ है धर्म और राजनीति के बीच पूर्ण सम्बन्ध-

---

1. Ramendra, *Why I am Not a Hindu & Why I do not want Ramrajya* (Patna : Bihar Rationalist Society, 1995).

विच्छेद, और इस कसौटी पर गाँधी की राजनीति खरी नहीं उतरती है। (धर्मनिरपेक्षता और सर्वधर्म समभाव की चर्चा ''धर्मतंत्र और धर्मनिरपेक्षता'' अध्याय के अन्तर्गत की गयी है।)

उल्लेखनीय है कि मानवेन्द्रनाथ रॉय भी व्यक्ति की स्वतंत्रता को सर्वोच्च महत्त्व देते हुए, राज्य को व्यक्ति के हित का साधन मानते थे। उन्होंने भी राजनीति को नैतिकता से जोड़ने पर बल दिया है। लेकिन, उन्होंने गाँधी की तरह **नैतिकता को संगठित धर्मों से जोड़ने की बजाय बुद्धिवाद-मानवतावाद से जोड़ा है**। इसी तरह, जयप्रकाश नारायण ने गाँधी के चिन्तन के महत्त्वपूर्ण तत्त्वों को अपनाते हुए भी, अपने सामाजिक-राजनीतिक चिन्तन को व्यक्त करने के लिए धर्मनिरपेक्ष और आधुनिक शब्दावली को अपनाया है, गाँधी की तरह धार्मिक शब्दावली को नहीं।

धार्मिक दृष्टिकोण के कारण गाँधी के सामाजिक चिन्तन में भी जबरदस्त विसंगति आ गयी है। एक ओर वे जाति और छुआछूत का विरोध करते थे, और दूसरी ओर, वे जन्म पर आधारित वर्ण-व्यवस्था का समर्थन करते थे। उनके अनुसार वर्ण-व्यवस्था का ऊँच-नीच, अन्तरजातीय विवाहों पर प्रतिबन्ध और छुआछूत से कोई सम्बन्ध नहीं है। दरअसल, **गाँधी द्वारा की गयी वर्ण-व्यवस्था की व्याख्या तथ्यों के अनुरूप नहीं है**। ***मनुस्मृति*** जैसे मान्यता प्राप्त हिन्दू धर्मशास्त्र में की गयी वर्ण-व्यवस्था की व्याख्या के अनुसार वर्ण-व्यवस्था का ऊँच-नीच, अन्तरजातीय विवाहों पर प्रतिबन्ध और छुआछूत से सीधा सम्बन्ध है। हिन्दू वर्ण-व्यवस्था क्या है, यह जानने के लिए हिन्दू धर्मशास्त्रों की मदद ली जानी चाहिए, न कि अपनी कल्पना की। गाँधी की ''आदर्श'' वर्ण-व्यवस्था अर्ध-वास्तविक और अर्ध-काल्पनिक है। **जन्म पर आधारित वर्ण ही जाति का मूल तत्त्व है। इसलिए, एक ओर वर्ण का समर्थन और दूसरी ओर, जाति का विरोध एक बहुत जबरदस्त तार्किक असंगति है**। जन्म पर आधारित वर्ण-व्यवस्था का समर्थन कर गाँधी एक तरह से जाति-व्यवस्था का ही समर्थन कर रहे थे।

वर्ण-व्यवस्था के प्रति गाँधी के रवैए की डॉ. अम्बेडकर ने भी कड़ी आलोचना की है। उन्होंने हिन्दू धर्मशास्त्रों से उद्धरण देकर वर्ण-व्यवस्था की विकृति को उजागर किया है। उन्होंने जोर देकर कहा है कि वर्ण-व्यवस्था पर आक्रमण किए बिना जाति-व्यवस्था और छुआछूत को जड़ से मिटाना सम्भव नहीं है।[1] वर्ण-व्यवस्था के प्रति अम्बेडकर का दृष्टिकोण गाँधी की तुलना में अधिक तर्कसंगत और तथ्यों के अनुरूप हैं।

❑

1. Dr. B. R Ambedkar, "Annihilation of Caste" in *Dr. Babasahed Ambedkar Writtinges and Speeches*, vol. 1 (Bombay: Education Department, Government of Maharashtra, 1989).

अध्याय 11

सम्पूर्ण क्रान्ति

''सम्पूर्ण क्रान्ति'' का विचार जयप्रकाश नारायण या जे. पी. की देन है। जे.पी. को सारे जीवन क्रान्ति की ऐसी प्रक्रिया की तलाश थी, जिससे स्वतंत्रता, समता और बन्धुता के मूल्यों पर आधारित समाज की रचना की जा सके। यही तलाश उन्हें स्वतंत्रता आन्दोलन से मार्क्सवाद, मार्क्सवाद से लोकतांत्रिक समाजवाद, लोकतांत्रिक समाजवाद से सर्वोदय और सर्वोदय से सम्पूर्ण क्रान्ति तक ले आयी। पूर्णतः राज्यविहीन और वर्गविहीन समाज की स्थापना कहाँ तक सम्भव है, इस बारे में जे. पी. को कुछ संदेह था, लेकिन वे राज्यविहीन और वर्गविहीन समाज के आदर्श को स्वीकार करते थे।

जे.पी. की सम्पूर्ण क्रान्ति को सर्वोदय के ''गतिशील और क्रान्तिकारी'' रूपान्तर के रूप में भी देखा जा सकता है। दरअसल, जे. पी. के राजनीतिक चिन्तन पर मार्क्सवाद सहित समाजवादी और लोकतांत्रिक चिन्तन का भी प्रभाव था। **सम्पूर्ण क्रान्ति को समाजवाद, सर्वोदय और लोकतंत्र के समन्वय के रूप में देखना बेहतर है।**

सम्पूर्ण क्रान्ति : आदर्श और विधि

''सम्पूर्ण क्रान्ति'' (total revolution), जैसा कि जे. पी. ने स्वयं उसे परिभाषित किया है, एक आदर्श है, और एक विधि है।

सम्पूर्ण क्रान्ति का अर्थ

''सम्पूर्ण क्रान्ति'' का अर्थ है लोकशक्ति के जागरण, संगठन और शान्तिमय संघर्ष व रचना की दोहरी प्रक्रिया द्वारा समाज के हर क्षेत्र—वैचारिक, नैतिक, सामाजिक, राजनीतिक, आर्थिक आदि–में ऐसा बुनियादी परिवर्तन, जिससे हम स्वतंत्रता, समता और बन्धुता के मानवीय, लोकतांत्रिक और क्रान्तिकारी मूल्यों पर आधारित विकेन्द्रित, लोकतांत्रिक समाज की दिशा में बढ़ सकें। इस तरह, ***सम्पूर्ण क्रान्ति का आदर्श हैं: स्वतंत्रता, समता और बन्धुता के मूल्यों पर आधारित लोकतांत्रिक समाज; और सम्पूर्ण क्रान्ति की विधि है: लोकशक्ति का जागरण, संगठन एवं शान्तिमय संघर्ष और रचना की दोहरी प्रक्रिया।***[1]

सम्पूर्ण क्रान्ति के अन्तर्गत हिंसा और तानाशाही को कोई स्थान नहीं दिया गया है। सम्पूर्ण क्रान्ति सही अर्थ में एक **लोकतान्त्रिक क्रान्ति** है—लोकतान्त्रिक तरीकों से लोकतन्त्र को और अधिक मजबूत एवं वास्तविक बनाने वाली क्रान्ति, जिससे स्वतन्त्रता, समता और बन्धुता जैसे लोकतान्त्रिक मूल्य सिर्फ संविधान के पन्नों तक सीमित न रहें, बल्कि उन्हें जीवन के हर क्षेत्र में उतार कर वास्तविक रूप दिया जा सके।

जे. पी. के अनुसार क्रान्तिकारी परिवर्तन की विशेषता यह होती है कि वह औसत से

---

1. जयप्रकाश नारायण (संपादक–डॉ. रमेन्द्र), ***जय क्राश विचार संकलन*** (पटना: राजेन्द्र प्रकाशन, 1986).

काफी तेज रफ्तार से होता है, बुनियादी होता है, और बेहतर दिशा में होता है। **सामाजिक परिवर्तन के प्रति जे. पी. का दृष्टिकोण मूल्य-निष्ठ और वैज्ञानिक था।** उनके अनुसार सम्पूर्ण क्रान्ति की उनकी कल्पना किसी बने-बनाए ढाँचे में नहीं समा सकती है। जे. पी. यह मानते थे कि कुछ निश्चित मूल्यों से प्रतिबद्ध होने और कुछ लक्ष्यों को निर्धारित कर लेने के बाद, यह विज्ञान का काम बन जाता है कि वह यह तय करे कि उन लक्ष्यों को उन मूल्यों की रूपरेखा के भीतर कैसे प्राप्त किया जा सकता है। इसमें किसी तरह की कट्टरता नहीं बरतनी चाहिए। **अगर लक्ष्य और मूल्य को हमेशा स्पष्ट रखा जाए, तो अनुभव के आधार पर वहाँ पहुँचने के मार्ग बदले जा सकते हैं।**[1]

सम्पूर्ण क्रान्ति के आयाम

सम्पूर्ण क्रान्ति के सन्दर्भ में जे.पी. ने ''सम्पूर्ण'' शब्द का इस्तेमाल व्यक्तिगत जीवन सहित सामाजिक जीवन के हर पहलू को प्रभावित करने वाली व्यापक क्रान्ति के अर्थ में किया है। जे. पी. के अनुसार सम्पूर्ण क्रान्ति के फलस्वरूप जाति-व्यवस्था, प्रचलन, रीति-रिवाज, विवाह, शिक्षा आदि सभी क्षेत्रों में परिवर्तन आना चाहिए; **सम्पूर्ण क्रान्ति का अर्थ है सभी सामाजिक सम्बन्धों, संस्थाओं और प्रक्रियाओं में परिवर्तन।** जैसा कि जे. पी. ने कारावास की कहानी में लिखा है, ''सात प्रकार की क्रान्तियाँ मिल कर सम्पूर्ण क्रान्ति होती है, ऐसा कहता रहा हूँ। वे हैं—सामाजिक क्रान्ति, आर्थिक क्रान्ति, राजनीतिक क्रान्ति, सांस्कृतिक क्रान्ति, वैचारिक अथवा बौद्धिक क्रान्ति, शैक्षणिक क्रान्ति एवं आध्यात्मिक क्रान्ति।[2] (सात की इस संख्या को घटाया या बढ़ाया भी जा सकता है।) सम्पूर्ण क्रान्ति की दृष्टि से समाज के विभिन्न क्षेत्रों में किस प्रकार का परिवर्तन आना चाहिए, इस बारे में जे. पी. ने विस्तार से अपने विचार दिए हैं।

सामाजिक क्रान्ति

बिहार आन्दोलन के दौरान जे. पी. ने युवाओं से सामाजिक कुरीतियों—छुआछूत, तिलक, दहेज, जाति-भेद आदि के विरुद्ध संघर्ष करने का आह्वान किया था। जाति-व्यवस्था को मिटाने के लिए जे. पी. ने अन्तर्जातीय विवाहों को प्रोत्साहन देने की बात की थी। उन्होंने अविवाहित युवाओं से अपील की थी कि वे अपने माता-पिता को समझा कर अन्तर्जातीय विवाह के लिए राजी करें, और अगर वे ''राजी नहीं होते हैं तो उनकी नाराजगी भी उठा कर, उनका सामना करके, दूसरी जातियों में अपना विवाह करें''। यहाँ तक कि जनेऊ को उच्च जाति का प्रतीक मान कर जे. पी. ने जनेऊ तोड़ने का आह्वान भी किया था। साम्प्रदायिक झगड़ों को एक सामाजिक बुराई मानते हुए, वे इसका अन्त चाहते थे। इसके अलावा, जे. पी. स्त्री-पुरुष समता को भी सम्पूर्ण क्रान्ति का एक महत्वपूर्ण हिस्सा मानते थे।

राजनीतिक क्रान्ति

राजनीतिक क्रान्ति के अन्तर्गत जे. पी. ने लोकतन्त्र को अत्यधिक महत्त्व दिया है। वे तानाशाही के पूरी तौर से विरुद्ध थे। जे. पी. लोकतन्त्र और मौलिक नागरिक स्वतन्त्रताओं

---

1. रमेन्द्र, ''जयप्रकाश नारायण'', *अशोक कुमार वर्मा (सं), **स्वतंत्रोतर भारतीय दार्शनिक चिंतन*** (पटनाः मोतीलाल बनारसीदास, 1993), पृष्ठ 114-15.
2. जयप्रकाश नारायण, ***कारावास की कहानी*** (पटना : बिहार सर्वोदय मडल, 1977), पृष्ठ 93.

के पक्षधर थे। लेकिन वे ऐसे औपचारिक लोकतन्त्र से सन्तुष्ट नहीं थे, जिसमें नागरिकों की भूमिका पाँच वर्ष में एक बार वोट डालने तक ही सीमित रहती है। वे जनता की व्यापकतम हिस्सेदारी वाले विकेन्द्रित लोकतन्त्र के समर्थक थे। जे. पी. के अनुसार भारतीय लोकतन्त्र में सबसे बड़ा दोष यह है कि इसमें न तो अपने प्रतिनिधि के लिए उम्मीदवारों के चयन में जनता की राय ली जाती है, और न चुनाव के बाद अपने प्रतिनिधियों पर उनका कोई अंकुश रहता है। इसलिए, जे.पी. असंगठित लोकशक्ति को जागृत और संगठित करने पर बल देते थे, ताकि राज्य-शक्ति पर लोकशक्ति का अंकुश स्थापित हो।

इसके अलावा, लोकतन्त्र को वास्तविक बनाने की दृष्टि से जे. पी. चुनाव पद्धति में ऐसा बुनियादी परिवर्तन लाना चाहते थे, जिससे चुनाव को स्वतन्त्र, निष्पक्ष, अधिक प्रातिनिधिक और कम खर्चीला बनाया जा सके, ताकि गरीब उम्मीदवार भी चुनाव में खड़ा हो सके। जे. पी. यह मानते थे कि सार्वजनिक जीवन में भ्रष्टाचार के मूल में राजनीतिक भ्रष्टाचार, और राजनीतिक भ्रष्टाचार के मूल में चुनावी भ्रष्टाचार है। इसलिए भी, वे धनशक्ति के प्रभाव को समाप्त करने के लिए चुनाव-प्रणाली में सुधार के पक्षधर थे।

इसी तरह, राज्य-शक्ति पर लोकशक्ति का अंकुश स्थापित करने के लिए जे. पी. प्रतिनिधि-वापसी के अधिकार का भी समर्थन करते थे। उनकी यह मान्यता थी अगर कोई निर्वाचित प्रतिनिधि भ्रष्ट हो गया हो, निकम्मा साबित हुआ हो, या चुनाव के समय किए गए वायदों को पूरा करने में असमर्थ रहा हो, तो पाँच वर्ष के कार्यकाल के पूरा होने से पहले ही जनता को उसे वापस बुलाने का अधिकार भी है।

अपनी रचनाओं ''भारतीय राज्य व्यवस्था का पुनर्निर्माण'' (1959) और ''लोक-स्वराज्य'' (1961) में जे. पी. ने जनता की व्यापकतम हिस्सेदारी वाले सामुदायिक, दलविहीन लोकतंत्र की वकालत की थी। लेकिन 1974 के बिहार आन्दोलन के दौरान उन्होंने स्पष्ट रूप से कहा था कि यह एक अतिदूरगामी लक्ष्य है जिसे एक वर्गविहीन और जातिविहीन समाज में ही प्राप्त किया जा सकता है।

आर्थिक क्रान्ति—आर्थिक क्षेत्र में जे. पी. अनियन्त्रित व्यक्तिगत पूंजीवाद और ''राजकीय पूंजीवाद'' दोनों के विरुद्ध थे। वे मिश्रित अर्थव्यवस्था और गाँधी की ट्रस्टीशिप के नए रूपों—जैसे श्रमिकों की ट्रस्टीशिप—के समर्थक थे। दरअसल, आर्थिक मुद्दे पर जे, पी. के विचार काफी लचीले हैं। आर्थिक क्षेत्र में जे. पी. आर्थिक समता और स्वतन्त्रता के मूल्यों को महत्त्व देते थे। भूतपूर्व सोवियत संघ के अनुभव के आधार पर जे. पी. ने महसूस किया कि ''राजकीय पूंजीवाद'' (अर्थव्यवस्था पर पूर्ण राजकीय नियन्त्रण) के जरिए इन मूल्यों तक नहीं पहुँचा जा सकता है, बल्कि इससे मात्र राजकीय नौकरशाही की शक्ति में वृद्धि होती है। इसलिए, इस रास्ते को अस्वीकार करने के बाद, उन्हें इन मूल्यों तक पहुँचने के वैकल्पिक रास्तों और सामाजिक स्वामित्व के वैकल्पिक रूपों की तलाश थी।

सम्पूर्ण क्रान्ति की विधि

सम्पूर्ण क्रान्ति की विधि की चर्चा करते हुए, जे. पी. ने स्पष्ट कहा है कि ''सम्पूर्ण क्रान्ति शान्तिमय तरीके से, समाज के लोकतांत्रिक ढाँचे को क्षतिग्रस्त किए बिना और जनता की लोकतांत्रिक जीवन-पद्धति को प्रभावित किए बिना करती है।''[1]

---

1. वही, पृष्ठ 37.

जे. पी. के अनुसार लोकशिक्षण द्वारा लोकशक्ति के जागरण, संगठन एवं संघर्ष और रचना की दोहरी प्रक्रिया द्वारा समाज में सम्पूर्ण क्रान्ति सम्भव है। जे. पी. की राय में सिर्फ संवैधानिक विधि द्वारा क्रान्ति सम्भव नहीं है। इसके लिए जनता की सीधी कार्यवाही—सविनय अवज्ञा और असहयोग, संक्षेप में, सत्याग्रह भी आवश्यक है। इस तरह, जे. पी. के अनुसार सम्पूर्ण क्रान्ति के लिए न तो भारतीय लोकतांत्रिक संवैधानिक व्यवस्था को उखाड़ फेंकने की जरूरत है, और न ही हिंसा और आतंकवाद जैसे असंवैधानिक तरीकों को अपनाने की।

शान्तिमयता—जे. पी. शान्तियमता को सम्पूर्ण क्रान्ति की अनिवार्य शर्त मानते थे। जे. पी. के अनुसार सम्पूर्ण क्रान्तिं का लक्ष्य है एक वास्तविक लोकतन्त्र की स्थापना और इस लक्ष्य को हिंसा के माध्यम से प्राप्त नहीं किया जा सकता है। शान्ति और लोकतन्त्र एक ही सिक्के के दो पहलू हैं। एक के बिना दूसरे का अस्तित्व सम्भव नहीं। क्रान्ति के सन्दर्भ में हिंसा-अहिंसा के प्रश्न पर जे. पी. के विचारों की चर्चा आगे ''क्रान्ति'' अध्याय के अन्तर्गत की गयी है।

निर्दलीयता—सम्पूर्ण क्रान्ति की प्रक्रिया के अन्तर्गत जे. पी. लोकशक्ति के जागरण और निर्दलीय या गैरदलीय (non-party) दृष्टिकोण को बहुत महत्त्व देते थे। एक ओर, जे. पी. आज के लोकतन्त्र के सन्दर्भ में राजनीतिक दलों की आवश्यकता को स्वीकार करते थे, वहाँ दूसरी ओर, वे सत्तारूढ़ दल पर अंकुश रखने और सम्पूर्ण क्रान्ति के आन्दोलन को आगे बढ़ाने के लिए निर्दलीय लोकमंच और युवा-मंच को हर हाल में जरूरी मानते थे।

क्रान्ति और युवा-शक्ति

क्रान्ति के सन्दर्भ में जे. पी. को युवाओं से बहुत आशाएँ थीं। वे युवाओं को सम्पूर्ण क्रान्ति की गाड़ी का इंजन कहा करते थे। जे. पी. के अनुसार युवाओं में आदर्श के प्रति कुर्बान होने का साहस होता है और अपने भविष्य पर खतरा उठाने की उमंग भी होती है। इसलिए, वे उन्हें नए मूल्यों के वाहक प्रतीत होते थे। उन्हें लगता था कि छुआछूत, तिलक-दहेज और जाति-भेद जैसी कुरीतियों के विरुद्ध युवाओं ने अतीत में संघर्ष किया है, और आगे भी कर सकते हैं।

युवाओं के अलावा, जे. पी. क्रान्ति में क्रान्तिकारी विचारकों और बुद्धिजीवियों की भूमिका को भी स्वीकार करते थे। जे. पी. के अनुसार क्रान्ति के लिए प्रेरणा-शक्ति मुख्यतः समाज के दबे-कुचले वर्गो से प्राप्त होती है। यह क्रान्तिकारी नेतृत्व का काम होता है कि वह जनता की क्रान्तिकारी आकांक्षाओं को संगठित कर उसे एक दिशा, लक्ष्य और आदर्श प्रदान करे।

शान्तिमय वर्ग–संघर्ष

जे. पी. के अनुसार समाज में दो शक्तियाँ हैं: एक, कमजोर वर्ग, और दूसरा, शक्तिशाली वर्ग। सर्वोदय आन्दोलन में शक्तिशाली वर्गो को ही ध्यान मे रखा गया और समझा-बुझा कर उन्हें बदलने की कोशिश की गयी। कमजोर और पिछड़े वर्गो की सर्वोदय आन्दोलन में बहुत कम भूमिका रही। जे. पी. की राय में इस प्रक्रिया से व्यक्तिगत रूप में कुछ लोगों का विचार बदला, लेकिन पूरे उच्च वर्ग में परिवर्तन नहीं आया। जे. पी. के अनुसार सिर्फ ऊपर के वर्गों के विचार परिवर्तन पर निर्भर रहने से समाज को वांछनीय दिशा

में परिवर्तित करने में काफी समय लग जाएगा। इसलिए, इस प्रक्रिया की सीमा को देखते हुए, **जे. पी. क्रान्ति की दिशा में बढ़ने के लिए पिछड़े, दबे लोगों के व्यापक वर्ग-संगठन और शान्तिमय वर्ग–संघर्ष को जरूरी मानते थे**। उनके अनुसार इस **दोहरे दबाव** द्वारा ही समाज को समता की दिशा में ले जाया जा सकता है। जब नीचे दबे लोग अपनी ताकत को प्रकट करेंगे, तभी ऊपर वाले वर्ग परिवर्तन के लिए तैयार होंगे। इस तरह, जे. पी. ने क्रान्ति को गति देने के लिए शान्तिमय वर्ग-संघर्ष की वकालत की है।

समीक्षा

सम्पूर्ण क्रान्ति सही अर्थ में एक लोकतान्त्रिक क्रान्ति है—**लोकतान्त्रिक तरीकों से लोकतन्त्र को और अधिक मजबूत एवं वास्तविक बनाने वाली क्रान्ति, जिससे स्वतन्त्रता, समता और बन्धुता जैसे लोकतान्त्रिक मूल्य सिर्फ संविधान के पन्नों तक सीमित न रहे, बल्कि उन्हें जीवन के हर क्षेत्र में उतार कर वास्तविक रूप दिया जा सके।**

भारत जैसे लोकतांत्रिक देश के लिए यह पूर्णतः उपयुक्त और उचित है। स्वतन्त्रता, समता और बन्धुता के मूल्यों को जीवन के हर क्षेत्र में उतारा ही जाना चाहिए। सामाजिक परिवर्तन के प्रति जे. पी. का मूल्यनिष्ठ वैज्ञानिक दृष्टिकोण भी ग्रहण करने योग्य है। सामाजिक क्रान्ति और लोकतंत्र को सुदृढ़ करने के लिए जे. पी. द्वारा सुझाए गए उपाय आज भी प्रासंगिक हैं। शान्तिमय वर्ग-संघर्ष का विचार भी उल्लेखनीय है। सम्पूर्ण क्रान्ति का समर्थन मानवतावादी दृष्टि से भी किया जा सकता है।[1]

जे. पी. राज्यविहीन और वर्गविहीन समाज को एक आदर्श मानते थे। सम्पूर्ण क्रान्ति के सामाजिक पक्ष के अन्तर्गत उन्होंने जातिविहीन समाज की भी कल्पना की। इसके अलावा, अपने सर्वोदयी दौर में उन्होंने पार्टीविहीन लोकतन्त्र को भी एक दूरगामी लक्ष्य के रूप में स्वीकार किया था।

राज्य

जे. पी. ने इस तथ्य की ओर ध्यान दिलाया है कि साम्यवाद और सर्वोदय दोनों के अन्तर्गत राज्यविहीन समाज के आदर्श को स्वीकार किया गया है। यह सही है कि साम्यवाद और सर्वोदय दोनों में अराजकतावादी प्रवृत्तियाँ हैं। मार्क्सवाद के अन्तर्गत राज्य को अनिवार्यतः एक वर्ग द्वारा दूसरे वर्ग के शोषण का औजार माना गया है। लेकिन, राज्य की मार्क्सवादी धारणा सन्तोषजनक नहीं है। किन्हीं परिस्थितियों में राज्य एक वर्ग द्वारा दूसरे वर्ग के शोषण का औजार हो सकता है, लेकिन यह राज्य का अनिवार्य चरित्र नहीं है। राज्य का चरित्र इस बात पर निर्भर है कि राज्य पर किन शक्तियों का नियंत्रण है। अगर राज्य पर रूढ़िवादी दक्षिणपंथी शक्तियों का नियंत्रण हो, तो राज्य का चरित्र दूसरा होगा, और अगर राज्य पर लोकतांत्रिक समाजवादी शक्तियों का नियंत्रण हो, तो उसका चरित्र अलग होगा। इसके अलावा, राज्य के कई महत्त्वपूर्ण कार्य भी हैं, जैसे, नागरिकों की जान-माल की रक्षा करना और जन-कल्याण के उपाय करना। गरीबी, बेरोजगारी और गैरबराबरी को नियंत्रित करना भी राज्य का कार्य हो सकता है।

---

1. Dr. Kawaljeet, *J. P's Total Revolution and Humanism* (Patna : Buddhiwadi Foundation, 2002).

सर्वोदय में अहिंसक समाज को आदर्श माना गया है और राज्य को इसलिए एक बुराई माना गया है, क्योंकि राज्य हिंसा पर आधारित है। अहिंसक समाज के आदर्श को स्वीकार किया जा सकता है, और यह भी माना जा सकता है कि राज्य के द्वारा कम-से-कम हिंसा होनी चाहिए। अगर सभी नागरिक स्वेच्छा से नैतिक आचरण करें और राज्य द्वारा बलपूर्वक कानून को लागू करवाने की आवश्यकता न हो, तब तो बहुत ही अच्छी बात है। लेकिन, क्या यह व्यवहार में सम्भव है? अगर हजार में से एक व्यक्ति भी हत्या और बलात्कार जैसे अपराध करना चाहे, तो फिर उसे राज्य द्वारा बल-प्रयोग से रोकना ही होगा। इसलिए, **एक आदर्श समाज में राज्य के विसर्जन की बात अव्यावहारिक है**। यह जरूर सम्भव है कि राज्य शक्ति का अधिक से अधिक विकेन्द्रीकरण हो, राज्य पर नागरिकों का अधिक से अधिक नियंत्रण स्थापित हो, और राज्य द्वारा बल-प्रयोग कम-से-कम किया जाए। राज्यविहीन समाज की बात करने की बजाए इसे ही एक व्यावहारिक लक्ष्य मान कर प्राप्त करने का प्रयत्न करना चाहिए। वैसे, पूर्णतः राज्यविहीन समाज कहाँ तक सम्भव है इस पर स्वयं जे. पी. को भी संदेह था।

वर्ग

वर्गविहीन समाज को साम्यवाद के अन्तर्गत भी एक उद्देश्य माना गया है। **वर्ग के निर्धारण में आर्थिक कारक ही एकमात्र कारक नहीं है। इसके अलावा, जन्म, सत्ता, व्यवसाय और शिक्षा जैसे वर्ग के अन्य निर्धारक भी होते हैं**। भूतपूर्व सोवियत संघ में उत्पादन के साधनों में व्यक्तिगत स्वामित्व के समाप्त हो जाने के बाद, वर्गविहीन समाज की स्थापना हो जानी चाहिए थी, लेकिन ऐसा नहीं हुआ। बल्कि राजनीतिक और आर्थिक सत्ता से सम्पन्न कम्युनिस्ट नौकरशाहों के एक नए शक्तिशाली वर्ग का उदय हो गया।

सामाजिक वर्ग का सम्बन्ध श्रेष्ठता और हीनता की भावना से है। जब कभी भी श्रेष्ठता और हीनता के आधार पर सामाजिक सम्पर्क सीमित हो जाते हैं, तो वर्ग का जन्म होता है। इस श्रेष्ठता और हीनता की भावना का आधार आर्थिक भी हो सकता है, और जाति, रंग, राजनीतिक शक्ति और शिक्षा जैसे कोई अन्य कारक भी। वर्गविहीन समाज की स्थापना सम्भव है, अगर लोग किसी भी आधार पर एक-दूसरे को श्रेष्ठ और हीन समझना छोड़ दें; और श्रेष्ठता-हीनता के आधार पर सामाजिक दूरी पैदा न हो। इसके लिए दृष्टिकोण में परिवर्तन की जरूरत है। वर्गविहीन समाज की स्थापना अगर पूरी तौर से सम्भव न भी हो, तो भी **सामाजिक गैरबराबरी को कम-से-कम करना निश्चय ही एक सामाजिक और राजनीतिक आदर्श है।**

जाति

भारतीय समाज में जाति सामाजिक गैरबराबरी का एक प्रमुख स्रोत है। जातिविहीन समाज की स्थापना सम्भव है, यह तो इससे ही स्पष्ट है कि कई ऐसे समाज हैं, जिनमें वर्ग है, लेकिन जाति नहीं। भारतीय सन्दर्भ में जातिविहीन समाज की स्थापना वर्गविहीन की तुलना में एक अधिक तात्कालिक लक्ष्य है। दरअसल, **जातिविहीन समाज की स्थापना के बिना वर्गविहीन समाज की ओर नहीं बढ़ा जा सकता है। जातिविहीन समाज की स्थापना के लिए शान्तिमय वर्ग (जाति) संघर्ष या दोहरे दबाव की नीति की सहायता भी ली जानी चाहिए।**

पार्टी

जे. पी. के अनुसार पार्टीविहीन लोकतन्त्र के दूरगामी लक्ष्य को वर्गविहीन समाज में ही प्राप्त किया जा सकता है। लेकिन, पार्टीविहीन लोकतन्त्र को क्या वास्तव में एक आदर्श माना जा सकता है? राजनीतिक मतभेद का सम्बन्ध सिर्फ वर्ग से ही नहीं होता है। मान लें अगर वर्गविहीन समाज की स्थापना हो भी जाती है, तो भी आम जनता के बीच राजनीतिक विचारधारा और कार्यक्रमों को लेकर मतभेद रह सकते हैं। ऐसे में एक जैसे राजनीतिक विचार और कार्यक्रमों में विश्वास रखने वाले लोगों को आपस में सहयोग करने और संगठन बनाने से रोकना न तो वांछनीय है और न तो सम्भव। संगठन बनाने का अधिकार एक मौलिक लोकतान्त्रिक अधिकार है। अगर किसी राजनीतिक व्यवस्था में नागरिकों को जबरदस्ती राजनीतिक दल बनाने से रोका गया, तो वह व्यवस्था लोकतांत्रिक नहीं रह जाएगी। और अगर ऐसा नहीं किया गया, तो यह स्वाभाविक और उचित ही है कि एक जैसी राजनीतिक विचारधारा वाले लोग संगठित होंगे। पार्टी व्यवस्था की कुछ अच्छाइयाँ भी हैं। इससे राजनीति में एक स्पष्टता आती है। नागरिक यह समझ पाते हैं कि उनके सामने कौन से प्रमुख विकल्प हैं। इसलिए, **दलविहीन लोकतन्त्र का आदर्श सही नहीं है। दलविहीन लोकतन्त्र के मोहजाल में फँसने की बजाए दलीय-व्यवस्था की बुराइयों को दूर कर इसमें सुधार लाने का प्रयत्न करना चाहिए**। यह एक अधिक व्यावहारिक लक्ष्य है। इस दृष्टि से बिहार आन्दोलन के दौरान जे. पी. द्वारा सुझाए गए उपाय अधिक प्रासंगिक हैं।

आध्यात्मिक क्रान्ति

जे. पी. ने गाँधी के चिन्तन के महत्त्वपूर्ण तत्त्वों को अपनाते हुए अपने सामाजिक-राजनीतिक चिन्तन को व्यक्त करने के लिए धर्मनिरपेक्ष, आधुनिक और क्रान्तिकारी शब्दावली को अपनाया है, गाँधी की तरह धार्मिक शब्दावली को नहीं। यह जे. पी. की सम्पूर्ण क्रान्ति के चिन्तन की एक विशेषता है: लेकिन, इस दृष्टि से सम्पूर्ण क्रान्ति के विभिन्न आयामों के अन्तर्गत ''आध्यात्मिक क्रान्ति'' को भी स्थान देना एक विसंगति है। जे. पी. के अनुसार ''आध्यात्मिक क्रान्ति'' को ''नैतिक क्रान्ति'' और ''आध्यात्मिक क्रान्ति'' में बाँटा जा सकता है। ऐसा लगता है कि जे. पी. नैतिकता को ''आध्यात्मिकता'' से जोड़ कर देखते थे। वास्तव में नैतिकता को आत्मा, परमात्मा या परलोक से जोड़ने की कोई आवश्यकता नहीं है। **नैतिकता की प्रेरणा मानव बुद्धि और स्वभाव में ही अन्तर्निहीत है**। इसके लिए ''अध्यात्म'' का मुँह देखने की कोई आवश्यकता नहीं है। बुद्धिवादी-मानवतावादी दृष्टि से ''आध्यात्मिक क्रान्ति'' का अर्थ यही हो सकता है कि **व्यक्ति आत्मा, परमात्मा और परलोक के चक्कर से छुटकारा पाकर, अपनी बुद्धि और प्रयत्न के बल पर इस एकमात्र लोक में अपने एकमात्र जीवन को सुधारने का प्रयत्न करे**। दरअसल, ''आध्यात्मिक क्रान्ति'' की बजाए आज एक ऐसे मानवतावादी दार्शनिक क्रान्ति की जरूरत है, जिसके परिणामस्वरूप समाज ''अध्यात्म'' की चंगुल से मुक्त हो सके।

❑

अध्याय 12

मानवतावाद

''मानवतावाद'' शब्द का इस्तेमाल कई अर्थो में किया गया है, और इतिहास में इसके अनेक रूप मिलते हैं। भारत के लोकायत या चार्वाक दर्शन में, चीन के कन्फ्युनिशयन दर्शन में और प्राचीन ग्रीस में प्रोटागोरस एवं अन्य दार्शनिकों के विचारों में इसकी पूर्वछाया देखी जा सकती है। मानवतावाद को 14वीं शताब्दी के उत्तरार्द्ध में इटली के नवजागरण काल के साहित्यिक आन्दोलन से भी जोड़ा जाता है।[1]

बीसवीं सदी के कई पश्चिमी और भारतीय दार्शनिकों ने मानवतावाद का समर्थन किया है। कॉर्लिस लामोन्ट का प्रकृतिवादी या लोकतांत्रिक मानवतावाद और मानवेन्द्र नाथ रॉय का रैडिकल या वैज्ञानिक मानवतावाद इसके कुछ प्रमुख उदाहरण हैं।

वैसे तो ''मानवतावाद'' शब्द के अर्थ को लेकर कुछ अस्पष्टता भी रही है, और कभी-कभी ''धार्मिक मानवतावाद'' की भी चर्चा की जाती है; लेकिन, अब बीसवी सदी में धीरे-धीरे इसका प्रयोग मुख्यतः ''धर्मनिरपेक्ष मानवतावाद'' के अर्थ में होने लगा है। इस अर्थ में मानवतावाद का बुद्धिवाद से निकट सम्बन्ध है।[2]

ऑक्सफोर्ड डिक्शनरी के अनुसार मानवतावाद ईश्वर से सम्बन्धित न होकर मनुष्य के हितों से सम्बन्धित है।

बाल्डविन की ***डिक्शनरी ऑफ फिलॉसफि ऐण्ड साइकोलाजी*** के अनुसार, ''यह विचार, विश्वास अथवा कर्म सम्बन्धी वह पद्धति है, जो ईश्वर का परित्याग करके मनुष्य तथा सांसारिक वस्तुओं पर ही केन्द्रित रहती है''।[3]

लिट्ल ऑक्सफोर्ड डिक्शनरी (1995 संस्करण) के अनुसार, मानवतावाद उदार मानवीय मूल्यों पर आधारित गैरधार्मिक दर्शन है।

कॉलिन्स कन्साइज डिक्शनरी के अनुसार, मानवतावाद अपने प्रयत्नों द्वारा मानवता के विकास के पक्ष में धर्म का परित्याग है।[4]

पॉल कर्ज द्वारा ड्राफ्ट किए गए, और ए. जे. आयर, अर्नेस्ट नगेल, मिलोवान जिलास, वी. एम. तारकुंडे सहित दुनिया के कई प्रमुख मानवतावादियों के हस्ताक्षर से 1980 में जारी किए गए ***धर्मनिरपेक्ष मानवतावादी घोषणा-पत्र*** में मानवतावाद को बुद्धि, मुक्त अन्वेषण, स्वतंत्रता, धार्मिक संदेहवाद, धर्मनिरपेक्षता और लोकतंत्र के साथ जोड़ा गया है।

---

1. *The Encyclopedia of Philosophy,* vol. 4, pp. 69-70.
2. Dr. Finngeir Hiorth, *Introduction to Humanism* (Pune : Indian Secular Society, 1996), pp. 23-38.
3. डॉ. वेद प्रकाश वर्मा, ***धर्म-दर्शन की मूल समस्याएँ*** (दिल्ली : दिल्ली विश्वविद्यालय, 1991), पृष्ठ—459.
4. Levi Fragell, "A Global Humanist Identity", *International Humanist News,* vol. 4, no. 4, December 1996, pp. 7-8.

मानवतावादियों के अन्तर्राष्ट्रीय संगठन **इंटरनेशनल ह्यूमैनिस्ट ऐण्ड एथिकल यूनियन** द्वारा 1996 में ''मानवतावाद'' की ''न्यूनतम परिभाषा'' इस प्रकार की गयी है: ''मानवतावाद एक लोकतान्त्रिक और नैतिक जीवन मुद्रा है जो दृढ़तापूर्वक यह कहता है कि मानव को अपने जीवन को अर्थ और आकार प्रदान करने का अधिकार और उत्तरदायित्व है। यह मानवीय क्षमताओं द्वारा, बुद्धि और मुक्त अन्वेषण की मनोवृत्ति से, मानवीय और अन्य प्राकृतिक मूल्यों पर आधारित नैतिकता द्वारा एक अधिक मानवोचित समाज के बनाए जाने का समर्थन करता है। यह ईश्वरवादी नहीं है, और यह वास्तविकता के अतिप्राकृतिक दृष्टिकोणों को स्वीकार नहीं करता है।''[1]

Introduction to Humanism के लेखक डॉ. फिनगीर हिऑर्थ के अनुसार मानवतावाद वह विचारधारा है, जो मनुष्य को केन्द्र में रखती है। यह मानवहित, मानव कल्याण, मानव गरिमा और मानवीय मूल्यों को सामने रख कर चलती है। इसमें तर्कबुद्धि को महत्त्व दिया जाता है। कुछ मानवतावादी अपने को ''बुद्धिवादी'' भी कहते है। डॉ. हिऑर्थ के अनुसार मानवतावाद में ईश्वर के विपरीत मानव पर ध्यान केन्द्रित किया जाता है। इसमें मनुष्य की स्वायत्तता पर बल दिया जाता है, और कहा जाता है कि मनुष्य किसी अतिप्राकृतिक शक्ति पर निर्भर नहीं है। इस अर्थ में ''मानवतावाद'' लगभग ''धर्मनिरपेक्षता'' के समरूप है।[2]

धर्म-दर्शन की मूल समस्याओं के लेखक डॉ. वेद प्रकाश वर्मा के अनुसार मानवतावाद **''मूलतः मानव-केन्द्रित दर्शन है जो अलौकिक या अतिप्राकृतिक शक्तियों के स्थान पर स्वयं मनुष्य के अनुभव एवं उसकी तर्कबुद्धि को ही सर्वाधिक महत्त्व देता है, और मानव-जाति के भाग्य के निर्माण के लिए केवल मनुष्य को ही उत्तरदायी मानता है।''**[3]

मानवतावाद और बुद्धिवाद

दर्शनशास्त्र में ''बुद्धिवाद'' का प्रयोग मुख्यतः ज्ञानमीमांसा के उस सिद्धान्त के लिए किया जाता है, जिसके अनुसार **इन्द्रियानुभव के इस्तेमाल के बिना** सिर्फ तर्कबुद्धि के इस्तेमाल से ज्ञान प्राप्त किया जा सकता है। फ्रेंच दार्शनिक देकार्त का दर्शन इसका एक उदाहरण है। लेकिन ''बुद्धिवाद'' का एक व्यापक अर्थ भी है, जिस अर्थ में इस शब्द का प्रयोग आम बोल-चाल में किया जाता है। इस अर्थ में ''बुद्धिवाद'' इन्द्रियानुभव के विरुद्ध नहीं है। इस अर्थ में बुद्धिवाद के अनुसार **इन्द्रियानुभव सहित** तर्कबुद्धि ज्ञान का एकमात्र स्रोत है। बुद्धिवादियों के द्वारा तार्किक और वैज्ञानिक चिन्तन का समर्थन किया जाता है। मानवतावाद के सन्दर्भ में जब बुद्धिवाद की बात की जाती है, तो उस समय ''बुद्धिवादी'' शब्द का प्रयोग व्यापक अर्थ में ही किया जाता है।

रैशनलिस्ट प्रेस असोसिएशन द्वारा 1899 में ''बुद्धिवाद'' की परिभाषा एक ऐसे ''मानसिक दृष्टिकोण'' के रूप में की गयी है **''जो निस्संकोच बुद्धि की सर्वोच्चता को स्वीकार करता है और जिसका उद्देश्य दर्शनशास्त्र और नीतिशास्त्र की ऐसी व्यवस्था को स्थापित करना है, जिसका सत्यापन इन्द्रियानुभव द्वारा हो सके और जो सभी मनमानी पूर्वमान्यताओं या शब्द-प्रमाण से स्वतन्त्र हो।''**[4]

---

1. ***बुद्धिवादी***, वर्ष 11, अंक 4, अक्टूबर, 1997, पृष्ठ-4.
2. Dr. Finngeir Hiorth, Op. Cit, p. 164.
3. डॉ. वेद प्रकाश वर्मा, वहीं, पृष्ठ-461-62.
4. ए. सोलोमोन, ***बुद्धिवाद और मानवतावादी दृष्टिकोण***, अनु. रमेन्द्र (पटना: बिहार बुद्धिवादी समाज, 1997), पृष्ठ 5-6.

इस तरह, व्यापक अर्थ में बुद्धिवादियों द्वारा इन्द्रियानुभव को तो स्वीकार किया ही जाता है, बल्कि बुद्धिवादी ''धर्म से स्वतन्त्र'' और ''इहलोकवादी'' के मूल अर्थ में ''धर्मनिरपेक्ष'' भी होते हैं।

जैसा कि पहले भी जिक्र किया गया है, ***धर्मनिरपेक्ष मानवतावादी घोषणा-पत्र*** में धर्मनिरपेक्ष मानवतावाद को बुद्धि के साथ जोड़ा गया है। घोषणा-पत्र के अनुसार: ''हम ज्ञान के विकास और सत्य के दावों की जाँच के लिए अन्वेषण की बुद्धिसंगत विधियों, तर्कशास्त्र और प्रमाण के उपयोग के लिए प्रतिबद्ध हैं।''[1]

इसी तरह, इस घोषणा-पत्र में समीक्षात्मक बुद्धि पर आधारित नैतिकता का भी समर्थन किया गया है: ''धर्मनिरपेक्ष मानवतावादियों के लिए, नैतिक आचरण का मूल्यांकन समीक्षात्मक बुद्धि द्वारा किया जाता है, या किया जाना चाहिए; और उनका लक्ष्य ऐसे स्वायत्त और जिम्मेवार व्यक्तियों का विकास है जो, मानव व्यवहार की अपनी समझ के आधार पर, जीवन में अपने चुनाव स्वयं करने में सक्षम हों।''[2]

ऊपर की गयी चर्चा से यह स्पष्ट है कि बुद्धिवाद और आधुनिक मानवतावाद के बीच निकट सम्बन्ध है। ए. सोलोमन के अनुसार, ''**धार्मिक और इतिहास में जाने गए मानवतावाद के अन्य रूपों से अलग, आधुनिक मानवतावाद अपने आधार के रूप में बुद्धिवादी मानसिक दृष्टिकोण को स्वीकार करता है।**''[3]

स्वतन्त्रता, मानव अधिकार और लोकतन्त्र

मानवतावादियों द्वारा एक ओर स्वतंत्रता, मानव अधिकारों और लोकतंत्र का समर्थन किया जाता है; और दूसरी ओर, हर किस्म के सर्वाधिकारवाद या तानाशाही का विरोध किया जाता है। ***धर्मनिरपेक्ष मानवतावादी घोषणा-पत्र*** के अनुसार : ''यह घोषणा-पत्र केवल ऐसे धर्मनिरपेक्ष मानवतावाद का समर्थन करता है जो स्पष्ट तौर से लोकतन्त्र के लिए प्रतिबद्ध है। यह वैसे सभी विश्वासों के विरुद्ध है, जो अपने मूल्यों के लिए अतिप्राकृतिक समर्थन की सहायता लेते हैं, या तानाशाही द्वारा शासन का समर्थन करते हैं।''[4]

स्वतन्त्रता के आदर्श का समर्थन करते हुए घोषणा-पत्र में न सिर्फ विवेक और विश्वास की स्वतन्त्रता को, बल्कि ''वास्तविक राजनीतिक स्वतन्त्रता, बहुमत शासन पर आधारित लोकतान्त्रिक निर्णय प्रक्रिया, अल्पसंख्यक के अधिकारों और कानून के शासन'' को भी स्वतन्त्रता के अन्तर्गत शामिल किया गया है। घोषणा-पत्र के अनुसार: ''हम जीवन, स्वतन्त्रता और सुख की खोज की सुरक्षा के अधिकार सहित, बुनियादी मानव-अधिकारों की रक्षा के पक्ष में हैं।''[5]

इसके अलावा, घोषणा-पत्र के अनुसार ''मुक्त समाज में आर्थिक स्वतन्त्रता को भी कुछ हद तक प्रोत्साहित किया जाना चाहिए। उस पर सिर्फ ऐसे ही प्रतिबन्ध लगाए जाने चाहिए, जो सार्वजनिक हित में जरूरी हों।[6]

---

1. पॉल कर्ज, **धर्मनिरपेक्ष मानवतावादी घोषणा-पत्र,** अनु. रमेन्द्र (पटना : बिहार बुद्धिवादी समाज, 1997), पृष्ठ-14.
2. वही, पृष्ठ-9.
3. ए. सोलोमोन, वहीं, पृष्ठ-9.
4. पॉल कर्ज, वहीं, पृष्ठ-1
5. वही पृष्ठ-7.
6. वही.

इस तरह, मानवतावादियों द्वारा उदार लोकतांत्रिक मूल्यों और लोकतांत्रिक शासन पद्धति का समर्थन किया गया है।

धर्मनिरपेक्षता

''धर्मनिरपेक्षता'' शब्द के दो प्रमुख अर्थ हैं: (i) पहले अर्थ में ''धर्मनिरपेक्षता'' उस ऐहिक विचारधारा को कहते हैं, जो धार्मिक विश्वास को अस्वीकार करती है। (ऐहिकता का सम्बन्ध इस लोक से होता है, परलोक से नहीं।) (ii) राजनीतिक सन्दर्भ में ''धर्मनिरपेक्षता'' इस विश्वास को कहते हैं कि राज्य तथा सार्वजनिक शिक्षा को धर्म से पूरी तरह अलग रखना चाहिए।

धर्मनिरपेक्ष मानवतावादी ''धर्मनिरपेक्ष'' शब्द के पहले अर्थ में तो धर्मनिरपेक्ष होते ही हैं, इसके अलावा उनके द्वारा ''धर्मनिरपेक्ष'' शब्द के दूसरे अर्थ में धर्मनिरपेक्ष राज्य का, या दूसरे शब्दों में, चर्च और राज्य को एक-दूसरे से अलग रखे जाने का समर्थन किया जाता है।

***धर्मनिरपेक्ष मानवतावादी* घोषणा-पत्र** के अनुसार, ''इतिहास के सबक बिल्कुल स्पष्ट हैं: जब भी किसी राज्य में एक धर्म या विचारधारा को स्थापित कर प्रमुख स्थान दिया जाता है, अल्पसंख्यक विचार खतरे में पड़ जाते हैं।''[1]

घोषणा-पत्र के अनुसार एक बहुलवादी, मुक्त लोकतांत्रिक समाज में पुरोहित वर्ग को अपने अनुदार विचारों को कानून बना कर पूरे समाज पर लादने की अनुमति नहीं दी जानी चाहिए। सम्प्रदायवादी धार्मिक संस्थाओं को सहायता देने के लिए कोई टैक्स वसूल नहीं किया जाना चाहिए। दूसरी ओर, ''सार्वजनिक राजस्व के भार को उठाने में चर्च की सम्पत्ति को भी अपना हिस्सा बँटाना चाहिए, और उस पर टैक्स की कोई छूट नहीं दी जानी चाहिए।[2]

घोषणा-पत्र के अनुसार, ''सार्वजनिक संस्थाओं (राजनीतिक और शैक्षणिक) में अनिवार्य धार्मिक शपथ और प्रार्थना भी चर्च और राज्य के पृथक्करण के सिद्धान्त का उल्लंघन है।[3]

लामोन्ट का प्रकृतिवादी या लोकतांत्रिक मानवतावाद

अमरीकी दार्शनिक कॉर्लिस लामोन्ट ने 1949 में पहली बार प्रकाशित अपनी पुस्तक *The Philosohpy of Humanism* में मानवतावाद का प्रबल समर्थन किया है। लामोन्ट के अनुसार **मानवतावाद इस प्राकृतिक विश्व में समस्त मानवता के अधिकतर शुभ (greater good) के लिए सहर्ष सेवा का दर्शन है। यह बुद्धि, विज्ञान और लोकतन्त्र की विधियों का समर्थन करता है।**

लामोन्ट के अनुसार मानवतावाद प्रकृतिवाद (naturalism) का समर्थन करता है। यह ईश्वर और मृत्यु के बाद जीवन सहित हर किस्म के अतिप्रकृतिवाद (supernaturalism) को कोरी कल्पना मानता है। मानवतावाद के अनुसार मानव में इतनी क्षमता है कि वह साहस और दूरदृष्टि के साथ, मुख्यत: बुद्धि और वैज्ञानिक विधि की सहायता से, अपनी समस्याओं को सुलझा सकता है। मानवतावाद हर किस्म के भाग्यवाद और नियतिवाद को

1. वहीं, पृष्ठ-6.
2. वहीं.
3. वही.

अस्वीकार करता है। मानवतावाद के अनुसार, कुछ सीमाओं के अन्तर्गत, मानव अपने भविष्य का निर्माण स्वयं कर सकता है। मानवतावाद इस विश्व में सुख, स्वतन्त्रता और प्रगति को सर्वोच्च लक्ष्य मानने वाली नैतिकता का समर्थन करता है।

लामोन्ट ने अपने मानवतावाद के अन्तर्गत लोकतन्त्र को अत्यधिक महत्त्व दिया है। लामोन्ट के अनुसार मानवतावाद का सामाजिक लक्ष्य है सारे विश्व में लोकतन्त्र, शान्ति और एक समृद्ध आर्थिक व्यवस्था पर आधारित उच्च जीवन स्तर की स्थापना। मानवतावाद बुद्धि और वैज्ञानिक विधि के पूर्ण सामाजिक क्रियान्वयन में विश्वास रखता है। यह लोकतांत्रिक प्रक्रियाओं, और जीवन के सभी क्षेत्रों में अभिव्यक्ति की पूर्ण स्वतन्त्रता और नागरिक अधिकारों सहित, एक संसदीय सरकार का समर्थन करता है। लामोन्ट के विचार में मानव ज़ीवन के सभी प्रासंगिक क्षेत्रों में लोकतंत्र का व्यापक विस्तार मानवतावादी सिद्धान्त की एक आवश्यक मांग है। **लोकतंत्र एक विधि भी है, और एक लक्ष्य भी। यह राजनीतिक जीवन के संचालन का, सामाजिक परिवर्तन का, और सार्वजनिक मतभेदों को सूलझाने का सबसे समझदारी भरा रास्ता है**। लामोन्ट की राय में लोकतन्त्र का अर्थ सिर्फ राजनीतिक लोकतन्त्र और नागरिक स्वतन्त्रताएँ ही नहीं हैं। इसके कम-से-कम दस अलग-अलग रूप हैं, जो आपस में परस्पर जुड़े हुए भी हैं: एक, राजनीतिक लोकतन्त्र; दो, नागरिक स्वतंत्रताएँ; तीन, नस्लीय या प्रजातीय लोकतंत्र; चार, आर्थिक लोकतन्त्र; पाँच संगठनात्मक लोकतंत्र; छः, सामाजिक लोकतन्त्र; सात, सांस्कृतिक और शैक्षणिक लोकतंत्र; आठ, धर्म और दर्शन में लोकतन्त्र; नौ, आरत-मर्द सम्बन्धों में लोकतंत्र; और दस, अन्तरराष्ट्रीय लोकतन्त्र। इस तरह, लामोन्ट ने लोकतन्त्र और लोकतान्त्रिक मूल्यों के व्यापकतम विस्तार पर बल दिया है।[1]

रॉय का नवमानवतावाद

बीसवीं सदी के भारतीय विचारकों में, अन्य लोगों के अलावा, मानवेन्द्रनाथ रॉय, जवाहरलाल नेहरू, ए. बी. शाह और नरसिंह नारायण ने मानवतावाद का समर्थन किया है। यहाँ पर हम मानवेन्द्रनाथ रॉय के रैडिकल मानवतावाद की चर्चा करेंगे।

रॉय के नवमानवतावाद या रैडिकल मानवतावाद का परिचय 1947 में प्रकाशित *New Humanism* से मिलता है। इसे रॉय द्वारा स्थापित रैडिकल डेमोक्रैटिक पार्टी के घोषणा-पत्र के रूप में जारी किया गया था। घोषणा-पत्र की केन्द्रीय विषय-वस्तु ''रैडिकल लोकतंत्र पर 22 सिद्धान्त सूत्र'' (Principles of Radical Democracy.—22 Theses) है। घोषणा-पत्र में व्यक्त विचारों पर चिन्तन के बाद रॉय अन्ततः इस निष्कर्ष पर पहुँचे थे कि पार्टी राजनीति और उनकी कल्पना के आदर्श लोकतंत्र के बीच परस्पर संगति नहीं है। इसलिए, 1948 में रैडिकल डेमोक्रेटिक पार्टी ने राजनीतिक पार्टी के रूप में काम करना छोड़ कर अपने को **रैडिकल मानवतावादी आन्दोलन** में बदल दिया था।

अपने नवमानवतावाद में मानवेन्द्रनाथ रॉय ने **व्यक्ति और उसकी स्वतन्त्रता को स्र्वोच्च स्थान दिया है।** रॉय की प्रथम थीसिस के अनुसार व्यक्ति ही समाज के मूल में है। व्यक्ति को प्राप्त स्वतंत्रता और सुख से अलग सामाजिक विकास एक काल्पनिक आदर्श है। सामाजिक कल्याण व्यक्ति के कल्याण द्वारा ही सम्भव है।

---

1. Corliss Lamont, *The Philosophy of Humanism* (Amherst: New York Hummanist Press, 1997), pp. 12-15 & 285-98.

रॉय की दूसरी थीसिस के अनुसार **स्वतन्त्रता की खोज और सत्य की तलाश मानव विकास के बुनियादी प्रेरक तत्त्व हैं**। स्वतन्त्रता की खोज बुद्धि और भावना के उच्च स्तर पर जीव-वैज्ञानिक अस्तित्व के संघर्ष या जीवन-संघर्ष (struggle for existence) का ही विस्तार है। सत्य की तलाश इस संघर्ष का ही परिणाम है। तीसरी थीसिस के अनुसार सभी व्यक्तिगत और सामूहिक मानवीय प्रयत्नों का लक्ष्य है अधिक-से-अधिक स्वतंत्रता प्राप्त करना। इस तरह, अगर हम समाज-दार्शनिक दृष्टि से देखें, तो स्वतंत्रता की खोज को जीव वैज्ञानिक अस्तित्व के संघर्ष से जोड़ने के अलावा, रॉय की प्रथम तीन थीसिस का सार है—व्यक्तिवाद। रॉय ने समूहवाद के विपरीत व्यक्तिवाद का समर्थन किया है। रॉय ने व्यक्ति और उसकी स्वतंत्रता को साध्य और सामाजिक संगठन को इसके लिए साधन माना है। रॉय के अनुसार सामाजिक-राजनीतिक दर्शन की शुरूआत इस बुनियादी विचार से होनी चाहिए कि **व्यक्ति समाज से पहले आता है, और व्यक्ति ही स्वतन्त्रता का अनुभव कर सकता है**।

थीसिस 4, 5, और 6 में रॉय ने इतिहास की मार्क्सवादी व्याख्या (ऐतिहासिक भौतिकवाद) या, दूसरों शब्दों में, इतिहास की आर्थिक व्याख्या की आलोचना की है, और इतिहास की नयी मानवतावादी व्याख्या प्रस्तुत की है। रॉय ने स्पष्ट शब्दों में मार्क्सवादी इतिहास की आर्थिक व्याख्या के इस सिद्धान्त को अस्वीकार किया है कि विचारधाराएँ और नैतिक मूल्य समाज के आर्थिक ढाँचे की अधिरचना (superstructure) मात्र हैं। रॉय के अनुसार विचारों की उत्पत्ति भी भौतिक विश्व की पृष्ठभूमि में मानव मस्तिष्क में ही होती है, लेकिन **एक बार उत्पन्न हो जाने के बाद विचारों का अपना स्वतन्त्र अस्तित्व होता है, और अपने स्वतन्त्र नियम होते हैं। विचारों का विकास और समाज का विकास—ये दोनों प्रक्रियाएँ एक-दूसरे के समानान्तर चलती हैं, और एक-दूसरे को प्रभावित करती हैं**। लेकिन मानवीय विकास की इस समग्र प्रक्रिया में, हम किसी भी समय ऐतिहासिक घटनाओं और विचारों के विकास के बीच **कार्य-कारण सम्बन्ध नहीं सिद्ध कर सकते हैं**। विचारों का विकास अपने स्वतंत्र तार्किक नियमों के आधार पर होता है, और इनका हमारे आचरण पर जबरदस्त प्रभाव पड़ता है। संक्षेप में, रॉय ने अपनी इतिहास की मानवतावादी व्याख्या में मानव-संकल्प और विचारों एवं नैतिक मूल्यों को केन्द्रीय महत्त्व दिया है, और इन कारणों की अवहेलना करने के लिए इतिहास की आर्थिक व्याख्या की आलोचना की है।

थीसिस संख्या 7, 8, 9, 10 और 11 में रॉय ने कम्युनिस्ट सिद्धान्तों और व्यवहार की आलोचना की है। यह आलोचना मुख्य रूप से ''बोलशेविक क्रान्ति'' के बाद के सोवियत संघ के अनुभव के आधार पर की गयी है। रॉय के अनुसार स्वतंत्रता पर आधारित विश्व की रचना के लिए क्रान्ति का मात्र समाज के आर्थिक पुनर्निर्माण से आगे जाना जरूरी है। जिस तरह आर्थिक लोकतंत्र के अभाव में राजनीतिक लोकतंत्र सम्भव नहीं है, उसी तरह राजनीतिक लोकतंत्र के अभाव में आर्थिक लोकतंत्र भी सम्भव नहीं है।

रॉय ने राज्य की मार्क्सवादी अवधारणा को भी अस्वीकार किया है। मार्क्सवाद के अनुसार राज्य एक वर्ग द्वारा दूसरे वर्ग के शोषण का औजार है, जबकि रॉय के अनुसार **राज्य समाज का राजनीतिक संगठन है**। कम्युनिज्म के अन्तर्गत राज्य के विसर्जित हो जाने की बात एक ''यूटोपिया'' या काल्पनिक आदर्श है, जो अनुभव के आधार पर गलत साबित हो चुकी है।

इसी तरह, रॉय ने ''सर्वहारा की तानाशाही'' के कम्युनिस्ट सिद्धान्त को भी अस्वीकार किया है। रॉय के अनुसार यह एक आत्म-विरोधी बात है कि स्वतन्त्रता के निषेध (तानाशाही) के माध्यम से हमें स्वतंत्रता प्राप्त हो सकती है।

जहाँ एक ओर थीसिस संख्या 7, 8, 9, 10 और 11 में रॉय ने कम्युनिस्ट तानाशाही की आलोचना की है; वहाँ दूसरी ओर, थीसिस संख्या 12 और 13 में उन्होंने औपचारिक संसदीय लोकतंत्र की त्रुटियों की ओर ध्यान दिलाया है। रॉय के अनुसार **संसदीय लोकतंत्र की त्रुटियों का कारण है सत्ता का प्रतिनिधियों के हाथों में सौंपा जाना। लोकतंत्र को कारगर बनाने के लिए सत्ता का हमेशा जनता के हाथों में रहना जरूरी है।**

थीसिस संख्या 14 से 22 में रॉय ने सत्ता के विकेन्द्रीकरण और जनता की सीधी हिस्सेदारी पर आधारित रैडिकल लोकतंत्र का विकल्प प्रस्तुत किया है। साथ ही, यह भी बतलाया है कि इस लक्ष्य को कैसे हासिल किया जा सकता है। रॉय के अनुसार संसदीय लोकतंत्र का विकल्प तानाशाही नहीं, बल्कि देशव्यापी लोक समितियों के जाल पर आधारित संगठित लोकतंत्र है। इस संगठित या रैडिकल लोकतंत्र में राज्य का ढाँचा एक पिरामिड की तरह होगा जिसका आधार लोक समितियाँ होगी। इन लोकसमितियों के जरिए राज्य पर जनता का प्रत्यक्ष नियंत्रण स्थापित होगा।

रॉय के अनुसार किसी भी क्रान्किारी या मुक्तिदायी सामाजिक-दर्शन का कार्य इस बुनियादी तथ्य पर बल देना है कि **अपने विश्व का निर्माता स्वयं मानव है, और वह एक चिन्तनशील प्राणी और व्यक्ति के रूप में ही विश्व का नवनिर्माण कर सकता है।** मनुष्य का मस्तिष्क भी एक उत्पादन का साधन है, और इसमें सबसे क्रान्तिकारी वस्तु का उत्पादन होता है। क्रान्ति के लिए रूढ़िभंजक विचारों का होना जरूरी है। रॉय के अनुसार उनकी कल्पना के रैडिकल लोकतांत्रिक समाज का निर्माण, स्वतंत्रता के लक्ष्य से प्रेरित ऐसे मनुष्यों के प्रयत्नों से होगा जो **जनता के भावी शासक के रूप में नहीं, बल्कि उनके दोस्त, दार्शनिक और मार्गदर्शक के रूप में काम करेंगे।** स्वतन्त्रता के अपने लक्ष्य को ध्यान में रखते हुए उनका राजनीतिक व्यवहार तर्कबुद्धिसंगत और इसलिए नैतिक होगा। स्वतन्त्रता और सत्ता के केन्द्रीकरण के बीच तार्किक असंगति को समझते हुए रैडिकल लोकतन्त्रवादी सत्ता के अधिकतम विकेन्द्रीकरण के लिए प्रयत्न करेंगे।

रॉय की यह मान्यता थी कि सामाजिक क्रान्ति के पहले दार्शनिक क्रान्ति का होना जरूरी है। उनके अनुसार **भाग्य और भगवान भारतीय जनता की गुलामी की जंजीर की सबसे मजबूत कड़ी है।** रॉय के अनुसार, भारत को एक बुद्धिवादी और मानवतावादी नवजागरण की आवश्यकता है। इसके बिना लोकतंत्र का आधार सुदृढ़ नहीं हो पाएगा। रॉय ईश्वर, आत्मा, भाग्यवाद और कर्मवाद के विरुद्ध थे। वे वैज्ञानिक दृष्टिकोण और धर्मनिरपेक्ष नैतिकता के पक्ष में थे। रॉय की यह कल्पना थी कि रैडिकल मानवतावादी आन्दोलन एक स्कूल की तरह होगा, जो भारत की जनता को भाग्य और उसके शीर्ष पर विराजमान भगवान के विरुद्ध विद्रोह करना सिखाएगा। रॉय के अनुसार क्रान्तिकारी व्यक्ति वही है, जो इस बात को समझता है कि यह विश्व किसी अतिप्राकृतिक सत्ता द्वारा निर्मित नहीं है, और इसे मानव प्रयत्नों द्वारा बेहतर बनाया जा सकता है।[1]

---

1. डॉ. रमेन्द्र, ''मानवेन्द्रनाथ रॉय'', ***स्वतंत्रोत्तर भारतीय दार्शनिक चिन्तन*** (पटना: मोतिलाल बनारसीदास, 1993), पृष्ठ 59-83.

Also see, Dr. Ramendra, *M. N. Roys New Humanism and Materialism* (Patna : Buddhiwadi Foundation, 2001).

समीक्षा

लामोन्ट और मानवेन्द्रनाथ रॉय दोनों मानवतावाद के प्रबल समर्थ हैं। रॉय ने अपने मानवतावाद को 22 थीसीस के माध्यम से मुख्यतः एक लोकतांत्रिक सामाजिक-राजनीतिक दर्शन के रूप में व्यक्त किया है। दूसरी ओर, लामोन्ट ने इसे एक सम्पूर्ण जीवन दर्शन के रूप में प्रस्तुत किया है, जिसके अन्तर्गत लोकतंत्र को केन्द्रीय स्थान दिया गया है। वैसे, लामोन्ट और रॉय दोनों ने **बुद्धि, वैज्ञानिक विधि, धर्मनिरपेक्ष नैतिकता और लोकतंत्र का समर्थन किया है। दोनों ने ही मानव केन्द्रित दर्शन का समर्थन करते हुए, परलोकवाद और अतिप्राकृतिक को अस्वीकार किया है। दोनों के अनुसार मनुष्य अपने भविष्य का निर्माता स्वयं है।** मानवतावाद की ये विशेषताएँ तर्कसंगत, आकर्षक और ग्रहण करने योग्य है।

रॉय ने दलविहीन लोकतंत्र की भी वकालत की है। यह सही है कि दार्शनिक क्रान्ति के लिए काम करने की दृष्टि से राजनीतिक दल एक सक्षम औजार नही मालूम देता है। क्योंकि दार्शनिक क्रान्ति के लिए एक दूरगाभी दार्शनिक दृष्टि अपनानी पड़ती है, जबकि राजनीतिक दलों का सम्बन्ध तात्कालिक राजनीतिक समस्याओं से होता है। फिर भी, किसी भी लोकतांत्रिक राजनीतिक व्यवस्था में राजनीतिक दलों का अपना महत्त्व होता है। सम्पूर्ण क्रान्ति की समीक्षा करते समय हम यह उल्लेख कर चुके है कि दलविहीन लोकतंत्र के आदर्श को स्वीकार नहीं किया जा सकता। वैसे, मोटे तौर पर, सम्पूर्ण क्रान्ति का दर्शन भी मानवतावाद के करीब है।

लामोन्ट और रॉय दोनों ही मानवतावाद को एक ''बन्द'' विचारधारा के रूप में नहीं, बल्कि एक वैज्ञानिक और ''खुली'' विचारधारा के रूप में व्यक्त करते हैं। जे. पी. ने भी समाज परिवर्तन के प्रति एक मूल्यनिष्ठ, वैज्ञानिक दृष्टिकोण अपनाने पर बल दिया है। **अपने मौलिक रूप में मानवतावाद का दर्शन सारे विश्व के लिए प्रासंगिक है।** लेकिन सामाजिक-राजनीतिक दृष्टि से, अलग-अलग सामाजिक-राजनीतिक परिस्थितियों के कारण, अलग-अलग समाजों में मानवतावादी आदर्शों तक पहुँचने के रास्ते अलग-अलग हो सकते हैं। अमरीकी मानवतावादियों और भारतीय मानवतावादियों की प्राथमिकताएँ अलग-अलग हो सकती हैं। भारतीय सन्दर्भ में, हिन्दू जाति-व्यवस्था या ब्राह्मणवाद (वर्ण-व्यवस्था) की ओर ध्यान देना जरूरी है। इसी तरह, भारतीय सन्दर्भ में गरीबी, निरक्षरता, बेरोजगारी और गैरबराबरी को देखते हुए, खुले दिमाग से मानवतावाद के आर्थिक पक्ष को विकसित करने की भी जरूरत है। इसके लिए लोकतांत्रिक समाजवादी चिंतन से भी सहायता ली जा सकती है।

❑

अध्याय 13

धर्मतंत्र और धर्मनिरपेक्षता

''धर्मतंत्र'' अंग्रजी शब्द "theocracy" (थियॉक्रसि) का हिन्दी पर्याय है। "Theocracy" का शाब्दिक अर्थ है ''ईश्वर द्वारा सरकार'', लेकिन सामान्य बोल-चाल में इस शब्द का प्रयोग **''पुरोहितों द्वारा सरकार''** (goverenment by priests) के अर्थ में किया जाता है। इस शब्द को यहूदी इतिहासकार जोसेफस द्वारा यहूदी धर्मग्रन्थ **तोरा** (*Torah*) पर आधारित सरकार की अवधारणा को व्यक्त करने के लिए गढ़ा गया है।[1]

धर्मतांत्रिक शासन व्यवस्था में सरकार किसी धर्म-विशेष की मान्यताओं के आधार पर चलायी जाती है। उदाहरण के तौर पर, ईसाई धर्मतन्त्र में ईसाई धर्म के, और इस्लामी धर्मतन्त्र में इस्लाम के अनुसार। इस तरह, धर्मतन्त्र में **किसी धर्म-विशेष को सरकारी धर्म के रूप में मान्यता दी जाती है, और सरकार उस धर्म की मान्यताओं के अनुसार काम करती है।**

धर्मतन्त्र में राजनीतिक सत्ता प्रत्यक्ष या अप्रत्यक्ष रूप में उस धर्म के पुरोहित वर्ग के हाथों में रहती है। धर्मतन्त्र में सरकारी धर्म को नहीं माननेवाले नागरिकों की स्थिति दूसरे दर्जे की हो जाती है। इस तरह, धर्मतन्त्र में **राजनीति का धर्मनिरपेक्षीकरण (secularization) नहीं हुआ होता है।** दूसरे शब्दों में, राजनीति को धर्म से अलग और स्वतन्त्र नहीं माना जाता है।

धर्मतान्त्रिक राज्य की अवधारणा धर्मनिरपेक्ष (secular) राज्य की अवधारणा के ठीक विपरीत है। धर्मनिरपेक्ष राज्य में राजनीति, राज्य और चर्च या संगठित धर्मों के बीच पूर्ण अलगाव रहता है। राज्य का किसी भी धर्म से कोई सम्बन्ध नहीं रहता है। इसका दूसरा पक्ष यह भी है कि धर्मनिरपेक्ष राज्य में राज्य को लौकिक मामलों में सर्वोपरि और धर्म से ऊपर माना जाता है। दूसरी ओर, **धर्मतन्त्र में राज्य की सत्ता को धर्म के अधीन माना जाता है।** इसी तरह, धर्मतन्त्र के विपरीत, एक धर्मनिरपेक्ष राज्य में किसी भी धर्म को सरकारी धर्म के रूप में मान्यता नहीं प्रदान की जाती है। राज्य के कार्य धर्म से स्वतन्त्र रूप में चलाए जाते हैं। राजनीतिक दृष्टि से धर्मगुरुओं की स्थिति भी सामान्य नागरिकों जैसी ही रहती है। धर्मगुरु होने के नाते उन्हें किसी किस्म का विशेषाधिकार नहीं प्राप्त रहता है। साथ ही, नागरिकों के बीच धर्म के आधार पर भेदभाव नहीं बरता जाता है।

धर्मतान्त्रिक राजनीतिक व्यवस्था को लोकतान्त्रिक भी नहीं माना जा सकता है। लोकतन्त्र में राजनीतिक सत्ता ''लोक'' (नागरिकों) के निर्वाचित प्रतिनिधियों के हाथ में रहती है। जबकि धर्मतन्त्र में राजनीतिक सत्ता धर्मगुरुओं के हाथ में रहती है।

---

1. Roger Scruton, *A Dictionary of Political Thought* (London: Pan Books, 1982), pp. 61-62.

लोकतान्त्रिक दृष्टि से धर्म के आधार पर नागरिकों के बीच भेदभाव भी उचित नहीं है। इससे नागरिकों के किसी भी धर्म को मानने या न मानने की लोकतान्त्रिक स्वतन्त्रता का उल्लंघन होता है। अन्तरराष्ट्रीय स्तर पर भी इस स्वतन्त्रता को मानव-अधिकार के रूप में मान्यता मिली हुई है।

स्वतन्त्रता के अलावे समता भी एक लोकतांत्रिक मूल्य है। इसकी अभिव्यक्ति ''एक व्यक्ति, एक वोट'' के सिद्धान्त के माध्यम से होती है। अगर किसी राजनीतिक व्यवस्था में किसी एक धर्म को सरकारी धर्म के रूप में मान्यता दी जाती है, तो इससे अन्य धर्मों को मानने वालों की, और किसी भी धर्म को न मानने वाले मानवतावादियों की स्थिति दूसरे दर्जे के नागरिकों जैसी हो जाएगी, और यह बात समता के लोकतांत्रिक मूल्य के विरुद्ध होगी।

वैसे भी, आज के आधुनिक समय में जब विज्ञान और टेक्नॉलजी का तेजी से विकास हो रहा है, किसी भी धर्म के आधार पर काम करने वाली सरकार समाज को पीछे की ओर ही ले जाएगी। **किसी भी आधुनिक राज्य को स्वतंत्रता, समता और बन्धुता के मानवीय मूल्यों और वैज्ञानिक एवं तार्किक चिन्तन के आधार पर चलाया जाना चाहिए, न कि धार्मिक रूढ़ियों और अंधविश्वासों के आधार पर।**

उदाहरण के तौर पर, भारत एक धर्मनिरपेक्ष और लोकतांत्रिक राज्य है। भारत के संविधान में किसी भी धर्म को सरकारी धर्म के रूप में मान्यता नहीं दी गयी है, और यह स्पष्ट तौर से कहा गया है कि धर्म के आधार पर नागरिकों के बीच भेदभाव नहीं बरता जाएगा। साथ ही, भारत में नागरिकों को किसी भी धर्म को मानने या न मानने की स्वतंत्रता मिली हुई है। भारतीय संविधान के अनुसार, किसी भी नागरिक को किसी धर्म-विशेष के संरक्षण या प्रोत्साहन के लिए टैक्स देने को मजबूर नहीं किया जा सकता है। संविधान में यह भी कहा गया है कि पूरी तरह राज्य के कोष से चलने वाली शिक्षण-संस्थाओं में कोई धार्मिक शिक्षा नहीं दी जा सकती है। इसके अलावा, भारत के संविधान के अनुसार, राज्य सामाजिक सुधार की दृष्टि से धर्म में हस्तक्षेप कर सकता है। इस तरह, राज्य को धर्म से स्वतंत्र और ऊपर माना गया है।

अब, अगर भारत को धर्मनिरपेक्ष लोकतंत्र से हिन्दू, इस्लामी, ईसाई या सिक्ख धर्मतंत्र में बदल दिया जाता है, और वर्तमान धर्मनिरपेक्ष संविधान के बदले ***मनुस्मृति, कुरान*** या ***बाइबिल*** के आधार पर सरकार चलाने का प्रयत्न किया जाता है, तो इसे एक अलोकतांत्रिक और प्रतिगामी कदम ही माना जाएगा।

धर्मनिरपेक्षता

''धर्मनिरपेक्षता'' का अर्थ

''धर्मनिरपेक्षता'' (secularism) शब्द के अर्थ को ले कर काफी भ्रम फैला हुआ है। भारत में अक्सर इस शब्द का प्रयोग ''सर्वधर्म समभाव'' (सभी धर्मों का एक जैसा बराबर सम्मान) के अर्थ में भी किया गया है। प्रश्न यह है कि वास्तव में ''धर्मनिरपेक्षता'' शब्द का अर्थ क्या है?

किसी भी शब्द के अर्थ की चर्चा करते समय हमें यह ध्यान रखना चाहिए कि जो शब्द भाषा में पहले से प्रचलित हैं, वे हम में से किसी की निजी सम्पत्ति नहीं हैं। इसलिए,

हम उन शब्दों का अपनी ओर से मनमाना अर्थ निर्धारित नहीं कर सकते हैं। इन शब्दों का पहले से भाषा में एक या एक से अधिक निर्धारित अर्थों में इस्तेमाल होता रहता है, और उस भाषा को लिखने-बोलने वाले अधिकांश लोग उनका प्रयोग उन्हीं अर्थों में करते हैं। अगर ऐसा न हो, और हर कोई हर शब्द का अपनी ओर से अलग-अलग अर्थ निर्धारित करने लगे, तो भाषा के माध्यम से संप्रेषण ही असम्भव हो जाएगा! **स्पष्टता की दृष्टि से यही व्यावहारिक है कि किसी शब्द का आम तौर से उसी अर्थ में प्रयोग किया जाए जिस अर्थ में भाषा में पहले से उसका प्रयोग होता आ रहा है**।

किसी शब्द का मान्य और रूढ़ या ''सार्वजनिक अर्थ'' (public meaning) क्या है, इसे मानक शब्दकोषों की सहायता से जाना जा सकता है। ''धर्मनिरपेक्ष'' शब्द अंग्रेजी शब्द "secular" का हिन्दी पर्याय है। कामिल बुल्के के अंग्रेजी-हिन्दी शब्दकोष में "secular" शब्द के निम्नलिखित अर्थ दिए गए हैं: 1. (Temporal) लौकिक, ऐहिक, सांसारिक, दुनियावी 2. (secularistic) धर्मनिरपेक्ष, धर्मविरूद्ध''

इसी तरह, *Webster's New World Dictionary* के अनुसार "secular" का अर्थ है: "not related to church or religion; not sacred or religious; temporal, worldly".

इसी शब्दकोष में "secularism" के निम्नलिखित अर्थ दिए गए हैं:

"1. Worldly spirit views, etc. esp. a system of beliefs and practices that rejects any form of religious faith.

2. The belief that religion should be strictly separated from the state or government, esp. from public education."

इस तरह, वैचारिक स्तर पर ''धर्मनिरपेक्ष'' और ''धर्मनिरपेक्षता'' शब्द के अर्थ को लेकर कोई अस्पष्टता नहीं है। ''धर्मनिरपेक्ष'' का अर्थ है ''**धर्म से स्वतन्त्र**'' या ''**जिसका सम्बन्ध लौकिक से हो, आध्यात्मिक या धार्मिक से नहीं**''। ''धर्मनिरपेक्षता'' के दो अर्थ हुए: (i) पहले अर्थ में ''धर्मनिरपेक्षता'' **उस ऐहिक विचारधारा को कहते हैं, जो धार्मिक विश्वास को अस्वीकार करती है**। (ऐहिकता का सम्बन्ध इस लोक से होता है, परलोक से नहीं।) (ii) राजनीतिक सन्दर्भ में ''धर्मनिरपेक्षता'' **इस विश्वास को कहते हैं कि राज्य तथा सार्वजनिक शिक्षा को धर्म से पूरी तरह अलग रखना चाहिए**। इस तरह, राजनीतिक सन्दर्भ में ''धर्मनिरपेक्षता'' का अर्थ है—**राज्य, राजनीति और चर्च या संगठित धर्मों के बीच पूर्ण अलगाव**। एक धर्मनिरपेक्ष राज्य का पूरा सम्बन्ध **लौकिक मामलों** से होता है, और उसका किसी भी संगठित धर्म से कोई सम्बन्ध नहीं रहता है। इसका दूसरा पक्ष यह भी है कि एक धर्मनिरपेक्ष राज्य में **लौकिक मामलों में राज्य को सर्वोपरि माना जाता है**। इस दृष्टि से एक धर्मनिरपेक्ष राज्य और एक धर्मतंत्र (theocracy) के बीच मौलिक अन्तर होता है।

''धर्मनिरपेक्षता'' और ''सर्वधर्म समभाव''

भारत में कभी-कभी ''धर्मनिरपेक्षता'' शब्द का इस्तेमाल ''सर्वधर्म समभाव'' के अर्थ में भी किया जाता है। ''सर्वधर्म समभाव'' का अर्थ है ''सभी धर्मों का बराबर सम्मान''। गाँधी ने भी सर्वधर्म समभाव का समर्थन किया है। जैसा कि ऊपर की गयी चर्चा से स्पष्ट है, ''धर्मनिरपेक्षता'' और ''सर्वधर्म समभाव'' पर्यायवाची शब्द नहीं हैं। राजनीतिक सन्दर्भ में ''धर्मनिरपेक्षता'' का अर्थ है ''धर्म से स्वतंत्र''। इसका न तो धर्मों के सम्मान से कोई

सम्बन्ध है, और न असम्मान से। इसका अर्थ है धर्मों के प्रति तटस्थता। इसके अलावा, ''धर्मनिरपेक्षता'' धर्म से स्वतंत्र इहलोकवादी विचारधारा को भी कहते हैं। इस अर्थ में धर्मनिरपेक्षता के अन्तर्गत इहलौकिकता और वैज्ञानिकता पर बल दिया जाता है, और धर्म के प्रति उदासीनता बरती जाती है।

सरकारी आयोजनों में सभी धर्मों के धर्मग्रन्थों के पाठ और सरकारी पदाधिकारियों द्वारा सार्वजनिक तौर पर सभी धर्मों के धर्म-स्थलों पर जाने का सर्वधर्म समभाव की दृष्टि से समर्थन किया जा सकता है, लेकिन धर्मनिरपेक्षता की दृष्टि से नहीं। ''सर्वधर्म समभाव'' और ''धर्मनिरपेक्षता'' एक नहीं है। जो लोग ''सर्वधर्म समभाव'' की नीति में विश्वास रखते हैं, उनके लिए ''धर्मनिरपेक्षता'' शब्द का अर्थ मनमाने ढंग से बदलने के प्रयत्न की बजाय, ईमानदारी का रास्ता यह है कि वे साफ-साफ कहें कि वे धर्मनिरपेक्षता में नहीं, बल्कि सर्वधर्म समभाव में विश्वास रखते हैं। ''धर्मनिपेक्षता'' शब्द के अर्थ को लेकर भ्रम इसलिए पैदा हुआ है, क्योंकि **कुछ लोग सही अर्थों में धर्मनिरपेक्ष नहीं होने के बाद भी, इस शब्द के आकर्षण के कारण अपने को ''धर्मनिरपेक्ष'' कहते हैं, या कहना चाहते हैं।**

धर्मनिरपेक्षता का औचित्य—कुछ लोगों का यह विचार है कि ''धर्मनिरपेक्षता'' की ऊपर दी गयी अवधारणा ''पश्चिमी'' है, और इसलिए भारत के लिए उपयुक्त नहीं है। पहली बात तो यह है कि अगर कोई पश्चिमी चीज अच्छी हो, तो फिर उसका **सिर्फ इसलिए** विरोध करना कहाँ तक उचित है, **क्योंकि** वह पश्चिमी है ? किसी चीज का सिर्फ इसलिए विरोध करना, **क्योंकि** वह पश्चिमी है, या विदेशी है; विदेश-द्वेषी मानसिकता का परिचायक है, और इससे भारतीयों का कोई कल्याण नहीं हो सकता है। वैसे तो, यह भी कहा जा सकता है कि आधुनिक भारतीय लोकतंत्र भी ''पश्चिमी'' है, तो क्या इस आधार पर हम लोकतंत्र को भी अस्वीकार कर दें? काफी धार्मिक झगड़ों के बाद पश्चिम में धर्मनिरपेक्ष राज्य की अवधारणा का विकास हुआ है, तो फिर इस अनुभव से लाभ क्यों न उठाया जाए?

कभी-कभी यह भी कहा जाता है कि भारत जैसे धर्म-प्रधान देश में धर्मनिरपेक्षता की नीति चल नहीं सकती है। यह सही है कि बुद्धिवादी-मानवतावादी दृष्टि से आदर्श स्थिति यही होगी कि हर व्यक्ति अपने निजी जीवन में भी धर्मनिरपेक्ष और मानवतावादी जीवन-दर्शन को अपनाए। आधुनिकीकरण और उससे जुड़ी धर्मनिरपेक्षीकरण की प्रक्रिया द्वारा भारतीय समाज इस दिशा में बढ़ भी रहा है। लेकिन तात्कालिक दृष्टि से धर्मनिरपेक्ष राज्य को, और राजनीति में धर्मनिरपेक्षता को बनाए रखने के लिए यह जरूरी नहीं है कि सभी नागरिक तत्काल निजी जीवन में भी धर्मनिरपेक्ष हो जाएँ। अगर समाज के अधिकांश लोग अपने निजी जीवन में धार्मिक हों, जैसा कि आज के भारत में हैं, तो भी राज्य और राजनीति धर्मनिरपेक्ष रह सकते हैं, बशर्ते कि नागरिकों और राजनीतिक दलों में कम-से-कम इस बात पर आम सहमति हो कि **धर्म को निजी जीवन तक ही सीमित रखा जाए**, और उसे राजनीति का विषय बनाकर सार्वजनिक जीवन में न घसीटा जाए।

वास्तविकता तो यह है कि भारत जैसे बहुधर्मी देश में, जहाँ हिन्दू, इस्लाम, ईसाई, सिक्ख, जैन, बौद्ध, पारसी और यहूदी—दुनिया के सभी प्रमुख धर्मों को मानने वाले लोग रहते हैं; और जहाँ ऐसे बुद्धिवादी मानवतावादियों की भी अच्छी खासी संख्या है, जो

किसी भी संगठित धर्म को स्वीकार नहीं करते हैं, **लोकतंत्र के अस्तित्व को बनाए रखने के लिए धर्मनिरपेक्षता एक अनिवार्य शर्त है।**

स्वतंत्रता, समता और बन्धुता—ये तीन प्रमुख लोकतांत्रिक मूल्य हैं। सभी नागरिक राजनीतिक दृष्टि से एक समान या बराबर हैं, यह एक लोकतांत्रिक आदर्श है। इसकी अभिव्यक्ति 'एक व्यक्ति, एक वोट' के सिद्धान्त के माध्यम से होती है। कानूनी समानता भी इसका एक अंग है। थोड़ी देर के लिए मान लिया जाए कि भारत को हिन्दू या इस्लामी धर्मतन्त्र में बदल दिया जाता है, तो इसका अर्थ यह होगा कि सभी गैर हिन्दुओं या गैर मुसलमानों की स्थिति दूसरे दर्जे के नागरिक की हो जाएगी, और यह बात समता के लोकतांत्रिक मूल्य के विरूद्ध होगी। दरअसल, भारत में किसी भी धर्म को सरकारी धर्म के रूप में मान्यता प्रदान करने का अर्थ होगा धार्मिक संघर्ष, कलह और गृह-युद्ध को आमंत्रण।

इसलिए, भारतीय संविधान के धर्मनिरपेक्ष चरित्र को बनाए रखते हुए, भारत के राजनीतिक जीवन में धर्मनिरपेक्षता को पुष्ट करना बहुत जरूरी है। इसके लिए धर्मनिरपेक्षता की नीति को अब तक जिस प्रकार अमल में लाया गया है, उसमें कुछ सुधार भी अपेक्षित है। सरकारी आयोजनों का किसी भी धर्म के धार्मिक अनुष्ठानों से कोई सम्बन्ध नहीं रहना चाहिए। राष्ट्रपति और प्रधानमंत्री जैसे पदाधिकारियों को सरकारी हैसियत से न तो किसी धार्मिक-स्थल पर जाना चाहिए, और न किसी धार्मिक आयोजन में शामिल होना चाहिए। अगर वे अपने निजी विश्वासों के कारण अपनी निजी हैसियत में ऐसा करते हैं, तो फिर इसका सरकारी प्रचार-माध्यमों से प्रचार नहीं किया जाना चाहिए। इसके अलावा, सरकारी प्रचार-माध्यमों का इस्तेमाल विभिन्न धर्मो के अंधविश्वासों, मिथकों और पुराणों को प्रोत्साहित करने के लिए नहीं; बल्कि तार्किक, वैज्ञानिक दृष्टिकोण, मानवतावाद और सुधार की मनोवृत्ति को बढ़ावा देने के लिए किया जाना चाहिए। शिक्षा के धर्मनिरपेक्ष और वैज्ञानिक चरित्र के साथ खिलवाड़ करने की बजाय उसे और अधिक पुष्ट किया जाना चाहिए। इसी तरह, विभिन्न धर्मों के निजी कानूनों में स्वतंत्रता, समता और बन्धुता के लोकतांत्रिक मूल्यों के अनुरूप सुधार लाकर एक धर्मनिरपेक्ष और लोकतांत्रिक, समान नागरिक संहिता की दिशा में बढ़ना जरूरी है। **''सर्वधर्म समभाव'' के नाम पर सभी धर्मों की रूढ़िवादिता और अंधविश्वासों को प्रोत्साहन देना, धर्मनिरपेक्षता नहीं, बल्कि धर्मनिरपेक्षता की विकृति है।**

❑

अध्याय 14

फासिस्टवाद

''फासिज्म'' शब्द का इस्तेमाल मूलतः इटली के तानाशाह बेनितो मुसोलिनी द्वारा चलाए गए **राष्ट्रवादी, कम्युनिस्ट-विरोधी और सर्वाधिकारवादी (totalitarian) राजनीतिक आन्दोलन के लिए किया जाता था।** बाद में, इस शब्द का इस्तेमाल मुसोलिनी के आन्दोलन से मिलते-जुलते अन्य राजनीतिक आन्दोलनों के लिए किया जाने लगा, जैसे हिटलर के ''नाजीस्म'' (Nazism) के लिए। ''फासिज्म'' शब्द इतावली शब्द ''फैसिओ'' (fascio) से बना है, जो स्वयं लैटिन शब्द ''फैसेज'' (fasces) से निकला है। ''फैसेज'' छड़ी के ऐसे बंडल को कहते हैं जिसके बीच में कुल्हाड़ी लगी रहती है। प्राचीन रोम में इसे राज्य शक्ति (state power) का प्रतीक माना जाता था। फाजिस्म के अन्तर्गत **राष्ट्रवाद, राज्य की शक्ति और एक सर्वोच्च नेता के पीछे इकट्ठे होने पर अत्यधिक बल दिया जाता है।**

1922 में मुसोलिनी के सत्ता में आने से पहले इटली में संसदीय लोकतंत्र काम कर रहा था। मुसोलिनी ने पहले तो समाजवादी होने का दावा किया, लेकिन सत्ता में आने के बाद उसने लोकतंत्र को नष्ट कर दिया, और अपने समाजवादी कार्यक्रम को भी त्याग दिया। मुसोलिनी के सत्ता में आने के बाद फासिस्ट पार्टी को इटली का एकमात्र अधिकृत राजनीतिक संगठन घोषित कर दिया गया। मुसोलिनी ने संसद को ''गप्पबाजी के अड्डे'' (talking shop) की संज्ञा दी। सत्ता में बने रहना ही उसका एकमात्र उद्देश्य रह गया। मुसोलिनी के शब्दों में, ''हमारा कार्यक्रम बहुत सरल है, हम इटली पर शासन करना चाहते हैं''।[1] **मुसोलिनी की फासिस्ट पार्टी को एक सैनिक संगठन के रूप में संगठित किया गया था।** इसके सभी सदस्य काली शर्ट पहनते थे।

आगे चलकर मुसोलिनी की फासिस्ट पार्टी ने जर्मन ''राष्ट्रीय समाजवाद'' के लिए एक मॉडेल का काम किया। ''नाजी'' या ''नात्सी'' (Nazi) शब्द का इस्तेमाल ''राष्ट्रीय समाजवाद'' (National Socialism) के लिए किया जाता है। हिटलर ने नाजीस्म या जर्मन ''राष्ट्रीय समाजवाद'' को ''अन्तर्राष्ट्रीय समाजवाद'' (साम्यवाद) के एक विकल्प के रूप में पेश किया। लेकिन इसमें शुरू से ही नस्लवाद या प्रजातीयता (racism) और सैनिक महत्त्वाकांक्षा जुड़ी हुई थी।

हिटलर ने संवैधानिक तरीकों से सत्ता में आने के बाद संवैधानिक व्यवस्था को नष्ट कर दिया। उसने प्रथम विश्व युद्ध में जर्मनी के अपमान की बात की, और इस आधार पर उग्र जर्मन राष्ट्रवाद को उभारा। एक ओर उसने ''जर्मन आर्य'' प्रजाति (race) की श्रेष्ठता की बात की, और दूसरी ओर, अल्पसंख्यक यहूदियों को जर्मनी की सभी समस्याओं के लिए जिम्मेवार बतलाया। उसने यहूदियों के विरुद्ध सिलसिलेवार नफरत का प्रचार किया

---

1. *The New Encyclopaedia Britannica*, vol. 7, p. 185.

और अन्ततः बड़े पैमाने पर उनकी हत्या करवायी। यहूदियों के अलावा और जिस किसी ने हिटलर का राजनीतिक विरोध किया उसका निर्ममतापूर्वक दमन किया गया। संक्षेप में, **फासिज्म एक लोकतंत्र-विरोधी और सर्वाधिकारवादी विचारधारा है**। फासिज्म के विभिन्न रूपों में जो बात सामान्य है, वह यह कि इसमें **''राष्ट्र'' और राज्य की शक्ति को सर्वाधिक महत्त्व दिया गया है**। फासिज्म के अनुसार **राज्य को नागरिकों के जीवन के हर क्षेत्र में हस्तक्षेप करने का अधिकार है**। राज्य को व्यक्ति की स्वतंत्रता के दमन का भी पूरा अधिकार है। मुसोलिनी के शब्दों में, ''सब कुछ राज्य के लिए है, राज्य से परे और राज्य के विरूद्ध कुछ भी नहीं''।[1]

इस तरह, फासिस्ट व्यवस्था में एक व्यक्ति और एक पार्टी की तानाशाही रहती है। इसमें नागरिक स्वतंत्रताओं का अभाव रहता है। नागरिक अवज्ञा के प्रति फासिज्म का दृष्टिकोण क्या होगा, इसे आसानी से समझा जा सकता है। फासिज्म व्यक्ति की स्वतंत्रता के विरुद्ध है, और इसके अनुसार नागरिकों को सरकार की अवज्ञा का कोई अधिकार नहीं है।

''स्वतंत्रता, समता और बन्धुता'' के लोकतांत्रिक नारे के विपरीत, मुसोलिनी ने ''विश्वास करो, आदेश का पालन करो और लड़ो'' (to believe, to obey, to combat) का नारा दिया।[2]

रोजर स्क्रूटन के अनुसार फासिज्म की निम्नलिखित विशेषताएँ हैं: एक, राष्ट्रवाद; दो, लोकतंत्र, समतावाद और उदार मूल्यों का विरोध; तीन, नेता के प्रति भक्ति और उसके विशेष गुणों के लिए श्रद्धा; चार, सामूहिक संगठनों के प्रति सम्मान और उसके साथ जुड़े प्रतीकों, जैसे, वर्दी, परेड और सैनिक अनुशासन से प्रेम। जर्मनी में फासिज्म के साथ हिंसक यहूदी-विरोध भी जुड़ गया। कभी-कभी ''फासिस्ट'' शब्द का इस्तेमाल व्यापक रूप में ऐसी किसी भी विचारधारा के लिए भी किया जाता है, जो उदार-वामपंथी विचारधारा के विरुद्ध हो।[3]

फासिज्म और साम्यवाद

फासिज्म और साम्यवाद दोनों को सर्वाधिकारवादी (totalitarian) राजनीतिक विचारधारा माना जाता है। **सर्वाधिकारवादी शासन व्यवस्था में एक पार्टी की तानाशाही रहती है। इसमें संगठन बनाने की स्वतंत्रता सहित नागरिक स्वतंत्रताओं का और स्वायत्त संस्थाओं का अभाव रहता है**। न्यायपालिका, विश्वविद्यालय, रेडियो, टी. वी., प्रेस आदि सभी सरकार के पूर्ण नियंत्रण में रहते हैं। ऐसा समझा जाता है कि **सरकार को नागरिकों के विचारों सहित उनके जीवन के हर क्षेत्र में हस्तक्षेप करने का पूरा अधिकार है**। संक्षेप में, सर्वाधिकारवादी शासन व्यवस्था में व्यक्ति की स्वतंत्रता को, जो एक सर्वोच्च लोकतांत्रिक मूल्य है, कोई महत्त्व नहीं दिया जाता है। इस तरह, **सर्वाधिकारवाद एक लोकतंत्र-विरोधी विचारधारा है**।

मुसोलिनी की इटली, हिटलर की जर्मनी, भूतपूर्व सोवियत संघ और कम्युनिस्ट चीन को सर्वाधिकरवादी शासन व्यवस्था का उदाहरण माना जाता है।

1. George H. Sabine, *A History of Political Theory*, p. 818.
2. *The New Encyclopaedia Britannica,* vol., p. 183.
3. Roger Scruton, *A Dictionary of Political Thought*, p. 169.

ऊपरी तौर से ऐसा लगता है कि फासिज्म और साम्यवाद दोनों एक ही जैसी लोकतंत्र-विरोधी और सर्वाधिकारवादी विचारधाराएँ हैं। पर वास्तव में ऐसा नहीं है। लोकतंत्र-विरोधी और सर्वाधिकारवादी होने के बावजूद, **साम्यवाद और फासिज्म के बीच महत्त्वपूर्ण भिन्नताएँ भी हैं**। आम तौर से कम्युनिस्ट और फासिस्ट एक-दूसरे का विरोध करते हैं।

साम्यवाद एक अराजकतावादी (anarchist) राजनीतिक विचारधारा है। साम्यवाद के अनुसार राज्य एक वर्ग द्वारा दूसरे वर्ग के शोषण का औजार है। दरअसल, साम्यवाद के अन्तर्गत, अन्तिम विश्लेषण में, राज्यविहीन और वर्गविहीन समाज को एक आदर्श माना गया है। साम्यवाद के अनुसार ''बुर्जुआ लोकतंत्र'' में नागरिकों को ''वास्तविक स्वतंत्रता'' प्राप्त नहीं रहती है। आदर्श साम्यवादी—वर्गविहीन और राज्यविहीन—समाज में ही नागरिक ''सही मायने में'' स्वतंत्र और समान होंगे। इसके विपरीत, फासिज्म के अन्तर्गत राज्य और उसकी शक्ति को ही सर्वोच्च महत्त्व देते हुए, उसका गुणगान किया गया है। मुसोलिनी और हिटलर ने ''समाजवादी'' होने के दावे जरूर किए थे, लेकिन सत्ता में आने के बाद उनमें गैरबराबरी मिटाने के प्रति भी कोई लगाव नहीं दिखा।

इसी तरह, साम्यवादी विचारधारा के अन्तर्गत ''सर्वहारा वर्ग'' को क्रान्तिकारी वर्ग माना गया है, और उसके हितों को सर्वाधिक महत्त्व दिया गया है। मूलतः साम्यवाद एक अन्तरराष्ट्रीय विचारधारा है। इसमें सारी दुनिया के मजदूरों को एक होने का नारा दिया गया है। जबकि दूसरी ओर, फासिज्म के अन्तर्गत ''राष्ट्रवाद'' को अंधराष्ट्रवाद की हद तक उभारा जाता है। हिटलर ने तो फासिज्म को प्रजातीयता (racism) और ''जर्मन आर्य प्रजाति'' को श्रेष्ठता और ''खून की शुद्धता'' बनाए रखने से जोड़ दिया।

साम्यवाद के अनुसार ''बुर्जुआ वर्ग'' और ''सर्वहारा वर्ग'' के बीच संघर्ष के बाद ''संक्रमण काल'' में ''सर्वहारा की तानाशाही'' की स्थापना हो जाएगी, और इस तानाशाही द्वारा ''उत्पादन के साधनों'' पर व्यक्तिगत स्वामित्व को समाप्त कर एक वर्गविहीन समाज की स्थापना की जाएगी। फासिस्ट तानाशाही के साथ इस तरह की कोई विचारधारा जुड़ी हुई नहीं है। दरअसल, फासिज्म कोई बहुत अधिक विकसित राजनीतिक विचारधारा है भी नहीं। मुसोलिनी द्वारा दिए गए नारों में एक नारा यह भी था— ''बातें नहीं, काम'' (Action, not talk)। इसी तरह, मुसोलिनी के अनुसार, ''मताग्रह की कोई आवश्यकता नहीं है, अनुशासन ही काफी है'' (There is no need for dogma, discipline suffices)।[1] साम्यवादी विचारधारा सही है या गलत, यह एक अलग प्रश्न है, लेकिन इस तथ्य से इनकार नहीं किया जा सकता है कि मार्क्सवाद-साम्यवाद के अन्तर्गत इतिहास, समाज, सामाजिक परिवर्तन, क्रान्ति, गैरबराबरी के स्रोत और राज्य के चरित्र आदि को व्यवस्थित ढंग से समझने की कोशिश की गयी है।

व्यावहारिक राजनीति की दृष्टि से ''सर्वहारा की तानाशाही'' की अलोकतांत्रिक धारणा साम्यवाद की सबसे बड़ी कमजोरी है। व्यवहार में कम्युनिस्ट तानाशाही के लोकतंत्र-विरोधी और सर्वाधिकारवादी चरित्र के कारण ही साम्यवाद और फासिज्म के बीच समानता दिखती है।

फासिज्म और समाजवाद

समाजवाद के दो मुख्य रूप हैं—(i) **सर्वाधिकारवादी समाजवाद या साम्यवाद**

---

1. Geroge H. Sabine, Op. Cit. p. 799.

और (ii) **लोकतांत्रिक समाजवाद** (इसकी चर्चा ''समाजवाद'' के अन्तर्गत की गयी है।) ऊपर की गयी चर्चा से यह स्पष्ट है कि फासिज्म और साम्यवाद के बीच कई भिन्नताएँ हैं। जहाँ तक लोकतांत्रिक समाजवाद और फासिज्म का प्रश्न है, तो दोनों में कोई समानता नहीं है, क्योंकि जहाँ एक ओर **लोकतांत्रिक समाजवाद एक लोकतांत्रिक विचारधारा है**, वहाँ दूसरी ओर, **फासिज्म एक लोकतंत्र-विरोधी और सर्वाधिकारवादी राजनीतिक विचारधारा है**। वैसे भी, समाजवादी विचारधाराओं की मुख्य विशेषता यह है कि इसके अन्तर्गत समता और खासकर आर्थिक समता को अत्यधिक महत्व दिया जाता है। इस कसौटी पर भी फासिज्म को समाजवादी विचारधारा नहीं माना जा सकता है। मुसोलिनी और हिटलर ने ''समाजवादी'' शब्द का प्रयोग भले किया हो, लेकिन इसे ''समाजवादी'' शब्द के अवसरवादी प्रयोग का उदाहरण मानना चाहिए।

फासिज्म और पॉपर

कार्ल पॉपर के विचारों की चर्चा हम ''लोकतंत्र'' के अन्तर्गत कर चुके हैं। पॉपर का जन्म ऑस्ट्रिया में हुआ था। उन्होंने अपनी प्रसिद्ध पुस्तक *The Open Society and its Enemies* की रचना की शुरूआत उस दिन की थी, जिस दिन उन्हें ऑस्ट्रिया पर नात्सी हमले की जानकारी मिली थी। अपनी पुस्तक में पॉपर ने ''सर्वाधिकारवाद'' को समझने और उसके विरुद्ध संघर्ष करने पर बल दिया है। पॉपर के अनुसार वर्तमान पश्चिमी सभ्यता मानवीयता, बुद्धिमत्ता, समता और स्वतंत्रता की ओर बढ़ने का प्रयत्न कर रही है। लेकिन वह ''बन्द'' समाज में ''मुक्त'' समाज के अपने संक्रमण के आघात (shock) से अब तक पूरी तौर से उबर नहीं पाई है। कबिलाई ''बन्द'' समाज में व्यक्ति जादुई शक्तियां के सामने नतमस्तक रहता है; जबकि ''मुक्त'' समाज में मनुष्य की समीक्षात्मक क्षमताएँ स्वतंत्र रहती है। अपने जन्म के इस आघात से न उबर पाना ही उन कारकों में से एक है, जिनके कारण ऐसी प्रतिक्रियावादी विचारधाराओं का उदय होता है, जो सभ्यता को पीछे मोड़ कर फिर से बन्द समाज की ओर वापस ले जाना चाहती हैं। पॉपर के अनुसार ''सर्वाधिकारवाद'' इसी प्रतिक्रियावादी परम्परा का अंग है।[1]

❑

1. K. R. Popper, *The Open Society and its Enemies*, vol.1, p. 1.

अध्याय 15

राजतंत्र

''राजतंत्र'' अंग्रेजी शब्द "monarchy" का हिन्दी पर्याय है। "Monarchy" का शाब्दिक अर्थ है ''एक का शासन''। राजतांत्रिक शासन-व्यवस्था में कोई एक व्यक्ति–राजा या रानी–आजीवन शासक रहता है, बशर्ते कि वह राजसिंहासन को त्याग न दे, या उसे बलपूर्वक हटा न दिया जाए।

राजतंत्र के दो रूप हैं: एक, निरंकुश राजतंत्र; और दो, सीमित या संवैधानिक राजतंत्र।

संवैधानिक राजतंत्र में राजा या रानी वास्तविक राजनीतिक शक्ति का इस्तेमाल नहीं करते हैं। उनकी भूमिका आलंकारिक या मात्र नाम के अध्यक्ष की होती है। वास्तविक शक्ति आमलोगों द्वारा निर्वाचित विधायिका और कार्यपालिका के पास रहती है। उदाहरण के तौर पर, ब्रिटेन एक संवैधानिक राजतंत्र है। व्यवहार में यह एक संसदीय लोकतंत्र है, जिसमें कानून बनाने की शक्ति निर्वाचित विधायिका के पास है; और कानून लागू करने की वास्तविक शक्ति प्रधानमंत्री के नेतृत्व में मंत्रिमण्डल के पास, जो निर्वाचित विधायिका के प्रति जवाबदेह रहती है। संवैधानिक राजतंत्र में राजा की शक्ति संविधान द्वारा सीमित रहती है।

निरंकुश राजतंत्र आधुनिक युग में उतना प्रचलित नहीं है, हालांकि यह पूरी तौर से समाप्त भी नहीं हुआ है। कई देशों में ऐसी तानाशाही-व्यवस्था है, जो राजतंत्र से मिलती-जुलती है, भले इन राज्यों के शासक अपने को ''राजा'' नहीं कह कर ''राष्ट्रपति'' या ''अध्यक्ष'' कहते हों। अपने विशुद्ध रूप में राजतंत्र को प्राचीन और मध्ययुग से जोड़ा जाता है, जब भारत सहित दुनिया के अधिकांश देशों में निरंकुश राजतंत्र का बोल-बाला था। **राजतंत्र एक अलोकतांत्रिक शासन प्रणाली है**, इसलिए लोकतंत्र के युग में इसका पतनशील होना स्वाभाविक ही है।

राजतंत्र को लोकतंत्र से उसकी तुलना करके समझा जा सकता है। आधुनिक लोकतंत्र में सरकार के तीन काम–कानून बनाना, कानून को लागू करना और कानून की व्याख्या करना–सरकार के तीन अलग-अलग अंगों–विधायिका, कार्यपालिका और न्यायपालिका–द्वारा किए जाते हैं। जबकि राजतंत्र में ये तीनों शक्तियाँ एक ही व्यक्ति में केन्द्रित रहती हैं।

आधुनिक लोकतंत्र में सरकार के अलग-अलग अंगों के कार्यों और अधिकारों को संविधान द्वारा परिभाषित किया जाता है। संविधान में राज्य और राज्य के नागरिकों के अधिकारों का, और कानून बनाने की प्रक्रिया, आदि, महत्त्वपूर्ण बातों का उल्लेख रहता है। संवैधानिक व्यवस्था के अन्तर्गत सरकार के विभिन्न अंगों को संविधान के अनुसार ही काम करना पड़ता है। दूसरी ओर, निरंकुश राजतंत्र में संविधान जैसी कोई चीज नहीं होती है। राजा के अधिकारों पर कोई सीमा नहीं रहती है।

लोकतांत्रिक शासन प्रणाली और संविधानवाद के साथ ''कानून का शासन'' (rule of law) की धारणा जुड़ी रहती है, जिसके अनुसार राजनीतिक व्यवस्था को कानून और

नियमों द्वारा संचालित होना चाहिए। संविधानवाद के अन्तर्गत किसी एक व्यक्ति के मनमाने शासन की बजाय कानून के शासन को केन्द्रीय महत्त्व दिया जाता है। कानून के शासन की अवधारणा के साथ यह मान्यता भी जुड़ी रहती है कि कानून को न्यायसंगत होना चाहिए, और उसे सभी नागरिकों पर एक ढंग से लागू किया जाना चाहिए। जबकि निरंकुश राजतंत्र का कानून के शासन से कोई सम्बन्ध नहीं है। निरंकुश राजतन्त्र या तानाशाही में राजा या तानाशाह की मर्जी ही सर्वोपरि होती है। राजा जो बोल दे, वही कानून होता है। वह जो भी आदेश देना चाहे, दे सकता है; किसी विवाद में कुछ भी फैसला सुना सकता है। राजा ही कानून बनाने, कानून को लागू करने और कानून की व्याख्या करने वाला अन्तिम और सर्वोच्च्र अधिकारी होता है।

इसी तरह, आधुनिक लोकतंत्र में नागरिकों के मौलिक स्वतंत्रताओं को मान्यता मिली रहती है, और राज्य को उनका उल्लंघन करने का अधिकार नहीं होता है, जबकि राजतंत्र में ऐसी कोई बात नहीं होती है।

सबसे बढ़ कर, आधुनिक लोकतंत्र में विधायिका और कार्यपालिका आम जनता द्वारा निर्वाचित होती हैं। समय-समय पर होने वाले आम चुनावों के माध्यम से किसी सरकार को शान्तिमय तरीके से बदला भी जा सकता है, और उसके स्थान पर नए लोगों को लाया जा सकता है। जबकि राजतंत्र में शक्ति प्राप्त करने या शक्ति के हस्तांतरण की प्रणाली शान्तिमय और लोकतांत्रिक नहीं होती है। राजा या तो युद्ध के जरिए राजसिंहासन प्राप्त करता है, या फिर आनुवंशिक तरीके से। अगर राजतांत्रिक दृष्टि से सब कुछ ठीक चलता रहा तो राजा का सबसे बड़ा बेटा राजा बनता है। नहीं तो, राजतंत्र में प्रधानमंत्री या सेनापति द्वारा राजनीतिक शक्ति हथियाने, या राजा बनने के लिए अपने भाइयों की हत्या या अपने पिता को जेल में डालने जैसी घटना भी घट जाया करती थीं।

लोकतंत्र का सम्बन्ध लोकप्रिय सम्प्रभुता (popular sovereignity) के सिद्धान्त से माना जाता है। इसका अर्थ हुआ कि जनता ही अंतिम सम्प्रभु है। राजनीतिक शक्ति का मूल श्रोत जनता है। भारत के संविधान में भी इसको मान्यता दी गयी है। जबकि निरंकुश राजतंत्र में राजा ही सम्प्रभु माना जाता है, ''प्रजा'' की कोई खास हैसियत नहीं रहती है।

राजतंत्र को अक्सर दैवी अधिकार सिद्धान्त से भी जोड़ा जाता है। इसके अन्तर्गत राज्य को ईश्वर द्वारा निर्मित, और राजा को पृथ्वी पर ईश्वर का प्रतिनिधि माना जाता है। इसलिए, राजा के आदेशों का पालन करना प्रजा का धार्मिक कर्त्तव्य माना जाता है। यह समझा जाता है कि ऐसा न करने पर वे पाप के भागी होंगे। राजा के विरोध को ईश्वर के विरोध के बराबर माना जाता है।

स्पष्ट है कि इस काल्पनिक सिद्धान्त द्वारा राजतंत्र को ईश्वरीय और धार्मिक मान्यता प्रदान करने का प्रयत्न किया जाता है। स्वाभाविक है कि लॉक जैसे लोकतांत्रिक विचारकों द्वारा दैवी सिद्धान्त का विरोध किया गया है। राजतंत्र को किसी भी दृष्टि से उपयुक्त शासन-व्यवस्था नहीं माना जा सकता है, चाहे वह तथाकथित ''रामराज्य'' ही क्यों न हो।

प्लेटो के ''दार्शनिक राजा'' की अवधारणा

प्राचीन ग्रीक दार्शनिक प्लेटो (428-348 बी. सी.) ने अपनी पुस्तक *Republic* में ''आदर्श राज्य'' और उसमें ''दार्शनिक राजा'' (philosopher king) की भूमिका की चर्चा की है। प्लेटो ने *Republic* की शुरूआत में ही यह प्रश्न उठाया है कि ''न्याय'' क्या

है? प्लेटो के अनुसार, ''न्यायपूर्ण'' राज्य वह है जो एक व्यक्ति और एक काम के सिद्धान्त पर आधारित हो। हर व्यक्ति को वही काम करना चाहिए, जिसके लिए वह सबसे उपयुक्त हो, और उसे दूसरों के काम में हस्तक्षेप नहीं करना चाहिए। प्लेटो के ''आदर्श राज्य'' में ''श्रम का विभाजन'' है। इसमें तीन वर्ग हैं: एक, अभिभावक, दो, सैनिक, और तीन, उत्पादक श्रम में लगे लोग। प्लेटों के अनुसार, सभी इन्सान गुण की दृष्टि से एक जैसे नहीं होते हैं। जिनमें बुद्धि का तत्त्व प्रधान है उन्हें पहले वर्ग में, जिनमें साहस का तत्त्व प्रधान है उन्हें दूसरे वर्ग में, और जिनमें इच्छाएँ प्रमुख है उन्हें तीसरे वर्ग में रहना चाहिए। ''आदर्श'' या ''न्यायपूर्ण'' राज्य वह है, जिनमें ये तीनों वर्ग ''अपना-अपना'' काम करें। दूसरे शब्दों में, सैनिक वर्ग अभिभावक वर्ग के नियन्त्रण में, और उत्पादक श्रम में लगा तीसरा वर्ग सैनिक वर्ग के नियन्त्रण में रहे। कोई एक-दूसरे के काम में हस्तक्षेप न करे।

''दार्शनिक राजा'' की अवधारणा की चर्चा प्लेटो द्वारा ''आदर्श राज्य'' की व्यावहारिकता के सन्दर्भ में की गयी है। प्लेटो के अनुसार **राज्य और मानवता की समस्याओं का तब तक अन्त नहीं होगा, जब तक दार्शनिक राजा न बन जाए, या राजा सही अर्थ में दार्शनिक न बन जाए; और राजनीतिक शक्ति एवं दर्शन एक ही हाथों में न जा जाएँ।** यही वह एकमात्र परिवर्तन है जिससे ''आदर्श'' राज्य की स्थापना हो पाएगी। प्लेटो के अनुसार, इसके सिवा समाज या व्यक्ति के सुख का कोई दूसरा रास्ता नहीं है।

प्लेटो की राय में कुछ लोग ऐसे होते हैं जो स्वाभाविक रूप में दर्शन और राजनीतिक नेतृत्व के योग्य होते हैं। ऐसे ही लोगों को शासक बनना चाहिए, और बाकी को उनका अनुसरण करना चाहिए। प्लेटो के अनुसार ''दार्शनिक'' वह है, जो ज्ञान के हर क्षेत्र के बारे में जानने और सीखने के लिए उत्सुक रहता है, और कभी भी सन्तुष्ट नहीं होता। प्लेटो के अनुसार दार्शनिक का लगाव इन्द्रियानुभव के परिवर्तनशील जगत से नहीं होता है, बल्कि उसमें ''अपरिवर्तनशील और नित्य'' वास्तविकता को समझने की क्षमता रहती है। दार्शनिक के पास पूर्णता का एक स्पष्ट मापदण्ड होता है, जिसके आधार पर वह इस विश्व के लिए क्या अच्छा और उचित है, इससे सम्बन्धित नियम बना सकता है। एक अच्छा दार्शनिक होने के लिए अच्छी याददाश्त, सीखने की उत्सुकता, सत्य और न्याय से प्रेम, साहस और आत्म-नियन्त्रण चाहिए। इससे अधिक शासकों से कोई क्या अपेक्षा रख सकता है?[1]

स्पष्ट है कि प्लेटो के ''आदर्श राज्य'' और ''दार्शनिक राजा'' की अवधारणा लोकतांत्रिक नही है। इसमें आम नागरिकों से राजनीति में हिस्सा लेने की अपेक्षा नहीं रखी जाती है, न ही शासक पर आम जनता का कोई नियन्त्रण होता है। प्लेटो के ''आदर्श राज्य'' में और भी कई ऐसे तत्त्व हैं, जो उसे सर्वाधिकारवाद की ओर ले जाते हैं, जैसे सेन्सर और झूठे प्रोपगैण्डा की सहायता लेने की वकालत। आम जनता दार्शनिक राजा के भरोसे जिन्दगी गुजारे, और स्वयं राज-कांज में कोई दिलचस्पी न ले, यह कोई लोकतांत्रिक आदर्श नहीं है। अगर दार्शनिक राजा निरंकुश हो जाए तो? हाँ, अगर किसी लोकतांत्रिक व्यवस्था में आम जनता दार्शनिक रूझान वाले नेता को शासक चुने तो यह अलग बात है। राजा चाहे

1. Plato, *The Republic*, tr. Desmond Lee (Harmonds Worth, Middlesex, England: Penguin Books Ltd; 1977)

दार्शनिक हो, या कोई अज्ञानी व्यक्ति, राजतंत्र राजतंत्र ही है, वह लोकतंत्र का विकल्प नहीं बन सकता है।

प्लेटो द्वारा अपने जीवन काल में दार्शनिक राजा की अवधारणा को लागू करने के प्रयत्न असफल रहे। प्लेटो ने अपनी बाद की रचना *Laws* में स्वयं ही ''दार्शनिक राजा'' की अवधारणा को अव्यावहारिक मान कर त्याग दिया।[1] *Stateman* या *Politicus* में प्लेटो ने स्वीकार किया है कि **किसी एक व्यक्ति के हाथ में अनियंत्रित शक्ति देना ठीक नहीं है, और इसलिए उन्होंने अपनी इस रचना में कानून के शासन पर बल दिया है।**

प्लेटो के ''आदर्श'' राज्य की अवधारणा की रसेल और पॉपर जैसे लोकतंत्र-समर्थक दार्शनिकों ने भी आलोचना की है। रसेल के अनुसार, कानून द्वारा परिभाषित नागरिकों का कोई भी वर्ग सभी की तुलना में अधिक ''बुद्धिमान'' होगा, इसकी कोई गारंटी नहीं है। पॉपर ने अपनी पुस्तक *The Open Societies and its Enemies* के प्रथम खण्ड में प्लेटो के विचारों की आलोचना की है। पॉपर के अनुसार प्लेटो की विचारधारा प्रतिक्रियावादी है, जो ''मुक्त'' समाज से सर्वाधिकारवादी ''बन्द'' समाज की ओर लौटना चाहती है। पॉपर के अनुसार राजनीति में महत्त्वपूर्ण प्रश्न यह नहीं है कि ''शासन कौन करे?'', बल्कि यह है कि ''ऐसी संस्थाएँ कैसे बनायी जाएँ, जो बुरे शासकों के खतरे को कम-से-कम करें?''

पॉपर के प्लेटो की ''न्याय'' की अवधारणा की भी आलोचना की है। प्लेटो के अनुसार, वही राज्य ''न्यायपूर्ण'' है, जिसमें हर वर्ग ''अपना-अपना'' काम करे। पॉपर के अनुसार, इसका अर्थ हुआ: शासक शासन करे, श्रमिक श्रम करे, और गुलाम गुलामगिरी। पॉपर की राय में प्लेटो के इस ''न्याय'' की धारणा का समता के मूल्य से कोई सम्बन्ध नहीं है। यह वर्ग-शासन और वर्ग-विशेषाधिकार का समर्थन है।[2]

❑

---

1. *The Encyclopedia of Philosophy,* vol. 6, p. 157.
2. K. R. Popper, *The Open Society and its Enemies,* vol.1, p. 90.

अध्याय 16

अराजकतावाद

(Anarchism)

अराजकतावाद उन्नीसवीं सदी में एक प्रभावशाली राजनीतिक विचारधारा थी। फ्रांस में प्राउँधाँ ने अराजकतावाद का समर्थन किया। रूस में बाकुनिन और क्रोपोटकिन जैसे अराजकतावादी हुए। आज स्वतन्त्र राजनीतिक विचारधारा के रूप में अराजकतावाद का उतना प्रभाव नहीं रह गया है। लेकिन, साम्यवाद, सर्वोदय और सम्पूर्ण क्रान्ति पर भी अराजकतावाद का प्रभाव है, और इन विचारधाराओं के माध्यम से अराजकतावाद आज भी जीवित है।

''अराजकतावाद'' को कभी-कभी लूटपाट, हिंसा, अव्यवस्था और आतंकवाद से जोड़ दिया जाता है। बुरे अर्थ में ''अराजकतावादी'' शब्द का इस्तेमाल ऐसे लोगों के लिए भी किया गया है, जो किसी भी कानून को नहीं मानते और समाज में अव्यवस्था फैलाना चाहते हैं। लेकिन, समाज-राजनीति दर्शन की दृष्टि से यह सही नहीं है। कुछ अराजकतावादियों ने जरूर आतंकवादी तरीकों का समर्थन किया है, लेकिन अराजकतावाद और आतंकवाद के बीच कोई अनिवार्य सम्बन्ध नहीं हैं।

''अराजकतावाद'' अंग्रेजी शब्द "anarchism" का हिन्दी पर्याय है, जो ग्रीक "an archos" से निकला है, जिसका अर्थ है "no government"। एक सामाजिक-राजनीतिक दर्शन के रूप में अराजकतावाद हर किस्म के प्राधिकार (authority) को अस्वीकार करता है, और यह मानता है कि स्वैच्छिक (voluntary) संस्थाओं के माध्यम से ही मनुष्य की प्राकृतिक सामाजिक प्रवृत्तियों की सर्वश्रेष्ठ अभिव्यक्ति हो सकती है।[1]

अराजकतावाद वह राजनीतिक सिद्धान्त है, जो राज्य को एक अनावश्यक बुराई मानता है, और राज्यविहीन समाज को एक आदर्श। अराजकतावाद के अन्तर्गत राज्य का विरोध किया गया है, क्योंकि राज्य द्वारा नागरिकों पर बल-प्रयोग किया जाता है। अराजकतावाद में व्यक्ति की स्वतंत्रता को सर्वोच्च महत्त्व दिया जाता है। अराजकतावाद में समुदाय द्वारा व्यक्ति पर किसी भी बल-प्रयोग और नियंत्रण का विरोध किया जाता है। उन्नीसवीं सदी के अराजकतावादी व्यक्ति की स्वतंत्र समितियाँ चाहते थे, जिसमें कोई सेना, पुलिस, अदालत या जेल न हो। अराजकतावादियों के अनुसार व्यक्ति एक राज्यविहीन समाज में, राज्य जैसी किसी बाहरी समिति द्वारा हस्तक्षेप और बल-प्रयोग के बिना भी, परस्पर सहयोग और सद्भावना से जीवन बिता सकते हैं। कुछ अराजकतावादियों ने अपने उद्देश्यों को हासिल करने के लिए हिंसक और आतंकवादी तरीकों को अपनाया, जबकि कुछ ने शान्तिमय तरीकों को।

1. *Encyclopedia of Philosophy,* vol. 1, p. 111.

अपनी पुस्तक *Democracy and its Critics* में डैह्ल ने अराजकतावाद की व्याख्या इस प्रकार की है: अराजकतावाद के अनुसार समाज को राज्यविहीन होना चाहिए और समाज में सिर्फ स्वैच्छिक संगठन होने चाहिए। राज्य द्वारा बल-प्रयोग किया जाता है। क्योंकि बल-प्रयोग अपने-आप में बुरी चीज है, इसलिए, राज्य भी अनिवार्यतः एक बुराई है, और इस अनावश्यक बुराई को हटाकर इसकी जगह स्वैच्छिक समितियाँ बनाई जानी चाहिए।[1]

आतंकवाद और अराजकतावाद

कभी-कभी आतंकवाद(terrorism)और अराजकतावाद(anarchism)को एक मान लिया जाता है। आतंकवादियों के लिए "अराजकतावादी" शब्द का इस्तेमाल भी किया जाता है, लेकिन यह सही नहीं है। क्रोपोटकिन और बाकुनिन जैसे कुछ रूसी अराजकतावादियों ने राज्यविहीन समाज के अपने लक्ष्य को हासिल करने के लिए आतंकवादी तरीकों को अपनाया था। शायद इसलिए आतंकवाद और अराजकतावाद को कभी-कभी जोड़ दिया जाता है। लेकिन **अराजकतावाद और आतंकवाद एक-दूसरे से अलग हैं** और इनके बीच कोई अनिवार्य सम्बन्ध नहीं है। अराजकतावाद राजनीति का एक सिद्धान्त है, जिसके अनुसार राज्य एक अनावश्यक बुराई है, और व्यक्ति एक राज्यविहीन समाज में, राज्य जैसी किसी बाहरी समिति द्वारा हस्तक्षेप और बल-प्रयोग के बिना भी, परस्पर सहयोग और सद्भावना से जीवन बिता सकते हैं। दूसरी ओर, **आतंकवाद राजनीतिक लक्ष्यों को प्राप्त करने का एक तरीका है।** यह जरूरी नहीं है कि हर अराजकतावादी अपने लक्ष्य को प्राप्त करने के लिए आतंकवाद का ही सहारा ले। उदाहरण के तौर पर, गांधी के राजनीति चिन्तन में भी अराजकतावादी प्रवृत्तियाँ हैं लेकिन गाँधी ने अपने राजनीतिक लक्ष्य को प्राप्त करने के लिए सत्याग्रह की विधि को अपनाया। वे हिंसा और आतंकवाद के पूरी तौर से विरुद्ध थे। इसी तरह, जे. पी. ने भी शान्तिमय सम्पूर्ण क्रान्ति का समर्थन किया है।

जिस तरह, **यह जरूरी नहीं है कि प्रत्येक अराजकतावादी आतंकवादी हो, उसी तरह यह भी जरूरी नहीं है कि हर आतंकवादी अराजकतावादी हो। आतंकवादी विधि का इस्तेमाल विभिन्न राजनीतिक उद्देश्यों के लिए किया जाता है।** उदाहरण के तौर पर, भारतीय स्वतंत्रता आन्दोलन में भी आतंकवादी तरीकों का इस्तेमाल किया गया था। स्वतंत्र भारत में पंजाब और कश्मीर में अलगाववादियों द्वारा आतंकवादी तरीकों का इस्तेमाल किया गया। इसी तरह, नक्सलवादियों द्वारा भूपतियों को आतंकित करने और साम्यवाद की दिशा में बढ़ने के लिए आतंकवादी तरीकों का इस्तेमाल किया गया। अन्तर्राष्ट्रीय स्तर पर श्रीलंका में "तमिल टाइगर्स" द्वारा स्वतंत्र तमिल राज्य की स्थापना के लिए आतंकवादी तरीकों का उपयोग किया गया है। इसका इस्तेमाल विदेशी शासन का विरोध करने, स्वतंत्र राज्य की स्थापना करने, राजनीतिक विरोध को दबाने और अन्य राजनीतिक उद्देश्यों के लिए भी किया जा सकता है। इस तरह, आतंकवाद का अराजकतावाद के साथ कोई अनिवार्य सम्बन्ध नहीं हैं।

उन्नीसवीं शताब्दी में अराकतावाद

1918 में प्रकाशित अपनी पुस्तक *Roads to Freedom* में रसेल ने अराजकतावाद की चर्चा की है। रसेल ने अराजकतावाद की व्याख्या इस प्रकार की है—अराजकतावाद वह

---

1. Robert A. Dahl, *Democracy and its Critics* (New Delhi : Orient Longman Ltd. 1991) p. 38.

सिद्धान्त है जो हर किस्म के बल-प्रयोग पर आधारित सरकार के विरुद्ध है। यह राज्य के विरुद्ध है क्योंकि राज्य द्वारा समुदाय पर बल-प्रयोग किया जाता है। अराजकतावाद के अन्तर्गत व्यक्ति की स्वतंत्रता को सर्वोच्च आदर्श माना जाता है, और व्यक्ति पर समुदाय द्वारा बलपूर्वक नियन्त्रण को समाप्त करने के सीधे रास्ते द्वारा इस लक्ष्य को हासिल करने का प्रयत्न किया जाता है।[1]

प्राउधाँ—उन्नीसवीं शताबदी में फ्रेंच विचारक प्राउधाँ ने अपने-आप को स्पष्ट रूप में अराजकतावादी कहा है। अपनी पुस्तक *What is Property?* (Paris, 1840) में प्राउधाँ ने अपने-आप को अराजकतावादी बताया है, क्योंकि उनका मानना था कि प्राधिकार पर आधारित राजनीतिक संगठन का स्थान स्वैच्छिक समझौतों पर आधारित सामाजिक और आर्थिक संगठनों को ले लेना चाहिए।[2]

प्राउधाँ ने उन्नीसवीं सदी के फ्रांस में प्रचलित सम्पत्ति के कई अधिकारों का विरोध किया, खास कर ऐसे अधिकार, जो दूसरे व्यक्ति के आचरण पर कारगर नियन्त्रण स्थापित करते हों। प्राउधाँ के अनुसार सम्पत्ति चोरी है। प्राउधाँ ने व्यक्ति के अधिकारों और स्वतंत्रता का समर्थन किया है, और उस हद तक व्यक्तिगत सम्पत्ति का भी समर्थन किया है जिस हद तक वह इसके लिए जरूरी है।[3]

बाकुनिन—रसेल के अनुसार आधुनिक अराजकतावाद का सम्बन्ध भूमि और पूंजी के सामुदायिक स्वामित्व के साथ जुड़ा हुआ है, और इस दृष्टि से यह समाजवाद के करीब है। उदाहरण के तौर पर, रूसी क्रान्तिकारी बाकुनिन (1814-1876) के अराजकतावाद के अन्तर्गत जमीन और पूंजी के सामुदायिक स्वामित्व की वकालत की गयी है। रसेल ने बाकुनिन के विचारों को अराजकतावादी साम्यवाद (anarchist communism) कहा है, तथा इसके और तॉल्सतॉय के व्यक्तिवादी अराजकतावाद (individualistic anarchism) के बीच अन्तर किया है। बाकुनिन को रसेल ने अराजकतावादी साम्यवाद का जनक माना है। बाकुनिक का परिचय प्राउधाँ के साथ भी था, और बाकुनिन पर उनके विचारों का भी काफी प्रभाव था। बाकुनिन का मार्क्स और एंगेल्स से भी परिचय था। लेकिन, बाकुनिन और मार्क्स के बीच कुछ बुनियादी मतभेद भी थे, जो कभी-कभी काफी कटु रूप भी धारण कर लेते थे। बाकुनिन के अनुसार हिंसक संघर्ष और आतंकवाद द्वारा क्रान्तिकारी परिवर्तन लाया जा सकता है, जिसका मुख्य उद्देश्य होना चाहिए सभी राजनीतिक, सामाजिक और धार्मिक संस्थाओं को समाप्त कर, उनके स्थान पर स्वतंत्र समितियों के स्वतंत्र संघ की स्थापना। इस संघ में सभी को एक बराबर अधिकार और सुविधाएँ होंगी। यहाँ तक की उन्हें संघ से अलग होने का भी अधिकार होगा।

1872 में बाकुनिन और उनके अराजकतावादी अनुयायियों को कटु संघर्ष के बाद मार्क्सवादी इन्टरनेशनल से बाहर निकाल दिया गया। मतभेद का मुख्य मुद्दा राज्य की भूमिका को लेकर था। मार्क्स और उनके अनुयायी यह मानते थे कि समाजवादी क्रान्ति के बाद भी राज्य का अस्तित्व कुछ समय के लिए बना रहेगा। जबकि बाकुनिन और उनके अनुयायी राज्य को पूरी तौर से अस्वीकार करते थे।

---

1. Bertrand Russell, *Roads to Freedom*, pp. 44-45.
2. *Encyclopedia of Philosophy*, vol. 1, p. 111.
3. *A Dictionary of Political Thought*, p. 385.

क्रोपोटकिन—रसेल के अनुसार, बाकुनिन का जीवन और उनकी रचनाएँ दोनों ही उथल-पुथल से भरी हुई हैं। बाकुनिन ने मार्क्स की तरह व्यवस्थित लेखन नहीं किया। लेकिन उनके शिष्य क्रोपोटकिन ने अराजकतावाद को अधिक व्यवस्थित ढंग से रखने का प्रयत्न किया है।[1]

क्रोपोटकिन के अनुसार अराजकतावाद जीवन और आचरण का वह सिद्धान्त जिसके अन्तर्गत सरकार के बिना समाज की कल्पना की जाती है। ऐसे समाज में सामंजस्य की स्थापना कानून के अधीन रह कर, या किसी प्राधिकार के आदेश का पालन द्वारा नहीं की जाती है; बल्कि समाज में सामंजस्य की स्थापना उत्पादन, उपभोग और सभ्य जीवन की अनगिनत आवश्यकताओं की पूर्ति के लिए स्वतन्त्रतापूर्वक बनाई गई समितियों और विभिन्न समूहों के बीच स्वतन्त्र समझौतों द्वारा की जाती है। क्रोपोटकिन के अनुसार समाज की अराजकतावादी कल्पना कोई अव्यावहारिक यूटोपिया नहीं है। यह समुदाय में चल रही और बढ़ रही प्रवृत्तियों के विश्लेषण पर आधारित है।

अराजकतावाद के अन्तर्गत व्यक्ति की हर किस्म के प्राधिकार से मुक्ति की बात की गयी है। खास कर प्राधिकार के तीन मुख्य स्रोतों से: एक, मनुष्य की उत्पादक के रूप में पूंजीपतियों की दासता से मुक्ति; दो, मनुष्य की नागरिक के रूप में राज्य की दासता से मुक्ति; तीन, मनुष्य की व्यक्ति के रूप में सर्वशक्तिमान ईश्वर जैसे काल्पनिक सत्ताओं पर आधारित धार्मिक नैतिकता के प्राधिकार से मुक्ति।[2]

साम्यवाद

अन्तिम विश्लेषण में मार्क्सवादी-साम्यवाद भी अराजकतावादी है। साम्यवाद के अनुसार राज्य हमेशा एक वर्ग द्वारा दूसरे वर्ग के शोषण का औजार होता है। वर्गविहीन समाज में राज्य की कोई आवश्यकता नहीं रहेगी और राज्य का विसर्जन हो जाएगा। इस तरह, आदर्श साम्यवादी समाज वर्गविहीन होने के अलावा राज्यविहीन भी होगा। लेकिन इसमें ''संक्रमण काल'' में ''सर्वहारा की तानाशाही'' की वकालत की गयी है। लेनिन का यह मानना था कि जब सर्वहारा की तानाशाही अपने उद्देश्य को प्राप्त कर लेगी तब राज्य के संगठन को नष्ट कर दिया जाएगा। राज्य का विसर्जन हो जाएगा, और उसका स्थान समाज का ''स्वतंत्र संगठन'' ले लेगा। यह सार्वजनिक कार्यों के निपटारे के लिए स्वैच्छिक समितियों पर आधारित स्वतंत्र समाज होगा।

सर्वोदय

सर्वोदय में भी अराजकतावादी प्रवृत्तियाँ हैं। गाँधी अहिंसक समाज चाहते थे। राज्य द्वारा हिंसा की जाती है, इसलिए वे राज्यविहीन समाज को आदर्श मानते थे। क्योंकि व्यवहार में इस आदर्श को पूरी तौर से प्राप्त करना सम्भव नहीं है, इसलिए उन्होंने अमेरिकन विचारक थ्यूरो की इस उक्ति को अपनाया: ''वह सरकार सर्वश्रेष्ठ है, जो कम-से-कम शासन करे''।[3] गाँधी पर रूसी अराजकतावादी विचारक-लेखक तॉल्सतॉय के विचारों का भी प्रभाव था।

1. Ibid., p. 46.
2. C. E. M. Joad, *Introduction to Modern Political Theory*, pp. 98-102.
3. D. M. Datta, *The Philosophy of Mahatma Gandhi* (Calcutta: University of Calcutta, 1968), p. 153.

समाज-दार्शनिक दृष्टि से गाँधी व्यक्तिवादी थे। गाँधी के अनुसार मूल्यों और सत्ता की दृष्टि से व्यक्ति का केन्द्रीय महत्त्व है। राज्य और सरकार अपना अस्तित्व और शक्ति व्यक्तियों से प्राप्त करती हैं। राज्य का उद्देश्य होना चाहिए व्यक्ति के सर्वांगीण विकास में सहयोग।

गाँधी राज्य की शक्ति को बढ़ाए जाने के विरुद्ध थे, क्योंकि उनके अनुसार हालांकि राज्य की शक्ति कई बार शोषण समाप्त करने के उद्देश्य से बढ़ायी जाती है, लेकिन यह प्रगति के मूल तत्त्व--व्यक्ति के व्यक्तित्व को नष्ट करके, मानवता का बहुत बड़ा अहित करती है। इसलिए, गाँधी राज्य की शक्ति को कम-से-कम रखने और राजनीतिक शक्ति के अधिकतम विकेन्द्रीकरण के पक्ष में थे। वे विकेन्द्रित ग्राम-गणराज्यों का समर्थन करते थे। गाँधी के अनुसार हरेक गाँव एक आदर्श लोकतंत्र हो, जिसमें नागरिकों को स्वतन्त्रता प्राप्त हो और जिसकी सरकार, सहयोग और अहिंसा के आधार पर काम करने वाली नागरिकों की अपनी सरकार हो। व्यक्ति की बुनियादी आवश्यकताएँ पूरी हों, और उसे अपने व्यक्तित्व के विकास का पूरा अवसर प्राप्त हो।

जे. पी.

जे. पी. ने इस तथ्य की ओर ध्यान दिलाया है कि साम्यवाद और सर्वोदय दोनों के अन्तर्गत राज्यविहीन समाज के आदर्श को स्वीकार किया गया है। जे. पी. के अनुसार एक राज्यविहीन समाज में ही मानवीय स्वतंत्रता पूर्ण एवं समग्र रूप में साकार हो पाएगी। राज्य का पूर्ण विसर्जन कहाँ तक सम्भव है, इस बारे में जे. पी. पूरी तरह आश्वस्त नहीं थे, लेकिन उनका यह दृढ़ विश्वास था कि ''सामाजिक प्रयास के श्रेष्ठतम लक्ष्यों में से एक यह है कि राज्य के अधिकारों और कृत्यों तथा उसके क्षेत्रों को यथासम्भव कम किया जाना चाहिए''। जे. पी. के अनुसार ''मानवीय विकास की कसौटी'' यह है कि ''मनुष्य कहाँ तक अपने मानव-बन्धुओं के साथ मैत्री, न्याय एवं सहयोगपूर्वक, बिना किसी बाह्य नियन्त्रण के रह सकता है''।[1]

समीक्षा

यह सही है कि साम्यवाद और सर्वोदय दोनों में अराजकतावादी प्रवृत्तियाँ हैं। मार्क्सवाद के अन्तर्गत राज्य को अनिवार्यतः एक वर्ग द्वारा दूसरे वर्ग के शोषण का औजार माना गया है। लेकिन, राज्य की मार्क्सवादी धारणा सन्तोषजनक नहीं है। किन्हीं परिस्थितियों में राज्य एक वर्ग द्वारा दूसरे वर्ग के शोषण का औजार हो सकता है, लेकिन यह राज्य का अनिवार्य चरित्र नहीं है। राज्य का चरित्र इस बात पर निर्भर है कि राज्य पर किन शक्तियों का नियंत्रण है। अगर राज्य पर रूढ़िवादी दक्षिणपंथी शक्तियों का नियन्त्रण हो, तो राज्य का चरित्र दूसरा होगा, और अगर राज्य पर लोकतांत्रिक समाजवादी शक्तियों का नियन्त्रण हो, तो उसका चरित्र अलग होगा। इसके अलावा, राज्य के कई महत्त्वपूर्ण कार्य भी हैं, जैसे, नागरिकों की जान-माल की रक्षा करना और जन-कल्याण के उपाय करना। गरीबी, बेरोजगारी और गैरबराबरी को नियंत्रित करना भी राज्य का कार्य हो सकता है।

सर्वोदय में अहिंसक समाज को आदर्श माना गया है और राज्य को इसलिए एक बुराई माना गया है, क्योंकि राज्य हिंसा पर आधारित है। अहिंसक समाज के आदर्श को स्वीकार

1. अशोक कुमार वर्मा, ***स्वतंत्रोत्तर भारतीय दार्शनिक चिंतन***, पृष्ठ 111.

किया जा सकता है, और यह भी माना जा सकता है कि राज्य के द्वारा कम-से-कम हिंसा होनी चाहिए। अगर सभी नागरिक स्वेच्छा से नैतिक आचरण करें और राज्य द्वारा बलपूर्वक कानून को लागू करवाने की आवश्यकता रहे, तब तो बहुत ही अच्छी बात है। लेकिन, क्या यह व्यवहार में सम्भव है? अगर हजार में से एक व्यक्ति भी हत्या और बलात्कार जैसे अपराध करना चाहे, तो फिर उसे राज्य द्वारा बल-प्रयोग से रोकना ही होगा। इसलिए, **एक आदर्श समाज में राज्य के विसर्जन की बात अव्यावहारिक मालूम देती है**। यह जरूर सम्भव है कि राज्य शक्ति का अधिक से अधिक विकेन्द्रीकरण हो, राज्य पर नागरिकों का अधिक से अधिक नियंत्रण स्थापित हो, और राज्य द्वारा बल-प्रयोग कम से कम किया जाए। राज्यविहीन समाज की बात करने की बजाए इसे ही एक व्यावहारिक लक्ष्य मान कर प्राप्त करने का प्रयत्न करना चाहिए। थ्यूरो के अनुसार ''वह सरकार सर्वश्रेष्ठ है, जो कम से कम शासन करे''। इसकी बजाए, अराजकतावादी आदर्श को यह कह कर बेहतर ढंग से व्यक्त किया जा सकता है कि ''वह सरकार सर्वश्रेष्ठ है, जो अधिक से अधिक स्वैच्छिक जनसहयोग से चले और कम से कम बल का प्रयोग करे''।

❑

अध्याय 17

संविधानवाद और संवैधानिक विधि

राजनीति का सम्बन्ध राज्य (state) से होता है। राजनीतिक व्यवस्था लोकतांत्रिक हो चाहे कोई अन्य, किसी भी राजनीतिक व्यवस्था में राजनीतिक शक्ति का, विशेषकर कानून बनाने और अगर आवश्यक हुआ तो उसे बलपूर्वक लागू कराने के राज्य के अधिकार का, इस्तेमाल किन लोगों द्वारा और किन लक्ष्यों को प्राप्त करने के लिए किया जाए, इस बारे में अक्सर नागरिकों के बीच मतभेद रहते हैं।

नागरिकों का एक हिस्सा ऐसा भी होता है, जो राजनीतिक दृष्टि से निष्क्रिय रहता है। दूसरी ओर, **कई नागरिक व्यक्तिगत और सामूहिक रूप से संगठित होकर सरकार को बदलने या उसकी नीतियों और कार्यक्रमों को प्रभावित करने का प्रयत्न करते हैं।** इसके अलावा, स्वयं सरकार या जो लोग सत्ता में हैं, वे भी अपने राजनीतिक लक्ष्यों को प्राप्त करने की कोशिश करते हैं। इन लक्ष्यों को प्राप्त करने के लिए कई विधियों का इस्तेमाल किया जाता है। इन्हीं विधियों को राजनीतिक क्रियाविधि की पद्धतियाँ (Methods of Political Action) कहा जाता है। **संवैधानिक विधि, सत्याग्रह, क्रान्ति** और **आतंकवाद** राजनीतिक क्रियाविधि की चार मुख्य पद्धतियाँ है। भारतीय स्वतंत्रता आन्दोलन में विभिन्न राजनीतिक समूहों द्वारा इन चारों विधियों का इस्तेमाल किया गया है। स्वतंत्रता के बाद भी देश की राजनीति में इन चारों विधियों का इस्तेमाल किया जा रहा है। इसके अलावा, विश्व भर में भी राजनीतिक लक्ष्यों को प्राप्त करने के लिए इन विधियों का इस्तेमाल किया जा रहा है।

संवैधानिक विधि का सम्बन्ध संविधानवाद से है। संविधानवाद को राजनीति दर्शन के एक सामान्य सिद्धान्त के रूप में देखा जा सकता है, और राजनीतिक क्रियाविधि की एक पद्धति के रूप में भी।

सामान्य सिद्धान्त के रूप में संविधानवाद एक आधुनिक अवधारणा है, जिसके अनुसार **राजनीतिक व्यवस्था को कानून और नियमों द्वारा संचालित होना चाहिए**। संविधानवाद के अन्तर्गत किसी एक व्यक्ति के मनमाने शासन की बजाय कानून के शासन को केन्द्रीय महत्त्व दिया जाता है। निरंकुश राजतन्त्र या तानाशाही में राजा या तानाशाह की मर्जी ही सर्वोपरि होती है। राजा जो बोल दे, वही कानून होता है। वह जो भी आदेश देना चाहे, दे सकता है; किसी विवाद में कुछ भी फैसला सुना सकता है। इसके विपरीत, आधुनिक लोकतंत्र में शासन कानून के आधार पर चलाया जाता है। **कानून के शासन की अवधारणा के साथ यह मान्यता भी जुड़ी हुई है कि कानून को न्यायसंगत होना चाहिए, और उसे सभी नागरिकों पर एक ढंग से लागू किया जाना चाहिए। कानून की निगाह में सभी नागरिकों को एक समान माना जाता है।**

किसी राजनीतिक व्यवस्था के बुनियादी कानून (basic law) को ''संविधान'' कहा

जाता है। संविधान में राज्य और राज्य के नागरिकों के अधिकारों का, और कानून बनाने की प्रक्रिया आदि महत्त्वपूर्ण बातों का उल्लेख रहता है। किसी राज्य की शासन-व्यवस्था उस राज्य के संविधान के अनुसार ही चलायी जाती है। उदाहरण के तौर पर, भारत के संविधान में, अन्य बातों के अलावा, नागरिकों के मौलिक अधिकारों, सरकार के विभिन्न अंगों—विधायिका, कार्यपालिका और न्यायपालिका—के अधिकारों और कानून बनाने की प्रक्रिया का उल्लेख है।

संवैधानिक व्यवस्था में सरकार के विभिन्न अंगों को संविधान के अनुसार ही काम करना होता है। उदाहरण के तौर पर, भारतीय संसद उन्हीं विषयों पर और उसी प्रक्रिया द्वारा कानून बना सकती है, जो संविधान में बतायी गयी है। न्यायपालिका भी संविधान के दायरे में ही कानून की व्याख्या करती है। न्यायपालिका के सामने लाए गए मुद्दों पर संविधान और कानून के आधार पर ही फैसला सुनाया जाता है। इसी तरह, कार्यपालिका को भी कानून के अनुसार ही काम करना होता है। अगर **नागरिकों को यह महसूस हो कि संसद द्वारा बनाया गया कोई कानून असंवैधानिक है, या कार्यपालिका का कोई आदेश गैरकानूनी है, या उससे उनके मौलिक अधिकारों का हनन होता है, तो वे उसे अदालत में चुनौती दे सकते हैं।** भारत के संविधान के अन्तर्गत संविधान और कानून की अन्तिम व्याख्या का अधिकार सर्वोच्च न्यायालय (Supreme Court) को प्राप्त है।

राजनीतिक क्रियाविधि के रूप में संविधानवाद

संविधानवाद की ऊपर की गयी चर्चा से ही स्पष्ट हो जाना चाहिए कि राजनीतिक क्रियाविधि की पद्धति के रूप में संविधानवाद क्या है। **जब राजनीतिक लक्ष्यों को प्राप्त करने के लिए संविधान द्वारा मान्यता प्राप्त कानूनी विधियों को अपनाया जाता है, तो उसे संविधानवाद या संवैधानिक विधि कहते हैं।** उदाहरण के तौर पर, अगर भूमि के स्वामित्व के क्षेत्र में गैरबराबरी मिटाने के लिए कोई सरकार कानून द्वारा सीमा से अधिक भूमि अपने हाथ में ले ले, और उसे भूमिहीनों में बाँट दे, तो इसे संवैधानिक विधि कहा जाएगा। इसी तरह, अगर कोई सरकार कानून बना कर पूंजीपतियों पर ट्रस्टीशिप लागू करती है, या ग्रामीण भूमि की तरह शहरी और औद्योगिक सम्पत्ति पर भी कानून द्वारा सीमा लगाती है, तो यह भी संवैधानिक विधि के ही अन्तर्गत आएगा। लेकिन अगर हिंसक या अहिंसक क्रान्ति द्वारा सभी भूमिवानों की भूमि और पूंजीपतियों की सम्पत्ति छीन ली जाए, और उसे सार्वजनिक बना दिया जाए, तो इसे संवैधानिक विधि नहीं माना जाएगा।

किसी व्यक्ति या राजनीतिक दल को सत्ता से हटाने के लिए अगर नागरिक आम चुनाव में उसके विरुद्ध वोट डालते हैं, तो इसे राजनीतिक क्रियाविधि की संवैधानिक पद्धति का उदाहरण माना जाएगा। लेकिन अगर इस लक्ष्य को प्राप्त करने के लिए राष्ट्रपति या प्रधानमंत्री की हत्या कर दी जाए, तो इसे असंवैधानिक विधि कहा जाएगा। राजनीतिक क्रियाविधि की संवैधानिक पद्धति के और भी कई उदाहरण दिए जा सकते हैं। भारतीय सन्दर्भ में, अगर संसद-सदस्यों द्वारा संसद में सभापति की अनुमति से सरकार का ध्यान किसी आवश्यक मुद्दे की ओर आकर्षित किया जाता है; किसी विधेयक या नीति का समर्थन या विरोध किया जाता है; या फिर अविश्वास प्रस्ताव पारित कर किसी सरकार को गिरा दिया जाता है; तो ये सभी संवैधानिक विधि के ही उदाहरण हैं।

इसी तरह, अगर नागरिकों द्वारा किसी कानून की संवैधानिक वैधता को या कार्यपालिका के किसी आदेश को न्यायालयों में चुनौती दी जाती है; या न्यायालयों के माध्यम से सरकार को जनहित में कोई काम करने के लिए बाध्य करने का प्रयत्न किया जाता है, तो इसे संवैधानिक विधि का उदाहरण माना जाएगा।

भारत के संविधान के अन्तर्गत नागरिकों को कुछ बुनियादी स्वतंत्रताएँ मिली हुई हैं, जैसे, अभिव्यक्ति की स्वतंत्रता, संगठन बनाने की स्वतंत्रता, बिना हथियारों के शान्तिमय तरीके से एकत्रित होने की स्वतंत्रता, आदि। प्रेस की स्वतंत्रता भी अभिव्यक्ति की स्वतंत्रता का ही अंग है। इसलिए, किसी राजनीतिक विचारधारा, नीति या कार्यक्रम के पक्ष-विपक्ष में बैठक, गोष्ठी, सभा, शान्तिमय प्रदर्शन आदि आयोजित करना, या पत्र-पत्रिकाओं में लिखना, कोई राजनीतिक संगठन बनाना—ये सभी संवैधानिक विधि के अन्तर्गत आते हैं।

संक्षेप में, **राजनीतिक लक्ष्यों को प्राप्त करने के लिए संविधान और कानून द्वारा मान्यता प्राप्त जो भी विधि अपनायी जाए वह संवैधानिक विधि है।** इस विधि का सम्बन्ध विधायिका, कार्यपालिका, न्यायपालिका और प्रेस की स्वतंत्रता सहित नागरिकों की मौलिक स्वतंत्रताओं से हो सकता है। इसके विपरीत, हत्या , हिंसा या कोई भी गैरकानूनी तरीका संवैधानिक विधि के दायरे से बाहर है।

संवैधानिक विधि की सीमा

लोकतांत्रिक राजनीतिक व्यवस्था के अन्तर्गत संवैधानिक विधि का क्षेत्र काफी व्यापक होता है। किसी लोकतांत्रिक राजनीतिक व्यवस्था में जहाँ तक सम्भव हो आम तौर से राजनीतिक लक्ष्यों को प्राप्त करने के लिए संवैधानिक विधि का ही उपयोग किया जाना चाहिए। **लोकतांत्रिक व्यवस्था सुचारू रूप से चले इसके लिए नागरिकों में कानून के प्रति सम्मान की भावना जरूरी है। आम तौर से नागरिकों द्वारा कानून का पालन किया जाना चाहिए।** अगर नागरिक किसी कानून से असन्तुष्ट हों, तो उसे बदलने के लिए सामान्य तौर से संवैधानिक विधि को ही अपनाना चाहिए। अगर कोई कानून बहुत ही अन्यायपूर्ण हो, तो उसका विरोध करने के लिए अन्तिम विकल्प के रूप में सत्याग्रह का इस्तेमाल किया जा सकता है।

जयप्रकाश नारायण ने अपनी रचनाओं में यह प्रश्न उठाया है कि संवैधानिक विधि से सामाजिक-राजनीतिक क्रान्ति सम्भव है या नहीं। उनके अनुसार सिर्फ संवैधानिक विधि या कानून के माध्यम से क्रान्ति सम्भव नहीं है। निहित स्वार्थों के जाल को तोड़ने के लिए सत्याग्रह के रूप में जनता की सीधी कार्यवाही भी जरूरी है। एक प्रश्न यह भी उठाया जाता है कि सत्याग्रह की विधि को संवैधानिक माना जा सकता है या नहीं। इसकी चर्चा ''सत्याग्रह'' के अन्तर्गत आगे की जाएगी।

संवैधानिक विधि की चर्चा करते समय यह ध्यान रखना चाहिए कि अगर किसी राज्य में लोकतंत्र न हो, और संविधान के अन्तर्गत नागरिकों को मौलिक स्वतंत्रताएँ प्राप्त न हों, तो ऐसे में संवैधानिक विधि का दायरा बहुत सीमित हो जाता है। ऐसे में सत्याग्रह और अन्य क्रान्तिकारी विधियों का सहारा लेना अनिवार्य हो जा सकता है। भारत की स्वतंत्रता के आन्दोलन में संवैधानिक विधि को भी अपनाया गया था, लेकिन इसमें संदेह है कि सिर्फ संवैधानिक विधि के प्रयोग से भारत को आजादी मिल पाती।

❑

अध्याय 18

सत्याग्रह

सत्याग्रह की विधि राजनीति को गाँधी का एक महत्त्वपूर्ण योगदान है। गाँधी को इसकी प्रेरणा रूसी लेखक-विचारक टॉल्स्टॉय की रचनाओं से मिली। अमरीकी विचारक थ्यूरो ने भी सविनय अवज्ञा के विचार का प्रतिपादन किया था, और व्यक्तिगत तौर पर इसका प्रयोग भी किया था। गाँधी ने इसे और भी विकसित किया, और पहली बार बड़े पैमाने पर राजनीति में इसका इस्तेमाल किया।

सत्याग्रह की विधि पर प्रयोग गाँधी ने पहले-पहल दक्षिण अफ्रीका में उन कानूनों के विरूद्ध किया जिनके द्वारा भारतीय लोगों के साथ भेदभाव बरता जाता था। उस समय इस विधि को ''निष्क्रिय प्रतिरोध'' (passive resistance) के नाम से जाना जाता था। बाद में गाँधी ने इसे ''सत्याग्रह'' का नाम दे दिया, क्योंकि उनके अनुसार यह निष्क्रय नहीं, बल्कि एक सक्रिय विधि है। भारत की स्वतंत्रता के आन्दोलन में गाँधी ने पहली बार सत्याग्रह की विधि का इस्तेमाल चम्पारण (बिहार) में किया। इसके बाद से सारे भारत में ब्रिटिश सरकार के विरुद्ध इसका बड़े पैमाने पर इस्तेमाल हुआ। स्वतंत्रता मिलने के बाद भी भारत की राजनीति में विभिन्न राजनीतिक दलों और गैरदलीय समूहों एवं आन्दोलनों द्वारा इस विधि का प्रयोग किया गया है। सत्याग्रह की विधि का इस्तेमाल सिर्फ सरकार के विरुद्ध ही नहीं, बल्कि छुआछूत जैसी सामाजिक कुप्रथाओं के विरुद्ध भी किया गया है। गाँधी के अनुसार सत्याग्रह की विधि का इस्तेमाल परिवार में भी किया जा सकता है।

सत्याग्रह का अर्थ

''सत्याग्रह'' शब्द दो शब्दों से मिलकर बना है ''सत्य'' और ''आग्रह''। ''सत्याग्रह'' का अर्थ है ''सत्य के लिए आग्रह''। सत्याग्रही दृढ़ निश्चय के साथ, हर कष्ट को सहता हुआ और हर त्याग करता हुआ, सत्य पर टिका रहता है। गाँधी के अनुसार सत्य को अहिंसा द्वारा प्राप्त किया जा सकता है। ''अहिंसा'' की व्याख्या गाँधी भावात्मक रूप से करते थे। उनके अनुसार ''अहिंसा'' का अर्थ मात्र हिंसा का अभाव नहीं, बल्कि प्रेम है। सत्याग्रह में प्रेम और संयम के साथ सामने वाले व्यक्ति के विचारों में परिवर्तन लाने का प्रयत्न किया जाता है। इस तरह, **सत्याग्रह की विधि सत्य और अहिंसा के नैतिक मूल्यों पर आधारित है।**

सत्याग्रह का नैतिक आधार

सत्याग्रह की विधि सत्य और अहिंसा के नैतिक मूल्यों पर तो आधारित है ही। इसके अलावा, सत्याग्रह के मूल में यह विश्वास भी निहित रहता है कि **प्रत्येक मानव मूलतः स्वभाव से अच्छा होता है।** इसलिए, सत्याग्रह का उद्देश्य सामने वाले व्यक्ति को पराजित या अपमानित करना नहीं होता है; बल्कि उसकी अन्तर्निहित मानवीय भावनाओं

को जगा कर, उसके विचारों में परिवर्तन लाना होता है। सत्याग्रही का उद्देश्य प्रेम द्वारा गलत काम करने वाले व्यक्ति की न्याय की भावना को जगा कर उसे सुधारना होता है।

गाँधी साध्य और साधन की एकता में विश्वास रखते थे। उनकी यह मान्यता थी कि साधन को साध्य के अनुरूप होना चाहिए। उनके अनुसार आदर्श समाज को सत्य और अहिंसा पर आधारित होना चाहिए, और इस लक्ष्य को सत्य और अहिंसा पर आधारित विधि या सत्याग्रह की विधि द्वारा ही प्राप्त किया जा सकता है।

सत्याग्रह की प्रक्रिया

गाँधी के अनुसार सत्याग्रह का इस्तेमाल **अंतिम औजार के रूप में किया जाना चाहिए**। सत्याग्रही व्यक्ति को पहले निष्पक्ष भाव से इस बात की जाँच कर लेनी चाहिए कि उसकी अपनी माँगे सही या न्यायोचित हैं या नहीं। उसे अपने दिमाग से सामने वाले व्यक्ति के प्रति हिंसा और नफरत की भावना को पूरी तरह निकाल देना चाहिए। पहले सामने वाले व्यक्ति को समझा-बुझा कर उसके विचारों में परिवर्तन लाने का प्रयत्न करना चाहिए। हर कदम पर सामने वाले व्यक्ति को सुधरने का पूरा मौका देना चाहिए। अगर इसमें सफलता न मिले, तभी अन्तिम विकल्प के रूप में सत्याग्रह का रास्ता अपनाना चाहिए। वैसे, **व्यापक अर्थ में सामने वाले व्यक्ति को समझाने का प्रयत्न भी सत्याग्रह का अंग है।**

सत्याग्रही के गुण

गाँधी के अनुसार सत्याग्रह की विधि को अपनाने के लिए नैतिक तैयारी जरूरी है। सत्याग्रही को **निस्वार्थ, निर्भय, ईमानदार और अनुशासित** होना चाहिए। इसके अलावा, सत्याग्रही को कष्ट सहने और त्याग करने के लिए भी तैयार रहना चाहिए। सत्याग्रही को मन, वचन और कर्म से सत्य और अहिंसा का पालन करना चाहिए। **सत्याग्रही की कथनी और करनी में एकता भी बहुत जरूरी है। सत्याग्रही व्यक्ति को सबसे पहले अपने-आप को उन बुराइयों से मुक्त कर लेना चाहिए, जिनके विरुद्ध वह संघर्ष कर रहा हो।** इन सब बातों के अलावा यह भी जरूरी है कि सत्याग्रही मानव की अन्तर्निहित अच्छाई में विश्वास रखता हो। अगर नैतिक तैयारी के बिना सत्याग्रह की विधि का उपयोग किया जाए, तो वह प्रभावी नहीं रह जाता है, और सफलता की सम्भावना भी कम हो जाती है।

गाँधी के अनुसार सत्याग्रह कमजोर लोगों का हथियार नहीं है। सत्याग्रह के लिए हर तरह का कष्ट—लाठी, गोली और यहाँ तक कि मृत्यु—का सामना करने का साहस चाहिए। अगर सत्याग्रही व्यक्तियों में अपनी माँगों के न्यायोचित होने पर पूरा विश्वास न हो, और दमन का सामना करने का नैतिक बल न हो, तो फिर ऐसे में सत्याग्रह पर आधारित आन्दोलन अधिक समय तक चल नहीं सकता है।

सत्याग्रह के रूप

सत्याग्रह के कई रूप हैं—(i) **सविनय अवज्ञा**—इसके अन्तर्गत किसी अनुचित समझे जाने वाले कानून को तोड़ने, और टैक्स नहीं देने का अभियान शामिल है। लेकिन कानून तोड़ने के बाद सत्याग्रही स्वेच्छा से उसकी सजा भुगतने के लिए भी तैयार रहता है। उदाहरण के तौर पर, स्वतंत्रता आन्दोलन के दौरान गाँधी द्वारा ''नमक सत्याग्रह'' के

जरिए नमक कानून को तोड़ा गया था। (ii) **असहयोग**—अन्याय करने वाले व्यक्ति या सरकार से असहयोग करना। (iii) **बन्द या हड़ताल**—विरोध व्यक्त करने के लिए काम-काज बन्द कर देना। (iv) **अनशन**—विरोध व्यक्त करने के लिए, किसी मांग के समर्थन में या अच्छी भावनाओं को जगाने के लिए उपवास करना। गांधी ने हिन्दू-मुस्लिम दंगों को शान्त करने के लिए और कई अन्य अवसरों पर आमरण अनशन का सहारा लिया था।

सत्याग्रह और संविधानवाद

कभी-कभी यह प्रश्न भी उठाया जाता है कि सत्याग्रह की विधि संवैधानिक है या असंवैधानिक। भारत जैसे संसदीय लोकतंत्र में सत्याग्रह की विधि को अपनाने का क्या औचित्य हैं? सत्याग्रह के अन्तर्गत कई बार नागरिकों द्वारा उन कानूनों को जान-बूझकर तोड़ा जाता है, जिन्हें वे अन्यायपूर्ण समझते हैं। इसलिए, अगर हम संवैधानिक विधि की व्याख्या कानून द्वारा मान्यता प्राप्त विधि के रूप में करते हैं, तो सत्याग्रह की विधि असंवैधानिक मालूम देती है। लेकिन सत्याग्रह के अन्य रूप भी हैं, जैसे, बन्द या हड़ताल। अगर किसी मुद्दे पर अपनी असहमति या विरोध व्यक्त करने के लिए नागरिक स्वेच्छा से काम-काज बन्द कर देते हैं, तो इसमें असंवैधानिक कुछ भी नहीं है। सविनय अवज्ञा के अन्तर्गत सत्याग्रही द्वारा कानून को जरूर तोड़ा जाता है, लेकिन ऐसी स्थिति में भी सत्याग्रही उस कानून को तोड़ने की कानून द्वारा निर्धारित सजा भुगतने के लिए भी तैयार रहता है। इस तरह सत्याग्रही कानून को तोड़ते हुए भी सरकार के कानून बनाने और उसे लागू करने के अधिकार को चुनौती नहीं देता है, बल्कि वह स्वयं कष्ट सह कर किसी कानून-विशेष के अन्यायपूर्ण चरित्र की ओर अपनी सरकार और आम जनता का ध्यान आकर्षित करता है। इसलिए, **सत्याग्रह की विधि को हिंसा और आतंकवाद की तरह पूरी तरह असंवैधानिक भी नहीं कहा जा सकता है।**

यह सही है कि भारत जैसे लोकतांत्रिक देश में संवैधानिक विधि का दायरा काफी व्यापक है, और राजनीतिक लक्ष्यों को प्राप्त करने के लिए आम तौर से कानूनी तरीकों को ही अपनाना चाहिए। लेकिन सत्याग्रह तो एक अन्तिम औजार है। गाँधी और जयप्रकाश जैसे सत्याग्रह के समर्थक भी अन्तिम विकल्प के रूप में ही सत्याग्रह की विधि का समर्थन करते थे।

सत्याग्रह का औचित्य

सत्याग्रह, विशेष कर सविनय अवज्ञा के औचित्य के बारे में गाँधी के विचार बिल्कुल स्पष्ट है। गाँधी के अनुसार आम नागरिकों को यह ध्यान रखना चाहिए कि उनके सहयोग के बिना सरकार काम नहीं कर सकती है। इसलिए, उन्हें सरकार के कल्याणकारी कार्यों में; अच्छे कानूनों का पालन करने में; और राज्य की रक्षा करने में सरकार के साथ पूरा सहयोग करना चाहिए। लेकिन दूसरी ओर, अगर राज्य जनता का शोषण करे, उनके विकास में बाधा उत्पन्न करे, तो नागरिकों का यह दायित्व हो जाता है कि वे अपना सहयोग वापस ले लें; और नैतिक दबाव एवं अहिंसक असहयोग द्वारा सरकार को सुधरने के लिए बाध्य करें। संक्षेप में, **सरकार द्वारा अनैतिक और अन्यायपूर्ण आचरण ही सत्याग्रह का**

औचित्य है। सरकार द्वारा बनाए गए अनैतिक कानूनों का पालन करना नागरिकों का नैतिक दायित्व नहीं है।

सत्याग्रह की सीमा

सत्याग्रह की विधि सामाजिक-राजनीतिक लक्ष्यों को प्राप्त करने के लिए एक उत्तम विधि है। यह सत्य और अहिंसा के मूल्यों पर आधारित एक उच्च आदर्श है। **लोकतांत्रिक व्यवस्था में राजनीतिक लक्ष्यों को प्राप्त करने के लिए संवैधानिक विधि और अन्तिम विकल्प के रूप में सविनय अवज्ञा का इस्तेमाल किया जाना चाहिए।** लोकतांत्रिक व्यवस्था में राजनीतिक लक्ष्यों को प्राप्त करने के लिए हिंसा और आतंकवाद के इस्तेमाल का कोई नैतिक औचित्य नहीं है। जहाँ पर परिस्थितियाँ अलोकतांत्रिक हों, वहाँ पर भी जहाँ तक सम्भव हो, इस विधि का इस्तेमाल किया जाना चाहिए, जैसा कि भारतीय स्वतंत्रता आन्दोलन में किया गया था।

सत्याग्रह के मूल में सामने वाले व्यक्ति की अच्छाई में विश्वास निहित है। इसलिए, सत्याग्रह की सफलता बहुत कुछ सामने वाले की अच्छाई पर निर्भर है। हिटलर और स्टालिन जैसे निर्मम और क्रूर तानाशाहों के सामने सत्याग्रह की विधि कितनी कारगर होगी, इसमें संदेह है। चीन की राजधानी बेइजिंग के प्रमुख चौराहे पर जब लोकतंत्र-समर्थक छात्र-युवा चीनी सेना के टैंकों के आगे लेट गए, तो उन्हें निर्ममतापूर्वक टैंकों द्वारा कुचल दिया गया। इसी तरह, इसमें भी संदेह है कि विदेशी आक्रमणकारी सेना के सामने सत्याग्रह की विधि कारगर हो सकती है। वैसे भी, इसका कोई नैतिक औचित्य नहीं है कि सत्याग्रही क्रूर तानाशाहों या आक्रमणकारी सेनाओं की ''अन्तर्निहित मानवीय भावनाओं'' को जगाने के प्रयत्न में अपने जान की बलि चढ़ा दें। सेना का मुकाबला सेना के जरिए ही किया जाना चाहिए। लेकिन एक लोकतांत्रिक राजनीतिक व्यवस्था में राजनीतिक लक्ष्यों को प्राप्त करने के लिए सत्याग्रह की विधि कारगर हो सकती है।

❑

अध्याय 19

आतंकवाद

आतंकवाद के अन्तर्गत राजनीतिक लक्ष्यों को प्राप्त करने के लिए **सिलसिलेवार ढंग से हिंसा और आतंक का सहारा लिया जाता है।** इसमें हत्याएँ, अपहरण, तोड़-फोड़, सार्वजनिक स्थानों पर बम फेंकना, रेडियो, टी. वी., स्टेशन, रेल, पुल आदि जैसे महत्त्वपूर्ण ठिकानों को बम से उड़ा देना, हवाई जहाज को "हाइजैक" (hijack) करना आदि शामिल हैं। भारत सहित दुनिया भर में विभिन्न राजनीतिक उद्देश्यों को प्राप्त करने के लिए आतंकवाद का इस्तेमाल किया गया और किया जा रहा है।

ऐसा नहीं है कि आतंकवादी तरीकों का इस्तेमाल सिर्फ गैरसरकारी समूहों द्वारा किया जाता है। अगर सत्ताधिकारियों द्वारा अपने राजनीतिक विरोधियों को दबाने और आतंकित करने के लिए गैरकानूनी ढंग से उनकी हत्या, अपहरण आदि का सहारा लिया जाता है, जैसा कि कुछ देशों में किया गया है, तो उसे भी आतंकवाद ही कहा जाएगा। इस किस्म के आतंकवाद को **"राजकीय आतंकवाद"** (state terrorism) कहा जाता है। कुछ सरकारों द्वारा दूसरे देशों में आतंकवाद को प्रोत्साहन भी दिया जाता है। जबकि दूसरी ओर, आतंकवाद की रोक-थाम के लिए अन्तरराष्ट्रीय स्तर पर प्रयत्न भी किए जा रहे हैं।

आतंकवाद और अराजकतावाद

कभी-कभी **आतंकवाद** (terrorism) और **अराजकतावाद** (anarchism) को एक मान लिया जाता है। आतंकवादियों के लिए "अराजकतावादी" (anarchist) शब्द का इस्तेमाल भी किया जाता है, लेकिन यह सही नहीं है। क्रोपोटकिन और बाकुनिन जैसे कुछ रूसी अराजकतावादियों ने राज्यविहीन समाज के अपने लक्ष्य को हासिल करने के लिए आतंकवादी तरीकों को अपनाया था। शायद इसलिए आतंकवाद और अराजकतावाद को कभी-कभी जोड़ दिया जाता है। लेकिन **अराजकतावाद और आतंकतवाद एक-दूसरे से अलग हैं**, और इनके बीच कोई अनिवार्य सम्बन्ध नहीं है। अराजकतावाद राजनीति का एक सिद्धान्त है, जिसके अनुसार राज्य एक अनावश्यक बुराई है, और व्यक्ति एक राज्यविहीन समाज में, राज्य जैसी किसी बाहरी समिति द्वारा हस्तेक्षप और बल-प्रयोग के बिना भी, परस्पर सहयोग और सद्भावना से जीवन बिता सकते हैं। दूसरी ओर, **आतंकवाद राजनीतिक लक्ष्यों को प्राप्त करने का एक तरीका है**। यह जरूरी नहीं है कि हर अराजकतावादी अपने लक्ष्य को प्राप्त करने के लिए आतंकवाद का ही सहारा ले। उदाहरण के तौर पर, गाँधी के राजनीतिक चिंतन में भी अराजकतावादी प्रवृतियाँ हैं (देखें, "सर्वोदय"), लेकिन गाँधी ने अपने राजनीतिक लक्ष्य को प्राप्त करने के लिए सत्याग्रह की विधि को अपनाया। वे हिंसा और आतंकवाद के पूरी तौर से विरुद्ध थे।

जिस तरह, यह जरूरी नहीं है कि प्रत्येक अराजकतावादी आतंकवादी हो, उसी तरह यह भी जरूरी नहीं है कि हर आतंकवादी अराजकतावादी हो। **आतंकवादी विधि का**

इस्तेमाल विभिन्न राजनीतिक उद्देश्यों के लिए किया जाता है। उदाहरण के तौर पर, भारतीय स्वतंत्रता आन्दोलन में भी आतंकवादी तरीकों का इस्तेमाल किया गया था। स्वतंत्र भारत में पंजाब और कश्मीर में अलगाववादियों द्वारा आतंकवादी तरीकों का इस्तेमाल किया गया। इसी तरह, नक्सलवादियों द्वारा भूपतियों को आतंकित करने और साम्यवाद की दिशा में बढ़ने के लिए आतंकवादी तरीकों का इस्तेमाल किया गया। अन्तरराष्ट्रीय स्तर पर श्रीलंका में ''तमिल टाइगर्स'' द्वारा स्वतंत्र तमिल राज्य की स्थापना के लिए आतंकवादी तरीकों का उपयोग किया गया है। एक समय फिलीस्तनी मुक्ति आन्दोलन (पी. एल. ओ.) द्वारा स्वतंत्र फिलीस्तनी राज्य की स्थापना के लिए आतंकवादी तरीकों को अपनाया गया था। अमरीकी विदेशनीति से असन्तुष्ट कुछ समूहों द्वारा अमेरिका पर भी समय-समय पर आतंकवादी हमले किए गए हैं। कई सरकारों द्वारा राजनीतिक विरोध को दबाने के लिए आतंकवादी तरीकों को अपनाया जाता है। संक्षेप में, आतंकवाद राजनीतिक क्रियाविधि की एक पद्धति है। इसका इस्तेमाल विदेशी शासन का विरोध करने, स्वतंत्र राज्य की स्थापना करने, राजनीतिक विरोध को दबाने और अन्य राजनीतिक उद्देश्यों के लिए भी किया जा सकता है। इसका अराजकतावाद के साथ कोई अनिवार्य सम्बन्ध नहीं है।

आतंकवाद—साधन और साध्य

राजनीतिक नैतिकता के बारे में दो तरह के दृष्टिकोण हैं। एक दृष्टिकोण लेनिन का है, जिसके अनुसार अच्छे लक्ष्य को प्राप्त करने के लिए कोई भी साधन अपनाया ज़ा सकता है। अगर लक्ष्य हो क्रान्ति करना, तो फिर इस लक्ष्य को हासिल करने के लिए झूठ या हिंसा को भी अपनाया जा सकता है, चाहे यह ''बुर्जुआ'' नैतिकता की दृष्टि से कितना भी अनुचित क्यों न मालूम दे। इस दृष्टि से देखने पर स्वतंत्रता जैसे लक्ष्य को प्राप्त करने के लिए आतंकवादी तरीकों को भी अपनाया जा सकता है।

दूसरा दृष्टिकोण गाँधी का है, जिसके अनुसार सिर्फ साध्य का अच्छा होना पर्याप्त नहीं है। अच्छे साध्य को प्राप्त करने के लिए साधन का भी अच्छा होना जरूरी है। साधन को साध्य के अनुरूप होना चाहिए। इस दृष्टि से आतंकवादी तरीकों को सही नहीं माना जा सकता है। **आतंकवादियों के इरादे चाहे कितने भी नेक क्यों न हो, उन्हें उनके द्वारा अपनाए गए तरीके के कष्टदायी परिणामों की जिम्मेवारी से मुक्त नहीं किया जा सकता है**। उदाहरण के तौर पर, कई बार आतंकवादियों द्वारा ऐसे लोगों की भी हत्या कर दी जाती है, या अपहरण कर लिया जाता है, जिनका उस वास्तविक या काल्पनिक अन्याय से कोई सम्बन्ध नहीं होता है, जिसका वे विरोध कर रहे होते हैं।

दरअसल, साधन की दृष्टि से जो सबसे महत्त्वपूर्ण प्रश्न है, वह यह है कि क्या अपनाए गए साधनों से वास्तव में उन साध्यों को प्राप्त किया जा सकता है, जिन्हें हासिल करने के लिए वे साधन अपनाए गए हैं। इस अर्थ में साधन को साध्य के अनुरूप होना चाहिए, क्योंकि अगर साधन का चुनाव सोच-समझ कर नहीं किया जाता है, तो तमाम नेक इरादों के बावजूद परिणाम उल्टा हो सकता है।

आतंकवाद और लोकतंत्र

क्या किसी लोकतांत्रिक व्यवस्था में नागरिकों द्वारा आतंकवादी विधि को अपनाए जाने का कोई नैतिक औचित्य है?—यह एक महत्त्वपूर्ण प्रश्न है। किसी भी लोकतांत्रिक राजनीतिक व्यवस्था में नागरिकों को अभिव्यक्ति की, संगठन बनाने की और शान्तिमय तरीकों से

प्रदर्शन करने की स्वतंत्रता रहती है। सरकार का निर्वाचन भी समय-समय पर नागरिकों द्वारा ही किया जाता है। सरकार को नियंत्रित करने, या बदलने के लिए नागरिकों के पास कई संवैधानिक तरीके उपलब्ध रहते हैं। इसके अलावा, आवश्यकता पड़ने पर लोकतंत्र के दायरे में सविनय अवज्ञा सहित सत्याग्रह की विधि को भी अपनाया जा सकता है। यहाँ तक कि शान्तिमय तरीके से लोकतांत्रिक क्रान्ति के लिए भी काम करना सम्भव रहता है। ऐसे में हिंसक या आतंकवादी विधि को अपनाने का कोई औचित्य नहीं है।

अगर जन-समर्थन प्राप्त हो, तो लोकतांत्रिक व्यवस्था में राजनीतिक लक्ष्यों को लोकतांत्रिक तरीके से प्राप्त किया जा सकता है, और अगर जन-समर्थन के अभाव में आतंकवादी तरीकों को अपनाया जाता है, तो इसका अर्थ यह हुआ कि आतंकवादी **अल्पमत में होने के बावजूद भी जबरदस्ती अपनी बात जनता पर लादना चाहते हैं। यह सरासर अनुचित है।** ऐसी परिस्थिति में आतंकवाद की परिणति किसी-न-किसी किस्म की तानाशाही में ही हो सकती है। अगर आतंकवादी समूह यह दावा करते हैं कि वे जो कुछ कर रहे हैं, वह ''जनहित'' में कर रहे हैं, तो फिर उनमें इतना संयम भी होना चाहिए कि वे जिनके हित में काम करने का दावा कर रहे है, उन्हें अपनी बात समझा कर उनका समर्थन हासिल कर सकें।

अलोकतांत्रिक परिस्थितियों में भी जहाँ तक सम्भव हो लोकतांत्रिक और सत्याग्रह का रास्ता ही श्रेष्ठ है, क्योंकि इसमें साधन और साध्य के बीच एकता रहती है। लेकिन, अगर किसी राजनीतिक व्यवस्था में विरोध से सारे रास्ते बन्द हों, और सत्याग्रह को भी निर्ममतापूर्वक कुचल दिया जाए, तो ऐसे में क्रूर तानाशाहों के विरुद्ध अगर सम्भव हो तो आतंकवाद का रास्ता भी अपनाया जा सकता है। मगर ऐसी स्थिति में भी **निर्दोष लोगों के अपहरण और हत्या का कोई औचित्य नहीं हो सकता है।** अगर आतंकवादी अपने राजनीतिक लक्ष्यों को प्राप्त करने के लिए निर्दोष लोगों की हत्या करते हैं, या उन्हें यंत्रणा और कष्ट देते हैं, तो इसका अर्थ यह हुआ कि वे उनका इस्तेमाल मात्र साधन के रूप में करते हैं। यह इस नैतिक सिद्धान्त के विरुद्ध है कि **प्रत्येक व्यक्ति का जीवन, सुख और स्वतंत्रता अपने-आप में साध्य है, किसी दूसरे के लक्ष्यों का साधन नहीं।**

आतंकवाद की सीमा

अगर लोकतांत्रिक व्यवस्था में आतंकवादी तरीके अपनाए जाते हैं, तो आतंकवादी समूहों द्वारा जन-समर्थन प्राप्त करना या जनमत को अपने पक्ष में करना और भी कठिन हो जाता है। अपने तौर-तरीकों के कारण वे जनसहानुभूति और समर्थन खो बैठते हैं, जो किसी भी आन्दोलन की सफलता के लिए बहुत जरूरी है। दूसरी ओर, सरकार को भी आतंकवाद के कारण दमनकारी और लोकतंत्र-विरोधी कानूनों को लागू करने का मौका मिल जाता है। बाद में इन कानूनों का दूरूपयोग शान्तिमय और लोकतांत्रिक राजनीतिक विरोधियों के विरूद्ध भी किया जाने लगता है। लोकतांत्रिक सरकार को हिंसा और आतंक फैलाने वालों को सजा देने का पूरा अधिकार है, लेकिन यह काम मानव अधिकारों का उल्लंघन किए बिना किया जाना चाहिए। दूसरी ओर, आतंकवादी समूहों को भी यह समझना चाहिए कि वे अपने तौर-तरीकों से ज्यादा-से-ज्यादा कुछ समय तक सरकार और जनता को परेशान कर सकते है, लेकिन इससे अधिक कुछ भी हासिल नहीं कर सकते हैं। आतंकवादियों और सरकारी सेना के बीच सीधी टक्कर का परिणाम क्या होगा, इसे आसानी से समझा जा सकता है। सामान्य तौर पर भी आतंकवाद की यही सीमा है। आतंकवादी समूहों के लिए

इधर-उधर कमजोर ठिकानों पर हमला करना सम्भव है, लेकिन किसी आधुनिक सेना से सीधी टक्कर लेना सम्भव नहीं है।

स्वतंत्र भारत में आतंकवाद

भारतीय स्वतंत्रता आन्दोलन में तो कुछ लोगों द्वारा आतंकवादी तरीकों का इस्तेमाल किया ही गया। इसके अलावा, स्वतंत्रता के बाद भी भारत की राजनीति में आतंकवादी तरीकों का इस्तेमाल किया गया है। आजादी के कुछ ही समय बाद गाँधी की हत्या कर दी गयी। अस्सी के दशक में उस समय आतंकवादी हिंसा अपनी चरम सीमा पर पहुँच गयी, जब 1984 में तत्कालीन प्रधानमंत्री इन्दिरा गाँधी की हत्या कर दी गयी। 1991 में भूतपूर्व प्रधानमंत्री राजीव गाँधी की हत्या कर दी गयी। 2001 में भारतीय संसद पर भी आतंकवादी हमला हो चुका है।

अस्सी और नब्बे के दशक में पंजाब, कश्मीर, असम सहित उत्तर-पूर्व और दक्षिण में तमिलनाडु में आतंकवाद की समस्या रही है। इसके अलावा, आन्ध्र प्रदेश, झारखंड और बिहार में नक्सलवादी समूहों और उनके दक्षिणपंथी विरोधियों द्वारा भी आतंकवादी तरीके अपनाए गए हैं। दरअसल, आतंकवाद की समस्या बहुत जटिल है। इस बात की चर्चा पहले भी की जा चुकी है कि अलग-अलग राजनीतिक समूहों द्वारा अलग-अलग राजनीतिक उद्देश्यों को प्राप्त करने के लिए आतंकवादी तरीके अपनाए जाते हैं। इसलिए, आतंकवाद के कारण और निदान के बारे में कोई सामान्य समाधान प्रस्तुत कर पाना बहुत मुश्किल है।

अलग-अलग क्षेत्रों में आतंकवाद के अलग-अलग कारण हो सकते हैं। वैसे देखा जाए तो छिट-पुट समूहों के द्वारा आतंकवाद कोई बहुत बड़ी समस्या नहीं है। इससे कानूनी उपायों द्वारा आसानी से निबटा जा सकता है। दरअसल, आतंकवाद एक बड़ी समस्या तब बनती है, जब उसे जनता के एक बड़े हिस्से की सहानुभूति प्राप्त होने लगती है। ऐसा क्यों होता है?

आम तौर से ऐसा तभी होता है; जब—

(1) आतंकवादियों द्वारा उठायी जा रही मांगों को जनता के एक हिस्से का समर्थन प्राप्त हो।

(2) जब जनता का एक बड़ा हिस्सा—चाहे सही या गलत रूप में—यह महसूस करने लगा हो कि लोकतांत्रिक तरीकों से उनकी जायज मांगों को पूरा किया जाने के रास्ते बन्द हो चुके हैं।

(3) आतंकवादी हिंसा से निबटने के लिए सरकारी सुरक्षा सेवाओं द्वारा गैरकानूनी दमन का रास्ता अपनाया जाता हो। ऐसा होने पर आम जनता के एक हिस्से की सहानुभूति आतंकवादियों को मिल जाती है।

यह नहीं भूलना चाहिए कि आतंकवादी व्यक्ति और समूह अपने उद्देश्यों को प्राप्त करने के लिए दूसरों की जान तो लेते ही हैं, पर, इसके अलावा, वे एक तरह से अपने उद्देश्यों को प्राप्त करने के लिए अपने जान की बाजी भी लगा देते हैं। कोई भी व्यक्ति ऐसा बहुत आसानी से या हल्के ढंग से नहीं करेगा। इसलिए, आतंकवाद की समस्या को सुलझाने के लिए जिस किसी भी क्षेत्र में आतंकवाद पनप रहा हो, वहाँ की सामाजिक-राजनीतिक-आर्थिक परिस्थितियों का विस्तृत अध्ययन करने के बाद, इस समस्या को जड़ से समाप्त करने का प्रयत्न करना चाहिए। उदाहरण के तौर पर, पश्चिम एशिया की अन्तर्राष्ट्रीय

समस्या को लें। इसराइल को कुछ फिलीस्तीनी समूहों द्वारा आतंकवाद का सामना करना पड़ा है। अगर गहराई से देखा जाए तो इसराइल द्वारा फिलीस्तीनी क्षेत्र पर सैनिक कब्जा इस समस्या का मूल कारण है। स्वतंत्र फिलीस्तीनी राज्य की स्थापना के बिना इस समस्या का समाधान सम्भव नहीं है। इसराइल की सरकार काफी समय से सिर्फ सैनिक उपायों द्वारा इसका समाधान करने का प्रयत्न कर रही है, लेकिन उसे इसमें सफलता नहीं मिली है।

सामान्य तौर पर, अगर आतंकवाद के एक बड़ी समस्या बनने के ऊपर बताए गए कारणों को ध्यान में रखा जाए, तो यह भी समझा जा सकता है कि आतंकवाद की समस्या को सुलझाने के लिए क्या किया जाना चाहिए—

(1) अगर आतंकवादियों की कुछ माँगे न्यायोचित हों और उन्हें जनता के बड़े हिस्से का समर्थन प्राप्त हो, तो ऐसी माँगों को संविधान और कानून के दायरे में पूरा किया जाना चाहिए।

(2) अगर प्रभावित क्षेत्र में किन्हीं कारणों से लोकतांत्रिक प्रक्रिया रुक गयी हो, तो उसे फिर से बहाल किया जाना चाहिए। जैसे यह बात सही है कि लोकतांत्रिक व्यवस्था में हिंसा और आतंकवादी तरीकों को अपनाने का कोई औचित्य नहीं है, वैसे ही यह भी सही है कि लोकतांत्रिक स्वतंत्रताओं और सरकार में जनता की हिस्सेदारी के अभाव में राजनीतिक समूहों द्वारा आतंकवादी तरीके अपनाए जाने की सम्भावना बढ़ जाती है।

(3) अगर किसी लोकतांत्रिक व्यवस्था में लोकतांत्रिक उपायों के उपलब्ध रहने पर भी राजनीतिक समूहों द्वारा हिंसा और आतंकवाद का रास्ता अपनाया जाए, तो ऐसे में किसी लोकतांत्रिक राज्य को ऐसे समूहों के विरुद्ध कार्यवाही करने का पूरा अधिकार है। लेकिन ऐसा कानूनी तरीके से मानव अधिकारों का उल्लंघन किए बिना किया जाना चाहिए। **निजी समूहों द्वारा आतंकवाद का उत्तर सरकारी आतंकवाद नहीं है।** यह सही है कि निजी आतंकवादी समूहों द्वारा भी मानव अधिकारों का उल्लंघन किया जाता है। लेकिन इसका यह अर्थ नहीं है कि लोकतांत्रिक सरकार भी, लोकतंत्र के सिद्धान्तों को त्याग कर, मानव अधिकारों का उल्लंघन करना शुरू कर दे। इस सन्दर्भ में लोकतांत्रिक राज्य और सरकार की जिम्मेवारियाँ कहीं बड़ी होती हैं।

कभी-कभी कहा जाता है कि कुछ भारतीय राज्यों में पनपने वाले आतंकवाद का मुख्य कारण विदेशी राष्ट्रों का हस्तक्षेप है। लेकिन आतंकवाद की ऊपर की गयी चर्चा के आधार पर यह समझा जा सकता है कि यह बात पूरी तौर से सही नहीं है। वैसे सीमावर्ती प्रान्तों में विदेशी राष्ट्रों के सरकारी या गैरसरकारी हस्तक्षेप की सम्भावना से इनकार नहीं किया जा सकता है। कुछ हद तक ऐसा होता भी है। लेकिन इसे भारत में आतंकवाद का एकमात्र या मुख्य कारण नहीं माना जा सकता है।

विदेशी राष्ट्रों के हस्तक्षेप से छिट-पुट आतंकवादी घटनाएँ जरूर करवायी जा सकती हैं, लेकिन जैसी कि पहले भी चर्चा की गयी है, आतंकवाद की समस्या बड़ी समस्या तभी बनती है, जब उसे स्थानीय जनता के एक बड़े हिस्से की सहानुभूति प्राप्त हो। इसके बिना आतंकवादियों के लिए सुरक्षा सेवाओं के सामने टिक पाना सम्भव नहीं होता है। लोकतांत्रिक प्रक्रियाओं का रोक दिया जाना भी आतंकवाद के पनपने का एक बड़ा कारण है। अगर देश के किसी हिस्से में अनाधिकार विदेशी हस्तक्षेप हो रहा हो, तो उस पर निश्चय ही रोक लगनी चाहिए, लेकिन साथ ही अपने देश में मौजूद आतंकवाद की जड़ों की ओर ध्यान देना चाहिए।

❑

अध्याय 20

क्रान्ति

''क्रान्ति'' का अर्थ

''क्रान्ति'' शब्द का प्रयोग गैरराजनीतिक सन्दर्भों में भी किया जाता है, जैसे, दार्शनिक क्रान्ति, औद्योगिक क्रान्ति, फैशन के क्षेत्र में क्रान्ति, हरित क्रान्ति, वगैरह, वगैरह। लेकिन ''क्रान्ति'' शब्द के इन सभी प्रयोगों में एक बात सामान्य है—जब किसी व्यवस्था या स्थिति में औसत से काफी तेज गति से बुनियाटी परिवर्तन आता है, तो उसे ''क्रान्ति'' कहा जाता है।

राजनीतिक क्रियाविधि की पद्धति के रूप में क्रान्ति की वकालत करने का अर्थ है **स्थापित राजनीतिक व्यवस्था को जड़ से उखाड़ फेंकने या उसमें तेजी से बुनियादी परिवर्तन लाने की वकालत करना।**

क्रान्ति की दिशा

क्रान्ति के साथ **तेज गति** और **बुनियादी परिवर्तन** के अतिरिक्त क्रान्ति की **दिशा** की अवधारणा भी जुड़ी रहती है। क्रान्ति के समर्थक किसी भी दिशा में तेजी से आनेवाले बुनियादी परिवर्तन को क्रान्ति नहीं कहते हैं। बल्कि वे जिन राजनीतिक आदर्शों का समर्थन करते हैं, उन आदर्शों की दिशा में तेजी से आए बुनियादी परिवर्तन को क्रान्ति कहते हैं। उसके विपरीत दिशा में तेजी से आए बुनियादी परिवर्तन को ''प्रतिक्रान्ति'' (counter revolution) कहा जाता है।

इस तरह, कोई राजनीतिक परिवर्तन ''क्रान्ति'' है या ''प्रतिक्रान्ति''—यह देखने वाले के राजनीतिक दृष्टिकोण पर निर्भर करता है। उदाहरण के तौर पर, अगर किसी लोकतांत्रिक राजनीतिक व्यवस्था में लोकतंत्र को जड़ से उखाड़ फेंका जाए, और उसके बदले कम्युनिस्ट तानाशाही की स्थापना हो जाए, तो परम्परागत साम्यवादी दृष्टिकोण से इसे ''क्रान्ति'' कहा जाएगा, लेकिन लोकतांत्रिक दृष्टि से इसे प्रतिक्रान्ति ही कहा जा सकता है। इसी तरह, भूतपूर्व सोवियत संघ से निकले राज्यों और पूर्वी यूरोप के कई राज्यों में साम्यवाद की जगह लोकतंत्र की स्थापना को लोकतांत्रिक दृष्टि से ''क्रान्ति'' कहा जाएगा, और रूढ़िवादी साम्यवादी दृष्टिकोण से ''प्रतिक्रान्ति''।

''क्रान्ति'' और ''सुधार''

''क्रान्ति''(revolution)और **''सुधार''**(reform)के बीच अक्सर अन्तर किया जाता है। अगर स्थापित राजनीतिक व्यवस्था को जड़ से उखाड़ फेंका जाए, तो उसे ''क्रान्ति'' और अगर स्थापित व्यवस्था को बनाए रखते हुए, उसके दायरे में बेहतर दिशा में परिवर्तन लाए जाएँ, तो उसे ''सुधार'' कहा जाता है। उदाहरण के तौर पर, अगर भारत के वर्तमान संविधान को पूरी तरह अस्वीकार कर दिया जाए, और नए सिरे से नए संविधान के अन्तर्गत ग्राम-स्वराज्य की स्थापना की जाए, तो उसे ''क्रान्ति'' कहेंगे, और अगर वर्तमान संविधान

के दायरे में संवैधानिक संशोधनों और कानून के माध्यम से इस दिशा में बढ़ने का प्रयत्न किया जाए, जैसा कि अभी किया जा रहा है, तो इसे ''सुधार'' कहा जाएगा।

वास्तव में अगर देखा जाए तो **क्रान्ति और सुधार के बीच डिग्री का ही अन्तर है, विशेषकर एक लोकतांत्रिक राजनीतिक व्यवस्था में**। उदहारण के तौर पर, अगर भारत के वर्तमान संविधान के दायरे में राजनीतिक व्यवस्था में व्यापक पैमाने पर तेजी से बुनियादी सुधार लाए जाएँ—भ्रष्टाचार पर रोक लगाने के लिए लोकपाल जैसे संस्थागत उपाय किए जाएँ, चुनाव-प्रणाली में सुधार लाया जाए, रेडियो और टी. वी. को स्वायत्तता प्रदान की जाए, राजनीतिक आर्थिक सत्ता का अधिक-से-अधिक विकेन्द्रीकरण किया जाए, आरक्षण और भूमि सुधार कानूनों को तेजी से लागू किया जाए और शहरी एवं औद्योगिक सम्पत्ति पर भी सीमा लगा दी जाए—तो इन सब का सम्मिलित परिणाम क्रान्तिकारी ही होगा। इस दृष्टि से क्रान्ति के लिए स्थापित लोकतांत्रिक व्यवस्था को जड़ से उखाड़ फेंकना न आवश्यक है, न उचित। जब वर्तमान लोकतांत्रिक संविधान के दायरे में जनता के समर्थन से राजनीति में क्रान्तिकारी परिवर्तन ला पाना सम्भव है, तो फिर इस व्यवस्था को उखाड़ फेंकने का क्या औचित्य हो सकता है?

किसी अलोकतांत्रिक और अधिनायकवादी व्यवस्था में हिंसा और सत्ता में बलपूर्वक परिवर्तन लाना क्रान्ति के लिए आवश्यक हो सकता है, लेकिन यह हर परिस्थिति में क्रान्ति का अनिवार्य अंग नहीं है। उदाहरण के तौर पर, हम जयप्रकाश नारायण की ''सम्पूर्ण क्रान्ति'' (total revolution) की अवधारणा को लें। सम्पूर्ण क्रान्ति की विधि की चर्चा करते हुए, जे. पी. ने स्पष्ट कहा है कि ''सम्पूर्ण क्रान्ति शान्तिमय तरीके से, समाज के लोकतांत्रिक ढाँचे को क्षतिग्रस्त किए बिना और जनता की लोकतांत्रिक जीवन-पद्धति को प्रभावित किए बिना करनी है''।[1]

जे. पी. के अनुसार लोकशिक्षण द्वारा लोकशक्ति के जागरण, संगठन एवं संघर्ष और रचना की दोहरी प्रक्रिया द्वारा समाज में सम्पूर्ण क्रान्ति सम्भव है। जे. पी. की राय में सिर्फ संवैधानिक विधि द्वारा क्रान्ति सम्भव नहीं है। इसके लिए जनता की सीधी कार्यवाही—सविनय अवज्ञा और असहयोग, संक्षेप में, सत्याग्रह भी आवश्यक है। (सत्याग्रह की विधि हिंसा और आतंकवाद की तरह संविधानवाद के पूरी तौर से विरुद्ध नहीं है। इसकी चर्चा ''सत्याग्रह'' के अन्तर्गत की गयी है।)

इस तरह, जे. पी. के अनुसार सम्पूर्ण क्रान्ति के लिए न तो भारतीय लोकतांत्रिक संवैधानिक व्यवस्था को उखाड़ फेंकने की जरूरत है, और न ही हिंसा और आतंकवाद जैसे असंवैधानिक तरीकों को अपनाने की। **सम्पूर्ण क्रान्ति एक लोकतांत्रिक क्रान्ति है, जो लोकतांत्रिक तरीकों से लोकतंत्र को और मजबूत बनाने; तथा स्वतंत्रता, समता एवं बन्धुता के मूल्यों को जीवन के हर क्षेत्र में उतारने का लक्ष्य सामने रखती है।** इसके अलावा, जे. पी. के अनुसार सम्पूर्ण क्रान्ति कोई एक घटना नहीं है, बल्कि यह निरंतर चलने वाली एक प्रक्रिया है। जे. पी. की राय में समाज में हर समय परिवर्तन होता ही रहता है, लेकिन क्रान्तिकारी परिवर्तन की विशेषता यह होती है कि वह **औसत से काफी तेज रफ्तार से होता है, बुनियादी होता है, और बेहतर दिशा में होता है।**

---

1. जयप्रकाश नारायण, ***कारावास की कहानी*** (पटना: बिहार सर्वोदय मंडल, 1977), पृष्ठ 37.

क्रान्ति और हिंसा

कभी-कभी क्रान्ति को अनिवार्य रूप से हिंसा के साथ जोड़ कर देखा जाता है। उदाहरण के तौर पर, भारतीय स्वतंत्रता आन्दोलन में जिन लोगों ने हिंसा का प्रयोग किया, उन्हें आम तौर से ''क्रान्तिकारी'' कहा जाता है। लेकिन अगर राजनीतिक क्रान्ति का अर्थ है राजनीतिक व्यवस्था में तेजी से शुभ दिशा में बुनियादी परिवर्तन, तो फिर ''क्रान्ति'' की अवधारणा को अनिवार्यतः ''हिंसा'' के साथ जोड़ने का अर्थ यह हुआ कि इस किस्म का परिवर्तन सिर्फ हिंसक तरीकों से ही लाया जा सकता है, जबकि ऐसा मानने का कोई ठोस कारण नहीं है। वास्तविकता तो यह है कि जयप्रकाश नारायण या जे. पी. जैसे क्रान्ति के समर्थक यह मानते हैं कि हिंसक तरीकों से क्रान्ति हो ही नहीं सकती है। ऐसे में **अवधारणात्मक (conceptual) स्तर पर ''क्रान्ति'' और ''हिंसा'' के बीच अनिवार्य सम्बन्ध जोड़ देना ठीक नहीं है।** ''क्रान्ति'' की परिभाषा ऊपर दी गयी परिभाषा तरह, ऐसी होनी चाहिए, जिससे यह प्रश्न कि क्रान्ति शान्तिमय तरीके से सम्भव है या हिंसक तरीके से, एक खुला प्रश्न रहे।

हिंसक क्रान्ति बनाम शान्तिमय क्रान्ति—क्रान्ति हिंसक तरीकों से हो सकती है, या अहिंसक तरीकों से, इस बारे में क्रान्तिकारियों के बीच मतभेद रहे हैं। लेनिन के अनुसार सिर्फ हिंसक तरीकों से ही क्रान्ति हो सकती है। मार्क्स ने भी हिंसक वर्ग-संघर्ष की ही कल्पना की थी, हालांकि बाद में मार्क्स ने यह स्वीकार किया था कि कुछ परिस्थितियों में शान्तिमय प्रक्रिया द्वारा भी क्रान्ति सम्भव है। लेनिन और माओ ने हिंसक क्रान्ति का समर्थन किया है।

हिंसक और अहिंसक क्रान्ति के प्रश्न पर जयप्रकाश नारायण के विचारों के विकास का अध्ययन काफी शिक्षाप्रद है। जब जे. पी. मार्क्सवादी-साम्यवादी थे, उस समय वे हिंसक तरीकों का समर्थन करते थे। 1942 के 'भारत छोड़ो' आन्दोलन के समय उन्हें हिंसक तरीकों को अपनाने में कोई हिचकिचाहट नहीं हुई थी। आगे चलकर अपने चिन्तन के लोकतांत्रिक समाजवादी दौर से जे. पी. यह मानने लगे थे कि **जिस समाज में लोकतांत्रिक तरीकों से सामाजिक परिवर्तन लाना सम्भव हो, उस समाज में हिंसा का सहारा लेना प्रतिक्रान्तिकारी है।** उस समय उनका यह मानना था कि जिस समाज में लोकतांत्रिक स्वतंत्रताएँ नहीं है, वहाँ पर भी हिंसक क्रान्ति के लिए बहुसंख्यक जनता का समर्थन अनिवार्य है। 1974 में जब जे. पी. ने बिहार आन्दोलन का नेतृत्व संभाला और सम्पूर्ण क्रान्ति को उसका दूरगामी लक्ष्य घोषित किया, तब उन्होंने इस बात पर बल दिया कि **शान्तिमयता सम्पूर्ण क्रान्ति के लिए एक अनिवार्य शर्त है।** हिंसा-अहिंसा के सवाल पर विचार करते-करते 1974 के आन्दोलन की शुरूआत के पहले जे. पी. इन निष्कर्षो तक पहुँच चुके थे—(i) हिंसक तरीकों से क्रान्ति सम्भव नहीं है। (ii) सिर्फ संवैधानिक तरीकों से भी क्रान्ति सम्भव नहीं है, और (iii) अहिंसक तरीकों से क्रान्ति सम्भव है, हालांकि इस सम्भावना की ओर पर्याप्त ध्यान नहीं दिया गया है।

हिंसक क्रान्ति के विरुद्ध जे. पी. की मुख्य युक्ति यह थी कि **हिंसक क्रान्ति में साध्य और साधन के बीच मेल नहीं रहता है।** इसलिए, क्रान्तिकारियों के तमाम नेक इरादों के बावजूद हिंसक क्रान्ति के बाद राजनीतिक शक्ति आम जनता के हाथ में नहीं आती है, बल्कि जनता के नाम पर एक नयी तानाशाही का जन्म होता है। जो राजनीतिक

शक्ति बन्दूक की नली से निकलती है, वह उन्हीं के पास रहती है, जिनके पास बन्दूक हो। बन्दूक आम जनता के पास नहीं होती, बल्कि सेना और हिंसा के संगठित तन्त्रों के हाथ में रहती है। इन तन्त्रों पर जिनका नियन्त्रण होता है, राजनीतिक शक्ति भी उन्हीं के पास रहती है। इस तरह, जनता के नाम पर एक तानाशाही का जन्म होता है। इसलिए, जे. पी. जनता की **अहिंसक शक्ति—मुख्यत: विचार परिवर्तन और जहाँ आवश्यक हो सत्याग्रह द्वारा क्रान्ति लाए जाने के पक्ष में थे।**[1]

हिंसक क्रान्ति के विरुद्ध जे. पी. की युक्तियों में काफी बल है। यह मुख्यत: भूतपूर्व सोवियत संघ और चीन के अनुभव पर आधारित है। दरअसल, क्रान्ति शान्तिमय तरीके से हो सकती है, या हिंसक तरीके से—इस प्रश्न के उत्तर का दो बातों से सम्बन्ध है—एक, क्रान्ति का लक्ष्य क्या है, और दो, जिस राज्य में क्रान्ति लाने का प्रयत्न किया जा रहा है, उसकी राजनीतिक व्यवस्था का स्वरूप क्या है। अगर क्रान्ति का लक्ष्य लोकतंत्र को और अधिक मजबूत बनाना एवं राजनीतिक शक्ति को आम जनता के हाथों में ले जाना हो; और राजनीतिक व्यवस्था का स्वरूप लोकतंत्रिक हो, तो फिर इसमें कोई सन्देह नहीं है कि क्रान्ति के लिए शान्तिमय तरीके ही अपनाए जाने चाहिए। अगर राजनीतिक व्यवस्था अलोकतांत्रिक हो, तो भी अगर सम्भव हो तो लोकतांत्रिक और शान्तिमय तरीकों को ही अपनाया जाना चाहिए, जैसा कि भारतीय स्वतंत्रता आन्दोलन में मुख्य रूप से किया गया था। लेकिन महत्वपूर्ण प्रश्न यह है कि अगर शासन-व्यवस्था अलोकतांत्रिक हो, और उसके द्वारा शान्तिमय आन्दोलनों को निर्ममतापूर्वक कुचल दिया जाता हो, ऐसे में क्या किया जाए? ऐसी परिस्थितियों में अगर सम्भव हो तो हिंसक तरीकों को अपनाया जा सकता है, लेकिन ऐसे में भी क्रान्ति की सफलता के लिए बहुसंख्यक जनता का समर्थन जरूरी है। दूसरे, आज की आधुनिक सेनाओं के सन्दर्भ में हिंसक क्रान्ति का आयोजन बहुत कठिन है। यह तब तक सम्भव नहीं है, जब तक कि या तो सेना तटस्थ ना रहे, या फिर सेना का एक बड़ा हिस्सा क्रान्तिकारियों के साथ न हो जाए। अगर सेना की सहायता से क्रान्ति की जाती है, तो इस बात का खतरा भी रहता है कि वास्तविक सत्ता जनता की हाथों में आने की बजाय सेना के हाथों में चली जाए। जबकि दूसरी ओर, शान्तिमय क्रान्ति के लिए सेना की सहायता लेने की कोई आवश्यकता नहीं रहती है, और इस बात की सम्भावना भी अधिक रहती है कि सेना तटस्थ रहेगी।

क्रान्ति का नैतिक औचित्य

लोकतांत्रिक क्रान्ति का नैतिक औचित्य तो अपने-आप में ही स्पष्ट है। लोकतांत्रिक क्रान्ति का उद्देश्य यह होता है कि स्वतंत्रता, समता और बन्धुता के लोकतांत्रिक मूल्य सिर्फ संविधान के पन्नों तक, या राजनीतिक क्षेत्र तक ही सीमित न रहें, बल्कि उन्हें जन-जन के सामाजिक जीवन में भी उतारा जा सके। इसी तरह, लोकतांत्रिक क्रान्ति का उद्देश्य यह भी होता है कि सत्ता के अधिकतम विकेन्द्रीकरण और जनता की व्यापक हिस्सेदारी द्वारा तंत्र पर लोक का वास्तविक नियंत्रण स्थापित किया जा सके। अगर किसी लोकतांत्रिक राजनीतिक व्यवस्था में लोकतांत्रिक तरीकों को अपना कर इन लक्ष्यों की ओर बढ़ने का प्रयत्न किया जाए, तो इसे उचित ही कहा जाएगा।

दूसरी ओर, किसी लोकतांत्रिक राजनीतिक व्यवस्था को हिंसक तरीकों से उखाड़

1. रमेन्द्र, ***शान्तिमयता क्यों?*** (पटना: राजेन्द्र प्रकाशन, 1986).

फेंकने के प्रयत्नों को उचित नहीं माना जा सकता है। लोकतांत्रिक व्यवस्था में लोकतांत्रिक तरीकों से साम्यवादी तानाशाही की स्थापना भले न सम्भव हो, लेकिन स्वतंत्रता और समता के मूल्यों की दिशा में बढ़ना निश्चित तौर से सम्भव है। अगर बहुमत का समर्थन प्राप्त हो तो इन लक्ष्यों की ओर लोकतांत्रिक तरीकों से बढ़ा जा सकता है, और अगर बहुमत का समर्थन प्राप्त न हो, तो ऐसे में हिंसा का सहारा लेने को, क्रान्तिकारियों द्वारा, अल्पमत में होने के बावजूद, बहुमत पर अपने विचारों को जबरदस्ती लादने का प्रयत्न ही कहा जाएगा। इसे लोकतांत्रिक दृष्टि से उचित नहीं माना जा सकता है।

क्रान्ति की सीमा

कहा जाता है कि क्रान्तियाँ क्रान्तिकारियों की मर्जी से नहीं हुआ करती हैं। इसका अर्थ यह हुआ कि क्रान्ति के लिए क्रान्तिकारी नेतृत्व और संगठन तो चाहिए ही, लेकिन इसके अलावा सामाजिक-राजनीतिक परिस्थितियों का परिपक्व होना भी जरूरी है। सामाजिक-राजनीतिक परिस्थितियों के परिपक्व हुए बिना क्रान्तिकारियों द्वारा क्रान्ति कर पाना सम्भव नहीं है। यह सही है कि सामाजिक-राजनीतिक परिस्थितियों को तैयार करने और क्रान्ति के अनुकूल बनाने में भी क्रान्तिकारी नेतृत्व और संगठन की भूमिका हो सकती है, और होती भी है। लेकिन ऐसा हमेशा और तुरन्त बहुत जल्दी में कर पाना सम्भव नहीं रहता है। क्रान्ति के दौरान परिवर्तन अपेक्षाकृत तेजी से जरूर होते हैं, लेकिन परिस्थितियों के परिपक्व हो जाने के बाद। इसके लिए लम्बी तैयारी और संयम की आवश्यकता होती है। क्रान्ति तभी सम्भव है जब आम जनता के बीच स्थापित राजनीतिक व्यवस्था के प्रति व्यापक असन्तोष हो, और वे मनोवैज्ञानिक दृष्टि से परिवर्तन के लिए तैयार हों।

❑

परिशिष्ट-1

भारत का संविधान

उद्देशिका
(Preamble)

हम, **भारत के लोग**, भारत को एक **सम्पूर्ण प्रभुत्व-सम्पन्न (sovereign) समाजवादी पंथनिरपेक्ष (secular) लोकतन्त्रात्मक गणराज्य** बनाने के लिए, तथा उसके समस्त नागरिकों को—सामाजिक, आर्थिक और राजनैतिक **न्याय**, विचार, अभिव्यक्ति, विश्वास, धर्म और उपासना की **स्वतन्त्रता**, प्रतिष्ठा और अवसर की **समता**, प्राप्त कराने के लिए तथा उन सब में व्यक्ति की गरिमा और राष्ट्र की एकता और अखण्डता सुनिश्चित करने वाली **बन्धुता** बढ़ाने के लिए दृढ़ संकल्प होकर **अपनी इस संविधान सभा** में आज तारीख 26 नवम्बर, 1949 ई. को **एतद् द्वारा इस संविधान को अंगीकृत, अधिनियमित और आत्मार्पित करते हैं।**

भारतीय संविधान की उद्देशिका या प्रस्तावना (preamble) से भारतीय संविधान के चरित्र, उद्देश्य, मुख्य विशेषताओं और नैतिक आधार की संक्षिप्त जानकारी मिलती है। सुप्रीम कोर्ट ने अपने कई निर्णयों में भारतीय संविधान की प्रस्तावना के महत्त्व की ओर ध्यान दिलाया है। *Principles of Social and Political Theory* के अंग्रेज लेखक अर्नेस्ट बारकर ने भारतीय संविधान की प्रस्तावना से प्रभावित होकर, उसे अपनी पुस्तक की शुरूआत में स्थान दिया है।[1]

नैतिक दृष्टि से संविधान की प्रस्तावना को देखने से यह स्पष्ट है कि इसमें स्वतंत्रता, समता और बन्धुता के लोकतान्त्रिक मूल्यों को केन्द्रीय महत्त्व दिया गया है। फ्रांस की क्रांति के समय से ही इन मूल्यों को लोकतान्त्रिक चिन्तनधारा में प्रमुख स्थान दिया जाता है। डी० डी० रैफेल ने अपनी पुस्तक *Problems of Political Philosophy* में दिखलाया है कि किस तरह प्लेटो जैसे लोकतन्त्र-विरोधी विचारक ने भी स्वतन्त्रता और समता के मूल्यों को लोकतान्त्रिक शासन-व्यवस्था के साथ जोड़ा है।[2] (इसकी चर्चा ''लोकतन्त्र'' के अन्तर्गत की गयी है।)

स्वतन्त्रता, समता और बन्धुता के अलावे संविधान की प्रस्तावना में सामाजिक, आर्थिक और राजनीतिक न्याय को भी सर्वोच्च स्थान दिया गया है। संविधान की प्रस्तावना के अनुसार भारतीय संविधान का उद्देश्य सभी नागरिकों को सामाजिक, आर्थिक, राजनीतिक **न्याय**; विचार, अभिव्यक्ति, विश्वास, धर्म और उपासना की **स्वतन्त्रता**; एवं प्रतिष्ठा और

1. Ernest Barker, *Principles of Social & Political Theory* (Calcutta : Oxford University Press, 1978), p. ix.
2. D.D. Raphael, *Problems of Political Philosophy* (Hong Kong : The Macmillan Press Ltd., 1978), p. 143

अवसर की **समता** प्राप्त कराना; एवं सबमें व्यक्ति की गरिमा और राष्ट्र की अखण्डता सुनिश्चित करने वाली **बन्धुता** को बढ़ाना है।

भारतीय संविधान के इन बुनियादी नैतिक मूल्यों की अभिव्यक्ति संविधान के विभिन्न प्रावधानों में हुई है। उदाहरण के तौर पर, विचार, अभिव्यक्ति, विश्वास और धर्म की स्वतन्त्रता और प्रतिष्ठा एवं अवसर की समता को सुनिश्चित करने वाले कई प्रावधानों को नागरिकों के ''**मूल अधिकार**'' या मौलिक अधिकार (Fundamental Rights) के अन्तर्गत स्थान दिया गया है। इसी तरह, सामाजिक, आर्थिक और राजनीतिक न्याय को सुनिश्चित करने के लिए भी संविधान के मौलिक अधिकारों और ''**राज्य की नीति के निदेशक तत्त्व**'' (directive principles of state policy) के अन्तर्गत कई प्रावधान हैं।

शासन-व्यवस्था की दृष्टि से भारतीय संविधान की प्रस्तावना से जो सबसे महत्त्वपूर्ण बात सामने आती है, वह यह कि भारत एक **सम्पूर्ण-प्रभुत्व सम्पन्न** (sovereign), **समाजवादी** (socialist), **धर्मनिरपेक्ष** (secular), **लोकतान्त्रिक गणराज्य** (republic) है।

भारत को ''लोकतान्त्रिक गणराज्य'' कहने का अर्थ यह हुआ कि भारत की शासन-व्यवस्था लोकतान्त्रिक है, और भारत के संवैधानिक प्रमुख राष्ट्रपति का पद एक निर्वाचित पद है, न कि राजतन्त्र के राजा की तरह आनुवंशिक।

लोकतान्त्रिक शासन-व्यवस्था की विशेषता यह होती है कि इसमें **सरकार आम जनता द्वारा चुनी जाती है**, और समय-समय पर होने वाले चुनावों के माध्यम से सरकार को बदला भी जा सकता है। इसके अलावा, लोकतंत्र में **नागरिकों को कुछ बुनियादी नागरिक स्वतंत्राएँ** (civil liberties) भी प्राप्त रहती हैं। भारतीय राजनीतिक व्यवस्था में ये दोनों गुण मौजूद हैं।

लोकतांत्रिक शासन-व्यवस्था भी दो प्रकार की होती है—(i) **प्रत्यक्ष** (direct) और (ii) **अप्रत्यक्ष** (indirect) या **प्रातिनिधिक** (representative)।

प्रातिनिधिक लोकतन्त्र के भी दो रूप हैं—(i) **राष्ट्रपति प्रणाली** (presidential form) और (ii) **संसदीय प्रणाली** (parliamentary form)।

भारतीय संविधान द्वारा भारत में **संसदीय लोकतन्त्र** की स्थापना की गयी है। (संसदीय लोकतन्त्र की विस्तृत चर्चा ''लोकतन्त्र'' के अन्तर्गत की गयी है।)

ब्रिटेन में भी भारत की तरह संसदीय लोकतन्त्र काम कर रहा है, लेकिन ब्रिटेन को ''लोकतान्त्रिक गणराज्य'' नहीं, बल्कि ''संवैधानिक राजतन्त्र'' (constitutional monarchy) कहा जाता है। ब्रिटेन में वास्तविक राजनीतिक शक्ति संसद और प्रधानमंत्री के पास रहती है, लेकिन आनुवंशिक राजा-रानी का अस्तित्व अभी भी बना हुआ है।

भारतीय संविधान की प्रस्तावना में ''धर्मनिरपेक्ष'' और ''समाजवादी'' शब्दों को इमरजेन्सी के दौरान संविधान के बयालीसवें संशोधन द्वारा जोड़ा गया था। यह संशोधन जिन परिस्थितियों में लाया गया था, उसके कारण कुछ लोगों को कभी-कभी संदेह होता है कि ये विशेषण कहाँ तक संविधान की मूल भावना के अनुरूप हैं। लेकिन अगर इसे निष्पक्ष होकर और व्यक्ति एवं परिस्थितियों से अलग कर के देखा जाए, तो एक तरह से इन विशेषणों द्वारा जो कुछ संविधान में अन्तर्निहित था, उसे ही सुस्पष्ट किया गया है। यही कारण है कि आगे चलकर भी संसद द्वारा और सुप्रीम कोर्ट द्वारा इसमें कोई परिवर्तन नहीं लाया गया है। बल्कि **सुप्रीम कोर्ट ने धर्मनिरपेक्षता को भारतीय संविधान के ''बुनियादी**

ढाँचे'' (**basic structure**) **का एक अंग माना है।** दरअसल, भारतीय संविधान में कई ऐसे प्रावधान हैं, जिनसे भारतीय संविधान के धर्मनिरपेक्ष चरित्र की जानकारी मिलती है।

इस तरह, भारतीय संविधान की प्रस्तावना में ही सामाजिक, आर्थिक, राजनीतिक न्याय और प्रतिष्ठा एवं अवसर की समानता की बात की गयी है। मौलिक अधिकारों के अन्तर्गत समता के अधिकार और शोषण के विरुद्ध अधिकार को शामिल किया गया है। राज्य की नीति के निदेशक तत्त्व के अन्तर्गत भी कई ऐसे प्रावधान हैं, जिनका सम्बन्ध समाज को समता की दिशा में ले जाने से है।

समाजवादी चिन्तन की मुख्य विशेषता यही है कि इसके अन्तर्गत समता के मूल्य पर, विशेष कर आर्थिक समता पर बल दिया जाता है। वैसे तो समता का मूल्य एक लोकतांत्रिक मूल्य भी है, लेकिन कई बार उदार लोकतंत्रवादी सिर्फ कानूनी और राजनीतिक समता पर बल देते हैं, जबकि सामाजिक लोकतंत्रवादी (social democrats) या लोकतान्त्रिक समाजवादी (democratic socialists) सामाजिक और आर्थिक समता पर अधिक बल देते हैं। हाँ, यह जरूर है कि **भारतीय संविधान का सम्बन्ध लोकतान्त्रिक समाजवाद से ही जोड़ा जा सकता है, न कि सर्वाधिकारवादी समाजवाद (totalitarian socialism) से।**

भारतीय संविधान की प्रस्तावना की एक और विशेषता यह है कि इसके अन्तर्गत ''लोकप्रिय सम्प्रभुता'' (popular sovereignty) के सिद्धान्त को मान्यता दी गयी है। प्रस्तावना में कहा गया है कि **''हम, भारत के लोग ... इस संविधान को अंगीकृत, अधिनियमित और आत्मार्पित करते हैं।''** इसका अर्थ यह हुआ कि भारतीय राजनीतिक व्यवस्था में शक्ति का मूल स्रोत आम जनता है। भारतीय शासन-व्यवस्था में कार्यपालिका (executive), विधायिका (legislature) और न्यायपालिका (judiciary) को संविधान के अनुसार काम करना होता है। संविधान का सर्वोच्च महत्त्व इसलिए है क्योंकि भारत की जनता ने संविधान सभा के माध्यम से इसे बनाया और स्वीकार किया है। इस तरह, राजनीतिक शक्ति का अन्तिम स्रोत भारत की जनता है।

धर्मनिरपेक्षता

धर्मनिरपेक्षता भारतीय संविधान की एक प्रमुख विशेषता है। भारत का संविधान धर्मनिरपेक्ष है, क्योंकि—

(1) इसमें किसी भी धर्म को सरकारी धर्म के रूप में मान्यता नहीं दी गयी है। भारत हिन्दू, इस्लामी या ईसाई राज्य नहीं है, बल्कि एक धर्मनिरपेक्ष राज्य है।

(2) भारत के संविधान में यह स्पष्ट कहा गया है कि राज्य द्वारा धर्म के आधार पर एक नागरिक और दूसरे नागरिक के बीच भेदभाव नहीं बरता जाएगा। (यह बात उन पर भी लागू होगी जो किसी भी धर्म को नहीं मानते हैं।) संविधान की धारा 15 (1) के अनुसार, ''राज्य किसी नागरिक के विरुद्ध केवल धर्म, मूलवंश, जाति, लिंग या जन्मस्थान या इनमें से किसी के आधार पर कोई विभेद नहीं करेगा।''

इसी तरह संविधान की धारा 16 (2) के अनुसार, ''राज्य के अधीन किसी नियोजन या पद के सम्बन्ध में केवल धर्म, मूलवंश, जाति, लिंग, उद्भव, जन्मस्थान, निवास या इनमें से किसी के आधार पर न तो कोई नागरिक अपात्र होगा और न उससे विभेद किया जाएगा।''

(3) भारतीय संविधान के अन्तर्गत नागरिकों को किसी भी धर्म को मानने या न मानने की एक जैसी स्वतन्त्रता मिली हुई है। संविधान की प्रस्तावना में ही सभी नागरिकों को विचार, अभिव्यक्ति, विश्वास, धर्म और उपासना की स्वतन्त्रता प्राप्त कराने की बात की गयी है। इसके अलावा, संविधान की धारा 25 (1) के अनुसार ''लोक व्यवस्था, सदाचार और स्वास्थ्य तथा इस भाग के अन्य उपबन्धों के अधीन रहते हुए, सभी व्यक्तियों को अन्तःकरण की स्वतन्त्रता का और धर्म के अबाध रूप से मानने, आचरण करने और प्रचार करने का समान हक होगा।''

(4) संविधान की धारा 27 के अनुसार किसी भी नागरिक को किसी धर्म-विशेष के संरक्षण के या प्रोत्साहन के लिए टैक्स देने के लिए मजबूर नहीं किया जाएगा।

(5) संविधान की धारा 28 (1) के अनुसार, ''राज्य-निधि से पूर्णतः पोषित किसी शिक्षा संस्था में कोई धार्मिक शिक्षा नहीं दी जाएगी''।

इसके अलावा, संविधान में यह भी स्पष्ट किया गया है कि राज्य द्वारा चलाए जाने या राज्य द्वारा आर्थिक सहायता प्राप्त करने वाले किसी भी शिक्षण संस्थान में धर्म के आधार पर किसी को भी नामांकन से वंचित नहीं किया जाएगा [धारा 29 (2)]

संविधान की धारा 28 (3) के अनुसार, ''राज्य से मान्यता प्राप्त या राज्य-निधि से सहायता पाने वाली शिक्षा संस्था में उपस्थित होने वाले किसी व्यक्ति को ऐसी संस्था में या उससे संलग्न स्थान में की जाने वाली धार्मिक उपासना में उपस्थित होने के लिए तब तक बाध्य नहीं किया जाएगा जब तक कि उस व्यक्ति ने, या यदि वह अवयस्क है तो उसके संरक्षक ने इसके लिए अपनी सहमति नहीं दे दी है।''

(6) भारत के संविधान में, मोटे तौर पर, धर्म और राज्य को एक-दूसरे से अलग रखा गया है, सिवाय इस अपवाद के कि सामाजिक कल्याण और सामाजिक सुधार की दृष्टि से राज्य धर्म में हस्तक्षेप कर सकता है [धारा 25 (2) ख]। इससे यह बात समझ में आती है कि भारतीय संविधान में धर्म को राज्य के अधीन रखा गया है, धर्मतान्त्रिक (theocratic) राज्य की तरह राज्य के ऊपर नहीं।

इस तरह, भारतीय संविधान के ''धर्मनिरपेक्ष'' शब्द के सही अर्थ (''धर्म से स्वतन्त्र'') में धर्मनिरपेक्ष होने के बारे में कोई सन्देह नहीं है। जैसा कि पहले भी उल्लेख किया गया है, सुप्रीम कोर्ट ने अपने एक महत्त्वपूर्ण निर्णय में यह माना है कि ''धर्मनिरपेक्षता'' भारतीय संविधान के बुनियादी ढाँचे का एक अंग है। इसका अर्थ यह हुआ कि भारतीय संसद भी भारतीय संविधान के धर्मनिरपेक्ष चरित्र को बदल नहीं सकती है। **केशवानन्द भारतीय केस** में दिए गए सुप्रीम कोर्ट के निर्णय के अनुसार संसद को संविधान के बुनियादी ढाँचे में परिवर्तन लाने का कोई अधिकार नहीं है।

कभी-कभी कहा जाता है कि भारतीय सन्दर्भ में ''धर्मनिरपेक्षता'' का अर्थ ''धर्म से स्वतन्त्र'' नहीं, बल्कि ''सभी धर्मों का एक समान आदर'' (सर्वधर्म समभाव) है। लेकिन यह विचार सही नहीं मालूम देता है। संविधान में यह कहीं भी नहीं लिखा गया है कि राज्य सभी धर्मों का एक समान आदर या सम्मान करेगा, या सभी धर्मों को एक जैसा प्रोत्साहन देगा। संविधान के ऊपर दिए गए उपबन्धों (proviso) से यह स्पष्ट है कि भारत में जहाँ **नागरिकों को किसी भी धर्म को मानने या न मानने की स्वतन्त्रता मिली हुई है, वहाँ दूसरी ओर राज्य का कोई धर्म नहीं है।** उदाहरण के तौर पर, संविधान की धारा 27 में

कहा गया है कि नागरिकों को किसी धर्म-विशेष के संरक्षण या प्रोत्साहन के लिए टैक्स देने को मजबूर नहीं किया जाएगा। यह नहीं कहा गया है कि नागरिकों को सभी धर्मों के संरक्षण और प्रोत्साहन के लिए टैक्स देना होगा। इसी तरह, संविधान की धारा 28 (1) में यह कहा गया है कि **पूरी तरह राज्य के कोष से चलने वाली शिक्षण-संस्थानों में धार्मिक शिक्षा नहीं दी जाएगी। यह नहीं कहा गया है कि पूरी तरह राज्य के कोष से चलने वाली शिक्षण–संस्थाओं में सभी धर्मों पर आधारित धार्मिक शिक्षा दी जाएगी।** इस तरह, यह स्पष्ट है कि भारतीय संविधान की धर्मनिरपेक्षता का किसी धर्म के सम्मान या अपमान से कोई सम्बन्ध नहीं है, बल्कि यह ''धर्मनिरपेक्षता'' शब्द के मूल अर्थ (''धर्म से स्वतन्त्र'') में एक धर्मनिरपेक्ष संविधान है। राजनीतिक सन्दर्भ में **''धर्मनिरपेक्षता'' का अर्थ है राज्य, राजनीति और चर्च या संगठित धर्मों के बीच पूर्ण अलगाव। एक धर्मनिरपेक्ष राज्य का पूरा सम्बन्ध लौकिक मामलों से होता है, उसका किसी भी संगठित धर्म से कोई सम्बन्ध नहीं रहता है।**

मौलिक अधिकार

भारतीय संविधान के भाग 3 में नागरिकों के मौलिक अधिकारों या ''मूल अधिकारों'' (Fundamental Rights) का उल्लेख किया गया है। यह भारतीय संविधान की एक प्रमुख विशेषता है। इन अधिकारों का सम्बन्ध मुख्यतः समता और स्वतन्त्रता के लोकतान्त्रिक मूल्यों से है। मौलिक अधिकारों को छः वर्गों में बाँटा गया है—

(1) **समता का अधिकार**—यह भारतीय नागरिकों का एक मौलिक अधिकार है। उदाहरण के तौर पर, संविधान की धारा 14 द्वारा नागरिकों को कानून के समक्ष समता का अधिकार प्राप्त है। संविधान की धारा 15 और 16 का उल्लेख पहले ही धर्मनिरपेक्षता के सन्दर्भ में किया जा चुका है। संविधान की धारा 17 द्वारा छुआछूत का अन्त कर दिया गया है। छुआछूत के आचरण को एक दण्डनीय अपराध घोषित कर दिया गया है।

(2) **स्वतन्त्रता का अधिकार**—यह भी नागरिकों का एक महत्त्वपूर्ण मौलिक अधिकार है। संविधान की धारा 19 द्वारा नागरिकों को, अन्य बातों के अलावा, बोलने और अभिव्यक्ति की स्वतन्त्रता, संगठन बनाने की स्वतंत्रता, बिना शस्त्रों के शान्तिपूर्वक सम्मेलन करने की स्वतंत्रता प्राप्त है। इसके अलावा, इसी धारा के अनुसार नागरिकों को ''राज्यक्षेत्र के किसी भाग में निवास करने और बस जाने का'' और ''कोई वृत्ति, उपजीविका, व्यापार या कारबार करने का'' अधिकार भी प्राप्त है।

इसी तरह, संविधान की धारा 21 के अनुसार, ''किसी व्यक्ति को, उसके प्राण या दैहिक स्वतन्त्रता से विधि द्वारा स्थापित प्रक्रिया के अनुसार ही वंचित किया जाएगा, अन्यथा नहीं''। इस धारा का सम्बन्ध ''कानून के शासन'' (rule of law) के बुनियादी लोकतान्त्रिक सिद्धान्त से है।

समता और स्वतन्त्रता के अधिकार के अतिरिक्त (3) **शोषण के विरुद्ध अधिकार** (4) **धर्म की स्वतन्त्रता का अधिकार** (5) **संस्कृति और शिक्षा सम्बन्धी अधिकार** और (6) **संवैधानिक उपचारों का अधिकार** (right to constitutional remedies) अन्य मौलिक अधिकार हैं।

शोषण के विरुद्ध अधिकार के अन्तर्गत धारा 23 द्वारा मानव ''दुर्व्यापार'' (trafficking), बेगार और ''बलात् श्रम'' (forced labour) पर रोक लगायी गयी है। इसी तरह, धारा

24 द्वारा किसी 14 वर्ष से कम उम्र के बच्चे के कारखाने, खान या किसी अन्य खतरनाक व्यवसाय में काम करने पर रोक लगायी गयी है।

संवैधानिक उपचार के अधिकार के अन्तर्गत नागरिकों को संविधान के तीसरे भाग में दिए गए अधिकारों को लागू करवाने के लिए उच्चतम न्यायालय में आवेदन करने का अधिकार प्राप्त है (धारा 32)। इसके अलावा, संविधान की धारा 13 (2) में यह भी कहा गया है कि **राज्य ऐसा कोई कानून नहीं बनाएगा जो संविधान के तीसरे भाग में दिए गए अधिकारों को छीनती है या कम करती है।** यह स्पष्ट रूप से कहा गया है कि ''इस खण्ड के उल्लंघन में बनाई गई प्रत्येक विधि उल्लंघन की मात्रा तक शून्य (void) होगी।''

न्यायिक समीक्षा *(Judicial Review)*

न्यायिक समीक्षा भी भारतीय संविधान की एक प्रमुख विशेषता है। सुप्रीम कोर्ट ने इसे संविधान के ''बुनियादी ढाँचे'' का अंग माना है। भारत में ब्रिटेन की तरह संसदीय लोकतन्त्र जरूर है, पर कुछ अन्य मामलों में भारत की राजनीतिक व्यवस्था संयुक्त राज्य अमेरिका की तरह है। उदाहरण के तौर पर, ब्रिटेन का संविधान अलिखित है, जबकि भारत का संविधान अमेरिका के संविधान की तरह लिखित है। इसी तरह, भारत अमेरिका की तरह एक गणराज्य है, जबकि ब्रिटेन एक संवैधानिक राजतन्त्र है। इसके अलावा, ब्रिटेन में संसद को सर्वोच्च माना जाता है, जबकि भारत में अमेरिका की तरह संविधान को सर्वोच्च माना जाता है। न्यायिक समीक्षा के मामले में भी भारतीय संविधान अमेरिका के संविधान की तरह है। भारत में **न्यायपालिका को विधायिका द्वारा बनाए गए कानूनों की समीक्षा का अधिकार है।** अगर सुप्रीम कोर्ट के अनुसार कोई कानून या संवैधानिक संशोधन असंवैधानिक है, तो वह उसे रद्द कर सकती है। उदाहरण के तौर पर, अगर किसी कानून से, या कार्यपालिका की किसी कार्यवाही से संविधान में बतलाए गए नागरिकों के मौलिक अधिकारों का उल्लंघन होता हो, तो नागरिकों द्वारा चुनौती दिए जाने पर, सुप्रीम कोर्ट उसे रद्द कर सकती है। संविधान की व्याख्या का अन्तिम अधिकार भी सुप्रीम कोर्ट को ही है।

राज्य की नीति के निदेशक तत्त्व

भारतीय संविधान के चौथे भाग में राज्य की नीति के निदेशक तत्त्वों का उल्लेख किया गया है (धारा 36 से 51)।

संविधान की धारा 37 में यह स्पष्ट कहा गया है कि **नीति निदेशक तत्त्वों को मौलिक अधिकारों की तरह न्यायालयों के माध्यम से लागू नहीं करवाया जा सकता है,** लेकिन कानून बनाने में इन तत्त्वों को लागू करना राज्य का कर्त्तव्य होगा। देश के शासन में इन तत्त्वों का बुनियादी महत्त्व है।

संविधान की धारा 38 (1) के अनुसार राज्य ऐसी सामाजिक व्यवस्था बनाएगा ''जिसमें सामाजिक, आर्थिक और राजनैतिक न्याय राष्ट्रीय जीवन की सभी संस्थाओं को अनुप्राणित करे'' और लोक कल्याण में वृद्धि हो। इसी तरह, संविधान की धारा 38 (2) के अनुसार, ''राज्य, विशिष्टतया, आय की असमानताओं को कम करने का प्रयास करेगा और न केवल व्यष्टियों के बीच बल्कि विभिन्न क्षेत्रों में रहने वाले और विभिन्न व्यवसायों में लगे हुए लोगों के समूहों के बीच भी प्रतिष्ठा, सुविधाओं और अवसरों की असमानता समाप्त करने का प्रयास करेगा।''

संविधान की धारा 39 के अनुसार राज्य अपनी नीतियों का संचालन इस प्रकार करेगा जिससे "पुरुष और स्त्री सभी नागरिकों को समान रूप से जीविका के पर्याप्त साधन प्राप्त करने का अधिकार हो", स्त्री और पुरुष दोनों को समान कार्य के लिए समान वेतन प्राप्त हो, और "समुदाय के भौतिक संसाधनों का स्वामित्व और नियन्त्रण इस प्रकार बँटा हो जिससे सामूहिक हित का सर्वोत्तम रूप से साधन हो"।

इन निदेशक तत्त्वों और सभी नागरिकों को समान न्याय और निःशुल्क कानूनी सहायता सुनिश्चित कराने (धारा 39 क), कुछ दशाओं में काम, शिक्षा और लोक सहायता पाने के अधिकार (धारा 41), कर्मकारों के लिए निर्वाह मजदूरी (धारा 43) और उद्योगों के प्रबन्ध में कर्मकारों के भाग लेने (धारा 43 क) जैसे नीति निदेशक तत्त्वों से यह स्पष्ट है कि संविधान निर्माताओं के सामने एक सामाजिक लोकतन्त्र की तस्वीर थी। वे यह चाहते थे कि इन आदर्शों को नागरिकों के मौलिक अधिकारों का उल्लंघन किए बिना प्राप्त किया जाए। डॉ० अम्बेडकर ने संविधान सभा में दिए गए अपने अन्तिम भाषण में स्पष्ट कहा था कि **सामाजिक लोकतन्त्र के आधार के बिना राजनीतिक लोकतन्त्र का अस्तित्व भी अधिक समय नहीं रह सकता है।**[1]

नीति निदेशक तत्त्व के अन्तर्गत, अन्य बातों के अलावा, ग्राम पंचायतों के गठन का भी उल्लेख किया गया है (धारा 40)। संविधान के तिहत्तरवें संशोधन द्वारा इस दिशा में महत्त्वपूर्ण कदम उठाया भी गया है। (इसकी चर्चा "सर्वोदय" के अन्तर्गत की गयी है।)

एक अन्य उल्लेखनीय नीति निदेशक तत्त्व के अनुसार, "राज्य, भारत के समस्त राज्य क्षेत्र में नागरिकों के लिए एक समान सिविल संहिता प्राप्त कराने का प्रयास करेगा" (धारा 44)।

इसी तरह, संविधान की धारा 45 के अनुसार, "राज्य, इस संविधान के प्रारम्भ से दस वर्ष की अवधि के भीतर सभी बालकों को चौदह वर्ष की आयु पूरी करने तक निःशुल्क और अनिवार्य शिक्षा देने के लिए उपबन्ध करने का प्रयास करेगा।" धारा 46 के अनुसार, राज्य अनुसूचित जातियों और जनजातियों और अन्य कमजोर वर्गों की शिक्षा और आर्थिक हितों को विशेष सावधानी से बढ़ाने का प्रयत्न करेगा और सामाजिक अन्याय और सभी प्रकार के शोषण से उनकी रक्षा करेगा। बड़े दुःख की बात है कि आज संविधान लागू होने के 52 वर्ष पूरे हो जाने के बाद भी सभी बच्चों को निःशुल्क और अनिवार्य शिक्षा उपलब्ध कराने सम्बन्धी नीति निदेशक तत्त्व को लागू नहीं किया जा सका है। अगर सभी बच्चों को नहीं, तो कम-से-कम सामाजिक, शैक्षणिक और आर्थिक दृष्टि से कमजोर वर्ग के बच्चों के लिए निःशुल्क शिक्षा का प्रबन्ध जल्द-से-जल्द किया जाना चाहिए। इसमें कोई सन्देह नहीं है कि अगर भारतीय संविधान की नीति के निदेशक तत्त्वों को लागू करने की दिशा में ठोस कदम उठाएँ जाएँ, तो भारत में एक स्वस्थ, आधुनिक और लोकतान्त्रिक समाज की स्थापना को बल मिलेगा।

आरक्षण

सामाजिक और शैक्षणिक दृष्टि से पिछड़ी जातियों और वर्गों के लिए विधायिकाओं, सरकारी नौकरियों और शिक्षण-संस्थानों में आरक्षण की व्यवस्था भी भारतीय संविधान की

1. Durga Das Basu, *Introduction to the Constitution of India* (New Delhi : Prentice-Hall of India, 1980), p. 24.

एक विशेषता है। संविधान के मौलिक अधिकारों से सम्बन्धित भाग में ही यह स्पष्ट कहा गया है कि राज्य को ''सामाजिक और शैक्षिक दृष्टि से पिछड़े हुए नागरिकों के किन्हीं वर्गों की उन्नति के लिए या अनुसूचित जातियों और अनुसूचित जनजातियों के लिए'' कोई विशेष उपाय करने का अधिकार होगा [धारा 15 (4)] इसी तरह, संविधान की धारा 16 (4) के अन्तर्गत राज्य को ''पिछड़े हुए नागरिकों के किसी वर्ग के पक्ष में, जिनका प्रतिनिधित्व राज्य की राय मे राज्य के अधीन सेवाओं में पर्याप्त नहीं है, नियुक्तियों या पदों के आरक्षण'' का अधिकार दिया गया है।

इस तरह स्पष्ट है कि भारतीय संविधान के अंतर्गत सिर्फ कानूनी समता की बात नहीं की गयी है, बल्कि सामाजिक समता की दिशा में ठोस उपाय करने का अधिकार भी राज्य को दिया गया है। संविधान के इन प्रावधानों के अन्तर्गत सरकारी शिक्षण-संस्थानों और सेवाओं में अनुसूचित जातियों और जनजातियों के लिए आरक्षण की व्यवस्था लम्बे समय से लागू है। इसी तरह, संविधान की धारा 330(1) द्वारा लोकसभा और धारा 332(1) द्वारा राज्यों की विधान सभाओं में भी अनुसूचित जातियों और जनजातियों के लिए स्थान आरक्षित किए गए हैं। अब, तिहत्तरवें संविधान संशोधन द्वारा पंचायतों में और चौहत्तरवें संविधान संशोधन द्वारा नगरपालिकाओं में अनुसूचित जातियों, जनजातियों और महिलाओं के लिए स्थान आरक्षित किए गए हैं। इसके अलावा, राज्य विधान मंडलों को पंचायतों और नगरपालिकाओं में ''पिछड़े वर्गों'' के लिए आरक्षण की व्यवस्था करने के अधिकार भी दिए गए हैं। इन उपायों से निश्चय ही सामाजिक न्याय की दिशा में कदम उठाया गया है।

संविधान की धारा 340 (1) द्वारा राष्ट्रपति को ''पिछड़े वर्गों की दशाओं और जिन कठिनाइयों को वे झेल रहे हैं उनके अन्वेषण के लिए और उन कठिनाइयों को दूर करने तथा उनकी दशा को सुधारने के लिए संघ या किसी राज्य द्वारा जो उपाय किए जाने चाहिए'' उनके बारे में सिफारिश करने के लिए आयोग नियुक्त करने का अधिकार दिया गया है।

संविधान की धारा 340 के आधार पर राष्ट्रपति द्वारा जनवरी, 1979, में पिछड़ा वर्ग आयोग (द्वितीय) या ''मंडल आयोग'' की नियुक्ति की गयी थी। इस आयोग के मुख्य विचारणीय मुद्दे थे—

1. सामाजिक और शैक्षणिक दृष्टि से पिछड़े वर्गों को परिभाषित करने वाली कसौटी निर्धारित करना।

2. सामाजिक और शैक्षिक दृष्टि से पिछड़े वर्गों के उत्थान के उपायों की सिफारिश करना।

दिसम्बर, 1980 में राष्ट्रपति को दी गयी अपनी रिपोर्ट में आयोग ने 3743 जातियों को ''सामाजिक और शैक्षणिक दृष्टि से पिछड़ा वर्ग'' करार देते हुए, अन्य बातों के अलावा, सरकारी सेवाओं में इन जातियों के लिए 27 प्रतिशत आरक्षण की सिफारिश की। मंडल आयोग के अनुसार भारत की कुल आबादी में इन लगभग पौने चार हजार जातियों की आबादी 52 प्रतिशत है, जबकि प्रथम श्रेणी की सरकारी नौकरियों में इन जातियों का प्रतिनिधित्व 5 प्रतिशत से भी कम (4.69) है।[1]

मंडल आयोग की सिफारिश के आधार पर जब 13 अगस्त, 1990, को भारत सरकार ने केन्द्र सरकार की सेवाओं में पिछड़ी जातियों के लिए 27 प्रतिशत आरक्षण की घोषणा

1. दीनानाथ, ***आरक्षण*** (पटना : जनाकांक्षा प्रकाशन, 1990), पृष्ठ 19–21.

की, तो इस पर काफी विवाद हुआ। आरक्षण-विरोधियों द्वारा इस निर्णय को सुप्रीम कोर्ट में भी चुनौती दी गयी।

आरक्षण पर हुई बहस में एक सवाल यह भी उठाया गया था कि क्या जाति को पिछड़ेपन का आधार मानना सही है। यहाँ पर अगर हम ''जाति'' और ''वर्ग'' के बीच सम्बन्धों की विस्तृत चर्चा में न जाएँ, तो भी इतना तो स्पष्ट है कि हिन्दू वर्ण-व्यवस्था और जाति-व्यवस्था के प्रभाव के कारण, भारतीय सन्दर्भ में जाति सामाजिक और शैक्षणिक पिछड़ेपन का सबसे महत्त्वपूर्ण आधार है।(जाति-व्यवस्था और ''जाति'' एवं ''वर्ग'' के बीच सम्बन्धों की चर्चा ''सामाजिक स्तरीकरण : वर्ग और जाति'' के अन्तर्गत की गयी है।)

परम्परागत रूप से ब्राह्मण जाति में जन्में व्यक्ति को समाज में अधिक प्रतिष्ठा दी जाती रही है, और पिछड़े एवं दलित जातियों में जन्म व्यक्तियों को कम। इसी तरह, परम्परागत रूप से ब्राह्मण एवं अन्य उच्च जातियों में जन्में पुरुषों में शिक्षा का प्रचलन अधिक रहा है, जबकि पिछड़ी और दलित जातियों को शिक्षा से वंचित रखा गया।

यह सही है कि लोकतंत्रीकरण और संविधान लागू होने के बाद की नीतियों के कारण दलित और पिछड़ी जातियों में जन्में कुछ व्यक्ति और परिवार अब सामाजिक और शैक्षणिक दृष्टि से पिछड़े नहीं रह गए हैं। (दरअसल, आरक्षण की नीति का उद्देश्य इसी प्रक्रिया को बढ़ावा देना है।) लेकिन इस सामाजिक तथ्य से इनकार नहीं किया जा सकता है कि सामान्य तौर पर पिछड़ी और दलित जातियों की सामाजिक और शैक्षणिक स्थिति अच्छी नहीं है। इस बात की पुष्टि समाजशास्त्रीय अध्ययनों से भी हो सकती है। सुप्रीम कोर्ट ने भी मंडल आयोग की सिफारिश के आधार पर लागू किए आरक्षण के मामले पर अपने निर्णय में जाति के आधार पर केन्द्रीय सेवाओं में आरक्षण को संवैधानिक माना है। अब यह आरक्षण केन्द्र सरकार की सेवाओं में लागू भी हो चुका है। इसलिए, इसमें कोई संदेह नहीं है कि अनुसूचित जातियों, जनजातियों और अन्य पिछड़ी जातियों के लिए आरक्षण पूरी तौर से संविधान-सम्मत है, और इस विषय पर अब किसी विवाद की कोई गुंजाइश नहीं है।

❑

परिशिष्ट-2

वस्तुनिष्ठ प्रश्न

1. राजनीति दर्शन में राजनीति का अध्ययन करते हैं:
   (क) दार्शनिक विधि से (ख) वैज्ञानिक विधि से
   (ग) दोनों से (घ) दोनों में से किसी से नहीं
2. राजनीति का सम्बन्ध है:
   (क) समाज से (ख) राज्य से
   (ग) परिवार से (घ) इनमें से किसी से नहीं
3. राजनीति विज्ञान में राजनीति का अध्ययन होता है:
   (क) इन्द्रियानुभविक दृष्टि से (ख) मानक दृष्टि से
   (ग) शब्दमीमांसीय दृष्टि से (घ) तीनों से
4. इनमें से कौन राजनीतिक अवधारणा नहीं हैं:
   (क) मुक्ति (ख) शक्ति
   (ग) प्राधिकार (घ) राज्य
5. इनमें से कौन राज्य का तत्त्व नहीं हैं:
   (क) आबादी (ख) धर्म
   (ग) सरकार (घ) क्षेत्र
6. कौटिल्य समर्थक हैं:
   (क) लोकतंत्र के (ख) समाजवाद के
   (ग) सर्वोदय के (घ) निरंकुश राजतंत्र के
7. लास्की ने समर्थन किया है:
   (क) निरंकुश राजतंत्र का (ख) तानाशाही व्यवस्था का
   (ग) बहुलवाद का (घ) सर्वाधिकारवाद का
8. *On Liberty* के लेखक हैं:
   (क) लॉक (ख) रूसो
   (ग) हॉब्स (घ) मिल
9. मानव अधिकारों के सार्वभौमिक घोषणा-पत्र में मान्यता दी गयी है:
   (क) स्वतंत्रता को (ख) समानता को
   (ग) दोनों को (घ) दोनों में से किसी को नहीं

10. अरिस्टॉट्ल ने गुलामी प्रथा का:
(क) समर्थन किया है (ख) विरोध किया है
(ग) कोई राय नहीं दी है (घ) इनमें से कोई नहीं

11. गाँधी के अनुसार:
(क) व्यक्ति साध्य है, राज्य साधन (ख) राज्य साध्य है, व्यक्ति साधन
(ग) व्यक्ति और राज्य का बराबर महत्व है (घ) इनमें से कोई नहीं

12. राज्य के माध्यम से "सामान्य संकल्प" की अभिव्यक्ति होती है—यह कहा है:
(क) मिल ने (ख) हीगेल ने
(ग) गाँधी ने (घ) एम. एन. रॉय ने

13. इनमें से कौन सामाजिक समझौता सिद्धान्त के समर्थक नहीं है:
(क) लॉक (ख) रूसो
(ग) हॉब्स (घ) मिल

14. लोकतंत्र का सम्बन्ध:
(क) स्वतंत्रता से है (ख) समता से है
(ग) स्वतंत्रता और समता दोनों से है (घ) दोनों में से किसी से नहीं है

15. इनमें से किसने लोकतंत्र का समर्थन नहीं किया है:
(क) लॉक (ख) मिल
(ग) पॉपर (घ) मार्क्स

16. लोकतांत्रिक समाजवादी इनमें से किस सिद्धान्त को स्वीकार नहीं करते हैं:
(क) स्वतंत्रता (ख) समता
(ग) लोकतंत्र (घ) सर्वहारा की तानाशाही

17. लोकतांत्रिक समाजवादी समर्थन करते हैं:
(क) हिंसा का (ख) शान्तिमय तरीकों का
(ग) दोनों का (घ) दोनों में से किसी का नहीं

18. द्वन्द्वात्मक भौतिकवाद बुनियादी सिद्धांत है:
(क) सर्वोदय का (ख) लोकतांत्रिक चिन्तन का
(ग) सम्पूर्ण क्रान्ति का (घ) मार्क्सवाद का

19. ऐतिहासिक भौतिकवाद का समर्थन किया है:
(क) जे. पी. ने (ख) गाँधी ने
(ग) एम. एन. रॉय ने (घ) मार्क्स ने

20. इनमें से किसने राजनीतिक विकेन्द्रीकरण का समर्थन नहीं किया है:
(क) गाँधी (ख) एम. एन. रॉय ने
(ग) जे. पी (घ) हॉब्स

21. इनमें से कौन लोकतांत्रिक विचारधारा है:
(क) साम्यवाद (ख) फासिज्म
(ग) राजतंत्र (घ) सर्वोदय

22. सम्पूर्ण क्रान्ति के विचार का सम्बन्ध है:
(क) जे. पी. से (ख) मार्क्स से
(ग) गाँधी से (घ) विनोबा से

23. शान्तिमय वर्ग-संघर्ष का समर्थन किया है:
(क) गांधी ने (ख) मानवेन्द्र नाथ रॉय ने
(ग) विनोबा ने (घ) जे. पी. ने

24. मानवतावाद:
(क) ईश्वर केन्द्रित है (ख) मानव केन्द्रित है
(ग) परलोकवादी है (घ) अतिप्राकृतिक है

25. इनमें से कौन मानवतावादी नहीं है:
(क) एम. एन. रॉय (ख) कॉर्लिस लामोन्ट
(ग) मुसोलिनी (घ) पॉल कर्ज

26. इनमें से मानवतावादी किस का समर्थन नहीं करते हैं:
(क) लोकतंत्र का (ख) राजतंत्र का
(ग) धर्मनिरपेक्षता का (घ) मानव अधिकारों का

27. धर्मतंत्र में:
(क) राज्य का कोई धर्म नहीं होता है (ख) राज्य का धर्म होता है
(ग) दोनों सम्भव है (घ) दोनों में से कोई नहीं

28. धर्मनिरपेक्षता का अर्थ है:
(क) धर्म से स्वतंत्र (ख) इहलोकवादी
(ग) दोनों (घ) दोनों में से कोई नहीं

29. हिटलर की विचारधारा को कहते हैं:
(क) समाजवाद (ख) साम्यवाद
(ग) सर्वोदय (घ) फासिज्म

30. फासिस्ट विचारधारा
(क) लोकतंत्र की समर्थक है (ख) लोकतंत्र की विरोधी है
(ग) लोकतंत्र के प्रति उदासीन है (घ) इनमें से कोई नहीं

31. प्लेटो ने
(क) लोकतंत्र का समर्थन किया है (ख) लोकतंत्र का विरोध किया है
(ग) लोकतंत्र पर कोई राय नहीं दी है (घ) इनमें से कोई नहीं

32. प्लेटो के अनुसार दार्शनिक को:
(क) राजनीति का विरोध करना चाहिए (ख) राजा होना चाहिए
(ग) राजनीति के प्रति उदासीन रहना चाहिए (घ) इनमें से कोई नहीं

33. संवैधानिक राजतंत्र:
(क) अलोकतांत्रिक है (ख) लोकतांत्रिक है
(ग) फासिस्ट है (घ) निरंकुश है

34. अराजकतावाद और आतंकवाद:

(क) एक-दूसरे से स्वतंत्र हैं (ख) एक हैं
(ग) एक-दूसरे पर निर्भर हैं (घ) इनमें से कोई नहीं

35. अराजकतावाद का आदर्श है:

(क) समाज में लूट-पाट और हिंसा (ख) आतंकवाद
(ग) राज्यविहीन समाज (घ) लोकतांत्रिक राज्य

36. संवैधानिक क्रियाविधि में:

(क) गैरकानूनी तरीकों को अपनाया जाता है
(ख) कानूनी तरीकों को अपनाया जाता है
(ग) दोनों को अपनाया जाता है
(घ) हिंसा का सहारा लिया जाता है

37. किसी कानून को न्यायालय में चुनौती देना:

(क) सत्याग्रह है (ख) संवैधानिक विधि है
(ग) आतंकवाद है (घ) क्रान्ति है

38. इनमें से किसने सत्याग्रह की वकालत नहीं की है:

(क) गाँधी (ख) ताल्स्ताय
(ग) थ्यूरो (घ) मार्क्स

39. अन्यायपूर्ण कानून को जानबूझ कर शान्तिमय तरीके से तोड़ना:

(क) आतंकवाद है (ख) क्रान्ति है
(ग) सत्याग्रह है (घ) इनमें से कोई नहीं

40. किसी हवाई जहाज को ''हाइजैक'' कर यात्रियों को बन्धक बना लेना:

(क) सत्याग्रह है (ख) आतंकवाद है
(ग) संवैधानिक विधि है (घ) क्रान्ति है

41. सरकार की नीतियों से विरोध व्यक्त करने से लिए टैक्स न देना:

(क) संवैधानिक विधि है (ख) सत्याग्रह है
(ग) आतंकवाद है (घ) इनमें से कोई नहीं

42. क्रान्ति में परिवर्तन:

(क) औसत रफ्तार से होता है
(ख) औसत से धीमी रफ्तार से होता है
(ग) औसत से तेज रफ्तार से होता है (घ) इनमें से कोई नहीं

43. क्रान्ति में

(क) सतही परिवर्तन होता है (ख) कोई परिवर्तन नहीं होता है
(ग) बुनियादी परिवर्तन होता है (घ) धीमी गति से परिवर्तन होता है

44. *The Communist Manifesto* के लेखक हैं:

(क) मार्क्स (ख) एंगेल्स
(ग) दोनों (घ) दोनों में से कोई नहीं

45. *The Open Society and its Enemies* के लेखक हैं:
(क) मार्क्स (ख) मिल
(ग) पॉपर (घ) रूसो

46. राजनीति दर्शन और राजनीति विज्ञान:
(क) एक हैं
(ख) एक-दूसरे से पूरी तौर से असम्बद्ध हैं
(ग) एक-दूसरे के पूरक हैं
(घ) एक-दूसरे के विरुद्ध हैं

47. बोदाँ ने समर्थन किया है:
(क) फासिज्म का (ख) निरंकुश राजतंत्र का
(ग) लोकतंत्र का (घ) मार्क्सवाद का

48. राज्य के प्रत्ययवादी सिद्धान्त के समर्थक हैं:
(क) मिल (ख) रूसो
(ग) हीगेल (घ) लॉक

49. मिल ने नीतिशास्त्र में समर्थन किया है:
(क) बाह्यनियमवाद का (ख) उपयोगितावाद का
(ग) कठोरमत का (घ) आत्मपूर्णतावाद का

50. लॉक ने व्यक्तिगत सम्पत्ति के अधिकार का:
(क) समर्थन किया है (ख) विरोध किया है
(ग) कोई राय व्यक्त नहीं की है (घ) इनमें से कोई नहीं

उत्तर

1. (क)	2. (ख)	3. (घ)	4. (क)	5. (ख)	6. (घ)
7. (ग)	8. (घ)	9. (ग)	10. (क)	11. (क)	12. (ख)
13. (घ)	14. (ग)	15. (घ)	16. (घ)	17. (ख)	18. (घ)
19. (घ)	20. (घ)	21. (घ)	22. (क)	23. (घ)	24. (ख)
25. (ग)	26. (ख)	27. (ख)	28. (ग)	29. (घ)	30. (ख)
31. (ख)	32. (ख)	33. (ख)	34. (क)	35. (ग)	36. (ख)
37. (ख)	38. (घ)	39. (ग)	40. (ख)	41. (ख)	42. (ग)
43. (ग)	44. (ग)	45. (ग)	46. (ग)	47. (ख)	48. (ग)
49. (ख)	50. (क)				

❑

ग्रन्थ-सूची

कर्ज, पॉल. ***धर्मनिरपेक्ष मानवतावादी घोषणा-पत्र,*** अनु॰ रमेन्द्र (पटना : बिहार बुद्धिवादी समाज, 1997).

दीनानाथ. ***आरक्षण*** (पटना : जनाकांक्षा प्रकाशन, 1990).

नारायण, जयप्रकाश (संपादक—रमेन्द्र), ***जयप्रकाश विचार संकलन*** (पटना : राजेन्द्र प्रकाशन, 1986).

नारायण, जयप्रकाश. ***कारावास की कहानी*** (पटना : बिहार सर्वोदय मंडल, 1977).

रमेन्द्र. ***शान्तिमयता क्यों?*** (पटना : राजेन्द्र प्रकाशन, 1986).

वर्मा, अशोक कुमार. ***प्रारम्भिक समाज एवं राजनीति दर्शन*** (पटना : मोतीलाल बनारसीदास, 1999).

वर्मा, अशोक कुमार. ***नीतिशास्त्र की रूपरेखा*** (पटना : मोतीलाल बनारसीदास, 1996).

वर्मा, अशोक कुमार (सं॰), ***स्वतंत्रोत्तर भारतीय दार्शनिक चिन्तन*** (पटना : मोतीलाल बनारसीदास, 1993).

वर्मा, डॉ॰ वेद प्रकाश. ***धर्म-दर्शन की मूल समस्याएँ*** (दिल्ली : दिल्ली विश्वविद्यालय, 1991).

सालोमोन, ए॰ ***बुद्धिवाद और मानवतावादी दृष्टिकोण,*** अनु॰ रमेन्द्र (पटना : बिहार बुद्धिवादी समाज, 1997).

बुद्धिवादी, वर्ष 11, अंक 4, अक्टूबर, 1997.

Ambedkar, B. R. "Annihiliation of Caste" in *Dr. Babasaheh Ambedkar Writing and Speeches,* vol. I (Bombay : Education Department, Government of Maharastra, 1989).

Aristotle. *Politics,* tr. Benjamin Jowett, (New York : Carlton House).

Barker, Ernest. *Principes of Social & Political Theory* (Calcultta : Oxford University Press, 1978).

Basu, Durga Das. *Introduction to the Constitution of India* (New Delhi : Prentice-Hall of India, 1980).

Bose, Nirmal Kumar. *Selections from Gandhi* (Ahmedabad : Navjivan Publishing House, 1972).

Dahl, Robert A. *Moden PoliticalAnalysis* (New Delhi : Prentice-Hall of India Pvt. Limited, 1978).

Datta, D. M. *The Philosophy of Mahatma Gandhi* (Calcutta : University of Calcutta, 1968).

Ebenstein, William. *Modern Political Thought* (New Delhi : Oxford & IBH Publishing Co., 1970).

Elliott, Florence. *A Dictionary of Politics* (Middlesex, England : Penguin Books, Seventh ediction, 1974).

Gettel, Raymond Garfiled. *Political Science* (Calcutta : The World Press Pvt. Ltd., 1950).

Ginsberg, Morris. *Sociology* (Delhi : Surjeet Publications, 1979).

Graham, Keith. (ed.) *Contemporary Political Philosophy* (Cambridge : Cambridge University Press, 1982).

Hiorth, Dr. Finngeir. *Introduction to Humanism* (Pune : Indian Secular Society, 1996).

Hospers, John. *An Introduction to PhilosophicalAnalysis* (New Delhi : Allied Publishers Pvt. Ltd., 1975).

Joad, C. E. M. *Introduction to Modern Political Theory* (Delhi : Oxford University Press, 1982).

Kawaljeet. *J. P's Total Revolution and Humanism* (Patna : Buddhiwadi Foundation, 2002).

Lamont, Corliss. *The Philosophy of Humanism* (Amherst : New York Humanist Press, 1997).

MacIver, R. M. & Page, Charles H. *Society : An Introductory Analysis* (New Delhi : Macmillan India Ltd. 1981).

Magee, Bryan. *Popper* (London : Fontana Paperbacks, 1982).

Mill, John Stuart. *Utilitariainism* (London : The Fontana Library, 1962).

Plato. *The Republic,* tr. Desmond Lee (Harmondsworth, Middlesex, England : Penguin Books Ltd. 1977).

Popper, K. R. *The Open Society and its Enemies* (London : Routledge & Kegan Paul, 1984).

Ramendra. *M. N. Roy's New Humanism and Materialism* (Patna : Buddhiwadi Foundation, 2001).

Ramendra. *Why I am Not a Hindu & Why I do not want Ramrajya* (Patna : Bihar Rationalist Society, 1995).

Raphael, D. D. *Problems of Policital Philosophy* (HongKong : The Macmillan Press Ltd. 1978).

Russell, Bertrand. *Roads to Freedom* (London : Unwin Paperbacks, 1977).

Sabine, George H. *A History of Political Theory* (New Delhi : Oxford & IBH Publishing Co., 1973).

Scruton, Roger. *A Dictionary of Political Thought* (London : Pan Books, 1983).

The New Encyclopaedia Britannica, vol. 7, 9, 14, 17.

The Encyclopedia of Philosophy, ed. Paul Edwards (New York : Macmillan Publishing Co., Inc. & The Free Press, 1972), vol. 1, 4, 6, 7.

Fragell, Levi. "A Global Humanist Identity", *International Humanist News,* vol. 4, no. 4, December, 1996.

❑